"当代中国与世界研究" 丛书 ☆ 当代中国与世界研究院 选编

讲好中国故事 传播好中国声音

——"第五届全国对外传播理论研讨会"论文集

于运全 主编 翟慧霞 副主编

CIPG China Foreign Languages Publishing Administration 中国外文出版发行事业局
外文出版社 FOREIGN LANGUAGES PRESS

图书在版编目（CIP）数据

讲好中国故事　传播好中国声音 ：第五届全国对外传播理论研讨会论文集 / 于运全主编. -- 北京 ：外文出版社，2019.7

ISBN 978-7-119-12119-2

Ⅰ. ①讲… Ⅱ. ①于… Ⅲ. ①中外关系－传播学－文集 Ⅳ. ①G219.26-53

中国版本图书馆CIP数据核字(2019)第156088号

"当代中国与世界研究"丛书

责任编辑：刘嘉辉　杨　璐
装帧设计：北京维诺传媒文化有限公司
印刷监制：冯　浩

讲好中国故事　传播好中国声音
——"第五届全国对外传播理论研讨会"论文集

于运全　主编　翟慧霞　副主编

出 版 人：徐　步
出版发行：外文出版社有限责任公司
地　　址：中国北京西城区百万庄大街24号　邮政编码 100037
网　　址：http://www.flp.com.cn
电　　话：010－68320579 / 68996067（总编室）
010－68995844 / 68995852（发行部）
010－68327750 / 68996164（版权部）
印　　制：北京飞达印刷有限责任公司
经　　销：新华书店 / 外文书店
开　　本：787mm × 1092mm　1/16
印　　张：44.5
字　　数：600千字
装　　别：平装
版　　次：2019年7月第1版　2019年7月第1版第1次印刷
书　　号：978-7-119-12119-2
定　　价：68.00元

出版说明

2017 年 7 月，第五届全国对外传播理论研讨会在山东烟台成功召开。研讨会由国务院新闻办公室主办，中国外文局当代中国与世界研究院承办。这次研讨会共收到论文 335 篇，本书从中优选 88 篇结集成册。

本书分为六大议题，分别是讲好中国故事、“一带一路”的国际传播、构建融通中外的话语体系、创新国际传播方式方法、国家与城市形象传播、传播效果与受众研究等。来自各党政部门、业界和学界的专家学者围绕这些主题进行了深入思考，形成了丰富的研究成果。

本书向读者呈现了 2016—2017 年国内外对“讲好中国故事　传播好中国声音”的研究积累。随着综合国力不断提高，中国在海外的影响力日趋扩大，日益走进世界舞台中央，国际社会希望更加深入、全面地了解中国。讲好中国故事、传播好中国声音，是习近平总书记对外宣工作提出的重要要求，是新时期外宣工作面临的重大课题。讲好中国故事需要主动发声，增强国际话语权，需要加强话语体系建设，重视议题设置，要把握好时度效、善用新媒体新技术，需要创新国际传播方式方法，需要加强外宣理论研究，为讲好中国故事提供智力支持。与以往相比，近年来中国国际传播能力日益增强，中国海外形象好感度持续提升。同时也要看到，国际舆论“西强我弱”格局还没有根本扭转，让世界认识一个真实、立体、全面的中国，仍然任重道远。

本书编辑过程中仅对论文的篇幅进行了适当压缩，统一编辑体例，部分作者的单位名称做了更新，尽可能如实反映研究原貌。希望本书的出版能对新时代讲好中国故事提供有益的借鉴。

当代中国与世界研究院

2019 年 6 月

目录

大会发言

入选论文

讲好中国故事

“一带一路”的国际传播

构建融通中外的话语体系

创新国际传播方式方法

国家与城市形象传播

传播效果与受众研究

大会发言

大会发言

肩负使命 创新进取 努力对外讲好中国故事

郭卫民[1]

随着综合国力不断提高，中国在海外的影响力日趋扩大，加快走进世界舞台中心，来到世界的聚光灯下。国际社会希望更加深入、全面地了解中国，他们不仅关注中国的发展取得了哪些成就，而且越来越关注背后的原因是什么；他们不仅渴望了解13亿多中国人是如何辛勤劳动、追求梦想的，而且也关注中国人民未来如何前行；他们不仅关心日益强大的中国在世界舞台上扮演什么角色，而且期待中国在全球化及全球治理进程中发挥更大的作用。讲好中国故事、传播好中国声音，是习近平总书记对外宣工作提出的重要要求，是新时期外宣工作面临的重大课题。

一、讲好中国故事为新形势下对外传播指明了方向

党的十八大以来，以习近平同志为核心的党中央高度重视对外宣传工作，作出一系列重大决策和部署。习近平总书记在一系列重要讲话中，对新时期外宣工作作出重要指示，要求讲好中国故事。他指出，要精心做好对外宣传工作，创新对外宣传方式，着力打造融通中外的新概念新范畴新表述，讲好中国故事，传播好中国声音。他指出，要重点展示中国的文明大国形象、东方大国形象、负责任大国形象、社会主义大国形象。

习近平总书记提出“讲好中国故事”这一重大命题，体现了坚定的道路自信、理论自信、制度自信、文化自信，体现了对当代中国所处历史方位的准确把握，赋予了对外宣传工作新的责任和使命，为我们做好新形势下外宣工作指明了方向。

---

1 郭卫民：中宣部部务会议成员、国务院新闻办公室副主任。

学习领会贯彻总书记讲好中国故事的重要论述，要着力把握好以下几个方面：

讲好中国故事，要主动发声，增强国际话语权。随着我国经济社会发展和国际地位提高，国际社会对中国发展道路和发展模式的理性认识逐步加深，同时误解也还不少，我们往往有理说不出，或者说了传不开。我们要主动发声，让国际社会和广大公众知道中国做了什么，还要做些什么。争取国际话语权是我们必须解决好的一个重大问题。

讲好中国故事，要加强话语体系建设，重视议题设置。要创新对外话语表达方式，研究国外不同受众的习惯和特点，采用融通中外的概念、范畴、表述。要提高议题设置能力，善于提出既体现中国立场、中国价值，又能够被外国受众理解和接受的观点、主张，真正做到“中国话语、国际表达”。

讲好中国故事，要开展多种形式对外传播，增强影响力。要用好新闻发布机制，用好高端智库交流渠道，用好重大活动和重要节展赛事平台，用好中华传统节日载体，用好海外文化阵地，用好多种文化形式，让中国故事成为国际舆论关注的话题，让中国声音赢得国际社会理解和认同。

讲好中国故事，要把握好时度效。时度效是检验新闻舆论工作水平的标尺，要抓住时机、把握节奏、讲究策略，从时度效着力，体现时度效要求，增强中国故事的吸引力感染力，让人爱听爱看。

讲好中国故事，要善用新媒体新技术。随着新媒体快速发展，国际国内、线上线下、虚拟现实等界限日益模糊，构成了越来越复杂的大舆论场。讲好中国故事，既需要生动精彩的内容，也需要有影响力的传播渠道。要强化互联网思维，构建起立体多样、融合发展、联通世界的现代化对外传播体系。

习近平总书记率先垂范，在对外交往中亲自讲中国故事、发中国声音。总书记讲中国故事，注重摆事实、讲道理，善于运用生动的语言和鲜活的故事阐述深刻的思想，产生直抵人心的力量。在总书记的引领和示范下，讲好中国故事、传播好中国声音形成了声势、兴起了热潮。我们要认真贯彻总书记关于“讲好中国故事”的指示要求，学习“讲好中国故事”的方式方法，努力对外讲好中国故事。

二、讲好中国故事推动对外传播迈上新台阶

党的十八大以来，在以习近平同志为核心的党中央坚强领导下，对外宣传坚持围绕中心、服务大局，坚持国家站位、全球视野，以讲好中国故事、传播好中国声音为己任，着力在提升国际传播能力、增强国际话语权上下功夫，各项工作取得长足发展、迈上了新台阶。

加强顶层设计和大外宣格局建设，为讲好中国故事明确了目标、提供了支撑。围绕对外新闻舆论工作、国际传播能力建设、媒体智库交流合作、文化“走出去”等，制定

一系列文件、实施一系列重要举措。积极构建大外宣格局，有效整合宣传资源和力量，充分发挥政府、企业、研究机构、社会组织、公民个人等不同主体的作用，形成了全方位、多元化、立体式对外传播体系。

重大主题对外宣传精彩纷呈，中国故事赢得世人瞩目。利用各种重大活动和时间节点，制定专门方案，精心组织习近平总书记系列重要讲话精神和治国理政新理念新思想新战略、中国梦、“四个全面”战略布局等重大主题对外宣传，深入宣介“一带一路”建设、脱贫攻坚等重大政策措施。精心组织构建人类命运共同体、正确义利观等重大外交理念的对外宣传，着力塑造中国负责任大国形象。热点问题舆论斗争坚决有力，有效维护了我国家利益和国家形象。

领导人高访外宣取得突破，大大提升了中国故事的国际影响力。精心组织习近平总书记出访对外宣传，通过新闻报道媒体合作智库交流、文化活动等多种形式及时充分报道习近平总书记重要活动，深入宣传阐释习近平总书记重要讲话和战略思想，阐释中国道路、中国理念、中国贡献，充分展示习近平总书记大国领导人的魅力和风采。

新闻发布水平进一步提升，打造了讲好中国故事的权威平台。紧紧围绕党和国家中心工作，精心组织开展新闻发布活动，增加权威信息发布“含金量”。加强新闻发布制度建设，通过制度性安排和刚性要求，推动各部门各地区建立权威信息发布机制。认真做好特重大突发事件新闻发布和境外媒体现场服务管理工作，有效回应外界关切，应急新闻报道水平进一步提升。

中外媒体和智库交流合作深入开展，合作讲好中国故事成效明显。大力推动中外媒体交流合作，中央和地方媒体积极走出去，与境外媒体广泛开展合作，形成了中央和地方媒体双层次、常态化、全媒体、多语种的合作传播格局。积极探索“智库＋外宣”模式，通过中外智库交流互访、联合研究等方式开展学术外宣，产生了积极广泛的国际影响，开拓了讲好中国故事的新渠道。

有力推进国际传播能力建设，中国声音在全球传播更快更远。集中资源和力量打造外宣媒体，中国国际电视台（CGTN）已于 2017 年 1 月 1 日正式开播。中央媒体海外机构建设不断加强，基本覆盖全球热点地区和重点城市，海外采用率、转载率、收听率、收视率有了新提高。网络外宣破题推进，积极用好推特、脸谱等境外社交平台开展对外传播。

中华文化走出去向深度和广度拓展，提升了中国故事的亲和力。充分利用中华文化的国际知名度和影响力，积极开展文化外宣。深化中国文化年、感知中国、欢乐春节等品牌活动，在国外掀起感知中华文化魅力的热潮。积极推进海外中国文化中心、中国馆、孔子学院等建设。在影视剧拍摄、图书出版销售等领域加强与境外机构合作，为中华文化传播拓宽了渠道。

通过持续努力，中国的海外形象好感度持续提升，在美国皮尤研究中心等多家国际民意调查机构发布的数据中，对中国持有积极评价的占比连年升高。同时也要看到，国际舆论“西强我弱”格局还没有根本扭转，让世界认识一个客观真实、立体多彩的中国，仍然任重道远。对外传播在加强统筹协调、节目海外落地及有效收听收视阅读、在海外社交账号的影响力、人才队伍建设等多个方面，还需要不断加强和改进。

三、讲好中国故事谱写对外传播新篇章

当前，世界正处于百年未有之大变局。做好对外宣传工作，既面临着复杂形势和严峻挑战，同时也具有前所未有的有利条件。党中央的高度重视和坚强领导，为讲好中国故事提供了坚强保证；我国综合国力和国际地位不断提升，为讲好中国故事提供了有力依托和丰厚资源；多年来外宣工作积累了丰富的理论和实践经验，培养了大批讲故事人才，为开展工作奠定了基础。我们要抓住有利时机，进一步加强对外传播理论研究与实践创新，以创新精神谱写讲好中国故事新篇章。

一是推动话语体系创新，增强中国故事的感染力影响力。现在，国际社会理解中国共产党和社会主义制度的人越来越多，对中国治国理政理念感兴趣的人越来越多。要抓住这个有利的“时”和“势”，进一步发出中国声音。要精心研究梳理，把中国的成就、中国的理念、中国的立场与国际社会的关注结合起来，形成我们的话语体系，形成我们的议题话题。要注重寻找中外利益交汇点、话语共同点、情感共鸣点，把中国国情、中国特色与国外受众的表述习惯和接受心理结合起来。

二是打造多元传播主体，为讲好中国故事壮大力量。讲好中国故事要把政府主导与公众参与结合起来，党委政府要做好引领、统筹协调。媒体、新闻发言人、国际新闻评论员、专家学者、文化交流使者是讲好中国故事的骨干。每个普通的中国人，既是中国故事的主人公，也是讲好中国故事的主体。要充分调动中央各部门和各地方、官方和民间、机构和公民、外交外事、内宣外宣等各方面的力量，努力形成对外讲好中国故事的交响乐章。

三是构建立体传播格局，为讲好中国故事拓宽渠道。要进一步提升媒体对外传播能力，构建中央媒体和地方媒体相互配合、传统媒体和新兴媒体相互借力、中国媒体和外国媒体合作传播的媒体对外传播体系。要充分发挥好走出去企业作用，推动他们把开展经营活动、履行社会责任与开展宣介结合起来，把树立企业形象与展示国家形象结合起来。要利用好现有智库资源，打造一批中外智库高端对话交流平台，增强我国在国际涉华议题上的主导权。

四是要把握分众化传播趋势，增强讲好中国故事的精准性。讲好中国故事面对的是不同国家、不同群体，不同受众对中国的看法和认识不尽相同，对有关中国的信息需要也不尽一致。讲好中国故事，要深入研究不同国家、不同群体受众思维习惯和对中国信息

的需求，“一国一策”“一国多策”，深层次细分外国受众，因地制宜，因人制宜，有的放矢，提高精准度和有效性。

五是加快中华文化走出去步伐，为讲好中国故事夯实文化根基。要增强文化自信，推动更多中华文化走出去，让强劲的“东风”在海外受众心中夯实文化的根基。要把中华文化作为讲好中国故事的生动载体，加强中国特色社会主义道路、理论、制度的诠释，加强社会主义核心价值观的诠释，加强构建人类命运共同体等重要外交理念的诠释，从历史渊源和文化基因的角度，阐明今天的中国从何处来、未来的中国向何处去。

六是加强外宣理论研究，为讲好中国故事提供智力支持。好的中国故事，需要有好的理论内涵，需要不断加强理论研究，更好地把握对外传播规律。要及时总结讲好中国故事的成功经验，加强新形势下外宣主体、对象、渠道、方式等的研究，使讲好中国故事体现时代性。要总结和研究外宣工作面临的问题和挑战，提出解决问题的方案。要及时研判国际舆论形势，主动提出话题建议，把我们想说的和国际社会关注的更好结合起来，把握规律性、富有创造性。今年下半年，我们将迎来党的十九大，这是党和国家政治生活中的一件大事。迎接、宣传、贯彻好党的十九大是今年外宣工作的主线，对我们外宣工作者来说，更是责任重大、使命光荣。让我们一起努力，更好地对外讲好中国故事、发出中国声音、传递中国理念，把对外宣传工作做得更好，为迎接党的十九大胜利召开营造良好的国际舆论环境。

如何对美国人讲中国故事

叶小文[1]

对美国人讲中国故事，首先要明白美国人对中国的看法是什么。美国认为，中国的发展势不可挡，将会“东山再起”。尽管中国这头睡狮的崛起有利于世界和平发展是不争的事实，但事实上，难免有人，特别是世界上最大的发达国家公民、充满优越感的美国人总是对中国存在一定的片面看法。

在美国人眼里，他们很困惑中国的内在精神是什么？中国是由无神论执政党领导的国度，对于普遍信仰基督教的美国人而言，他们很难听得进，也更难相信中国的故事。他们认为，这个连上帝都不信的国家不可信，中国故事亦不可信。

美国第一个限制外来移民的法案——《关于执行有关华人条约诸规定的法律》，通过法律把中国人赶出去，原因是美国人认为中国人太可怕，连上帝都不信。今天，美国政府把宗教自由作为人权问题的重要组成部分，在对华交往中，增加宗教问题的分量。美国每年发布的《中国人权报告》不断指责中国，这成为中美关系不可忽视的问题。对美国人讲中国故事，面对文化霸权并咄咄逼人的美国，我们要敢于斗争又巧于周旋，斗而不破，努力求同存异。

我们在宗教领域同美国进行针锋相对的较量，对美国人民讲好中国故事，要有长期打算，要利用一切可利用的机会，连续不断地做工作。要针对不同对象，力求工作成效，坚持锲而不舍，注重日积月累。对美国官员怎么讲，对美国基督教徒怎么讲，对美国老百姓怎么讲，对美国大学生怎么讲，这需要有所侧重。

---

1 叶小文：十三届全国政协文史和学习委员会副主任。

对美国官员讲好中国故事。我曾经和美国官员有过一次对话。入境的时候，美国官员不让我进去，问“你是谁？”我说，“我是中国国家宗教事务局的。”他又问我，“宗教局是什么单位？我们美国就没有这个单位，你是假的吧？”我说，“美国没有可以的，中国没有不可以。你们美国的教堂是个空教堂吧？而你看中国的寺庙，佛祖在中间，下面全是罗汉。”他说，“你是佛教徒啊？”我说，“我不是佛教徒，我是共产党人。”他说，“你根本不是佛教徒你来管理宗教？”我说，“这你就不懂了吧，在中国烟草局长他不一定吸烟，体育局长也不一定打球，我管理宗教但我不信教。中国政府是为人民服务的，我作为政府的一员也是为人民服务的。”你跟美国官员讲半天你都讲不清楚，和美国驻华大使也讲不清，即便这个人是个中国通。有一天这个大使到我办公室，进去后他对着房间发呆。我说，“这个有什么发呆的？”他回答说，“这个房间有300多年历史啊。”我说，“中国随便找个木头都比你们美国历史长，你懂不懂中国的文化？”他说，“我怎么不懂，我看过很多书。”我问，“你看过什么书？”他说，“我看过《孙子兵法》。”而我本人是《孙子兵法》研究会副会长，他怎么讲得过我呢？

对基督教徒讲好中国故事。我曾到美国最大的教堂去演讲，引起热烈反响。我到了美国洛杉矶最大的水晶教堂，那天的演讲难度很大，布什总统在，只给我8分钟的时间。我要是讲中文，讲4分钟再翻译4分钟就没有时间了。于是我就到中国外文局学英文，我在那用英文做了一个演讲。对美国基督教牧师讲中国故事，并非易事。美国素有“圣经王国”之称，一般民众对于圣经有着很深的情结。我们鼓励中国基督教协会到美国去举办活动，让美国人知道中国是如何讲圣经的。

对美国大学生讲好中国故事。我记得曾到南加州大学去讲中国的人权事业进步状况。一个大学生坐在下面，指着我说，“他还懂人权、他有文化吗？”演讲结束后我找到那个大学生，我问他，“你说我没有文化，你是学什么的？”他说，“我在和全世界著名的大提琴家学大提琴，你听得懂吗？”我说，“我不但听得懂，我还会拉大提琴，我在你的学校马上办个独奏音乐会，你信不信？”他当然说不信。我后来就找了两个华人，真的在南加州大学办了一场大提琴独奏音乐会。

对美国老百姓讲好中国故事。“惟以心相交，方成其久远。”可以让中美两国民众友好交往的小故事，编织成两国关系发展的大文章，为中美关系提供源源不断的内生动力。我们有一批来自社会各界的成功人士，他们共同的爱好就是音乐。随后我们组建了一个交响乐乐团，名为“满天星业余交响乐团”，美国费城交响乐团曾邀请我们乐团举行联合演出，取得了很好的效果。

对美国人讲中国故事，中国有岿然独存的优秀中华文化，有辉煌的当代发展进步，更应有文化自信。但是，自己优秀不等于人家认可你的“优秀”，岿然独存并不是孤芳自赏，新的辉煌也不是一枝独秀。文化自信不仅在于自己的决心有多大，声音有多高，历史有多久，块头有多大，实力有多强，还在于人家是否信服，有没有获得“他信”。我们要努力到全世界去讲中国故事，传播中国声音，推动中国文化走出去。尤要能够并善于对具有文化霸权意识的美国，对一些隔阂甚深、抱有偏见、甚至狂妄自大的美国人，去讲好中国故事。

坚守使命 继往开来 持续讲好中国故事

张福海[1]

习近平总书记既高度重视对外传播工作，又熟谙对外传播规律，更是对外传播的高超实践者。他不仅明确提出要讲好中国故事，传播好中国声音，更明确指出，讲故事是国际传播的最佳方式。这一论断的提出，是对对外传播规律的精妙点化，既为我们指明了对外传播工作的方向，也为我们传授了对外传播的工作方法。通过梳理习近平总书记近年来的外访活动，可以发现，他每到一个国家，无论是发表文章、接受专访，或是演讲讲话，都会讲述一个又一个的中国故事，也正是在这些故事中，中国的形象得以生动，中国的文化得以精彩，中国的成就得以展现，中国的理念得以光大。

作为对外传播的国家队和主力军，中国外文局为对外传播而生，为对外传播而兴。中国外文局近 70 年的历史，其实就是一部对外传播的历史。对外讲好中国故事，让世界了解中国，一直是外文局的责任和使命。早在建局初期，毛泽东主席亲笔题写了《人民画报》的刊名，周恩来总理亲自为《人民画报》审定稿件达三年之久，并倡议创办了《北京周报》。这之后，一代又一代的外文局人薪火相传，初衷不改，并在这一过程中，诞生了爱泼斯坦、沙博理、戴妮丝、茅盾、萧乾、叶君健、杨宪益等一大批善讲中国故事的中外大师和名家。下面，我结合会议主题和中国外文局多年来的对外传播工作实践，就讲好中国故事汇报几点认识和体会，请各位专家指正。

1　张福海：辽宁省委常委、宣传部长，时任中国外文局局长。

一、讲好中国故事首先要讲好习近平总书记治国理政的故事

中国故事必然是全面的、立体的。它既有历史的，也有现实的；既是群体的，也是个体的；既是理论的，也是生活的；既是物质的，也是精神的，全息的中国画像需要全息的中国故事描述。在这一过程中，每一个视角、每一个切口都是必须而有益的，需要我们积跬步以致千里，汇细涓以成江河。但这浩大的中国故事方阵，需要有一根精神主线，才能集腋成裘，而不致杂乱无章，甚至污损中国形象。这根主线就是习近平总书记的新时代中国特色社会主义思想。讲好中国故事，首先就要讲好习近平新时代中国特色社会主义思想。

党的十八大召开后，外文局做的舆情调查显示，当时国际社会普遍想了解中国共产党为何能持续取得成功，以及新一届中央领导集体将给世界带来什么影响。西方国家非常关心中国的对外政策和在全球治理上的表现，发展中国家更多关心中国发展经济、治理腐败的经验和做法。基于此，外文局在中宣部、国新办的直接领导和指挥下，举全局之力，集全国和行业英才，编辑出版了《习近平谈治国理政》多语种图书，并紧紧抓住我领导人出访、双边或多边重要活动，以及参加重要书展等契机，针对不同对象国、不同语种分别举办该书的首发式、研讨会、座谈会、展销月等系列活动，邀请诸如柬埔寨首相洪森、巴基斯坦总理谢里夫、尼泊尔总统班达里、泰国立法议会主席兼议长蓬贝等许多国家的政要、著名智库学者和媒体人士参与相关活动，有效扩大了该书的国际知名度和影响力。该书自 2014 年 9 月出版至今，已出版了 21 个语种 24 个版本，全球发行 625 万余册，覆盖 160 多个国家和地区，取得近年来我国政治类图书海外发行的最高纪录。目前，该书还有 13 个语种正在开展合作翻译出版，预计明年将达到 34 个语种。《习近平谈治国理政》的海外成功，虽与营销推广的力度有一定关系，但最主要的是这本书的自身魅力，它很好地回应了国际社会的关切。十八大以来，以习近平同志为核心的党中央立足当代中国国情和发展实践，围绕改革发展稳定、内政外交国防、治党治国治军，提出了一系列治国理政新理念新思想新战略，集中体现在《习近平谈治国理政》这本书中。通过阅读该书，海外读者既能了解到中国的发展理念和发展道路，也能看到世界问题的中国观点和中国方案，还能听到中国与国际社会共同发展、共享繁荣的美好愿望和心声。《习近平谈治国理政》可以说是国际社会全面了解当代中国及其未来走向的一把金钥匙。这本书的海外热销，也引领和带动了外文局“中国共产党为什么能”系列、“中国共产党精神”系列、“中国梦”系列、“一带一路”系列、“中国关键词”系列、《大中华文库》等一批对外介绍中国共产党、中国基本国情、中国当代发展成就和中国优秀文化主题图书的出版和对外营销发行。

二、讲好中国故事应遵循对外传播规律

讲好中国故事，面对的是海外受众，用的是对象国的语言，在讲故事的过程中需要遵循对外传播基本规律。结合外文局的工作实践，我们认为有三点很重要：

一是阐释好中国观点。我们讲述中国故事，不是为讲故事而讲故事，而是通过讲故事传递中国理念、中国价值，无论形式如何变化、内容如何选择，中国观点始终是故事的灵魂，是我们与西方世界开展对话、构建中国对外话语体系的重要支撑。通过一个个鲜活的中国故事，更加充分地、有感染力地表述中国，向国际社会讲清楚中国的过去、现在和未来，讲清楚中国特色社会主义的理论、道路、制度和文化，讲清楚构建人类命运共同体的中国智慧和完善全球治理的中国方案。在讲故事的过程中，只有坚持“中国故事、中国灵魂”和“国际故事、中国观点”，我们的声音才会引人关注，我们的故事才会独一无二。最近根据中央领导同志的指示精神，中宣部、国新办在外文局所属的中国网举办了《中国三分钟》对外传播成功经验研讨会。《中国三分钟》是中国网针对海外社交媒体制作的一档英文短视频评论节目。创办两年来，已经制作播出 117 期，在海外社交媒体平台上总阅读量超过 2.27 亿，视频总播放量超过 1700 万次，总互动量超过 130 万。近期播出的《回归二十载，“一国两制”为香港插上双翼》，上线 72 小时后，在脸谱上的阅读量达到 1264.6 万，播放量超过 78 万，互动量达到 35.8 万，其中阅读量和互动量均创下节目开播以来的峰值。与 2016 年同期相比，2017 年 5 月、6 月《中国三分钟》的海外网友平均互动率增长了 17 倍，网友留言质量趋高，成长明显。《中国三分钟》节目之所以取得成功，被海外网民认可，关键在于它能够聚焦时事热点，回应国际关切，表达中国立场，也就是说，有鲜明的中国观点。

二是展示好中国现场。实践证明，有现场感的故事，往往更有温度、更加鲜活，也更容易引人入胜。讲好中国故事，就要到中国故事发生的现场去，到中国改革发展的一线实践中去，代读者去看、去听，把真实发生的事情讲述给国外受众。“记者的文章应该是用脚写出来的。”在这方面，外文局有良好的传统。上世纪 80 年代，外文局《人民中国》杂志社的记者历时 400 多天，用自行车骑行 5000 多公里，沿途采访了 53 个县 77 个村镇，访问了上千人，写就了深受日本读者喜爱的《大运河之旅》。外国专家李莎为了写《这些中国人》，三次去新疆，走遍了新疆的北南西东。这些都为我们讲好中国故事积累了宝贵的经验。今天，我们向国际社会讲好中国故事，尤其是讲好当代中国的故事，就要到我国政治、经济、社会、文化和生态文明建设的一线去，到祖国东西南北不同地域、不同民族、不同发展阶段的地区去，去感受中国独特的历史文化和现实国情，见证中国发展的伟大实践。只有这样，才能发现最丰富、最鲜活的素材，才能写出有说服力、有吸引

力的中国故事。

三是构建好中国人脉。中国的故事，不仅需要我们自己来讲，也需要世界各国的朋友共同来讲。用外国人的视角、外国人的声音来讲述中国故事，这样更容易跨越语言和文化的藩篱，更容易激发没有隔阂的心灵共鸣。在外文局的对外传播实践中，曾经涌现出一批像爱泼斯坦、戴妮丝、沙博理、魏璐诗等这样以毕生精力对外宣传介绍中国、促进中外沟通的国际知名专家和国际友人。今天，外文局也正在深植海外人脉，广交朋友、深交朋友，扩大全球“朋友圈”，在国外政界、学界、传媒界和公众人物中，聚集更多能讲、会讲、讲好中国故事的知华友华人士。同时，广泛开展合作传播，让更多国外的出版传媒同业为我所用，将中国故事装进去、传播开，实现“借嘴说话、借筒传声、借台唱戏”。

三、讲好中国故事需夯实支撑体系

讲好中国故事，向国际社会全面客观介绍中国，营造于我有利的国际舆论氛围，还必须聚合舆情、翻译、媒体、理论研究等资源，着重构建讲好中国故事的保障支撑体系。

一是用足舆情资源。舆情既是服务大局、服务决策的“晴雨表”，更是讲好故事的“风向标”。舆情对全面把握讲故事的外部舆论环境、动态跟踪舆论动向、校正讲故事的重点和方向、优化讲故事的策略，具有无可替代的作用。在这方面，外文局通过自主研发独立的舆情数据库，与国际知名的数据公司开展合作，将舆情收集对象覆盖到全球上千家主流媒体、上百家主要智库和数十家民意调查机构，全面、准确、及时掌握国际涉华舆论，动态掌握国际舆情和国际关切，为讲好中国故事提供选题方向和建议，不断提升讲好中国故事的选题针对性。

二是用好翻译资源。在我们的对外开放和对外交往进程中，翻译对推动不同文明之间的交流、理解、认知发挥了积极作用、作出了巨大贡献。我们现在讲好中国故事，表达好具有深刻文化内涵和深远战略意义的理念与政策，同样需要通过翻译，用别人的语言呈现出来，以达到让别人了解自己、认识自己、相互交流的目的。外文局主管着中国翻译协会，组建了中国翻译研究院，主办着全国唯一的翻译专业资格考评中心，并通过持续开展中国特色话语体系外译传播工程、全国高端应用型翻译人才培养基地建设等活动，着力解决语言层面的障碍。

三是用全媒体资源。为满足国际受众对中国日益增长的信息需求，外文局在继续做好书刊等传统业态对外传播的同时，不断加强网络传播，特别强调移动化、社交化、可视化，把资源、技术、力量向移动端和社交媒体倾斜，精心策划推出了一批成系列、可延伸、专业化、高品质的对外传播栏目和产品。除了刚才讲到的《中国三分钟》外，我们还推出了《碰词儿》和《中国关键词》微视频栏目，采用英文讲解、中英双语字幕的形式，解读关联中国发展的特色词汇，深入浅出地向国际社会阐释当代中国发展理念；策划制作了由韩国人担任主播的韩语微视频节目《高恩带你看中国》系列，孵化推出了中阿双语《礼拜助手》APP 应用，以及《德语达人》等一批各具特色的多语种 APP 产品等，均在互联网和海外社交媒体平台产生了良好的外宣效果。

四是用实理论研究资源。新的形势下，需要我们更多地从全局和战略的高度来认识对外传播理论对讲好中国故事的重要性，认真分析对外传播的新形势，密切关注对外传播的新发展，不断拓展对外传播理论研究的深度和广度，提升层次和水平，为讲好中国故事提供理论指引。外文局所属的当代中国与世界研究院，经过十几年的发展，已成长为重要的外宣智库和舆情研究国家队，特别是在针对中央领导同志出访、国际涉华舆论热点和突发事件开展舆情研判和对策研究方面，发挥了国家队和智囊团的作用，在对外话语体系建设、国家形象传播、国际民意调查、外宣效果评估等领域已具有较强影响力，为讲好中国故事发挥了重要作用。

同志们，在中宣部和国新办的强有力领导下，在大家共同参与和努力下，自 2009 年起至今，全国对外传播理论研讨会已经成功举办了四届，今天迎来了第五届。作为我国对外传播领域最具权威性和影响力的高端理论研究成果分享平台和服务实践的交流平台，将会继续围绕党和国家工作大局，汇聚全国学界专家和业界同仁智慧，探讨对外传播实践紧迫性问题，发挥理论研究对实际工作指导方面的引领作用。作为会议的承办单位，中国外文局一定继续认真贯彻落实中宣部、国新办的各项指示要求，竭尽所能做好各项承办工作，以不辜负中宣部、国新办和同志们的信任。同时，也真诚欢迎各位代表不吝赐教，对外文局的工作多提宝贵意见，以便我们更好地改进工作，更好地服务对外传播理论研究工作，为讲好中国故事贡献我们的一份绵薄之力。

中国对外传播的精准化转型

胡正荣[1]

2017 年 1 月 18 日，习近平总书记在联合国日内瓦总部演讲时，提出了世界和平与发展的中国方案：构建人类命运共同体，实现共赢共享。这给中国的国际传播能力建设指明了新的方向，也提出了新的要求。

近年来，西方社会风云变幻，"黑天鹅事件"频发，使得启蒙时代以来的资本主义主流价值观不断受到冲击和反思。与此同时，中国的综合国力不断提升，经济发展与民族复兴广获国际关注，中国理念、中国道路和中国方案的全球吸引力也日益增强。经过多年的建设，我国已经初步建立了现代国际传播新体系，下一步更应"胸怀大局、把握大势、着眼大事"，注重内涵发展，善用新兴媒体，制定"一国一策"，增强传播实效。

我今天主要跟大家分享三个思考：第一，应建设以全媒体为基础的国际传播体系；第二，应采取"一国一策"的原则制订国际传播方案；第三，应强调以精准化为特征的国际传播效果。

一、以全媒体为基础的国际传播体系

互联网已经成为当代社会的重要基础设施，手机等移动终端成为当代人重要的工作和生活工具，社交媒体成为社会交往和舆论流通的重要场域，同时，智能技术的广泛渗透再次改造了媒体图景。目前，我国的国际传播在一定程度上倚重报刊、广播、电视等

1　胡正荣：中国教育电视台总编辑、中国传媒大学教授，时任中国传媒大学校长。

传统媒体，而对新兴媒体的调动则有力不从心之感。然而媒体潮流难以逆转，新兴媒体不容忽视。以美国为例，特朗普是人所皆知的“推特（Twitter）总统”。我国的国际传播主力军应当更加注重新兴媒体、新兴技术、新兴终端的运用，构建立体化、智能化、多层次、多领域、全方位、全流程的新型国际传播体系。

这一新型国际传播体系，必然与媒体融合的大趋势相适应。互联网发展已经走过了门户网站时代（以流量为核心）、社交媒体时代（以用户为核心），正走向智能媒体时代（以数据和场景为核心）。传统媒体与互联网经由深度媒体融合而共同走向智能媒体，未来的国际传播也将充分利用新的媒介体系。这里需要注重四个关键。第一，适用多终端。第二，善用大数据。第三，立足多场景。第四，追求高智能。国际传播者应该能够利用新的信息采集技术和手段获得海量素材，以贴近性思维创作易于接受的跨文化内容产品，并利用感知智能去判断特定场景下人的状态和需求，利用运算智能和大数据去将适当的内容推送给另一个文化背景下的使用者。换言之，追求国际传播内容与用户场景在跨文化环境下的精准匹配，才能防止“对空讲话”（speak into the air），走向真正的实效。

二、以“一国一策”为原则的国际传播方案

覆盖全球的中国国际传播网络已经初步形成，遍布全球主要地区、国家和节点城市。新华社、中国国际电视台、中国国际广播电台、人民日报社等建立了覆盖全球的分支机构，不仅在新闻采集和编写上做到了贴近前线、追求一手、保证原创，而且逐步推动员工、网络和内容产品的本地化。截至 2015 年 2 月，我国在海外建立了 27 个中国文化中心；截至 2016 年 12 月 31 日，我国在全球 140 个国家（地区）建立了 512 所孔子学院和 1073 个孔子课堂。互联网国际传播在跨越地理疆域的同时，也通过语言的多样化、文化的适用化、社会的分众化走向全球各个角落。目前，国际传播网络兼顾发达国家与发展中国家及新兴国家，形成了北美、拉美、西欧、东欧和俄罗斯、中东、非洲、中亚和南亚、东南亚、亚太等十大战略板块，在具有战略意义的重点国家、地区和城市都有所布局，形成了良好的局面。

我国国际传播的平台基本建成，网络覆盖全球，也就对传播能力和传播水平提出了更高要求。具体而言，就是要针对每个对象国，开展深入的调查研究，实施“一国一策”，制订具有适用性的国际传播方案。以东盟为例，虽然东盟十国地域接近、贸易互通、政治互助，但内部仍有巨大差异，与我国的关系也有较大区别，其中有的国家是我国的长期友好邻邦，有的国家与我国在文化上有接近之处，有的国家与我国在政治上联系紧密，但也有个别国家与中国在领土问题、历史问题和意识形态问题上存在较大矛盾。只有实施“一国一策”，才能开展有针对性的国际传播。这也对我国的驻外机构提出了要求，

需要对驻在国进行深入调研。总之，我国的国际传播既要讲求区域协同，又要讲求国别差异；既要讲求长期谋划，又要讲求因时而动；既要讲求立场稳定，又要讲求策略灵活。应当努力做到因国而异、因时而异、因事而异，注重国际传播的分众化和适用性。

三、以精准化为特征的国际传播效果

凡是带有明确意图的传播活动，一定会聚焦于传播效果。中国国际传播能力建设开展多年，一方面致力于不断提升传播实效，另一方面也力图构建适用的国际传播能力评估体系。但由于国际传播活动规模大、范围广、目标偏向宏观、参与主体偏向泛化，使得其效果的达成并不那么容易，即使对其传播效果进行评估和掌握，也还没有特别成熟的指标、技术和方法。

随着媒介技术的发展，这一状况有望得到改善。互联网社交媒体成为舆论的主阵地，也是国际传播效果的集中体现场域，从而为提升传播效果带来了丰富素材。舆情采集、监测和分析技术的发展，大数据理论与实践的日渐成熟，智能媒体的逐渐普及，有望使得国际传播效果得到深入的掌握和剖析。

这也就要求中国的国际传播要一改过往偏于“粗放式”的局面，而是以“精准化”作为新的目标。所谓精准化，意味着国际传播的效果要因人而异、因时而异、因事而异。首先，每一个国家、每一个民族、每种文化，乃至每一个阶层、性别和宗教群体，都有自己的价值观念体系和传播接触习惯，要想改变其认知、态度和行为，就必须深刻把握其特征，开展针对性的传播。这就是因人而异。其次，国际传播面临着时代的变化趋势，观念、行为和习惯乃至传受双方的关系都在发生变动，要求国际传播的具体实践与时俱进、因时而异。因时而异，还要求将长期效果、中期效果和短期效果结合起来，进行辩证思考和综合设计。最后，国际传播中的每一项具体内容都有特殊的传播要求，无论是不同类别的形象（国家形象、政党形象、民族形象、群体形象），还是不同类型的舆论事件（政治性、经济性、军事性、社会性、文化性），抑或是效果的具体体现（改变态度还是强化态度、诉诸情感还是诉诸理性、针对认知还是针对态度），都必须因事而异，具体问题具体分析，并采取具体的传播设计。同样的传播策略，可能针对某个国家、某个时间、某个事件是有效的，但因素变化了，可能就会失效。

要做到精准化，必须注重两个层面：一是传播主体与传播内容的精准化；二是传播对象与传播目标的精准化。不同的传播主体，擅长不同的传播领域，因此应当鼓励专业的人做专业的事，或以新闻为核心，或以电影为抓手，或以宗教议题为核心，或以足球文化为突破，总之，在内容垂直化基础上做精准化的内容产品。不同的传播对象，也有不同的需求与习惯。国际传播的精准化，应当厘定传播的目标群体，了解其所思所想，进行细致分层，并根据其不同状况，制订传播方案。为了将这两个层面有机结合起来，还需要善用新技术手段，开展精准传播，让精准化主体、内容与精准化对象及其场景高度匹配，从而达到精准化效果，完成精准化目标。只有建立丰富灵活的传播体系，才能获得精细的效果。

当然，国际传播活动任重道远，涉及的因素纷繁复杂，需要决策者、实践者和研究者从多个方面出发，殚精竭虑、慎思笃行。2016 年 2 月 19 日，习近平总书记在党的新闻舆论工作座谈会上指出：“讲故事，是国际传播的最佳方式……要创新对外话语表达方式，研究国外不同受众的习惯和特点，采用融通中外的概念、范畴、表述，把我们想讲的和外国受众想听的结合起来，把‘陈情’和‘说理’结合起来，把‘自己讲’和‘别人讲’结合起来，使故事更多地为国际社会和海外受众所认同。”本文提出的三个思考，以全媒体为基础建设国际传播体系、以“一国一策”为原则设计国际传播方案、以精准化为特征追求国际传播效果，希望能够为中国的国际传播战略提供具有启发性的策略方案。

讲好中国故事

面向全球讲好中国网络文化强国故事

伍刚　张春梅[1]

【摘要】 中共十七届五中全会首次提出建设中国特色社会主义文化强国。十八大以来，2014 年中央网络安全和信息化领导小组成立，习近平总书记提出“网络强国”的战略，中央人民广播电台国家社科基金重大项目网络文化建设研究课题组先后参加世界互联网大会、达沃斯论坛、博鳌亚洲论坛、世界科技记者大会、哈佛亚洲大会、哈佛中国论坛、布朗大学中国峰会等一系列重要平台讲述中国网络强国战略思想，联合国际传播学会等主办大数据与全球传播变革国际学术研讨会，面向全球贡献互联网国际治理的中国智慧，梳理世界第一大网络用户国家网络文化强国的路径选择，表达在全球网络空间建设中国特色社会主义网络文化强国道路自信、理论自信、制度自信、文化自信。

【关键词】 全球化；网络强国战略；中国声音

中共十七届五中全会首次提出建设中国特色社会主义文化强国，正如习近平总书记到腾讯公司参观考察时指出：“现在人类已进入互联网这样一个历史阶段，这是一个世界潮流，而且这个互联网时代对人类的生活生产、生产力的发展都具有很大的进步推动作用。”

习近平总书记在 2016 年 4 月 19 日网络安全和信息化工作座谈会上的重要讲话发表一周年之际，由中央网信办信息网络新闻传播局指导，中央人民广播电台央广网国家社科基金重大项目“网络文化建设研究：建设中国特色社会主义网络文化强国对策建议”

1　伍刚：中央广播电视总台央广网副总编。张春梅：中央广播电视总台央广网产经中心总监。

(批准号:12&ZD016)课题组（下称：央广网课题组）联合中国社会科学院新媒体研究中心、中国科技新闻学会网络媒体专业委员会、中国通信工业协会区块链专业委员会、清华大学清华控股有限公司，2017 年 4 月 14 日在京举办“贯彻习近平总书记网信工作座谈会重要讲话精神暨人工智能机器人信息革命与网络强国战略研讨会”，会议取得圆满成功，达到了预期效果，受到各方积极评价。央广网课题组 2012 年 5 月 16 日开题启动[2]，经过历时五年参与国际交流，取得一系列阶段成果。

一、启动“国家社科基金重大项目——网络文化建设：大数据与媒介创新研究协作联盟”，联合世界一流理论、实践专家，既基于历史面向未来，又结合国情面向全球，从理论到实践推动网络强国战略研究顶层设计，清华大学出版社出版发行国家社科基金重大项目阶段性成果《全球网络前沿报告》获得全国广电学术年会专著奖。

2015 年 3 月 27 日，该“国家社科基金重大项目网络文化建设 · 首届大数据时代创新与媒体变革研讨会”在京举行。本次研讨会以“时代创新 媒介变革”为主题，围绕大数据时代全球网络文化发展趋势，探讨全球媒介创新发展未来，专家热议将大数据提升为国家战略。相关部门专家及项目组成员围绕国家信息化、云计算、下一代互联网等国家高新技术、网络文化软实力强国发展战略等问题参与课题组相关研讨会并进行了深入研讨。[3]

围绕如何建设中国特色社会主义网络文化强国目标，会议探讨了谷歌、脸谱、微软、腾讯、雅虎、百度、维基、推特、苹果、亚马逊等全球十大互联网公司的发展模式，如何创新机制，推动中国从一个互联网大国变成世界互联网文化强国，提升中国的软实力，是一个庞大而艰巨的课题，课题组成果专著代表作《全球网络前沿报告》《传统媒体和新兴媒体融合发展的愿景与路径——以提升中国互联网国际传播力为例》《网络时代的传播革命》《网络强国战略的中国式创新思考》提出，中国要超越过去从来没有中断的 5000 年的文明历史，实现中华文明的伟大复兴，回到基于中国 5000 年文明积淀的文化自觉、文化自信、文化自强，成果研究对中国和世界都具有重要参考价值。

“国家社科基金重大项目——网络文化建设大数据与媒介创新研究协作联盟”启动，共同为大数据研究提供数据、理论等支持，建立学校、媒体、网络大数据企业合作人才培养模式。[4]

---

2 “网络文化建设研究——建设中国特色社会主义网络文化强国对策建议”开题简报，2013年3月8日， 来源：全国哲学社会科学规划办公室，http://www.npopss-cn.gov.cn/n/2013/0308/c357420-20727007.html.

3 中央人民广播电台国家社科基金重大项目课题组与百度公司联合举办“网络文化建设”专题研讨会，2013年3月8日，来源：全国哲学社会科学规划办公室，http://www.npopss-cn.gov.cn/n/2013/0308/c357420-20727016.html.

4 “国家社科基金重大项目网络文化建设 · 首届大数据时代创新与媒体变革研讨会”举行，2015年4月14日，来源：全国哲学社会科学规划办公室，http://www.npopss-cn.gov.cn/n/2015/0414/c219507-26843383.html.

二、针对人类文明经过的农业革命、工业革命、信息革命和全球传播变革发展趋势，发布面向 21 世纪的《中国保定宣言：数字时代的全球传播共识》。

从工业文明诞生并走向未来的全球传播如何适应信息文明时代新要求？2015 年 6 月 27 日，央广网课题组与中国社科院世界传播研究中心等联合主办，河北大学新闻传播学院承办的“大数据与全球传播变革”国际学术研讨会在河北保定召开，来自中外理论实践一线的专家学者 500 人共聚一堂，共议大数据时代全球传播界面向明天的新机遇、全球新闻工作者走向未来的新使命。专家一致认为，全球大数据已对 GDP 贡献达 270 亿美元。Gartner 公司预测，大数据技术在 5—10 年成为普遍采用的主流技术。全球传播界急需构建一个全球参与、开发、利用的开放大数据生态传播系统，让公众分享大数据的价值，让大数据信息消费的红利为全球共享。

河北大学新闻传播学院院长白贵，央广网课题组执行组长、央广网副总编辑伍刚代表会议主办方在研讨会闭幕式上宣读《中国保定宣言：数字时代的全球传播共识》，提出四点倡议：一、主动拥抱数字化新时代，大力推进互联网 + 大数据创新驱动繁荣发展，提高人类生产力、推动信息经济增长。二、以和谐的法律和国际标准提升网络安全，开发网络空间稳定和数据安全隐私保护标准，创造可信、负责任、可持续发展的传播环境。三、提升面向未来的大数据媒介国民素养，改变和完善现有教育体系，推动以大数据、万物互联、云计算为创新经济引擎的研究教育投资，帮助青年学生满足全球经济的需求。四、发起建立跨地域、跨行业、跨国界的全球大数据与全球传播变革创新研究协作联盟，共同致力于促进全球自由贸易，实现开放、自由、多边、透明的数字地球传播新秩序。[5]

三、迎接新一轮信息革命——万物互联时代，着眼物联网创新强国顶层设计，课题组邀请中国、德国、美国物联网科学家、企业家、智库专家学者代表召开第四次工业革命 · 万国物联网创新强国峰会《“一带一路”万国物联网创新倡议》。

伴随新一轮信息革命大幕开启，世界各国进入新一轮科技革命和产业变革快车道。中国倡议“一带一路”全面实施、“十三五”规划全面启动，如何引领全球信息革命大势，推动多主体、全方位、跨领域的互利合作，充分释放全球物联网前沿技术革命红利，如何构建新兴物联网制造服务技术全球价值链、普惠“一带一路”沿线国家民生福祉？

针对全球产业巨头苹果、谷歌、三星、通用、AT&T、因特尔、思科、IBM 等形成全

5　“大数据与全球传播变革”国际学术研讨会举行，提出数字时代的全球传播四点倡议，2015年7月1日，来源：全国哲学社会科学规划办公室，http://www.npopss-cn.gov.cn/n/2015/0701/c219507-27237179.html.

球物联网产业联盟，AllSeen Alliance 技术联盟、工业互联网联盟（IIC）、开放互联联盟（OIC）和 Thread Group 联盟组建物联网全新标准和产业生态圈，2016 年 6 月 26 日，央广网课题组联合中国科技新闻学会网络媒体专业委员会邀请中国、德国、美国物联网科学家、企业家、智库专家学者代表在北京钓鱼台国宾馆举行华商经贸合作峰会暨“第四次工业革命 · 万国物联网创新强国峰会”。[6]

1. 世界经济论坛主席、MIT 智慧城市峰会主席寄语第四次工业革命与中国物联网发展

世界经济论坛主席施瓦布在夏季达沃斯论坛前夕出版新著《第四次工业革命》。出版商中信出版社授权在峰会发布了施瓦布对中国读者的致辞，中国制订了国民经济和社会发展第十三个五年规划，充分具备了成为时代先锋和全球领头羊的条件，在第四次工业革命涉及的各主要领域，全世界都期待中国发挥关键作用。

美国 MIT 智慧物联网峰会 UV 联席主席段晓曼教授、方亚隽博士通过网络视频致辞祝贺第四次工业革命 · 物联网创新强国峰会成功召开，期待中美物联网科技产业合作催生创新成果。

2. 中国工程院院士、中国顶级智库建言中国物联网自主创新顶层设计

中国工程院院士、中国网络空间安全协会理事长方滨兴出席峰会，发表题为《大数据呼唤大搜索 大搜索向网络索取智慧》主题报告，展望了中国十三五规划大数据、云计算、物联网未来前景，提出了应对未来泛在网络发展挑战的战略对策。

中国国际经济交流中心常务副理事长郑新立分析了全球视野下中国自主创新驱动发展战略与工业互联网强国战略的思考，引发与会代表强烈共鸣。

3. 峰会专家联合发布《第四次工业革命 ·“一带一路”万国物联网创新联盟倡议》

北京邮电大学博士生导师、MIT 访问教授崔鸿雁，央广网副总编辑、中国科技新闻学会网络媒体专业委员会主任、国家社科基金重大项目网络文化建设研究课题组伍刚代表峰会组委会宣读《第四次工业革命 · 万国物联网创新联盟倡议》：一、以“一带一路”为纽带创建万国物联网产业创新联盟，共同致力于振兴全球实体经济。二、弘扬丝绸之路精神，创新“一带一路”物联网产业顶层设计和底层构架，打造惠及各方的万国物联网高端价值链。三、打造“一带一路”物联网产业多元合作生态链。四、共同打造“一带一路”物联网智库，将绵延千秋的“丝绸之路”打造成一条面向未来的“万国物联、

6　中国科技新闻学会官方网站，第四次工业革命.物联网创新强国峰会在钓鱼台国宾馆举行，2016-7-1，http://www.csstj.org.cn/hdxh/565.jhtml http://www.csstj.org.cn/hdxh/565.jhtml.

绿色智慧、和平幸福的丝绸之路”。[7]

4.中国制造2025与德国4.0有效对接，物联网产业前景广阔，与会专家代表热议万物互联强国战略中国方案

德国推出物联网支撑的工业4.0，美国加快推进信息物理系统大数据战略。来自德国证券交易所驻中国首席执行官姒元忠提出，中国制造2025与德国4.0有效对接，中国企业赴德发展与投融资面临巨大机遇，尤其是中国物联网产业具有无可比拟的产业需求和市场空间，中国人的创新自信将创造物联网时代中国奇迹。《中国信息安全》杂志社副社长秦安提出万物互联时代网络安全产业发展“数字立国”的中国方案。2016年是中国“十三五”规划启动元年，第四次工业革命·万国物联网创新强国峰会旨在通过物联网创新经济新技术产业化，推动2025中国制造和“一带一路”沿线国家实体经济升级，促进人类生产生活与自然和谐共融，使其更加智能化，汇聚世界一流物联网科学家、企业家，大智慧造福“一带一路”。

四、内合外联、世界眼光，广泛联合中国国家留学基金与哈佛大学肯尼迪学院合作项目“中美互联网创新比较”课题组，应邀在全国第一、二届对外传播理论研讨会、第六届国际传播论坛、第二届世界互联网大会、哈佛亚洲会议、哈佛中国论坛、麻省理工学院创新峰会、布朗大学“我的中国梦”中国峰会、哥伦比亚大学纽约中国论坛、联合国中国书会、韩国世界科技记者大会、全球萨尔茨堡媒介素养教育峰会、南加州大学与哈佛学者对话会等发布研究成果，面向世界阐释中国互联网文化软实力强国战略。

央广网课题组先后联合中国国家留学基金与哈佛大学肯尼迪学院合作项目“中美互联网创新比较”课题组等机构和研究所展开横向协同创新研究，课题组实地到硅谷计算机博物馆，网络巨头谷歌、苹果、脸谱、雅虎、微软、推特总部进行深访调研，实时关注跟踪中国中央地方重点网站、中国商业门户最新发展动态，课题组研究成果《关于建设世界一流互联网传播强国的若干思考——中美互联网国际传播力对比研究》分析指出：中美同为世界互联网大国，美国是世界互联网技术领先的网络传播强国，为中国互联网强国之路强化核心竞争力、追赶美国互联网、提升国际传播力提出若干对策建议。

2014年11月9日，央广网课题组联合国际传播学会（ICA）、上海交通大学全球传播研究院、上海交通大学媒体与设计学院、美国普渡大学布里兰传播学院、哥本哈根商学

7　第四次工业革命 万国物联网创新强国峰会“一带一路”万国物联网创新倡议，2016年6月27日，观察者网，http://www.guancha.cn/economy/2016_06_27_365543.shtml.

院跨文化传播与管理系主办第六届全球传播论坛在上海成功举行，论坛主题为“互联网与中国 20 年：变革与创新”，来自中国、美国、日本、新加坡等国家的互联网界专家学者、业界代表 200 人出席论坛。

综上所述，课题组结合国内相关网络文化重大项目课题研究基础，尤其是十七届六中全会提出的建设中国特色社会主义文化强国和十八大以来中央网络安全和信息化领导小组提出的建设网络强国的战略目标，科学规划研究预期目标，研究框架与内容，研究思路与方法、最终成果及其社会应用，课题组从世界传媒发展趋势及全球网络文化发展现状，未来展望、履行文化强国使命的中国特色社会主义网络文化建设的方向和路径，促进网络文化产业成为国民经济支柱性产业的体制机制，中国从互联网大国向互联网强国转型的技术创新体系研究，中国网络文化受众调查研究和中外网络文化比较研究等维度，研究注重长期研究、注重对象差异、注重交叉研究、注重全球比较、注重实践对策和注重网络文化受众特别是对青少年人群文化心理的研究。

课题组研究思路比较清晰、系统和全面，充分体现了网络文化建设研究的前沿趋势、最新研究特点，具有明确的方法论意义、问题意识和对策意识，既注重探索问题讨论的研究方法，亦有探索全球化背景下中国特色社会主义网络文化强国战略建设的理论构建与学术研究，其预期成果具有很高的实践意义和理论水准。课题组将在今后继续深入研究网络文化强国战略实践过程面临的新机遇和新挑战：

首先，在联合国信息社会峰会、世界互联网大会等国际舞台发出中国网络主权话语权声音，课题基于十七届六中全会，十八届三中、四中、五中全会以来网络强国战略，针对互联网新兴领域展开研究，总体设计比较宏大，非常重要。围绕建设社会主义文化强国使命进行前瞻性研究，聚焦当前网络文化建设的核心问题，既注重理论创新，又注重实践可操作性对策建议研究。

其次，加强对全球化背景下中国实施创新驱动发展网络强国战略背景下网络文化受众的研究，特别是对青少年人群文化心理的研究。鉴于我国网民年龄构成中青少年比例较高，自 1996 年互联网进入中国后按时间进行细分阶段性研究。课题组力求找到网络技术与网络文化之间的嫁接点，既研究网络技术发展对文化建设的影响，又研究网络文化建设的对策以及如何用先进的网络文化建设理念引导受众。

第三，课题组未来研究重心集中在下一代网络发展规律、未来中国自主构建独立操作系统、自主芯片在全球网络空间话语权，对中国未来网络文化建设的重要问题和当前网民认可的概念、定义、范畴，从物理层面、技术层面、文化层面，突出网络强国战略背景下网络政治、网络经济、网络社会、网络文化对人的影响。

中国故事 世界赋彩

——以“茶与爱”国际微电影大赛为例论对外文化交流创新

黄廓　张平[1]

【摘要】“茶与爱”国际微电影大赛在创新对外文化交流方面做出了诸多探索。首先也是最突出的一点是依据“五大发展理念”进行战略设计，让随后的内容生产众筹参与踊跃、活动环节彼此联系、传播效果持续显著。其次是活动依托既有的国际世界语社区的内在文化认同、语言沟通、志愿者服务，不仅节省了内容生产成本、活动组织成本、媒体购买成本，实现较高的媒体报道国际渗透率，还能达到前所未有的百分百正面报道，基本实现跨文化传播的理想境界。第三是多种文化交流方式相结合，无论是网络展映、获奖者中国行与文化体验，还是中国代表团境外展览、交流，都充分淡化了官方色彩，将世界语与生俱来的草根性发挥到淋漓尽致，并完美结合了民间交往与高层互访，取得了“茶亲”“茶与爱之城”“姐妹城”等切实可见的公共外交成果。第四是推广中国当代社会文化，将传统的双边文化交流变为多边互动，形成活动进入 29 个国家、舆论覆盖 13 个国家的多维度互动文化交流场域。第五是可持续性强且具有品牌价值，活动的低投入、易操作、高效果模式在经过两届活动后渐趋成熟，国际影响力可以预见会日渐增大。

【关键词】 创新；对外文化交流；公共外交；跨文化；国际微电影大赛；茶与爱

习近平总书记在中央政治局第十二次集体学习时指出，提高国家文化软实力，关系我国在世界文化格局中的定位，关系我国国际地位和国际影响力，关系“两个一百年”奋斗目标和中华民族伟大复兴中国梦的实现。创新对外文化交流是提高国家文化软实力

1　黄廓：中央广播电视总台英语环球广播首席研究员，资深翻译。张平：中央广播电视总台“四个一批”人才工程培养对象。

行之有效的手段之一。《中共中央关于制定国民经济和社会发展第十三个五年规划的建议》明确提出要创新对外传播、文化交流、文化贸易方式，推动中华文化走出去。

一、我国“对外文化交流”领域研究现状

与创新对外文化交流的重要性相比，我国的理论研究还相对滞后且指导参考性不足。在中国知网 CNKI 文献库上以“对外文化交流”为关键词进行搜索，截至 2017 年 6 月 13 日，搜索得到 9308 篇文献。就文献发表趋势来看，1954 年（仅 1 篇文献）开始对“对外文化交流”已经有所关注，但是在 20 世纪 50 年代到 90 年代，“对外文化交流”仍属冷门，相关研究平均每年不足 20 篇。自 90 年代末到本世纪初（1994 年至 2004 年）处于缓慢升温期，自 2005 年（184 篇）到 2012 年（578 篇）关注度显著加强,2012 年之后虽有所降温，但是依旧保持在每年至少 368 篇规模。

分析研究关键词的词频分布发现（见图 1），“文化外交”（70 篇）最获关注，然后依次为“文化”(63 篇)，“文化产业”(59 篇)，“文化软实力”(51 篇)，“软实力”(36 篇)，“文化交流”（30 篇），“中华文化”（30 篇），“文化建设”（29 篇）和“对外文化交流”（29 篇）等。分析通过设置不同搜索模式获得的数据，发现我国研究对外文化交流领域的细分程度不高。

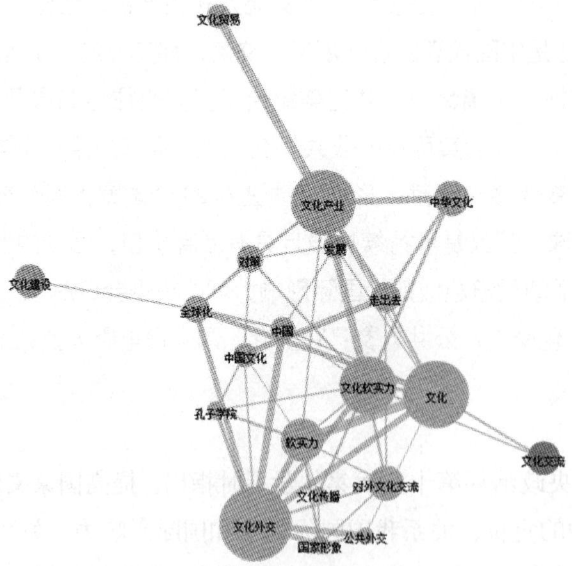

图1：CNKI数据库“对外文化交流”文献聚集显示图

分析显示，以往研究多是基于全球化、软实力、公共外交、跨文化交流与传播等理论框架，[2]重点关注三种对外文化交流模式：一是文化活动；[3]二是学术与文化交流；[4]三是海外文化及教育机构。[5]对外文化交流主体以政府为主，大多是政府主导，民间参与。文化交流多以双边交流为主，少有类似奥运会这样的多边交流。效果存在重数量轻质量的现象。对外文化交流内容偏重于传统文化的介绍，而对当代中国特色社会主义发展道路、理论、制度、核心价值观涉及较少；或者脱离国外民众的认知程度，在形式和风格上，偏爱“高、大、上”的宏大叙事，较少讲述普通老百姓的故事，存在重形式轻内容的现象。在宣传话语上刚性有余，柔性不足十分突出。[6]对外文化交流还需要突破传统文化交流的筹备周期长、人财物投入大、活动实际参与度低和跨文化传播效果差等障碍。

本文以中国国际广播电台开展的以世界语为平台的“茶与爱”国际微电影大赛为案例，探讨如何以“五大发展理念”为指导更新对外文化交流战略，创新方式方法，突破对外文化交流障碍与困境，达到对外文化交流“增信释疑、凝心聚力的桥梁纽带”的目标。

二、以“五大发展理念”为战略指导更新对外文化交流战略

“茶与爱”国际微电影大赛在对外文化交流创新尝试上的成功得益于指导理念的正确性。党的十八届五中全会提出了“五大发展理念”，主要针对当前我国经济发展进入新常态以及世界经济复苏低迷的大环境，但创新、协调、绿色、开放、共享理念本身是对发展规律的认识和把握，其适用价值不仅在经济发展领域，在对外文化交流领域同样具有战略指导意义。

（一）创新

文化创新本质上是“软实力”创新，是培植民族永葆生命力和凝聚力的基础，同时为各类创新活动提供不竭的精神动力。[7]“茶与爱”国际微电影大赛正是充分注重文化创新，没有延循传统的对外文化交流模式，如活动选取“茶”这个被世界三分之二的人饮用的

2　姜飞：《跨文化大传播视野下的世界与中国》，《新闻前哨》，2007年第7期，第89-91页；黄廓：《中国在金砖国家的公共外交效果2013年调查报告》，赵启正等主编《公共外交蓝皮书：中国公共外交发展报告（2015）》，社会科学文献出版社2015年4月第一版。

3　钟利红：《对外文化交流下的功夫演艺产业》，山东大学，2012；李志斐、于海峰：《试论“中国文化年”现象》，《理论界》，2007年，第2期，第109-111页；张燕：《从“上海周”看对外文化交流的作用》，复旦大学，2009年。

4　王芬：《跨文化背景下对外文化交流的路径分析》，《人民论坛》，2012年，第23期，第154-155页。

5　米歇尔·康·阿克曼、邬书林、沈卫星、蒋思哲：《孔子学院在中国对外文化交流中的角色》，《孔子学院》，2014年第6期，第38-43页。

6　谭东华：《我国对外文化交流中提升国家文化软实力路径探析》，《天津市社会主义学院学报》，2017年第1期，第47-52页。

7　《把握机遇 创新思路 拓展渠道 大力提升对外文化交流和文化贸易水平》，《人民日报》，2010年5月16日(004)。

文化媒介为内容，用最能突破语言限制的视觉传播方式和制作门槛相对较低的微视频形式，聚焦人类情感，体现不同文化、文明互鉴共存，力求实现跨文化交流与价值认同。

（二）协调

“茶与爱”国际微电影大赛充分重视对外文化交流的“协调”性。“茶与爱”国际微电影大赛通过调动分布在各个国家的世界语社区成员的积极性，使得活动的组织、参与、推广可以深入到这些国家，使得此项活动实现了国际社会的系统参与、整体参与，解决了对外文化交流国家不平衡问题。外国媒体对该活动都是基于兴趣和本国参与者推荐而主动报道，无需我国购买时段；另外笔者统计发现（见图2），媒体不仅来自澳大利亚、德国等传统涉华舆论较多的国家，还包括立陶宛、捷克等以往对华报道量不大的国家，并且所有报道都是积极正面的，体现出“中国叙事”变革引发的国际舆论利好变化。

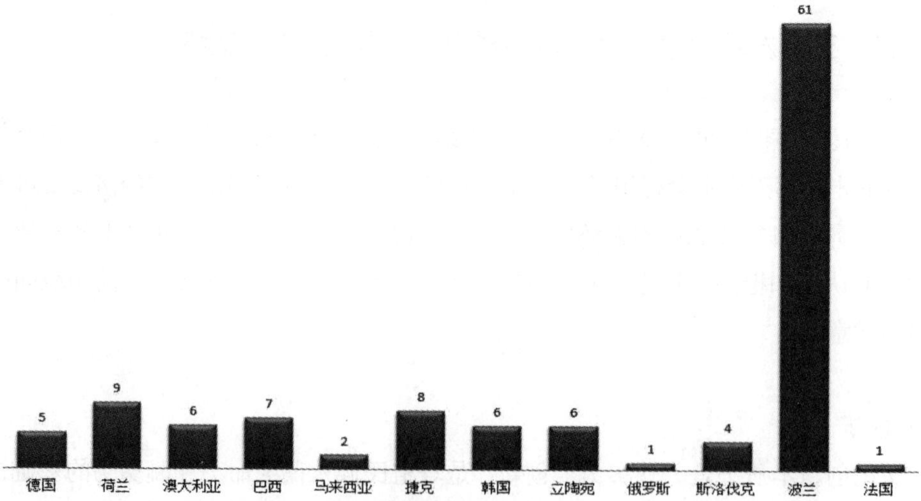

图2：12国境外媒体主动、正面报道“茶与爱”国际微电影大赛
(2014年4月1日—2017年6月11日)

（三）绿色

绿色发展的目标是解决人与自然和谐问题，“茶与爱”国际微电影大赛在组织之初就充分考虑了文化交流活动的“绿色”本质。第一是主题充分体现了对自然的热爱、对人类情感的看重和对人与自然和谐的追求，这同时也是吸引众多国际民众积极参与活动的因素之一。第二是活动全程经费和物资使用贯穿“绿色”原则，节约大型活动场景的搭建费用、文化产品或演艺人员的国际交通费用等，连奖品都是富有宣传价值的中国茶和中国生活体验，充分体现了“绿色”组织文化交流活动的创新特性。

（四）开放

中国是全球第一产茶大国及消费大国，有着悠久的制茶、烹茶、品茶历史和丰富的文化，“在中华优秀的传统茶文化中，深深蕴藏着中华文化的基因密码”。[8] 同时，茶是具有国际性的文化符号，世界三分之二的人口饮用茶，60 多个国家生产茶。“茶与爱”国际微电影大赛既是中国的，也是世界的。两届大赛，吸引到来自世界各地的 124 部作品，参赛者从各自的文化视角阐释他们对“茶与爱”的理解，充分体现了文化的开放与交融。

（五）共享

“茶与爱”国际微电影大赛的规则“不做具体要求，只要是积极的、正面的，所有的作品都将受到欢迎”，通过内容的众筹性充分体现了活动的共享性。国际货币基金组织总裁（IMF）拉加德（Christine Lagarde）曾说，茶是最能代表“一带一路”精神的载体，是“一带一路”沿线国家相知相交的重要媒介。她强调，“一带一路”倡议就像中国的茶，源于中国，受益世界。“茶与爱”国际微电影大赛虽发源于中国，但属于整个世界。

三、新时代对外文化交流创新的可行路径

（一）致效性高，传播投入产出比大

传统对外文化交流通常投入较高，且周期较长，手续繁琐。“茶与爱”国际微电影大赛则在前期零投入，利用中国国际广播电台自有媒体资源发布互动信息，然后依靠合作传播、人际传播扩大效果。

“茶与爱”国际微电影大赛得到了国际世界语协会（UEA）[9] 的大力支持。协会在 71 个国家设立了分支机构，会员遍布 120 个国家，下属 38 个专业组织（包括记者协会、教师协会和商贸协会等）。得到国际世界语协会的支持不但使大赛权威性得到保证，也为其下属机构和会员以及其他世界语组织积极参与活动、主动投入到活动的组织工作中奠定了基础。

这个由中国组织的对外文化交流活动，除得到东道主中国媒体的广泛报道，还受到其他 12 个国家的 29 家媒体的主动报道。中外媒体报道量之比为 5:1（见图 3），远高于我国其他对外文化交流活动的境外媒体曝光度。更为重要的是，所有报道都不是活动主办方通过购买渠道获得的，而是文化交流活动本身引发了境外媒体的关注。

---

8 摘自第五届茅盾文学奖获得者、浙江农林大学茶文化学院院长王旭烽2015年5月29日在美国耶鲁大学发表的题为《中国茶文化的核心思想——浙江绿茶的和平之饮》的演讲。

9 UNIVERSALA ESPERANTO-ASOCIO，缩写UEA，成立于1908年，是同联合国有特殊咨询关系的非政府组织，是联合国教科文组织的业务关系伙伴，与美洲国家组织建立了普遍合作的关系，与非洲统一组织、联合国儿童基金会、欧洲理事会、国际标准化组织也建立了咨询关系。

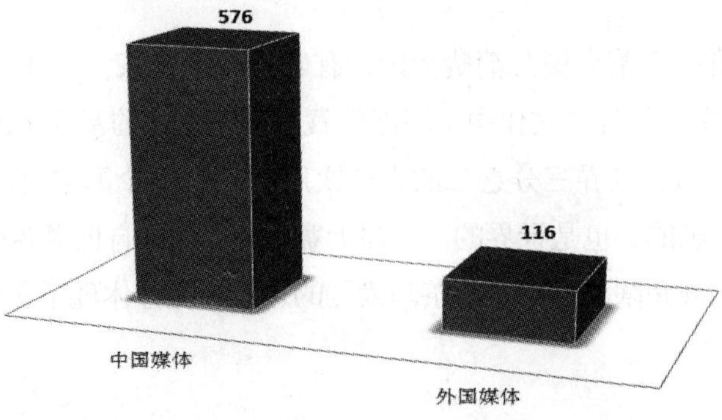

图3：中外媒体报道“茶与爱”国际微电影大赛数量统计
(2014年4月1日—2017年6月11日)

（二）可持续性强，志愿者参与程度高

自 2014 年首届活动启动，“茶与爱”国际微电影大赛因为活动的多层次性和广泛的世界参与度，产生了传播效果的“长尾效应”。大赛包括作品征集、作品评选、作品展示与推广、颁奖盛典以及获奖者体验文化中国行等系列活动。[10] 这些活动形成此起彼伏的新闻热点，产生连带的舆论效应，打破单一活动结束后就淡出媒体报道和民众关注的约束，形成持续的舆论场域以及对外文化交流长效机制（见图 4）。

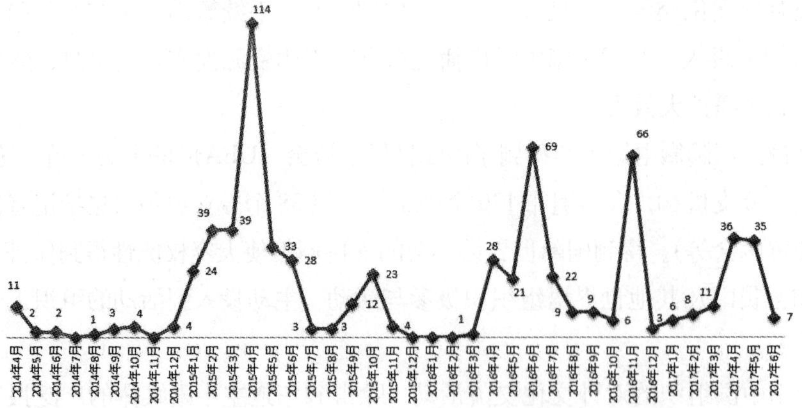

图4：中外媒体报道“茶与爱”国际微电影大赛周期及频次统计
(2014年4月1日—2017年6月11日)

此外，“茶与爱”国际微电影大赛具有鲜明的内容众筹、组织志愿性。第一届大赛核心团队是几位中国主创人员，第二届则建立了国际志愿团队。在 2017 年 1 月参赛作品的

10　2015年4月的“茶与爱”国际微电影节期间，来自捷克、斯洛伐克、巴西、立陶宛、法国、波兰、德国、瑞典、俄罗斯、哥伦比亚、伊朗、智利、意大利、土耳其和中国共15个国家的29位获奖者参加了包括颁奖盛典、中国传统文化体验课、茶文化课、中俄大学生网络视频对话和“品饮中国·五洲茶亲”之走进畲乡在内的18项活动。

翻译和字幕制作阶段，有来自中国、巴西、哥伦比亚、斯洛伐克、俄罗斯、意大利、德国和韩国的志愿者积极参与。第一届大赛征稿以传统的官方网络专题为主，而第二届大赛则因各国的世界语志愿者的加入，将传播主战场扩大到脸谱、微信等国内外社交媒体平台。

（三）文化认同感强，跨文化适应性高

“茶与爱”国际微电影大赛以世界语为工作语，其活动主题所体现出的文化诉求与世界语社区所怀有的内在理想空前一致。因此，这种共同的文化凝聚了一批热爱茶文化的世界语者，使他们成为“茶与爱”的坚定后盾。具体表现为：一方面团队利用时差形成24小时“无眠无休”高效工作方式；另一方面是把整个活动的跨文化不适降到最低，由于国际团队成员来自亚洲、欧洲和美洲，所以无论在大赛各项环节处理上，还是微电影节内容策划上，都充分考虑到各个国家的文化习俗、特色、禁忌等，使得文化活动不仅具有中国特色，还符合世界语者所在国的受众文化传统。

（四）线上线下融合，助力公共外交

借助“茶与爱”国际微电影大赛，活动组织者、世界各地的参赛者、文化体验活动的接待者成为了“茶亲”；盛典主办城市杭州、获奖者所在的城市如立陶宛维萨吉纳斯市（Visaginas）、捷克新伊钦市（Nový Jicín）等都成为了“茶与爱之城”；2015年“茶与爱”国际微电影大赛分会场所在地中国浙江景宁畲族自治县和立陶宛维萨吉纳斯市表达了结交“姐妹城”的意愿。“茶与爱”国际微电影大赛不但得到普通民众的喜爱，而且受到多个国家的城市精英阶层的关注。

“茶与爱”国际微电影大赛具有鲜明的人际传播优势。通过获奖者来到中国、组织者走出中国、媒体报道中国、参与者分享中国，“茶与爱”国际微电影大赛开创了对外文化交流主体本身就包括“他者”，因而无需“走出去”的独特方式。志愿者、参赛者将传播“茶与爱”看作自己的事情，并希望通过“茶与爱”推广世界语以及传递“爱与交流”的文化。各国参赛者讲述的“茶与爱”光影故事集中在中国这个全球第一产茶大国，培育了知华友华力量，扩大了国际“朋友圈”，提升了中国的国家形象。

四、创新对外文化交流任重道远

“茶与爱”国际微电影大赛在创新对外文化交流方面做出了诸多探索。首先也是最突出的一点是依据“五大发展理念”进行战略设计，让随后的内容生产众筹参与、活动环节彼此联系、传播效果持续显著。其次是活动依托既有的国际世界语社区的内在文化

认同、语言沟通、志愿者服务，不但节省内容生产成本、活动组织成本、媒体购买成本，实现较高的媒体报道国际渗透率，还能达到前所未有的百分百正面报道，实现跨文化传播的理想境界。第三是多种文化交流方式相结合，无论是网络展映、获奖者中国行与文化体验，还是中国代表团境外展览、交流，都充分淡化了官方色彩，将世界语与生俱来的草根性发挥到淋漓尽致，并完美结合了民间交往与高层互访，取得了“茶亲”“茶与爱之城”“姐妹城”等切实可见的公共外交成果。第四是推广中国当代社会文化，将传统的双边文化交流变为多边互动，形成活动进入 29 个国家、舆论覆盖 13 个国家的多维度互动文化交流场域。第五是可持续性强且具有品牌价值，活动的低投入、易操作、高效果模式在经过两届活动后渐趋成熟，国际影响力可以预见将日渐增大。

“茶与爱”国际微电影大赛在增强中华文化的亲和力、感染力、吸引力和影响力方面产生了示范作用，[11] 其成功经验可以为更多更好的对外文化交流创新提供借鉴。同时，创新对外文化交流任重道远，需要好的顶层设计和更默契的部门配合，这是一项构建全方位、多层次、宽领域的文化“走出去”格局的系统工程。

11　文化部：《文化部 2017 年度部门预算》，2017年4月，第35页。http://zwgk.mcprc.gov.cn/auto255/201704/W020170408569883803206.pdf。

用年轻的话语讲好中国故事
——“中美大学生对话”案例分析

徐扬[1]

【摘要】“中美大学生对话”（英文名 From University to the World）是中国国际广播电台精心打造的品牌媒体活动。自 2011 年以来，该活动已多次举办，并于 2016 年成功在美国纽约大学举办。活动的主要形式是邀请中美两国大学生就相互关心的热点话题进行面对面的探讨，借此增进两国民间人文交流，促进两国青年的相互了解。把线下活动与线上推广紧密结合，用年轻人的话语来讲述中国故事，传播中国文化，是该活动有别于传统外宣的独特亮点。

【关键词】 中美大学生对话；媒体外交；公共外交

一、“中美大学生对话”背景介绍

由国际台英语中心创办的“中美大学生对话”，自 2011 年以来已举办多场，吸引了来自美国加州大学、乔治·华盛顿大学、中国人民大学、北京外国语大学等多所中美两国高校的大学生参加。对话的主要形式是邀请两国大学生在主持人的引导下进行面对面的讨论，话题不仅包括教育差异、校园文化、就业问题这些和大学生们息息相关的内容，也包括两国文化、美食美景、风土人情、双边关系等更具广泛性和深度的内容。参与活动的两国师生都对这种开诚布公、直接对话的交流形式给予了高度评价。

1 徐扬：中央广播电视总台英语环球副总监，博士。

2015年，在中国国家主席习近平访美前夕，国际台英语中心推出升级版的“中美大学生对话”。不仅在上海和北京各举办了一场“中美大学生对话”，还完成并发布了国内媒体首个针对中美两国大学生群体的问卷调查。《人民日报》、新华社、中新社、《中国日报》《环球时报》、新浪、搜狐、网易、凤凰网、澎湃新闻等多家主流媒体和网络媒体对活动进行了详细报道。中宣部、广电总局等相关部门也对活动给予高度评价。

在经历多次打磨后，2016年“中美大学生对话”再次全面升级，不仅首次走出国门，在美国纽约大学成功举办，还推出了网络海选中国大学生、网络问卷调查等一系列预热活动，吸引了大批年轻人关注，成为一项具有持续热度和关注度的媒体外交活动。本次“中美大学生对话”的主题是“2020：中国、美国和我”，这一主题将两国关系与年轻人的个人发展紧密结合。在长达两个小时的活动中，国际台英语中心《圆桌议事》栏目主持人周赫扬和美国哥伦比亚广播公司CBS纽约1010WINS新闻台主播李·哈里斯与来自北京外国语大学、上海外国语大学、北方工业大学、纽约大学、宾夕法尼亚大学等高校的10位中美学生代表围绕中美关系、未来发展、文化认知、旅行和美食体验等话题展开热烈讨论。

二、2016“中美大学生对话”的传播效果及亮点

2016“中美大学生对话”吸引了近200位美国大学生、中国留学生、相关嘉宾和媒体代表出席。嘉宾包括中国驻纽约总领事馆副总领事张美芳、中国驻纽约总领事馆新闻和公共外交处主任张佩岚、纽约大学资深副校长琳妮·布朗、纽约市议员顾雅明、纽约中国和平统一促进会副会长焦圣安等，部分嘉宾还现场接受媒体采访。《人民日报》、新华社、《中国日报》、中新社、《侨报》《星岛日报》《世界日报》、美国中文电视、纽约广播网等30多家海内外媒体对本次活动进行了现场报道。2016“中美大学生对话”从筹备到举办的整个过程都颇具新意，在传播过程中具有如下亮点：

（一）首次海选中国大学生，发挥年轻人的自媒体特质。

为了吸引更多大学生关注并参与，2016“中美大学生对话”首次设计了为期一个月的网络海选中国大学生赴美环节，并与年轻人擅长的手机短视频相结合，为正式活动预热。海选以英语短视频网络征集的方式推出，邀请全国大学生围绕“三分钟讲好中国故事”的主题拍摄短视频作品。活动在国际台的全媒体平台推出后，反响热烈，两周时间就征集到了全国60多所高校大学生的百余件报名作品。在三分钟的短视频中，同学们用英语讲述了各式各样的中国故事。这些生动有趣的UGC（受众生产内容）作品在国际台英语中心的海内外媒体平台展示后，获得良好反响。大学生们用年轻人的话语和视角呈

现了有别于主流媒体叙述的中国故事，体现了当代中国大学生的自信与活力。他们生产的内容虽然比较原生态，却非常真实，符合网络传播特质。此外，大学生们不但参与生产内容，也会利用自己的社交媒体网络积极推广这项有意义的活动。

（二）特色网络问卷调查，借媒体平台服务公共外交。

作为活动的第二轮预热，国际台英语中心在 2016 年 9 月推出“2020：中国、美国和我”主题问卷调查，问卷分为中英文两个版本，内容涉及两国未来期望、高层交流、彼此印象、务实合作、文化感知、生活体验等六大领域。有 500 位中国大学生和 350 位美国大学生参与了问卷调查。问卷调查不仅是为即将举办的“中美大学生对话”提供内容支持，同样也是为了促进两国年轻人的相互沟通和理解，引发大家对彼此的关注，为两国公共外交营造良好氛围并提供数据支持。

调查结果显示，多数中国大学生认为中美关系是最重要的双边关系，而美国大学生则认为美中关系的重要性仅次于美欧关系。虽然排位略有不同，但大部分受访的中美大学生对 2020 年的中美关系秉持积极正面的态度。问卷调查结果引发社会广泛关注。

（三）中美主持人联袂主持，突出文化多元性和兼容性。

2016“中美大学生对话”还首次尝试与美国主流媒体合作，由中美两国主持人同台主持。中方主持为国际台英语中心《圆桌议事》（Round Table）栏目主持人周赫扬，美方为美国哥伦比亚广播公司 CBS 纽约 1010WINS 新闻台主播李·哈里斯。

1010WINS 是纽约地区最具影响力的新闻电台，早间新闻主播李·哈里斯拥有 30 年的广播经验，在纽约地区具有非常高的知名度。李·哈里斯也曾多次访问中国，对中国相当熟悉。他的加入提升了纽约本土受众对活动的认可度，也让“中美大学生对话”更具观赏性。来自中国的主持人周赫扬是儿时曾经在美国生活的 90 后主持人，她的主持热情洋溢，言语亲切，深受年轻受众喜爱。中美两位主持人，一个是中国新生代广播人代表，一个是美国资深广播人代表，一个活泼大方，一个沉稳老练，两人的合作在舞台上擦出了不一样的火花，也体现了“中美大学生对话”的多元性和兼容性。

文化的多元性和兼容性还体现在参加对话的学生们身上。台上的 10 位同学既有来自中国和美国本土的大学生，也有在美国的中国留学生，以及美籍华裔和美籍韩裔大学生，不同文化背景的碰撞让现场欢笑不断。

（四）海内外同步直播，利用互联网平台扩大影响力。

作为面向年轻人的交流活动，2016“中美大学生对话”全程利用互联网平台传播，不论是前期的网络海选和网络问卷调查，还是对话活动本身，都充分利用社交媒体，突出互动性。10 月 11 日晚在纽约大学举办的对话活动，首次尝试了海内外同步网络视频直播，不仅为网友提供美国现场的信号，还增加了北京演播室的后方主持人进行同步中文解说。前后方通力合作，克服多个技术难题，最终实现了在脸谱、YouTube、微信、微博、国际台英语环球手机客户端和网站、CIBN 互联网电视、今日头条和腾讯新闻客户端等多个网络平台的全程直播。超过 30 万海内外网友部分或全程观看了活动直播并踊跃参与互动。

三、媒体外交助力公共外交讲好中国故事

十八大以来，党和政府对开展公共外交给予高度重视。国之交在于民相亲，民相亲在于民相知。公共外交的努力方向就是要让“民相知”“民相亲”。作为公共外交的重要组成部分，媒体外交在推动“民相知”和“民相亲”上有独特优势。2016“中美大学生对话”就是在借媒体平台推动两国青年的相知相亲，正如中国驻纽约总领事馆张美芳副总领事在致辞中所说：“青年是国家的未来，也是中美关系的未来。相信通过轻松活泼的面对面对话，能增进彼此了解、消除误解和偏见。”这一活动的成功举办也为媒体外交助力公共外交带来了有益启示。

（一）对话式媒体外交有助于解疑释惑，增进了解。

考恩和阿瑟诺在《从独白到对话，再到合作：公共外交的三个层次》一文中将公共外交划分为三个层次，即独白、对话和合作，这也可被视为公共外交的三种传播模式。其中，独白模式通常表现为政府公告、官方讲话或信息发布，以及媒体社论等；对话模式是指多种多样的意见与信息交流，比如，政府首脑或社会精英在正式峰会上“交换看法和信息”、公众参与“跨文化的体育、电影和艺术项目”，以及通过媒体平台，特别是社交媒体平台进行交流；合作模式主要是指来自不同国家的参与者共同参与到一个长期或短期的项目中，通常是通过跨国合作，解决共同面临的问题或冲突。[2] 这三种模式在媒体外交中也有对应的范例，比如国家领导人出访时在当地媒体发表署名文章就属于独白式媒体外交；国际台每年在博鳌亚洲论坛上举办的亚洲媒体论坛是对话式媒体外交；由国新办发起的，“一带一路”沿线国家的媒体和文化机构共同打造的“一带一路”媒体传播联盟则具备了合作式媒体外交的特征。

在这三种模式中，对话模式强调双向的思想和信息交流，通过对话与互动，有利于

---

2 Geoffrey Cowan, Amelia Arsenault (2008). Moving from monologue to dialogue to collaboration: the three layers of public diplomacy. In Cowan, G. & Cull, N. J. (eds). The ANNALS of the American Academy of Political and Social Science, Sage Publications, Vol 616, Issue 1, pp.10-30

消除外国公众的刻板印象，改善国与国之间的关系。对话式媒体外交的行为主体通常由国家政府及其代表、媒体机构和具有国际影响力的个人等其他行为主体构成，目标受众是与争议性问题有关的国家的公众。对话式媒体外交寻求的不是权威性，而是思想对话与观点互动。[3]对话式媒体外交不是单向的线性传播，而是平等基础上的直接交流，这种模式更符合“民相亲”的特质。“中美大学生对话”就是这样一种目标受众明确的对话式媒体外交活动。

（二）让受众参与议程设置，用年轻的话语讲好中国故事。

有别于其他以学者、官员或媒体意见领袖等精英人士为对话主体的媒体活动，“中美大学生对话”有着非常“草根”的一面，对话主体完全来自两国的大学生，也就是活动的目标受众群体。这样的对话不再是少数嘉宾的发言配上媒体报道，而是大家一起定题一起讨论一起聊天一起传播。在活动中媒体虽然也会扮演把关人和议程设置者的角色，但这种身份已经被淡化，大部分议题都来自目标受众群体。媒体更像是为两国大学生搭建了一个互动交流的平台，把大家召集在一起，主持人更像是话题引导者，是替网友们来提问的人，引导大学生们思考、讨论，而真正表达观点、讲述故事的人则是大学生自己。

“美国人为什么总是充满自信？”“中国人为什么那么努力工作？”“再过4年中国会超越美国成为全球第一大经济体吗？”“美国人最喜欢吃的中国菜是什么？”这些通过前期问卷调查从两国大学生中征集的问题在对话现场也引发大家的热烈探讨和阵阵欢声笑语。两国大学生独具个性的表述和真实生动的回答，也是在用另一种方式讲述中国故事。

比如来自上海外国语大学的周丁益同学在开场自我介绍时说：“我是一名中共党员。这是我第二次来美国，三年前我在华盛顿特区分享这一情况时，在场的听众都被吓坏了。其实我和大家一样都是普通人。”他坦诚而幽默的介绍立即引发全场的掌声和笑声。

在谈到2020年中美关系的关键词时，中国留学生曾汉林则说：“2020年中美两国的关键词应该是‘相互尊重’，现在美国流行文化在中国的传播非常成功，我穿的是耐克鞋，听的是美国的流行音乐，我相信也会有越来越多的中国元素进入美国社会，这有利于双方的相互理解与融合。只要我们秉持相互尊重的理念，致力于交流和合作，双赢是绝对可以实现的。”

大学生们毫无保留的坦诚交流，给现场观众和媒体留下深刻印象。相比于一些媒体讲述的中国故事，这些由两国大学生结合自身经历讲述的中国故事似乎更具亲和力和传播力。北美发行量最大的华人报纸《世界日报》在相关报道中写道：“移民美国20多年的

3　陆佳怡：《媒体外交：一种传播学视角的解读》，《国际新闻界》，2015年4月，第92-105页。

张先生说，11日这场别开生面的对话确实非常精彩，给他和其他听众留下了深刻的印象。这也是首次在美国的公开场合听到有人，而且是一位年轻人，提到他的中共党员的身份，‘这完全没有想到’。他希望今后能有更多这样坦诚的对话，发挥民间交流在促进美中两国关系中的作用。”[4]

（四）精心设计，环环相扣，打造接地气、有人气的媒体外交。

传递中国声音，讲好中国故事，打造有影响力的媒体外交，需要媒体不断突破创新，多方借力，灵活运用各种方式方法。“中美大学生对话”从最初的一场两小时对话逐渐发展为一项历时几个月，具有持续关注度的媒体外交活动，正是因为主办方不断拓展该项品牌活动的内涵和外延，通过环环相扣的设计，让更多目标受众参与其中。成功的媒体外交需要接地气，要融入到受众中去，让受众主动成为参与者和传播者。尤其是面向年轻人的传播，更应该围绕年轻人喜欢的方式去设计。2016“中美大学生对话”运用了短视频征集、网络投票、网络问卷调查、动画短片展示、网络视频直播等多种多样的传播手段和互动方式，在活动设计和话题选择上也以两国年轻受众为中心，避免说教和形式主义，这也使活动更容易被两国年轻人接受。

“中美大学生对话”这一品牌活动的英文名称是“From University to the World”，其本意就是要通过大学生的视角来看世界，促进不同文化的交流。年轻人代表未来，年轻人的相亲相知，有助于为中国的未来发展营造良好氛围。未来的公共外交中，民间交流将是很重要的内容，而媒体外交，尤其是对话式媒体外交在这一方面独具优势。今后我们将继续扩大这一媒体活动品牌的影响力，力争把“中美大学生对话”升级为“中外大学生对话”，让更多国家的年轻人参与进来，用年轻人的方式加深对彼此的了解，提升海外年轻受众对中国和中国文化的认同度。

4 万仁：《中美大学生纽约对话 火花四溅》，《世界日报》，2016年10月30日。

建好中国治理案例　讲好国家传播故事

——以中国政府管理案例库为例

彭铁元[1]

【摘要】加强国家传播引导，关键是要有正确的立场和科学的话语体系。我们可以采用西方的话语体系来说明解释中国的问题，用西方的案例建设经验来总结中国治理经验，用西方案例体系阐释中国模式和中国道路。要以中国视角，打造专业化、系统化、权威化，门类齐全、数量众多、质量优秀的、符合中国实际的中国政府管理案例库，更加自觉地持续推进国家治理体系与治理能力现代化成为当务之急。

【关键词】政府管理案例；国家治理体系；国家治理现代化；国家传播战略

当前，我国意识形态的正能量日益强劲，但意识形态斗争的形势依然激烈和复杂，加强国家传播战略问题的研究和国家传播引导是一项紧迫任务。加强国家传播引导，关键是要有正确的立场和科学的话语体系。我们可以采用西方的话语体系来说明解释中国的问题，用西方的案例建设经验来总结中国治理经验，用西方案例体系阐释中国模式和中国道路。这样，以其人之矛攻其人之盾，我们对中国特色社会主义的国家传播才会更有吸引力，对各种错误思潮的抵制批驳才会更有说服力，我国国家传播才会更加深入人心，中国的故事才会不断增加国际话语权。

1　彭铁元：中国政府管理案例库编委会主任。

一、东西方案例建设历史沿革和话语体系异同辨析与选择

在西方国家使用最多、影响力最大的是两种案例。第一种是将法院判决的案例用于司法实践，名曰“判例法”；另外一种是世界顶级商学院哈佛大学商学院使用案例教学代替全部教材，名曰“哈佛大学案例”，影响深远。

1. 判例法目前在世界各国使用情况。判例法制度最早产生于中世纪的英国，美国是目前最典型的实行判例法的国家。判例法的基本思想是承认法律本身是不可能完备的，立法者只可能注重于一部法律的原则性条款，法官在遇到具体案情时，应根据具体情况和法律条款的实质，做出具体的解释和判定。其基本原则是“遵循先例”。但需要注意的是案例并不是西方国家的专属，古代中国许多朝代的法律中也运用到了判例法。判例法是，普通法系与大陆法系的主要区别，大陆法系的法官们否认刑法判例的法律地位，但他们并不否认刑法判例在刑事司法实践中的重要作用。

哈佛 MBA 的案例教学影响深远。哈佛商学院案例可以说是哈佛的代名词，这是它的首创。一项案例通常是对一个实际管理决策情形的真实描述，篇幅一般在 10—30 页左右，目的是用于阐发商业原则和总结经验教训。尽管一些有名的商学院认为，像成本会计、应用统计和基础金融这样的课程仅仅依靠研究一些案例是不够的，但是哈佛仍然坚持相信这是训练学生解决实际问题能力的最佳途径。

2. 用案例讲述中国故事的可行性。案例是对现实工作和生活中某一具体现象的客观描述，比较详细地叙述一段具体的工作和生活情节，一件已经发生过的事实，向人们提供人物、场合、过程、结果，它呈现特定的问题情境，探讨产生的原因和影响，并作一定的分析和反思，希望引发讨论，从中体现一定的思想和理论。

（1）案例的客观性备受尊重和追捧。案例是写实的，是对案例事件发生背景、特定环境、主要情节进行客观的描述，不能随意取舍或歪曲事实的真相。

（2）案例的典型性具有重大价值。案例既要反映案例事件的客观事实，也要体现工作的现象与本质、个性与共性、特色与规律的统一，要有反映案例事件的成功或不足的典型性。

（3）案例的现实指导作用巨大。案例事件本身具有现实意义、应用价值和理论研究价值，正面的经验和反面的教训都可以对现实生活起到巨大参考、指导作用。它是沟通理论与实践的桥梁，把理论学习与工作实践紧密地结合起来。

（4）中国共产党近百年的探索实践，新中国近 70 年的巨大成就，改革开放 40 多年创造的“中国奇迹”、提供的“中国方案”吸引了世界许多理论研究者探究的目光，无论国内国外都渴求了解中国治理经验。

3. 用案例讲中国故事也许是最佳途径。

（1）**中国治理经验因为经济数据统计本身存在不少难以与国际接轨的地方，令数据的有效性打了折扣，使中国政府信用受到数据阻击。**包括统计系统在内，很多数据无论是格式还是程序，电子化还是网络化查阅都不是很方便。专门针对科研教学的信息收集、调查、统计、查阅、查证等还没有超前一步与国际接轨。中央政府已经下决心将有关数据公布的系统（标准）从GDDS转轨到SDDS，向透明化迈出了一大步。但目前公布的中国经济数据仍然受到国际质疑。

（2）**中国治理经验没有被理论界总结出相应的理论体系，使中国政府形象遭遇概念阻击。**今日中国经历的社会转型与大变革，催生了政治发展与中国行政体制机制的探索性实践创新。这些实践探索部分借鉴西方的新公共管理、新公共服务、公共治理、整体性政府、网络治理等理论，但却面临理论移植中的"水土不服"现象，在迎、拒西方理论的两难选择之间。外来理论的本土化以及本土实践经验的理论化需求必将给公共行政的理论创新提供强大动力和丰沃土壤。

（3）**中国治理经验的巨大社会价值没有被西方意识形态接受，中国新闻被认为是宣传或广告，中国政府信用遭遇价值阻击。**由于西方国家的所谓普世价值标准，让一个世界经济第二位的国家新闻传播长期受到质疑，中国媒体在西方国家长期受到冷遇，中国新闻难以走出国门、难以获奖、难以被认可。

（4）**案例已经被世界大多数国家科学家认为是应用性学科最快捷、准确的研究手段及方法之一。**在心理学、管理学、教育学及医学、法学等的学科中，案例分析早已成为最行之有效的研究工具。而作为应用性极为广泛的公共关系学，其案例分析研究同样在整个体系中占有重要位置。我们应该把属于公共关系学范畴的国家传播战略建设成为讲好中国故事的系统工程，把建设中国管理案例库作为一个国家长期战略。

二、中国治理新思想新实践为讲好中国故事提供了丰富的案例

改革开放40多年所取得的的巨大成就，证明了中国特色社会主义制度体系的强大生命活力。改革开放40多年，也是中国治理变革实践探索的40多年。我们"正在进行着人类历史上最为宏大而独特的实践创新"。在公共行政领域，以政府职能转变、简政放权为核心的六次机构改革实践、行政审批制度改革实践、权利清单制度改革实践、政务服务网上大厅建设等；以推进基层民主实验为核心的村民委员会、居民委员会选举，乡镇领导人的"公推公选""公推直选"等；以公众参与为核心的城乡社区治理模式创新，协商民主实验等；以提高政府绩效为核心的行政效能建设、政府流程再造、行政服务中心建设；以公共服务能力提升为核心的社会政策创新、基本公共服务均等化……遍及中国各地的行政改革实践彰显着中国勇气、中国智慧。这些既是中国案例建设的动力，也

是中国案例建设取之不尽用之不竭的案例原材料。

1. 中国国家治理体系是中国政府案例库建设的核心

习近平总书记指出:“国家治理体系就是在党领导下管理国家的制度体系，包括经济、政治、文化、社会、生态文明和党的建设等各领域体制机制、法律法规安排，是一整套紧密相连、相互协调的国家制度。”习总书记的这一论述，就是我们建设中国政府管理案例库的指导思想，也是我们建设中国政府管理案例库的核心内容。

从治理结构来看，国家治理体系主要包含经济治理、政治治理、文化治理、社会治理、生态治理和党的建设六大体系，且这六个体系不是孤立存在或各自为政的，而是有机统一、相互协调、整体联动的运行系统。其中，经济治理体系中的市场治理、政治治理体系中的政府治理和社会治理体系中的社会治理，是国家治理体系中三个最核心要素。

从治理目标来看，就是要实现国家治理体系的现代化。一是规范化，无论政府治理、市场治理和社会治理，都应该有完善的制度安排和规范的公共秩序；二是法治化，任何主体的治理行为必须充分尊重法律的权威，不允许任何组织和个人有超越法律的权力，真正“把权力关进制度的笼子里”；三是民主化，即各项政策要从根本上体现人民的意志和人民的主体地位，各项制度安排都应当充分保障人民当家做主；四是效率化，国家治理体系应当有效维护社会稳定和社会秩序，有利于提高经济效益和行政效率；五是协调性，从中央到地方各个层级，从政府治理到社会治理，各种制度安排作为一个统一的整体相互协调，密不可分。在这五个目标中，能否实现法治化对于推进国家治理体系现代化是至关重要的。

2. 国家治理能力是中国政府管理案例库建设的中心

习近平总书记指出:“国家治理能力就是运用国家制度管理社会各方面事务的能力，包括改革发展稳定、内政外交国防、治党治国治军等各个方面。”国家治理能力是国家治理体系在实践中的绩效彰显，是检验国家治理体系是否科学、合理的重要标准。提出治理能力现代化，表明了党和政府正在从思想上、行动上革除传统的“管理”套路，由政府一元单向的管理，向政府、市场、社会和民众多元交互共治转变，这也正是国家治理体系现代化的必然要求。

我们用系列案例库建设来认识和把握治理能力现代化:

(1) 从治理主体角度讲，有效的治理，在中国案例建设中要突出强调社会公共事务的多方合作治理。过去我们的社会管理存在一个根本性的问题，就是管理主体的政府一家独揽，市场、社会、民众的力量比较薄弱，甚至缺席，这导致了社会治理的过度行政化，造成了社会资源配置效率的低下。通过改革，从政府与市场关系而言就是要回归市场本位，充分发挥市场在资源配置中的决定性作用，这是治理能力现代化的关键；从政府与社会关系而言就是要回归人民本位，让人民群众以主体身份参与到社会治理中去，实现自我治理，这是治理能力现代化的突破点。

（2）从权力运行角度讲，有效的政府治理，在中国案例建设中必须合理定位政府职能。原来政府承担了其他主体的许多职能，现在要通过简政放权，放权于市场、放权于企业、放权于社会，明确政府与市场、政府与社会权力的边界范围。在此基础上，顺应经济社会发展的形势和要求，推动政府职能向创造良好发展环境、提供优质公共服务、维护社会公平正义转变。

（3）从组织结构角度讲，有效的治理，必须以科学合理的政府组织结构为中国案例建设的基础。重点是要优化政府职能配置、机构设置、工作流程，完善决策权、执行权、监督权，使其既相互制约又相互协调。用机制再造流程、简事减费、加强监督、提高效能。

从以上认识出发，我们建设了“政务决策案例库”“政务服务案例库”“政府公报库”“政务新闻库”“公务员数据库”“政情数据库”“舆情案例库”“司法案例库”等综合、立体反应国家治理能力现代化并可以追溯的数据库，供各级公务员和国内外学者研究参考。

三、在“四个自信”“四个全面”和五大发展理念指引下，以中国视角，站在中国气派、中国特色的理论和学术高度，打造专业化、系统化、权威化，门类齐全、数量众多、质量优秀、符合实际的中国政府管理案例库，更加自觉地持续推进国家治理体系与治理能力现代化成为当务之急。

习近平总书记关于“四个自信”的重要论述，特别是对中国特色社会主义的文化建构与文化自信，与实现中华民族伟大复兴的中国梦、“四个全面”战略布局、五大发展理念等一系列治国理政新理念新思想新战略，推动中国特色社会主义的发展迈向一种新的、具有总体性的话语表达和理论建构，是对中国实践、中国经验的高度总结和概括，也是对中国社会发展进一步的反思和全方位的阐释。这些思想或观点构成了中国理论的重要元素，既反映了社会实践发展的深层逻辑，又蕴含了古今中外的哲学智慧，并带有鲜明中国话语特色，也是我们建设中国政府管理案例库的坚实基础。

中国政府管理案例库是通过大规模集成整合国内外政府管理信息资源，利用大数据技术采集、分析、研究、呈现，以中国政府与世界各国政府、中央政府和地方政府、历史和现实、理论和实践相结合的维度，全面聚焦政府的宏观、中观和微观管理，政府管理的方式方法，政府管理生态以及全球化条件下政府管理面临的机遇与挑战，总结梳理政府管理的新思维、新路径、新经验、新方法，甚至是教训和挫折，尤其关注各级政府在政务活动中最具典型意义和标本价值的治理模式与决策案例，为各级政府政务决策提供实时科学的管理与决策参考，为各级党政科研机关、大专院校及企事业单位领导提供领导力学习平台与决策参考。

1. 中国政府管理案例库不仅有责任解读和传播中国特色社会主义制度体系的理念、内涵、价值、体系等，成为坚定的中国特色社会主义制度的守望者；更有义务发挥专业所长，围绕国家治理体系的结构层次、内在逻辑、影响因素、系统构建等开展前瞻性研究，夯实国家治理体系的理论基础，成为完善国家治理体系的推动者、国家传播战略的执行者。

2. 中国政府管理案例库不仅要成为指导中国经济改革和发展的案例数据库，根据中国经济改革发展的需要不断创新发展，更有义务构建中国特色社会主义政治经济学的案例理论体系，塑造政治经济学对中国特色社会主义经济建设的解释力、前瞻力和影响力。

3. 中国政府管理案例库不仅要向全世界开发、开放中国经济的数据、样本、案例、统计、调查与分析，尽量提供更多方便给教学与研究；重视外教、外研、外国访学、跨国教学、跨国访问学习；更要吸引越来越多的中外经济学家、政府官员和国际国内智库给中国经济把脉问诊、梳理解读。

4. 中国政府管理案例库的建设与发展不仅要做好自己的话语体系、学术体系、价值体系、功能体系等各方面建设，更要做好一个知识服务智库的发展定位。

5. 我们尽可能挖掘中国实践中的每个典型案例，研究、开发各级政府现行政策、制度及行为，谨慎总结经验及教训，以案例分析推动制度创新和顶层设计，从而有助于推动政府逐渐增强治理能力，建立健全治理体系的现代化，建设一个能够反思总结、持续学习、动态治理和创新变革的政府。

6. 中国政府管理案例库不仅要讲好“中国的故事”，同时更要欣赏“外国的月亮”。善于捕捉世界各国政府管理中的亮点为我借鉴，善于捕捉海外受众关注的国际问题中的中国政府管理热点和焦点，形成积极的良好互动，也是中国政府管理案例库取信世界的态度，更是让中国的故事传播得更远、更久、更能深入人心的必由之路。为此我们还专门开设了外语国家案例库，吸收全人类的智慧结晶，反哺人类不断向前发展。

总结来说，中国目前的崛起，在世界眼中首先是一个经济成功的故事，但是中国在国家治理、社会发展、人权改善和制度建设等方面的成功，还没有得到充分讲述，中国案例要做的事情还只是刚刚开始。我们要充分利用西方案例建设经验和话语方式，建构以中国实践为基础的中国案例叙事模式，讲好中国的故事，增强在国际上的话语权，逐步实现国家传播战略的目标。

中国故事的创意传播
——北京城市形象推广的外宣实践与思考

北京月讯杂志社

【摘要】本文通过对北京月讯杂志社的外宣实践进行案例分析，从外宣对象研究、外宣受众研究、外宣内容的议程设置和共享传播扩大外宣场域四个方面，总结了北京月讯杂志社在北京城市形象推广和中国故事的创意传播中摸索出的基本规律。

【关键词】北京；外宣；中国故事；创意；传播

“讲好中国故事，传播好中国声音”，这是党的十八大以来中国对外交流的重要战略举措，关系到中华民族伟大复兴与国家利益，凝聚了中国领导人实现“两个一百年”奋斗目标与伟大“中国梦”的战略思考。

“讲好中国故事”既是当前中国国家重要的对外战略，更是一项系统工程。而如何“讲好中国故事”，已经成为中国外交的重大课题。宣扬“中国梦”，“讲好中国故事”，让世界更好地了解、理解中国，更是外宣工作的重要使命和责任。

北京月讯杂志社（以下简称“北京月讯”）是一个以推广北京城市形象为己任的专业外宣机构，对北京城市形象的推广起到了不可替代的作用。北京月讯大量运用国际化的创意传播手段、方式进行实践，在实践中积累了经验，也引发了对“中国故事的创意传播”的思考。

一、对象研究：中国故事的来源

要讲好中国故事，首先要明确中国故事在哪里。

在全国范围内，很少有哪一座城市比北京拥有更多的定语：北京是中华人民共和国的首都，北京是全国的政治中心、文化中心、科技创新中心和国际交往中心，北京拥有3000余年的建城史和超过860年的建都史，北京是闻名世界的历史文化名城，北京是科技之都、文化之都、时尚之都、设计之都、艺术之都、博物馆之都、和谐宜居之都等等，同时，北京拥有热情开放的民众……众多对北京的城市定位、人文特质、文化风尚、民风民情等方面的描述综合在一起，形成了对北京的整体描述。多年来，北京月讯一直在尝试通过对这些针对北京的各类描述进行梳理并找到具有概括性的关键词。对于北京的精准定位，决定了在进行城市形象推广的过程中可以抓住要点，不致偏颇。解决了这个问题，就是明确了在讲中国故事、讲北京故事的过程中讲什么的问题，即明确了推广的内容主体。

通过对来自各类文本的北京城市定语的收集和总结，北京月讯将“北京故事”归纳为新生故事、发展故事、历史传奇故事、文化传承故事、人文风尚故事和乐享生活故事，并在针对这些关键词进行深度解读的同时明确了推广北京城市形象的具体内容。

经过筛选、整合、归纳而后呈现的“北京故事”，在时间上涵盖了北京的古往今来，在空间上实现了将北京放置在全球一体化的大环境中，在宏观方面包含了北京的规划、实践、发展和成就，在微观方面又洋溢着北京这座城市独有的人性化气息和时代特征。独立看每一个“北京故事”，都是完整的生动讲述，将它们合并起来，则呈现出一个立体、多元、丰富多彩的北京。

二、受众研究：谁在听和听什么

在多年来推广北京城市形象的外宣实践中，北京月讯一直坚持进行受众研究。研究受众的兴趣点、兴奋点、共鸣点和接受习惯与接受方式，不断调整和完善推广内容和方式，是外宣工作取得实际成效的重要保证。

通过实践使我们认识到，讲中国故事、讲北京故事、向世界说明北京，通常可以分为两个层面，其一是文化交流，其二是文化传播。文化交流的优势在于它具有交互性，即在外宣主体与接受客体之间进行文化交流，从而达到相互感知、相互学习的目的，它不仅仅是将自己的文化与对象进行交流，同时也是向外收获经验和学习的过程；文化传播的特征则在于其单向性，重点是向传播对象展示自己文化的精华与独特之处，以期使传播对象对主体方产生向心力。文化交流成效受双方交流的方式、内容与客体接受力决定。而文化传播的效果则由传播对象对内容本身及讲述方法、形式的接受程度与接受能力的大小等因素决定。文化交流与文化传播两者在效果方面有所不同。对于北京月讯来说，讲北京故事从根本上说是一种文化传播行为，遵从的基本路径是从中国、从北京出发，以世界为落点。

作为专业从事北京城市形象推广的外宣机构，北京月讯也尝试让北京故事“走出去”。通过对境外社交媒体的持续观察，我们发现，互联网时代到来后，社交成为媒体的核心要素和内容生产的动力，人们的关系网络成为信息的传播渠道。美国皮尤研究中心联合奈特基金会（Knight Foundation）在 2015 年 7 月发布的调查称，63% 的推特（Twitter）用户和脸谱（Facebook）用户分别将两个平台视为其获取新闻的重要来源之一。[1]2015 年 11 月 12 日皮尤研究中心在腾讯网媒体高峰论坛上发布的《2015 美国新媒体研究报告》[2] 显示，社交媒体已成为许多美国人获取新闻的主要渠道，尤其是对于 18—34 岁的年轻用户，他们获取新闻的首选渠道是脸谱网。这些数据为北京月讯运营境外社交媒体账号实现推广北京城市形象提供了信心支持。

2016 年 4 月 25 日，由北京月讯策划、运营的“北京故事”账户在 Facebook、Twitter、Instagram（照片墙）三大境外社交媒体平台同时推出。“北京故事”自诞生即将受众群明确锁定为境外社交媒体用户，从北京风土人情、北京历史文化、北京城市形象、北京旅游资源等社会文化类内容着手策划，向世界传递北京城市形象和北京文化最直观最有底蕴的内容，并以此作为“北京故事”的服务定位。为保证“北京故事”内容发布的规律性，以及在特定文化领域给受众形成深刻印象，塑造良好的北京城市形象，北京月讯在选题策划方面进行了系统规划，确定了专栏式的内容推送。同时，根据每日推送的受众反馈，不断调整选题策划的方向，随时发现受众新的兴趣点，对栏目进行与时俱进的调整。在讲述方式方面，“北京故事”推送的每一条内容都是运用通俗易懂的语言讲述文化背后的故事，通过引人入胜的故事讲述进行城市文化传播，并根据境外受众的特点，使用地道的英文撰写内容，对一些需要一定语境才能理解的内容进行延展、补充、说明或举例，以便于境外受众理解。结合互联网内容日常化、口语化、轻松化的特点，在一定程度上融入了受众喜闻乐见的网言网语，便于互动和增强粘性。在“北京故事”运营近 14 个月时，Facebook 上的固定用户已积累到 32.4 万，并仍在不断增加，整体阅读量超过 1200 万人次。

借助“北京故事”的成功运营经验和精准受众分析，北京月讯于 2017 年 2 月 27 日在境外社交媒体平台 Twitter、Facebook 推出了“This is Beijing”账户。这一账户的内容发布围绕北京市政府的中心工作和主要议题展开，在城市规划、城市建设、发展成就、重要活动、人民生活等方面进行城市形象宣传。截至 2017 年 6 月 15 日共发布 148 条，合计阅读量达 300 万次，粉丝累计已超过 8 万并呈现出逐日上涨的趋势，为北京故事“走

1　社交网络正成为美国人新闻来源，http://www.ce.cn/culture/gd/201507/24/t20150724_6028566.shtml（上网时间：2017年6月16日）

2　《2015美国新媒体研究报告》，http://www.hui.net/news/show/id/2678（上网时间：2017年6月16日）

出去”贡献了又一个成功案例。

上述实践让北京月讯充分认识到受众研究的重要性，并从中收获了具有指导意义的经验，成功地探索出服务受众、团结受众并扩大受众群的实际路径。

三、议程设置：持之以恒的讲述

议程设置是传播学中的一个重要概念，由美国德克萨斯大学奥斯汀分校传播学院院长马克斯韦尔·麦库姆斯教授首先提出。

在北京月讯策划、编辑、出版的《北京》杂志的栏目设置方面，由北京月讯策划并制作推出的“魅力北京”图片展、“文化国门·魅力北京”图片展和北京月讯编辑、出版并寄赠到北京驻海外企业宣传品“魅力北京丛书”等项目的策划和执行过程中，议程设置这一传播理念得到了充分体现。

前文提到文化传播的单向性特征，事实上，在外宣工作中，这种单向性是必然的。外宣主体会格外关注受众的需求，即受众“想听什么样的故事”。但作为外宣主体，更应该也必须关注的是“要说什么”，即以何种故事、何种信息的传播达到外宣目的。具体到北京月讯承担的推广北京城市形象这一工作，“告诉”受众什么样的北京故事，在某种程度上意味着外宣的立场和口径。这并非中国特色，在世界范围内，各国同样遵从外宣内容由外宣主体决定的规则。因此，对于讲述哪些北京故事、以何种方式进行讲述等方面，北京月讯始终目的明确且立场鲜明。

以《北京》杂志的栏目设置为例，杂志将刊物的栏目设置归纳为图片、时政、风尚、文化和服务等 5 种类型。其中，以图片形式展示北京城市形象的栏目名称为“美丽北京”，以 4 页篇幅和专业摄影师拍摄的精美影像作品，展示北京城市的美好、时尚，展现北京人积极参与北京重大国际活动和城市建设的精神面貌以及北京各类文化活动、节庆民俗的丰富多彩。在每一期的“美丽北京编辑手记”中，北京月讯有意将“北京，你如此美丽，我们爱你”这句具有倡导意义的文字作为全文结尾，多年来坚持不变。数年来，“美丽北京”栏目的图片质量不断提升、选题范围不断扩大，至今，只要看到这句话，《北京》杂志的受众立即会联想到“美丽北京”这个图文并茂的品牌栏目，这句本来并不炫目的平实语言也成为了具有符号性的栏目标志，成为辨认《北京》杂志的标识之一。

在《北京》杂志的 5 类栏目中，对于受众来说，文化类栏目存在一定的阅读挑战。北京是一座历史文化名城，她丰厚的文化遗产和深邃的文脉决定了阅读她的历史文化故事需要一定的知识积累。对此，《北京》杂志将文化普及性传播作为核心理念，以年度专题性专栏的形式为受众提供可持续性的、循序渐进、由浅入深的内容。对于一本快节奏运营的周刊来说，3 年如弹指一挥间。但是，对于一个连续性的外宣周刊栏目来说，3 年足以创造优秀产品、打造精致品牌。3 年来，围绕“一带一路”的内容已经成为《北京》杂志的标志性栏目，对受众产生了极大的吸引力并成为受众阅读时的习惯性选择。《北京》杂志每周进行的读者调查显示，受众对这一持续近 3 年的专题栏目非常喜爱，认为“史料精准、挖掘深入、行文优美、故事精彩”，同时也因为长期坚持阅读这一栏目，对“一带一路”国家级战略有了更加深入的了解和由衷的支持。在刚刚结束不久的“一带一路”国际合作高峰论坛期间，北京月讯将“跟《北京》穿越丝绸之路”栏目的文章精心编辑、制作，出版了《从西安到撒马尔罕》一书，赢得了中外媒体的一致好评。可以说，有关“一带一路”的持续性报道是对议程设置理念的成功体现，北京月讯通过持之以恒讲述“一带一路”故事和不断强化品牌，达到了润物无声的外宣效果。

议程设置的核心内涵是明确外宣立场和外宣主题之后在内容上的不断积累性推广，北京月讯的实践和已经取得的成果证明了这是实现对受众产生吸引力和向心力的有效手段之一。

四、共享传播：亲历者即是媒介

从事外宣工作常常会遇到一个词，即“说服力”。毫无疑问，精彩的故事是吸引公众并使之信服的独特手段。作为外宣主体，可以通过不间断的、依托于各种媒介和手段的内容推广，实现对受众的说服力。但是，这仅仅是一个方面，真正能让外宣对象深信不疑的宣传，往往还需要借助将外宣对象“请进来”和帮助他们实现“亲历”这一方式，让具有一定影响力的核心受众成为外宣工作的辅助媒介，通过他们的二度传播影响更多的受众，实现传播范围的扩大化。这就是传播学中将“说服力”界定为“设计用来影响他人自主判断和行为的人际沟通”的真正意义，而这种人际沟通常常要通过传播主体与传播对象的共享式体验来实现。

对此，北京月讯也进行了有益的尝试并收获了一些经验。以“北京沙龙 · 亲历北京”活动为例。这项活动创办于 2013 年，是一项以体验为精髓，以中国和北京文化为脉络，通过邀请在京工作生活的国际友人参与各类中国文化体验活动，使之了解并喜爱中国及北京文化。活动创办以来，已经分别以春节文化、中国元宵节、中国京剧、中国昆曲、中国民乐、北京风筝、中国绳结、中国茶艺、中国武术、中国美食等为主题举办了 20 余场活动，每次邀请百余位在京常住的外国人参加。参加活动的外国人亲自动手实践，感受体验这些中国和北京文化，达到了普及和交流的效果，深受在京外国人的欢迎。活动在外国驻华使馆人员、驻京国际组织人员、外国驻京商会工作人员、外国留学生产生巨大影响，参加活动的外国人以邮件的形式对活动的策划和组织表示感谢，他们对这种以亲身体验来了解原汁原味的中国文化，触摸、感受北京，触摸、感受中国的方式感到新鲜，并希望更多地参与杂志社主办的活动。每一次举办活动，北京月讯会通过新媒体平台和《北京》杂志及网站等渠道发布消息，这无疑是一种推广活动的方式。但是，令人惊喜的是，参加活动的很多外国嘉宾都是通过曾经参加过这一活动的友人、同事分享消息之后慕名而来，他们在经历了一次充满乐趣的活动体验之后又成为这项活动的自发推广人，在北京的外国人圈中广泛传播活动消息，以至于这项活动的影响越来越大，常常呈现出“爆棚”的火热状态。亲历者成为传播媒介，在这里得到了充分体现，而通过这种共享传播，外宣场域的不断扩大也落在了实处。

事实上，在“北京沙龙·亲历北京”品牌活动诞生之前，北京月讯已经在进行将外宣对象“请进来”的实践。早在 1999 年，北京月讯策划了一年一度的“外国摄影师拍北京”活动。活动邀请境外著名摄影师来北京进行为期一周的摄影采风，摄影师们拍摄的图片成为北京城市宣传和境内外举办的外宣展览的主要图片来源，活动每年举办一次，至今已成为北京市一项品牌文化交流推广活动，得到外国驻华使馆和境外媒体的高度关注。10 余年来，共有 50 余个国家的 100 余位摄影师受邀参加此项活动。通过这项活动，北京月讯不仅积累了大量适用于推广北京城市形象的图片资源，更重要的是，参加活动的每一位摄影师都成为了外宣辅助媒介，他们通过一周的时间融入北京的城市生活，并通过各种渠道将自己的作品和感受传播给更多的境外人士，直观、亲切且极具说服力地为北京的城市形象进行了有效推广。

在中国广告界有一句著名的广告语叫做“请大家告诉大家”，在这句平凡的话语中蕴含着现代传播学有关信息公信力的深刻要义。社会心理学研究已经证明，人们在选择对公共信息的信任度方面，来自可靠个体的真实经历和感受往往比来自官方的文本更具有说服力，也更容易赢得共鸣，受众往往更倾向于在真实个体的共享传播中选择自己信任的信息并决定是否要亲身体验。而北京月讯正是在明确了这一理念的基础上，通过举办各类外宣活动并邀请具有影响力的目标受众代表参与其中，而实现了外宣场域的扩大化和外宣效果的最大化。

当下，在世界范围内，人们普遍认为，软实力是“通过吸引而不是强制或金钱达到目的的能力。它来自于一个国家文化、政治理念和政策的吸引力”[3]。而精彩的故事正是一个民族软实力的核心象征。在全球化视野下和互联网时代，一个国家和民族的成功不仅取决于谁的军队赢得胜利，而且取决于谁的故事赢得胜利。在北京月讯进行北京城市形象推广的外宣实践中，也正是秉承着这一信念，将精彩的中国故事、北京故事作为中国、北京形象的生动描写，并将其创意性地传播向世界。

---

3 《软实力——世界政治中的成功之道》，作者：约瑟夫·奈，美国。

外国青年讲中国故事

——以非政府组织项目“看中国·外国青年影像计划”为例

黄会林　杨卓凡　罗军[1]

【摘要】在全球化、数字化的时代背景下，不同文化之间的对话与交流变得尤为重要。本文在“第三极文化”文化多元与会通理论下，以“看中国·外国青年影像计划”为案例，揭示跨文化传播过程中，非政府、非营利组织的杠杆效应，保护传播对象在传播互动中主体身份的重要性，以及沉浸式体验的传播有效性。研究目的在于探索非政府组织在对外传播中的有效路径与策略。

【关键词】外国青年；影像；主体性；沉浸式体验；非政府组织

一、案例概述

2013 年 4 月，《求是》杂志报道了一项由北京师范大学会林文化基金资助、中国文化国际传播研究院主办的“看中国·外国青年影像计划”项目（以下简称“看中国”）。自 2011 年至今已举办 7 届，邀请到来自五大洲、41 个国家、57 所高校的 405 位青年和 48 位外国教师，先后落地中国 21 个省市，与当地师生“一对一”结成对子，在中国共同进行 17 天的文化体验与影像创作活动。每位外国青年需要独立完成一部关于中国文化的 10 分钟纪录短片，意在用影像讲述中国故事。在“一对一”的合作中，外方担任导演，拥有创作主导权；中方担任制片人兼翻译，帮助外方联络拍摄对象。项目独特的操作模式，

1　黄会林：北京师范大学资深教授、博士生导师；杨卓凡：北京师范大学2017届博士后；罗军：北京师范大学中国文化国际传播研究院副院长。

激发了外国青年探索中国文化、讲述中国故事的多元视角，6 年来创作出 301 部不同题材、不同形象的中国文化纪录短片，生成了“看中国”重要的文化价值。

《求是（内参）》归纳了“看中国”六大亮点：“第一，正视西方对中国的妖魔化，以文化外交破解意识形态壁垒；第二，积极推动人际文化体验，唤醒他者的文化认同；第三，充分利用影视的视觉化传播优势，克服汉字传播的难点；第四，以短片形式突破收看障碍；第五，用数字化打破国家边界；第六，充分发挥非营利组织作用，弥补公共外交的主体缺失。”“看中国”项目独特的文化交流模式与所取得的成果也受到了国家领导人的重视与肯定。与此同时，国内外媒体也给予了广泛关注。

13 世纪意大利马可·波罗不远万里来到中国，回国后写下《马可·波罗游记》，尽管内容真实性在今天充满着争议，但书中见闻却一改当时西方教会对东方的妖魔化认识。几个世纪过去了，一位位小马可·波罗再次来到 21 世纪的中国，将他们的见闻拍摄成影像，带回自己的国家，并通过互联网传播给世界，他们是当代中国文化的使者。

二、案例背景

（一）理论背景：“第三极文化”与文化多元论

“看中国”是对“第三极文化”理论的践行，以其中“会通超胜”为基本的文化立场。“第三极文化”倡导世界文化多元化与文化的“会通”。“第三极文化”理论[2]认为当今世界文化呈现多元格局，从影响力来看，其主流大体可分为三极，即欧洲文化、美国文化和中国文化，三极之间相互吸收，相互作用，相互融合。该理论认为世界文化的本质特征是多元；强调文化自觉与文化自信，认为跨文化传播的过程是对本土文化与其他文化差异性的认知过程。

“第三极文化”认为“超胜”的内涵包含自我“超胜”与整体“超胜”两重含义。“自我‘超胜’指通过‘会通’各种文化，对中国文化去其糟粕、取其精华，推动中国文化在新的历史时期的进一步发展、繁荣与创新，使其焕发出更大的生机与活力。整体‘超胜’是指在自我‘超胜’的基础上，把中国文化放在世界文化语境中，通过与欧洲文化、美国文化以及各种文化的‘会通’，构建和谐的世界文化，为整个人类文明的进步作出贡献。”[3]

从民族中心主义到马克思主义，在文化、政治、历史、艺术等社会科学领域，无不涉及“我与他”的关系。在跨文化传播中，“我”是主体，“他”并非“客体”，文化传播

2　黄会林：《中华文明的现代演进》，北京师范大学出版社，2011年，第3—6页。

3　黄会林、高永亮：《“第三极文化”的命题、内涵及目标》，《中华文明的现代演进——“第三极文化”论丛》，北京师范大学出版社，2011年，第28页。

的关系并非简单的“主体对客体的单向传播”，而是不同主体间的互动与交流。“第三极文化”的学术视野，肯定“自我”与“他者”的差异性，同时坚持文化之间的包容性。“自我”与“他者”，是一种互为参照的平等关系，外国青年与中国人互为“他者”，相互通过对方认识自己：外国青年通过亲身体验与影像记录的方式认知中国；我们通过外国青年的眼睛，重新审视中国文化形象。

（二）时代背景：全球化、数字化背景下的人际交流模式

从20世纪80年代发展至今日，全球化仍然是当今世界最根本的宏观语境。全球化凸显了国家与国家之间的相关性与彼此之间的影响效应。相对于经济全球化而言，文化全球化主要呈现出文化同质性与异质性两种相反相生的特征。全球化背景下，世界各地文化趋于扁平化，失去地域特征。与此同时，世界各地对文化异质性的呐喊声也越来越强烈，尤其是发展中国家对于本国文化的民族自觉性表达出了空前强烈的呼声。面对以美国为首的发达国家对全球文化的覆盖，文化多元论成为近些年全球化语境下的主要议题。

随着科技的进步，世界进入数字化时代。从生产到服务，数字化进入到每个人的生活。短小、高频、即时成为数字化时代三大特征。人类在追求数字化时代高覆盖率与高信息传输速度的同时，常常忽略了传播的有效性，甚至将覆盖率与传输速度等同于影响力。信息传播的目的终归在于影响人的认知、态度与行动。

信息通信技术衍生出诸多时代产品，使跨文化传播不再是单一的影像传播方式。新媒体时代微视频的出现，体现出短阅读、碎片化、即时性等符合新时代传播规律、符合观众接受习惯的媒介特征。从传播国家文化的视角来评价微视频的角色和功能，公众话语权被放大，集体意识被加强。具有新鲜感，容易产生情感共鸣，平等交流视角，甚至充满窥视的记录，对着镜头自我表达的叙事，成为民间微视频影像的重要特征。非政府组织或个人所生产的微视频，印记着国人尤其是年轻一代民众的文化痕迹，协同官方外宣共同构建着一个国家的形象。

“看中国”请外国青年来华进行影像实践与人际交流，在影像创作过程中有效认知中国文化，并通过这些外国青年制作的纪录短片，对中国文化进行数字化传播。该模式所采用的人际传播方法、所制作出的具有不同视角与表达方式的中国文化纪录短片，以及在人际传播基础上利用数字化载体进行广泛传播，所具有的发展前景与所反映出的传播问题，为跨文化交流带来了新的启发与反思。

三、案例亮点

“看中国”项目的核心意义在于“外国青年讲中国故事”，项目参与主体、创作形态、

活动流程、传播方式均围绕这一核心意义展开。本部分将从以外国青年为主体的创作模式、合作与亲历体验模式、新公共外交视阈下杠杆效应运营模式三个层面，揭示“看中国”项目的独特价值。

（一）以外国青年为主体的影像创作模式

从影像作品的创作到传播，外国青年均以主体身份参与其中，面对广大的海外受众，以外国青年为代表的“自我”所讲述的“他者”故事，相对于“他者”的讲述，则变得更加客观与可信。“看中国”项目中存在三个主要人物要素、两对关系：外国青年与中国志愿者；外国青年与拍摄对象。项目在这两对关系中着重保护并突显出外国青年的主体性。而在这两对关系的跨文化合作认知过程中，又具备三个发展要素，且三个要素具有层层铺垫的关系（见图 1）：

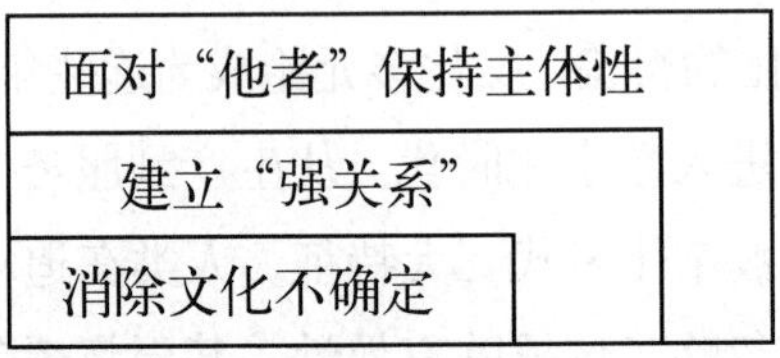

图1：跨文化合作认知理论模型

第一，保持外国青年作为陌生人，面对新文化对象时的主体性。

人是具有选择和反思能力的主体，不是被动的信息接受者。在“看中国”项目里，对外国青年创作主体性的实现与维护，直接决定了他们认知中国的动机与意愿是否主动，甚至影响他们在亲身经历与直接交流中能否真正理解中国文化。

通过访谈发现，外国青年主体性保持较好的小组，影片中所流露出的创作者个人风格较为明显、文化发现视角独特，对中国文化内涵的理解也较为深刻。外国青年在与中国志愿者、拍摄对象的合作中建立起的主体意识，削减了他们面对“不确定性”时内心的消极、恐惧等焦虑情绪。

第二，短期内建立外国青年与中国志愿者、拍摄对象的“强关系”。

美国学者格拉诺维特（M. Granovetter）在“关系论”中首次提出“强关系”与“弱关系”的概念。强关系发生在群体内部，弱关系发生在群体之间。“强关系”由人口特征相似的个体组成，弱关系由人口特征不同的个体构成。[4]

“看中国”的突破在于，先将两个异质人群之间的“弱关系”短期内迅速变为“强关

4 社会学研究编辑部编《1999中国社会学回顾与展望研讨会发言记录》，1999年12月。

系”，再进行文化信息的传递与交流，从而增强文化传播的有效性。外国青年与中国志愿者、拍摄对象拥有不同的国籍、文化背景、生活环境，彼此陌生，因此在他们结成合作关系之前或之初，属于“弱关系”。由于创作时间的限制和项目规则的制定，外国青年不得不在有限的时间内迅速建立起“强关系”方可有效协同完成任务。“看中国”让外国人来中国进行体验是一个传播与接受的过程，只有从陌生人变为熟人，概念化的传播才可变为真切的对话。“看中国”让外国青年走进中国人的生活，与中国志愿者、拍摄对象成为朋友，变成熟人，之后再有效地把要彰显与揭示的内容展示出去，这便是“看中国”中人际体验的价值所在。

第三，关注接受主体心理层面，以“压力——适应——成长”的模式，消除外国青年内心对中国文化的“不确定性”，实现对中国文化的认知。

在前两个发展要素的基础上“压力——适应——成长”模式使得外国青年摘下面具，露出人的真实本性，发现对方和自己一样，也有优缺点和喜怒哀乐；也发现对方和自己不一样，对待事物的思维方式存在各种差异。参与者学会如何理解、信任、尊重不同文化的差异性，进而建立对彼此文化的认同，消除因陌生文化“不确定”而产生的焦虑，逐渐在“确定”中认知、理解、适应自己所处的中国文化。外国青年改变了对中国人以及中国文化的偏见，消除了对陌生文化的“不确定性”与“不安全感”。他们发现中国人不再是不可知的异类，而和他们一样，是可以产生同情的人类。三层要义具有递进式铺垫关系，主体性是基础，强关系是前提，二者贯穿始终。

（二）基于亲历式体验的跨文化传播模式

外国青年在创作过程中，他们或像“墙上的苍蝇”观察着周围的世界，对拍摄对象不造成任何干扰；他们或直接走进拍摄对象的生活，通过参与共同完成意义的建构，但不因自己的介入而破坏了眼前“他者”的真实。无论何种交流方式，这种亲身实践所获得的对中国的认知图式，胜过看无数遍文字材料的结果。

在“介入式”交流中，两类不同群族的主体，通过不断的协商与调整，冲破空间距离与文化差异所带来的闭塞、成见以及自我中心主义观念，在互动中打破心灵隔阂，甚至穿越时间与历史进行对话。这种建立在互动体验中的实践与交流，对促进文化之间的沟通与理解具有重要意义。外国青年参与到拍摄者的生活中时，会发生这样一种情景：随着与拍摄对象的交流、意义的分享，外国青年从与拍摄对象主体分离的位置，转而成为其中的一员。他们或亲自走入镜头前，或通过身份转换假定自己即是他者，产生了“我把我们的故事讲给你听”的效果。

在“非介入式”交流中，外国青年将作为观察者，对同一时空中的拍摄对象进行观察，不打破拍摄对象原有的生活状态，以期望通过一个客观的视角去记录并思考，保证拍摄对象的完整性与真实性。在“非介入式”交流中，外国青年与拍摄对象之间的交流，更具有文化反思性，通过“反思”生成新的意义框架。长时间“非介入式”的观察记录，也保证了拍摄对象的客观与真实。同时，还可以捕捉到“介入式”交流无法获取的“沉默”。沉默是相对于言说的概念，沉默亦是一种言说。没有沉默，人类的言说便缺失了震撼的力量。

（三）新公共外交视阈下杠杆效应运营模式

新公共外交，是随着公众在网络媒体中参与度的提高而提出的新概念。美国著名外交家、学者约瑟夫·奈针对“新公共外交”提出“非政府行为体在利用网络方面的更大灵活性，使得‘新公共外交’崛起。这种新生外交不再局限于信息传递、倡议活动，或者是政府与外国公众的直接接触。它还包括了以下两个方面：一是建立与其他国家市民社会行为体之间的联系；二是促进国内外非政府团体间网络的形成。”[5]与公共外交相比，新公共外交强调非政府组织的主体性，强调网络新媒体的参与性，强调民间对民间的互动性。

“看中国”的主办方北京师范大学中国文化国际传播研究院具有非营利、非政府性质。与官方文化交流相比，基于民间身份的“看中国”优势在于以下三点：

首先，边缘大于中心，沉浸大于体验。“看中国”项目的非政府性、非营利性本质，规避了文化中心主义的灌输，鼓励外国青年沉浸式的体验。通过边缘性的视角，外国青年在中国对个体、他人进行观察与解读，从而反射到自己内心的理解，对自我产生一种新的认知，这个过程中往往会产生文化的传播。“看中国”强调外国青年用身体行走中国，用心灵感受中国，在体验中记录真实。边缘大于中心，沉浸代替灌输，这是“看中国”传播中国文化的特点，也是跨文化传播的有效方式。

其次，去意识形态化，更容易被接受。政府对他国民众的宣传，常常显得捉襟见肘，难以摆脱自吹自擂的嫌疑。在文化交流中，政府往往等同于特定的意识形态，而受到不同意识形态下民众的排斥。而公共外交可以通过具有高可信度的交流模式在他国民众心中增进了解、消除误解、构建良好的本国形象，增强本国软实力。

再次，以小撬大，依托高校，体现非政府组织的杠杆效应。“看中国”由北京师范大学中国文化国际传播研究院发起，每年有国内十余家高校机构参与，落地中国东西南北中。“看中国”的组织构架包含以下几方面：第一，项目设立组委会，集结国内十多家合作高校负责人。国内合作高校发挥重要作用，从城市到乡村，挖掘当地最典型、独特的文化内涵。第二，中国文化国际传播研究院选派工作人员担任项目主管，以小撬大，负

5　约瑟夫·奈：《新公共外交：非政府组织与网络》，《公共外交季刊》，2010年，第2期。

责各地项目的推进。第三，“看中国”通过与国外知名高校的合作，宣传、招募、选拔外国青年参与者。一方面有效扩展了“看中国”的覆盖面，另一方面保证了国外参与者的业务水准与政治背景。第四，“看中国”建立以外国指导老师为核心的团队管理机制，中方带队老师辅助管理，从而保障了外国青年的创作主体性。“看中国”这一组织架构，从顶层设计到具体执行，从一所研究院发起到全国各省市落地分布，再到国外五大洲 41 个国家 57 所高校 400 余位青年电影人的参与，充分展现了民间学术机构项目在公共外交中的杠杆效应。

四、结语

常言道“百闻不如一见”，“看中国”项目回归到最朴实的人际传播，将跨文化传播落实在体验与创作中。通过 17 天的文化体验与影像实践，外国青年将所接受到的信息提升整合为认知图式，将亲身所见所感表现为可视可听的艺术形象，并依托微视频形态、借助互联网传播给更多外国受众。“看中国”的成功为新时期如何有效依托非政府组织，通过影像实践与人际交流模式传播中国文化，提出了具有指导性和启发性的传播理念。

讲好中国故事　促进对外传播

——以杭州 G20 峰会文艺晚会的文化创意及主场外交运作为例

侯洪　刘婕　毕小慧[1]

【摘要】 2016 杭州 G20 峰会的成功举办，是中国主场外交的一次成功实践。在积极推进“讲好中国故事，传播好中国声音”的时代背景下，作为峰会重要议程的文艺晚会《最忆是杭州》，是讲好中国主场外交故事的重要载体。它的文化创意主要体现在中国文化元素、世界文化元素以及渠道融合三个方面。此次中国主场外交故事的叙事策略除了上述文艺晚会以外，文化外交和媒体外交也功不可没，在讲好中国故事、推动中国主场外交中，发挥了不可忽视的作用。实践证明，这种通过文化创意讲述中国故事、以文化外交和媒体外交推动主场外交的方式将在中国的外交活动中发挥越来越重要的作用。

【关键词】 中国故事；主场外交；文化外交；媒体外交

一、缘起：中国故事与主场外交的时代呼唤

2013 年习近平在“8 · 19”讲话中指出：“要精心做好对外宣传工作，创新对外宣传方式，讲好中国故事，传播好中国声音。”[2] 其中包括要“讲清楚国家和民族的历史传统、文化积淀；讲清楚中华文化积淀的中华民族最深沉的精神追求；讲清楚中华优秀传统文化

1　侯洪：四川大学文学与新闻学院教授、博士生导师。刘婕：四川大学文学与新闻学院2016级新闻与传播研究生。毕小慧：四川大学文学与新闻学院2016级广播电视学研究生。

2　蔡名照：人民网：“讲好中国故事　传播好中国声音——深入学习贯彻习近平同志在全国宣传思想工作会议上的重要讲话精神” http://politics.people.com.cn/n/2013/1010/c1001-23144775.html，2013年10月。

的突出优势。”[3]

讲好中国故事需要关注两个问题，一是“讲怎样的”，二是“怎样讲”。“讲怎样的”表明了故事的内容和价值取向，它是讲好中国故事的基础。中华文化博大精深、源远流长，为讲好中国故事提供了强大的精神内核。“怎样讲”则是讲好中国故事的方法，影响着故事的吸引力、感染力和传播力。有了“好故事”，还需要采用恰当的传播方式讲述恰当的内容。

当下，讲好中国故事的关键是要讲好“中国主场外交故事”。2014 年全国两会记者会上，外交部长王毅首次将“主场外交”作为中国外交工作的一个概念提出，并上升为全年外交任务的重要内容。[4]随着我国综合实力和国家地位的不断上升，“主场外交”已经成为我国总体外交的核心内容，在展示中国魅力、提升中国话语权与影响力方面发挥着重要作用。中国魅力不仅体现在经济发展水平等硬性指标上，还体现在主场外交中有共鸣、有感染力的“中国故事”的讲述上。因此，讲好中国故事的关键是要讲好“主场外交的中国故事”，不断增强我国的国际影响力，使我国在重大国际事件中更好地开展主场外交。

二、主场外交中中国故事的书写

2016 年 9 月，我国成功举办了杭州 G20 峰会，抓住重要机遇向世界展示了我国的全球领导能力，这也成为我国近年来最重要的主场外交成果。作为峰会重要组成部分参与主场外交的大型文艺晚会《最忆是杭州》，运用极具创意的文化元素与技术手段，书写了精彩的“中国故事”。

（一）创意一：中国文化元素的表达

中国文化元素，是指中华民族通过几千年的发展承续下来的、由中国人创造的、体现中国人特质的文化元素，包括物质文化元素和精神文化元素。中国文化元素由自然文化、传统文化与当代文化元素组成。[5]

《最忆是杭州》中就包含了这三种中国文化元素。就自然文化元素而言，文艺晚会场地选取独具特色，突破了传统的室内舞台空间，它以杭州西湖湖面的天然地貌作为舞台，以广阔天地为剧场，结合湖区拱桥、园林等自然景观和人文景观形成崭新的艺术生态空间。寄托团圆、思念之情的“朗月”、象征江南水乡的拱桥和由西湖的远山、近水、树木

3　新华网：“重温习近平8 · 19讲话：宣传思想部门必须守土有责”，http://news.xinhuanet.com/politics/2015－08/19/c_128144576.htm，2015年8月。

4　新华网：“王毅就中国的外交政策和对外关系答记者问”，http://news.xinhuanet.com/politics/2014－03/08/c_119669879.html，2014年3月。

5　朱麟：《对外传播视野下的中华文化元素符号的研究》，社会科学文献出版社2014年版，第23页。

构成的杭州城市自然景观，在灯光的照射下交相辉映、相得益彰，完美融合了杭州西湖的自然文化元素，为各国首脑、与会嘉宾及电视观众带来了一场大型的视听盛宴。

《最忆是杭州》的文化编码还呈现了大量的传统文化元素。首先，晚会的命名就语出白居易“江南忆，最忆是杭州”的诗句。其次，中华“诗、画、乐”的艺术篇章频频迭出，琵琶与交响乐、古琴与大提琴、越剧与现代舞、旗袍与礼服同台表演、完美融合。这种无标签式的非语言符号的传播跨越了国家、民族和文化间的遥远，悄无声息地消弭了意识形态的差异，深深地烙上了“中国印”。

《最忆是杭州》也不乏中国当代文化元素，现代技术手段与拔地而起的杭州城市建筑的组合运用，体现了晚会的内在叙事逻辑。整场晚会在杭州形态各异的城市景观中展开，林立的高楼大厦与流光溢彩、四通八达的城市道路交相辉映，蓝色的城市灯光，充分烘托了杭州的现代化气息和千年古城风韵。另外，全息投影技术在一些节目中巧妙施用，这种幻真的三维图像技术造型，给现场观众带来了强烈的视觉震撼。LED 技术也不例外，通过屏幕显示的“G20”标志与点亮的桥的造型共同构成了此次峰会的会标造型。

（二）创意二：世界文化元素的融入

《最忆是杭州》的又一亮点是将世界元素与中国元素相结合，世界文化与中国文化同台展示，对世界文化进行了一次极具中国特色的艺术表达。中国文化感染世界，世界文化连接中国。作为一场“实景演出交响音乐会”，主办方正是看中了这样一种无国界、世界性的艺术语言，晚会更容易将观众带入音乐的意境和想象空间，连接人类共通的情感元素和情感力量。

世界文化元素在《最忆是杭州》中的融入，还体现在芭蕾舞剧《天鹅湖》及世界名曲《欢乐颂》等节目中，中国式的艺术表达展现出小提琴与中国山水画、大提琴与中国古琴、芭蕾舞与西湖水、钢琴与月亮等文化元素相互交融，构成了立体的艺术空间。技术美学的力量还体现在《天鹅湖》AR 的运用上，将传统的实体性艺术舞台空间，转换成了由数字技术构成的“真人 + 虚拟幻真”的更高层次的幻真艺术空间。通过技术与艺术融合的声画造型，将世界文化元素创意性地融入到中国文化元素中。既向世界传播了中国文化，展现了中国文化包容性，又对世界文化进行了新的阐释和表达，实现了中国文化与世界文化的完美融合。

（三）传播：渠道融合助推主场外交

在这场晚会中，央视与地方卫视进行了协同作业，对《最忆是杭州》开展了融合式的媒体直播报道。采用视频报道为主、“图片 + 文字”为辅的报道模式，在节目资源调配上，中央电视台投入了综合频道、综艺频道、中文国际频道及新闻频道四个频道以及多个国际频道同步并机直播。同时还在央视网、“央视新闻”客户端等新媒体平台上进行转播，并向全球提供同步国际公共直播信号。不仅如此，央视还启用直升机、无人机等航拍工具，获取了大量的航拍画面，从而为全球受众带来“身临其境”的感官体验。

在这档文艺晚会的报道中，地方卫视的作用也不可小觑，其中浙江广播电视集团作为杭州 G20 峰会举办城市的权威地方媒体，在浙江卫视、中国蓝官方网站“蓝天下”以及广电集团旗下视频网站“新蓝网”等平台上，进行了视频直播和节目专题报道，并在社交媒体平台同步报道晚会盛况，与国家媒体形成了互补式的中国故事叙事的媒体效应。

另外，中国故事的书写不仅依靠中国媒体本身，外媒也是书写中国故事又一不可或缺的他者视角。来自欧洲、亚洲、拉丁美洲、非洲等地的通讯社、报纸、电视台等媒体的报道，为中国故事的书写开启了新的视角，无形间将中国故事变成了国际公共产品。

媒体在此次《最忆是杭州》的报道中发挥了提供信息来源、架起沟通桥梁、阐释外交决策的重要作用。它不仅是一场文化外交活动，也是一场媒体外交活动，通过对中国主场外交活动的深度参与，将这场晚会打造成一张属于中国的艺术名片。

三、主场外交的助推器——文化外交与媒体外交的双重奏

《最忆是杭州》作为此次峰会的重要议程之一，通过文化外交和媒体外交的方式，向世界讲述了中国故事，成为我国成功开展主场外交活动的重要助推器。

（一）实现途径一：文化外交

文化外交是一种以文化传播、交流与沟通为内容的外交方式，是主权国家利用文化手段达到特定政治目的或对外战略意图的活动。[6] 文化外交对一个国家的外交活动具有关键作用。主场外交作为一国外交活动的重要组成部分，也可以利用文化外交的途径。

事实上，《最忆是杭州》就是 G20 杭州峰会主场外交中的一次文化外交实践。晚会的内容题材来源于中国文化，整场晚会借助独特的东方叙事，实现了对中国文化元素的创意表达和融入世界文化元素的中国式叙述，满足了中外观众的观赏需求。在世界文化艺术舞台上展示了中国传统文化的独特魅力，向世界讲述了中国的文化故事，表明了中国的文化自信。这也是中国文化软实力的重要体现。自然生动的文化传播与交流，使我国的文化形象、国家形象更加鲜明、立体和生动，成功向世界展示了中国“繁荣发展、和谐稳定、谦虚自信、包容开放、创新发展、负责任”的大国形象。

文艺晚会作为一种文化产品，以文化交流与传播的方式弘扬中华文化在世界文化中

6　参见李智：《文化外交——一种传播学的解读》，北京大学出版社2005年版，第24页。

的多样性，传达中国“亲诚惠容、发挥中国智慧、构建人类命运共同体、构建新型国际合作关系”特色大国外交理念，它淡化了世界各国意识形态之间的差异性，是一种更容易被世界人民所理解和接受的艺术形式，以此开展的文化外交活动也因此更具“柔性”色彩。

通过文化交流这种柔性且易于受众接受的形式，巧妙展示了我国的文化自信、文化感染力和吸引力，赢得了世界媒体的关注度，达到了传播中国文化，全面、真实地书写和提升中国形象的目的，增进世界各国对我国的文化理解与沟通，从而实现我国的文化外交，向世界呈现一张更完美的中国名片，助推了中国主场外交的成功实践。

（二）实现途径二：媒体外交

凡是那些由政府幕后操纵、运用大众传媒的力量，在特定的领域向其他国家的民众释放信息、影响舆论、塑造行为，希望在其他国家的民众中间建立信任、获得支持以及增强联系，进而间接影响他国政府行为的活动，都是媒体外交。[7]

首先，媒体是中国故事的生产者，通过媒体的报道，将口口相传的“中国民间故事”转变成世界人民津津乐道的“世界故事”。媒体外交是主场外交的重要实现途径之一，媒体也是中国主场外交故事的重要参与者与记录者。各类新闻媒体对《最忆是杭州》进行现场直播以及摄影摄像，将晚会现场的盛况真实记录下来，进而生产出“中国主场外交故事”这一新闻产品。

其次，媒体是中国故事的传播者，通过大众媒体渠道，让中国故事远播世界的各个角落，让搭载着中国文化内涵与大国形象的中国故事鲜活地呈现在世界人民眼前。《最忆是杭州》通过传统媒体与新媒体得到有效传播，让各国民众接触了解中国故事。

最后，媒体是中国外交政策的解读者，在讲中国故事的同时，阐释中国的外交政策与发展理念。讲述正确、可精准送达受众的中国故事，是媒体外交的重要任务之一。国内新闻媒体积极主动并客观、公正、合理地对文艺晚会的筹备情况、现场状况、主要流程及文化内涵等进行详尽报道，突出晚会节目编排及中国文化元素的深刻内涵，一个和平崛起的负责任大国以及引领世界经济可持续发展的中国形象得以真实再现。

作为主场外交活动的重要实现途径之一，媒体外交为培养国际民众正确认识中国文化、正确理解中国政策做出了重要贡献，打破了中国与世界交流沟通的藩篱，为主场外交的顺利开展铺平了道路。另一方面，媒体外交生产和传播中国故事，为中国国家形象的塑造、国家软实力的提升、主场外交的健康发展做出了有益贡献。媒体对《最忆是杭州》的有效书写与传播，促进了国际民众对中国的认知，引导了世界舆论，更好地辅助了中国的主场外交活动。

7　赵可金：《媒体外交及其运作机制》，世界经济与政治，2004年第4期。

四、结语

随着中国国际地位和国际话语权的提升，实施主场外交已然成为对外讲好中国故事的重要途径。文艺晚会作为主场外交活动的重要组成部分，为中国文化的集体亮相提供了一次绝佳机会。晚会对中国及世界文化元素创意性编排设计，并借助媒体融合渠道进行传播，标志中国媒体在重大国际媒体外交中有效地掌握了话语权和主动性。

这次主场外交的成功开展还得益于三个有力推手：一是前面所讲的文化外交；二是媒体外交的实践；三是我国新闻传播业态自我更新能力的提升以及网络和新媒体的革新。

这种以文化创意为引领，旨在讲好中国故事、推动全球经济社会可持续发展的主场外交活动，通过 G20 杭州峰会的媒体实践，必将对中国的对外传播、跨文化交流与合作产生积极的影响。

用自然电影讲好中国故事
——《我们诞生在中国》海外传播启示

杜钰　潘颖[1]

【摘要】 电影《我们诞生在中国》由中、美、英三国联合拍摄，由中国著名导演陆川执导，著名演员周迅中文解说。该片以儒家文化为背景，讲述了五种中国特有的野生动物大熊猫、雪豹、金丝猴、藏羚羊和丹顶鹤的家庭故事。2016 年 8 月上映以来，引起了热烈讨论，获得海内外媒体与观众的普遍好评。本文从影片的叙事特点出发，分析影片海外流行的原因，总结国产电影如何走出去的经验启示。

【关键词】《我们诞生在中国》；自然电影；中国故事；启示

2016 年，由陆川执导、迪士尼团队制作的自然电影《我们诞生在中国》，凭借深刻的内涵与精湛的制作，以 2700 万元票房打破此前由《海洋》所保持的国内自然电影票房最高纪录。在海外上映后，成为地球日最佳票房影片，被外媒评价为迪士尼自然公司 5 年来“最佳作品”。影片在国外影评网站 Cinema Score 上获 A- 评分，在烂番茄网站好评超过 81%。

电影由中、美、英联合拍摄，SMG 尚世影业、迪士尼影业和北京环球艺动影业联合出品。影片以 5 种生长于中国的野生动物——大熊猫、雪豹、金丝猴、藏羚羊和丹顶鹤为主角，向全世界讲述了个体成长、家庭温暖和生命轮回的故事。除去周迅的背景解说外，影片没有明星参与，甚至没有人类参演，所有镜头均是采自原汁原味的自然世界。

1　杜钰：国防大学政治学院。潘颖：国防大学政治学院。

在拍摄过程中，任何人不得通过喂食等方法吸引野生动物，也不能干预他们捕猎、决斗甚至死亡等自然行为。在高原拍摄雪豹时，拍摄团队利用一个月的时间才追踪到雪豹的踪迹，但摄影师始终保持乐观的心态。“这是一场等待的游戏”，摄影师在片花中感慨。

在阐释动物情感时，影片注重以真实影像和合理推断为依据，而非滥用剪辑技巧，随意发挥。具体而言，影片中，雪豹达娃为了养育两个孩子，经常在陡峭的岩壁上捕猎。在食物紧张的季节，她还要与入侵者博斗。寡不敌众的单身妈妈，只得放弃自己的领地。为了不让孩子们挨饿，她只身冲进牦牛群，最终身负重伤，为孩子们献出了生命。而金丝猴淘淘则是一个可爱的捣蛋鬼。在二胎妹妹出生后，他失去了父母原有的独宠。淘淘一气之下离家出走，与一群流浪猴称兄道弟，玩耍得自由自在。但是当冬天来临，食物短缺时，自私的流浪猴为争夺食物大打出手，饥寒交迫的淘淘这才感受到家庭温暖的可贵。在返回家园，从苍鹰手中救出妹妹后，淘淘重新被父亲接受，回到温馨的大家庭中。最后一个主角是一只叫丫丫的大熊猫母亲。成年大熊猫为独居动物，而此时她正享受着陪伴女儿美美的幸福时光。美美对世界充满好奇，尤其爱爬树。在一次次的尝试、跌落和被母亲扶起的过程中，美美渐渐走向自立。最后在母亲的注视下走向远方，开始独立生存。而随着春去秋来，丫丫再次做了母亲，周而复始地完成着生命的轮回。藏羚羊与丹顶鹤的故事则以文化符号的方式，穿插于故事之中。藏羚羊一年一度的大迁徙和丹顶鹤承载灵魂的飞翔，深化了影片的人文内涵，提升了影片的哲学价值。

一、电影的叙事特点

（一）拟人化的表现手法

不同于一般的纪录片，《我们诞生在中国》以中国传统的家庭伦理观念解读动物世界的一举一动，具有浓厚的儒家文化色彩。影片树立了动物世界中父母威严又慈爱的形象，尤其凸显了母爱的伟大。

在熊猫一家中，丫丫是一位慈爱甚至有些许溺爱美美的母亲。在美美出生后，丫丫就对她呵护备至，不是叼在口中，就是捧在怀里。在美美开始学习爬树的时候，丫丫更是形影不离，只要美美滚下山坡，或者跌落树下，丫丫就会马上赶过来温柔抚摸，安慰受挫的孩子。

雪豹达娃的故事，更多表现母爱的无私奉献。雪豹生活环境恶劣，食物短缺。要养育两个孩子，达娃任务艰巨。为此她不惜全力迎战入侵者，孤身闯进牦牛群，承受着牦牛猛烈的撞击仍然不愿松口放弃孩子的食物。两位母亲的搏斗以及落败的达娃在雪地中死去的场景成为影片的高潮。镜头在达娃奉献生命处定格。近处的雪山，远处的霞光，拍摄组记录下这壮美的画面，向这位伟大的母亲致敬。

在淘淘的经历中，家庭成为故事的核心。在金丝猴的社会中，淘淘的父亲作为种群的领袖，拥有至高权力，也担负着守护猴群的重任。猴群中的女性成员都是幼崽的母亲，共同抚养他们成长。淘淘就像一个正值青春期的男孩子，既渴望成为父亲一样勇敢强壮的领袖，又以折树枝等幼稚的方式吸引大家的注意力；既希望得到父母的关爱，又赌气地离家出走。在经历了漂泊的生活后，淘淘终于明白家的意义。但是作为一家之主的父亲，并不接纳这个孩子。最终，淘淘从苍鹰手中救出妹妹，以行动展现了自己对家庭成员深厚的感情，这才重获父亲的认可，被家人重新接纳。

三个故事，看似发生在动物家庭中，却是人类家庭的写照。影片的角色个性鲜明：美美，是个被宠溺又要独立成长的孩子；达娃是为养育孩子而奉献生命的母亲；淘淘则是个叛逆的青少年。以人类的情感解读动物世界，不仅有助于观众认识大自然，也升华了影片的主旨。

（二）好莱坞式的故事模式

《我们诞生在中国》与《疯狂动物城》《奇幻森林》并称为迪士尼“动物三部曲”。《疯狂动物城》是一部中规中矩的传统迪士尼动物动画。在《奇幻森林》中所有动物角色都是数字技术创造的。而《我们诞生在中国》则以镜头记录动物们的真实生活。

三部作品再现动物角色的方式不同，但剧情模式则是相似的。

影片在叙事结构上，运用好莱坞电影技巧设计危机结构，通过巧妙的剪辑和人性化解读，为野生动物赋予人类的情感，为观众讲述一个个生动精彩又扣人心弦的故事。

达娃第一次驱逐入侵者的情节，已经为悲剧结局埋下伏笔。当入侵者带着帮手卷土重来，达娃只能选择撤退到食物更稀少的地方。达娃家的处境一步步恶化，直至最后的生死之战，大自然的矛盾、残酷与现实在这搏斗中爆发，将故事推向高潮。在金丝猴的故事中，离家出走的淘淘是个叛逆的孩子。从叙事功能来看，“出走”是英雄故事的组成部分。生长在父母庇护下的淘淘，一点点了解了猴子社会的凶险，并在这样的过程中，从一个男孩成长为男人。返回家庭遭到父亲拒绝的情节，将故事推向高潮前的谷底。淘淘营救美美的举动则是好莱坞经典模式——“最后一分钟营救”，情节环环相扣，动人心弦。熊猫丫丫的故事，展现了一位温柔慈爱的母亲，如何面对子女的成长与离别。影片从丫丫既希望美美掌握爬树的技能，又不希望与之分开的矛盾心情中展开。最终美美还是走上了独立自强的道路，而丫丫对孩子深沉的爱则化作最后对美美离开的背影的凝视。

（三）多样的冲突呈现方式

达娃的生存环境非常恶劣，食物的争夺成为达娃与其他雪豹间最迫切的矛盾。达娃与母牦牛之间的激烈争斗，是自然选择下母爱的冲突。美美对母亲的依赖和对大自然的探索欲的矛盾，丫丫对美美的呵护和对其成长的期盼也构成了母亲的矛盾。淘淘渴求父亲的关爱与父亲作为宗族首领的职责间的矛盾。

矛盾冲突的构成是复杂的，我们不能以人类的道德标准进行评判。但这种复杂性与矛盾性恰恰构成了故事情节的冲突性。这使影片《我们诞生在中国》超越普通纪录片的叙事模式。普通的纪录片只是生活景象的翻版。尽管故事中也蕴含着深刻的矛盾，但是矛盾的展开比较缓慢，叙事节奏不能打破生活规则的限制，以此确保记录的真实性。正如亚洲电视网制作总监克兰·夏纳所说："中国纪录片在拍摄的角度、描写人物感情和细节表达上有独到之处，但往往其思想性强、故事性弱、节奏缓慢，因而观赏性差，难以迅速吸引观众，也就难以进入世界市场。"相比之下，《我们诞生在中国》则将冲突集中展现，叙事节奏紧凑，扣人心弦。这就决定了它能够在众多纪录片中脱颖而出。

二、影片启示

（一）重视内容创新

电影是文化的产物，每个民族特有的文化印记都深深镌刻在民族电影中。美国的超级英雄，日本的武士精神，印度的翩翩歌舞都是民族电影的标志，体现了鲜明的文化特色。在这些电影风靡全球时，电影背后丰富的思想底蕴与文化内涵也以一种直观、简洁的方式传递给外国观众。

中国出口的电影中，大部分为动作类电影，外国观众对中国电影的文化期待也以中国功夫居于首位，以至形成"中国电影等同于功夫电影"的印象模式。无论是最早进入国际市场的《精武门》《龙争虎斗》，还是获得 73 届奥斯卡最佳外语片的《卧虎藏龙》，以及近年来影响力较大的《叶问》《一代宗师》等，均借助"中国功夫"的标签，开辟了具有中国特色的国际电影市场。

这既反映出功夫电影作为中华电影的杰出代表，拥有广泛的国际影响力，也暴露了国产电影类型单一化、模式化的弊端。

《我们诞生在中国》是中国电影走出去的一次重要尝试。没有快意恩仇的打打杀杀，却有为养育子女而拼尽生命的搏斗；没有群星璀璨的明星阵容，却有本色出演的珍稀国宝。作为一部记录野生动物生活故事的自然电影，它以恰切的解读和饱含人文关怀的情感，向世界讲述了诞生于中国的生命传奇。中华文化不再是吸引受众的噱头，随着丹顶鹤一次次飞翔、一声声啼鸣，生命轮回的欣喜与悲壮呈现在观众面前。电影以人类共通的情感为纽带，以人类共有的价值观念为基础，在达娃的牺牲、丫丫的凝视、淘淘的回归中阐释传统中华文化的家庭观念。

（二）循序渐进，以低语境文化赢得共鸣

对外传播的核心任务是价值观传播，但聚焦于价值观的传播方式将会被解读为恶意宣传，反而束缚了自己的手脚，形成“自说自话”的现象。要让中国故事走出去，就要坚持渐进式传播的策略。唯有摒弃固有的传播思路，发掘中国传统文化瑰宝，刻画当代国人的生活现状，以饱含人文情感与社会关怀的话题，引起世界观众的关注与互动，以生动自然的方式讲述中国故事，弘扬中华文化。

中国社会是个高语境社会，在传播的过程中，大部分信息或存在于物质语境或内化于个人心中，在信息传递的过程中，编码倾向于模糊，表达方式倾向于委婉含蓄。而西方国家多倾向于低语境社会，传递的内容即是信息本身，较少涉及社会背景与时代背景，从而降低受众理解的门槛。中华文化高语境的特点是限制文化传播的因素，也带来了神秘感，吸引更多的注意力。

因此在阐释中华文化的过程中，要注意高低语境的转换。如果受众定位于国内，则可以以中华文化为基础，建构高语境的文化产品。而将受众定位于国际，则需以人类文明为基础，构建低语境文化内容。在影片《我们诞生在中国》中，导演将动物进行拟人化的处理，以他们的视角讲述一系列关于家庭和亲情的故事，将中华文化中的家庭观念，以一种生动形象的方式呈现在观众面前。

这种处理方式，使得该片在海外获得广泛好评。《洛杉矶邮报》盛赞影片的情节：在四季更替之中，表现淘淘、达娃和丫丫的生存现状及其对幼崽的关爱。在那片被人遗忘的远方，有着令人发笑的恶作剧，也有生命的艰辛与壮美。《德克萨斯日报》的影评认为，影片不仅展现了动物们与自然抗争的画面，也展现了他们的情感和彼此间的联系，凸显家庭的温暖。

当今中国故事中的中国形象，凭借其建构的底蕴丰厚的中国想象和传说，可以令中外公众形象地了解当代中国文化状况。中国故事作为中国艺术的重要创造物，恰是中国文化状况及其文化软实力赖以显现的一个“窗口”，其本身也足以成为中国文化心灵与精神的代表。

（三）在制作发行中重视国际合作

电影《我们诞生在中国》整合中、美、英三国团队联合制作，是 SMG 尚世影视自 2014 年与迪士尼签订合作协议以来首部面世的中美合拍作品，也是中国首部自然动物电影。2008 年，迪士尼成立记录类电影分公司——迪士尼自然。其成立以来，全球票房最高的 7 部自然电影中，6 部出自这家公司之手。这部影片，拍摄地点包括神农架、卧龙、三江平原等多个自然保护区，后期制作则由中、美、英三国团队合作完成。

在共同制作的过程中，中方团队也接触到西方影视制作模式，学习其先进经验。如

跟陆川导演一同前往高原拍摄雪豹的美国摄影师摩尔，曾经为美国国家地理频道和BBC等拍摄野生动物纪录片，在30年的拍摄工作中积累了丰富的经验。面对高原恶劣而多变的气候，捕捉到灵活敏锐又对人类极为警觉的雪豹画面，不仅需要很强的耐心与敬业精神，更需要懂得如何与雪豹打交道，如何获取他们的信任。拍摄藏羚羊的斯坦曼也是如此，为了接近他们，他要躲在事先挖好的坑中，一住就是四五天。

此外，拍摄团队的后勤补给与医疗保障也优于国内。导演陆川回忆起自己拍摄《可可西里》时的惊险场景，团队在基本没有医疗保障的情况下，在海拔近5000米的高原上展开拍摄，造成团队因伤病减员迅速。此次拍摄准备充分，不仅顺利完成任务，也保障了团队人员的安全。

当然，国际合作不仅是人员与资源上的合作，更是思想与创意的合作。

影片的受众定位于国际，眼界就不能局限在国内。影像的呈现与故事的讲述便要重视不同文化背景受众的认知差异。除了考察此类型电影在国内市场的票房与影响，还要考虑海外市场的现状以及影片走出国门时塑造的国家形象。因此在拍摄对象的选取，拍摄内容的剪辑，解说词的创作，讲述者的选取，主题的升华等方面，不仅要从中华文化出发，而且要考量世界范围内受众的接受能力与反馈。这并不意味着影片要放下身段，放弃深刻的主题，尽可能地迎合更多人的兴趣。而是要创作团队站在中西文化互补融合的角度，阐释影片的内涵。不仅让制作工艺与国际接轨，更让思想与精神和国际社会紧密相连。

春节故事对外传播战略研究[1]

胡建斌　陈先红[2]

【摘要】当前，“讲故事”被视为一种有效的国家战略传播的途径和手段。本文选择春节故事作为讲好中国故事的研究样本，围绕春节故事对外传播“说什么、如何说、如何做”这几大问题，沿着“故事样本 - 话语系统 - 传播战略”的分析路径，对春节故事的对外传播展开全面、深入的探讨。研究发现，春节故事是一个包括 4 个故事类型、52 个故事母题、若干个故事文本的三层级故事体系，它们生成了一个由文化符号、文化产品、文化仪式、文化理念、文化信仰构成的春节话语系统。据此，本研究建议，春节故事对外传播的战略举措应包含春节吉祥物和“中国年”传播战略、中国年系列产品开发战略、春节文化仪式整合战略、春节文化外交实施战略和春节文化信仰传播战略等五个方面。

【关键词】春节故事；对外传播；故事样本；话语系统；传播战略

近年来中国在国家形象塑造上的一系列主动作为，赢得了国内民众和国际社会的一片赞许，对营造有利的经济社会发展环境产生了积极的影响。但是，也必须看到，“讲好中国故事，塑造国家形象”是一项比企业形象塑造复杂得多的系统工程，中国在国际话语体系中的弱势地位短时期内难以根本扭转，“中国故事很精彩，中国话语却很贫乏”的尴尬境况仍将在一段时期内存在。

1　本文为2016年度国家社科基金项目“讲好中国故事的元叙事传播战略”的阶段性研究成果。

2　胡建斌：江西师范大学传播学院讲师，华中科技大学新闻与信息传播学院博士；陈先红：华中科技大学新闻与信息传播学院教授、博士生导师。

事实上，当前对“讲好中国故事，传播好中国声音”这一宏大时代背景的设置，就是基于“讲故事”与“传播”两者之间存在内在关联的基本假设。本文选择春节故事作为讲好中国故事的研究样本，正是因为其具有显著的文化异质性和交流友好性，具有“元话语”和“开场白”功能，可以引导公众在文化维度上进行符号复诵和多层叙事，对“讲好中国故事”有良好的示范性和高度的战略价值。

本文试图回答当前“讲好春节故事”所无法回避的几个核心问题：什么样的春节故事最能抵近“文化中国”的本来面貌？怎样的春节话语表达最能展示中国的文化软实力？怎样的春节故事对外传播战略才是最有效的？

一、春节故事样本体系的梳理

通常所说的“故事”，往往包括开头、经过、结尾三个结构要素，因而指向的是具象层面和成品意义上的狭义概念。本文界定的“春节故事”是广义上的概念，其介于抽象与具象之间，往往并不具备完善的三要素结构，但却能够经由叙事修辞的加工变成可传播、可复诵的成品故事。

春节无疑是一个值得探寻的“故事宝藏”。依托于五千年文明古国的深厚底蕴，作为中华民族最盛大的传统节庆，春节在长达四千年[3]的历史进程中给我们提供了取之不尽的故事资源。在现实生活中，与春节有关的许多信息和知识，都是以故事的形式储存和提取的，它们构成了春节的故事体系。具体地说，春节故事主要是以节日习俗和传说的外在形式而存在的。

故事学领域通常使用“类型”“母题”等术语来对形形色色的故事进行归类。类型主要指被高度概括化了的故事主题，能够“反映出其内在的叙事规律”，[4]可被视为“情节大同小异的多篇故事的共同体”。[5]美国故事学家斯蒂·汤普森（1991）指出，母题是故事中的最小的、能够持续在传统中的成分，类型可能只包含一个母题，也可以是一系列顺序和组合相对固定的母题的集合。以上论述揭示了类型与母题的概念内涵，也形象地指明了二者之间的层级从属关系。

参照故事学关于故事的划分方法，可将春节故事视为一个由“故事类型（主题）——故事母题（习俗）——故事文本（成品故事）”构成的故事层级体系。具体包括：

1）4 大故事类型。按照故事主题及其反映的文化特征的不同，可以把春节的习俗、

3　关于春节的起源，目前较为主流的说法是源于上古虞舜时期（约公元前2277-约公元前2178）的腊祭，据此推算，至今有四千余年的历史。

4　王宪昭：《中国民族神话母题研究》，中央民族大学博士学位论文，2006年，第37页。

5　刘守华：《关于民间故事类型学的一些思考》，民族文学研究，2004年第3期，第25页。

传说等故事资源归拢为四个类型:"岁时"类故事、"祭祀"类故事、"团聚"类故事、"喜庆"类故事，它们指向的是丰富多彩的春节民俗故事体系的四大主题。类型是一个相对固定的概念，即春节的故事类型经由几千年的进化、沉淀后已基本定型。每一个故事类型都囊括了多个春节习俗故事（故事母题）。

2)52 个故事母题。春节习俗故事构成了春节故事在叙事过程中的"原型意象"或"情境"，因而是春节故事的母题所指。母题处于相对变动的状态，随着时代的发展，不断会有新的年俗出现，同时也会有一些习俗被逐渐淘汰。

3）若干个故事文本。故事文本是基于母题演绎出来的、具有完整结构的成品故事，主要包括由习俗故事派生而来的各种传说故事，以及描述人们体验、参与年俗活动情况的节日生活故事。故事文本是一个非常活跃、自由的概念，它本身是对春节习俗的践行、演绎的成果。这些活动随着口头传诵、新闻报道、文献资料、影视素材、展览展示等叙事传播渠道，被加工成为可反复传播的完整故事。

二、春节故事话语系统的建构

通过对春节故事样本体系的梳理，回答了哪些是"好的春节故事"的问题。然而，故事样本仅仅是提供了传播的表达对象，它还需要藉由某种表达方式（即"如何说"）才能得以呈现。这种表达方式即是话语的生成过程。

那么，春节故事在现实世界所呈现出来的究竟是一种什么样的话语形式呢？春节故事对外传播的根本目的是挖掘、传播春节故事中的文化内涵和文化价值，谋求更大范围和更深层次的文化认同与接受。由此，春节故事的话语生成过程便是春节文化的呈现过程。

学界对文化系统的结构和层次划分版本不一，有物质文化与精神文化两分说，也有物质、制度、精神三分说，亦有物质、制度、行为、价值四分说。如费孝通（1946）把文化归纳为由器物层次、组织层次和价值观念三个层次构成的有机整体。各种观点虽然各有差异，但更多的是相通之处，大都包含了物态符号文化、礼仪行为文化、价值观念文化等几个方面。

春节的文化系统有其自身的深层结构和表现形式。本文在参考上述观点的同时，充分结合春节独有的文化特性，按由外及里的文化层次顺序，将春节文化系统大致划分为以下三个层次、五个要素（见图 1)。这些要素构成了一个不可分割的春节文化有机整体，共同推动着春节文化的生成与发展，也为春节故事话语系统提供了建构的文化维度。

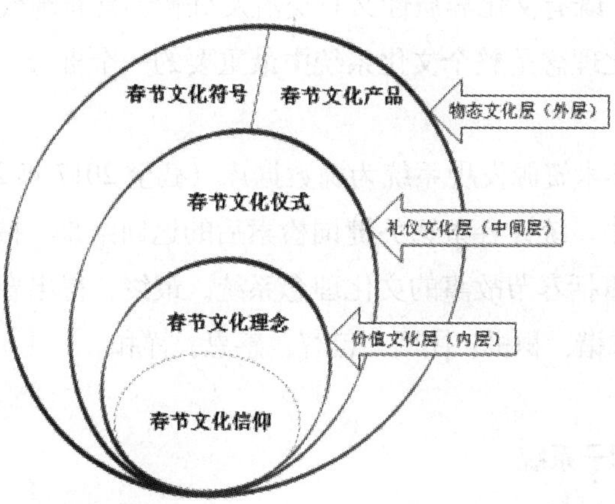

图1：春节文化系统“洋葱”图（话语系统建构的文化维度）

1.春节文化符号子系统

春节的文化符号是表现春节文化特色的象征符号体系，具有直观性、形象性、物质性的总体特征。这里仅指春节文化中那些可通过感官直接感知或具有物质实体的事物。

春节文化符号的形成是一个自然的历史过程，在人们有意识的年文化活动中不断被重现、被塑造、被传递。很多流传至今的春节习俗都是在两汉时期成型的，这与中央集权制度的出现密不可分。随着经济和社会的发展，尤其是唐宋以后，春节习俗逐渐由宗教化转为世俗化、娱乐化，越来越多的年文化符号走进老百姓的生活，在表象上促成了春节文化的民俗属性。

2.春节文化产品子系统

春节的文化产品居于春节文化系统的物态文化层，兼具物质功能和非物质功能，即基本的使用价值与文化价值、精神价值等附加价值。它是商业性和艺术性的结合，与基本的物质性必需产品相比更富于精神性、心理性、娱乐性。

3.春节文化仪式子系统

本文所界定的春节文化仪式，一般都应具有以下三个方面的基本特征：一是传承性；二是参与性；三是神圣性。春节的诸种事项活动及其所蕴含的意义，是通过仪式来实现的，所有的传统年俗活动都是春节的文化仪式。

4.春节文化理念子系统

本研究所界定的春节的文化理念，特指那些植根于源远流长的春节传统文化，经过历史和时代的汰选，既有文化异质性又有交流友好性，具有现代意义和普世价值的文化价值理念。春节文化理念是整个文化系统中最重要的一个部分，因为它直接决定了春节文化信仰的构成。

研究者以超星学术资源发现系统为源数据库（截至 2017 年 2 月 26 日），以不同的主题字段进行专业检索，统计各备选关键词检索后的返回结果，按频数的多寡为依据，选取前八个关键词来概括春节故事的文化理念系统。最终，得出春节故事的文化理念关键词为传承、欢乐、和谐、积极、团圆、包容、感恩、祥和。

5.春节文化信仰子系统

这里所要探讨的是“春节文化中所包含的文化信仰”，指向的是春节文化中所包含的关于人们信仰的那部分内涵。具体而言，春节的文化信仰来自于人们对春节文化理念的认同和遵循，是对春节文化理念的心理感知的积累和升华。

春节的文化信仰是一个哲学层面上的概念，集中反映了某一群体的世界观、人生观、价值观。据此，从春节习俗故事的角度，可将春节的文化信仰系统概括为自然和合的世界观、积极进取的人生观与和谐、友爱、感恩的价值观（见表 1）。

类别	文化信仰	内涵解读	对应的春节故事
世界观	自然和合	反映出对自然规律的敬畏和遵从，强调人与自然之间的和谐、融合。	年周期的确定、历法纪年等岁时类故事
人生观	积极进取	展现了喜迎明天、拥抱未来的积极姿态。	除旧迎新的习俗故事
		表达了自强不息、年胜一年的良好愿景。	祭祀祈福的故事
		体现了享受欢乐、热爱生活的美好追求。	喜庆类习俗故事
价值观	和谐的家庭观	家庭内部的长幼有序、尊老爱幼，整个民族的和睦共处、安宁守望，体现了自然家庭的和谐以及民族大家庭的和谐。	团圆的故事
	友爱的人际观	饱含着仁爱、友善，传递着爱心、善意、诚信、温馨。	拜年祝福/春节吉祥话的故事
	感恩的传承观	在祖先崇拜的仪式中体现了更具普世价值的感恩精神。	祭祖的故事

表1：春节的文化信仰系统构成

综合以上对春节文化系统五个要素的内涵分析，可以构建春节故事的话语系统（见图 2），来回答春节故事对外传播中的 how to say（传播内容的表现形式）问题，并作为制定和实施春节故事对外传播战略的“话语”依据。

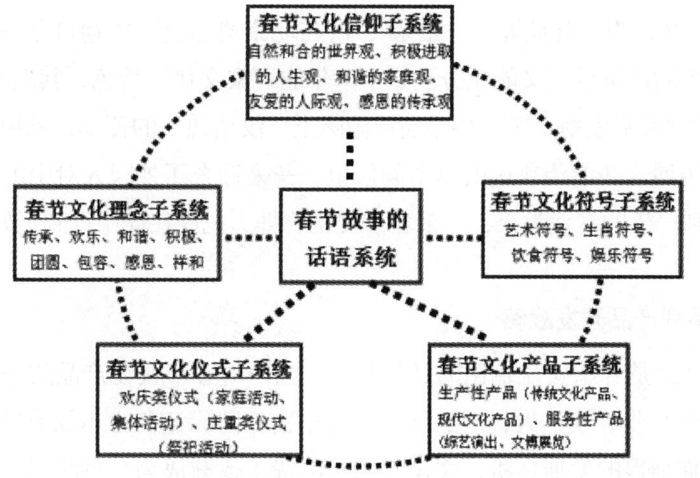

图2：春节故事的话语系统

三、春节故事对外传播的战略举措

1.春节吉祥物与“中国年”战略

（1）春节吉祥物形象符号战略

2016年初，相关机构发布了春节吉祥物“年娃”“春妮”，公布至今一年有余却并未见引起多大的社会反响。鉴于此，本研究建议将十二生肖作为春节的吉祥物确立下来。理由如下：首先，十二生肖的春节文化已经具备相当的国际知名度，有着良好的传播基础；其次，十二生肖文化是春节文化中的精华部分，含有非常丰富的故事资源和文化意义；再次，动物形象的吉祥物更具亲和力和接受度，几乎不存在跨文化交流的障碍；最后，十二只动物形象的集合非常罕见，比常见的单个动物形象的吉祥物更能形成视觉冲击，而且也能代表完整的中国年。

推行十二生肖这一春节吉祥物形象，还需以下几项条件保障：一是要有权威官方部门的全程主导，这是组织保障；二是要有非常优秀的造型设计方案，这是技术保障；三是要有全方位、立体式的传播手段，这是渠道保障。

（2）“中国年”概念推广战略

一方面，推进春节全球化名称的统一。春节在国外的称谓较为混杂，这直接影响了春节全球性知名度的提升。近年来，“Chinese New Year”的说法越来越常见，也更易为外国人所理解。很显然，这一译法既传达出了明示义，也非常清晰地传递出第二层次的引申义。鉴于此，本研究建议，将“春节”的英文名称统一翻译为“Chinese New Year”。

另一方面，设计和推广春节故事对外传播的主题词。首先是主题口号：One World, One Family，中文译为“全世界，一家亲”。既与北京奥运会的主题口号一脉相承，反映了对外文化理念的连贯性，又能充分凸显中国年的“家文化”特色。其次是中文关键词：“拜年”“过年好”“恭喜发财”等。搭乘当前国际上“汉语热”的便车，利用各种对外传播渠道和载体，传诵这些最为普遍的春节问候语。一来迎合了外国人对中国文化和汉语的好奇心，能起到广泛的复诵效果；二来春节文化的魅力也能在此中得到更好的彰显。

2.中国年系列产品开发战略

春节文化产品是春节文化输出的具体载体。当前对春节文化产品的开发力度仍然不够，主要体现在产业规模不大，产品种类不够丰富，国际竞争力不强等等。同时，春节文化产业正面临难得的发展良机。文化产品的消费正逐渐成为一种时尚，文化创意产业正迎来较大幅度的政策扶持和发展推力。

春节可以借鉴圣诞节和情人节等外国节日的做法，开发各种代表春节文化的产品，形成独具特色、自成体系的春节文化产业链。需要注意几点：一是紧紧抓住年轻人这一主要的文化产品消费群体；二是抓住消费点，与时代潮流相结合；三是注重产品的适用性和在地化改造。

3.春节仪式整合战略

首先是形态上的仪式整合。系统梳理、筛选从除夕至元宵期间[6]最具代表性和可参与性的仪式活动版本，按发生的自然时间串联起来，建构一个完整的春节文化对外传播仪式链。

其次是内容上的仪式整合。春节文化仪式的内容整合包括两个方面：1）强化庄重类仪式的神圣性内涵。重拾传统祭祀仪式中那些美好的、神圣的文化基因，还原那些具有神圣性涵义的传统祭祀仪式环节与程序。2）重塑欢庆类仪式的复合性特征，赋予家庭式欢庆类仪式一定程度的神圣性，不失为有效的对外传播途径。

4.春节文化外交实施战略

春节包含的两个特征——文化异质性和交流友好性，造就了春节文化的软实力：作为百节之首，春节凝聚了中华民族的集体记忆，承载了这个民族的集体信仰，显现出鲜明的文化异质性；春节蕴涵了和谐、积极、感恩、祈福、亲情、欢喜的文化理念和价值，

6　传统意义上的春节时间跨度是从腊八或小年开始的，但在对外传播的现实语境中，以除夕为仪式参与的时间起点更切实可行。

这些都是具有普遍意义的人类价值观，具备友好交流的特质。春节还是展示中国文化软实力的重要载体。每逢春节期间，一些外国领导人便会通过各种公开渠道，向全球华人表达中国新年的祝福；与此同时，来自中国的一些社会组织、企业团体也会利用中国新年的契机开展传播交流活动。

文化异质性和交流友好性既是检验春节文化是否具备软实力的标准，也是开展春节文化外交的实践准则。一方面，推动春节故事的对外传播，提升当代中国文化软实力，需要贯彻“民族的才是世界的”原则，挖掘、整合春节文化资源，把最能代表民族文化精华的春节元素展现出来；另一方面，提炼春节文化所蕴含的人类共享价值观，并采取科学有效的传播策略，谋求更大范围的认可和接受。

5.春节文化信仰传播战略

日益加快的全球化进程，为文化的共融与发展提供了契机，也加剧了各国间文化传播的竞争性，给春节文化信仰的全球化传播带来了更大挑战。由于在社会生活中积累的解读符号的经验性心理不同，在对外传播过程中，对春节文化信仰体系的解码结果也会产生差异。这就需要在对外传播时，有针对性地优先传递那些具有共享价值、界面友好的信仰内涵。

首先是将和谐家庭观作为对外传播的重点。家文化在东方世界有着深远的文化根基，是东方文化体系中的代表性文化内涵。其次是自然和合的世界观。这是一种强调人与自然和谐的古朴生态理念，对当代人类社会所追求的生态环保理念有深远的指导意义。最后是积极进取的人生观。在除旧迎新的年俗故事里，展现拥抱未来、自强不息的积极姿态和享受欢乐、热爱生活的美好追求，扭转华人在世人眼中只会埋头苦干、欠缺生活情趣的刻板印象。

在海外儒学传播中讲好中国故事[1]

吴龙灿[2]

【摘要】中国故事和中国声音的凝重底色和深厚内涵，是我们伟大的5000多年中华优秀文化传统和道德价值体系，其主干儒学和儒家文化已经自近而远对外传播了数千年，影响了世界上许许多多国家的历史进程和发展方向。而今随着中国"一带一路"倡议、互联互通的国际合作局面迅速拓展以及中华民族伟大复兴宏图逐步展开，我们有必要认真研究自古以来儒学在海外的传播情况，知彼知己，有的放矢，把中国故事讲得更好，让中国声音更加动听。通过欧洲德法、美洲美国、亚洲新马等三种海外儒学传播典型案例考察剖析，试图总结出三种儒学对外传播模式，对于新形势下更好沟通中外文化、传播中国形象、讲好中国故事提供必要的工作经验和文化思考。

【关键词】海外儒学；美国；欧洲；东南亚；中国故事

习近平主席2013年8月19日在全国宣传思想工作会议上强调："对世界形势发展变化，对世界上出现的新事物新情况，对各国出现的新思想新观点新知识，我们要加强宣传报道，以利于积极借鉴人类文明创造的有益成果。要精心做好对外宣传工作，创新对外宣传方式，着力打造融通中外的新概念新范畴新表述，讲好中国故事，传播好中国声

1　本文是国家社科基金重大项目"《巴蜀全书》编纂"（10@ZH005）、中国孔子基金会重大项目"《儒藏》编纂"（孔基秘2005-1号）、国家社科基金一般项目"扬雄《太玄》集释与诠释史研究"（16BZX049）、四川省哲学社会科学重点研究基地思想家研究中心一般项目"严遵学术思想研究"(SXJZX2016-005)和四川省高水平学术研究团队"现代新儒家及其文化影响研究"的阶段性成果。

2　吴龙灿：武汉大学哲学博士，四川大学历史学博士后，芝加哥大学访问学者，宜宾学院四川思想家研究中心副研究员。

音。”中国故事和中国声音的凝重底色和深厚内涵，是我们伟大的5000多年中华优秀文化传统和道德价值体系，其主干儒学和儒家文化已经自近而远对外传播了数千年，伴随着远远近近外国人对巍巍中华的无限倾慕、中国人无远弗届的辛勤足迹和丝绸之路的交往流动，影响了世界上许许多多国家的历史进程和发展方向。而今随着中国“一带一路”倡议、互联互通的国际合作局面迅速拓展以及中华民族伟大复兴宏图逐步展开，我们有必要认真研究自古以来儒学在海外的传播情况，知彼知己，有的放矢，把中国故事讲得更好，让中国声音更加动听。

一、欧洲案例：价值认同的德法

欧洲在哥伦布的地理大发现以后不久就经历了一次文化大发现，那就是发现西方之外，还有璀璨夺目的中华文明。16世纪来华的意大利天主教传教士利玛窦，1580年到澳门，1593年以拉丁文翻译《四书》并加以注释，次年寄回欧洲出版，《论语》及其他中国经典从此源源不断在欧洲翻译出版，欧洲掀起了经久不衰的尊尚中国物质消费文化、学习儒家文化经典《四书》以及中国典章制度为中心的“中国热”。莱布尼茨认为中国“哲学”是理性的普遍性的完美阐释，在《中国近事》中承认“有一点是肯定的，这就是在实践哲学，即伦理与政治方面，我们不如他们”。他把儒家“和”观念转化为“先天和谐”作为他的“单子论”哲学的基石，受《周易》的阴阳理论的启发而发明“二进制”，是现代计算机发明的滥觞。法国思想家、文学家伏尔泰对中国的一切都赞不绝口，特别钦佩孔子的哲学，赞扬《论语》“把‘己所不欲，勿施于人’这条法则铭刻在每个人的心中”。1793年法国人把这句话作为人类自由理想的箴言写入《人权和公民权宣言》：“自由是属于所有的人做一切不损害他人权利之事的权利；其原则为自然，其规则为正义，其保障为法律；其道德界限则在下述格言之中：己所不欲，勿施于人。”

对于18世纪欧洲启蒙运动来说，中国是一个能够不借助宗教而成功地建立起一个道德文明社会的极为古老的文明典范，孔子是一位“道德哲学家”模范和理性伦理学的奠基人。然而在19世纪，孟德斯鸠的《论法的精神》（1748年首次出版）将中华帝国描绘成一个“专制国家”，对中国的祛魅便逐渐成形。黑格尔在《哲学史讲演录》中认为“东方哲学”是宗教，把东方世界排斥在哲学之外。而在1814年，一门名叫“汉学”(Sinology)的学科在法兰西学院正式诞生，设立“中国和鞑靼—满洲语言文学”教席。“印欧”或“印度 - 日耳曼”这样的名称最初出现在1816年，用来整体地指称古代印度和欧洲的语言。梵语和希腊语之间的关系被发现之后，人们将中国从印度分离出来，此前两者被认为是连成了一个整体的“东方”。语言学上将梵语和欧洲的各屈折语言相互联系在一起的论证（梵语甚至是它们的起源）导致中国被进一步孤立为绝对的“他者”。[3]就这样，在19世纪欧洲工业扩张和殖民扩张的背景下，在哲学成为一门专业的和体制化的大学学科的同时，汉学也发展成了一个对中国进行研究的专门领域，并且被排除在“哲学本身”之外。

德国自近代以来被称作哲学的故乡，从莱布尼茨到康德、黑格尔、马克思，再到现代的尼采、海德格尔、伽达默尔、哈贝马斯等等，简直就是一部欧洲近现代哲学史。中国学者所曾接受的德国哲学影响，比别的任何一个国家要多得多。然而黑格尔以来不承认中国哲学，德国的哲学教学和研究机构，如各大学的哲学系并不教授中国哲学。所以，在德国大学哲学系的课程表中，并没有中国哲学的一席之地。汉学界的中国哲学研究就成为了德语地区中国哲学研究的主要代表，但德国一些大学哲学系的研究也涉及儒学。德国儒学、儒教的研究范围很全面，包括先秦及汉代的儒学、宋明理学和当代新儒学。研究儒学的著名汉学家有罗哲海、欧阳博、叶翰、苏费翔、格雷戈尔·保罗、克劳蒂娅·贝克曼等。例如，波鸿大学东亚学院的著名汉学家罗哲海教授的代表作《轴心时代的中国伦理学——向后习俗思想突破这一视角下的重构》(1992)2009年出版中译本，他和欧阳博、保罗等三人合著的《人权问题语境下的〈孟子〉一书》于2011年出版，900多页，可能是迄今为止用西方语言发表的讨论《孟子》最全面的著作。此外还有德中协会、国际跨文化哲学学会和德国儒学学会推动德国儒学的研究和传播。其中德国儒学学会成立于2009年3月，旨在“推动儒学的研究，促进中国与欧洲的文化交流以及世界各民族之间的相互理解”。[4]

法国儒学研究与汉学研究紧密相连，同时也像对待古希腊哲学一样加以分析评判。二战之后汉学开始有了国际性，但由于中国内战及反传统思潮的影响，儒学却逐渐被冷落，道家学说却作为“东方智慧”和自由思想受到热捧，从20世纪80年代开始，儒学在中国政治意义上恢复声誉，法国汉学界及公众又恢复了对儒学的兴趣，虽然研究儒学的汉学家不算多，但儒学讲演、电视广播节目、出版物越来越多，儒学传播日益广泛。从事儒学研究方面，最著名的是法国汉学家谢和耐(1921—)教授，主持法兰西学院的中国社会和思想史的讲座，过去几年里他的兴趣主要是集中在明清理学。其代表作《中国和基督教》(1982) 研究了17和18世纪传教士传入基督教后，中国在清朝间的倒退。他完全不赞同传教士基督教比中国的思想方法优越的观点，他认为欧洲人在当时本应更好地了解中国，甚至应该从中国的思维方法中汲取经验。认为

3 参阅[法]程艾兰（Anne Cheng）：《欧洲的中国想象：由“哲学王国”到“东方专制国家”》，顾一鸣译，载腾讯网2015年3月28日，原载于《文汇学人》2015年3月27日刊，原题《法国汉学与哲学》，系作者在复旦大学法国研究中心成立之际举行的“文明对话”国际研讨会上的主旨演讲。

4 参阅杜仑：《儒学在德国的研究与发展（2011）》，载陈炎、颜炳罡主编：《国际儒学发展报告2012》，北京大学出版社，2013年。

中国的世界观具有不可贬黜的独创性，它与基督教的思想绝不相容，他们分别扎根在迥然不同的思维方式和语言系统等深层结构中。另一位著名汉学家汪德迈教授（1945— ），在高等学术研究实践学校主持一个关于古代中国思想和政治制度的研讨班，集中介绍和研究中国早期儒家。在《王道或皇道》（1977—1980）一书中，他认为在儒学的人道主义方面商周时代是“王道”的鼎盛时期，儒学更是代表了整个中国文化最根本的精神内涵，同时也是一种普适范式，在过去几个世纪里事实上已被移植到其他亚洲国家。他在《新汉文化圈》（1987）中考察了高度发达或正在迅速发展中的日本和“四小龙”的儒化过程效果。著名汉学家程艾兰（1955— ）花 15 年时间用法文翻译了《论语》（1981），出版儒学研究著作《汉代儒学研究：注经传统的形成》（1985）和以儒家思想发展为重点和主线写作的《中国思想史》（1997），并着力反思儒学如何通过创造性转化，在当代国际社会重新焕发应有的生命力。著名汉学家于连（1951— ）写作《迂回与进入》等书，从审美、推理、道德、效率、智慧等各概念领域反诘追问，既以中国思想模式颠覆西方哲学中不证自明之理、某些已成为西方思想传统赖以建构的基础而又不再思考的定论，又使西方知识界对上述领域中的中国观念得以更新，其目的除了对中国哲学思想本身的思考以外，更主要的还是想通过中国哲学或儒学这一外来思想“迂回”地重新思考西方，反思自身，寻找西方思想的新出路。1988 年初，诺贝尔奖得主的三分之二（75 位科学家）齐聚法国巴黎共商人类前途命运问题，最后达成共识，他们在《巴黎宣言》中写道：“人类若要在 21 世纪继续生存下去，必须回到 2540 年前，去吸取孔子的智慧。”

虽说德法的儒学发展代表了欧洲儒学传播的模式，但不能不提到英国传教士理雅各（1815—1897）在西方世界传播儒学的卓越贡献。理雅各 1840 年来到中国香港后，发现孔子是古代经典文献的阐述者和解释者，儒家经典和他的教导代表人类最美好的理想，遂发愿“群经悉有译述”“广其嘉惠后学”，从 1861 至 1886 年，理雅各在中国学者王韬等人的帮助下，将中国的儒家经典《四书》《五经》共 28 卷全部译成英文出版，至今仍然是西方世界学习和研究中国儒家文化不可逾越的经典译作。理雅各 1875 年被最早设置汉学讲座的牛津大学聘为第一位汉学教授，终身为传播儒学讲学和笔耕不辍。

二、美洲案例：东西并峙的美国

位于东西半球的经济规模最大国家中国和美国，是目前东西对峙、博弈合作、最具全球影响力的世界大国。美国立国不足 300 年，作为移民国家相对开放包容，儒学研究和传播起步较晚，但后来居上，随着中美两国政治、经济和文化交往日益密切，美国逐渐成为儒学研究和传播最为活跃的海外国家。

自美国19世纪初“基督教差会”向中国派遣传教士，《澳门月报》《美国东方学会杂志》《美国东方学丛刊》《美国东方学翻译丛刊》相继出版以来，中国文化和儒学传播速度超过了其他国家。中国文化典籍通过传教士大批输入美国，美国各图书馆所藏中文古籍善本有8000部40000余卷之多。19世纪70年代起，美国大学开始设立研究中国的教学和研究机构，汉语教学和中国学研究蓬勃发展，美国商人和企业家纷纷设立基金会资助中国学研究，1877年哈佛大学筹集美国首个“汉学教席”启动经费，两年后聘请中国宁波举人戈鲲化前往任教，30余所大学相继效尤，近百年来，培养了顾立雅、费正清、史华慈、狄百瑞、孟旦等数以百计的著名汉学家，积极从事儒学译介和著述。美国的儒学研究既全面又系统，如经学史研究、经学思想研究、孔子研究、孟子研究、荀子研究、宋明理学研究、清代儒学研究等，都有大批著作出版，海外儒学蔚为大观，使美国成了后来居上的儒学研究大国。

20世纪中国“五四”以来，面对以自由、民主和科学至上为核心理念的现代西方文明冲击，中国出现了一批重新诠释和弘扬传统文化的文化守成主义者，力图重建儒家文化的价值系统，同时借鉴吸收西方文明优长，谋求中国社会和文化的现代化，世称“现代新儒学”。张君劢、冯友兰、唐君毅、刘述先等代表人物曾先后赴美留学访问或讲学、参加学术会议，结缘于美国文化，成为世界文化的一道景观。张君劢晚年儒学巨著《新儒家思想史》（上下册），是其于20世纪50至60年代旅居美国十余年心血凝成，以英文在美国出版。冯友兰1919年赴美留学，获哥伦比亚大学博士学位，在美国出版代表作《中国哲学史》（两卷本）。1957年，唐君毅到美国访问讲学，在与张君劢谈及欧美学人对中国文化的研究方式及观点多有不当时，执笔起草了一份文件以纠正西方学者对中国文化问题的偏见的宣言，与张君劢、牟宗三、徐复观共四人名义联名在1958年元旦发表《为中国文化敬告世界人士宣言：我们对中国学术研究及中国文化与世界文化前途之共同认识》，针锋相对地向西方世界为儒学的价值和意义正名，宣示中国文化的时代使命和责任担当，成为现代新儒学和西方世界儒学传播发展的里程碑。

当代儒学在美国的研究和传播有三方面力量：第一方面是美籍华裔学者，如陈荣捷、傅伟勋、杜维明、成中英、信广来、商伟等学人。他们在海外创办刊物，组织团体，筹办会议，讲学教坛，出版专著，利用各种机会，积极传播儒学。其中陈荣捷，上世纪20年代留美获博士，曾任达特茅斯学院中国哲学和文化教授，将中国哲学史上各个时期的代表作译成英文在北美出版，1963年编译出版《中国哲学资料汇编》，上世纪60至80年代《大英百科全书》中的中国哲学部分几乎全为陈荣捷撰写。傅伟勋在伊利诺伊大学获哲学博士学位，1971担任美国费城州立天普大学宗教学研究所教授，主持佛学与东亚思想博士班的研究工作，著有《批判的继承与创造的发展》《从创造的诠释学到大学佛学》等，首次提出了“中国本位的中西互为体用”的学说，反省中学，以开放的心态吸纳西学，经由严格的自我批评谋求传统与现代之间的一种创造性综合，并建构了“创造的诠释学”的中国哲学方法论，为中国经典的现代解读提供了新的范式。信广来生于香港，1986 年获得美国斯坦福大学博士学位后，执教于加州大学伯克利分校达 17 年。2004 年应多伦多大学之聘，担任该大学总校区副校长及士嘉堡分校校长，2007 年加入香港中文大学出任哲学系讲座教授并新亚书院院长，2013 年回到加州大学伯克利分校任教，专心儒学研究和教学，以传统儒家的方式教书育人，认同现代新儒家的中国文化情怀和道德价值立场，综合运用中国传统学术和西方分析哲学方法，已出版的 *Mencius and Early Chinese Thought*（1997）一书，被誉为至今未被超越的当代孟子哲学研究高峰。商伟生于福建，1982 年获北京大学文学硕士并留校任教，1988 年赴哈佛大学留学，1995 年获东亚语言文化系文学博士，现为哥伦比亚东亚语言文化系狄百瑞东亚人文讲座教授。所著《礼的世界及其文化转型：〈儒林外史〉与十八世纪的思想文化》（2003 年英文版，2012 年中译版），洞悉吴敬梓在《儒林外史》中所处理的理学和心学危机的现实，研究明清儒家对象征秩序的儒礼的反省和重建，成为跨学科从礼学角度研究小说中蕴含的儒家文化和儒者情怀的典范之作。第二方面是有儒家价值信仰的美国学者，如哥伦比亚大学的狄百瑞、波士顿大学的南乐山、芝加哥大学的苏源熙、夏威夷大学的安乐哲、哈佛大学的包弼德、威斯瑞安大学的安靖如等，他们在研究和教学中认同并实践儒家价值。南乐山自称既是基督徒又是波士顿的儒家，曾出版《波士顿儒学》《礼仪与尊重》等儒学研究著作，从哲学和宗教学角度研究儒学，坚信儒学是一个持续发展的生命体，从先秦儒学发展到宋明理学再到新儒学，下一步的走向就是全球儒学。[5] 第三方面是持无价值立场客观研究儒学的美国学者，将儒学作为纯学术研究，通过出版著作和授课等形式扩大儒学在美国的传播范围和影响，代表人物有墨子刻、夏含夷、任博克、戴梅可、齐思敏等，安平秋、安乐哲主编的《北美汉学家辞典》（2001）一书在 15 年前就收集了北美各大学和研究机构从事汉学研究的学者 485 名。

三、亚洲案例：文化共源的新马

新加坡、马来西亚是海外华人占比最高的国家。在新加坡，76% 人口是华人，在马来西亚 34.4% 都是华人。而 1965 年新加坡独立之前，新马是同一个国家，有 200 余年来受西方主导的前英殖民地，是儒家思想长期植根在中国领土以外的华人密集居住地上，对当地居民潜移默化，百姓日用而不知，但当地历史上的儒学影响却有一定限度，并没有像中国那样在思想史上大儒辈出。

5　参阅许家星：《波士顿儒家近况》，载《光明日报》，2016年8月15日第16版。

新加坡的儒学兴起于19世纪中叶，1849年华商陈巨川主办了第一所华文学校“崇文阁”，1854年他又与其他20人合办了“萃英书院”，主要课程都是《四书》《五经》。20世纪初，在孔教运动的影响下，南洋各地纷纷响应，槟城、诒保、马六甲等相继成立了孔教会。1965年新加坡宣布独立，随着经济腾飞带来的社会生活的高速发展和空前开放，一起带来的还有这背后迅速蔓延的极端个人主义、功利主义、物质享乐主义等各种不利于新加坡发展的消极思想，当时的新加坡总理李光耀说：“看到了这种倾向，为了持续发展，而不至于把新加坡葬送，我们决定在学校里教导儒家道德课程，以加强家庭和社会的影响力，促进社会稳定发展。”1982年2月，李光耀宣布在中学开设儒家伦理课程，作为中三和中四学生选修的课程之一，作为培养公民具有君子风范的儒家道德教育。1985年，《儒家伦理》正式出版，新加坡全国各中学通用，成为世界上第一个把儒家伦理编写成课本并用于实际教学的国家。新加坡还开办了专门研究儒学的机构东亚哲学研究所，重新认识儒学并研究其现代及现实的作用、价值和功能等，由此也掀起了世界范围内的儒学研究热潮，唤醒了东西方各国学者对儒家文化圈及东方现代儒学道路延续与演变等问题的关注。目前以南洋理工大学东亚系李晨阳教授为代表的儒家学者正在发挥儒学研究和传播的高地效应。李晨阳生于山东，北京大学哲学学士（1982）、哲学硕士（1984），1992年获得康涅狄格大学博士，曾执教于北京大学、美国曼莫斯学院、中央华盛顿大学哲学系，研究中国哲学与中西比较哲学，任十余家学术刊物编委，曾任中国留美哲学学会会长，国际中国哲学会副执行长，全美哲学会亚洲委员会委员，代表作为《道与西方的相遇：中西哲学主要问题比较研究》等。新加坡在适应世界经济情况的变革过程中，儒家传统价值观体现出对新加坡工业现代化及社会进步的积极影响。[6]

马来西亚是一个君主立宪制国家，人口两千万左右，由信仰伊斯兰教、占人口半数的马来人，华人和信仰印度教的印巴人三大民族构成，马来语和伊斯兰教成为了国家的主导文化，在马来人和伊斯兰教为主的前提下，各民族都保留了自身不同的宗教文化和风俗习惯。马来西亚最早供奉的有孔子像的庙宇是1800年建立的槟城广福宫，与后来的孔圣庙和当地供奉三教圣人的“成化堂”等观庙一样，把孔子当作诸神之一，掌管读书和考试，是移居的华人所信奉的精神信仰和人生价值所在。19世纪初，中国华南人口大量移民到马来西亚当劳工，就在会馆、宗祠、神庙或其他简陋的地方建立私塾教育子女，以方言传授蒙学、儒家经典和书法、珠算等，华文教育可从1819年五福书院在槟城建立算起。1888年开办的南华义学主要讲儒家忠君、孝亲、敬长的思想，并教会学生写信、记账等谋生手段。对马来西亚华人文教作出贡献的当地知识分子代表人物有辜鸿铭、林文庆和丘菽园等人。1904年由清政府出资在槟城设立的中华学校，是最早采用新式教

6　参阅赵峰：《儒家文化对越南和新加坡教育的影响》，《兰州学刊》，2008年第9期。

育的学校，其所采用张百熙、张之洞等人建议的新课程当中，也还保留了“修身”“读经”“讲经”等传统，为马来西亚华文教育蓬勃发展起到重要示范推动作用。1951 年沈慕羽与林连玉发动组织全国华校教师联合会总会，极力争取华、英、巫文为官方语文，主张华文教育为国民教育的一环。1954 年全国华校董事联合会总会成立，与教总配合起来，共同争取华族的语文教育和文化地位。1969 年 5 日 13 日由于第三次选举后大游行引发了以华人为主与马来人的一场空前的血腥大冲突，之后政府即开始全国人民意识形态的统一工作，提倡一种各民族各不同文化背景的人都能接受的共同价值准则，并于 1971 年 8 月 31 日（即独立日）正式公布“国家原则”，以促进民族和谐合作、增强马来西亚国民意识为宗旨，从此英语、华语与印度语同样受到尊重，在全国普遍使用。马来西亚孔学研究会是一个民间教育的文化团体，从 1996 年准备注册的工作，2002 年筹建“夫子书院”，兼顾“精英儒学”与“普及化儒学”，期望聚集国内外儒家学者的力量，弘扬孔子的学说。[7]

新马的儒学传播和社会发展，在儒家文化圈亚洲具有典型意义。新加坡儒学的典型意义在于，亚洲从 20 世纪 60 年代开始经济蓬勃发展，成为世界瞩目的经济发达国家和地区，日本和“亚洲四小龙”——新加坡、韩国、中国香港、中国台湾，他们的原文化都来自中国，都有着深厚的儒学文化背景和发达的儒家教育传统，证明了儒家文化不仅不会阻碍现代化发展，而且有利于消除伴随现代化带来的道德价值堕落和精神生活空虚问题。马来西亚儒学的典型意义在于，亚洲欠发达地区，都是世界上华人移民较多、对儒家文化具有深刻感情和价值认同的国家，但儒学教育都不够发达，儒学研究层次不高，儒学通过孔教、儒教、一贯道等民间信仰形式在华人社会传播。海外孔教在思想理念上是以儒学的创立者孔子为教主，实际上是以孔子的伟大人格和思想为依归，本质上是人文道德教化，是以宗教的形式传承和发挥孔子儒学的基本精神，保存和弘扬中华文化，它与历史上的儒教文化有一定的联系，与儒学有更直接的承续关系，儒家核心价值潜移默化在他们生活习俗中的敬老孝亲、长幼有序、礼尚往来、克勤克俭等基本信念，通过日常生活中长辈的言传身教似乎可以社会遗传，代代相续，不会割断。他们把儒学变成一种“宗教”，在很大意义上是在宗教的活动方式上，在宗教的组织形式上来宗教化，在所在国争取到华文教育和儒家价值文化传承的合法权益，而不是神学化。与中国毗邻的东南亚地区现有两三千万华人华侨，占东南亚总人口比例较大，曾不同程度地受到以儒学为主导的中华传统文化的影响，儒家文化在当地华人社会及华人所在国仍发挥着重要作用，能够与当地其他民族文化以及西方文化共存互补，在东南亚地区的发展进程中发挥日益重要的促进作用。

7　参阅韩星：《儒学与孔教在东南亚地区的发展》，载陈炎、颜炳罡主编：《国际儒学发展报告2012》，北京大学出版社，2013年。

结语

在中国文化对外传播中，如何讲好中国故事、传播好中国声音，最核心的要素是把握好中国优秀传统文化主干、有数千年研究发展和对外传播历史的儒家文化，以及准确理解对外传播对象国家的自有文明及其儒家文化传播状况。上述欧洲德法、美洲美国、亚洲新马等三种海外儒学传播典型案例，试图总结出三种儒学对外传播模式，对于新形势下更好沟通中外文化、传播中国形象、讲好中国故事提供了必要的历史经验和文化思考。

两千多年前，孔子、孟子等古代哲人“祖述尧舜，宪章文武”，创立了儒家思想并形成了儒家学派，成为中国优秀传统文化的主干，对中国历史和中华文明的发展产生了深远影响。儒学包含着深刻的哲学思想和丰富的政治、经济、文化、教育、道德思想，其蕴含的具有真理性的精华是弥足珍贵的精神财富。儒学虽然发源、形成于中国，但早就超越了中国的地域，成为一种国际性的普适文化。当它传播到亚洲、欧洲及世界其他地区，并同那里的文化相融合，又成为世界文化的一个重要源泉，对促进人类文明的进步发挥了重要作用。中国人民对儒学作出了开创性的贡献，其他国家和地区的人民对儒学的传播与发展也作出了各自的贡献，上述三个案例可以窥一斑而见全豹。

作为儒学的原创国，中国儒学历经先秦原始儒学、汉唐经学、宋明理学、现代新儒家等发展阶段，每个阶段都自觉回应时代问题，学习借鉴中外各种文化，综罗百家，综合创新，一次次创造中华文化复兴的历史高峰。当今之世，我们不仅要创造性转化和创新性发展自身以儒学为主干的中华优秀文化传统，要借鉴和吸收以西方欧美发达国家乃至全世界各国的伟大文明传统，同时也要考察和汲取儒家文化在九州传播发展所经历的经验教训和累累硕果，创建符合中国实际、世界潮流和未来趋势的“讲仁爱、重民本、守诚信、崇正义、尚和合、求大同”的中国文化当代复兴新高峰，让更多国家更好地接纳和走向儒家的最高理想大同社会，也即和平共处、守望相助的人类命运共同体。

在对外宣传中如何讲好熊猫故事

谭楷[1]

【摘要】大熊猫故事，超越国家、民族、年龄界限，是最具中国特色的故事，是中国文化输出中宝贵的“稀有元素”。四川省大熊猫生态与文化建设促进会成立以来，集合众多专家学者，一直致力于研究大熊猫文化。本篇论文从大熊猫这个文化符号说起，论及大熊猫故事的分类、素材收集、叙事方式，以及思想内涵的提炼。论文指出，在对外宣传工作中讲好熊猫故事，对中国的和平崛起、文化输出、树立良好形象均是事半功倍的好选项。

【关键词】对外宣传；文化符号；熊猫故事

一、大熊猫这个世界文化符号

大熊猫是世界自然基金会（World Wild Fund for Nature or World Wildlife Fund）的会旗上的标志，是沟通世界的文化使者，是世界人民的至爱。熊猫之旗超越了国家和民族界限，插遍世界，表现了人类保护大自然的决心；它可与联合国的旗帜并列为“地球的LOGO”。

大熊猫是中国特有的珍稀濒危野生动物，是仅产于中国的“活化石”，也是生物界公认的“旗舰动物”。它的长达800万年生活史，蕴藏着太多的自然之谜。

大熊猫是中国人民的“国宝”，它以卡通的形象，可爱的憨态，平和的性格，独特的

1　谭楷：中英文版《大熊猫》杂志执行主编，四川省大熊猫生态与文化建设促进会顾问，作家、编审。

食性，令全球的动物爱好者着迷，被视为中国的和平、友好使者。

道教是中国唯一的本土宗教，其符号是黑白二色的太极图，与大熊猫的黑白二色相似。加之大熊猫的生存史告诉我们：与大熊猫同时期称霸东亚大陆的剑齿虎、剑齿象在第四级冰川来临之后完全绝种；而避让于高山竹海，改变肉食为素食习性的大熊猫存活下来，表现了它因环境变化而变化，有形与无形间顺应了道教“上善若水”的特质。如此看来：

大熊猫似滚动的太极图；

太极图像静止的大熊猫。

大熊猫不仅是地球的“LOGO”，也是中国文化符号。

二、大熊猫故事分类

大熊猫的故事，完全来自于大熊猫文化。所谓文化，是人类在社会历史发展过程中所创造的物质财富和精神财富。也就是说，有了人类与熊猫的接触、认识、利用和共存共荣的历史，才有大熊猫文化。

由于观察与认识的局限性，中国古代有关熊猫的记载总是云遮雾障，含混不清。比较明晰记载大熊猫产地的有先秦的《尚书》和清代的《陇蜀余闻》等。中国古代大熊猫曾有多达十几个名字，如：貘、貔貅、驺虞、食铁兽、白罴、花熊、貊、竹熊等。

从周口店到缅甸北部，整个东亚大陆在史前均有大熊猫分布，古代人类早就有与熊猫打交道的经历，只是没有文字记载。2001 年，在湖北秭归官庄坪遗址，发现一处以大熊猫为殉葬品的墓葬；1984 年，在陕西白鹿原的西汉薄太后墓地，发现了陪葬的薄太后生前宠物大熊猫，表明人与熊猫的亲密关系。

1869 年 4 月 1 日，法国神父阿尔芒·戴维（Pere Armand David）在四川宝兴邓池沟发现了大熊猫。近 150 年以来，席卷世界的“熊猫热”一浪高过一浪。目前，全世界有美国、日本、英国、法国等 13 个国家 18 家动物园展出 56 只大熊猫（截至 2015 年 12 月），哪个动物园有大熊猫，哪个动物园就火爆。在欣赏大熊猫之余，各国人民渴望了解大熊猫故事。

随着人类的进步，科学技术的昌明，大熊猫的生存之谜渐次被揭开。大熊猫为什么被称为“活化石”？大熊猫的幼崽为什么只有母体体重的千分之一？大熊猫为什么以竹类为主食？这些不解之谜成为故事的悬念。

有关大熊猫的故事，可分为以下两大类：

一类是科普类故事，讲大熊猫生存、繁殖、迁地保护和就地保护，野生大熊猫的“比武招亲”，“划定巢域”等，属于科学知识的故事。

另一类是人文类故事，讲人与大熊猫交往的故事，或以熊猫为主人公，创作的小说、影视剧故事。

人文类故事，又可分为非虚构故事和虚构故事两种。

比如，戴维发现大熊猫的故事；罗斯福总统的两个儿子到中国猎杀熊猫，后来又表示忏悔的故事；英国和苏联的熊猫“国际联姻”的故事；中国第四次野外调查大熊猫的故事，都是真人真事，非虚构故事。

还有诸如小说《大熊猫传奇》、电影《大熊猫回家的路》、卡通片《功夫熊猫》之类所讲述的熊猫故事，属于虚构故事。

不管是科普故事还是人文故事，都要遵循故事创作的规律进行“启承转合”，即包括吸人眼球的开头，峰回路转的陈述，令人回味的收尾。

三、大熊猫故事素材收集

大熊猫是极品的珍稀动物，大熊猫文化方面的资源也是珍稀资源。文化是故事的源头与基础，所以大熊猫故事的素材，需要下功夫收集、整理。

从 20 世纪 80 年代开始，以中国为中心的大熊猫国际学术研讨会就已经形成例会。如：以中国大熊猫研究中心为召集者的“两岸三地大熊猫学术研讨会”“卧龙论坛”；以成都大熊猫繁育研究基地为召集者的“大熊猫繁育研究年会”。这些学术会议，加上近年出版的相关学术书刊，提供了大量科学技术信息，成为讲述大熊猫科普故事的素材。

但是，素材还不是故事，需要加工、提炼，把科学知识的“硬块”用通俗易懂的老百姓的语言“捣碎”，也就是解说清楚，有机地融入故事之中。

除了上面所论述的，还需要从社会生活中去收集素材。比如，多年从事野外科考的科学工作者，多年从事大熊猫抚育的“熊猫保姆”，在大熊猫保护区生活的当地居民，他们的亲历、目击，以及与大熊猫零距离的接触，都会有许多亲切回忆。这是从会议与书刊上难以寻觅到的好的、鲜活的素材。

石涛和尚论绘画，有句名言“搜尽奇峰打草稿”。

好的素材，就是“奇峰”。收集了大量“奇峰”，就是讲好故事的开端。

1936 年，美国服装设计师露茜·哈更斯（Ruth Harkness）将第一只大熊猫活体“苏琳”带到美国，引起了轰动。这个故事被好莱坞拍成电影《女人与熊猫》，又再次为全球的熊猫热“加温”。露茜把熊猫带出中国，本来就有好多起伏跌宕的情节，自然是“奇峰”突出。

之后，从 1938 年到 1948 年，有十余只熊猫从基督教会创办的华西协合大学（成都人称“华西坝”）送往美国和英国。这些熊猫在华西坝滞留数十天或上百天，适应了人工饲养环境。其间，有许多洋教师的子女与熊猫亲密接触。

1938 年，护送熊猫“潘多拉”赴美国的是加拿大人陈普仪（Roy Spooner）教授，与“潘多拉”同行的是陈普仪 5 岁的儿子陈大卫（David Spooner）。至今，陈大卫已是 80 多岁的老人，他的讲述，是绝好的珍贵素材。在抗战最艰苦的岁月，宋美龄和宋霭龄赠送了一对熊猫“潘达”和“潘弟”给美国，以答谢美国人民对中国的宝贵支援。

要搜尽奇峰，就需要如古人所说“读万卷书，行万里路”。

笔者曾三次赴加拿大多伦多，寻访包括陈大卫在内的“全世界最老的一批熊猫粉”，收集了大量“奇峰”，为讲好熊猫故事奠定了基础。

四、大熊猫，从形象到故事

苏联动物学家梭斯诺夫斯基说：“大熊猫是野生动物世界中绝无仅有的，货真价实的瑰宝，非常美丽的，标新立异的，令人惊叹的动物。”

这位痴迷熊猫的科学家，将天下顶级形容词，都送给了大熊猫。

大熊猫的形象，有着充分的美学意义。

大熊猫面部较圆，突出两个大黑眼圈，很像是一个戴眼镜的顽皮又可爱的“卡通娃娃”。

最重要的是它的吻部较短。符合人类审美意趣。凡是吻部长的动物，如鳄鱼、猩猩，都让人害怕，产生本能的抗拒，更谈不上美感。

其次，大熊猫的身体圆滚滚，动作较慢，给人以憨厚、呆萌的印象。

另外，它以竹类为主食，不杀生，（其实它是肉食动物，只要有机会，它绝不放弃啃吃荤腥）获得了“竹林隐士”“素食和尚”的雅号。

这样，细细分析大熊猫的形象和性格之后，便会衍生出许多故事。

《功夫熊猫》就取其熊猫的“憨”，塑造了阿宝这样一个生动、可爱的形象。

最近，熊猫频道在网上所推出的系列小短片，就集中表现“萌”，充分展示幼崽“滚滚”们的调皮、可爱，赢得了数亿的点击量。

针对不同的读者，故事的讲法，即叙述方式应当有所不同。

笔者在《我是大熊猫》（1995 年获全国优秀科普作品一等奖，2013 年由台湾乐果文化再版）一书中，以第一人称写“熊猫自述”，以趣味性和知识性为着力点，目标读者群是青少年，语言尽量活泼生动。

笔者新著《熊猫故事》（2014 年出版，国务院新闻办采购的国家礼品书，已出英、日、西三种版本。2016 年春节由崔天凯大使作为礼品书赠送美国嘉宾）则有大量的历史和人文方面的内容，目标读者群是全世界各国的读者，述事尽量准确、精练。

同是画熊猫，吴作人画的熊猫很乖，邱笑秋画的熊猫很野。不同的画家有不同的侧重点与美学情趣，不同的作家笔下的熊猫故事，也应当展现不同的创作风格，使熊猫故事多姿多彩。

五、大熊猫故事的思想内涵

好的中国故事，不是听着热闹、稀奇，更不是哗众取宠。

在对外宣传中讲大熊猫故事，应当在不露声色中阐释其蕴涵的思想内容。

2014 年，奥巴马总统实施“亚洲再平衡”战略，美国太平洋舰队情报局长黑利少将一行 10 人，奉命来成都考察民情。四川省对外友协安排黑利一行参观宽窄巷子，体验最中国化的市民生活，然后到成都画院，看书画家们现场挥毫绘画。

笔者了解到黑利的来意之后，画了一张树上的熊猫幼崽，探出头来张望。题目是“妈妈喊我回家了”。其意是：妈妈教会了幼崽爬树，幼崽上树玩得正欢，听到妈妈呼唤，是妈妈奶胀了，要它去吃奶；还是要教它吃竹叶？想一想，我们小时候，妈妈把晚饭做好了，喊一声“二娃子，回来啰！”才想起肚子饿了，该回家了，一种幸福感油然而生。黑利一行人也会有同样的体会。小时候，妈妈呼唤约翰、杰克也是这样的。总而言之，听到妈妈呼唤，是人生最美的时光，最幸福的时光！

笔者将此画赠给了黑利少将。意思是，人类感情有共同之处。中国人对美国人民没有任何敌意，你们干嘛要到南海来挑起事端？“妈妈喊你们回家了！”你们还是回家去过幸福快乐的日子吧。

笔者认为，熊猫故事的思想内涵，有五个方面值得突出表现：

首先，要表现地球村意识。

世界自然基金会（WWF）在宣言中指出：“大熊猫不仅是中国人民的珍贵财富，也是世界各国人民所关爱的自然历史的宝贵遗产。”

在很长一段历史时期，熊猫始祖被认为是 700 万年前生活在欧洲的“匈牙利郊熊”，熊猫是“华籍欧裔种”；之后，中国古生物专家发掘到 800 万年前，生活在云南绿丰的熊猫化石。于是熊猫始祖又成了“华籍华裔种”。在青藏高原没有隆起之前，从绿丰到匈牙利，都在古地中海边上。

世界著名科幻小说家、好莱坞金牌编剧尼尔·盖曼（Neil Gaiman），在怀抱熊猫照相后，感叹道：“如果每个月人们都能与大熊猫亲密接触，我猜想，世界和平与融合将在一周内实现。”他的话虽然偏颇，却道出了一个真相：

大熊猫属于中国，也属于全世界。它超越了国家、民族界限，超越了意识形态的纷争，它是罕见的地球人类认同的“世界宠儿”。

其二，大熊猫是无可争议的和平友谊天使。

在国外，凡是有熊猫的动物园，总是观者如潮，笑语欢歌。1937年初，熊猫“苏琳”在芝加哥动物园首次亮相，一天之内有53000人排队挤进动物园，这个纪录至今没有被打破。

在日本，不管右翼极端组织如何挑起纷争，大熊猫的人气势不可挡，完全不为其左右。在台湾，虽有台独分子屡屡作梗，大熊猫团团圆圆的“冲击波”一直强劲。圆仔诞生后，那震撼弹将中国的台湾“炸回黑白电视时代”（指电视上全都是大熊猫和圆仔的节目）。大熊猫，让观众感到和平友好的“强大气场”。

其三，它是中国的文化符号。

前面已在阐述，大熊猫的生命史所表现的“阴阳调合”“上善若水”“顺其自然”，充满中国哲理与东方智慧。

其四，大熊猫是良好生态环境的重要标志。

熊猫栖息地在长江上游。从20世纪90年代，中国政府发布禁伐令和“天然林保护工程”之后，熊猫栖息地环境得到较大改善。熊猫保护区从1982年的9个，发展到2013年的67个，野生大熊猫数量从1985年（全国第二次大熊猫调查）的1000只增加到2013年（全国第四次大熊猫调查）的1864只。

说明这一系列重大举措效果显著。

其五，大熊猫的现状是中国科技进步，大国崛起的表现。

经过三十多年攻关，中国已成功掌握了先进国家多次攻关未果的人工繁殖大熊猫技术，并领先世界。人工繁育的大熊猫已达到400多只。将人工繁育的大熊猫放归野外，让野外的小种群复壮，是正在实施的，让大熊猫彻底扔掉“濒危”帽子的国家重点项目。

对于大熊猫这样一个濒危物种的拯救，表现了中国负责任的大国风范；大熊猫研究取得的丰硕成果，展现了中国科学工作者勇攀高峰的拼搏精神。

综上所述，在对外宣传工作中讲好熊猫故事，对中国的和平崛起、文化输出以及树立良好形象，均是事半功倍的好选项。

如何在图书封面中借“中国符号”讲好中国故事

——基于海外涉华畅销书的封面研究

中国传媒大学　崔潇[1]

【摘要】 在媒介生态环境发生深刻变化的今天，图书作为一种文字偏好的媒介，依然讲究“内容为王”，选题和内容仍是图书的灵魂。但是，精心设计的封面也至关重要，封面是吸引读者视觉感官和引导读者阅读的首要诱因，也是传递图书内容最直观的窗口。海外涉华图书作为讲述中国故事的一种外力，在封面设计上使用与中国相关的语言非语言符号是其一大共有特征，也体现出海外对中国形象的具体认知，颇具考究价值。本文通过对近五年来 50 本海外涉华畅销书封面上“中国符号”的统计分析，归纳出海外涉华图书封面最常用的中国符号及其使用价值观倾向，为我在外宣图书封面设计中如何借“中国符号”讲述中国故事提供借鉴参考。

【关键词】 图书封面；中国符号；中国故事

一、案例选定

本文按照所设定标准（见表 1），结合海外涉华图书关注的重点议题（见表 2），选取了 50 本图书作为分析案例。

标准	要求
语言	英语
时间段	2012-2017

1　崔潇：中国传媒大学媒介与公共事务研究院专职研究员。

搜索平台	亚马逊网
检索标准	年度畅销书排行前50名
筛选标准	涉华图书，且封面包含中国元素

表1：50本案例选定标准表

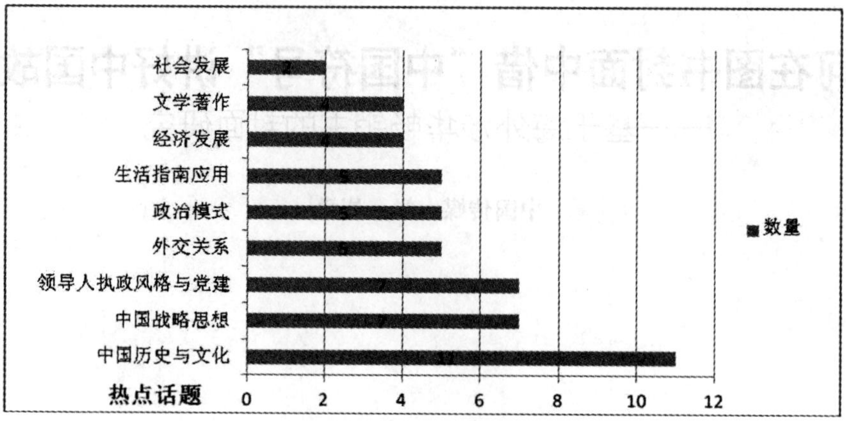

图1：50本案例话题分布

二、海外涉华图书封面中的中国符号分析

根据约翰·费斯克(John Fiske)提出的传播符号学概念，我们将海外涉华图书封面中的中国符号分为语言符号和非语言符号两类展开研究。图书通过封面上的中国符号延其意传其神，可以达到一举两得的效果：一来传递中国气息，二来映衬书的内容。

本文中的“中国语言符号”是指封面标题中常用的用来描述中国的关键词，而“中国非语言符号”是指具有典型中国民族特色、在海内外具有很强的辨识度、传达着国家形象和个性美的符号，它包括物质符号（比如天安门、长城、中国服饰等）和非物质符号（比如书法、绘画、太极、功夫等）。

（一）中国语言符号

关键词	领导人 (Leader)	丝绸之路 (Silk Road)	中美关系 (U.S.-China Relationship)	中国梦 (China dream)	中国崛起 (China's Rise)	中国模式 (China model)
使用次数	6	3	3	3	3	2
关键词	共产党 (Communist Party)	人民币 (RMB)	圣贤 (Saints)	改革 (Reform)	中国治理 (Governmance)	专制 (Dictatorship)
使用次数	2	2	2	2	2	2

表2：50本案例中常用的中国语言符号/关键词统计

统计表中的关键词是海外定义中国和描述中国常用的标签，一方面体现出外界关注中国的热点所在，另一方面也体现出外界指代中国的关键词还存在一定局限性。

（二）中国非语言符号

1.常用的中国非语言符号

通过分析 50 本案例发现，最常用的中国非语言符号主要有五角星、新中国领导人头像、中国标志性建筑、中国普通百姓等（见图 2），其中五角星和五星红旗使用频次最高。

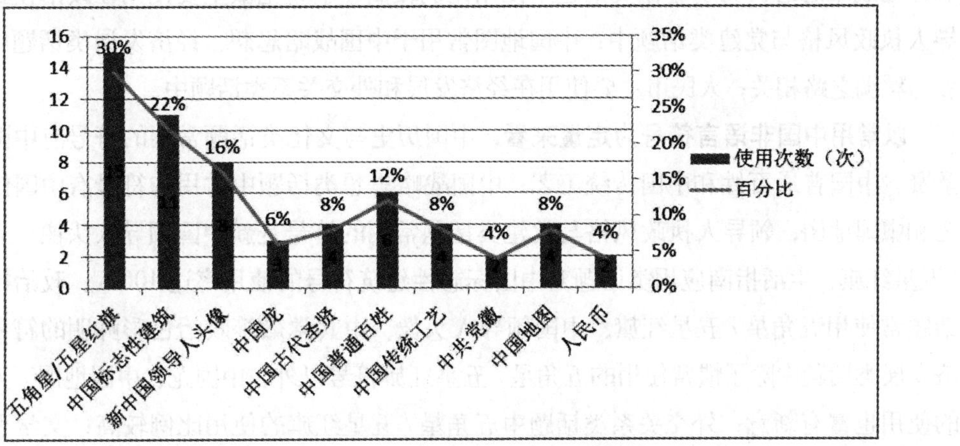

图2：50本案例中常用中国非语言符号使用统计

热点话题	常用中国非语言符号使用比例（次／本）									
	五角星/五星红旗	中国标志性建筑	新中国领导人头像	中国龙	中国古代圣贤	中国普通百姓	中国传统工艺	中共党徽	中国地图	人民币
中国历史与文化		1/11			4/11	2/11	2/11			
中国战略思想		1/7	1/7				3/7		2/7	
领导人执政风格与党建	4/7	1/7	5/7					1/5		
生活指南应用	1/5	5/5		1/5						
政治模式	4/5	1/5	2/5					1/5		
经济发展	4/4	1/4		1/4					1/4	1/4
外交关系	2/5			1/5					1/5	1/5
文学著作						2/4	2/4			
社会发展		1/2				2/2				

表3：50本案例各话题常用中国非语言符号统计

而通过表 3 可以发现，这些常用的中国非语言符号分布在不同的热点话题中，又呈现出不同的使用规律：

以热点话题为定量来看，五角星/五星红旗符号在经济发展、政治模式、领导人执政风格与党建类话题中使用比例较高，在经济发展类话题中使用率达100%；中国标志性建筑符号均现于7类话题中，使用范围最广，且在生活指南应用类话题中使用率达100%；新中国领导人头像符号在领导人执政风格与党建、政治模式类话题中使用比例较高；中国龙在经济发展、外交关系、生活指南应用类话题中普遍使用；中国古代圣贤符号主要使用在中国历史与文化类话题中；中国普通百姓符号在社会发展、文学著作、社会历史与文化类话题中使用比例较高，在社会发展类话题中使用率达100%；中国传统工艺在战略思想、文学著作类话题中使用比例较高；中共党徽主要使用在政治模式、领导人执政风格与党建类话题中；中国地图常用于中国战略思想、经济发展类话题中，且多与丝绸之路相关；人民币主要使用在经济发展和外交关系类话题中。

以常用中国非语言符号为定量来看，中国历史与文化类话题常用的符号有中国古代圣贤、中国普通百姓和中国传统工艺；中国战略思想类话题中常用的符号有中国传统工艺和中国地图；领导人执政风格与党建类话题常用的符号是新中国领导人头像、五角星/五星红旗；生活指南应用类话题对中国标志性建筑符号的使用率达100%；政治模式类话题常使用五角星/五星红旗、中国领导人头像、中共党徽等政治色彩鲜明的符号；经济发展类话题中除了惯常使用的五角星/五星红旗符号以外，中国龙、中国地图、人民币的使用也富有新意；外交关系类话题中五角星/五星红旗的使用比例较高；文学著作和社会发展类话题均偏好使用中国普通百姓作为封面元素。

2.常用中国非语言符号使用的价值观倾向

图书封面和内容讲求统一，封面符号可以引导读者透视内容；反过来内容的价值观取向也会影响人们对封面符号的印象。本文通过对50本图书内容的整体基调分析，统计出常用中国非语言符号使用的价值观倾向。

常用中国非语言符号	积极	消极	客观
五角星/五星红旗	46%	20%	34%
中国标志性建筑	45%	18%	37%
新中国领导人头像	37%	13%	50%
中国龙	33%	40%	27%
中国古代圣贤	100%		
中国普通百姓	63%	25%	12%
中国传统工艺	75%		25%
中共党徽	50%		50%
中国地图	50%	25%	25%
人民币		50%	50%

表4：50本案例常用中国非语言符号价值观倾向统计

值得注意的几点是：使用频率居前三位的五角星／五星红旗、中国标志性建筑、新中国领导人头像这些符号的三种价值观倾向并存，但积极和客观较多；中国古代圣贤、中国传统工艺类符号的积极价值取向均达 70% 以上，是中国正面形象的代表；中国普通百姓的使用倾向也偏向积极；而中国人最喜爱的龙以及最能代表中国的人民币这两种符号的使用倾向则偏向消极。

三、外宣图书封面设计中如何用好中国符号

（一）针对不同话题，巧妙运用中国非语言符号

通过上述分析发现，不同话题中对不同符号的使用频率也就是认知度高低不同，价值取向也各有差异。对此，在设计相应话题的外宣图书封面时，应有针对性地扬长避短，从认知度和价值观倾向上来选择如何巧妙地运用这些符号。

在设计中国历史与文化类图书封面时，注重对孔子、老子等中国古代圣贤符号的运用，并挖掘中医、武术、书画、民俗等符号的使用潜力。根据中国外文局发布的《中国国家形象全球调查报告 2015》及前文分析，这类符号在海外民众群体中的认知度较高且形象正面（图 3）。

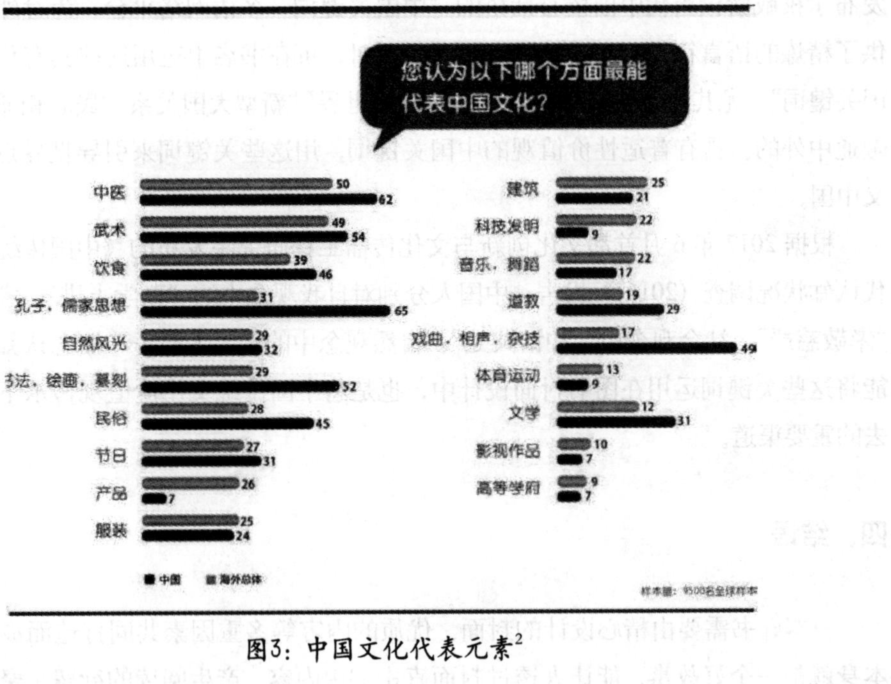

图3：中国文化代表元素[2]

2 《2015中国国家形象全球调查报告》，中国外文局对外传播研究中心，2016年8月。

在有关中国战略思想话题的 7 本图书案例中，3 本封面使用中国传统工艺符号的图书均与丝绸之路相关。因此，在设计这类话题的图书封面时，可着重运用丝绸、陶瓷等与丝绸之路相关的中国传统工艺符号，这类符号不仅政治色彩淡化、更加柔和，而且认知度高且形象积极。

在设计领导人执政风格与党建、政治模式、经济发展、外交关系类话题的图书封面时，可使用认知度较高的五角星 / 五星红旗、新中国领导人头像等符号，但方式可以更加灵活，避免呆板生硬，体现出亲民柔和的形象。例如《中国诉求——中华人民共和国的外交关系史》在封面上将中国领导人照片采用邮票的形式展示出来，给人以新鲜感和柔和感。

在设计生活指南类图书的封面时，使用认知度高且形象积极的故宫、长城、东方明珠等中国标志性建筑符号会产生较好的视觉效果。

在设计文学著作和社会发展类话题的图书封面时，应注重使用中国普通百姓和书法、绘画、篆刻等中国传统文化及工艺符号。讲好中国故事归根结底还是讲好中国人的故事，普通百姓的形象往往更能直击人心、引发共鸣。

（二）挖掘“中国关键词”，扩展中国语言符号

讲故事需要关键词，讲好中国故事需要中国关键词。2014 年中国外文局等单位联合发布了权威解读当代中国核心话语的“中国关键词”多语网络平台，为对外介绍中国提供了精炼的语言符号。在设计外宣图书封面时，可在书名中运用这些具有代表性的“中国关键词”，尤其是诸如“命运共同体”“和谐世界”“新型大国关系”“民心相通”之类能够融通中外的、具有普适性价值观的中国关键词，用这些关键词来引导世界点击中国、定义中国。

根据 2017 年 6 月首都文化创新与文化传播工程研究院发布的《中国传统文化价值当代认知状况调查（2016）》报告，中国人分别对自我观念中的“勤学上进”、家庭观念中的“孝敬慈严”、社会观念中“和谐共处”、自然观念中的“天人合一”概念认知度最高，若能将这些关键词运用在图书封面设计中，也是将中国传统文化价值观传承下去、传递出去的重要渠道。

四、结语

一本好书需要由精心设计的封面、优质的内容等多重因素共同打造而成。好的封面本身就是一个好故事，能让人透过封面直击书中内容，产生阅读的欲望。聚沙成塔、积水成渊，要讲好中国故事，就得从每一个细节做起。封面虽小，但以小明大，展现的是

一个有关中国的大世界。若能给予图书封面足够重视并且充分运用好这方小舞台，也可以在讲好中国故事的竞技场上大有作为。

本文存在分析案例基数小、分析标准尚有主观性、分析层次不充分等局限，分析结果和观点有待进一步完善和论证。作为引玉之砖，本文期冀能引导我国外宣图书在设计封面时树立起巧妙运用中国符号讲好中国故事的意识，助推学界在此方面的探讨和研究。

『一带一路』的国际传播

『一带一路』记者外交目标与传播模式探析

国际传播视角下『一带一路』建设的民心相通

『一带一路』国际合作高峰论坛的国际报道分析

『一带一路』与对外传播智库建设

『一带一路』国际传播中的问题：
理念、心态与话语策略

『一带一路』背景下中国与中东地区
跨文化传播：机遇、挑战与策略

美国主流媒体视野中的『一带一路』高峰论坛

《联合早报》『一带一路』专网的政治传播学研究

话语实践：『一带一路』的国际话语建构与传播

『一带一路』倡议下中华优秀传统文化的对外传播

『一带一路』倡议背景下我国文化
对外传播力提升策略研究

“一带一路”记者外交目标与传播模式探析[1]

——以中国人民大学“巴基斯坦青年记者访学项目”为例

钟新[2]

【摘要】 在“一带一路”倡议推动下，中国对沿线国家开展的记者外交活动非常频繁，各种“请进来”交流项目十分丰富，但由于发起主体和合作主体繁多，理念与路径各异，效果也差异巨大。本文基于中国驻巴基斯坦大使馆委托的，中国人民大学新闻学院承办的、作者本人负责策划、实施和跟踪研究的2014—2016年两期共18个月的“巴基斯坦青年记者访学项目”的评估数据，探讨“请进来”模式记者外交“最后一公里”的目标和传播模式。本文跟踪研究的主要结论为：关联性、信息量、互动性与收获感是活动得分的重要影响因素。本文建议：记者外交应以提供深度知识、促进深度理解为核心目标，采取从专题讲座到实地参访的多元互动模式，并在项目活动策划与实施中力求做到：遵循互利共赢原则，力求公共外交主体与客体兴趣点与利益点关联性最大化，实践精准对接；以专题化系列活动深化记者对重点领域全链条的认知，实践精深传播；以信息量、体验感、互动对话氛围为每次活动的效果诉求，实践精细沟通。

【关键词】 记者外交；外交目标；传播模式

中国“一带一路”倡议聚焦“政策沟通、设施联通、贸易畅通、资金融通、民心相通”，而实现“五通”愿景与行动的前提是各相关领域、相关层面、相关人员的相互了解、对话与合作，其中，从事新闻报道的专业媒体记者无疑在促进“五通”中扮演着十分重

1　本文为国家社会科学基金项目重点项目“习近平总书记的大国传播与公共外交思想研究”的阶段性成果，项目批准号：15AXW005。

2　钟新：中国人民大学新闻学院教授、博士生导师，新闻与社会发展研究中心研究员。

要的信息传播角色。长期以来，我国各相关部门十分重视“请进来”“走出去”，以增进相互了解的记者外交工作，而随着“一带一路”倡议的逐步推广和实施，中国与“一带一路”沿线国家的记者交流也更加频繁，各种短期、长期的双向交流项目不断丰富。中国人民大学新闻学院自2014年以来承办“巴基斯坦青年记者访学项目”，目前已经举办两期，每期的5名巴基斯坦记者分别来自巴基斯坦通讯社、巴基斯坦电视台、《今日巴基斯坦》、独立新闻社、《每日新闻》等巴基斯坦主流媒体，为期9个月，为中国大学的完整学年，属于长期访学项目。笔者负责该项目“最后一公里”的策划和实施，并以一对一交流、小组讨论、问卷调查等形式全程跟踪参加两期项目的记者对每一项活动的反馈意见，以期观察记者外交的规律，为提升记者外交项目的质量和效率提供参考。本文即是基于近两年实施两期“巴基斯坦青年记者访学项目”的基本理念、相关活动组织及其效果评估探讨“一带一路”记者外交的基本目标与传播模式。

提供深度知识、促进深度理解：记者外交的目标

帮助参与项目的外国记者获得深度知识既是帮助记者了解中国、“讲好中国故事”的需要，也是促进两国深度理解与合作、讲好“共同故事”的需要，是培育“全球新闻记者”(global journalist)的需要。人类赖以生存的这个世界日益复杂化且日益密切联系，这要求各国记者尤其是从事国际报道的记者比以前任何时代的记者都更需要深度理解所报道的国家、深度理解复杂的国际关系、深度理解各种全球性问题，以便通过报道帮助人们理解这个复杂的世界，并发挥媒体力量促进人类的和平与发展。新闻教育从业者通常认为，在全球化环境里工作的记者必须具备的素养包括批判性与分析性思维，对所报道对象的深度知识，跨文化知识、意识与敏感性，重要新闻的识别能力与报道能力，多媒体报道技能；灵活性、适应性、与持续学习的意愿。这些素养基本都离不开深度知识。没有深度知识很难具备优秀的批判与分析思维，很难具备跨文化敏感性，很难具备识别重要新闻的能力。缺乏对复杂议题的深度知识、激烈的媒体竞争环境、抢时效的压力都会成为优质新闻的巨大障碍，往往导致肤浅的甚至错误的报道。基于此，帮助记者获得深度知识是以国际交流为主要模式的记者外交项目的重要目标和实施维度，而在“一带一路”背景下的“巴基斯坦青年记者访学项目”无疑为巴基斯坦记者提供了获得与中国有关深度知识的机会。

从专题讲座到实地参访：记者外交多元模式有效性简析

为了实现提供深度知识、促进深度理解的目标，“巴基斯坦青年记者访学项目”尝试

采用课堂专题讲座、汉学学习、媒体实习、媒体、企业、政府、学校机构参访、自然人文景观游览等多种传播模式，并通过记者反馈探索不同模式的有效性。2016 年 6 月，完成第二期项目的记者在回答“请比较每一种渠道在帮助你理解中国、扩大人际网络中的有效性”时，“教授讲座、与学者对话”“访问媒体机构、与媒体人对话”获得最高评价，5 名记者都认为“非常有效”，同时，4 名记者认为“常规大学课程”“汉语课程学习”是“非常有效”的渠道，一名记者认为这两项“比较有效”，而针对“访问政府部门、与官员对话”这一模式，3 名记者认为“非常有效”，两名记者认为“比较有效”。答案较分散的是“访问工厂、公司、与经理和工人对话”，两名记者认为“非常有效”、两名记者认为“比较有效”、一名记者认为“有点效果”。尽管记者认为这些渠道绝大多数“非常有效”和“比较有效”，但答案仍然显示出差异。根据笔者在实施中的观察，教授专题讲座、常规课堂授课并与记者对话所提供知识的系统性和深度一般而言超过其他传播模式，而各类机构实地参访的主要作用是增强感性认识，并不是深度系统知识获取的主要渠道，这可能是答案差异的重要原因。

不过，对各类活动的跟踪问卷调查显示，具体活动是否能提供深度知识、满足参加者的获得感与更多因素有关。其中，讲座主题或参访机构与记者职业或记者来源国的关联性、必要性是两个重要影响因素，而讲座或参访活动在实施过程中提供的信息量和对话互动效果是另外两个重要影响因素。有的讲座或参访活动被记者评价为关联性、必要性强，有的讲座或参访活动被认为信息量大、互动性强，而关联性、必要性、信息量、互动性、获得感都获得高分的课程或活动是最受好评的。“历史视角下的中巴关系”获得首期访学项目系列讲座最高分 49 分（满分 50 分），其中必要性和信息量分别获得满分 10 分，中巴关系无疑是巴基斯坦记者们的重要关切，学者讲述中巴共同的故事，所掌握的中巴关系知识以及对中巴关系的深入分析给记者们留下深刻印象。首期访学记者参访上海电气在“与本人关联性”“必要性”“与巴基斯坦国内发展的关联性”“对该企业发展状况的好感度”“对其产品和服务的兴趣度”“收获程度”6 项指标上均获得满分 10 分，最终获得满分 60 分。记者们在交流中透露，巴基斯坦长期严重缺电，能源和交通是阻碍巴基斯坦发展的两大瓶颈。2015 年 4 月 20 日，习近平主席访问巴基斯坦期间，中巴双方签署了一系列覆盖多个领域的合作协议，助推“中巴经济走廊”建设，上海电气承建的煤电项目正是其中之一。记者一行在 4 月底参访上海电气，正值相关协议签署后数日。第二期访学项目，参访了更多能源类企业，例如华西能源、中兴能源、晶澳太阳能，其中，华西能源在“与巴基斯坦国内发展的关联性”“与本人关联性”“收获程度”获得满分 10 分，并获得总分 57 分（满分 60 分）。

调查显示，为期一学年的访学项目帮助记者大大加深了对中国的积极认知。在第二期项目的 5 名记者中，3 名记者表示来中国之前和在中国学习一年后，对中国的印象“非常不同”，一名表示“不同”，一名表示“有点不同”。在回答“你如何评价来中国前自己所掌握的中国知识”时，一名记者说“非常多”，3 名记者表示“比较多”，一名记者表示“不太了解”。在回答“你如何评价在中国学习九个月后自己所掌握的中国知识”时，4 名记者表示“非常多”、一名记者表示“比较多”，来中国前后对中国认知的平均值从 7.6 上升为 9.6。在回答“请用 5—10 个字描述来中国前和在中国学习 9 个月后你眼里的中国”时，一名记者表示来中国前认为“中国欠发达”，来中国后发现“中国将成为世界强国”。第一期的一名记者也有类似的表达：“我一度以为中国和其他亚洲国家一样，处于相对欠发达的状态，但我现在知道中国是世界的未来所在。”第二期记者还有多名表示，来中国之前只知道中国是巴基斯坦最好的朋友，来中国之后发现中国人很友好、助人、勤劳、谦虚、值得信赖，“没有人可以打败他们。”

精准对接与精心实施：关于记者外交项目实施的建议

基于两期“巴基斯坦青年记者访学项目”的策划、实施经验以及逐项活动的跟踪调查结果（限于篇幅，本文只能呈现极少调查数据。作者注），作者初步探索出“一带一路”记者外交可遵循的一些规律，供实践参考。

第一，记者对各类活动的评价显示，关联性、信息量、互动性与收获感是活动得分的重要影响因素。

调查结果显示，两类与记者职业关联度高的活动得分显著高于关联度低的活动：一是与媒体行业发展相关的活动，例如新媒体发展前沿、媒体参访、媒体人讲座；二是与记者来源国关联度高的活动，例如中巴关系相关活动，来源国急需发展、向中国借鉴相关领域的活动，例如能源、基础设施、交通等。关联性即接近性，体现了记者职业所需。关联性也影响了必要性和兴趣度。另一方面，参加活动后对授课人或参访机构的好感度和收获感体现了实际传播效果，好感度高、收获程度高自然得分就高。值得注意的是，关联度、必要性得分与好感度、收获程度得分并不一定一致，有时候前者高于后者，或者后者高于前者，这说明好的活动选题如果实施得不好效果会打折扣，同时，被认为关联性必要性相对更低的活动如果实施得好，效果也较好，而只有好的选题加上好的实施才能获得最高分，获得最佳传播效果。从记者的反馈看，无论授课还是参访，有兴趣并容易理解的话题、充分的信息量、充分的双向互动、良好的交流氛围是赢得好感度、提高收获程度的重要体现。

第二，记者外交项目活动策划遵循互利共赢原则，力求公共外交主体与客体兴趣点与利

益点关联性最大化，实践精准对接。

活动的组织者是公共外交行为主体。促进外国记者与中国新闻界及其他各界的对话、交流与合作、推动外国记者与利益相关方建构长期关系可以视为记者外交的重要目标。与外国记者本人职业发展关联度较高的活动包括：提供新闻传播新理念、新技术、新案例的课程、讲座、参访；帮助记者深度了解中国政治经济社会文化、提高涉华报道水平的课程、讲座、参访；帮助记者提高汉语应用水平、提高自主获取汉语信息的能力、提高汉语交际能力的系统课程等。与记者来源国发展关联度较高的活动包括：参访制定外交政策尤其与记者来源国相关的外交政策的政府部门；参访与记者来源国开展业务合作的中国企业的国内总部，帮助记者更全面了解这些企业的文化与精神；参访与记者来源国教育发展有关的中国教育部门和学校，促进记者来源国教育发展，推动所在国青年来华留学；参访与记者来源国医疗卫生发展有关的中国医疗卫生部门与学校，帮助记者了解中国医疗水平、向其国内传播中国先进的治疗理念与技术，促进记者来源国医疗卫生事业的发展；这些领域可以进入“一带一路”记者交流活动项目的优先顺序名单。

第三，记者外交项目活动策划以专题化系列活动深化记者对重点领域全链条的认知，实践精深传播。

对记者感兴趣、记者来源国迫切需要发展的领域，可设计专题性系列活动，帮助记者接触到该领域全链条上的不同环节，以深化对该领域的认知。这些领域很可能就是中国的优势领域，这样的活动也有助于中国优势领域的推广。专题性系列活动可能比零散的活动更具有传播效果。例如，“巴基斯坦青年记者访学项目”的上海浦东相关系列活动、中国建筑相关系列活动、能源企业系列参访、新媒体系列讲座等。

第四，记者外交参访活动策划以信息量、体验感、互动对话氛围为每次活动的效果诉求，以参观展览、实地体验、座谈等为主要形式，实践精细沟通。

蜻蜓点水式的参观访问难以给记者留下深刻印象，有时候，甚至可能给记者留下负面印象。因此，安排较为充分的时间，从多个角度展开较为深入的交流是提升效果的必然选择。很多机构都有讲述机构历史的图片展，安排优秀的讲解人员，用重点突出、详略得当的讲解为记者提供机构概貌。有些机构制作的外文版的视频也是很好的传播工具，但参访过程中播放视频最好控制在 5—10 分钟，太长也会给参访带来负效应，因为记者通常更喜欢把时间花在提问交流上。实地考察（例如建筑企业的建筑工地、能源公司的设备生产车间、媒体的演播室、农村的田野）是帮助记者获得感性认识、更加直观体验中国各个方面的重要传播渠道。同样，实地考察中详略得当的讲解和进程节奏是活动设计中的重要考量。座谈往往在展览参观、实地考察之后进行，其主要功能是回答记者在参访前期准备和参观考察环节发现的问题、产生的疑问。出席座谈的接待方人数在2-3人为宜，最好包含掌握宏观战略的人员和了解实际运行的人员，对话时间视与会人员数量、问题数量而异，时长半小时以上才能保证必要的信息量，一小时左右最佳，如果谈话氛围很好、问题很多，可以延长到两个小时，但最好不要超过两个小时。值得强调的是，当记者因为对参访机构了解不多而可能没有问一些重要的但又是本机构希望记者了解的问题时，出席座谈的人员可以在回答问题过程中主动设置一些记者可能感兴趣的议题或者反问记者一些问题。良好的谈话氛围是双向激发问题的真正对话与交流。

信息量丰富、体验感良好、互动对话充分的参访，需要接待方具有较为丰富的接待经验、优秀的接待人员、良好的传播理念，也需要公共外交项目主办方与接待机构的充分沟通和共同精心设计。

国际传播视角下“一带一路”建设的民心相通

——以数字可视化传播为例

郭明[1]

【摘要】 民心相通是“一带一路”建设重点中的目的所向。以大数据、移动互联为特点的新媒体在国际传播中，将越来越多发挥着舆论影响的作用，也直接关系着中国与世界的双向互动。利用国际传播、创新国际传播方式，充分利用数字可视化传播，提升中国国家形象在沿线国家的好感度，进而使得“一带一路”的对外输出与当地民众充分交流，达到民心相通的目的。数字可视化时代，多元跨频的族群间文化交往有利于促进自我身份认同；视听与数字化的深度结合，能有效地扩展国际传播的能力和效力，大大提升民心相通的向心力。对于当前加强国际传播能力、提升“一带一路”建设民心相通的建议是：一、打造数字云联网的信息文化传播模式，建构智能化互联互通的国际传播体系；二、建立数字化文化产业传播机制，构建新媒体革命下的文化传播渠道；三、在文化产业全球博弈中，注重内容生产与新媒体的文化创新，打造面向国际市场的数字化文化产业，大力发展国际文化传媒产业。

【关键词】 民心相通；视听与数字化；国际传播

“一带一路”倡议是中国为推动经济全球化深入发展而提出的国际区域经济合作新模式[2]，也是中国文化的再全球化国际传播过程，标志着中国文化以“走出去”为鲜明特征的全球化传播时代的到来。经济方面的“贸易畅通、资金融通”并不能理所当然地使得“民

1　郭明：澳门科技大学博士生。

2　高立：《经济全球化视角下“一带一路”战略的实现路径分析》，《环球市场》，2016年第6期，第4页。

心相通”亦趋亦步。随着全球新媒体时代的到来以及“一带一路”周边国家多样文化参与的广度和深度的不断拓展，讲述好中国故事，阐释好中国特色，展示中华文化的独特魅力，提升国际话语权，全面提高国家文化软实力，需要在新技术新理念下创新传播的方式方法，有效传播当代中国的价值观念，促进民心相通。

一、民心相通的建设与数字可视化传播

（一）民心相通的建设

民心相通仍是一个较新的议题，就目前相通结果而言，翟崑 2016 年在《“一带一路”背景下的中国——东盟民心相通现状实证研究》中的数据显示，“民心相通发展状况可分为‘顺畅型’（8 分以上）、‘良好型’（7 ～ 8 分）、‘潜力型’（3 ～ 6 分）和‘薄弱型’（3 分以下）。中国与所有东盟国家民心相通的标准化评分都在 4.8 分以上。”[3] 虽然在总体情况上是良好的，但是民心相通的潜力仍然巨大，实然层面与应然层面仍有差距。

首先，“一带一路”沿线的国家与民族众多，其文化也缤纷迥异，既有中国的现代文明，也有印度教文明以及穆斯林文化。只有互相了解与尊重才能促进各种文化间的交流，使得丝路文化的“五通”[4] 在中国文化的再全球化国际传播中得到认同。

其次，目前中国的经济大国身份，对于“一带一路”沿线国家具有强大吸引力。现有的中国对沿线国家的投资建设项目以及投资双方密切的经济关系也是发展民心相通的基础。

最后，在西方话语体系之下，“中国威胁论”“中国称霸论”等负面评论层出不穷，归根结底是信息不对称造成的结果。没有将中国传统文化中的“天下观”进行有效传播，别国民众不能理解中国的不称霸理论，而民心相通正是解决这一问题的手段和目的。中国传统文化中的忠恕之道、天下大同思想，很好地诠释了中国“一带一路”建设当中，不称霸、不剥削，互利、共赢的合作方式。

（二）数字可视化传播的基本特征

视觉传播（visual communication），就是以视觉可以认知的表现形式传递信息的过程[5]。数字可视化时代的视觉传播是一种数字化、可视化的传播方式，人们能更清晰、快速地理解视觉形象及传达的意义。移动媒介呈现了一种公域与私域、现实与虚拟、线上与线

3　翟崑：《“一带一路”背景下的中国—东盟民心相通现状实证研究》，《云南师范大学学报（哲学社会科学版）》，2016年，第48卷，第6期，第55页。

4　刘华：《习近平：建设丝绸之路经济带，中哈加强“五通”》新华社北京10月15日电。

5　何洁等著：《广告语视觉传达》，中国轻工业出版社，2013年，第120-121页。

下交互的移动场景，开启了人类一种崭新的存在方式。

1.交互性

数字可视化传播作为一种传播方式，它的基本特征是当它与数据可视化技术、虚拟现实技术、数字动画技术等结合后呈现出来的交互性。当信息、数据、知识以数字可视化的方式存在时，网络化、即时性与快速复制性可使信息的传播速度和深度大大增加。在大数据时代，从数据到信息，从信息转变为知识和理解，再转化为认同，数字可视化使信息的大规模获取、收集和分析变得如此便利，充分促进了人与人之间的信息传递、社会交往与公共参与。

从认知情境学角度看，人与环境的交互促进了人的认知和记忆的产生。哈佛大学的研究表明：可视化传达信息可提升内容留存率38%[6]。此外，“交互速度和即时性程度的加深，开启了人类全新的对话时代”[7]

2.意义感

所有的信息传播技术都是符号生产和传播的过程。作为符号，它们既能描述一个真实或者虚拟的世界，帮助人们认知客观现实。同时，它们又能产生新的意义，重构人们的认知，塑造新的共同体，从而传播新的价值观点。

数字化正在通过影响人们的喜好而改变着人类的生活方式，电影、音乐、图书、绘画等文化艺术形式都在数字化过程中实现了新的发展。文本是知识与文化的载体，它的数字化意味着可以被快速复制，不断丰富和迭代，进入再创作与再传播的过程。伴随着文本生产的新的传播与交互方式出现，更具有“创新性”的文化产品将层出不穷。各种文化在时空交错的网络中不断交流、碰撞与融合，从而产生新的文化符号、价值观念与新的公共认知和文化认同。

3.趣味性

数据和信息的可视化是指利用图形化手段和视觉化界面，旨在快速识别出数据和信息背后的事物之间的关系，并分析其发展趋势。知识的可视化在“数据和信息可视化的基础上，应用视觉表征手段促进群体知识的传播和创新，目的都是为了清晰有效地传达与沟通信息。”[8]随着交互技术的发展，数字可视化的产品和传播方式会大大增强文化交流的趣味性和生动性。

社会打破了文字的垄断步入以视觉图像为主导的时代后，使用数字可视化的技术，进行国家形象的传播，也是一个超越传统促进民心相通的方式。国家形象通过各种数字

---

6 Parkinson, M.(2006) Visual Marketing Matters【DB/OL】. http://www.24hrco.com/images/articles/Visual Marketing Matters. pdf, 2012-9-1.

7 孟建、祁林：《新媒体文化:人类文化的全新建构》，《新闻爱好者》，2016年第4期，第20-25页。

8 余式汪：《基于RFID技术的装配过程可视化管理系统（AVMS）研究》，硕士论文，2008年。

可视化形式更加直观明显地甚至是鲜活生动地展现在他国面前。当代的视觉文化不同于传统的印刷文化的地方，还在于其生动活泼、亲民可爱，并可将普通群众难以理解的概念表达得浅显易懂。

二、数字可视化传播对“一带一路”建设的民心相通的作用

“国之交在于民相亲，民相亲在于心相通”，“以心相交者，成其久远”。“国家之间的关系说到底是人与人的关系，只有打动人心，才能实现其他合作领域的‘感而遂通’。”[9]数字可视化时代，视听与数字化的深度结合，能有效地提高国际传播效力，提升民心相通的向心力。

（一）塑造良好的国家形象，促进身份认同

民心相通的前提条件是在“一带一路”建设中塑造良好可信的中国形象。国际传播的目的很大程度上就在于树立起良好的国际形象。通过文化交流促进不同文化的互动与理解，产生文化吸引力和影响力，建构起与他国之间积极的身份认同关系，达到维护国家利益的目标。美国国际关系学者罗伯特·杰维斯（Robert Jarvis），从国家的心理认知层面提出了优化国家形象的传播策略。他认为传播者只有发出大量的、持续的、明确的有效信息，才能赢得社会公众的主动选择。进入国家形象感知主体心理过滤机制的信息，才能改变与事实相悖的不公正看法，并且对国家形象的形成产生作用和影响。[10]

首先，古代丝绸之路在历史中不仅是一条商贸之路，也是一条人类文化交流的互联互融之路。互联互通鼓励和号召“一带一路”沿线60多个国家和民众的共同参与、互动、交流，不是仅以中国为中心。其次，“话语即权力”，在国家关系中，谁掌握了国家形象的话语制造权，谁就能掌握国际权力争夺的制高点。因此，任何国家要想在权力和利益的博弈中取得有利地位，就应该积极建构本国或他国形象，塑造有利的国际传播体系。最后，今天的中国提出了“一带一路”倡议、互联互通和构建网络空间命运共同体等国际传播与国际秩序的新理念、新倡议和新愿景。

（二）讲好中国故事，提高民心相通的向心力

民心相通的重要环节是讲好中国故事，讲好中国的“一带一路”故事。数字可视化传播可以从以下方面助力讲好中国故事：

9　邢丽菊：《推进“一带一路”人文交流困难与应对》，《国际问题研究》，2016年第6期。

10　罗伯特·杰维斯：《国际政治中的知觉与错误知觉》，世界知识出版社，2003年，第198-303页。

1.数字可视化传播可降低认知负荷

在学习认知理论中，John Sweller 提出了认知负荷理论，他认为根据来源的不同可以分为三种认知负荷:“一是内在的认知负荷，它由学习材料的结构和复杂性引起；二是外在的认知负荷，它由信息呈现的形式和方式施加；三是有效认知负荷，它由学习者努力地加工并理解材料造成”。[11]

“一带一路”倡议继承了传统又面向了未来，不仅提出“命运共同体”意识和“天下大同”的理念，更在充满不确定性和一片质疑的全球化中对传播中国文化提出了新的要求。无论是对于国内民众还是“一带一路”沿线国家，这些不确定性都构成了材料的复杂性，增加了民众的内在认知负荷。同时，文化差异制约着跨文化信息传播的有效进行，文化差异越大，对外交流的障碍也越大。这也导致了外在认知负荷的增加。

如前所述，数字可视化传播在交互性、增强意义感和趣味性上有诸多优势。尤其是应对如此复杂的认知要求，数字可视化传播在扩大个人的记忆能力，以及促进在复杂知识和丰富信息情景下的知识理解和传播具有良好效果。知识可视化提高了人群之间知识的传播与应用，并且更方便人们理解。数字可视化传播有利于在平等、开放的传播界面之上，让复杂的知识和信息以更生动、快速、简短的形式向国内民众和“一带一路”沿线国家民众传播。

2.数字可视化传播契合了受众使用媒介的方式

“受众使用媒介的方式与动机”是传媒渗透力和影响力的重要指标。移动端是一个重要的战场。媒介生态随着移动端、智能硬件、直播应用等三大“介质”的发展而发生着深刻的变革。从世界范围来看，特别是在西方发达国家，主流社会接受媒体的习惯已经发生了很大变化。然而，在海外的移动互联网平台上，几乎还听不到太多来自中国的声音。我们必须认识到国际传播新态势，花大力气提升我国在新媒体，特别是移动互联媒体上的国际传播能力。[12]

BuzzFeed 在 2014 年 9 月发布可视化研究报告《科技如何改变媒体业》，显示出移动视频的迅速增长。未来，在线视频会成为移动端最大消费形式，预计全球将突破 19 亿用户规模。此外，移动视频的直播也极大地满足了人们对内容即时性和互动性的诉求。

精准传播在智能媒体时代是最有效的传播方式。在“一带一路”国际传播过程中，越能根据不同人群制定有针对性的传播内容和方式，就越能增加传播的精准性和说服力。

11　道群、罗扬眉:《认知风格和信息呈现方式对学习者认知负荷的影响》，《心理学探新》，2009年第3期第29卷，第37页。

12　毛莉:《精准传播是提升国际传播效果的关键》，《中国社会科学报》，2014年第9期，第 A04 版。

3.媒介语言的创新有利于精准传播

媒体创新的首要步骤是媒体语言的创新。语言相通是“一带一路”民心相通的基础。面对如此众多的国家和语言，除了大力培养翻译人才，扩大留学生互换、互访外，可否利用数字可视化的产品、技术和传播达到先行者的目的呢？其实，媒体语言的创新就在于利用大量的数字可视化技术，凭借内容创新和震撼人心的力量打动受众，避开语言的障碍，达到文化的理解、认同，促进跨越地域的文化交流。

三、数字可视化传播推进“一带一路”民心相通的思路

（一）打造数字云联网的信息文化传播模式，建构智能化互联互通的国际传播体系。

“互联网不仅仅是一种媒介，其本质的意义更在于它是一种重新构造世界的结构性力量。”[13]“一带一路”民心相通的建设，不仅需要搭建一个国际平台，让中国与世界互联互通；也需要搭建一个中国平台，让世界更好地读懂中国。这就要求整合统筹所有的传播路径和技术，全面提升国际传播能力。

我们可以利用数字可视化传播在移动互联网端的强大信息整合能力，建构智能化互联互通的国际传播体系。新的智能传播将实现以资源云为平台，多个不同场景的终端互补呈现内容的体系：数据的深度挖掘和分析实现了信息和用户需求的相互关联与智能匹配；融合图片、视频、动画等交互视觉元素的数字媒体将大大提升移动阅读的体验，加强用户感知；顺应移动时代用户阅读需求的定制化内容服务将提高内容推送的精准度及用户粘性，最终实现全球化无缝传播的推送模式，以数据图、数字化演示、交流互动等向“一带一路”沿线普通民众传递晦涩难懂的概念、信息、知识等，用更生动的图解、图说、视听手段讲好中国故事，达到信息传播、观念内化、态度演进的目的。

（二）建立数字化文化产业传播机制，构建新媒体革命下的文化传播渠道

创新数字化文化产业传播渠道，促进优秀文艺作品多渠道传输、多平台展示、多终端推送。构建数字化文化产业传播机制，关键是坚持新的媒体思维、媒体精神，创造性地变革媒体语言；在“内容融合”过程中，创新内容的生产、呈现方式，提升内容的粘性；在“技术融合”过程中，注重技术运用、终端平台的开发以及人才队伍的培育；最终实现文化传播体系的现代化、形态的立体化和渠道的多样化。

13　喻国明：《互联网是一种“高维”媒介——兼论“平台型媒体”》，《新闻与写作》，2015年第2期，第41-44页。

（三）打造面向国际市场的数字化文化产业，大力发展国际文化传媒产业

美国学者凯文·曼尼曾提出大媒体产业，旨在向人们提供包含通讯、影视、教育、商业、娱乐等综合内容、资讯覆盖面极广，并且涉及内容生产过程和生产设备的跨界融合产业。加快发展以文化创意为核心，依托数字技术进行创作、生产、传播和服务的数字文化产业，培育形成文化产业发展的新亮点。在信息化、全球化、城市化的智能媒体时代，打造新媒体方式下的移动数字化内容，包括全面促进电影、电视、动漫、短片等跨媒体、跨行业、跨区域、跨国界的文化产业整体布局，优化传媒、娱乐、信息等行业的产业链的构造，建立一批具有较强竞争力的综合性娱乐信息传播集团。

大力发展国际文化传媒产业，深度挖掘“一带一路”沿线国家和地区丰富的文化资源。并且基于文化共识的战略认同，根据不同国家的文化资源特性，建构不同价值形态的文化产业合作发展平台和有竞争力的文化业态，促进区域间的人际交往和文化交流。

结语

在科技的推动下，介质进化的速度会越来越快。关注“一带一路”的民心相通，数字可视化传播、数字可视文化形态与创意符号体系已是不可阻挡的趋势。这既是时代要求，也是中国文化“走出去”的内在要求；既关乎着人的需求，又关乎着国家和民族的发展。随着中国经济实力的不断提升，中国国际传播还应提供更为卓越的技术创新、创造更为活跃的媒体产业和更为丰富的传播实践，为“一带一路”民心建设构建深层次、多领域的文化对外开放格局，推动中华文化走向世界。

“一带一路”国际合作高峰论坛的国际报道分析

杜巧梅[1]

【摘要】长期以来，西方国家对中国“和平崛起”路线始终存在误解，因此如何讲好中国故事、传播中国价值，让世界了解中国，是当前我国媒体国际传播中亟需解决的问题。本文以中国国际电视台（中国环球电视网 CGTN）官方 Twitter 账号 @CGTN Official 对“一带一路”国际高峰论坛的报道为例，从框架分析的角度出发，结合拉斯韦尔“5w”理论分析我国主流媒体在重大事件国际传播中存在的问题，提出中国故事国际传播的故事化的叙事方式、矩阵化的传播渠道以及众包化的内容生产模式等相应的国际传播策略，以讲好中国故事，传播中国价值。

【关键词】“一带一路”；框架理论；中国故事；国际传播

一、研究背景

2017 年 5 月 14 日，“一带一路”国际合作高峰论坛（以下简称“‘一带一路’高峰论坛”）在北京召开。以此为契机，我国主流媒体从内容选择、呈现方式、传播渠道等方面入手，以“一带一路”为载体，对讲述中国发展故事，传递中国推动建立持久和平、普遍安全、共同繁荣的和谐世界的价值理念进行新的尝试。Twitter 是全球访问量最大的社交媒体之一，是具有广泛国际影响力的重要传播平台。目前，CGTN 官方 Twitter 账号拥

1　杜巧梅：中国传媒大学新闻学院2016级新闻学硕士研究生。

有 285.1 万关注者，是我国主流媒体对外宣传的重要阵地之一。

本文试图以中国国际电视台官方 Twitter 账号 @CGTN Official 对本次峰会的报道为研究对象，以框架理论为视角，探讨我国主流媒体在国际传播中存在的不足以及对如何“讲好中国故事，传递中国价值”进行思考。

二、框架理论下的“一带一路”与中国故事

话语框架的建构按照新闻报道主题、新闻报道体裁以及词汇的选择凸显事实，从媒体代表的意识形态和价值观念出发，进行新闻生产和争夺话语权，构建报道对象的良好的媒介形象。探讨CGTN官方Twitter对“一带一路”高峰论坛的报道构建的我国国家形象，就必须对报道进行话语分析。本文选取 2017 年 5 月 12 日至 5 月 16 日 CGTN 官方 Twitter 以 #Belt and Road# 为话题的报道为研究样本，共 67 篇。

（一）报道时间分布

在 CGTN 官方 Twitter 中搜索发现，有关“一带一路”高峰论坛的报道从 2017 年 5 月 12 日开始集中出现，直至 5 月 16 号逐渐减少（图 1 所示），大量报道集中在 5 月 14 日至 15 日“一带一路”高峰论坛举办期间，体现 CGTN 官方 Twitter 对会议动态的重点关注。

从报道的时间分布来看，CGTN 官方 Twitter 对会议本身的关注远远超过对会议后续影响力的关注。论坛结束后,CGTN 官方 Twitter 对“一带一路”高峰论坛的关注持续减弱，5 月 16 日仅推送一条视频回放“一带一路”高峰论坛的成果，对“一带一路”倡议后续报道影响力减弱，难以借助“一带一路”高峰论坛带来的契机持续传播中国故事和中国价值。

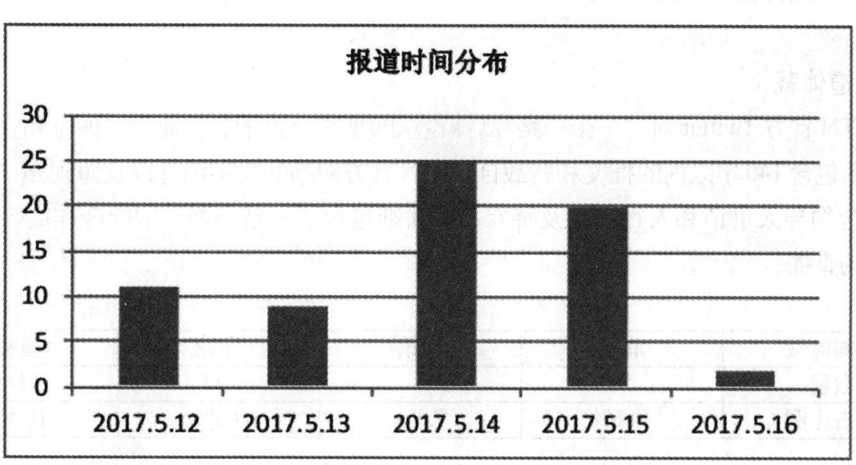

图1：CGTN官方Twitter“一带一路”高峰论坛推文的时间分布

（二）报道主题分布

CGTN 官方 Twitter 在“一带一路”高峰论坛期间发布 67 条推文，按照报道主题大致可分为五类（表 1）：中国领导人活动包括与“一带一路”相关的活动，包括会议发言、访问、视察等；外国领导人活动主要包括外国政要在会议举办期间的相关活动，包括到访时间、会议发言、文化活动、参观访问、记者专访等；经济建设成果包括“一带一路”前期建设成果报道以及会议签署或达成的重要成果以及国际合作；政策解读主要包含相关专家、学者对“一带一路”倡议构想的多方位阐释；相关报道主要包含对雁栖湖会议中心、“一带一路”沿线风景、古丝绸之路等相关地理、环境和文化内容的信息。

报道主题	中国领导人活动	外国领导人活动	经济建设成果	政策解读	综合报道
数量	11	32	14	2	8
所占比重	16.4%	47.8%	20.1%	3%	12%

表1：CGTN官方Twitter“一带一路”高峰论坛推文主题分布

首先，对中外国家领导人的活动大量报道体现了国际社会对“一带一路”高峰论坛的高度关注和支持；在“一带一路”倡议下，对经济建设成果的报道，体现了中国提出“一带一路”构想的正确性和对国际社会的价值。其次，CGTN 官方 Twitter 重点对“一带一路”高峰论坛中外交活动和经济成果报道，从政治和经济视角传播中国经济和外交的蓬勃发展状态，从经济角度讲述中国发展的历程和故事，建构出中国和平崛起的大国形象。最后，从报道主题体现出的报道内容来看，中外领导人的活动报道占据推文总量的 64.2%，对“一带一路”高峰论坛国内外领导人的关注远远高于对会议议题和经济建设成果和文化的关注，偏重的政治活动报道，难免造成传播内容的枯燥和生硬，影响中国故事和中国价值的传播效果。

（三）报道体裁

CGTN 官方 Twitter 对“一带一路”高峰论坛的推文涵盖消息、通讯、评论和直播（表 2）。消息包含 140 字以内的推文和转载自 CGTN 官方网站的文字消息以及短视频（19 条）；通讯包含领导人讲话和人物专访及特写；直播则包含“一带一路”国际合作高峰论坛期间的现场直播。

新闻体裁	消息	通讯	评论	直播
数量	50	5	1	11
所占比例	74.6%	7.5%	1.5%	16.4%

表2：CGTN官方Twitter“一带一路”高峰论坛报道体裁分布

从新闻报道体裁的分布来看，占据报道主体的消息和通讯以客观、公正、真实、及时为特点，短视频和现场直播的加入，增加了新闻报道的客观性，构建“一带一路”高峰论坛的盛况和中国的国际影响力，以客观事实向国际社会讲述中国故事，传播中国声音。在 67 篇推文中，CGTN 官方 Twitter 仅发布一篇评论，新闻评论有理有据，观点鲜明，是展示中国观点、传递中国价值的重要手段，CGTN 对“一带一路”高峰论坛报道中，缺少深度评论，难以使观点信息和事实信息相呼应，大量浅层次的消息缺少鲜明观点的支撑，在复杂的国际传播环境和多元的文化环境下，国际受众难以对“ 一带一路”这一重要倡议构想做出全面、理性的解读和认识。

（四）词汇分布与话语群设置

本文选取 CGTN 官方 Twitter 对“一带一路”高峰论坛报道中的文字信息（包括推文、消息、通讯、评论）共 47 条，经过词频统计，文本中出现最多的词汇如表 3 所示：

词语	频次	词语	频次
cooperation 合作	156	open 开放	68
development 发展	113	finance 金融	52
building 建设	105	peace 和平	45
common 共同	86	trade 贸易	41
culture 文化	74	people 人民	39

表3：CGTN官方Twitter对“一带一路”高峰论坛报道词汇分布

“一带一路”倡议构想是指“一带一路经济带”和“21 世纪海上丝绸之路”，对“一带一路”高峰论坛的报道也以经济发展和国际合作为主要内容，隐藏了“一带一路”背后的政治目的和意识形态。以“合作”“发展”“建设”“文化”“开放”“共同”等关键词为主的新闻报道相互呼应，讲述中国故事，传播出“一带一路”视角下中国“合作、发展、共赢”的理念和声音。

CGTN 官方 Twitter 对“一带一路”高峰论坛的报道中，以经济、建设、合作、发展为主的文本大量出现，这些文本相互渗透、结合形成“经济建设”“合作发展”“和平发展”等话语群，形成话语解读的重要语境，将受众的认知视角指向“一带一路”互惠互利、合作共赢的核心理念，构建中国和平合作、开放包容的大国形象。

（五）从转推量与点赞量看 CGTN 官方 Twitter 的传播效果

转推量和点赞量在一定程度上反映出 Twitter 账号对某个新闻事件报道的传播效果和

影响力。对CGTN官方Twitter发布的67条推文的转推量和点赞量进行统计（如图2所示），可以看出，大部分推文的转推量集中在100次以下，点赞量集中在150次以下。CGTN官方Twitter账号拥有粉丝数量高达285.1万人，但从推文的点赞量和转推量角度来看，CGTN官方Twitter在“一带一路”高峰论坛期间推文的影响力和传播效果不够显著，这也是我国主流媒体在国际影响力方面不可忽视的重要事实。

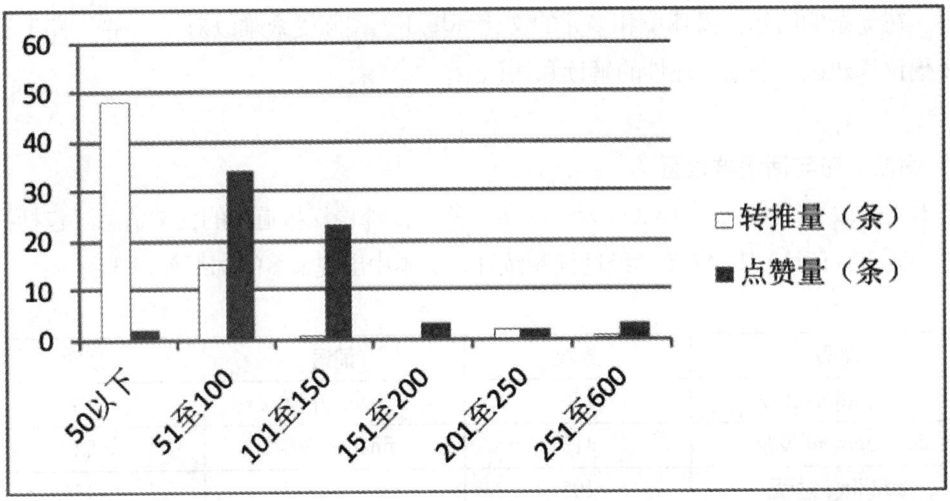

图2：CGTN官方Twitter“一带一路”高峰论坛推文的转推量和点赞量统计

进一步整理推文内容发现，关注度最高的推文是俄罗斯总统普京的钢琴独奏视频，究其原因，除了俄罗斯在国际社会中的影响外，普京总统独特的个人形象和魅力是获得国际社会的广泛关注的重要原因之一。说明建构国家领导人的良好国际形象也在一定程度上有助于提高该国在国际社会上的传播力和影响力。

三、中国故事的国际传播面临的问题与思考

（一）中国故事的国际传播面临的问题

从新闻传播学角度来看，向世界讲述中国故事本质上是国际传播的过程，从拉斯韦尔新闻报道的“5w”元素角度出发，国际传播包括传播者、传播内容、传播渠道、受传者和传播效果等5个方面。结合CGTN官方Twitter对“一带一路”高峰论坛报道的框架分析，本文将根据以上5个要素来分析中国故事在国际传播过程中面临的问题。

1.我国主流媒体国际话语权和国际传播矩阵尚未形成

一方面，我国主流媒体在国际传播中尚未形成有力的国际话语权。长期以来，西方

主流媒体占据国际传播话语权的优势地位，具有广泛的国际影响力。*TIMES*（《泰晤士报》）的官方 Twitter 拥有 1481.5 万关注者，BBC（英国广播公司）官方 Twitter 关注者为 2009 万，CNN（美国有线电视新闻网）官方 Twitter 拥有 3617 万关注者，远远超过 CGTN 官方 Twitter285.1 万人的关注量。在西方强势话语权的压制下，我国国际传播主体的新闻传播力和影响力有限，在传播中国故事、塑造中国形象的过程中难以改变长期以来西方主流媒体对中国的形象建构。

另一方面，尽管我国主流媒体纷纷进驻 Facebook、Twitter 等国际社交媒体平台，利用国际化的传播平台和传播渠道来讲述中国故事，传播中国声音，但是，《人民日报》、中央电视台、新华社和 CGTN 等主流媒体的官方 Twitter 以"单兵作战"的方式进行对外传播，尚未形成行之有效、互通互补的传播矩阵。以"一带一路"高峰论坛的报道为例，CGTN 官方 Twitter 所有推文都来源于 CGTN，《人民日报》等媒体的官方 Twitter 也以人民网的新闻为主推送信息，我国主流媒体官方 Twitter 间缺少必要的互动、重要信息或热点消息的相互转推以及传播内容的互补，尚未形成具有影响力的传播矩阵。在对"一带一路"高峰论坛的报道中，BBC 官方 Twitter、俄新社官方 Twitter 等国际媒体也进行了相关信息的推送，但我国主流媒体官方 Twitter 缺少与外国媒体以及国际受众间的相互交流，存在"自说自话"的问题。

2. 主流媒体国际传播内容的"高大全"，故事性欠缺

通过对 CGTN 官方 Twitter 在"一带一路"高峰论坛的推文框架的主题分析以及词频统计可以看出，CGTN 官方 Twitter 在报道中以报道经济和政治内容为主，构建中国"互惠互利，合作共赢"的大国形象和"一带一路"倡议的领导者形象，叙述语言多为正式性、官方化的表达方式，缺少故事性、可读性和人文关怀。在传播内容的选择上，我国主流媒体忽视了中国五千年的悠久历史和古丝绸之路的文化和历史故事。历史文化相对于意识形态和经济政治利益纷争而言更具有可读性，对民众更有吸引力，理应成为我国国际传播中承载中国价值，讲好的中国故事重要载体。

3. 中外话语体系和逻辑体系差异，国际传播效果不显著

"一带一路"国际合作涉及国家众多、地区广泛，面临复杂的政治、经济、社会环境和多元化的文化背景。中国与国际社会存在着话语体系和逻辑体系以及认知模式的巨大差异。以"一带一路"高峰论坛为契机，讲好中国故事，面临的一个重要问题是如何用国际受众理解的话语体系和逻辑体系来传播中国声音。我国媒体在国际传播中沿用的思维模式和认知方式难以被国际社会正确解读，因而中国的"和平崛起"在西方媒体的建构中成为"中国威胁论"，"一带一路"倡议被解读成为"马歇尔计划"。

（二）思考：中国故事的国际传播策略

习近平总书记在8·19讲话中多次指出，我国对外宣传要“讲好中国故事”。讲好中国故事的标准在于是否达到良好的国际传播效果。良好的传播效果是“讲述者”和“听讲者”共同“完成”的，讲述者的信息发出后，接受者系统需要经过“获取或接收→过滤→整合→重构→认同或接纳”五个环节实现完整的传播过程。[2]其中隐含两方面的问题：传播渠道——“听讲者”获取或接收的信息量影响传播效果；叙事方式——影响“讲述者”和“听讲者”对内容的系统化处理效果；内容生产——“讲述者”和“听讲者”的思维方式和认知结构的相似程度影响传播效果。因此，在“一带一路”倡议的国际传播与中国故事的讲述过程中，我国主流媒体可以采取以下三方面的策略：

1.打造矩阵化的传播渠道：形成“一带一路”国际传播“朋友圈”

传播渠道的覆盖面和影响力决定中国故事的国际传播效果。打造矩阵化的传播渠道不仅要促使我国主流媒体在国际传播中的互动和互补，还要增加与拥有国际话语权的媒体沟通。“一带一路”高峰论坛中，与中国签署“一带一路”相关协议的国家和国际组织总数达到68个。以经济合作为契机，加强与合作国家或国际组织的文化交流和媒体间的合作，形成“一带一路”国际传播“朋友圈”。通过国际间媒体合作，借助合作国媒体的国际影响力主动设置议题，解释并阐述国际社会对“一带一路”的质疑，引导国际舆论、扩大中国故事的传播范围，提高中国故事的国际传播效果。

2.故事化的叙事方式：选取西方媒体和受众感兴趣的内容

故事化的叙事方式要求我国主流媒体对“一带一路”倡议报道中选择恰当的报道内容来讲述中国故事。在当前西强我弱的国际传播环境下，我国主流媒体在国际传播中通过中国故事的讲述，建构中国的国际形象。在传播内容的选择上，选取西方媒体和受众感兴趣的内容，强化中国发展与世界潮流的共性，淡化中国意识形态、社会制度等方面的个性。在叙述方式上，采取故事化的叙述方式，以我国悠久的历史和古丝绸之路的文明为载体，淡化意识形态和经济政治利益纷争，加强传播内容的可读性和吸引力。

3.众包化的内容生产模式：中国故事，国际讲述

众包新闻原指网民参与新闻内容的生产模式，主要是指网民为某项采访或调查提供内容。由于我国与国际社会在话语体系和认知方式方面存在巨大差异，影响中国故事的国际传播效果。本文提出“众包化的内容生产模式”借鉴众包新闻的这一形式，在我国对外传播过程中，中国故事经过不同国家的新闻工作者解读、整合和重构，用外国人讲故事的方式，对中国故事进行再创造，形成符合不同社会的话语体系和认知方式的多样化的新闻作品，以优化不同文化背景的国际受众对中国故事的认知和解读效果，向世界

2　徐占忱：《讲好中国故事的现实困难与破解之策》，《社会主义研究》，2014年第3期，第22页。

讲好中国故事。例如CGTN在“一带一路”高峰论坛期间，打通节目时段，邀请外国嘉宾入驻节目现场，以国际视角向国际社会展示中国“一带一路”倡议的理念和成果。从理论角度和实践角度来讲，众包化的内容生产模式应当是解决中外话语体系和认知结构差异削弱传播效果问题的一种新的尝试。

随着社交媒体的发展，“碎片化”“社交化”的信息传播方式削弱了传统媒体对于新闻报道的传播效果。在这种背景下，缺少故事性和人文关怀的政治、经济新闻难以得到有效的传播。习近平总书记指示强调，我国的对外宣传要“讲好中国故事、传播好中国声音、阐释好中国特色”，从传播渠道、话语体系、传播内容等方面提高我国媒体国际传播理念、制度、手段的创新。在中国故事的国际传播中，我国主流媒体应牢牢把握对外新闻报道的主动权和解释权，对中国故事的内容生产、叙事方式以及传播渠道做出改变和调整，用中国故事包装中国价值，传播中国声音，体现中国特色，构建中国良好的国际形象。

“一带一路”与对外传播智库建设
——知识外宣的视角

张久安[1]

【摘要】“一带一路”是对外传播智库建设的时代背景与问题领域。如何借力“一带一路”建设的契机，聚焦涉带涉路国家对我国的关切与误解，加强对外传播智库建设是本文的研究问题。针对这一问题，本文提出了“知识外宣”的理论框架。在“知识外宣化、外宣知识化”的交互建构中，知识不光是服务外宣的思想产品，智库也不只扮演“思想掮客”的外交角色；对外传播智库及其所出品的知识与思想就是“一带一路”对外宣传与国际交往的主体。在此基础上，本文通过综述国际智库涉“一带一路”的研究报告，并以“一带一路”上的重大外宣主题为案例，就我国对外传播智库建设及涉“一带一路”智库外宣提出对策建议。

【关键词】“一带一路”；外宣智库；知识外交

2013年秋天，习近平主席在出访中亚和东南亚国家期间，提出了共建“一带一路”的重大倡议，受到国际社会广泛关注，不仅成为国际媒体的报道热点，也成为国际智库的研究重点。总体来看，国际智库对“一带一路”的期待和认同占据舆论主流，倡议本身、相关政策举措及项目进展得到正面解读。我围绕“一带一路”开展的智库外宣与合作研讨有力撬动了国际智库舆论场，西方智库“一带一路”研究中的“政治化”色彩逐渐淡化，美国、俄罗斯智库对“一带一路”的积极转向尤为明显。

1　张久安：当代中国与世界研究院对外传播研究中心副研究员。

一、整体特点

1. 沿线主要国家智库表现抢眼，西方知名智库仍处于强势地位。从国家来看，涉“一带一路”报告发布量位居前三的依次为新加坡、美国、荷兰；从机构来看，位居前三的分别为新加坡东南亚研究所、荷兰格林根达尔国际关系研究所、美国战略与国际问题研究中心。2016 年底，荷兰格林根达尔国际关系研究所组织 10 多位欧洲知名中国问题专家共同撰写报告《欧洲与中国的“新丝绸之路”》，逐一分析比较了英、法、德、意等欧盟 14 个成员国对“一带一路”倡议的态度及立场，掀起了欧洲智库密集研究“一带一路”的高潮。

波兰、印度等沿线国家也显现出积极发声的迹象。新加坡及澳大利亚智库出于对我内政外交事务的一贯关注，积极从自身立场出发主动跟踪研究“一带一路”建设进程。

2. 关注重心从战略层面逐步转向务实操作层面，“政治化”色彩逐渐淡化。与前两年相比，2016 年以来，海外智库对“一带一路”的关注重点逐渐从宏观层面的战略目标，转向“一带一路”如何与本国发展倡议实现对接以及如何进一步推进互联互通项目落地实施等具体问题。

越来越多的海外智库研究报告从本国本地区的利益关切出发，对具体的“一带一路”项目的落地进展情况展开追踪、研判。2017 年 1 月，英国皇家国际事务研究所发布报告，讨论了“一带一路”框架下中英如何合作推动人民币国际化进程。2017 年 2 月 15 日欧盟安全问题研究所一天之内连续发布两篇专项研究报告，分析“一带一路”在欧洲东部伙伴关系国及西巴尔干半岛国家深入布局对欧洲地区发展及欧盟内部治理带来的机遇与挑战。

3. 跨国开展合作研究和成果发布比重较高，智库专家借他国平台“隔空喊话”趋势明显。通过对 120 篇“一带一路”智库报告的分析发现，专家跨国发表的研究报告有 28 篇，占比 23%；跨国、跨智库合作研究的报告有 12 篇，占比为 10%；其中有 5 篇中国学者参与完成的智库报告。

此外，我周边国家特别是日本、澳大利亚等网络媒体成为海外学者“隔空喊话”、发布观点的主要平台。印度、韩国等对“一带一路”倡议态度审慎且疑虑颇多的国家，成为了“隔空喊话”式智库报告的关注焦点。例如，巴基斯坦学者通过日本网站“隔空喊话”印度，称印度无须惧怕中国的“一带一路”；新加坡国立大学南亚问题研究所研究主管阿米坦杜·帕利特在澳大利亚智库平台发布报告，呼吁印度客观看待中国“海上丝绸之路”倡议。

4. 各国智库在关注重点存在明显差异，不少智库自身也经历了态度的变化。比较不同国家的智库发现，美国智库热衷于研究“一带一路”沿线国家和中国的历史矛盾与现实争端，鼓吹中国借“一带一路”挑战美国霸权与现行世界秩序。欧洲智库整体看好“一带一路”，但程度上存在差异：法、德智库对倡议前景表示谨慎乐观，英国智库则积极呼吁政府全面参与“一带一路”以争得先机，欧盟智库担忧我“一带一路”的合作模式与赢利方式冲击欧洲一体化的治理机制及欧盟睦邻政策。俄罗斯、新加坡、印度、波兰等国智库集中关注“一带一路”与欧亚经济联盟、“2025 东盟经济共同体蓝图”、中国——中东欧“16+1”合作机制等涉及自身利益的战略对接议题，态度整体积极乐观，但也不乏担忧之情。

3 年多来，不少国家的智库自身也经历了显著转向，尤其是美俄这两个大国的智库。俄罗斯智库最初对“一带一路”的反应较为复杂，自 2015 年 5 月习近平主席访俄、中俄发表联合声明后，俄智库的兴趣和态度转变明显。2015 年 8 月，俄罗斯战略研究所发布报告《太阳在东方升起》，称“一带一路”将为俄罗斯和中亚各国提供发展机遇；2016 年 12 月，俄罗斯智库危机社会研究中心的专家们撰写了一篇关于“丝绸之路经济带”前景及俄罗斯在其中地位的全面分析报告，态度积极客观。

就美国智库来说，“一带一路”倡议提出伊始，他们总体的负面思考多于正面评价、非理性思维多于理性思考、挑拨离间的成分多于建设性因素。但随着“一带一路”的稳步推进，美国智库的积极声音显著增加。2016 年 6 月，美国战略与国际问题研究中心发布报告《中国的“新丝绸之路”和美日同盟地缘战略》，呼吁美日同盟“积极抗衡中国霸权在欧亚地区的出现”，但是同年 10 月，该中心连续发布两篇研究报告，建议美国应反省对“一带一路”的狭隘态度。

二、主要观点

1. 聚焦“一带一路”的地缘政治与经济影响，认为它体现了中国的大国担当。海外智库普遍注意到“一带一路”倡议在近年来动荡的国际政治形势及仍处于复苏中的全球经济中展现出的强劲势头，认为中国通过“一带一路”建设，在当今世界舞台上扮演重要角色，在全球治理中体现大国责任和担当。法国国际关系研究所报告称，“一带一路”具有多种优势，在今后几年中所带来的经济和地缘政治影响不容小觑。英国皇家国际事务研究所报告称，中国将继续通过“一带一路”倡议等方式提升全球影响力。俄罗斯外交与国防政策委员会报告称，“一带一路”等地区体系将取代旧有的世界体系。德国国际与安全事务研究所报告称，“一带一路”是国际秩序的中式构想。澳大利亚战略政策研究所报告称，“一带一路”影响未来世界格局，推动构建多极化世界。西班牙国际关系与外交对话基金会报告称，中国努力推行“和平合作、开放包容、互学互鉴、互利共赢”理念、实践“一带一路”构想，将带来东亚地区安全架构变化。

2. 关注“一带一路”的吸引力，称其已成中国软实力的首要工具。美国欧亚集团及澳大利亚战略政策研究所在2016年发布报告称，我“一带一路”倡议通过推动合作伙伴在道路、铁路和港口等基础设施建设的现代化，已经获得了众多国家的积极响应，赢得了64个国家领导人的一致赞赏。俄罗斯战略研究所报告称，“一带一路”已成中国软实力的“首要工具”。欧洲改革中心报告称，中国借“一带一路”向欧洲发起“魅力攻势”。日本国际问题研究所报告称，我有望通过“一带一路”倡议夺取制度性话语权。

3. 分析“一带一路”在拉动经济增长、促进就业等方面的优势，称其比“跨太平洋伙伴关系协定”更有效。新加坡拉惹勒南国际研究院报告称，大部分亚洲领袖认为中国的“一带一路”倡议在决定贸易格局、促进全球经济增长方面将比美国的“跨太平洋伙伴关系协定”更有用。瑞士信贷银行发布的《2017年投资展望》称，中国的“一带一路”倡议作为推动基建投资的主要功臣，将成为促进该地区经济增长的重要因素。英国国际战略研究所报告称，中国“新丝绸之路”为海湾国家带来获取经济利益的新机会。印度观察家研究基金会报告称，“一带一路”倡议将显著增加南亚地区的就业机会。美国进步中心报告称，“一带一路”倡议积极回应了亚洲、中东和东欧的地区经济发展需求。

4. 展望“一带一路”建设前景，认为将面临很多阻碍与挑战。美国进步中心发布报告称，“一带一路”倡议在推动区域经济发展、拓展中国伙伴关系的过程中还面临着政治、经济和社会等方面诸多不确定因素的限制和阻碍。美国战略与国际问题研究中心报告称，“一带一路”沿线国家的主权债务危机令中国所面对的阻力日益加大。美国布鲁金斯学会报告称，随着“一带一路”在非洲的逐步推进，越来越多的中资企业将面临“本土化”的挑战。美国彼得森国际经济研究所报告称，“一带一路”不太可能在短期内取得明显收益。加拿大国际治理创新中心报告称，“一带一路”还面临着来自沿线国家潜在的政治和安全威胁。英国外交政策中心报告称，“一带一路”在中亚遭遇暴力事件增多及“阴谋论”大肆传播的挑战。澳大利亚战略政策研究所援引穆迪评级的数据称，“一带一路”沿线国家所牵涉到的政治不确定性和投资风险非常高，超过三分之二的外债或者尚未分级，或者低于投资级别。整体来看，海外智库对“一带一路”所面临挑战的分析，主要着眼于沿线国家地区的现实状况及对“一带一路”眼前收益的关切。考虑到近年来全球风险日趋加剧，海外智库对“一带一路”挑战的分析，观点有一定的参考价值。

5. 揣测“一带一路”的战略意图，担心其将挑战美国主导的世界秩序。美国战略与国际问题研究中心报告称，中国有意改变战后美国主导的亚太安全“轴辐”体系。印度钦奈中国研究中心报告称，“一带一路”倡议旨在打破西方国家的遏制与封锁，中国同以美国为首的西方阵营之间的斗争将愈演愈烈。丹麦国际问题研究所报告称，中国利用“一带一路”将美国赶出亚洲。俄罗斯外交与国防政策委员会报告称，“一带一路”倡议表明，中国正在寻求绕过美国模式，或在万不得已的局面下抗拒美国。

需要指出的是，上述担忧言论集中出现在2014和2015年，自2016年下半年以来，西方智库在研究“一带一路”时出现去“政治化”趋势，研究立场更为中立，态度和观点也日趋积极。

三、工作建议

海内外智库是“一带一路”建设的“思想引擎”和“智力保障”。在下一阶段的工作中，建议进一步加强与沿线国家智库的对话交流，围绕各方共同关心的问题，合作开展研究，合作发布报告，合作讲好“一带一路”的故事。

1. 把握“一带一路”国际合作高峰论坛的契机，用好智库优势开展对外宣传。借助高峰论坛尤其是智库交流平行主题会议召开契机，通过领导人讲话、主旨演讲及互动研讨等形式，密集供给“一带一路”的权威信息。在论坛中，营造中外智库平等友好的交流氛围，鼓励参会的中方智库和专家学者与参会外方智库建立直接和机制化的联系。把握与会外方发言嘉宾的兴趣点与关注点，会后保持持续沟通，引导他们开展“一带一路”研究，为其研究志趣及在研项目提供必须的资料帮助及相关支持。重点在其中筛选一批有代表性的青年专家与典型智库，广交智库朋友圈，积累智库人脉资源。

2. 系统梳理国内外现有话语表述，凝练融通中外的“一带一路”核心话语。一是对上述海外智库报告中“一带一路”贡献世界等于我有利的观点，及时进行梳理总结，并通过智库交流和媒体进行多次传播，放大国际舆论场中积极正面的声音。二是释疑解惑，及时监测评估个别机构炮制的如取代美国、打乱国际秩序等负面“论调”，通过中外智库交流的场域，建构“合作共赢”等核心概念，进一步凝聚共识，建构融通中外的“一带一路”话语体系。

3. 针对海外智库的国别与定位属性，讲述有差别的“一带一路”故事。对于美国、俄罗斯等总体态度有明显转向的国家智库，顺势而为，携手唱响“一带一路”合作共赢的协奏曲。对于欧盟、波兰等“一带一路”项目密集落地的地区和国家，借势发声，注重围绕示范性项目与典型建设策略，凝练供给“一带一路”共建共享的相关信息。对澳大利亚、新加坡、印度等对我外交政策动向密切追踪的智库，主动造势，大力开展智库外宣。

4. 认真总结经验教训，推动我智库研究成果进一步走进国际舆论场。系统总结国内智库在“一带一路”研究中机构合作、交流研讨、智库宣讲、海外建院等“走出去”的经验教训，就中外学者合作研究、合作发表智库报告及其舆论反响进行典型分析，特别是深入剖析美俄印等智库专家学者“一带一路”研究态势转变的复杂动因，提炼具有实操性的智库外宣工作指南，形成规律性、常态化的智库外宣指导意见。鼓励推动中国智库和学者积极同澳大利亚东亚论坛、新加坡拉惹勒南国际研究院等智库联系协作，通过“借筒传声”、合作研究的方式，发出更多于我有利的观点。

“一带一路”国际传播中的问题：理念、心态与话语策略

田龙过[1]

【摘要】中国国际传播中传统的“中国中心主义”传播理念、单向线性主体论传播模式和僵化教条的功能主义传播思维以及自我中心的话语实践是影响中国国际传播的几大因素。中国要在“一带一路”国际传播实践中“增强国际话语权”，就必须客观认识“一带一路”的历史与现实，必须在“一带一路”场域中重新看待中国的位置和中国与世界的关系，重新确认自己的身份，改变以往虚幻的自我中心意识和自尊自大的文化扩张意识，作为一个平等的参与者与世界各国一道，构建多方主体间多向互动的对话系统，共同推动“一带一路”的健康发展。

【关键词】“一带一路”；国际传播理念；心态；话语策略

2015年，国家发布的《推动共建丝绸之路经济带和21世纪海上丝绸之路的愿景与行动》，国内专家学者和媒体界展开了多种形式的“一带一路”国际传播研究和实践。但从已有的国际传播研究成果来看，存在的问题可分为以下几个方面：⑴“中国中心主义”的传播理念依然盛行，单向强调“一带一路”背景下中国话语权、文化领导权的论调随处可见；⑵强制灌输性的传播思维依然存在，片面、教条的功能主义传播范式根深蒂固，“中心—边缘”式的炫耀—救赎式的传播心态司空见惯；⑶以我为主、自我化的表达方式和话语实践根深蒂固，自说自话、自言自语、自我陶醉的封闭式自我论述较为普遍。

1　田龙过：陕西科技大学设计与艺术学院教授、博士，学术带头人，院学术委员会主席。

如何在“一带一路”的历史经验和现实倡议中凝练其国际传播理念；如何在双向开拓，互通有无的交往场域中倡导对话精神，构筑平等参与的对话系统；如何挖掘沿线国家间的共同记忆，寻找基于同记忆之上的历史认同感，以沿线国家相互熟悉的非他者化的自我表达进行有效沟通，这一系列问题都是“一带一路”中国国际传播是否取得成效的关键所在。

一

古代丝绸之路主要有“西北丝绸之路”“草原丝绸之路”“西南丝绸之路”“海上丝绸之路”和“南方丝绸之路”，历史上的“一带一路”是长达千年的历史形成，“非由一朝一代完成，亦非由一地一方所主导”，它是“古代东西方人民的共同开拓。”[2]因此，基于两千多年来“一带一路”形成、发展、繁荣的历史来重新认识“一带一路”，是“一带一路”国际传播的历史依据和文化基础。

历史上的“一带一路”是客观形成的、双向开拓的商贸之路，“使者相望于道，商旅不绝于途”，就像习近平主席所讲的，“中国将丝绸、瓷器、漆器、铁器传到西方，也为中国带来了胡椒、亚麻、香料、葡萄、石榴”。互通有无、互利互惠的跨区域贸易是“一带一路”存在、发展的前提和基础，是“一带一路”形成的原动力，也是我们今天推动“一带一路”的历史基础。

此外，历史上的“一带一路”不仅仅是自然之“带”和自然之“路”，而且是双方共同建构的文化之“带”和文化之“路”，是双方共同构建的商贸交易和文化交流的公共空间，双方之间的资本与力量的此起彼伏和相互竞争推动了“一带一路”的空间变化和时间上的盛衰，构建着“一带一路”的表现形式和规模。因此，丝路精神是东西方几千年来所有参与者在这个场域里交流、博弈而共同生成、展现出来的整体精神风貌和文化内涵。从这个角度审视中华文化，本身就是“一带一路”的产物。

作为历史上“一带一路”在21世纪的现实展开和重新扩展，《推动共建丝绸之路经济带和21世纪海上丝绸之路的愿景与行动》倡导的是开放、包容、均衡、普惠的合作理念，强调求同存异、兼容并蓄、和平共处、共生共荣的和谐包容精神，目的是把“一带一路”打造成21世纪政治互信、经济融合、文化包容的利益共同体、命运共同体和责任共同体。习近平主席在今年召开的“一带一路”国际合作高峰论坛开幕式上所做的主旨演讲《携手推进“一带一路”建设》，提出了和平合作、开放包容、互学互鉴、互利共赢为核心的丝路精神，既是对历史的回应，也是对现实的召唤，是我们进行“一带一路”

2 马建春：《海上丝绸之路的历史贡献》，《社会科学战线》，2016年第4期。

国际传播的指导性论断。

历史上的“一带一路”是自然的双向互动形成的客观存在，是今天“一带一路”构建的历史依据和精神源泉。历史上的“一带一路”是一个文化、政治、经济等相互交流、相互融合、共存共建、共享共荣的政治、经济、文化场域。根据场域理论进行思考就是从关系的角度进行思考，场域是各种位置之间存在的客观关系的一个网络或者构型，场域中存在着积极活动的各种力量，它们之间的博弈使场域充满活力。因此，在“一带一路”国际传播中重新看待和认识中国和中国文化是必要的，因为中国和中国文化只是这个场域的一个位置，与所谓“他者”是共谋关系而非对立关系，是一种主体间的关系，即共生共存共在的关系，是相互理解、相互沟通、实现认同、达成共识，并重新确立自我的关系。今天的“一带一路”则是基于共同信念基础上互利互惠、共享共赢的理性的主动建构，是国际合作以及全球治理新模式的积极探索，原则是“和谐包容”，强调“求同存异、兼容并蓄、和平共处、共生共荣”。这既是对历史上“一带一路”的基本事实的客观总结和所蕴含价值追求的公正描述，也是今天共建新的“一带一路”的基本准则和理想图景，理应成为中国国际传播的基本理念。因此，在中国“一带一路”国际传播中必须重新认识丝绸之路，重新定义“一带一路”中的中国及中国文化，重新认识中国的位置和身份，才能在国际传播中正确处理中国与世界的关系，才能提炼符合历史与现实的“一带一路”中国国际传播理念，建构出超越结构—功能主义、符合现代传播规律的传播模式，制定出符合当代国际实践的传播策略。

二

“一带一路”不是先于或外在于中国的客观存在，中国“一带一路”国际传播也不是中国主导的、强制性的对沿线国家输出信息，并试图影响沿线国家，实现自己的传播意图的过程。这种预设中国中心、中国主导，将“一带一路”国际传播视为中国作为传播者作用于沿线国家受传者过程的陈旧认识，将中国与沿线国家割裂开来，置沿线国家与他者的境地粗暴做法，是单向的、线性的结构—功能式的传统传播思维的反映。

中国不是传播主体、沿线国家也不是受众。“一带一路”国际传播模式既不是传统的传者中心，也不是当下流行的受众中心。二者不是主体—客体或主体—中介—客体的传播关系，而是一种主体间的共在关系，是互为主体（客体）互为传者（受众），相互交流、对话，相互融合共生的平等关系。因此，中国“一带一路”国际传播应从两个层面去理解：一是中国作为“一带一路”的成员和参与者，本身就是媒介（中介），就是传播形式（内容），就是信息，场域内的相互交往就是传播，而这种传播是双向的多维的；二是“一带一路”中国媒体的国际传播也不是靠内容或者信息作为中介去影响、改变对象，而是以场域的视角，以互为主体性的对话交往方式，在挖掘“一带一路”沿线国家共同历史记忆的基础上，唤醒基于公共记忆之上的认同感和文化共鸣，共同参与、分享和创造“一带一路”全新的文化价值和时代意义。

因此，传统的基于二元对立认识论基础上的线性进化论、单向控制论等大众传播研究范式，已经远远不能解释“一带一路”国际传播历史和现实，必须深刻反思以往中国国际传播（对外传播）研究中片面的功能主义范式和教条主义的范式，根据国际传播发展态势，在马克思主义新闻传播理论的基础上，结合媒介形态理论、新功能主义理论、沟通行动理论、场域理论以及信息技术范式等理论，重建新型的传播关系，创新“一带一路”中国国际传播研究和实践新范式，致力于共建沿线国家开放和谐的对话系统。

在前两者基础上，要搞好“一带一路”中国国际传播，必须调整中国国际传播的基本心态，即中国中心主义心态和话语扩展主义心态。近年来，“一带一路”中国国际传播谈论较多的是话语权争夺、舆论引导或者是文化输出，即是这种普遍心态的折射。

“中国中心主义心态是自我中心主义 (ego-centrism) 和自大主义 (egotism) 的奇特混合体”。[3] 自我中心主义和自大主义导致在看待自己与他人时处于俯视或蔑视的地位，不愿也无法从他人、他国的角度去观察、思考自己与他人、自己与世界的关系。在“一带一路”中国国际传播中，这种中国中心主义心态似有似无地存在于各种论述之中。以中国中心的视角看待世界，是中国古代华夏中心论、天下论在潜意识里的当代表现，是中心—四夷思维方式的体现，在这种思维方式指导下，中国的国际传播被曲解为中国文化的单向扩散甚至征服；以中国至上的视角看待自己与他人、他国，这种心态是基于对中国逝去历史的想象性呈现，中国历史在选择性的记忆和解释中被美化、优越化甚至神圣化，而他国历史被边缘化。“在潜意识里不自觉地以历史上辉煌的国际地位来看待、衡量今天与未来中国的力量与影响”，“忽视中国仅仅是国际体系的重要参与者而非领导者的现实而将中国视为一个世界中心国家的幻觉依然在一些人的心目中存在”。[4] 这是华—夷思维观的再现，其在中国国际传播中的表现为救世主的心态，将中国文化传播当成对他国的教化甚至救赎。这种自大自傲、自我中心的传播心态，不但违背了“一带一路”的历史和现实，歪曲了“一带一路”的精神内涵，而且在中国国际传播实践中，也极易引起他国的误解、曲解，甚至对抗性解读，其结果是事与愿违、适得其反。这种教训在以往的中国国际传播中屡见不鲜。

互信、互利、平等、协商是促进达成共识、增进友谊的基础，它要求我们在进行“一带一路”国际传播时以平等的地位、协商的态度、对话的精神、互信的心态进行互

3　庞中英：《中国学者看世界（全球治理卷）》，新世界出版社，2007年，第348页。

4　唐世平　綦大鹏：《中国外交讨论中的“中国中心主义”与“美国中心主义”》，《世界经济与政治》，2008年，第12期。

利合作。其目的不是改变对方或者教化他人，而是“达成共识、增进友谊”。习近平主席在今年召开的“一带一路”国际合作高峰论坛开幕式上的主旨演讲中，128次谈到“合作”，34次提到“共同”，96次说到“发展”，充分展示了中国“一带一路”的发展理念，他总结凝练的“和平合作、开放包容、互学互鉴、互利共赢”的丝路精神，既是我们开展“一带一路”合作的基本理念，也应该是“一带一路”中国国际传播的指导精神和基本心态。

三

近年来，中国在国际传播话语体系建构方面进行了多方面的努力，取得了前所未有的进步，但自说自话、自言自语、自我陶醉等现象依然存在，如果仅仅局限于从中国国际传播技术层面进行反思，强调对传播对象的重视、了解，强调讲述中国故事的技巧和策略，强调全媒体多终端的覆盖等等，这些是远远不够的，除了应对中国国际传播理念和传播范式、中国人对自我和对世界认识进行深刻反思外，还必须重新认识国际传播话语体系构建的原则和方式。“一带一路”中国国际传播也不例外。

“一带一路”中国国际传播话语体系是“一带一路”场域中的陈述实践，其本质在于场域内各传播主体间的对话，是主体间相互对话、理解、传播并生成新意义的过程。达成共识是建设“一带一路”的前提和基础，也是“一带一路”国际传播的前提和基础，是“一带一路”建设能否成功的标志，共识需要沿线国家各主体间相互理解、共同分享才能确定，是主体间互动、交流、碰撞、融合的结果，共识就是主体间文化互动所产生的话语，有了共识，沿线国家才会有一种共有的归属感和认同感。“一带一路”中国国际传播应该由共识起，因共识信，最后达成新的共识，这是中国国际传播的逻辑起点和终点。作为共识的话语是具有参与主体间属性的公共意识，“一带一路”参与国家在这种话语中进行自我身份的确认和理性对话协商。因此，“一带一路”中国国际传播的话语不是外在于“一带一路”的，不是中国自身的独立建构的，所有以“构建”“建设”“打造”“完善”等术语研究和探讨中国国家传播话语体系都是对话语本身的误解。这种以“构建”“建设”“打造”“完善”为名的“一带一路”中国国际话语研究，不但与“一带一路”的生成历史和国际现实不符，而且暗含着强者逻辑和丛林法则，其目的不是为了沟通、协商，达成共识，而是为了压制甚至取代他人的话语，陷入了反对话语霸权又同时自己走入话语霸权的悖论。

“一带一路”国际传播话语生成过程是充满“博弈”的过程，参与者之间的力量关系决定着“一带一路”场域话语的建构和演变、形式和规模，这些力量包括各参与者持有资本的多寡和博弈策略的高低，不同的力量关系决定了新一轮资本力量的分配和再分配，改变着“一带一路”话语的形态和方向，这些力量的博弈基于大家共同遵守的规则和共识。

流行观点认为，话语是一种权力，话语权体现了背后的权力关系，权力决定了“由谁说”“说什么”和“怎样说”。但这个权力绝不仅仅是国家实力，不是霸权，而是沟通说服达成共识的能力，它基于“一带一路”国际传播中对历史事实和现实需求的客观性描述，基于历史记忆基础上大家共同的价值追求和尊重，基于相互间协商对话的合理性、公正性的表达。话语权不是语言暴力权，不是语言压制权，不是语言上的零和游戏，而是共存共在共享共赢的交互活动的整体表达。国家实力只是话语的权力根源之一，实力大小并不代表国家话语权力的大小。不以沟通协商共识为前提的国家实力是没有意义的，即使经济实力再强，传播能力再大，覆盖人数再多，如果未能建立起有效的对话系统，就不会生成新的话语，也就没有了话语权。国际传播不是在争夺话语权，而是在构建对话系统。话语权大小的标志是信任度，是影响力，是互信达成的默契，是依靠规则带领沿线国家实现互利共赢的推动力。

因此，中国要在“一带一路”中“增强国际话语权”，必须在“一带一路”场域中重新确定自己的位置，重新认识自己的身份，改变以往自我中心虚幻意识和自尊自大的文化扩张意识，将“一带一路”作为一个共同参与者互动场域看待，建构多方主体间多向互动的对话系统，更新国际传播范式，这样，“一带一路”中国国际传播才能作为一个理性的参与者、建构者，与世界各国一道共同推动“一带一路”的健康发展。

“一带一路”背景下中国与中东地区跨文化传播：机遇、挑战与策略[1]

田晖　孟彩霞[2]

【摘要】“一带一路”倡议的提出发展以及层层推进，为沿线60多个国家和地区的发展提供了机会，促进了经济、政治、文化的交流传播。尤其是作为陆上丝绸之路和海上丝绸之路交汇点的中东地区，因其特殊的地理位置，在我国的“一带一路”倡议中占据着重要地位。但是由于中东地区局势动荡，外部环境恶劣，而且中国与中东地区之间存在固有的文化差异，例如：不同的信仰，不同的语言、宗教等，也为文化的交流传播设置了一道道屏障，对中国与中东地区的跨文化传播产生不利影响。所以本文着重分析在“一带一路”的背景下，中国与中东地区文化的传播交流所面临的机遇与挑战，并提出可行性的解决策略。

【关键词】“一带一路”；中东文化；文化交流；机遇；挑战；策略

一、引言

2013年9月和10月，中国国家主席习近平在出访中亚和东南亚国家期间，先后提出共建“丝绸之路经济带”和“21世纪海上丝绸之路”的倡议构想，得到了国际社会高度

1　教育部人文社会科学规划基金项目（13YJA790105）；中南大学教师研究基金项目（2013JSJJ054）。

2　田晖：博士，中南大学商学院教授，硕士生导师，美国俄亥俄州立大学访问学者；孟彩霞：中南大学商学院硕士研究生。

关注和有关国家积极响应。国务院总理李克强参加2013年中国—东盟博览会时强调，铺就面向东盟的海上丝绸之路，打造带动腹地发展的倡议支点。随着世界经济的发展，社会经历着深刻变革，各国之间关系错综复杂，各国之间的竞争力越来越体现在综合国力的竞争，而文化软实力的竞争则成为其中最重要的一部分。在过去的发展中，我们过分注重经济的发展，而在文化发展方面只是单方面引进国外文化，只输入不输出的文化现状，造成了我国在文化传播过程中出现了文化赤字。随着“一带一路”倡议的提出、发展、成熟，其在带动中国及周边国家经济发展的同时，也为中华文化的交流传播提供了契机，为中华文化的对外传播提供了条件。

2017年3月15日到18日，年逾80的沙特阿拉伯王国国王萨勒曼来到北京，开启其即位后的首次访华之旅。在访华期间，习近平主席与国王萨勒曼在人民大会堂举行会谈，随后，两国元首共同见证了经贸、能源、产能、文化、教育、科技等14份双边合作文件的签署。双方除经济合作之外，包括中东、也门在内的国际和地区热点问题和双方之间的文化交流也是两国元首会谈的重要内容。不仅是沙特阿拉伯，整个中东地区对中国的“一带一路”的文化建设至关重要。因为中东地区处于陆上丝绸之路和海上丝绸之路的交汇点，对于中国与丝路沿线国家共商、共建、共享“一带一路”发挥着重要作用。在同中东地区的交往中，要注意文化的融合和区域认同，将文化建设和文化活动融于经济之中，不仅要打造经济共同体，更要打造文化共同体。沙特国王萨勒曼的访华为中国与中东地区的文化交流带来了新的契机，为双方进一步的合作发展，求同存异先行一步。但是由于中东地区局势动荡，宗教冲突不断，恐怖袭击时有发生，对外文化传播面临诸多挑战，只有正视这些挑战并寻求解决之道，双方文化才能如经济一样实现共通、交流。同时建立中国与中东地区的“文化带”必须加强文化之间的传播交流，处理好华夏文明和中东文化的关系，鼓励文化创新。

二、“一带一路”背景给中国和中东地区跨文化传播带来的机遇

跨文化传播主要是指来自不同文化背景的社会成员在日常交往互动中的融合、矛盾、冲突及其解决方式，或者是基于文化系统的差异，不同文化之间进行交往与互动的过程与影响，以及由跨越文化的传播过程所决定的文化融合、发展与变迁。中华民族是一个拥有五千年历史的民族，华夏文明贯穿始终。随着中国成为第二大经济体，文化的推广也迫在眉睫，而“一带一路”的提出正是顺应了这一需求，为中华文化的传播交流打开了另一扇大门，连接了东西方文明，连接了中国与中东地区的文化互通。当今时代是一个瞬息万变的开放的时代，正是这种开放，为国家之间文化的交流创造了条件。

首先，“一带一路”倡议为多元文化的共同发展架起了桥梁

文化多样性是当今世界发展的一种不可避免的趋势，“一带一路”的陆上线以古都西安为起点，经甘肃兰州、新疆乌鲁木齐和霍尔果斯，穿过诸多中亚重镇，到达德国杜伊斯堡和荷兰鹿特丹。另一条海上线以中国东南沿海多地为起点，经越南，连接马来西亚、印度尼西亚，穿过马六甲海峡再连接印度，通向肯尼亚，穿过苏伊士运河和地中海，经希腊雅典抵达意大利威尼斯。从路线可以看到“一带一路”连接众多国家，兼具海上文明和陆地文明。而处于陆上丝绸之路和海上丝绸之路的交汇点，位于亚非欧三大洲结合的中东地区是“一带一路”倡议涉及的重要区域。多元文化的输入输出为华夏文明注入了新鲜的血液。更重要的是向中东地区介绍中国的文化。我们都知道在几年前，我们曾经在纽约的时代广场播放国家宣传广告视频，宏伟精良的制作给人印象深刻。但是片子里都是社会各界精英，除了姚明，其他的美国人都不认识。我们不能说这是一次成功的宣传，因为他并未向国外介绍中国普通人的生活。因此在面向中东地区的文化宣传中，我们将中国普通人的生活展示给中东国家的人民，展示体现在生活方方面面的华夏文明，从而消除中东地区对中国的偏见，以中华文明影响世界，影响中东地区。中东地区长期动荡，中华文明中儒家的“以和为贵”为中东问题的解决提供了可行性的方法。2017 年沙特阿拉伯王国国王的访华，也为中国与中东地区的文化互动打开一道缝隙，带来了曙光，架起了文明的桥梁。

其次，“一带一路”倡议为文化产业的开拓，发展创造了条件

“一带一路”的提出倡导多元文化深度交流，旨在将文化交流提升更高层次，从单一文化产业向多元文化产业发展，提高文化创造力、文化发展力、文化影响力、文化内涵度，打造深层次的“命运共同体”。随着中国对外开放的深入发展，以及“一带一路”在经济、政治、文化建设中的层层推进，中国与中东地区的旅游业、出版业有了迅速的发展，而文化的传播也实现了新的飞跃。通过出版、翻译相关书籍，宣传中华文化，讲好中国故事。以及随着旅游业的发展，中国与中东国家旅游人数的增加，双方的文化通过行走的方式进行交流传播。同时引进其他文化，不同文化之间的碰撞，必将带来新的发展。虽然中东地区自古冲突不断，正是不同文化的不相容才导致了这一局面，我们要引以为戒，发扬本民族文化，以海纳百川的心胸接纳其他文化，实现共同发展。

最后，“一带一路”策略为双方的跨文化传播提供了载体

文化的交流传播不是凭空而产生的，是基于一定的载体而获得的。这个开放的时代为中外文化交流提供的最富有成效的载体便是孔子学院。截止到 2015 年 10 月，286 所孔子学院遍布 83 个国家和地区。2006 年中国在中东创办了第一所孔子学院，开启了中国文化的中东之行。而且，黎巴嫩的圣约瑟夫大学孔子学院每年组织各种各样的文化活动，如：中国图片展、电影周、中国经济讲座、书法表演、中国歌舞演出和京剧专场等，如此多彩的活动让中国文化走向中东地区。正是在开放的时代，文化之间无障碍的交流，使得的孔子学院的发展蒸蒸日上，为华夏文明的传播提供了最适宜的土壤。

三、“一带一路”背景给中国与中东地区跨文化传播带来的挑战

首先，中东地区局势动荡不安，缺少稳定的文化及周边环境。

一方面，众所周知，中东地区常年动荡，战乱频繁，部分国家内部环境极其不稳定，并且国家之间的相互不信任很大程度上使得地区战乱不断，恐怖袭击，国民深受其害。同时，中东地区宗教色彩严重，宗教冲突此起彼伏，政权更迭频繁。对中国而言，如此不稳定的外部环境不利于我国“一带一路”政策的推行，更谈不上文化的交流。另一方面，西方大国害怕中国插手中东事务，危及其对中东的控制，所以对我国的“一带一路”百般阻挠，经济难以发展，文化的传播交流更无从谈起。

其次，中国与中东地区固有的文化差异，文化碰撞导致文化冲突。

中国作为世界上最大的发展中国家，在改革开放的 40 年里一直注重经济建设和政治建设，而忽略了作为竞争软实力的文化建设。因此，有很多对外文化交流的条件还不是很成熟，尤其是对于中东地区而言。双方的宗教、语言、历史、文化传统、政治、经济与社会制度等方面存在极大的差异，对文化的认同微乎其微。中国崇尚几千年的儒家文化，以和为贵，而在中东国家，大多数居民信仰伊斯兰教，少数居民信仰基督教、犹太教和其他宗教，因此在两种不同的文化碰撞下，文化冲突很容易产生。同时，我国与中东地区交流渠道比较匮乏，对中东文化研究空白比较多，如果强制性的只是为了文化交流而交流，只会适得其反。而且，由于双方互不了解，比如在中国人眼里，中东资源丰富，盛产石油，中东地区的人都很富有，而在他们眼里，中国人都自以为很了不起。因为对彼此的不了解，产生误会，影响文化传播与交流。

最后，西方国家害怕中国崛起而插手干预。

中国提出的“一带一路”惠及沿线 60 多个国家和地区，包括发达国家和发展中国家，并且提出建立亚投行。中国的一系列行动打破了西方国家的权威，遭到了西方国家的阻挠。一方面，西方国家鼓吹“中国威胁论”将“一带一路”描绘成“新的马歇尔计划”，

中国试图通过惠及周边国家进行政治上的控制，实现中国霸权。尽管中国一再强调坚持和平崛起，实现互利共赢。但是，西方宣传的思想使得中东地区国家在看待这一倡议时更多的是消极的一面。而且，中东国家人民害怕中国的崛起以及“一带一路”的推进会将中东地区排除在外，从而阻碍了双方之间的交流互通。另一方面，西方一直干涉中东地区的局势，干预外交，扶植代理人，这些无形之中为中国和中东国家的对话设置了一道道屏障，严重影响中国与中东国家之间正常交流与深入合作。除此之外，在文化霸权主义背景下，对于中国与中东国家问题的研究受到西方国家思想的影响，在一些问题的研究上以西方的某些理论为主，照搬西方理论。如此一来，加剧了双方交流的困难，尤其是文化的传播交流发展尤其缓慢。

因此，由以上分析可知，对于“一带一路”的重要区域中东地区而言，我们通过纽带进行文化交流的挑战远远大于机遇，但是要想获得发展必须不惧挑战，了解双方文化，求同存异，才能进行交流与发展。

四、“一带一路”背景下中国与中东地区跨文化传播的策略

作为“一带一路”上的重要地区，我们在与中东地区的交往中，除了实现经济上的往来，更要注重文化的传播，实现文化、政治、经济的“命运共同体”。

第一，稳定地区局势，健全文化输入输出体系，寻找共同的文化切入点

文化实力是一国综合国力的重要组成部分，而“一带一路”倡议有利于提升我国的文化软实力。鉴于中东地区动荡的局势给双方文化传播带来了巨大的障碍，政府应该在不干涉中东国家内政的前提下，维持地区稳定，为文化的交流传播提供有利的环境。为加大对文化输出与输入的投资，健全针对中东地区相关的设施建设，为文化的传播交流提供物质基础。同时要注意，任何文化的交流与沟通都需要一个合适的切入点，“一带一路”对外文化交流机制也是如此规律，需要寻找中国与中东国家在文化上能够共享和产生共鸣的文化交流内容作为切入点，从而更好地接受彼此的文化。

第二，尊重文化差异和彼此文化的多样性，求同存异

一个国家民族能够独立，意味着它在文化上有独立性的特征，这种文化的异质性促使中国与中东地区的文化在“一带一路”中不断碰撞。虽然文化的碰撞会带来文化冲突，但同时也会带来文化的多元与繁荣。中国与中东地区存在固有的文化差异，这是不可改变的事实。在1955年的万隆会议上，周恩来总理提出“求同存异”，为处理我国与其他

国家的意识形态的关系提供了准则。在与中东地区进行文化交流时，我们也应该秉承这一原则，改变我国文化赤字的现状，将中华文化走出国门发扬光大。

第三，加强国家高层之间互访，打破西方社会的阴谋，为双方文化传播交流提供焦点式的关注

中国与中东地区的交流近年来发展迅速，双方在各个领域合作不断加强，高层的频繁互访为双边关系的发展注入了新的活力。2017 年 3 月沙特阿拉伯王国国王访华与中国达成了一系列领域的合作协议，促进了双方的交流。在与中东的文化交流中加强中国与中东地区的高层互访，实现对国家文化的“最高代言”。其实，早在 2016 年 1 月 19 日至 23 日，习近平主席对沙特、埃及、伊朗中东三国进行访问，阐述了中国与中东地区文化上的相似性，都是多民族、多信仰的国家。这一访问加速了双方文化的交流，减少了文化的摩擦冲突。高层之间的频繁互访让西方国家的“阴谋论”不攻自破，提升了中东地区在“一带一路”倡议中的重要地位，为双方的文化交流赢得更多支持。

第四，加大文化创新，培养高素质人才，为讲好中国故事提供载体

一方面，文化的发展在于创新，文化的传播也同样在于创新，创新是文化不断发展的动力，也是文化永葆生命力的源泉。同中东国家的跨文化交流中，在尊重文化多样性的前提下，尊重当地的实际情况，尊重中东地区语言、宗教信仰差异，创新文化传播机制与传播形式。比如，中国和中东地区可以开展“中国—中东文化年”了解彼此文化，更好的交流汲取。另一方面，在跨文化的传播过程中，作为文化的传播载体，每一个个体都肩负着重大的责任，当务之急便是培养人才。双方可以加大高校人才的流动，互相派遣留学生进行交流学习，通过人才的互动实现文化的流动。同时，吸引更多的中东学者、学生来中国访学、留学，鼓励更多的中国学者到中东国家交流、学习、让双方直接感受，认知彼此。除此之外，加大在中东国家推广优秀文化，要以孔子学院为载体，弘扬中国文化，提升中国形象，增进他国对中国正面认知，同时要成为所在国研究中国的纽带，成为团结所在国与中国问题研究者的平台。更重要的是，培养对外汉语的高素质人才，为孔子学院的发展提供人才资源。

结语

“一带一路”倡议的提出，是中国政府根据世界形势的变化以及国家之间力量的对比做出的正确决策，是在中国发展面临的新形势、新任务的时刻提出的，致力于维护全球贸易体系，为全球发展创造一个公平的环境。促进沿线国家加强经济合作、文化交流，促进双方互惠共利、合作共赢。体现的是和平、交流、理解、包容、合作。随着“一带一路”建设的推进，中东地区也受到越来越多的关注。事实上，如果“一带一路”的推进不能在中东取得良好的效果，那么以“五通”为主的“一带一路”的整体发展也将受到极大的影响。虽然“一带一路”的着眼点是发展经济，但是仍然需要文化保驾护航，并且随着文化在竞争中的地位越来越突出，加强与中东地区的文化交流成为势不可挡的趋势。文化的认同对巩固双方关系具有重要意义，从历史与现实来看，中国与中东地区的文化并没有激烈的碰撞、甚至入侵，相反，在某些程度上还具有相似性，正是这些相似性才有了共同的文化认同。与中国而言，在与中东地区的国家交往时要注意文化的传播，改变中东地区人民对中国的不正确的认识，加强正面认识，更好地推进“一带一路”的建设。文化的交流是双向的，正是在双方的不断交流中，才能取其精华，去其糟粕，提高世界对中国的认识，成为真正的文化大国。

美国主流媒体视野中的“一带一路”高峰论坛

——基于《华盛顿邮报》相关报道的文化话语研究

王硕[1]

【摘要】 本文以文化话语理论为研究框架，从言说主体、言说内容、文化关系三个方面研究美国主流媒体《华盛顿邮报》对“一带一路”高峰论坛的相关报道。研究发现，美国驻华记者、智库专家把握美国对“一带一路”倡议的主要话语权。《邮报》对本次论坛的关注点集中在论坛的宣传以及“一带一路”倡议的影响、动机和落实四个方面。美国媒体主要从中国谋求亚太领导权等角度对“一带一路”倡议进行解读，这种话语背后与美国文化的低语境、低权力距离、个人主义、男性气质、不确定性规避等特征紧密相关。

【关键词】“一带一路”；美国媒体；文化话语

一、研究背景

“一带一路”倡议自习近平主席于2013年提出以来，一直是国内外舆论的热点。然而，以往研究发现，“一带一路”倡议面临的西方舆论环境不容乐观。许多人使用近代化西方话语体系来理解“一带一路”，简单的从历史上大国崛起的角度来看“一带一路”，误导了舆论[2]。一些别有用心的西方媒体给中国贴上“只赚钱不付出”“新殖民主义”等标签，

---

1 王硕：山东青年政治学院外国语学院助教，硕士。

2 王义桅：《“一带一路”的国际话语权探析》，《探索》，2016年第2期。

贬损甚至抹黑中国[3]。然而，正如习近平主席指出的，“一带一路”建设不是中国一家的独奏，而是沿线国家的合唱。 因此，研究“一带一路”倡议的对外传播策略，争取国际舆论的了解和认同，尤为重要。

本文拟聚焦2017年5月14日至15日在北京举行的第一届“一带一路”国际合作高峰论坛（本论坛吸引了29位外国元首，130多个国家的各界贵宾出席，掀起国内外媒体关注“一带一路”的高峰），借助近年出现的文化话语理论，考察美国主流媒体——《华盛顿邮报》对“一带一路”高峰论坛的话语建构。

二、理论框架

近年来，我国有学者陆续提出了该理论中存在的照搬西方和文化失语问题，以及在研究方法上呈现的以西方的概念、理论、价值观作为基本出发点的西方中心主义倾向[4]。

因此，在西方话语研究传统与东方、中华话语研究传统的对话批评的基础上，文化话语研究体系建立起来。该理论认为，文化话语的研究者应该采取明确的文化政治立场，力图破解国际话语研究的文化隔阂与偏见，揭示尤其是被文化无知、偏见、歧视所笼罩的话语的特点。为此，文化话语理论提出了一套总体分析框架，包括（1）言说主体（2）内容/形式/社会关系（3）媒介使用（4）目的/效果（5）文化关系和（6）历史关系[5]。

三、研究设计

本文语料来源为《华盛顿邮报》。该报纸作为美国主流媒体之一，擅长报道美国国内政治动态及一些国际性的政治、财经新闻。本文以“belt and road forum”，“new silk road”为关键词，在《华盛顿邮报》官方网站检索从2017年4月19日（研究起点选择在此日期的原因是中国外交部于4月18日举行中外媒体吹风会，介绍举办“一带一路”国际合作高峰论坛有关情况）至2017年6月5日的相关文章。共获得10篇相关报道。根据报道内容与“一带一路”高峰论坛相关度由大到小的原则，编为1-10个样本（见表1）。

根据文化话语分析框架，本文提出以下三个研究问题：

1. 言说主体：新闻的作者是谁？消息来源有哪些？他们的身份是什么？表达了哪些观点？

3　李小甘：《“一带一路”同样是话语体系建设》，《人民日报》，2016年8月31日。

4　施旭：《话语分析的文化转向：试论建立当代中国话语研究范式的动因、目标和策略》，《浙江大学学报（人文社会科学版）》，2008年第1期。

5　施旭：《文化话语研究简介》，《中国外语》，2013年第3期。

2. 言说内容：报道的主要议题是什么？这些内容是如何说的？

3. 文化关系：这些报道背后是什么样的文化原则在起作用？形成了什么样的文化状态？

样本	新闻标题
1	Silk Road forum showcases displayed or presented to its best advantage. China's power —— and the power of its propaganda (2017/5/15)
2	As U.S. retreats in Asia-Pacific, China fills the void with an ambitious global plan (2017/5/14)
3	China has a plan to become a global superpower. It probably won't work (2017/5/15)
4	Chinese propagandists are using adorable kids to take on Donald Trump （2017/5/18）
5	China invites North Korea to major economic summit, despite U.S. pressure to isolate Pyongyang （2017/5/9）
6	U.S. ally Turkey may have a new best friend in Beijing（2017/5/16）
7	Myanmar, having warmed to the West, turns to China again（2017/5/27）
8	Snubbed by Trump, Cambodia is embracing Chinese ways （2017/6/2）
9	Putin has found his perfect ‘useful idiots’（2017/5/30）
10	There's little evidence that dictators are toppling democracies （2017/5/15）

表1：《华盛顿邮报》相关报道的10篇新闻标题

四、样本分析

（一）言说主体

据统计，10 个样本的作者（其中样本 1 作者为 2 人）当中，隶属于《华盛顿邮报》的记者、编辑、供稿人群体有 7 人，约占 63%；其他作者中，美国大学教授、美联社记者、自由撰稿人和未点名所属机构记者各 1 人。可见，《华盛顿邮报》相关记者为主要言说主体，把握“一带一路”报道的话语权。

这些作者对“一带一路”高峰论坛表达的观点均不甚友好。例如，样本 1 聚焦“一带一路”高峰论坛的宣传活动，认为这是中国展示实力的一次政治宣传，这些宣传中混合着“truths, half-truths and state-sanctioned talking points（真实的、半真半假的，国家批准的话题）”；样本 2 在谈到英法德领导人缺席峰会的原因时，虽然提到主要因为国内选举，但是用转折词 but 强调了缺席的原因，是欧洲主要国家提防北京任何想要通过给予欧洲穷国大把现金的方式破坏地区团结的行为。这些领导人也不满中国没有做出更多努力，开发本国市场和鼓励外商投资；在提到此次高峰论坛时，样本 3 使用了负面词汇“touted”，认为中国借此论坛“兜售”“吹嘘”“一带一路”倡议；样本 4 引用了高峰论坛的两个宣传视频：人民日报推出的“一带一路之歌”以及 China Daily 推出的“艾瑞克讲睡前故事”，并认为视频中宣传的中国是自由贸易的全球化的推动者的说法如同“having Al Capone be put in charge of tax reform(让纽约黑帮大佬负责税收改革)”是“beyond ironic(讽刺至极的)”；样本 5 认为中国放松对朝鲜施压，邀请其参加高峰论坛；样本 6-8 中美国对于土耳其、缅甸、柬埔寨领导人赴中国参加高峰论坛备感失落，认为这些与美国交好的国家投入了中国怀抱；样本 9—10 所配新闻图片分别为俄罗斯总统普京在“一带一路”论坛结束接受媒体访问，以及习近平主席与普京总统在论坛上握手的照片；样本 9 的主题为普京利用特朗普破坏美国政治体系的信度；样本 10 为俄、中等国策划全球范围内的民主衰退。这两篇文章的主题与中国主办的“一带一路”高峰论坛的相关照片联系起来，可见文章对于高峰论坛的评价也偏向负面。

据统计，“一带一路”相关消息来源共 15 条（见表 2），可分为 7 类，即智库专家（7 条），中国领导人及政府官员（3 条），美国新闻机构（1 条），外国新闻机构 (1 条)，“一带一路”的相关著作（1 条），外国领导人（1 条），专家（1 条）。消息来源总体呈现多样化，可靠性强的特点，没有说明具体身份的消息来源仅有 1 条。所有来源中，智库专家所占比例最大，接近一半，体现其对“一带一路”话语的强大影响力。其次为中国领导人及政府官员的讲话，可见美媒亦重视中国官方关于“一带一路”的权威解读。其他消息来源则分布比较平均。西方作者关于“一带一路”倡议的著述也是美媒观点的重要出处。来自美国和外国的消息来源均为 5 条，说明这些报道对美国国内和国外的观点均比较重视。另外，有 2 条消息引自土耳其总统和一名美国智库研究员的推特，可见知名人士在社交网络上发表的观点受到美媒的关注。

样本	消息来源及身份	主要观点
1	国际危机组织东北亚地区高级顾问	“一带一路”倡议是中国“走出去”战略的一部分，但短期内不会改变亚洲格局
	麦肯锡咨询公司	“一带一路”会超越马歇尔计划
	习近平在“一带一路”论坛上的致辞	“一带一路”是“世纪工程”
	谷歌新闻搜索	习近平主席使中国成为新经济秩序的中心；习近平称“一带一路”峰会达成共识，取得积极成果

2	《中国的亚洲梦：沿新丝绸之路的帝国建设》一书作者，英国媒体人	“一带一路”是中国领导人在国际舞台显露身手，提升领导者形象之举
	约翰·霍普金斯大学中亚-高加索研究所和丝绸之路研究项目主席	普京忌惮中国在中亚的影响力，不欢迎“一带一路”
	北京卡内基-清华全球政策中心研究员	中国“一带一路”意在建立势力范围
	华盛顿一家战略国际研究所研究员	“一带一路”恐难顺利实施，基础设施工程面临诸多困难
	专家	“一带一路”是现存项目的重新包装，而非新的公开注资
	德国墨卡托中国研究中心研究员	“一带一路”的动机是寻找海外市场，输出国内钢铁、水泥等工业的过剩产能
5	中国国家主席习近平在“一带一路”论坛上的讲话	“一带一路”是“世纪工程”
	中国外交部新闻发言人耿爽	朝鲜方面将派出官方代表团出席“一带一路”国际合作高峰论坛。中方秉持开放态度，任何志同道合的国家，都可以参与这一倡议。
	韩国联合通讯社	朝鲜对外经济部长将率团出席“一带一路”论坛
6	土耳其总统埃尔多安（推文）	“一带一路”论坛将复兴古代丝绸之路，取得重大成绩/“一带一路”倡议会将恐怖主义几乎根除
	新美国安全中心研究员，亚太安全项目副主任(推文)	“一带一路”表明中国主导并书写亚洲的规则

表2：《华盛顿邮报》相关报道的消息来源和主要观点

（二）言说内容

围绕“一带一路”高峰论坛，样本涉及的议题主要有以下几点：

1.高峰论坛本身：包括论坛的宣传、参会国家。

本次“一带一路”高峰论坛的宣传手法更加灵活多变，一个亮点就是以动画视频的形式制作的“一带一路”英文宣传片：“一带一路之歌”和“艾瑞克讲睡前故事科普‘一带一路’”。根据 You Tube 数据，睡前故事短片第一集于 5 月 7 日发布，至 5 月 11 日累计观看次数约为 6.4 万[6]，这说明投放英文宣传片的方式提升了“一带一路”的关注热度。但

6 http://invest.hket.com/article/1808075/%E4%B8%80%E5%B8%B6%E4%B8%80%E8%B7%AF%20%E5%8E%9F%E4%BE%86%E5%8F%AF%E4%BB%A5%E5%92%81%E6%A8%A3sell%EF%BC%81%EF%BC%88%E7%9F%AD%E7%89%87%EF%BC%89

是《华盛顿邮报》对宣传片的评价颇为负面，用一系列负面词汇如“sheer cheesiness”（极其低端），“cringe-inducing”（阿谀奉承），“ridiculously saccharine”（可笑地矫揉造作）形容宣传片。

2.“一带一路”倡议的影响：地缘政治、国际关系、沿线国家

样本1明确提出“美国、印度还有其他国家已经表达了对‘一带一路’的地缘政治影响的担忧”。特朗普总统宣布美国退出TPP，奥巴马政府“重返亚太”的战略破产，美国批评人士认为此举“在亚太中心地区留下真空，使美国退居区域性经济领导者的地位”，而中国则利用“一带一路”，填补亚太地区权力空白。

国际关系方面，样本6—8重新审视美国与出席“一带一路”高峰论坛的土耳其、缅甸、柬埔寨三国的关系，认为这三个国家领导人出席论坛表明这些昔日与美国交好的国家如今与中国的关系走得更近。

关于“一带一路”倡议对沿线国家的影响，样本所涉报道多是负面消息。如中国在斯里兰卡建设的港口和工业园遭到抗议，在缅甸和柬埔寨建的大坝让人忧虑，连接布达佩斯、贝尔格莱德的铁路受欧盟委员会调查等。

3.中国提出“一带一路”倡议的动机

样本报道从经济、政治、军事层面解读“一带一路”倡议的动机。经济方面，认为中国是出于经济利益考虑，寻找新的增长动力，为国内放缓的经济寻找海外市场，输出国内钢铁、水泥等工业的过剩产能，同时为了让中国国有企业试水全球市场；政治上，认为中国出于安全因素提出“一带一路”，用经济机会稳定邻国，抗衡中亚极端思想的传播，同时，也为了取得依赖中国资金的小国在国际问题上的支持；军事上，认为中国在国外援建港口等基础设施，是为了有朝一日施展军事力量，如在巴基斯坦建设的瓜达尔港是为了给中国海军补给燃料。

4.“一带一路”倡议的落实

样本报道普遍关注“一带一路”倡议的落实问题。如样本1提出“一带一路”倡议主要聚焦其“宏大”的一面，而模糊了该倡议的计划何时实施、如何实施、有何影响等具体问题。目前为止，“一带一路”计划更多是在纸上谈兵，没有落到实处；是现存项目的重新包装，而非新的公开注资。对于参与“一带一路”建设的中国企业，报道则认为中国企业受到政府保护，免受国外竞争，并且中国企业习惯与国家的政治精英做生意，对普通民众的诉求不敏感。这些观点均反映了美媒对“一带一路”落地情况的疑虑。

（三）文化关系

本文认为，以《华盛顿邮报》为代表的美国媒体对“一带一路”高峰论坛消极评价

的背后，是中美文化的差异和冲突。

美国文化呈现出低权力距离和个人主义的特征，具体表现为倾向于权力分散，注重自由，政府在经济生活中的作用受到限制。美国用自身文化特征反观中国，以民主样板和自由贸易先锋自居，在相关报道中特别强调中国政府的管理，如强调“一带一路”宣传是“政府批准的话题”，发布宣传视频的《人们日报》是“政府管制的媒体”，中国企业在海外的活动受到政府保护等，以与美国的“民主自由”形成对比，彰显自己的文化优越性。

美国的另外一个文化特征表现为男性气质。男性气质的特征是坚定独断，崇尚强者，通过展示力量和斗争的方式解决冲突。样本中，美国将自己视为理所当然的全球领导者，不愿中国继其之后获得亚太地区领导地位，正是这一文化心理的表现。

美国文化在不确定性规避方面偏向中等维度，这决定了其偏向于准确性，避免模糊。因此，美媒对“一带一路”倡议落地情况颇为关注，希望看到“一带一路”倡议更多细化的具体措施。

根据人类学家爱德华·霍尔关于高语境文化与低语境文化的划分，作为低语境文化的美国倾向于用明确的语言传递信息，认为冲突只有被明确提出，公开讨论，才能得到解决。样本中我们也可以看到美媒使用了很多显性的冲突词汇形容“一带一路”。而高语境文化的中国崇尚和谐，喜欢强调共识，避免提及冲突。这种文化上的差异让美国产生一种中国怠于直面问题、解决矛盾的印象。因此，我们也要以积极的态度对待美国媒体对“一带一路”的一些负面评价，既要澄清误解，也要改正不足，把它当成是双方进一步沟通交流的台阶。

五、总结反思

言说主体和言说内容都是其存在的社会文化环境的产物，没有任何人或者事件能脱离文化而存在。因此，从文化角度探究美国媒体关于“一带一路”高峰论坛的话语现象更能触及事物的本质，也能为“一带一路”倡议的对外传播提供有效对策。

基于此，针对在言说主体中占据主要话语权的外国记者和智库专家，本文建议，一要增进中国媒体与美国驻华记者的沟通，如组织驻华记者进行实地采风，以开放的姿态欢迎他们了解真实的“一带一路”建设。二是加强中美学界的交流，针对“一带一路”主题邀请国外智库专家与中国相关领域的学者开展学术研讨活动，聆听各界声音，为“一带一路”更好的发展建言献策。

针对美媒对“一带一路”倡议的主要关切议题，我们应给予高度重视。鼓励中国的政府官员、学者多在美国主流媒体报刊发表文章，从专业角度为“一带一路”倡议答疑解惑，或者在社交网络等非正式平台以更加轻松自由的方式与公众沟通，通过多种形式、多种渠道发出中国声音。

针对“一带一路”话语背后的文化问题，中国的“一带一路”宣传者则要加强对美国文化的深入了解，建议多看西方学者关于美国文化的著作，寻找美国主流文化与中国儒家文化的契合点，寻求能触发人类普遍情感的沟通方式。另一方面，要加大中国文化“走出去”的步伐，不仅大力扶植中华文化经典读物的外译，也要让中国当代的流行文化走出国门，使美国民众真正了解博大精深、欣欣向荣的中华文化。

近代以来，中国虽然在器物层面落后于西方，但中华文化却丝毫不逊色于西方文化。中国应该有充分的文化自信。同样，现代化也不等同于西方化，西方文化早在现代化之前就已形成，它与中华文化一样古老精深，两者完全可以找到共通之处。加强中美文化层面的交流沟通，将有利于中美围绕“一带一路”倡议建立互信，开展合作。

《联合早报》“一带一路”专网的政治传播学研究

邢永川　孙菲[1]

【摘要】“一带一路”倡议引起媒体的广泛关注。媒体在从事“一带一路”政治传播方面成绩显著，但问题也不少。本文通过政治传播学的传播主体相关理论，分析《联合早报》“一带一路”频道传播主体及其问题。
【关键词】《联合早报》“一带一路”；政治传播

“一带一路”作为目前中国的顶层设计制度提出已经3年多，不但国内媒体对此做了大量传播工作，而且海外华媒亦发挥了应有作用，他们积极为之点赞、评论。通过“一带一路”报道，让读者看到了合作共赢的含金量，看到了其中巨大的潜力。除了传统媒体外，新媒体以其自身的魅力也参与其中，通过“两微一端”进行卓有成效的传播。互联网网站形式也是重要的传播平台。本文选择了新加坡《联合早报》“一带一路”专网（2016.12.1—2017.6.5）作为研究的对象，研究的视角是政治传播学。

《联合早报》“一带一路”专网如何用政治传播学的视角来研究，首先确定该频道传播的信息是否属于政治范畴。因为信息是政治传播的核心要素，我们有必要仔细解读。

众所周知，政治信息的表现形态虽然千差万别，但对政治组织的决策、政治系统的控制、政治问题的解决等都具有决定性的意义。而推进“丝绸之路经济带”和“21世纪海上丝绸之路”建设，是中国国家主席习近平提出的重大倡议和构想，这样一个倡议与

1　邢永川：广西大学新闻传播学院副教授。孙菲：广西大学新闻传播学院硕士研究生。

构想正好与政治信息相符合。基于此，本文将从传播主体入手来剖析该频道的政治传播。

《联合早报》"一带一路"专网，是由《联合早报》与新加坡工商联合总会联手推出，于2016年3月8日正式上线。它可以纳入到新加坡政治传播中的核心性中介，即大众媒介，同时因其为互联网服务企业，被列入新媒介而在政治传播中扮演重要角色，履行不可替代的功能。《联合早报》网在新加坡政治传播中，只能发挥中介的作用，不能成为政治传播的主体。问题在于，如果《联合早报》"一带一路"专网不是政治传播的主体，那么谁才是呢？我们认为下面这些是：

1.个人

政治传播研究表明，个人在政治传播的过程发挥的作用，而能够成为传播主体的一定不是普通的个人。国内政治传播学者把政治传播的个人形态区分为四种：政治精英、政治领袖、意见领袖、草根民众。进入《联合早报》"一带一路"专网，我们来寻找一下三类相关的主体：

（1）意见领袖。这类传播主体，主要出现在新闻与分析栏目。最主要的是媒体人、中外专家学者、企业家。

（2）政治精英。这类传播主体，在这个专网中出现的数量最多。

（3）政治领袖。德国学者米歇尔斯在其名著《寡头统治铁律：现代民主制度中的政党社会学》中指出："领袖的地位是显赫的，他们有着在其国内发号施令的权利，他们的任何行为可能导致一些人的受损或者受益。可能导致一个国家的兴衰，也可能导致整个世界格局的变化，甚至可能会改变人类历史发展的走向。"[2]

历史已经证明并将继续证明：政治领袖作用的发挥一定离不开传播尤其是政治传播。政治传播中的政治领袖，主要作用是提供可供传播的政治思想。"一带一路"作为习近平新时代中国特色社会主义思想的一部分，其传播的价值毋容置疑。

通过统计，我们清楚地看到，习近平作为政治领袖出现在"一带一路"政治传播主体的位置，十分正确。但有三个现象值得思考，其一，政治领袖的地理分布相对集中，亚洲有14、欧洲4人、大洋洲2人、北美洲3人。但非洲和南美洲一个都没有。其二，与新华网"一带一路"频道一样，在《联合早报》的相关报道中，作为政治领袖之一的李克强总理没有就"一带一路"发表评论，仅仅是有相关行为的存在而位列其中。其三，新加坡总理李显龙出现的频率最高。

2　罗伯特·米歇尔：《寡头统治铁律：现代民主制度中的政党社会学》，任军涛等译，天津人民出版社2003年版，第50页。

2. 国家与政府

国家作为政治传播的主体，无论面临怎样的挑战，其主导地位都不会发生动摇。只是我们需要特别注意，国家作为政治传播的主体，通常是体现在国际政治传播的理论场域。一旦国家实施对国内的政治传播，其主体就转换为“政府”的形态。也就是说，政治传播中会出现国家与政府的合二为一。

“一带一路”专网中，政府以传播主体的身份出现的时候，通常表现为具体的政府机构。如在新闻与分析栏目中出现了中国海关总署、中国外汇管理局、新加坡知识产权局、新加坡企发局等。

3. 政治共同体

政治共同体是指具有共同的政治利益、公认的，政治机构和特定的居住区域的人们所构成的社会集合体。它可以从两个层面加以了解：本体结构和功能发挥。本体结构层面上的政治共同体被称为“狭义的政治共同体”；功能发挥层面上的政治共同体被称为“广义的政治共同体”。狭义的政治共同体，典型的形态是国家、政党、政府。作为政治传播的主体在新华网“一带一路”的体现，前面已经有介绍。广义的政治共同体，事实上有一点是共同的，那就是空间。

德裔美国政治学家哈斯认为：政治共同体最重要的要素不是地理区域而是政治关系。解读这句话的时候请注意，不是不等于不要，不是最重要不等于不重要。这其实就已经在告诉我们：在分析政治传播主体之一的政治共同体时，不可以忽略了政治主体的地理要素。而地缘关系就是政治地理的核心术语，是社会生活中的又一类基本的人际交往关系。它是人们基于长期共同聚居一地而形成的一类人际关系，主要由同乡关系和邻里关系构成。政治学研究表明，历史上城邦、城市、王国民族国家是独立的个人在一定的地域内基于共享的概念。这再度证明了空间要素或者地理要素是政治传播领域不能轻视的内容。结合“一带一路”频道，我们来看以下情况。

我们对四类传播主体进行仔细统计后，发现了这样几个情况：

1）政治精英和意见领袖是《联合早报》“一带一路”专网进行“一带一路”政治传播主体的主力

新加坡政治传播研究的结论可被归纳为两点。第一，虽然新加坡的政治传播活动处于政府控制之下，但其获得了一定民意支持，对民众存在一定影响力。第二，即便诸多研究对新加坡媒介管控问题展开反思，却很少有研究试图彻底颠覆、消解这种现状。事实上，该现象与新加坡特殊的媒介管理和控制方式有密不可分的关系。新加坡的媒介景观：管理和控制。著名政治传播学者麦克奈尔(McNair)说过，政治传播的模式之一就是政府通过控制、操作和影响媒介组织来达到自己的政治目的。而新加坡正是通过这种方式塑造政府的权威和本国的媒介景观（Mediascape）。[3]

事实上，在新加坡，国家（政党、政府）仍然是作为政治传播的主体来主导着政治传播的过程。这种主体的主导地位是不可动摇的。表面上看，这个现象与政治传播学研究的结论极不相符，但这只是表面现象。实际情况通过媒介传递出来的这些政治精英和意见领袖的声音与国家声音是惊人的一致。一个没有独立思想体现的政治传播主体显然是名存实亡的。这恰恰证明了政治传播学者的研究结论：1984年成立新加坡报业控股集团（Singapore Press Holdings，简称SPH）。几乎垄断新加坡国内所有的报纸的出版与发行。SPH还直接受到新加坡国家网络安全机构和政府情报部门的监管，所有工作人员都必须有政府颁发的上岗证才能从事报业工作，因而绝大多数新加坡报纸都能基本保持“政治正确”。有学者将这种现象戏称为“从报业获得的‘政治自由’”，而非“从政治上获得言论和出版自由”。在目前的新加坡，并没有真正的“政治精英话语体系”。独特的政治与行政不分的体制，导致了所谓政治精英一般都在“体制内”。共同的政治立场与利益，使得所谓的政治精英话语体系（应该加上狭义的意见领袖话语体系）就是政府的话语体系，或者说政府的话语体系就是通过政治精英话语体系（应该包括狭义的意见领袖话语体系）来表达与传播的。

2）传播主体中的部分社会共同体无理由的缺失

通常情况下，作为政治传播的主体，应该是传播主体形态的集中体现。“一带一路”倡议所体现的地理学要素，从狭义上了解，至少应该包括“一带一路”沿线中国省市和“一带一路”沿线国家。从广义上说，则应该包括全中国所有省、自治区和直辖市，包括全世界所有愿意参与“一带一路”建设的国家和地区。而现在《联合早报》这个专网，且不说没有在主体上覆盖广义共同体，就连狭义共同体的覆盖也没有能够实现。作者统计的时间段（2016.12.1—2017.6.5）中国方面就没有出现甘肃、宁夏和青海。外国方面，东南亚没有东帝汶，南亚没有马尔代夫和孟加拉，中亚没有哈萨克斯坦，西亚和非洲地区只有埃及、阿富汗、叙利亚、沙特、科威特、伊朗。欧洲只有俄罗斯、立陶宛、黑山、波兰、斯洛文尼亚、乌克兰、克罗地亚、匈牙利、马其顿、阿尔巴尼亚、拉脱维亚。为什么会有社会共同体作为政治传播主体在该专网中缺失，其原因我们无法得知，个别原因还没有推测，比如东帝汶可能是因为面积太小，没有影响力。但中国的甘肃，历史上就是古代丝绸之路的重要通道，但居然没有以社会共同体的身份出现在该网站的传播主

3　祖昊：《Lee, Willnat, 新加坡的新闻管理与政治传播》，2015年5月13日，http://www.cssn.cn/zt/zt_xkzt/zt_zzxzt/zzxzt_zzcb/zzcbs/201505/t20150513_1791626.shtml.

体中，的确令人费解。

3）集合体背后的故事

集合体名词作为政治传播的主体，通常传递的两类信息：一类是纯粹的言论，一类是具体的行动。本文统计主要是前者。

集合体的洲别和人数统计结果显示，来自亚洲7国（其中来自中国内地和港澳台地区9人，来自新加坡29人）、北美洲1国1人。无一人来自非洲、欧洲、拉丁美洲、大洋洲。

集合体职业统计结果显示：经济学专家（大学研究机构除外）14名、大学教师及研究人员8名、现任政府官员19名、非现任政府官员7名、企业家12名。

政治传播中的主体，在具体实践中是呈现两种状态的，一个是主动传播状态，一个是被动传播状态。主动传播状态能否最终呈现，决定权不在传播主体，而往往在媒介。而其它的都是以被动传播的形态出现的。主动集合体空间范围可大可小，但具体包括的人物都是经过政府严格挑选的。这里特别要强调的是，媒介选择什么样的主体进行政治传播，必须有一定的标准，这个标准就是主体的政治态度是否与传播的控制中心——政党、政府、国家的政治态度相同或者相似。当个人的政治观点与实际传播主体相同或者最起码近似的时候，就有可能以被动传播主体的身份入选实际传播主体的政治传播。

从政治传播的角度看，《联合早报》"一带一路"专网在传播主体上没有什么政治问题，因为它作为一个政府控制的媒介，在传播主体的呈现上，基本符合全球化背景下的国际政治传播的要求，将社会中存在的多元利益主体，包括企业、非政府组织和个人的积极性充分发挥出来。这一点，《联合早报》"一带一路"专网至少在形式上是做到了。

问题在于，形式上做到了就能够完成特别是高质量完成特定政治传播任务吗？答案是否定的。该栏目仅从传播主体的表现上就存在两个明显的传播瑕疵：一是取消了草根民众主体，二是相关传播空间账号的缺失。

为什么该频道的政治传播会出现这样不可思议的问题？我们的初步思考是：任何一个传播媒介都无法确保政治传播的百分之百符合传播主体的要求。政治传播的媒介与传播实际主体之间有着难以逾越的鸿沟：政治传播实际主体传递的信息与媒介之间存在着经济利益上的矛盾。这样的矛盾在没有解决的时候，可能会体现在频道的某些政治信息传播的非正常化。比如"文件"栏目，一直到今天，仍然停留在2017年5月10日，只收录了11份文件。我们认为这绝对不可能是技术问题，因为没有人会相信有着国家强大人力物力支持的一个《联合早报》，连如此简单的信息传播都弄成这样。这里也许还有一个可能性："一带一路"专网的内容属于高难度的政治信息，它对受众的文化水平要求较高。这就导致受众数没有达到较高数量，影响了经济效益，直接影响了媒介高层对该频道投入的兴趣。这难道就是有些学者指出的资本要素对政治传播的渗透？

我们认为，《联合早报》“一带一路”专网在某种意义上还停留在宣传阶段而不是传播阶段。众所周知，宣传与传播的不同在于，宣传关心主体，传播关心受众。宣传偏重单向，传播偏重双向；宣传侧重直接，传播侧重间接；宣传强调覆盖，传播强调渗透；宣传重视信息筛选，传播重视信息公开。我们仅仅从与传播主体有关系的几个方面就可以基本认定《联合早报》“一带一路”专网仍然是宣传为主，传播为辅，关心主体、偏重单向、重视信息筛选。该专网在“一带一路”政治传播中存在的问题是具有代表性的，政治传播在理论研究与实践中存在的距离感，如何缩短这种距离，我们可以期待，但不可以盲目乐观，千万不要因为它是华文媒体就报以不切实际的幻想。毕竟《联合早报》是新加坡政府控制的媒体，它是为新加坡政府服务的，如果指望它与国内媒体保持一致，简直是天方夜谭。

话语实践："一带一路"的国际话语建构与传播

——以"一带一路"国际合作高峰论坛为例

吕清远[1]

【摘要】本文基于米歇尔·福柯的话语实践理论，以"一带一路"国际合作高峰论坛为研究对象，从话语形塑、话语权力、话语空间、话语实践和话语知识五个视阈审视了"一带一路"国际话语体系建构与传播的路径，系统地探究了"一带一路"在国际传播中的话语实践，并据此提出了相关建设性意见。

【关键词】"一带一路"；国际话语；话语实践

米歇尔·福柯在《知识考古学》中系统地论述了话语的实践理论，认为话语是系统地塑造言说对象的实践，话语体系的形塑受到外部权力关系的暗中压制，话语自身的规则系统也会在潜移默化的对客观对象造成规训，话语实践的过程就是受权力规训的主体建构的过程。[2]"一带一路"作为国家倡议和世纪工程，涉及68个国家和国际组织，经济总量和人口规模都在世界上占有重要的地位。"一带一路"的对外传播也需要基于自身的合作机制和发展理念不断完善自身的国际话语体系，这样才能让沿线国家和世界人民更好地了解"一带一路"的重大意义，在复杂的国际话语传播中彰显"一带一路"的话语权与影响力。

1 吕清远：北京工商大学艺术与传媒学院硕士研究生。

2 米歇尔·福柯：《知识考古学》，三联书店，2003年。

一、话语形塑：话语规则在权力关系的博弈中产生

福柯在法兰西学院的就职演讲中论述了话语的秩序，认为话语不是基于语义结构的符号表达，而是建构目标对象的社会实践。其属于规则系统，拥有一套限制话语秩序的排斥机制。[3]“一带一路”是党和国家高度重视与扎实推进的世纪工程，自身的主要成果、合作理念等内容都要受到严格的话语规则限制，这样才能向沿线国家和世界人民正确地传递我国倡议“一带一路”的发展初衷与和平愿景，进而获得这些国家和地区的理解和支持。

话语实践本身就是权力关系的体现，权力是影响和控制话语运动的根本因素。在福柯看来，权力并不是被某些主体占有并支配他人的“所有权”，而是不同主体之间的权力关系在社会关系网络中的博弈。[4]“一带一路”涉及众多的地区、国家和国际组织，不同主体之间的权力关系深深地植根于复杂的社会关系网络中，基于经济贸易、地缘政治、文化文明和民间交流的合作与对抗发生在不同国际主体的权力交织中，“一带一路”的国际话语规则最终在自由的“博弈”中得以形塑。

总之，“一带一路”的国际话语规则受到多重权力关系的制衡，必然要把各国普遍接受的最大公约数作为自己的规则系统，尊重差异、包容多样，弘扬以和平合作、开放包容、互学互鉴、互利共赢为核心的丝路精神，才能使“一带一路”的国际话语为其他民族所接受，让“一带一路”的国际话语传播更好地形塑“一带一路”的伟大成果和重大意义。

二、话语权力：话语建构与传播的合法性

对于话语实践的参与者而言，话语建构与传播的合法性体现为一种真理意志，它能够先于一切经验把某种知识强加到认知主体身上。[5]真理意志作为认知主体接受真理的排斥系统，必须受到制度和规约的支持，建立在“真实”的话语基础上，这样才能建构自身的合法性。[6]“一带一路”的国际话语实践若要获得沿线国家的支持，就要将自身的话语系统塑造成“真理意志”，建构自身的话语制度和真实基础，这样才能得到沿线国家的广泛参与和积极共鸣。

“一带一路”的话语合法性并非凭空生成的，而是在现实社会中的国际关系场域中建

3　许宝强、袁伟：《语言与翻译的政治》，中央编译出版社，2001年。

4　米歇尔·福柯：《自我技术》，北京大学出版社，2016年。

5　同2。

6　同2。

构的。布尔迪厄认为，场域是不同主体位置之间的客观关系构成的网络，是由特定的资本分配结构形成的现实构造，同时也是不同力量关系展开斗争的微观场所。[7]“一带一路”不仅仅是各国经贸往来的对接，更是中国与沿线各国政治互信、经济融合、文化包容的利益共同体、命运共同体和责任共同体。作为一个有机整体处在世界多极化、经济全球化和文化多样化的国际场域中，必然面临来自其他国家与国际组织的对抗和竞争，只有充分利用沿线各国固有的经济、政治和文化资本，才能更好地发挥“一带一路”作为区域合作平台的话语权力。

在布尔迪厄看来，资本发挥作用依赖它所起作用的场域，并且以资本与权力之间的转换为代价，这种转换是资本产生效力的先决条件。[8]“一带一路”的国际话语凭借强大的国家阵容和经济基础、悠久的璀璨文明和历史记忆、包容的合作空间和丝路精神，能够提升话语自身的权威性和影响力，加强话语建构的公信力和支持度，增强行为主体对于话语传播的美誉度和归属感。“一带一路”的倡议构想得到了沿线国家和国际组织的积极参与，受到了全球媒体和记者的广泛报道，体现了中国对于“一带一路”沿线国家的号召力，更彰显了“一带一路”在国际话语传播中的话语权。

三、话语空间：话语建构与传播的公共语境

福柯认为，话语是在封闭的空间中流传的，只有符合一定条件和资格的话语主体才有资格进入话语界。[9]“一带一路”的国际话语虽然被世界各国的媒体广泛报道，但是真正有资格对其进行建构、修改和使用的却只是参与“一带一路”建设的国家，他们共同组成了建构“一带一路”国际话语规则的“话语社团”。

“一带一路”的“话语社团”包含中国和沿线60多个国家，话语的交流与传播必然面临着来自民族、语言、国家利益、意识形态等方面的制约和障碍，只有搭建不同国家互相交流的话语平台，找到不同民族建议商讨的公共语境，才能有效地发挥话语实践的建构作用。

习近平主席在“一带一路”国际合作高峰论坛发表的主旨演讲中，从历史和现实两个语境维度为沿线国家和国际组织解读了“一带一路”的国际话语秩序。从历史语境来看，习近平主席通过列举张骞出使西域、郑和下西洋、马可·波罗游记等礼尚往来的典故，说明“一带一路”具有崇尚和平的历史使命。从现实语境来看，习近平主席分析了摆在全人类面前的挑战，陈述了“一带一路”在政策沟通、设施联通、贸易畅通、资金融通

7　包亚明：《文化资本与社会炼金术》，上海人民出版社，1997年。

8　同上。

9　同5。

和民心相通五大领域取得的成果，向沿线国家和国际组织系统地擘画了“一带一路”的宏伟蓝图。总之，习近平主席的主旨演讲为本次论坛的意义建构与输出提供了公共语境，也为“一带一路”国际话语的解读与传播奠定了基础，让沿线国家和国际组织在话语规则的框架内共建“一带一路”的国际话语。

四、话语实践：言说对象的现实建构与塑造

话语实践是权力运作的主要机制，意指系统地塑造言说对象的社会实践，使言说对象成为受逻辑和规范制约的目标，对话语对象的形塑具有建构作用。[10]“一带一路”的国际话语实践不仅仅体现在全球媒体对“一带一路”的持续报道中，更体现在世界各国对“一带一路”的深度解读和积极参与中，只有对其进行系统地管理和把控，才能向沿线各国和世界人民正确地传递“一带一路”的建设理念，和世界各国一道共享“一带一路”对于人类社会的重大意义。

英国当代文化研究先驱斯图尔特·霍尔在《表征》中指出，意义是在特定情境中通过符号表征和意指实践建构的[11]。在本次“一带一路”国际合作高峰论坛中，“一带一路”的合作理念被表征为以和平合作、开放包容、互学互鉴、互利共赢为核心的丝路精神；“一带一路”的发展规划被表征为和平、繁荣、开放、创新和文明之路。

斯图尔特·霍尔认为，符号具有任意性，意义始终处于协商和改变状态，参与话语实践的各方都会对符号的表征展开意义的争夺[12]。“一带一路”是由中国倡议、沿线各国共同开发的多边国际合作机制，自提出以来就饱受一些国家的猜忌和质疑。针对某些国家将“一带一路”理解为“中国版马歇尔计划”的误解，习近平主席在主旨演讲中强调，中国愿同世界各国分享发展经验，但不会干涉他国内政，不会输出社会制度和发展模式，更不会强加于人；针对某些国家认为“一带一路”将受制于中国规则制约的猜忌，习近平主席形象地比喻道，“一带一路”的建设秉持的是共商、共建、共享原则，不是中国一家的独奏，而是沿线国家的合唱；针对某些国家把“一带一路”看作中国转移“过剩产能”的声音，习近平主席列举了“一带一路”在政策沟通、设施联通、贸易畅通、资金融通、民心相通等领域取得的成果，用4年来的建设成就有力地回应了他们的质疑。总之，只有笃定自身的理想和信念，用务实的行动与付出完成“一带一路”这个伟大的话语实践，“一带一路”的国际话语才能被世界所接受，“一带一路”的重大意义才能为世人所共享。

---

10 同2。

11 斯图尔特·霍尔：《表征》，商务印书馆出版，2013年。

12 邹赞：《表征与意指实践—斯图尔特·霍尔的文化定义》，《石河子大学学报》，2009年。

五、话语知识：话语实践的意义框定与价值认同

权力关系的施展形塑了话语的规则系统，话语的符号表征与意指实践最终产生了关于对象的知识。在福柯看来，知识不是永久的认知，而是一个或一系列事件，它是被发明出来的，背后蕴含着某种权力关系的对抗与制衡。[13]“一带一路”的国际话语实践推动了“一带一路”国际合作高峰论坛的成功举办，与会各国商议了未来合作的发展规划，达成了多项合作共识，签署了多项合作协议，是“一带一路”经过 4 年的话语实践生产出来的重要“知识”。

陈述是话语的原子，对知识的形成具有建构作用。陈述能够通过系统地组合构成“陈述群”，通过陈述整体划定事件的领域、定义事件的规则、确定事件的意义，对知识事件的意义框定具有至关重要的作用。[14]在“一带一路”国际合作高峰论坛举办期间，习近平主席发表的《携手推进“一带一路”建设》主旨演讲为本次论坛奠定了和平合作、开放包容、互学互鉴、互利共赢的话语基调，肯定了政策沟通、设施联通、贸易畅通、资金融通、民心相通的建设成果，指明了和平、繁荣、开放、创新、文明的发展脉络。中国政府公布的“一带一路”国际合作高峰论坛成果清单罗列了中国政府与“一带一路”沿线国家签署的 270 项合作协议，记载了中国与沿线国家共建共享的合作事实。

总之，这些话语陈述以“陈述群”的形式框定了“一带一路”的成果与意义，起到了话语实践的“档案”作用，对话语对象的形成也有重要的建构作用。“一带一路”国际合作高峰论坛的成功举办能够作为一种“知识”定义“一带一路”的话语策略，对“一带一路”国际话语传播的意义解读具有重要的框定作用。

六、总结与启示

“一带一路”的对外传播与故事讲述本质上就是一套意义系统的话语实践，只有尊重国际话语建构的通行规则，遵守国际话语传播的客观规律，才能冲破意识形态竖起的“藩篱”，化解文化差异带来的“误识”，将“一带一路”的故事深入人心。我们要正确处理“一带一路”国际话语规则建构的权力关系，从人类命运共同体的视阈出发，站到沿线国家和地区的立场上共商“一带一路”的话语秩序，统筹兼顾沿线国家的国家利益、综合国力和国际关系，妥善协调不同国家之间的实际国情和发展战略，共建“一带一路”的国际话语规则。我们要努力拓展“一带一路”国际话语建构的话语空间，寻找“一带

13　阿德里娜 · S · 尚邦、阿兰 · 欧文 等：《话语、权力和主体性：福柯与社会工作的对话》，中国人民大学出版社，2016年。

14　范永康：《试析福柯的档案观》，《兰台世界》，2012年第29期。

一路”国际话语传播的公共语境，尊重不同国家的文化差异、民族传统和风俗习惯，运用国际化的公共话语搭建意识形态相通的桥梁，从历史和现实两个不同维度凝聚沿线国家的共识，疏通“一带一路”国际话语传播的意义通道。

我们要紧紧团结沿线国家和地区的发展力量，将“一带一路”沿线国家的综合实力转化为国际关系场域中的符号权力，充分利用经济总量、参与国家、合作机制等符号带来的话语权威，运用一个声音进行对外传播，发挥“1+1>2”的力量优势，提升“一带一路”在国际话语传播中的话语权。我们要严格把控“一带一路”的国际话语实践，运用可转达和可阐释的符号系统表征“一带一路”的理念和成就，在国际话语传播的意指实践中精准地建构“一带一路”的重大意义，对国际上关于“一带一路”的误识进行及时而有效地回应，通过沟通和对话减少不必要的猜忌和质疑，与世界人民共享“一带一路”带给人类社会的发展成果。我们要对“一带一路”国际话语实践的事实成果给予客观公正的记载和评价，充分发挥话语陈述的“档案”作用，以此来框定“一带一路”世纪工程在人类社会发展中的价值与意义，定义“一带一路”国家倡议在国际话语秩序中的地位与位置，进而更好地促进“一带一路”国际话语的建构与传播。

“一带一路”倡议下中华优秀传统文化的对外传播

郑洁[1]

【摘要】 当今世界，随着文化软实力在综合国力中作用的日趋凸显，各国围绕文化展开的竞争也渐趋激烈。作为发展中的社会主义国家，中国积极推动中华优秀传统文化的对外传播。为此，党中央也适时提出了“一带一路”倡议构想，成为推动中华优秀传统文化走出国门、走向世界的重要契机。我国充分利用与“一带一路”沿线国家交流的契机，客观审视目前中华优秀传统文化传播交流的现状，制定并实施中华优秀传统文化对外传播的战略方针，以中华优秀传统文化独有的魅力保障国家安全、推动经济发展、建设文化强国，进而实现中华民族伟大复兴的中国梦。

【关键词】 一带一路；中华优秀传统文化；对外传播

充分利用“一带一路”的发展契机，促进我国与沿线国家的交流合作，形成休戚相关的利益共同体，有助于加强沿线国家对中华文化的深入了解，提升我国的文化形象及文化影响力。“一带一路”倡议下中华优秀传统文化的对外传播需要理性规划、审慎应对，需要国家宏观引领，社会积极参与，推动文化与经济的共同发展。

1　郑洁：重庆邮电大学马克思主义学院副院长，教授，博士。

一、中华优秀传统文化对外传播的战略价值

（一）重塑文化形象，传播正确声音

由于意识形态的根本差异以及历史上的战争冲突，西方资本主义国家一直对我国怀有深刻的偏见。面对国际话语权被西方资本主义国家牢牢控制的现状格局，我国唯有大力推动中华优秀传统文化积极对外传播，撕掉西方资本主义国家加在我国形象上的标签，重塑“和平、友好、互帮、互助”的文化形象，以文化的影响力争取话语权，传播正确的声音，让世界重新认识我国，主动加强与我国的商贸往来，实现和谐发展、共同进步。此外，重塑文化形象更能扩大我国文化的影响力，在世界范围内提升我国的文化地位，使得我国在亚洲乃至世界的文化地位得到认可。

（二）抵御文化入侵，维护国家主权

针对文化入侵，我国不能总是处于自我防御的状态，而应该主动走出国门、走向世界，中华优秀传统文化对外传播战略恰好符合当前时代发展的诉求，但是与西方“和平演变”的目的不同，我国的文化输出战略并不是为了借助文手段对他国入侵，而是变被动为主动，与西方的文化入侵势力形成一种制衡。

（三）推动产业升级，提升文化软实力

软实力是与硬实力相对的概念，二者相辅相成，对促进国家综合国力的提升有着极为重要的作用。中华优秀传统文化对外传播可以提升中华优秀传统文化在海内外的价值、认可度与吸引力，成为促进不同国外文化融合的“增进剂”，加强国外企业对我国传统文化、企业文化的理解，形成文化软实力，促进我国企业实现形式和内涵上对国外企业的双重并购。

（四）发挥文化影响力，维护世界文化多样性

伴随中华优秀传统文化对外传播战略的逐步深化，我国以和为贵的文化传统终将影响到周边国家以及西方资本主义国家，在世界范围内加强各国对文化的理解与包容，减少文化冲突，以文化的力量维护世界和平。

二、中华优秀传统文化对外传播的现实困境

中华优秀传统文化对外传播战略也面临一些现实困境，主要有如下几个方面。

（一）文化输出意识错位

国家对于中华优秀传统文化对外传播战略的大力推动，激发了全国上下各个阶层、各个团体对于中华优秀传统文化对外传播战略的热情，据相关统计数据显示，我国近些年来文化交流项目呈级数状递增，对外文艺演出的形式也愈渐丰富。但是这种看似轰轰烈烈的活动背后究竟有多少实质性的收获呢？有关部门并未给出回答。中华优秀传统文化对外传播的实质及目的在于让中国的文化在国外扎根，深度发挥文化的影响力与吸引力，并不只是停留于表面的文化表演，斥巨资打造的一场秀，新奇之后无法取得实质的效果。就当前国内形势来看，无论是举办文艺活动的地方政府还是参与文化活动的个人，一定程度上对我国的文化输出战略存在一些误解。过于注重形式而忽视内容，甚至为了形式舍弃内容，更将对外输出文化产品的数量作为竞争业绩的首要内容，全然不顾其实际的收效如何。还有部分群体只将中华优秀传统文化对外传播视作出口转内销的有效途径，卖力地争取出国表演只为“镀金”，以期回国之后相同的表演能收取高昂的门票，提高自己的利润所得。在这种错位文化意识的指导下，文化的输出很难做到“因地制宜”。

（二）文化的吸引力欠缺

就目前来看，西方国家对我国优秀传统文化的了解是符号化的，说起中国就想起“茶叶”“脸谱”以及“汉字”等象征符号，但是其中所蕴含的茶文化、京剧文化和汉字文化却并没有人了解。出现这种结果与我国文化的输出模式有直接的关系，为了迎合西方的快餐文化，我国的文化输出模式也在“化繁为简”，将深层的中华优秀传统文化浓缩为简单的文化符号，这种输出方式最直接的好处就是西方对中华优秀传统文化很容易形成记忆，但最大的弊端是把中华优秀传统文化作为简单的符号，难以发挥中华优秀传统文化真正的文化吸引力。另外，在生活步调日趋快速的社会形势之下，我们对中华优秀传统文化也没有进行深入的开发研究，而蕴藏在传统文化中的核心价值观在当代人心中的体现度也不高，大多数文化热潮的兴起也只是源于一时的社会热点，类似于近几年文化对外传播战略掀起的文化传播热潮。这将导致我国的文化传播成为无本之木、无水之源，难以在国际范围内产生文化的吸引力和认同感，因此复兴失落的传统文化将成为推动中华优秀传统文化对外传播战略中的关键一步。

（三）高素质人才不足

中华优秀传统文化对外传播离不开人才的推动，目前来看，我国文化输出急需两类高素质的人才，一类是高水平的翻译型人才，另一类是综合型的对外汉语教师。我国的传统文化大多是以文言文的形式作为传递文化内涵的载体，文言文难以使用英语直接进行翻译，即便是翻译过来其中的文化内涵也难以体现，因此，文化的吸引力会大打折扣，外国人的学习热情也难以持续。造成这种现象的一个重要原因在于高水平翻译人员的不足，导致我国的传统文化无法在国际范围内产生共鸣。我国本土化的翻译对欧美系语言的使用习惯了解还不足，这就造成语言转述的说服力薄弱。此外，全球孔子学院的建立使得我国对外汉语教师的需求也有所增加，因为孔子学院的对外汉语教师是中华优秀传统文化的代表，是文化对外输出的主力，其对综合素质的要求也相当高。孔子学院的对外汉语教师不仅要精通两国语言，更需熟知我国的历史文化传统与国外语言表达习惯，还得具备高超的学习能力、交际能力以及表达能力，唯有如此，才能更好地将中华优秀传统文化传递给国外的学生。

（四）文化产业实力薄弱

中华优秀传统文化真正的物质载体就是文化产业与文化产品，但以我国目前的文化产业发展水平来看，很难担负文化输出的重任。首先，缺乏优质的文化产品。虽然我国每年拍摄的电影、出版的读物不计其数，但真正在国际范围内起到影响的并不多见，更没有类似于美国迪士尼乐园中耳熟能详的经典动漫人物，就连《功夫熊猫》和《花木兰》也是被冠以美国的意识形态之后推出的，不能成为真正意义上国产文化的代表。其次，文化产业的商业化运作模式并不完善。产业链条的断层导致优质的文化产品在市场中未能发挥其最大的商业功效。我国设立的文化创意产业园区难以与国外的文化创意园区相匹敌，难以发挥出其应有的文化产业的集群效应，也就难以成为创意的源泉之地。最后，政府严格的行政管理体系影响了文化产品的流通。由于文化产业具有特殊的文化属性，这种属性能在很大程度上影响我国社会整体的价值观导向，所以上映的影视作品或者是出版的纸质读物都有一套严格的行政审核的流程，这一系列冗长的审核流程既不利于文化产品的及时销售和后期流通，更不利于文化创新的实现。缺乏优质的产品、完善的产业链条、创新创意的文化氛围、高效的行政审批流程等都造成我国文化产业薄弱，难以成为中华优秀传统文化的坚实载体与中华优秀传统文化对外传播战略的强力助推器[2]。

三、“一带一路”倡议下中华优秀传统文化对外传播的路径

“一带一路”传播与交流合作目标及其路径的实现，涉及多元利益主体、多重战略关系、多种促进手段，是一个复杂的系统工程，这就需要国家进行宏观战略层面的调控与指导，使得不同的利益主体可以相互促进、共谋发展，同时国家也可以以战略的视角对

2　曹爱军、陈思：《“一带一路”背景下中华文化“走出去”研究》，《石家庄经济学院学报》，2016年第6期，第112-118页。

国内的资源进行调配，由内而外的开展战略行动，推动文化输出战略目标的实现[3]。

（一）提升我国的综合国力

中华优秀传统文化对外传播需要有强大的综合实力作为支撑，对外发出的声音才能更有力。综合国力的提升有助于我国在国外进行交流、学习与借鉴，否则即使国外拱手相送其文化输出模式，中华优秀传统文化对外传播也未必得以实现。西方国家之所以可以强势地输出其带有西方特色的文化产品和文化价值观念，正是因为其综合国力的强大，能对别的国家产生较大的吸引力，这与我国历史上的汉唐时期极为相似。所以，提高中华优秀传统文化对外传播的现实路径之一便是提高我国强大的综合国力。借助“一带一路”倡议，与沿线国家加强能源、贸易、金融等领域的合作，推动我国经济的跨越式发展。此外，在提高综合国力的基础上，完善与文化相关的基础设施与基础平台的建设，例如文化的传播服务平台、文化产业的投融资平台，文化遗产的保护传承渠道等，为文化的输出提供物质保障，也能在一定程度上提高“一带一路”倡议下中华优秀传统文化输出的质量，使沿线国家对我国文化的认同度有所提高[4]。

（二）推动中外文化交流互鉴

当前，要充分运用海外中国文化中心、孔子学院等机构，通过文化节展、文物展览、博览会、书展、电影节、体育活动、旅游推介等各类品牌活动，助推中华优秀传统文化的国际传播。要探索中华文化国际传播与交流新模式，综合运用大众传播、群体传播、人际传播等方式，构建全方位、多层次、宽领域的中华文化传播格局。要推进国际汉学交流和中外智库合作，加强中国出版物国际推广与传播，扶持汉学家和海外出版机构翻译出版中国图书，通过华侨华人、文化体育名人、各方面出境人员，依托我国驻外机构、中资企业、与我友好合作机构和世界各地的中餐馆等，讲好中国故事、传播好中国声音、阐释好中国特色、展示好中国形象[5]。

（三）完善人才的培养机制

教育的成败关乎人才的成败，进而关系到“一带一路”建设的成败，而教育和人才的发展在于科学的谋划[6]。我国对具有国际眼光、国际思维、专业知识的外交人才、网络人

3　隗斌贤：《“一带一路”背景下文化传播与交流合作战略及其对策》，《浙江学刊》，2016年第2期，第214 -219页。

4　曹爱军、陈思：《“一带一路”背景下中华文化“走出去”研究》，《石家庄经济学院学报》，2016年第6期，第112-118页。

5　中办国办印发《关于实施中华优秀传统文化传承发展工程的意见》，《光明日报》，2017年1月26日，第6版。

6　周谷平、阚阅：《“一带一路”战略的人才支撑与教育路径》，《教育研究》，2015年第10期，第4-9，22页。

才、民间组织人才都比较匮乏。创意型人才的缺乏不利于文化的创新、翻译人才的缺乏不利于文化的传播、外交人才的缺乏不利于文化的输出、网络人才的缺乏不利于文化的多元化发展、民间组织人才的缺乏不利于文化的基层落实。面对种种人才的断层，我国急需建立专业化、一体化的人才培养机制。首先，校园是人才培养的基础。我国必须在“一带一路”倡议下完善学校的课程，在丰富理论的同时加强学生实践能力的培养，尽量为这些人才提供出国锻炼的机会。其次，注重对高水平人才的引进。由于我国的文化输出战略起步较晚，与西方的文化输出相比仍然具有显著差异，所以高水平人才很多都是华侨、华裔，其对西方的文化输出模式、国际交流模式较为熟悉，所以我国应当积极注重对海外高水平人才的引进，为我国的文化输出战略注入新的人才活力。最后，注重对民间组织人才的重用。很多民间文化组织中的人才不但是中华优秀传统文化的传承者，也具备了管理者的素质，且借助于民间组织的形式可以解决很多政府等官方不便解决的问题，还能促进文化的民间传播。所以，我国政府一定要注重对民间组织人才的培养和重用，为其提供便利条件，充分发挥其积极作用。

（四）转变文化的输出方式

“一带一路”倡议体系博大精深且影响广泛而深远，在这种时代背景之下，我国必须树立正确的文化输出机制，否则不但无法取得预想的效果更容易引起周边国家的不满。完善中华优秀传统文化的输出机制可从以下几方面入手：一是注重“宣传”。在“一带一路”倡议下，我国文化与他国文化的沟通交流机会明显增加，虽然我国有将文化走出国门、走向世界的想法，但是并不能借此对别国的文化进行说教与侵犯，文化没有高低贵贱，我们是在平等的平台上进行文化的沟通与交流。所以中华优秀传统文化输出一定要打动人心，使沿线国家忽略文化的差异性，从心底接受我国的文化，而不是漠视规则强制进行文化输出。二是注重“包装”。各国的文化具有差异性也具有共生性，尤其是“一带一路”的沿线国家，自古以来就有贸易交流的传统，历史传统和文化的相似之处将为中华优秀传统文化的对外传播提供便利。所以我国的文化输出战略应当擅长对输出的文化进行“包装”，以沿线国家更容易接受的方式输出文化，在加强文化输出传播的同时也能提高中华优秀传统文化的柔性及适应力。三是注重输出模式的丰富。“一带一路”倡议涉及多国、多政府、多地区，所以中华优秀传统文化不仅在输出的战略方向上应当多元化，在输出的手段渠道上也应不断丰富完善。我国政府应当在积极争取当地政府支持的同时，鼓励民间组织发挥作用，从侧面扩大文化输出的范围。此外，我国主流媒体的宣传应与互联网文化的传播同步进行，其传播效率与传播效果更能引起当地群众的共鸣。政府协助的多元化的文化输出模式极易产生协同效应，是中华优秀传统文化对外传播强有力的保障。

（五）推动各国间磋商机制的形成

“一带一路”倡议的开展涉及多个国家、地区与组织，也存在着民族、宗教与文化等多方面的差异，各国人民能否树立对文化交流的正确认识并给予积极的配合，抑或地方政府能否充分重视该战略并合理的配置资源，都会对中华优秀传统文化对外传播的实际效果产生很大的影响。所以我国政府应当积极在东盟、亚欧等国际会议上强调“一带一路”战略的重要性，倡导以法律、文件以及公告等形式形成国家间协调磋商机制，时常以论坛的形式展开文化的交流与互动，在各个国家形成“高层认可—中层执行—基层支持”的良好渠道，使各国的资源都能发挥最大的效率，文化的输出、交流得到良好的回应。此外，在国际范围内建立这种协商机制也能对文化交流战略的开展、文化冲突的化解起到指导作用。

（六）注重文化输出的反馈

曾经，我国的文化输出较为强调形式，但是对文化输出的效果、输出的影响如何并未形成顺畅的反馈机制，这将非常不利于对我国的现有文化输出模式进行评估与改进。借“一带一路”倡议的开展，我国政府可以在互联网设立文化反馈中心、在沿线国家设立文化输出效果的调查研究机构，对中华优秀传统文化输出的模式实现“线上线下”同步的追踪研究，随时根据国家、地区的不同改进文化的输出模式，提高中华优秀传统文化的影响力。同时，随着沿线反馈中心、反馈机构的不断完善，其将发展成为我国文化改进的重要渠道，也必然成为今后中华优秀传统文化对外传播战略不可或缺的一个重要组成部分。当然，这种反馈也包括我国文化与沿线国家文化交流碰撞的反馈，这种反馈有助于我国更加全面地了解国外文化，吸取其长处，为我国文化资源的开发、文化产业的发展、传统文化的创新提供借鉴，促进中华优秀传统文化输出战略的不断完善。

“一带一路”倡议背景下我国文化对外传播力提升策略研究

李昌[1]

【摘要】“一带一路”倡议背景下的文化对外传播，从根本上是为了“通民心”。通过文化对外传播，使国际社会认同、理解、接受中国文化和中华文明，从而推动“一带一路”倡议的实施。提升我国文化对外传播力，要以战略传播为指导思想，实现文化对外传播的战略转型，要注意官、民联合传播，整合二者的优势资源共同为中华文化对外传播服务；在内容策略上，做到“中国故事、国际话语、本地讲述”，充分调查了解“一带一路”沿线国家或地区的文化传播环境，和当地传播机构相结合，实现中国故事的本地化传播；在实施策略上，要在“一带一路”沿线有所侧重地选择文化传播支点国家或地区，发挥其地缘、人缘、文缘优势，创造我国文化对外传播“共通的意义空间”，进而在进行培育扶持的基础上示范推广、辐射相关国家和地区。

【关键词】“一带一路”倡议背景；文化对外传播；传播力；提升策略

党的十八大以来，以习近平同志为核心的党中央高度重视对外宣传工作，习近平同志多次强调，要加强国际传播能力建设。在“一带一路”国际合作高峰论坛上，习近平主席再次强调“要将‘一带一路’建成文明之路。‘一带一路’建设要以文明交流超越文明隔阂、文明互鉴超越文明冲突、文明共存超越文明优越，推动各国相互理解、相互尊重、相互信任。”因此，加强我国文化的对外交流，提高我国文化对外传播力，是“一带

1 李昌：昆明理工大学艺术与传媒学院副教授，硕士生导师。

一路”倡议背景下对外传播的主要任务。

关于传播力的理解，有“能力说”和“实力说”两种，前者认为传播力是媒介的传播能力，后者认为传播力是具有较高传播能力的媒介的某种实力，比如传媒的影响力等。本文认为，“能力说”和“实力说”实际上是相互依存的，只有具备了一定的传播能力，切实提高传播效果，传媒及其所传播的内容才能具备一定的影响力。因此，本文所探讨的我国文化对外传播力，就是在“一带一路”倡议背景下，通过提高我国文化对外传播能力、提高其传播效果，使中国文化在国际上产生一定的影响力，进而使国际社会认同、理解、接受中国文化和中国文明，从而推动“一带一路”倡议的实施。

一、研究综述和研究意义

在西方，文化对外传播研究总体上属于文化对外战略的范畴，冷战结束后，研究者们从服务国家总体利益需要出发，将文化对外战略放在世界格局、国际形势的大背景下进行研究，在理论研究和应用研究上都取得了丰富的成果。

在理论上，研究者们从不同角度论证了文化对外战略的意义。弗朗西斯·福山的“历史终结论”，宣称西方自由主义的胜利是“人类思想演进的终点”；[2] 萨缪尔·亨廷顿的“文明冲突论”认为整个世界正在进入一个“文明冲突”的历史时期，美国必须警惕其他文明的崛起；[3] 约瑟夫·奈提出了软权力理论，“这一权力往往来自文化和意识形态吸引力、国际机制的规则和制度等资源”。[4] 这些理论都为以美国为首的西方发达国家的文化扩张提供了理论注解，为其推行文化霸权提供了主要理论支撑。

在应用上，文化对外战略体现为跨文化传播。20 世纪 50 年代，美国文化人类学者爱德华·霍尔最早提出“跨文化传播”的概念，在其之后，萨摩瓦和波特的《跨文化传播读本》、汉姆斯的《跨文化传播学》、古迪·昆斯特的《和陌生人的交流：跨文化传播研究》等，对发达国家文化对外战略的意义及文化输出策略进行了深入的探讨。

除了研究本国文化对外传播之外，美、日等国也通过研究“潜在对手”的崛起反思本国的文化对外战略，比如美、日等国家智库对中国的研究。这方面代表性的成果有美国的《引导中国崛起：发展一个持续的、高水平的贸易战略》《应对中国崛起：基于三十年的进步》，日本的《日本的对华综合战略》等。这些研究虽然对中国、中国问题和中华文化的理解仍然戴着意识形态的有色眼镜，但这些关于中国文化、中国形象的“他者”视角对我们研究中国文化的对外传播提供了有益的参照。

2　弗朗西斯·福山：《历史的终结及最后之人》，中国社会科学出版社，2003年。

3　萨缪尔·亨廷顿：《文明的冲突与世界秩序的重建》，新华出版社，2002年。

4　约瑟夫·奈：《软力量：世界政坛成功之道》，东方出版社，2005年。

在国内，“传播力”的概念由刘建明在2003年最早提出，他认为，“传播力是指媒介的实力及其搜集信息、报道新闻、对社会产生影响的能力”。[5] 2014年8月18日习近平主席在关于推动媒体融合发展的讲话中首次使用“传播力”这一概念，2016年2月19日在党的新闻舆论工作座谈会上习近平主席再次强调“切实提高党的新闻舆论传播力”，此后，传播力的研究逐步成为学术界的热门话题。

梳理国内关于“传播力”的研究，主要集中于两大视角：“能力说”和“实力说”。在“能力”视角下，传播力被理解为一种传播能力。比如，孟锦认为“传播力是指传播载体的数量，传播机构的数目，从业人员的数量，传输技术、传播速度等，这些硬件构成传播力的基础”；[6] 在“实力”视角下，传播力被理解为一种软实力。比如，喻国明认为，传播力是影响社会的一种最为重要的软力量，是影响人们情感认同、身份认同、价值认同的最为重要的力量。[7]

以这两个视角为基础，关于文化传播力的研究也可以延伸为“文化传播能力”和“文化软实力”两个大的主题。在“文化传播能力”主题下探讨的是“我国文化走出去战略”，曲慧敏、周璐铭、曹胜强分别从我国文化走出去的历史回顾中关照当前的文化走出去战略；[8] 郑保卫、段京肃、段雪雯探讨了西藏文化、丝绸之路文化走出去的具体策略；[9] 于丹、杨越明总结分析了目前中国文化对外传播存在三个问题并提出相应的策略；[10] 孙宜君、王建磊、章静怡则是从文化传播渠道的角度探讨新媒体对中国文化走出去的具体作用。[11]

在“文化软实力”的主题下，陈文力从论证文化外交的重要性入手探讨了中国文化外交的基本理念；[12] 石义彬、佟斐、蒋朝莉从文化全球化的视野论证了文化软实力的重要性及提升策略；[13] 李智认为文化要转化为软权力，就必须借助大众媒介传播到国际社会

5　刘建明：《当代新闻学原理》，清华大学出版社，2003年，第37页。

6　孟锦：《舆论战与媒介传播力关系探微》，《军事记者》，2004年第10期，第31页。

7　喻国明：《传播力：现代商业领袖的核心力量》，《第一财经日报》，2007年9月20日。

8　曲慧敏：《以文化产业化模式推动中华文化走出去的思考》，《山东师范大学学报（人文社会科学版）》，2012年3月；周璐铭：《中国对外文化战略研究（2000-2015）》中共中央党校博士论文，2015年；曹胜强：《基于历史与现实视阈的中国文化对外传播力研究》，《中共中央党校学报》，2014年第4期，第96-100页。

9　郑保卫：《“一带一路”背景下西藏文化对外传播策略研究》，《当代传播》，2016年第2期，第40-42页；段京肃、段雪雯：《丝绸之路文化传播力的传承与发展》，《当代传播》，2016年第1期，第39-48页。

10　于丹、杨越明：中国文化“走出去”战略的核心命题[J].人民论坛，2015, 08:72-75

11　孙宜君、王建磊：《论新媒体对文化传播力的影响与提升》，《当代传播》，2012年第1期，第46-49页；章静怡：《论新媒体对文化传播力的影响与提升研究》，《今传媒》，2015年9月，第144-145页。

12　陈文力：《中国文化对外传播战略研究》，九州出版社，2012年。

13　石义彬：《文化认同视角下中华文化对外传播的危机与策略》，《湖北社会科学》，2013年第10期，第193-196页；佟斐：《提升中国文化对外传播力的思考》，《中国特色社会主义研究》，2014年第5期，第74-78页；蒋朝莉：《提升中华文化对外传播力的策略分析》，《西南民族大学学报（人文社会科学版》，2014年第12期，第203-207页。

中；[14] 进而胡智锋、李希光等分别论述了提升主流媒体国际传播力的具体策略。[15]

结合上述两个主题，并在“一带一路”背景下探讨中国文化对外传播力的是隗斌贤和张昆，二者都充分论证了“一带一路”背景下文化对外传播的重要意义，认为实施“一带一路”倡议需要民心相通，而民心相通则需要文化先行。[16]

总结而言，相比较西方国家文化对外战略研究的实用主义取向，国内关于文化传播力的研究仍然是理论有余实践不足，研究者们虽然也零星的提出了文化对外传播的相关策略，但其研究大多属于思辨研究的范畴，总体上不适应当前“一带一路”背景下我国文化对外传播的需要。

在“一带一路”倡议在实施过程中，沿线一些国家以及美、日等国对“一带一路”倡议存在疑虑甚至是偏见，一些国家或地区的人民受宗教、民族和利益诉求的影响对“一带一路”倡议缺乏理解和认同，这些都给“一带一路”倡议的实施带来了一定的困难。应对这一挑战，首要的任务在于“通民心”，而实现民心相通，最有效的手段就是文化传播与交流合作。作为“民心工程”的内核，文化是“一带一路”的灵魂，文化先行可以推动我国与沿线各国全方位、多领域的交流与合作。

二、我国文化对外传播力提升的具体策略

本文将综合“文化传播能力”和“文化软实力”两种研究取向，认为文化传播力就是文化对外传播的能力，而提升文化传播力的目的是为了增强我国的文化软实力，塑造积极的国家形象，服务于国家“一带一路”倡议。根据这一思路，本文认为提升我国文化对外传播力，要注意以下几方面的问题：

1.在指导思想上，以战略传播为指导，促进文化对外传播的战略转型。

“战略传播”是为实现国家战略利益（维护领土主权、国家安全、金融稳定、生态环境、核心价值观等等）和战略目标而对重要的特定受众进行的传播、沟通和接触活动。[17]

和传统的对外传播不同，战略传播强调多主体、多途径配合，通过调动多方力量，共同实现战略传播目标。在具体实施中，战略传播一般采用大众传播与人际传播相结合

14　李智：《对文化软权力化的一种传播学解读》，《当代传播》，2008年第3期，第13-14页。

15　胡智锋、刘俊：《主体诉求渠道类型：四重维度论如何提高中国传媒的国际传播力》，《新闻与传播研究》，2013年第4期，第5-24页；李希光、郭晓科：《主流媒体的国际传播力及提升路径》，《重庆社会科学》，2012年第8期，第5-12页。

16　隗斌贤：《“一带一路”背景下文化传播与交流合作战略及其对策》，《浙江学刊》，2016年第2期，第214-219页；张昆：《传播先行，实现民心相通》，《学术前沿》，2015年第5期（上），第62-72页。

17　赵启正：《提升对“战略传播”的认识和实践》，《公共外交季刊》，2015年第3期，第1-5页。

的方式来影响国外公众，并借鉴公关、广告、营销等领域的方式方法，全方位提高传播效果。

总的来说，战略传播的实施主要有三种途径，即首要途径、次要途径和一般途径三个层次。[18]

第一层次，即首要途径，也称为可控途径，主要体现为官方的传播行为，是由政府主导的针对国外受众的对外传播渠道。比如国家形象宣传、领导人的公开活动、主旨演讲、官方声明、新闻发布等等。这是战略传播的最高级别的行为，彰显政府形象、体现官方态度。十八大以来，习近平主席在不同场合多次谈到中国“和”的文化以及和谐相处的国际观，这种“基于中国传统文化，以‘和谐’的价值观为核心，建立民主正义的国际秩序，从而实现的人类永久和平愿景，将是中华文明改写人类历史的伟大贡献”。[19]正是通过习主席的国际外交，中国“和”文化得以在世界范围内广泛传播。

第二层次，即次要途径，也称为有限可控途径，主要体现为非官方的传播行为。比如跨国公司战略、民间经贸往来、国际间媒介交往、个人公关活动等等。这一途径的特点是非官方性，也正是由于这一层次的信息较少受到政府的干预和控制，反而让对象国家公众感到更加独立可信。在具体的运行中，这一途径虽然表现为非官方特点，较少受到政府的管控，但政府可以在总体规划、实施策略方面进行战略性的指导，以保证这些非官方行为在国家总体战略传播的规制下运行。正如习近平主席在“一带一路”国际合作高峰论坛提出的“建立多层次人文合作机制，搭建更多合作平台，开辟更多合作渠道。要推动教育合作，扩大互派留学生规模，提升合作办学水平。要发挥智库作用，建设好智库联盟和合作网络。在文化、体育、卫生领域，要创新合作模式，推动务实项目。”

第三层次，即一般途径，相比较前两种途径，这一途径较难进行政府管控，主要体现为自发的文化传播行为，比如文化教育交流、流行文化、电影、音乐等等。在战略传播实施中，这些行为主要是自发的文化交流活动，传播的主动性较差。尽管这些因素难以控制，但同样不可忽视，因为国外公众也可以通过这些文化交流活动间接地获取对一国形象的认知。需要注意的是，这一途径非可控性主要体现在传播行为上，即政府无法完全控制其传播、交流的方式。但政府可以通过源头控制，弘扬优秀的民族文化，用先进的民族文化参与国际交流。

通过上述三种途径的描述可以看出，战略传播强调控制性和协调性，因此，在对外传播的战略实施中，要注意官、民联合传播，整合二者的优势资源共同为中华文化对外传播战略服务。

18　毕研韬、林信焰：《战略传播视角下的“一带一路”》，《公共外交季刊》，2016年第1期，第73-79页。

19　乔清举：《习式外交的“和”文化底蕴》，《人民论坛》，2015年7月（上），第32-35页。

2.在内容策略上，做到“中国故事、国际话语、本地讲述”

文化对外传播首先要考虑的是传播对象的特殊性，国外受众对中国文化的理解和接受会因文化背景的差异而呈现不同的效果。因此，除了在传播策略上以战略传播思想为指导之外，在内容策略上也应当内外有别，要做到“中国故事、国际话语、本地讲述”，正如习近平主席在央视调研时所指出的“用好国际化传播平台，传播中国文化，讲好中国故事”。[20]

首先，是传播什么，即中国故事的内容来源，中华民族有博大精深丰富多彩的民族文化，所有优秀的中华文明都是中国故事应有的内容，而这些内容的集中体现，则是“继承传统优秀文化又弘扬时代精神、立足本国又面向世界的当代中国文化创新成果”。因此，“提高国家文化软实力，要努力传播当代中国价值观念……要加强提炼和阐释，拓展对外传播平台和载体，把当代中国价值观念贯穿于国际交流和传播方方面面。”[21]

其次，是如何传播，向世界讲述中国故事，传播中国文化，一定要考虑到国际受众的需求，用国际话语讲述中国故事，虽然当前国际话语权仍然掌握在西方发达国家手中，但在中西方价值观分歧之外，人类社会共同认知基础上的一些理念也有相同之处，比如人本主义、可持续发展、和谐共存等，这种普世价值体系的话语形式可以和国际语境进行无障碍的对接或置换，从而形成国际化的交流传播方式。通过这种方式可以使中国文化对外传播有效融入到国际传播环境中，形成多样共识的国际视角。

第三，是本地讲述，“一带一路”涉及六十多个国家和地区，各地的文化差异很大，在“中国故事、国际话语”之外，还要注意传播内容和传播形式和当地文化的融合和适应的问题。所谓“本地讲述”就是把文化传播的内容用当地受众“喜闻乐见”或者易于理解和接受的方式进行传播。这就需要充分调查了解“一带一路”沿线国家或地区的文化传播环境，和当地传播机构充分结合，实现“中国故事”的本地化传播。

3.在实施策略上，充分发挥地缘、人缘、文缘优势，重点突破，以点带线开展文化传播

传播效果实现的基本前提是传、受双方基本相通的“意义空间”，而这一点恰恰是“一带一路”倡议背景下我国文化对外传播面临的最大挑战。“一带一路”沿线各国处于不同语言圈、文化圈、宗教圈、各国社会风俗和文化传统不尽相同，这些都给文化传播与交流带来一定的困难，这些是影响我国文化对外传播效果的客观性因素。

但同时，我国边疆少数民族地区由于历史的原因，与周边相邻国家和地区存在着传

20　杜尚泽：《坚持正确方向创新方法手段，提高新闻舆论传播力引导力》，《人民日报》，2016年2月20日。

21　新华社北京12月31日电《习近平在中共中央政治局第十二次集体学习时强调建设社会主义文化强国着力提高国家文化软实力》，《人民日报》，2014年1月1日。

统的交往关系，其中包括语言相通、文化相通、习俗相通、宗教相通等因素。这种地缘、人缘、文缘优势，应当成为“一带一路”背景下文化对外传播“共同的意义空间”的现实基础。

在现实推进中，“一带一路”是由沿线一个个国家或地区串连而成的，可以说是由点成线。但文化传播与交流合作不一定非要逐个推进，可以采用“蛙跳式”策略实现重点突破，以点带线。在具体实施中可以在“一带一路”沿线有所侧重地选择交流传播支点国家或地区，在进行培育扶持的基础上示范推广、辐射相关国家。比如我国的云南、新疆就是这种理想的传播支点。

在地缘上，在“一带一路”背景下，以云南为传播支点，以东南亚、南亚为中介，可以北上连接丝绸之路经济带，南下连接海上丝绸之路。云南是中国毗邻周边国家最多的省份之一，包括空、陆、水为一体的交通枢纽的形成，使得云南与南亚东南亚构建了更为密切的经济、社会、文化联系，拥有更多交流发展的渠道和优势拓展的空间。

从人缘而言，云南与南亚东南亚有 17 个跨境民族，其生活、婚姻、习俗等同根同源，这种人缘关系是其他任何地方都不具备的。另外，南亚东南亚有很多华侨华人，中华文化早已通过他们在异国他乡落地生根，彼此友好关系久远。

从文缘而言，云南和南亚东南亚同属于南传佛教文化圈，相同的宗教文化拉近了彼此的关系，也为文化交流带来了天然的便利。改革开放以来，云南与南亚东南亚间文化贸易与文化交流的相互融合，构成了这种文缘优势的基础和条件。所以，习近平主席考察云南时提出，云南要建成我国面向南亚东南亚辐射中心。这也为我国面向南亚东南亚文化传播提供了明确的方向。

和云南相似，新疆地区的多民族、多文化、多语言和宗教信仰等因素，与中亚几个国家都能够相通，跟西亚的国家也能够相通，甚至与其他穆斯林国家也能够相通。

总结

“国之交在于民相亲，民相亲在于心相通”。本文探讨“一带一路”倡议背景下我国文化对外传播力的提升策略，从根本上讲就是要用当地民众的语言和方式讲好“一带一路”的故事；在内容上能够有效阐释“一带一路”倡议背后的价值根源与普遍性，以及“一带一路”所承载的共商、共建、共享的原则及和平开放、包容合作、互鉴互利、共赢共荣的精神；在实效上能够通过文化对外传播塑造“世界之中国”形象，把富有魅力、具有时代价值的文化精神弘扬和传播出去，最终提高中国的国际话语权与影响力，推动“一带一路”倡议的顺利实施。

构建融通中外的话语体系

中国特色大国外交核心话语对外传播路径与效果[1]

——以“新型大国关系”为例

杨明星[2]

【摘要】“新型大国关系”是中国领导人近年来提出的重大外交构想和理念，也是中美关系语境中频繁出现的外交新概念。它虽只有短短 6 个字，但却具有丰富的和平外交思想和和合文化内涵，代表着一种全新的、具有中国特色的大国关系理论，已成为中美高层会晤的必谈话题和国际社会关注的焦点。对于这一重大外交新概念的翻译和传播，事关重大，不能小觑，需要借用国际关系学、外交学、传播学等跨学科的视角来解决。中国外交部敢于摒弃西方外交逻辑和语言传统习惯，积极探索外交新词对外翻译和传播的中国特色、中国视野，对“新型大国关系”一词进行了创新表达、翻译和传播，忠实、有效传递了中国对美外交政策的宗旨，赢得了美方的积极反应和认同，堪称“政治等效”翻译典范。这一创新译法开创了中国话语自信、话语创新的先河，对创建中国特色的外交学、传播学、语言学和翻译学，维护国家利益、塑造大国形象、促进中美关系、提升中国国际话语权具有重要的理论价值和现实意义。

【关键词】中国特色大国外交；话语传播；外交翻译；新型大国关系

2017 年 6 月 21 日，首轮中美外交安全对话在华盛顿举行，如何构建和发展世界上

1　本文为国家社科基金项目《外交翻译的理论构建与中国特色外交话语体系建设研究》（编号：17BYY001）、中国外文局对外话语体系研究2017招标课题《提升中国话语国际影响力策略研究》（编号：17CBZX106）、河南省高校哲社基础研究重大项目《“外交语言学”的理论构建与学科建设》（编号：2018-JCZD-018）的阶段性研究成果。

2　杨明星：郑州大学中国外交话语研究中心主任，教授。

最重要的双边关系——中美关系成为会谈的主要议题。2013 年 6 月 8 日习近平主席访美时首次向美国总统正式提出构建“不冲突、不对抗、相互尊重、合作共赢”的“新型大国关系”。[3] 这是中国领导人为打破西方传统大国关系模式——“国强必霸”（A strong country must seek hegemony.）所作的重要外交构想和理论创新。“新型大国关系”虽然只有短短 6 个字，但它却涉及当今世界最重要、最复杂的双边关系，代表着一种全新的重大国际关系理论，具有丰富的和平外交思想。然而，由于中美两国语言文化、思维方式、意识形态和外交体制上的不同，双方对这一概念的认知、解读和翻译并非完全一致，有时甚至存在着巨大差异。这一点并未引起国内学术界和新闻媒体应有的重视和高度关注，以至于出现了一词多译、“各自为政”的混乱现象，甚至盲目照搬美国译法，这在一定程度上曲解了中国对美外交宗旨和本意，引起了西方国家不必要的猜忌。值得一提的是，中国外交部在此方面做了大胆的创新和成功的尝试，敢于摒弃西方外交逻辑和语言传统习惯，积极探索外交新词对外翻译的中国特色，其对“新型大国关系”的创新译法和传播堪称“政治等效”典范，对促进中美关系、提升中国国际话语权具有重要的理论价值和现实意义。

一、中国特色大国外交核心话语的三重构建

一般来说，中国特色大国外交话语建设需要经过三个路径选择，或者说三重构建，笔者称之为话语传播的三步曲，即依次经过话语构建、话语翻译和话语传播三个重要环节（详见附图）。

第一个环节：中国特色大国外交的话语构建，即中文文本的跨文化书写，这是外交话语体系建设的源头和开端。它涉及一门笔者正在参与建构的新型学科“外交语言学”。在外交语言中文文本建设中提早引入和强化跨文化意识，寻找中外话语的共鸣点、最大公约数，求同存异、求同化异。加强国家修辞能力，优化和创新外交话语的故事化叙事、民族性、国际化表达。话语体系可细分为四大类别（大国外交核心话语、周边外交核心话语、对发展中国家外交核心话语和多边外交核心话语），和十大专题（含全球治理、“一带一路”“中国梦”、涉台问题、涉南海问题、涉日问题、涉藏问题、涉疆问题、涉港问题、涉人权问题核心话语和关键词）。坚持统一规划、区别对待的原则，有效传递中国声音、回应国际关切。

第二个环节：中国特色大国外交的话语转换，即外交翻译，外语文本的跨语言、跨文化书写和构建，涉及一门新型学科，笔者称之为“外交翻译学”。这是外交话语体系建

3 杜尚泽、温宪：《习近平同奥巴马总统举行中美元首会晤》，《人民日报》，2013年6月9日。

设的关键一步。外交翻译，即话语再构建、再创新，也是中国外交话语体系建设的重要路径和话语权提升的关键环节，这一点过去容易被学界所忽视。通过翻译，使我国外交话语的对外表达既以我为主、特色鲜明，又能兼顾读者，融通中外。以外交翻译为突破口和着眼点，通过理论构建和案例分析，找出我国外交话语国际表达和有效传播的途径。确立外交话语翻译的理论框架，包括外交话语“政治等效”翻译的路径选择、实现手段、步骤过程，以及外交表态词和外交新词的翻译原则和质量评估模式。

第三个环节：中国特色大国外交的话语传播，即文本的跨文化、跨国界传播，涉及国际传播学，笔者称之为“外交传播学”。这是外交话语体系建设的最后一个环节。应优化国际传播渠道和模式，坚持传统媒体与新兴媒体相融合、官方传播与民间传播相结合的原则。将由政府主导的单项输出模式，转化为政府、媒体、智库、民间、跨国公司和非政府组织等多管齐下、多渠道、全方位传播模式；增强受众意识，优化国家叙事框架与模式，改变自说自话的传播方式，以增强外交话语的影响力和吸引力。加强国际议题设置和制度性话语权建设，将战略对话、高层会晤、外交演讲、答记者问、发表白皮书和署名文章、人文交流有机结合起来，形成传播合力。

目前，外交话语能力建设是我国推动全球治理和对外政策面临的一个紧迫议题和关键难题。提升中国外交话语国际影响力是一个涵盖话语构建、话语翻译和话语传播等三个重要环节的系统性工程，强调相互影响，相互制约，互为前提和基础。应着眼于中国外交话语“三位一体”建设的全局视野，把握外交话语体系建设的整体布局和构成要素，妥善处理三个重要环节之间的关系。这对讲好中国故事、传播好中国声音、阐释好中国特色，提升我国外宣质量、国际话语权和大国形象，保护国家利益和安全，消除“中国威胁论”具有重要的政策指导作用。

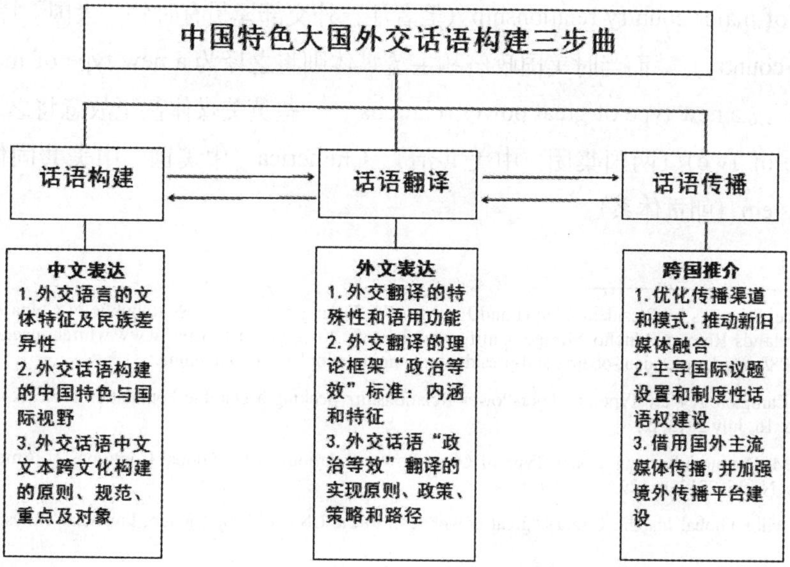

下面试以近年来中国对美外交关键词“新型大国关系”为例，系统分析中国特色大国外交核心话语对外传播的规律、路径与成效，进一步提出优化话语构建和传播的对策建议。

二、案例分析：“新型大国关系”的创造性构建、翻译与传播

（一）中方对“新型大国关系”的创新性提出

2012年2月，时任国家副主席的习近平访问美国，在华盛顿首次提出了中美构建“前无古人、后启来者”“新型大国关系”的倡议。2012年5月，在北京召开的中美战略与经济对话期间，中方将构建“新型大国关系”作为主题高调推出。在十八大报告中，中国明确表示新一届政府要同主要发达国家“建立长期稳定健康发展的新型大国关系”。就任国家主席后，习近平于2013年6月8日访美时首次向美国总统正式提出“新型大国关系”的准确内涵：“不冲突、不对抗、相互尊重、合作共赢”。“新型大国关系”这一开创性的表述和概念，不仅是习近平治国理政的关键词，也是中国特色大国外交的核心话语。以“新型大国关系”取代西方传统对抗性大国关系，是跨越“修昔底德陷阱”、实现崛起大国和守成大国和谐相处的新路径，体现了中国不走历史上大国冲突老路、开创大国关系新模式的政治智慧和历史担当，对于建设共同繁荣、持久和平的和谐世界具有重要历史意义。

（二）外交部对“新型大国关系”的创新译法

在2013年中美元首加州会晤现场，“新型大国关系”一词被中方外事译员统一译为a new model of major country relationship（笔者注：外交部译员有时将“大国”译为带连字符的major-country）。[4] 而当时美国政府和主流媒体则将之译为a new type of major power relationship[5] 或a new type of great power relations[6]。一些英美媒体甚至故意将之意译为G2 (The Group of Two)（两国集团、中美共治）、Chimerica（中美国、中美共同体），或者tributary system（朝贡体系）。[7]

---

4 Press Office. Remarks by President Obama and President Xi Jinping of the People's Republic of China After Bilateral Meeting Sunnylands Retreat Rancho Mirage, California, June 8, 2013. [Z/OL]. http://www.whitehouse.gov/the-press-office/2013/06/08/remarks-president-obama-and-president-xi-jinping-peoples-republic-china.

5 David M. Lampton. A New Type of Major-Power Relationship: Seeking a Durable Foundation for U.S.-China Ties [J]. Asia Policy, No. 16, July 2013, p.1.

6 Abraham M. Denmark.Forging a New Type of Great Power Relations in the Global Commons[J]. American Foreign Policy Interests, No.35, 2013, p. 129.

7 Jamil Anderlini. Global Insight: China's "great power" call to the US could stir friction. Financial Times, June 4, 2013, p.9.

中美翻译版本最大的不同在于对关键词“大国”一词的理解和翻译。中方对“大国”一词的翻译并没有套用西方传统上的习惯用语 major power(s)/great power(s)，而是新造了英语词组 major country 来表达。外交部采用以上创新译法主要有以下三个方面的考虑：

一是 power(s)/major power(s)/great power(s) 在汉语文化中多半是贬义词，常表示“强权、列强、权力、权势、强国、大国”等含义，容易让人联想到强权政治或霸权主义；而在西方外交学词典里，则是指在国际体系中拥有支配他国权力的国家，其标准是强权政治、军事实力和战争能力。最有代表性的定义首推美国学者约翰·米尔斯海默和保罗·肯尼迪。芝加哥大学政治学教授米尔斯海默（John Mearsheimer）在其专著《大国政治的悲剧》里宣称，国际政治就是大国政治，大国政治始终处于一种悲剧状态；大国的最终目标是成就霸权、最大限度地占有世界权力，大国竞争注定是零和博弈。[8]耶鲁大学历史学家肯尼迪（Paul M. Kennedy）在其名著《大国的兴衰》指出大国兴衰的历史规律，即一个大国的兴起同时伴随着另外一个大国的衰落。[9]中美两国对“大国”的两种定义代表了不同的外交文化，说明 power/power politics（权力 / 强权政治）不是中国外交追求的目标。因此，习近平所说的“大国”绝不能等同于英语中的 major power/great power。二是 major country（直译为“大型国家、主要国家”）是中性词，中方想用之来表达中方新型“大国”外交理念和独特的价值观，如和平共处、合作共赢、和为贵、不争霸、平等互利、公平正义、以德治国等思想，以区别于西方传统意义上追逐权力的“大国观”。三是 major country 的用法符合中国国情。中美两国虽都是大国，但两国实力相差巨大，美国是世界超级大国和最发达的国家，而中国只是发展中国家，不是真正意义上的世界强国。中方用 major country 向美方表明中国只是人口或面积上的“大型国家”，没有挑战美国霸主地位的实力和意图。这样可以避免美方不必要的战略忧虑和外交误会。总之，major country 与汉语词汇“大国”在语言形式和文化内涵上实现了高度统一。

外交部前副部长、高级翻译、全国人大新闻发言人傅莹在介绍“新型大国关系”的翻译背景时说，美国智库习惯用 great powers 来表达“大国”概念，而其在中文里通常被译为强国甚至强权。在中国，大多数人并不认为中国现在已经成为世界强国，更不认同强权政治。外交部采用 major country 译法对“大国”二字赋予了不同的政治内涵，旨在表明中美不走大国对抗的老路。[10]另外，美国智库提出的意译法 Chimerica 或 G2 也是不合适的，因为以上两种英文概念都含有中美共治的霸权主义色彩，这和中国政府的外交主张是完全相背离的。

---

8 John Mearsheimer, The Tragedy of Great Power Politics[M]. New York & London: W.W. Norton & Company, 2001, p.1-16.

9 Paul M. Kennedy, The Rise and Fall of the Great Powers: Economic Change and Military Conflict from 1500 to 2000[M]. New York: Random House, 1987，p.1-5.

10 傅莹：《智库发展大有空间潜力》，《人民日报》，2013年6月20日。

无独有偶，中美对“霸权”的定义如同对“大国”的认知一样。“霸权”在不同的语言体系中具有不同的政策涵义和情感色彩。在汉语中，“霸权”是指在国际关系中以实力或强权操控、统治、支配或侵犯别国的行为，常作贬义词，一般称之为霸权主义。这是中国政府明确反对的。而在英语中，hegemony/hegemonism（霸权 / 霸权主义）在某种程度上是一个中性词，强调一国对其他国家的领导（leadership）、主导 (dominance) 或者操控 (control)。

“新型大国关系”除关键词“大国”外，“新型”和“关系”两个词的翻译也很重要。一般来说，model（模式）的语体比 type（类型）、pattern（式样）更正式、更庄重、更专业，强调方式的创新性和独特性，也符合外交语言的文体特征。“关系”一词尽管可用单数形式 relationship 或复数形式 relations 来翻译，但 relationship 更合适、更贴切，原因是从词典意义上来说，relations 多指关系的一般性、抽象性和普遍性，而 relationship 则强调关系的特殊性、具体性和情感性。从外交学的角度上来分析，中国领导人提出“新型大国关系”的概念定位非常明确，专指中美关系，因此 relationship 更切合中美关系现实与语境。正是由于中美关系的极端特殊性和重要性，使得中国决策者需要提出一个全新的外交理念来处理中美关系，以打破“崛起大国与霸权大国必有一战”的历史魔咒。

译名规范统一之后，外交部还对“新型大国关系”新译名进行了创造性延伸和拓展。外交部“大国”的译名 major country 延伸和拓展到所有包含有“大国”一词的外交术语上来，形成系列具有中国特色的外交话语。如对“大国外交”“中国特色大国外交”“中美新型大国关系”“负责任大国”“大国冲突与对抗”等关键话语的翻译，都彻底替换掉西方国家的惯用语 power/major power/great power。举例说明如下：

“大国外交”“中国特色大国外交”。2013 年 6 月 27 日，外交部长王毅在第二届世界和平论坛上发表了题为“探索中国特色大国外交之路”的演讲，阐述中国的大国外交理念。“中国特色大国外交”被中国外交部译员译为 Major-Country Diplomacy with Chinese Characteristics。[11] 这是比较妥贴、规范的译法。然而，美国著名智库詹姆斯 · 敦基金会的《中国简报》却故意将中国特色的“大国外交”译为 great power diplomacy。[12]

“中美新型大国关系”。2013 年 9 月 21 日，王毅在美国布鲁金斯学会发表题为“如何构建中美新型大国关系”的演讲，全面阐述了中美新型大国关系的内涵和目标，其译文是 a new model of major-country relations between China and the US。[13] 12 月 3 日，外交部发言

---

11 Wang Yi, Exploring the Path of Major Country Diplomacy with Chinese Characteristics, Remarks at the Second World Peace Forum, June 27, 2013, Bejing. [Z/OL]. http://www.fmprc.gov.cn/eng/zxxx/t1053908.shtml.

12 Bonnie S. Glaser, Alison Szalwinski. Major Country Diplomacy with Chinese Characteristics[J]. China Brief, The Jamestown Foundation, No.16, August 9, 2013, p.10.

13 Wang Yi. Toward a New Model of Major-Country Relations Between China and the United States. Speech by Foreign Minister Wang Yi at the Brookings Institution, 20 Sept. 2013, [Z/OL]. http://www.fmprc.gov.cn/eng/wjb/wjbz/2461/t1078768.shtml.

人洪磊主持例行记者会，在谈到中美关系时，外事译员将“中美新型大国关系”译为 the new model of major-country relationship between China and the US，a new model of China-US major-country relationship。[14] 以上两种翻译都是比较贴切的译法，皆沿用了单词 major country。但从术语的简洁性要求来说，a new model of China-US major-country relationship 是最佳译法。

“负责任大国”。2013 年 12 月 16 日，王毅在北京“2013 中国与世界”国际研讨会上发表了题为《开启中国外交新征程》的演讲，现场外事译员将“负责任大国”译为 responsible major country。[15] 同样，在 2013 年 12 月 31 日外交部发言人华春莹主持例行记者会，当谈到中国在国际事务中的外交角色时，外事译员将“负责任大国”也译为 responsible major country。[16]

“大国冲突与对抗”“大国关系”。2014 年 7 月 9 日，习近平在第六轮中美战略与经济对话开幕式上发表了《努力构建中美新型大国关系》的重要讲话，认为构建新型大国关系是体现了中美双方决心打破大国冲突对抗的传统规律、开创大国关系发展新模式的政治担当。现场外事译员将“大国冲突对抗”“大国关系”分别译为 major-country conflict and confrontation、major-country relations。[17]

同时，外交部几乎在所有正式外交场合，凡涉及到“大国”外交的一词，都统一译作 major country/major country，而不是 power，major power/great power。如“崛起大国”（rising major country），“新兴大国”（emerging major country），“传统大国”（traditional major country），“守成大国”（established major country /conservative major country），“大国形象”（major country’s image），“世界大国”（world’s major country），“大国地位”（major country status），“地区大国”（major regional country），“具有重大影响的大国”（major countries with great influence），“贸易大国”（major trade country），“农业大国”（major agricultural country），“发展中大国”（major developing country），“负责任的发展中大国”（responsible major developing country），“能源消费大国”（major energy consuming country），“温室气体排放大国”（major greenhouse gas–emitting country）（详情参见外交部官方英文网站 http://www.fmprc.gov.cn/wjb/eng.）。

---

14 Hong Lei, Foreign Ministry Spokesperson Hong Lei’s Regular Press Conference on December 3, 2013.[Z/OL]. http://www.fmprc.gov.cn/eng/xwfw/s2510/2511/t1105277.shtml

15 Wang Yi. Embark on a New Journey of China’s Diplomacy, Address by Foreign Minister Wang Yi at the Symposium “New Starting Point, New Thinking and New Practice. 2013: China and the World”, Beijing, December 16, 2013. [Z/OL]. http://www.fmprc.gov.cn/mfa_eng/wjb_663304/wjbz_663308/2461_663310/t1109943.shtml.

16 Hua Chunying. Foreign Ministry Spokesperson Hua Chunying’s Regular Press Conference on December 31, 2013. [Z/OL] http://www.fmprc.gov.cn/mfa_eng/xwfw_665399/s2510_665401/2511_665403/t1113606.shtml.

17 Xi Jinping, Work Hard to Build a New Model of Major-Country Relationship Between China and the United States July 9, 2014. [Z/OL]. http://www.fmprc.gov.cn/mfa_eng/wjdt_665385/zyjh_665391/t1178864.shtml.

（三）中方对“新型大国关系”新译名的多层次、全方位推广与传播

自 2013 年中美首脑美国会晤以来，外交部对美国政界、新闻界和学术界创造性地开展了三位一体的译名推广与传播活动，始终将“新型大国关系”统一译为“a new model of major country relationship”。

对美国政府决策层，无论是中美元首会晤，还是战略对话，外交部都高调推出“新型大国关系”的官方标准译文。如利用 2013 年的中美第五次战略与经济对话、中美外长文莱会晤、美国国防部长哈格尔访华、参议院外委会主席梅南德斯访华、中美元首圣彼得堡会晤、王毅出席联合国大会、美国财政部长雅各布·卢访华、第四轮中美人文交流高层磋商、美国副总统拜登访华，2014 年美国常务副国务卿伯恩斯访华、国务卿克里访华、中美元首海牙会晤、奥巴马夫人米歇尔访华、美国议员代表团访华、第六轮中美战略与经济对话、美国国家安全事务助理赖斯访华、习近平特使、国务院副总理张高丽出席联合国气候峰会、中美元首北京会晤等 20 多次重大外交活动，持续开展了新译名的语言接触和话语实践活动。特别是习近平每次与美国政要会见时都强调使用这一概念。习近平在 2014 年 11 月 12 日的“瀛台夜话”、2015 年 9 月 25 日的“白宫秋叙”、2016 年 9 月 3 日的“西湖漫步”中，先后向美国总统奥巴马阐释了中方推进中美新型大国关系建设的重点、方向和路径。2017 年 1 月 18 日，习近平在联合国日内瓦总部发表了题为《共同构建人类命运共同体》的主旨演讲，首次在多边场合宣示了要“积极同美国发展新型大国关系”的意图和决心。

对美国著名智库和精英阶层，外交部对“新型大国关系”的概念内涵和官方译文做了 10 多场密集宣讲、推介活动。主要有 2013 年的王毅分别在美国布鲁金斯学会的演讲——《如何构建中美新型大国关系》和在北京“2013 中国与世界”国际研讨会上的演讲——《开启中国外交新征程》、驻美大使崔天凯在美国约翰·霍普金斯大学的中美关系演讲、国务院副总理刘延东在美国和平研究所的演讲——《开创中美人文交流新境界》；2014 年外交部美大司司长谢锋在中国社会科学院与哈佛大学举办的国际学术研讨会上的演讲——《如何构建中美新型大国关系》，崔天凯先后在美国进步中心、亚洲协会、和平研究所、哈佛大学和美亚学会发表中美关系主旨演讲。针对美国社会舆论，外交部无论是利用每日新闻发布会，还是美国主流媒体，对“新型大国关系”的概念和译名开展了 30 多次系列宣传和说明活动。如 2013 年，国务院副总理汪洋在 *The Wall Street Journal* 发表题为 *An Opportunity to Strengthen U.S.-China Ties* 的文章，国务委员杨洁篪分别在美国 *The Washington Post*, The *National Interest* 上发表题为 U.S., *China can forge a more cooperative relationship*，*Implementing the Chinese Dream* 的文章，国务院副总理刘延东在 *U.S.A.Today* 发表题为 U.S. *and China strengthen bonds people-to-people* 的文章；为纪念中美建交 35 周年，2014 年王毅在外交部英文网站等中国主流外文媒体上发表了题为 Build on Past Progress to Develop a New Model of Major-country Relations Between China and the *United States* 文章；崔天凯接受美国 PBS 的中美关系专访，并分别在 US *News and World Report, Foreign Policy* 上发表题为 *Culture Brings Us Closer*，*We Have Much to Celebrate* 的署名文章（以上内容详情参见外交部官方英文网站 http://www.fmprc.gov.cn/wjb/eng.）。

（四）美方对"新型大国关系"创新译法的积极反应与逐步认同

总体来说，美国政府对中方提出构建"新型大国关系"的反应是积极的和正面的。2013 年中美首脑举行庄园会晤时，面对习近平提出的 a new model of major country relationship，奥巴马总统回应说，美国欢迎中国作为一个世界大国继续和平崛起，中国不断走向成功符合美国的利益。中国的和平、稳定和繁荣不仅有利于中国，也有利于全世界和美国。我非常期待 a new model of cooperation（一种新型合作模式），它将成为我们今后多年共同迎接全球挑战的牢固基石。[18] 从奥巴马的发言看，要美方一开始完全接受中方的这个新译法，并不是一件很容易的事。之后奥巴马总统、拜登副总统、克里国务卿等美国高层官员多次在不同的场合对中方的提议表示欢迎。

2013 年 11 月，美国国家安全顾问苏珊·赖斯在乔治城大学发表 America's Future in Asia（美国在亚洲的未来）的演说时强调，seek to operationalize a new model of major power relations（我们寻求与中国实际建立新型大国关系）。[19] 赖斯向中方传递了一个重要信息，希望尽快 operationalize（实施、落实）"新型大国关系"。

2013 年 12 月 4 日，美国副总统拜登在人民大会堂对习近平表示，美中关系是 21 世纪最重要的双边关系。美方赞赏习近平主席为推动美中关系体现出的战略远见和务实态度，愿同中方一道积极创建美中"新型大国合作模式"（a new model of major country cooperation）。这种关系充满希望和机遇，可以避免守成大国和新兴大国之间发生冲突的历史定律。[20] 这是美国国家领导人首次正式使用中方的"大国"译文 major country，表明美方已开始注意并认同中方创新翻译"大国"的政治意图。

2013 年 12 月 5 日，美国政府在白宫发布 U.S. Fact Sheet on Strengthening U.S.-China Economic Relations（《美国关于加强美中经济关系的简报》），文件提到 President Barack Obama and President Xi Jinping' s shared commitment to create a new model of major

---

18 Press Office. Remarks by President Obama and President Xi Jinping of the People's Republic of China After Bilateral Meeting Sunnylands Retreat Rancho Mirage, California, June 8, 2013.

19 Susan E. Rice. Remarks As Prepared for Delivery by National Security Advisor Susan E. Rice. Nov. 20, 2013. [Z/OL]. http://www.whitehouse.gov/the-press-office/2013/11/21/remarks-prepared-delivery-national-security-advisor-susan-e-rice.

20 The White House. Remarks by Vice President Joe Biden and President Xi Jinping of the People's Republic of China, December 4, 2013. [Z/OL]. http://iipdigital.usembassy.gov/st/english/texttrans/2013/12/20131204288323.html#ixzz3AtvT375F.

country relations (奥巴马总统与习近平主席共同承诺建立的新型大国关系)。[21] 这是美国政府首次在官方文书中使用中方译文 a new model of major country relations，标志着美方对中国外交部译本的正式认可。

2014 年 11 月，在北京出席亚太经济合作组织（APEC）会议的中美两国元首，就进一步推进和深化中美“新型大国关系”达成重要共识。这是中美元首继庄园会晤后又一次庄严宣示共建“新型大国关系”。11 月 12 日，习近平在人民大会堂为奥巴马一行举行欢迎宴会，双方重申了中美共建“新型大国关系”的战略目标，中美之间形成了良好的话语互动。习近平借用美国作家爱默生的名言“人但有追求，世界亦会让路”来表达加快推动“新型大国关系”的决心和勇气；而奥巴马则援引鲁迅的名句“世上本没有路，走的人多了就有了路”（Originally there was no path, but after many people travel a certain way, a path is forged.）作出积极回应，以暗喻中美共创“新型大国关系”的信心和毅力。[22]

2017 年 3 月 18—19 日，美国新任国务卿蒂勒森 (Rex Tillerson) 开启上任后的首次访华。他在与习近平和王毅的会晤中，至少三次公开表示美方愿与中方共同构建“不冲突、不对抗、相互尊重、合作共赢”(non-conflict, non-confrontation, mutual respect, and win-win cooperation) 的中美关系。这是美方首次援引中方的外交话语“新型大国关系”的 14 字内涵释文，特别是“相互尊重”一词，表明美方正式呼应和接纳中国的“新型大国关系”原则，向中国释放了积极的信号。中国国际问题研究院研究员郭宪纲认为，蒂勒森将“中美新型大国关系”这一理念的内涵一字不落地表达出来，表明西方世界正在逐渐接受我们的外交新理念。[23]

蒂勒森三次使用 14 字内涵释文分别为：

第一次是 3 月 18 日在与王毅会谈表示：“U.S.-China relationship has now over 40 years ago with the historic opening between the U.S. and China, and through that period, it has been a very positive relationship built on non-confrontation, no conflict, mutual respect, and always searching for win-win solutions.”（随着美中两国大门历史性的打开以来，美中关系已经历了 40 多年的发展。在此期间，两国一直在构建一个基于不冲突、不对抗、相互尊重，并不断追求互利共赢解决方案的积极关系。）[24]

第二次是 3 月 18 日在与王毅共同答记者问时表示：“Since the historic opening of

---

21 The White House. U.S. Fact Sheet on Strengthening U.S.-China Economic Relations, December 5, [Z/OL]. 2013.http://iipdigital.usembassy.gov/st/english/texttrans/2013/12/20131205288431.html#ixzz3Jo9uLhjZ.

22 The White House, Toast Remarks by President Obama in Luncheon with President Xi of China, Great Hall of the People Beijing, China, November 12, 2014. [Z/OL]. http://www.whitehouse.gov/the-press-office/2014/11/12/toast-remarks-president-obama-luncheon-president-xi-china.

23 张清俐：《构建融通中外的话语体系》，中国社会科学网，2017年6月14日。

24 Rex W. Tillerson. Secretary of State, Remarks with Chinese Foreign Minister Wang Yi at a Press Availability, Diaoyutai, Beijing, China,March 18, 2017. [Z/OL]. https://www.state.gov/secretary/remarks/2017/03/268518.htm

relations between our two countries more than 40 years ago, the U.S.-China relationship has been guided by an understanding of non-conflict, non-confrontation, mutual respect, and win-win cooperation. It is important that the leaders of our two countries engage in further dialogue to develop a common understanding that will guide our relationship for the next half-century."（自四十多年前美中关系历史性开启以来，美中关系一直在不冲突、不对抗、互相尊重、双赢合作的精神引领下发展。两国领导人进一步加强对话，形成共识，以指引未来 50 年两国关系的发展，至关重要。）[25]

第三次是 3 月 19 日与习近平的会见。蒂勒森在人民大会堂对习近平说："美方愿本着不冲突、不对抗、相互尊重、合作共赢的精神发展对华关系，不断增进美中相互了解，加强美中协调合作，共同应对国际社会面临的挑战。"[26]

针对蒂勒森频繁引用中国外交话语，中美两国外交部门都进行了积极的回应。3 月 20 日，外交部长王毅在中国发展高层论坛年会上表示，"美方的积极表态令人鼓舞"。[27]在美国，蒂勒森援引中方的外交用语引起主流媒体的强烈反响。3 月 20 日，针对蒂勒森访华期间引用中方"新型大国关系"的 14 字内涵释文一事，美国国务院新闻发言人马克·托纳 (Mark C. Toner) 对记者明确表示："我认为他（蒂勒森）访华传递或想传递的信息，显然是我们希望与中国建立富有成效和前瞻性的合作关系。" (I think the message he is sending or he tried to send in his visit to Beijing writ large was that we want a cooperative, productive, forward-looking relationship with China.) 并宣称"他（蒂勒森）心里清楚自己的讲话措辞" (He was aware of his word choice)。[28] 3 月 22 日，外交部新闻发言人华春莹在例行记者会上针对"蒂勒森的用词是'中国的外交胜利'"的说法，回应道："此次蒂勒森国务卿访华期间，中美双方就中美两国本着不冲突不对抗、相互尊重、合作共赢的精神发展好新起点上的中美关系达成了清晰共识……是中美作为两个重要大国的正确相处之道。"[29]

三、"新型大国关系"话语成功翻译和传播的世界意义

"新型大国关系"的跨文化构建、翻译和传播堪称成功案例，具有重要的世界意义。

25　Rex W. Tillerson. Secretary of State, Remarks Before His Meeting With Chinese Foreign Minister Wang Yi, Diaoyutai, Beijing, China, March 18, 2017. [Z/OL]. https://www.state.gov/secretary/remarks/2017/03/268515.htm.

26　李忠发：《习近平会见美国国务卿蒂勒森》，新华社北京2017年3月19日电。

27　王毅：《以历史纵深感和未来穿透力，共同设计今后50年中美关系》，人民网北京2017年3月20日电。

28　Mark C. Toner. Acting Spokesperson, Department Press Briefing, Washington, DC, March 20, 2017[Z/OL]. https://www.state.gov/r/pa/prs/dpb/2017/03/268530.htm.

29　华春莹：2017年3月22日外交部发言人华春莹主持例行记者会。[Z/OL]. http://www.fmprc.gov.cn/web/fyrbt_673021/t1447745.shtml.

一是具有重要的外交战略意义，有力地提升了中国国际话语权。翻译是话语的再构建，外交翻译是国际话语权的再创造。“新型大国关系”创新译法是贯彻落实习近平主席提出的“创新对外宣传方式，加强话语体系建设，着力打造融通中外的新概念新范畴新表述”要求的重要举措、大胆尝试和成功实践，不仅表达了中国对美国的外交本意，反忠实有效地传递了中国特色大国关系理念的内涵。这对传播中国传统文化和外交思想，构建中国对外话语体系、增强国际影响力具有重要的现实意义。长期以来，中国经济的快速崛起和综合国力的不断增强，并未带来相应的话语权，有时甚至存在着话语缺失。其主要原因在于美国的话语霸权主义和对中国的政治偏见、话语歧视。国际知名学者、《中国超越》的作者张维为，在百国访学考察归来之后指出，“中国崛起一定要伴随自己话语的崛起，否则这种崛起是靠不住的”；“中国应尝试建立一套可以与西方世界沟通的中国自己的标准话语体系”。[30]“新型大国关系”是东方国家对西方话语主导权的一次重要冲击，正汇集成新的中国特色外交话语体系。这一术语的翻译看似简单，其实蕴藏着重大的外交哲学思想，也暗含着中美之间激烈的话语较量。好的中国外交理念如果没有科学的译法，就很难走出国门，实现跨文化交际，带来相应的目的国读者接受和认同。

二是开创了中国话语自信、话语创新的先河，具有重要的学术价值和实践意义。“新型大国关系”是中国政府基于民族传统外交文化和对美外交工作的现实需要而提出的重大外交新概念，是当前国际关系中最具创意的“中国方案”之一，极富政治敏感性和中国特色，它在西方国家的外交文化和制度中根本不存在。要准确译出中方的原创意义，必须进行创新翻译，既不能简单地直译为西方国家喜闻乐见的外交术语 A New Type of Great Power Relations，也不能想当然地意译为美方所鼓吹的 Chimerica 或 G2。中国外交部并未按照美国外交的传统逻辑将“大国”对译为 major power(s)/great power(s)，而是平等对话，另辟蹊径，新造英语单词 major country 来重新定义“大国”概念，颠覆了西方传统思维中固有的“大国”形象，堪称世界翻译史上的成功典范。外交部的翻译创举也体现了中方敢于践行中国特色大国外交的话语自信和政治智慧。创新的理念呼唤创新的翻译。为提高原创外交理论的翻译质量，应考虑采用跨学科的翻译视野和“新词对新词”翻译原则。“新型大国关系”的创新译法，对打破世界语言文化格局中的英语霸权、弘扬和凝练国际语言生态中的中国元素、中国特色，对创建中国特色的语言学、翻译学乃至外交学、国际传播学，提升中国在国际上的学术自信和话语权具有重要的借鉴意义和启发作用。

30　张维为：《中国崛起一定要伴随自己话语的崛起——走访百国后对中国的思考》，《文汇报》，2014年8月19日。

四、政策建议

第一，应进一步增强国际舆论格局中中国话语的自信心和创新性，构建以我为主、特色鲜明、融通中外的外交话语体系。中国特色大国外交话语体系建设是一个涵盖话语构建、话语翻译和话语传播等三个重要环节的系统性工程。应立足中国外交话语对外构建、翻译和传播的现状和实际，采用外交学、国际关系学、国际传播学、跨文化交际、话语分析、社会语言学、翻译学和修辞学等跨学科视角和一体化理念，全方位、多维度、系统化研究中国特色大国外交话语体系建设。要改变话语体系建设部门之间相互脱节的局面，构建一个特色鲜明、融通中外的大国外交话语体系，涵盖中国外交理念的中文表达机制、外文表达机制和国际传播机制，实现三位一体。要彰显中国特色、中国气派和中国风格。既体现中国发声、特色鲜明，又做到国际表达、融通中外，实现民族性与国际化的高度统一。要努力构建外交话语学理论框架和概念体系。具体来说，应尝试构建外交语言学、外交翻译学和外交传播学，以推动语言学、翻译学和传播学的学科建设。真正体现中国外交的道路自信、理论自信、制度自信和文化自信。

要以高度的理论自信、话语自信、话语创新、传播创新来提升中国国际话语权和国家软实力，更好地向世界说明中国，传递好中国声音，讲中国故事。不可否认，有些新理念、新话语的对外翻译与传播需要一定的过程。正如中国外文局范大祺所说，我们提出的一些新话语具有原创性，外国人对其有时不能很快理解，当他们的理解和我们的表达之间有距离时，我们依然应当保持道路自信、理论自信、制度自信和文化自信。[31] 建议外交部尽快成立从事对外话语体系构建、翻译和传播研究的专门机构，为中国公共外交工作提供决策建议和人才支撑。

第二，加快建设我国外交话语的平台，推进中国外交话语对外翻译与传播的统一、规范、监督和管理工作，更好地服务于外交大局和国家战略。应尽快成立由外交部牵头、其他部委、新闻媒体、科研院所和外国专家参加的“中国外交术语翻译委员会”，定期研究、统一发布中国外交术语和新词的权威译本。建议由外交部牵头国家有关部门制定国家外事外交翻译的政策法规、行业规范、质量标准、职业道德等监督管理条例，并考虑将笔者提出的外交翻译四大原则（政治等效原则、译名统一原则、专业表达原则和约定俗成原则）列为外交翻译的重要原则。[32] 笔者提出的“政治等效”原理，不仅是外交话语翻译的重要标准，对中国特色大国外交的话语构建和传播，也具有一定的借鉴意义。

31　同23。

32　杨明星：《中国外交新词对外翻译的原则与策略》，《中国翻译》，2014年第3期，第108页。

第三，加大对“新型大国关系”创新译法的深度推广、宣示、阐释和传播力度，将之列为今后一个时期中国对美公共外交的一个工作重心。目前国内外对“新型大国关系”系列概念的解读和翻译达不到“高度统一”。美国的一些重要官员、媒体和学者不顾中方的再三提示，仍在高调采用美式译法。国内不少主流英文媒体仍在照搬西式译法，现在是到了该修改的时候了。为此，建议外交部对内统一下文，强制推行 a new model of major country relationship 标准译法，在此基础上统一、规范“新型大国关系”系列话语的构建、翻译、传播工作；对外主动回应美方的关切和疑惑，耐心、坦诚向美国决策层、新闻媒体、智库专家和社会民众说明“新型大国关系”的概念内涵和翻译用意，以彻底打消美方的战略猜忌和误判。

第四，中美关系超越了一般的双边关系，越来越具有全球意义。鉴于中美关系的极端重要性和复杂性，建议由外交部和国务院新闻办公室牵头适时起草和发布中英双语版《新型大国关系白皮书》，系统阐述中国政府处理中美关系的方针、政策、原则和立场。

文化“走出去”的符号陷阱与话语设计[1]

——以孔子学院13年的国际舆情分析为例

朱文博 吴玫[2]

【摘要】面对西方国家经营了几百年的文化和话语霸权，中国文化“走出去”如何营造良好的国际舆论环境是亟待解决的问题。本研究从孔子学院创办13年来的国际舆论分析入手，运用符号聚合理论与幻想主题分析法，解析美国、英国、加拿大等13个国家主流媒体塑造的孔子学院形象与其背后的符号图景，并对中方在国际舆情应对方面的话语策略进行解析与评估。研究发现，经过不懈努力，孔子学院凭借良好口碑在国际舆论场域赢得了一定的正面形象，但同时也遭遇不同程度的负面舆论，特别是中方的主要外宣话语被西方媒体曲解利用，导致在舆论争夺战中反驳乏力。因而，我国对外传播要对话语体系进行系统性设计，规避西方话语陷阱，全面提升对外传播精细化水平。

【关键词】孔子学院；国际舆论斗争；符号聚合理论；幻想主题分析

近年来，中国文化“走出去”工程在文化交流、文化贸易等诸多方面取得了显著成绩，世界各地出现了一波又一波的“中国热”。在国际舆论场域，中国优秀文化产品和文化机构在获得赞誉的同时，也经常遭到西方媒体的质疑、抵制甚至攻击，对国家文化“走出去”造成负面影响。最为典型的是少数孔子学院在西方媒体的舆论打压下被迫停办。

中国文化“走出去”所面临的国际舆论困境是亟待解决的问题。西方世界的文化和话语霸权已经精心经营了几百年，中华文化走向世界，必然触发其敏感反弹。面对复杂

---

1 本文系国家社科基金重大项目“中华文化的海外传播创新研究”的阶段性成果，项目编号：14ZDA056。

2 朱文博：当代中国与世界研究院助理研究员；吴玫：澳门大学传播学系教授、博士。

的国际舆论环境，一个巨大的挑战是：既要讲好自己的文化故事、塑造客观正面的文化形象，也要看清国际舆论本质、规避话语风险，尤其在中国文化事业在海外遭遇负面打击时，具备有效的反驳策略。

本研究从孔子学院创办 13 年以来的国际舆论分析入手，运用本团队改进创新的符号聚合理论与幻想主题分析法，解析美国、英国、加拿大等 13 个国家主流媒体塑造的孔子学院形象与其背后的符号图景，并对中方在国际舆情应对方面的话语策略进行解析评估。

研究发现，经过 13 年的努力，孔子学院凭借良好口碑在国际舆论场域赢得了一定的正面形象，但同时也遭遇不同程度的负面舆论攻击，特别是中国外宣的主要话语被西方媒体曲解利用，而中方在孔子学院对外传播方面缺乏系统性的话语设计，对负面舆论的深层意义脉络缺乏全面的认识，在舆论争夺战中反驳乏力。

一、理论基础与分析方法

（一）孔子学院海外舆情研究综述

自 2004 年第一所孔子学院在韩国开办以来，截至 2016 年 12 月 31 日，全球共有 140 个国家（地区）建立 512 所孔子学院，遍布亚、非、欧、美、大洋五大洲，孔子学院成为我国文化“走出去”的一个成功典范。中国学界对孔子学院的海外办学经验有大量研究，为孔子学院的成功“走出去”提供了宝贵的学术支持。近年来，孔子学院的海外舆情也日益受到学界关注，出现一些很有价值的研究文章。刘程和安然（2014）的研究发现，英国主流媒体对孔子学院有“选择性误读”，特别突出的是表现在“中国威胁论”和“汉语取代英语”这两种“夸大”的误读。[3] 李开盛和戴长江（2011）的研究，对孔子学院在美国的舆论环境进行了评估，发现促成正面态度的几个因素是：更多的商业机会、增进理解、交流与合作、时尚与流行；而负面态度的关键因素是对共产主义的恐惧。[4] 这些研究都对本研究提供了有价值的参考。

然而，与诸多海外舆情研究不同的是，我们的研究采取了一个新的认识框架，我们认为，舆情特别是主流媒体上的“舆论”是一个被媒体制造和生产出来的“符号现实”，是可以通过科学的方法解构和反制的。因此，在面对大量西方负面舆情的时候，传播学者考虑的不是孔子学院应该如何改进，而是如何解构这样的不利舆情，它们深层次的意义系统是什么？在此基础上，如何才能有针对性地建构孔子学院这张中国名片，把孔子学院这个大故事讲好，讲生动，讲得深入人心。

3　刘程、安然：《意识形态下的新闻图式：英国主流媒体对孔子学院的“选择性误读”》，《新闻与传播》2014年第6期。

4　李开盛、戴长江：《孔子学院在美国的舆论环境评估》，《世界经济与政治》2011年第7期。

（二）“正负面分析法”

中国舆情分析方法中最主流的是基于新闻客观性理论的“正负面分析法”。新闻客观性理论的基本内涵是，新闻报道需要真实、客观、全面反映所报道的新闻事实，平衡处理各方观点，媒体自身不应有主观立场和倾向。“正负面分析法”评估的实际上是新闻报道的专业化水准，在分析微观的单篇新闻报道时简单易行，但无法回答舆论形势、话语体系、意识形态、价值观等宏观和深层次问题，因此对舆论引导和舆论反驳等系统性问题难以提出有效的实操方案。

（三）“符号主题分析法”

起源于美国与前苏联冷战研究的符号聚合理论，是主题分析法的理论基础。该理论由美国传播学家欧内斯特·鲍曼（Ernest Bormann）于20世纪70年代提出，将抽象的思维意识与互动交往具体化为客观的“符号”，认为人类所有思维与交流活动都是“符号活动”。在大众传播领域，媒体是“共识制造机器”，媒体报道所呈现的是传播者通过新闻专业主义手法建构宏观“符号现实”，旨在与受众发生“符号聚合”现象，达到“复颂”的共识效果。这种符号建构，意图不是“客观反映社会现实”，而是运用新闻专业主义手法“建构和印证主观符号现实”。

“符号现实”是圈层结构，包含符号视野、符号类型、符号主题三个层次，并且可分为“正义型”“社会型”“实用型”三种属性。最外围的圈层是“符号主题”（也称“幻想主题”），由引领人们超越“当下”的想象性符号建构形成的“主题故事”，包含场景、人物、行动和合理性机制四个故事元素。中间层是“符号类型”（也称“幻想类型”），是多个情节类似的主题故事聚合而成的叙事框架或模式，典型的例子就是刻板印象、新闻框架、认知模式。最内层的“符号视野”（也称“语意视野”）是“一种更严谨的结构，一个复合的戏剧，一个更复杂的幻想现象”（吴玫,2011），代表着某种意识形态、世界观、话语体系等。“正义型”意指基于某种价值观或道德伦理原则建构的符号现实，“社会型”指基于某种社会关系建立的符号现实，“实用型”指基于利益关系建构的符号现实。如图1所示。

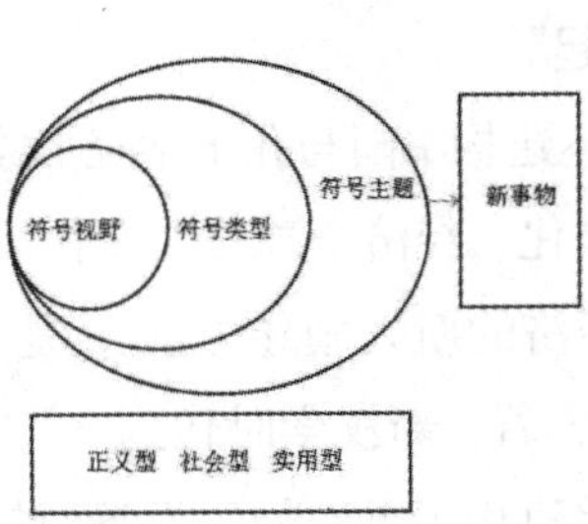

图1：符号现实的圈层结构图

按照鲍曼（1980）的思路，主题分析法的基本分析步骤如下[5]：1）找出历史记忆丰富、具有想象空间的关键词（符号线索）和关键句（故事情节）；2）根据关键词、关键句中重复出现的类似的场景、人物、情节与合理化机制，找出具有完整故事性的符号主题；3）根据故事情节类似的符号主题，提炼其叙事模式与框架，即符号类型；4）描绘所有主题与类型共同建构的世界图景，确定符号视野；5）综合分析视野中的合理化机制，找出意识形态与价值观。

二、样本选择与研究问题

本研究通过 Factiva 新闻数据库收集了 2004 年 1 月 1 日至 2016 年 12 月 31 日美国、英国、加拿大、法国、澳大利亚、新西兰、爱尔兰、俄罗斯、印度、巴基斯坦、柬埔寨、菲律宾、卡塔尔等 13 个国家主流媒体有关孔子学院的 254 篇英文新闻报道作为分析样本。同时作为对比，选取了同一时段内中国中央外宣媒体（新华社、中国日报、环球时报等）有关孔子学院 42 篇中英文文章。具体样本列表见附录。研究问题如下：

1. 海外媒体围绕孔子学院和中国建构了怎样的符号图景？

2. 孔子学院的符号图景包含哪些视野、类型和主题？

3. 中国外宣媒体展现了哪些反驳西方的符号主题？

三、孔子学院的符号视野、符号类型与符号主题

境外媒体对中国的认知在很大程度上决定了对孔子学院的定性。研究发现外媒围绕中国形象和孔子学院建构了三大符号视野：“中国和平崛起”“中国威胁世界”和“共产主义独裁”。每种视野针对中国形象和孔子学院形象包含了不同的符号类型、符号主题和价值类型。阐述如下：

（一）符号视野一：“中国和平崛起”

“中国和平崛起”是境外媒体建构中国与孔子学院形象的第一大符号视野，这个视野积极正面，描绘了一个政治多极化、经济全球化、文化多元化的美好世界图景。在这个视野中，中国被建构为“全球经济的新兴领导力量”，是“全球事务的重要参与者”，正引领全球形成“汉语热潮”，标志着“新汉学时代到来”。在“中国和平崛起”的符号大视野下，境外媒体围绕孔子学院建构了丰富的幻想类型与主题，并且在“复颂”中形成

5　Bormann, E.G. (1980).Communication theory. New York: Holt, Rinehart & Winston.

了两套正面立体的符号体系。如表 1 所示。

“实用型”符号类型“创造美好未来的契机”。基于实际利益的考量，该体系回避了孔子学院背后的官方色彩，而将其建构为“非盈利的语言文化教育机构”，并且是“西方大学的最佳合作伙伴”，不仅将为公司企业“带来经贸机会”，也为外国学生个人发展提供“未来竞争优势”，因而，孔子学院是“创造美好未来的契机”。

“社会型”符号类型“架起中外友谊之桥”。“中国和平崛起”的大视野中，围绕孔子学院还有一套基于社会关系的符号体系。该体系将孔子学院建构为“向世界展示中国文化魅力”，并通过一系列符号主题描绘出一个通过“消除相互理解鸿沟”“中西文化交流共享”“增强中外外交关系”实现“架起中外友谊之桥”的美好符号图景。如表 1 所示。

性质	符号类型	符号主题	核心故事情节
实用型	非盈利的语言文化教育机构		“非盈利、非政府组织”“推广中国语言和文化为目的的文化教育机构”“类似于德国的歌德学院、法国的法语联盟、英国的文化委员会”“为学习中国语言文化提供机会”
	西方大学的最佳合作伙伴		“为资金短缺的西方大学所准备”“上帝安排的最佳合作伙伴”“北京不仅提供培训好的教师和书籍，而且给老师提供薪水，为学生提供资助”“增强大学现有的汉语课程”
	创造美好未来的契机	带来经贸机会	“帮助公司开展对华贸易，维护好中国客户关系”“可与新兴经济力量在贸易中获益”“为英国带来巨大的经济和贸易机会”“深受商务人士欢迎”
		未来竞争优势	“将为学生提供未来登上世界舞台的竞争优势”“给孩子们提供未来需要的生存技能和发展全球事业的能力”
社会型	向世界展示中国文化魅力		“中国用文化赢得世界的思想和心灵”“推广中国现代文化观念”“向世界展示中国文化魅力”“提高中国文化吸引力”
	架起中外友谊之桥	消除相互理解鸿沟	“消除双方误解”“弥合理解鸿沟”“真正理解中国的历史和文化”“以积极互利态度认识中国”“加强民间交流理解”
		中西文化交流共享	“中西文化通过不同的路径实现共同的价值”“充分了解中国文化文明史”“促进中西语言文化交流共享”
		增强中外外交关系	“有助于增强两国外交关系”“增强中国与世界的联系”“架起双边友谊之桥”“国际关系的文化桥梁”

表1：“中国和平崛起”的符号类型与主题

（二）符号视野二："中国威胁世界"

"中国威胁世界"是西方媒体一个流行的负面符号视野。营造的是一个具有地缘政治色彩的传统大国争霸图景。在这个视野中，中国被建构为类似于前苏联的"新型超级大国"形象，不断"复颂"的符号情节有："经济、军事势力快速增长""不断扩张海外势力""组建新型国家联盟""谋求地区霸权""让邻国感到害怕"等。在这样的大视野下，境外媒体围绕孔子学院建构了一套地缘政治博弈与霸权主义意图的符号体系。如表2所示。

性质	符号类型	符号主题	核心故事情节
实用型	中国国家机器（Arm of the State）	文化软实力 "魅力攻势"	"中国最好的驻外大使馆""输出文化观念""扩张文化软实力""用魅力攻势影响西方民众""不使用武力或强制而影响他国的能力""推动民间外交"
		改善负面国家形象	"缓解外界对新超级大国的担忧""消除对中国的恐惧"，"消除中国威胁论""改善负面形象""塑造良好政治形象"
		推广中国政治理念	"推广西方之外的政治理念""推销儒家的善政与和谐""在他国试验中国政治道路""非西方话语""非西方资助"
		配合海外扩张战略	"与中国海外扩张的战略相一致""支持中国海外战略利益的文化工具""追求全球超级大国地位"

表2："中国威胁世界"的符号类型与主题

"实用型"符号类型"中国国家机器"。基于地缘利益博弈的思维模式，孔子学院在"中国威胁世界"的符号视野中已完全脱离了汉语文化教育机构的基本属性，被建构为"中国国家机器"，并衍生出政治背景：中国运用"文化软实力"对他国发出"攻势"，以"改善负面国家形象"，"推广中国政治理念"，最终目的是为了"配合海外扩张战略"。这种类型迎合了"中国威胁论"的符号大视野。

（三）符号视野三："共产主义独裁"

"共产主义独裁"是源于"冷战"东西方阵营意识形态斗争的符号视野，是西方阵营利用"民主－独裁"二元对立的自由主义意识形态，与社会主义阵营国家对抗的核心符号视野。该负面视野扎根西方舆论场域已近百年，影响力延伸至今，是西方反华、恐华、辱华的一个重要的"符号基因"。在这个视野中，中国执政党被抹黑为"一党专政"的"独裁者"，是"自由民主国家的死敌"。孔子学院在"走出去"的过程中，遇到最大的舆论阻碍，就是基于这种视野的符号围攻，其呈现出来的符号类型与主题充满敌意。如表3所示。

性质	符号类型	符号主题	核心故事情节
正义型	中共外宣喉舌	干涉学术自由	“控制课程设置和课堂讨论的议题”“回避西藏、新疆、台湾、人权等敏感议题”“施行自我政治审查”“共产党背后操纵”“葡萄牙会议审查台湾材料”“限制教职员宗教信仰与言论自由”
		输出共产主义	“输出共产主义价值观”“宣传不民主的独裁政治观点”“洗白恶劣的人权记录”“对学生进行共产主义洗脑”
	中国特色的“特洛伊木马”	意识形态渗透	“中共文化武器”“打着孔子旗号进行意识形态渗透”“来自中国的无形的手”“在大学校园渗透政治势力”
		文化间谍组织	“文化间谍组织”“监控中国留学生”“招募中国间谍”“威胁国家利益和安全”“访问学者有间谍行为嫌疑”
		和中国政府做交易	“为了中国的钱出卖学术自由”“迟早要为中国的投资付出代价”“批评中国政府就不能拿钱”“向共产党叩头”

表3：“共产主义独裁”的符号类型与主题

“正义型”符号类型“中共外宣喉舌”。这种类型基于西方自由主义意识形态对孔子学院的政治符号攻击，给孔子学院戴上“喉舌”的帽子，用各类故事情节建构“干涉学术自由”和“输出共产主义”的负面主题，将孔子学院描述为“政治宣传机器”。尤其是“干涉学术自由”这个主题，是西方媒体筛选事实、拼凑材料、有意识“夸大”“误读”孔子学院的核心话语，对孔子学院的形象和教学与管理活动造成了极为负面影响。

“正义型”符号类型“中国特色的‘特洛伊木马’”。同样基于西方意识形态，这个符号类型诉诸更深层次的西方文化符号，对孔子学院的负面造型更加巧妙和险恶。它借用了古希腊传说中希腊联军在战利品“木马”中藏匿伏兵欺骗敌军，最终里应外合拿下特洛伊城的典故，形容孔子学院是“具有中国特色的‘特洛伊木马’”，是“害人的礼物”，表面上无风险，实际“暗藏杀机”。西方媒体借用这个历史符号，进行“中国化”改造，制造出一个“中国特色‘特洛伊木马’”的嫁接符号。这个类型中，最常见的主题是“意识形态渗透”，称中国共产党向校园伸出“无形的手”；另一个常见的主题是“和中国共产党做交易”，指责“大学为了钱出卖学术自由”；还有一个不常见但更具敌意的主题是

“文化间谍组织”，声称孔子学院在搞“间谍活动”。用“特洛伊木马”这个超级文化符号包装后的舆论冲击，其辨识性与影响力不可小觑。

四、中方建构的反驳西方的符号主题

针对西方媒体的攻击指责，中国外宣媒体及大多数非西方媒体都积极展开舆论反击。运用符号主题分析法对反驳西方负面舆情的文本进行分析，发现出现以下两大类型反驳主题。

（一）基于西方话语体系与承认对方指责的反驳

大多数反驳西方负面舆论的观点，要么是基于西方话语体系中的辩白，也就是说是在承认西方意识形态或价值观的基础上对孔子学院不断地进行自我澄清；抑或是承认对方的指责的反驳，以“大家都这么做”的借口来辩解。还有就是强调中止合作的负面后果，以“损害双边关系”“伤害两国人民友谊”来批驳。这几种辩驳均显得“苍白无力”，因为没有反击到核心要害。如表 4 所示。

性质	符号主题	核心故事情节
承认对方价值观的反驳	没有干涉学术自由	“中国政府的资助没有任何政治条件”“和共产主义意识形态无关”“中国政府没有干涉正常教学”“所有课程都是公开透明”“仅仅是语言和文化课程”“孔子学院能自主决定课程”、“拥有学术自由”
承认对方观点的反驳	基于各国的自愿申请	“基于美国的申请开设，并提供教材、老师和其他支持”“从不强迫任何机构”
	每个国家都这样做	“每个国家的文化教育机构都有政治色彩”“都在输出价值观”“英国政府和加拿大政府都在做”“其他国家人权状况更差、更过分”
强调负面后果的反驳	损害双边关系	“孔子学院合同终止损害两国关系发展成果”“伤害中国人民情感”“损害两国人民友谊”

表4：基于西方话语体系的符号主题

（二）跳出西方话语体系与意识形态的反驳

反驳西方谬论的主题当中，出现了一些跳出西方话语体系意识形态的“独立”的符号主题，这些主题具备了一定的反驳力度。但话语设计仍不成熟，价值观的根基仍不扎实，尤其是没有融入中国智慧与中国话语，仍有改进提升的空间。如表5所示。

性质	符号主题	核心故事情节
独立的反驳	西方需要开放包容的思想	“西方国家要向前看”，“中国有值得尊重敬仰的地方”，“无法想象看到中国国旗却对中国一无所知”，“一味指责他国很容易，但更需要开放包容的思想去接触和学习”
	遵守中国法律	“孔子学院要遵守本国的法律”“孔子学院老师首先是中国公民，必须遵守中国法律”
	遵守合约规定	“双方签署的合同具有法律效力，值得尊重执行”

表5：跳出西方话语体系的符号主题

五、总结与讨论

综合以上符号主题分析结果，本研究可以得出以下结论：

（一）孔子学院赢得了口碑，但仍缺乏核心价值观支持

在中国“和平崛起”的全球大趋势下，经过13年的努力，孔子学院在国际舆论场域赢得了广泛赞誉，境外媒体主要从两方面进行肯定：一是从实用主义出发，认为孔子学院作为“非盈利教育机构”，可以给个人、企业和国家带来实实在在的发展机遇，可以“创造美好未来”；二是从社会关系出发，肯定孔子学院展示了“中华文化魅力”，在促进相互理解、文化交流、双边关系方面的意义，“架起友谊之桥”。

但值得注意的是，国际舆论尚未有对孔子学院建构起积极正面的正义型符号主题，也就是说，孔子学院的国际品牌形象仍然缺乏核心价值理念的支撑。一旦没有了经济利益的“好处”和维系良好关系的“需要”，孔子学院在海外的发展或将面临舆论危机。在品牌建构中，特别是像孔子学院这样“中华文化走出去”的世纪工程，品牌必须要具有撼动人心的价值观、道德观的精神感召力。实用型和社会型的语义符号，其感染力逊于诉诸正义感、道德观或宗教精神的语义符号，不太容易激发受众内心深处的情感要素，引起持续的联想与共鸣。因此，可考虑将孔子学院的定位与品牌设计纳入到构建融通中外话语体系的顶层设计之中，在构建“人类命运共同体”的宏伟愿景之中，挖掘孔子学院“中国智慧”“以人为本”“为万世开太平”等的人文使命感和核心价值观，建构正义型

符号视野，使其从“利益相关”“关系紧密”的层次逐步走上“道义高地”。

（二）“中国威胁论”依然严重，避免落入西方符号陷阱

西方国家对于中国和平崛起始终抱有敌意，其主流媒体上的“中国威胁论”是常态。作为这种大视野的衍生，孔子学院在海外被部分西方媒体建构成“国家战略机器”，描绘了一幅“改善国家形象”“输出文化软实力”“推广政治道路”“配合海外扩张”的符号图景。

这里尤其值得警惕的是，中国外宣话语“文化软实力”和“魅力攻势”被某些西方媒体利用，借中方的政策文件和新闻报道断章取义，渲染孔子学院是“文化软实力输出”，是打着“文化”的旗号发起“魅力攻势”，根本目的是“谋求地区霸权”。这就对中国的外宣水平提出了更高标准的要求，如何能够科学性地设计国际传播的话语体系，有理、有据、有节地进行话语权的反击，但又不落入对方的符号陷阱。

（三）极端反共符号用心险恶，坚决与之展开舆论斗争

研究发现，“冷战”时期的反共思维在国际舆论界中依然有市场，在“冷战”结束快 30 年的今天，依旧是中国文化“走出去”的最大舆论障碍。在所谓“共产主义独裁”视野下，孔子学院被曲解成“中国外宣的喉舌”“中国特色的‘特洛伊木马’”，孔子学院“干涉学术自由”，搞“共产主义输出”“意识形态渗透”“文化间谍活动”，将孔子学院置于“全面绞杀的敌对面”。面对“冷战”思维，必须要坚决地反击，揭露其谬误，反驳其言论，澄清客观事实，维护国家利益。

（四）精心设计外宣符号和话语体系，全面提升外宣精细化水平

中国文化“走出去”需要国际舆论的支持，而良好国际舆论环境的形成，不仅需要实实在在的成绩去赢得尊重、争取口碑，更需要争夺话语权，占领道义高地。孔子学院 13 年来在国际舆论场域的遭遇充分说明，实际工作成绩可以赢得口碑，但要想取得国际舆论场域的正面影响力，必须要学会如何在舆论争夺中赢得主动权。中方的外宣反驳往往缺乏整体设计，纠缠于细节的辩白，而落入对方设定好的价值观与话语体系，陷入被动局面。

因而，面对严峻的国际舆论形势，中国的对外传播应该要有一个系统工程式的精细的顶层设计，对重大文化“走出去”工程要实施品牌建设和相应的舆情监测。要用科学的方法精心进行符号设计，建立融通中外的话语体系，努力营造正面的海外舆情。在孔子学院的海外传播中，一方面要强化既有舆论成果，将辛勤耕耘换来的实用型和社会型符号主题与类型传播好、发展好、完善好；另一方面要结合中国话语符号，建构能够占领道义制高点的话语体系。

附录：新闻样本列表

	国家	媒体列表	数量			总数
1	美国	美联社	53	《国家利益》	1	134
		彭博社	2	《今日美国报》	1	
		《华盛顿邮报》	5	《环球邮报》	5	
		《纽约时报》	14	《赫芬顿邮报》	8	
		《华尔街日报》	12	《今日田纳西》	1	
		《国际纽约时报》	5	《中参馆》	1	
		《洛杉矶时报》	2	《福布斯》	4	
		《芝加哥论坛报》	8	《大西洋杂志》	2	
		《波士顿环球报》	2	《高等教育界》	3	
		《华盛顿时报》	3	《奥克拉荷马日报》	1	
		《基督教科学箴言报》	1	《国家利益》	1	
2	英国	路透社	5	《经济学人》	6	42
		《泰晤士报》	5	英国广播公司（BBC）	13	
		《每日电讯报》	3	《苏格兰先驱报》	1	
		《卫报》	9			
3	加拿大	《环球邮报》	43	《国家邮报》	3	56
		《多伦多星报》	9	《当今》	1	
4	法国	法新社	3			3
5	澳大利亚	《澳大利亚人报》	11	《悉尼先驱晨报》	5	16
6	新西兰	《新西兰先驱报》	2			2
7	爱尔兰	《爱尔兰时报》	3			3
8	俄罗斯	“今日俄罗斯”	2	塔斯社	8	12
		俄新社	2			
9	印度	《印度教徒报》	3	《每日新闻分析》	1	3
10	巴基斯坦	《新闻报》	1			1
11	柬埔寨	《柬埔寨日报》	1			1
12	菲律宾	《太阳星报》	1			1
13	卡塔尔	《半岛电视台》	1			1

	国家	媒体列表	数量			总数
14	中国大陆	新华社	25	南方周末	1	42
		中国日报	2	环球时报	3	
		人民日报	3	光明日报	9	
	香港	《南华早报》	2			2
	台湾	《中国时报》	1	《中国邮报》	1	2
	总数	296				

党政文献民族语文翻译与周边国家对外宣传研究[1]

唐超　晓亮[2]

【摘要】党政文献的民族语文翻译工作在我国边疆少数民族地区具有重要的政策宣传功能，少数民族使用的跨境语言，有助于国家对外话语体系建设，增强国家文化对外传播的管控力。本文梳理了民族语文翻译与跨境民族研究脉络，以及党政文献的民族语文翻译工作基础，针对国家领导人重要文献《习近平谈治国理政》蒙古文版、朝鲜文版和韩文版的翻译和出版，讨论党政文献民族语文翻译与周边国家对外宣传工作的相关问题，提出初步的对策和建议。

【关键词】党政文献；民族语文翻译；跨境民族；周边国家；对外宣传

在我国的55个少数民族中，跨境民族有蒙古、藏、维吾尔、苗、彝、壮、布依、朝鲜、瑶、哈尼、哈萨克、傣、傈僳、佤、拉祜、景颇、柯尔克孜、布朗、塔吉克、怒、乌兹别克、俄罗斯、鄂温克、德昂、京、塔塔尔、独龙、赫哲、门巴、珞巴等30个民族。与周边国家跨境而居的国外民族使用的语言相比，有些差别较大，如我国的景颇语与缅甸的克钦语；有些差别较小，如我国的朝鲜语与韩国的韩语。边疆少数民族地区聚集着大量跨境民族，共同使用着跨境语言，如我国西南地区的云南、广西与缅甸、老挝、越

1　本文系2016年国家语委科研项目“跨境民族语文翻译与国家对外话语体系建设”（项目编号：YB135-2，主持人：李旭练）的阶段性成果。

2　唐超：中国民族语文翻译中心（局）研究室助理研究员，《民族翻译》编辑，博士；晓亮：中国民族语文翻译中心（局）蒙古语文翻译室翻译。

南等国接壤，与泰国临近，集中分布着16个跨境民族[3]；西北地区与周边国家的跨境民族有俄罗斯族、维吾尔族、哈萨克族、柯尔克孜族、乌孜别克族、回族和蒙古族等；东北地区与周边国家的跨境民族有朝鲜族、鄂温克族、达斡尔族等。有些民族正在积极推动统一的文字规范，如中、老、泰、越、缅5国的“阿卡—哈尼”文字。我国政府长期以来重视党政文献的民族语文翻译工作，取得了丰硕成果和宝贵经验。在新时期，我国政府、翻译机构和科研机构参与到国际合作的跨境民族语言规范化工程，对国家对外话语体系建设，以及加强周边国家外宣工作至关重要。

一、我国学界对跨境民族语文翻译的研究现状

根据调查，我国的30个跨境民族，使用50余种跨境语言。20世纪80年代以来，我国学界对跨境民族问题的研究主要有以下描述：“跨界民族”“跨境民族”或“跨国民族”等。实际上在我国边疆地区，普遍存在着“一个民族横跨多个国家”的现象，本文主要讨论我国党政文献、法律法规和政策宣传等重要文件文献的民族语文翻译工作和传播效果，提出应该调查边疆地区跨境民族语文的图书、报刊、广播、电视、电影等传统媒体和网络、移动终端新媒体的传播和听众读者的接受情况，正向传播和逆向传播对边疆民族地区的实际影响。

改革开放以来，在国家的民族政策的大力支持下，我国的跨境民族语文翻译研究取得了一定的成绩，主要有3个层面：跨境民族、跨境语言或跨境民族语言和跨境民族语文翻译。

（一）跨境民族研究

在《跨境民族探讨》中，胡起望对“跨境民族”概念做了详细定义：“跨境民族就是分别在两个或两个以上的国家里长期居住，但又保留了原来共同的某些民族特色，彼此有着同一民族的认同感的民族。他们虽然长期分居于不同国家，受当地主体民族或其他民族的不同影响，在语言、服饰、物质文化与精神文化等各方面有了不同程度的变化，但是在他们传统文化的底层，以及日常生活的深处，与原来的民族传统是有着千丝万缕的关系”。[4]本文针对我国边疆地区民族的跨境分布特点，整体使用“跨境民族”的概念。语言的传播不是要求物理上必须相邻，而是针对语言传播的功能分析。如果原来是同一个民族，在发展过程中选择使用不同的语言文字，则不在本文研究之内。

随着国内对跨境民族研究的逐步深入，进入21世纪后，在我国边疆省市的高校成立

3 戴庆厦、乔翔、邓凤民：《论跨境语言研究的理论与方法》，《云南师范大学学报（哲学社会科学版）》，2009年第3期，第24-27页。

4 胡起望：《跨境民族探讨》，《中南民族学院学报》，1994年第4期，第49-53页。

了一批研究中心，为跨境民族语文翻译研究提供了坚实的基础，如北京语言大学中国周边语言文化协同创新中心、云南大学西南边疆少数民族研究中心、广西民族大学中国—东盟研究中心、新疆大学西北少数民族研究中心等，已经取得一定的科研成果。不仅民族学专家，其他学科如民族语言学、民俗学、社会学、教育学、经济学、文化学和传播学者也从不同方面开始跨境民族研究，成果主要是对我国和周边国家的跨境民族历史研究和现状分析。研究重心是以某一区域为中心，根据局部地区的政治经济，逐渐扩大研究范围。如从云南跨境民族，到东南亚跨境民族、中老跨境民族、老泰跨境民族、湄公河流域跨境民族、东盟各国间跨境民族、“一带一路”跨境民族等，形成了一系列可以借鉴的研究方法和理论。

（二）跨境民族语言研究

本文讨论的跨境语言主要是指“跨境民族语言”（cross-border ethnic languages）。严格意义上说，汉语也是跨境语言，但不在本文的研究范畴之内。《论“跨境语言”》中，戴庆厦、傅爱兰主要是从民族语言学的角度切入，研究同一民族在跨境而居的历史过程中的语言变化过程。[5]在《开展我国跨境语言研究的构想》中，戴庆厦为“跨境语言”做出定义：“跨境语言，是指分布在相邻国家同一语言的不同变体”。[6]本文综合使用马曼丽、张树青《跨国民族理论问题综论》的“跨国民族”（transnational ethnic groups）术语，以及戴庆厦组织的13个语言国情个案和5个跨境语言个案的调查成果[7]，在此基础上提出“跨境民族语文翻译研究”（cross-border ethnic languages translation studies）的概念，特别强调“边界”（border）概念，说明边界两侧的互动性。

进入21世纪后，民族语言学通过实地调查和跨境田野作业，进一步开展跨境语言研究，取得了丰富成果。实地调查和跨境田野作业主要集中于与我国西南边境的云南、广西地区接壤或相邻的东南亚国家，如越南、缅甸、老挝和泰国等；提供了成熟的田野调查方法和成功的个案研究，组织起以民族语言学为基础，“中央—地方、国内—国外、高校—协会”等多方面合作的研究团队。以上研究大都是基于民族语言学的角度，辅以民族学的个案调查，本文从国家对外话语体系建设的角度出发，以民族语文翻译和传播学的角度切入。

（三）跨境民族语文翻译研究

“跨境民族语文翻译”（cross-border ethnic languages translation）研究将有助于国家对外话语体系建设，增强国家话语体系的对外传播能力。目前，我国边境地区少数民族群

5　戴庆厦：《跨境语言研究》，中央民族学院出版社，1993年。

6　戴庆厦：《开展我国跨境语言研究的构想》，《百色学院学报》，2013年第4期，第43页。

7　戴庆厦：《跨境语言研究的历史和现状》，《语言文字应用》，2014年第2期，第2页。

众接收途径如：图书、报刊、广播、电视、网络等媒体资源相对闭塞，国际传播能力和跨境宣传实力相对还较弱，很多群众受到周边相邻国家境外媒体的宣传，逆向传播被动宣传不利于我国政府在国内开展民族平等团结工作，不利于我国的文化传播和政策宣传。

有关部门也已经认识到并重视跨境少数民族语文翻译工作的文化主权和国家安全功能，《国家民委“十三五”少数民族语言文字工作规划》指出“重视支持跨境少数民族语言文字信息化建设，服务国家周边外交，切实维护国家安全……支持开展民族语文翻译工作的对外交流与合作。会同有关部门加强对边境地区民族语文翻译出版物的监管”。

目前，跨境民族语文翻译研究的成果相对较少。值得注意的是，在《论跨境语言资源保护》中，朱艳华指出：文化传播具有双向性，包括“正向传播”和“逆向传播”。“正向传播”即向他国输出本国文化，“逆向传播”即输入他国文化。在我国，借助跨境语言进行的文化传播既有正向传播，也有逆向传播。如景颇文的民族语文教材由中国传到缅甸，缅甸的景颇文宗教读物传入我国。[8]

二、我国党政文献的民族语文翻译的工作现状

本文以中国民族语文翻译中心（局）为例，讨论我国民族语文翻译工作中“党政文献”部分的具体情况。今后，还将陆续搜集和整理民族出版社、各省市民族出版单位和周边国家相关出版单位的数据信息，以便全面了解当前我国跨境民族语文翻译工作的整体情况。

（一）“党政文献”民族语文翻译工作概况

中国民族语文翻译中心（局）为全国人民代表大会、中国人民政治协商会议等重要会议，提供蒙古、藏、维吾尔、哈萨克、朝鲜、彝、壮等少数民族语言文字的文件翻译和会场同声传译，下设 7 个民族语文翻译室，翻译工作主要可以分为 7 大类：第一，马、恩、列、斯著作；第二毛泽东和老一辈革命家著作；第三，党和国家重要文件；第四，法律、法规、章程；第五，大会文件；第六，《民族画报》《民族文学》《中共中央办公厅通讯》等期刊；第七，其他类，如词典或词汇解释等。综合来看，其主要特点是：翻译的类型丰富、种类多、层级高、规范性强，对民族语文翻译具有规范性作用。

本文分析了中国民族语文翻译中心（局）7 个民族语种翻译工作的种类和工作量。以上 7 种民族语文均属于“跨境民族语文翻译”的范畴，例如，翻译朝鲜文版的《习近平谈治国理政》(습근평 국정운영을 론함)[9]，通过民族语文翻译工作对我国对外话语体系建设

8 朱艳华：《论跨境语言资源保护》，《贵州民族研究》，2016年第3期，第204-208页。

9 습근평 국정운영을 론함[M].북경: 민족출판사，2015年。

有直接作用。民族语文翻译工作在新时期不仅对促进国内的民族平等团结起到了重要作用，还可以经过研究推广直接用来作为国家对外话语的正向传播。2011 至 2015 年，从分类上看，第三类“党和国家重要文件”、第四类“法律法规章程”的数量较多；第一类“马恩列斯著作”、第二类“毛泽东和老一辈革命家著作”较少。其中，前两类重要党政文献的翻译工作自 20 世纪 70 年代后，一直是中国民族语文翻译中心（局）的重点工作，各个民族语种大都已经完成。

中国民族语文翻译中心（局）主要承担全国“两会”和党代会等党政文献的民族语文翻译工作，第四类和第五类的工作比较突出。党政文献的民族语文翻译工作，不仅对在我国少数民族地区传播我国政策和法律法规有重要意义，同时由于以上 7 种民族语文又都是跨境语言，因此在对外传播的过程中具有推动国家对外话语体系建设的重大作用。特别是第三类“党和国家重要文件”，如《习近平关于实现中华民族伟大复兴的中国梦论述摘编》《习近平总书记系列重要讲话读本》《在文艺工作座谈会上的讲话》等；第四类“法律、法规、章程”，如《中华人民共和国非物质文化遗产法》；第五类，大会文件；如第七类，各种民族语文词典等。

目前，跨境民族语文翻译研究工作虽刚刚起步，较为薄弱，但具有广大的国际交流合作前景。此外，需要注意的是第七类，包括词典类和名词对照类，具有定义规范的特殊作用，例如，《汉彝大词典》《汉藏新词语词典》《现代汉壮词汇》。从 2015 年开始，边疆少数民族地区的自然村、寺院山川等汉民对照类翻译工作，出版了《青川甘滇四省藏区自然村名汉藏对照》[10]《青川甘滇四省藏区寺院山川名汉藏对照》[11]《西藏自治区行政村名及寺院山川名汉藏对照》[12]，提高了对我国相关文化资本的文化主导权和对外传播的控制力。今后，在民汉翻译规范化的基础上，开展少数民族人名、地名的英文名称翻译对照工作将有助于提升文化主权，为少数民族文化“走出去”服务。

（单位：种）

	类 别	文 种						
	蒙古文	藏文	维吾尔文	哈萨克文	朝文	彝文	壮文	
1	马恩列斯	4	2	3	3	4	7	7
2	毛泽东和老一辈革命家	0	0	0	0	0	0	0
3	党和国家重要文献	37	49	39	38	37	28	29
4	法律、法规、章程	17	17	14	15	56	14	9
5	大会文件	58	58	58	58	58	59	58

10 李万瑛、达哇才让、加羊达杰：《青川甘滇四省藏区自然村名汉藏对照》，民族出版社，2014年。

11 李万瑛、达哇才让、加羊达杰：《青川甘滇四省藏区寺院山川名汉藏对照》，民族出版社，2014年。

12 李万瑛，达哇才让：《西藏自治区行政村名及寺院山川名汉藏对照》，民族出版社，2016年。

6	期刊	3	13	8	7	7	0	0
7	其他	8	7	7	7	2	4	2
	合计	117	146	129	128	164	112	105

表 1：中国民族语文翻译中心（局）民族语文翻译工作统计（2011—2015）[13]

根据上表可知，在中国民族语文翻译中心（局）内部，7 种民族语文翻译的工作处于不同阶段，各有不同的侧重方面。每年的工作量并不一致，例如 2015 年，第五类大会文件共有 49 种，比较集中，而其他年份仅为个位数。《民族画报》《民族文学》等期刊，目前有 5 种民族语文翻译，未设彝语和壮语翻译。2014 年，集中翻译了大量朝鲜语的法律、法规和章程类文献。从以上数据可以看出，中国民族语文翻译中心（局）经过改革开放后 30 余年的发展，形成了较为完善的、高水平的和层级高的民族语文翻译团队，将来在开展跨境民族语文翻译合作和国际出版交流方面具有一定的潜力。

（二）重要文献跨境民族语文翻译概况

本文以国家领导人重要文献《习近平谈治国理政》为例，设计“《习近平谈治国理政》重要概念术语的民族语文翻译统计表（蒙古文）”，包括关键词的中文、蒙古文、汉语回译和备注，共 4 类内容，以便不懂蒙古文的读者理解和交流讨论。其中，初步列举了 22 个“关键词”，当然，该书传递的重要概念不仅仅是这些词语。本文也将在此基础上，继续增加和完善该书民族语文翻译关键词的搜集和整理工作，并扩展至蒙古语、藏语、维吾尔语、哈萨克语和朝鲜语等 5 个民族语文翻译的统计。

以下是《习近平谈治国理政》重要概念术语的民族语文翻译统计表，本文暂以“蒙古文”为例，做简要分析。

序号	中文	蒙古文	汉语回译	备注
1	中国梦	[illegible]	中国的梦	直译
2	一带一路	[illegible]	一带一路	直译
3	小康社会	[illegible]	富裕的社会	创新
4	供给侧改革	[illegible]	供给侧的改革	直译
5	命运共同体	[illegible]	命运共同体	直译
6	三严三实	[illegible]	三个严三个实	直译
7	亚洲基础设施投资银行	[illegible]	亚洲基础设施投资银行	直译
8	美丽中国	[illegible]	美丽的中国	直译
9	新型大国关系	[illegible]	新型大国关系	直译

13　中国民族语文翻译中心（局）民族语文翻译工作量统计表（2011-2015），原始数据由中国民族语文翻译中心（局）业务处提供。

10	亲、诚、惠、容	[illegible]	亲近、诚实、给予的、包容的	直译
11	正确义利观	[illegible]	正确的义利观	直译
12	治大国若烹小鲜	[illegible]	治大国要向烤制鱼一样谨慎	直译+解释
13	社会主义核心价值观	[illegible]	社会主义核心价值观	直译
14	生态文明建设	[illegible]	生态文明建设	直译
15	钉钉子精神	[illegible]	钉钉子精神	直译
16	“两个一百年”奋斗目标	[illegible]	“双百年”奋斗目标	创新+直译
17	“老虎”、“苍蝇”一起打	[illegible]	“老虎”、“苍蝇”一起打	直译
18	统一战线	[illegible]	统一战线	直译+外语借词
19	行百里者半九十	[illegible]	行百里之人，把走过的九十里看作是一半的路程	解释
20	和而不同	[illegible]	讲和睦，却不盲目跟从	解释
21	天人合一	[illegible]	天人合一	直译
22	三股势力	[illegible]	三种力量	直译

表 2：《习近平谈治国理政》重要概念术语的民族文翻译统计（蒙古文）

根据表格的初步分析可知，蒙古文翻译主要有 4 类，分别是汉语直译、汉语意译（创新）、解释性翻译和外语借词等。民族语文翻译实践过程中，也经常参考跨境民族国家已有的概念术语，或根据中文的英语翻译原文直接音译为少数民族语文。准确规范地翻译跨境民族语文版本的《习近平谈治国理政》，有助于向周边国家传播我国的对外话语。同时，跨境民族语文翻译的“多方互动”特点，也有助于我国党政文献的民族语文翻译工作，在民族地区的深入传播和广泛接受。

三、民族语文翻译工作与周边国家对外宣传

国家领导人重要讲话和治国方针政策的外文翻译和民族语文翻译，都有助于传播新时期中国重要概念。2014 年 10 月，外文出版社在法兰克福书展举行了《习近平谈治国理政》的多语种全球首发式[14]，共有 9 个语种，分别是中文、英文、法文、俄文、阿拉伯文、

14　习近平：《习近平谈治国理政》外文出版社，2014年。

西班牙文、葡萄牙文、德文和日文，向全世界广大读者提供了方便清楚的文本，对于了解中国的发展现状，起到了正向传播的良好效果。

（一）民族语文翻译与对外翻译宣传的交叉现状

在我国少数民族地区传播马克思主义理论和马克思主义理论中国化成果，民族语文翻译工作起到了非常重要的作用。[15] 中国民族语文翻译中心（局）承担了《之江新语》《习近平关于实现中华民族伟大复兴的中国梦论述摘编》《习近平总书记系列重要讲话读本》《习近平谈治国理政》等领袖著作和重要党政文献的民族语文翻译任务，积累了丰富的翻译经验和理论基础。[16]2015 年 5 月，《习近平谈治国理政》翻译出版了 5 种少数民族语文，分别是蒙古文、藏文、维吾尔文、哈萨克文和朝鲜文。与外文翻译一样，对在我国少数民族地区正向宣传党和国家的重要政策起到了关键作用，同时应该注意到，对使用同一种语言的跨境民族也有重要的社会影响。

《习近平谈治国理政》"外文出版" 和 "民族语文出版" 两者之间有交叉部分，如国内发行的朝鲜文版和在韩国发行的韩文版。2015 年 10 月，韩文版由中国的外文出版社与韩国的未来恩出版集团合作翻译出版。两个出版社，或是中国外文局和中国民族语文翻译中心（局）将有更多的重合之处，如何相互协调和规范中国重要概念的翻译，共享资源和平台，将是今后重点考虑的问题，双方或多方应该在跨境民族语文翻译研究中相互协作。中国民族语文翻译中心（局）在将党政文献翻译为 "民族语文"，规范和审定关键词语方面有长期的工作经验，可以与其他外语翻译比较研究。[17] 相关研究也已经陆续开展，如大连外国语大学韩语系郑杰《中韩外交文本中模糊语的翻译原则和策略》[18]，使用了 "中国外交部""新华网""人民网""环球网" 和 "韩国外交部""韩联社中文网"；翻译局翻译的《习近平谈治国理政》和韩方翻译的《平易近人》。相关的研究论坛也已经举办，将翻译界各个方面的专家组织起来讨论党政文献翻译和传播问题。[19]

（二）民族语文翻译的"五个变化"与对外宣传要求

我们应该注意到边境地区的很多少数民族群众受到周边相邻国家境外媒体宣传的影响，逆向传播被动宣传不利于我国政府在国内开展民族平等团结工作。本文提出新时期

15　金英镐、唐超：《经典著作民族语文翻译传播经验——以〈资本论〉民族语文翻译出版为例》，《马克思主义与现实》，2017年第2期，第22-29页。

16　达哇才让：《汉语诗词古语藏译文比较研究——以习近平总书记系列重要讲话为例》，《民族翻译》，2015年第4期，第30-37页。

17　阿拉坦巴根、敖登其木格：《新词术语蒙译方法初探》，《民族翻译》，2015年第4期，第40-43页。

18　郑杰、李宁、陈楠楠：《中韩外交文本中模糊语的翻译原则和策略》，《民族翻译》，2016年第2期，第54-55页。

19　唐超：《中国主要概念术语的外文和民族文翻译传播与国家对外话语体系建设——第二届中央文献翻译与研究论坛述评》，《民族翻译》，2016年第4期，第91页。

民族语文翻译的“五个变化”，应该在“五个变化”的要求下转为积极主动的正向传播，积极输出我国的党政文献精神、构建国家对外话语体系、增强我国文化软实力的输出能力。

1.传播受众的变化

传播受众从民族干部精英，转向民族经济精英和普通民众，受众的变化要求翻译的党政文献通俗易懂。对于党政文献的翻译，“中译外”和“汉译民”可以相互借鉴，如黄友义指出党政文献中译外的难点是“融通中外”，提出应促进政治话语创建方与翻译传播方的交流互动机制。[20] 外文出版社原总编辑、英文译审徐明强先生，在“译·讲堂”讲座中指出，中国重要概念的翻译应从以前的字字对译转向，我们面对的读者从“中国专家”转为“普通民众”，译文应该更加通俗易懂。[21] 这对民族语文翻译也同样适用，少数民族干部和群众在边疆地区和通商口岸交流和贸易往来的口语环境下，通过跨境语言对话传播中国重要概念，其根本基础是党政文献的民族语文翻译工作。

2.传播方向的变化

传播方向从对内宣传转向跨境宣传，这是建立国家对外话语体系的一部分，要求传播方向具有正向传播的功能。例如，《习近平谈治国理政》民族出版社和中国民族语文翻译中心（局）的朝鲜文版，中国的外文出版社和韩国的未来恩出版社（미래엔 와이즈베리）的韩文版，不仅国内的朝鲜族民众关注国家的政策动向和发展理念，使用相同语言的韩国民众也同样关注中国这样的世界经济大国的未来发展方向。双方对中国重要概念的翻译是否一致？两种版本的比较和研究，以及今后国际合作的方式，也应该在翻译工作之后继续进行。

3.传播效果的变化

传播效果从单向传播转向互动传播，要求译者要对境外的中国关键词做搜集、整理和分析工作。从中国民族语文翻译中心（局）的工作实践看，涉及到人文、科技、经济和社会等方面的新词术语翻译，不仅要求民族语文翻译专家创造和评审新词术语，规范其中传达出的中国重要概念，还要求对新词术语的跨境传播效果和民众接受情况开展调研工作，例如问卷调查和访谈调查，以及注意逆向传播的翻译批评。

4.传播路径的变化

传播路径从主要依赖报纸、期刊、图书、广播、电视等传统媒体转向网络新媒体和微博、微信等手机移动终端自媒体。传播路径的变化将会大大增加中国重要概念传播的“时效性”。从由政府发布单一的权威信息转向多元的、个人的实时播报以及信息发布者和读者的直播互动。读者在手机微信、微博平台通过发帖、留言、短视频和直播等方式

---

20 黄友义、黄长奇、丁洁：《重视党政文献对外翻译，加强对外话语体系建设》，《中国翻译》，2014年第3期，第5-6页。

21 尹佳：《从读者接受理论看外宣翻译中的读者关照——黄友义、徐明强访谈录》，《中国翻译》，2016年第5期，第78页。

第一时间了解相关内容，参与评论和转发，形成了无数自媒体平台。在加快传播速度和广度的同时，造成重要概念术语翻译的“多样性”问题，也就是不规范、不统一，增加了相关部门对术语翻译监测的难度。目前，还缺少对传统媒体在跨境语言传播的统计工作，无法切实掌握传播路径的可行性和通畅性，还需要加强对我国边境地区以及周边国家使用跨境语言的国内外受众开展新媒体平台以及民族语文翻译软件接受及使用情况的调查。

5. 传播样态的变化[22]

随着我国“一带一路”倡议的发展，世界各国人民需要在第一时间了解中国的发展方向。传播样态将会从中文版和民族语文版转向“外文多语版”和“跨境语文版”。全国政协委员黄友义在2017年政协会议上提交《关于实施党政重要文献外文同步发布的建议》提案，指出“党政重要文献外文同步发布”的具体措施是提前翻译、有组织翻译和建设高水平的翻译“快速反应队伍”。[23] 这虽然是针对外文翻译提出的新要求，但对民族语文翻译与周边国家对外宣传工作有借鉴意义。中央编译局和中国民族语文翻译中心（局）是党政文献翻译的主要力量，在外语翻译方面，中央编译局2015年开始建设“中央文献重要术语译文发布”平台；在民族语文翻译方面，中国民族语文翻译中心（局）自2008年起开展“新词术语翻译审定专家工作会议”工作，成果印制内部资料，在网站和微信等平台发布。今后，各个翻译研究机构应在此基础上加强合作，相互借鉴，建设跨境语言的政治文献术语发布平台，增强准确性和权威性，利用网络媒体和新媒体广泛宣传。

四、结语

我国党政文献的民族语文翻译工作有助于边疆跨境民族社会治理研究，既有利于我国文化“走出去”的对外传播战略，又对党政文献民族语文翻译的对内宣传研究有进一步的推动作用。目前，西方主导全球话语体系，以及“西强我弱”的国际传播格局，为我国对外话语体系构建和传播带来诸多挑战，尤其是西方话语体系对中国特色社会主义道路、理论、制度的解读越来越多，存在着大量误读和负面解读。[24] 党政文献民族语文翻译与周边国家对外宣传研究，基于我国长期重视民族语文翻译工作以及国际合作经验，对中译外的整体翻译和文化对外传播，有借鉴意义。

22　“传播路径的变化”“传播样态的变化”两部分内容得到首都师范大学贾洪伟副教授的建议，作者在此表示感谢！

23　黄友义：《关于实施党政重要文献外文同步发布的建议》；王少波：《“一带一路”建设应文化先行》，《中国出版传媒商报》，2017年3月7日。

24　王眉、谭震：《搭建跨界平台创新理论研究——访中国外文局局长周明伟》，《对外传播》，2015年第7期，第12-13页。

话语权在中国软实力建设中的重要作用

江时学[1]

软实力是一个国家依靠自身的魅力和吸引力，而非通过军事手段或经济制裁等强硬手段来达到目的的能力。中国在追求和平发展和实现“中国梦”的过程中，应该重视软实力的培育和使用。

硬实力的大小可用多种量化的指标衡量，而软实力的强弱则主要取决于主观上的判断。换言之，虽然软实力的大小是一种客观存在，但是，受多种主观因素的影响，不同的人对一国软实力的判断是各不相同的。因此，中国在强化自身的软实力建设的过程中，有必要进一步重视话语权和话语力的重要作用。

一、进一步强化中国软实力的重要意义

软实力是美国学者约瑟夫·奈在1990年提出的一个概念。根据他的论证，一个国家的力量主要来自三种方式：施加军事上的压力（大棒）、提供经济上的实惠（萝卜）以及软实力。硬实力和软实力的行为方式大相径庭。软实力是一个国家依靠自身的魅力和吸引力，而非通过军事手段或经济制裁等强硬手段来达到目的的能力。这意味着，一个国家完全可以通过发挥软实力的优势，得到他国的追随和支持，从而在国际事务中实现其追求的目标。由此可见，中国在追求和平发展和实现“中国梦”的过程中，应该重视软实力的培育和使用。

1　江时学：上海大学特聘教授。

进一步强化中国软实力的重要意义体现在以下五个方面：

（一）有助于进一步提升中国的国际地位。最近几十年，随着经济实力和军事实力的增强，中国的软实力与日俱增。但是，软实力的壮大是无止境的。一方面，国际社会对中国的祈望和期待不断增多；另一方面，中国也应该在全球治理中发挥更大的作用，在国际舞台上扮演一个负责任的大国的角色。实现这一目标的必要条件是进一步提升中国的国际地位，而提升中国的国际地位的有效手段之一就是强化软实力。

（二）有助于增强中国的综合国力。综合国力是衡量一个国家的经济、政治、军事、文化、科技、教育、自然资源和人力资源等实力的综合性指标。由此可见，软实力和硬实力都是一国综合国力的组成部分，两者缺一不可。最近几十年，以军事力量为核心的中国硬实力不断壮大。这就要求软实力必须随之提升。

（三）有助于进一步改善中国的国家形象。软实力与国家形象息息相关，两者相辅相成，相得益彰。在一定程度上，国家形象的优劣与软实力的大小成正比。一方面，中国国际地位的上升要求中国的国家形象在价值取向上更具亲和力和感召力；另一方面，软实力的提升能进一步改善中国的国家形象，使中国能在更多的领域和场合占领道义制高点，同时也使外部世界能更为容易地接受中国的言行和理念。

（四）有助于践行社会主义核心价值观。在社会主义核心价值观中，富强、民主、文明以及和谐是国家层面上的价值目标。毫无疑问，这一价值目标与中国的软实力息息相关。随着软实力的不断提升，中华民族的自信心和自尊心也会随之上升，践行社会主义核心价值观的动力也会不断增强。换言之，社会主义核心价值观的实现有助于强化中国的软实力，而软实力的提升会加快这一价值目标的实现。

（五）有助于彰显“三个自信”（道路自信、理论自信、制度自信）。“三个自信”根植于1949年以来（尤其是改革开放以来）中国在各个领域取得的巨大成就，充分体现了中国共产党的高度政治自信。但在国际上，质疑和否定“三个自信”的声音时有所闻。因此，有必要通过强化中国的软实力等途径，扩大“三个自信”的国际影响。事实上，中国软实力的强化有助于彰显“三个自信”，“三个自信”的落实同样能强化中国的软实力。

硬实力的大小可用多种量化的指标衡量，而软实力的强弱则主要取决于主观上的判断。换言之，虽然软实力的大小是一种客观存在，但是，受多种主观因素的影响，不同的人对一国软实力的判断是各不相同的。

国际上对中国软实力的评价多种多样，应有尽有。一家名为“波特兰传媒”（Portland Communications）的英国公共关系公司以所谓“客观的变量”和国际上的一些民意调查的数据为基础，为世界上的30个主要国家制作了“软实力30强指数”（Soft Power 30）。根据它在2015年7月发布的信息，在30个国家的排行榜中，前三名分别是英国（得分75.61）、德国（得分73.89）和美国（得分73.68），最后一名是中国（得分40.85）。

“软实力”一词的“发明人”约瑟夫·奈认为，中国的软实力有很大的局限性，因为中国的民族主义情感强盛，而且中国不愿意利用公民社会的优势。他还说，中国为提升“温柔的进攻力”（charm offensive）而花费巨资，但成效未必显著。他认为，在北美洲、欧洲、印度和日本等地进行的民意测验表明，人们对中国影响力的印象都是负面的。美国乔治·华盛顿大学的沈大伟认为，虽然中国的经济实力和军事实力在上升，但其软实力则微不足道。他还指出，软实力是无法用金钱买来的，而是必须争取来的。英国皇家国际问题研究所的罗宾·尼伯雷特认为，软实力反映的是一个国家的亲和力，因此也是它吸引外国移民的能力。世界上没有多少人愿意移民到中国。这足以说明，中国的软实力与其引人注目的经济增长和军事实力相比是相形见绌的。英国伦敦经济学院的安德鲁·哈蒙德认为，中国领导人面临的当务之急的挑战是如何强化中国的软实力，即如何用魅力、而非胁迫和金钱来获得其他国家的欢心和影响力。中国的软实力大大落后于以不断增长的经济力量和军事力量为基础的硬实力。这一“软实力赤字”是一个“令人头痛”的问题，因为国际上对中国的忧虑、疑心和敌意与日俱增。

但也有不少人认为，中国的软实力不容低估。例如，南非比勒陀利亚大学教授高思·勒佩里认为，中国的软实力快速增强。尤其在非洲的许多地方，中国的软实力甚至可与发达国家媲美。这与中国为非洲的发展作出的巨大贡献有关。巴西应用经济研究所国际部主任里纳托·鲍曼认为，在巴西和其他一些拉美国家，凡是了解中国的学者都认为，中国的软实力之强是无可置疑的，而轻信西方媒体的人则认为中国毫无软实力而言。墨西哥国立自治大学教授阿图罗·奥洛佩萨·加西亚认为，中国的软实力很强，因为源远流长的中华文明在世界文明的宝库中占有十分显赫的地位。此外，中国经济的快速发展也促进了软实力的上升。印度观察家研究基金会主席苏德辛德拉·库卡尼认为，中国经济实力的增强和中国文化的魅力，促使中国的软实力与日俱增。美国卡内基国际和平基金会的约舒亚·科兰兹克也认为，中国的国际形象和影响力正在发生变化。导致这一变化的原因是多方面的，其中之一就是中国的软实力在上升。

二、如何发挥话语权和话语力在中国软实力建设中的重要作用

软实力的强弱是一种主观的判断。因此，在国际上，对一国软实力的判断并非完全是一种真实的认知。这意味着，中国在强化自身的软实力建设的过程中，有必要进一步重视话语权和话语力的重要作用。

应该指出的是，话语权与话语力不尽相同。话语权是“发声”的权利；话语力则是话语的感召力、公信力和渗透力。每一个国家都拥有话语权，但不同国家的话语权的强弱各不相同。在很大程度上，话语权的强弱取决于话语力，即“发声”的力量及其效果。

换言之，任何一个国家都可以在国际上“发声”，但其成效不尽相同。有些声音既能感化人的观念，也能影响其行为；而有些声音不仅不能使国际社会理解，而且还会产生负面效果。因此，中国必须通过构建融通中外的话语体系，力求实现话语权和话语力的最大化。这意味着，中国既要积极“发声”，又要使发出的声音能被他人听懂和认可。

为了发挥话语权和话语力在中国软实力建设中的重要作用，有必要采取以下措施：

（一）更加重视对外宣传的成效。

无论在新中国建立后的初期还是在改革开放时期，对外宣传都是中国外交的工作重点之一。对外宣传的宗旨不应该是强迫对方必须接受中国人的价值观和理念，也不是要求对方必须“说好话”，而是要使对方正确地、客观地认识中国和了解中国。毫无疑问，中国对外宣传的成效与中国道路在国际上“被理解”的程度是成正比的。

在强大的经济实力的支撑下，目前中国对外宣传的力度已达到了前所未有的水平。但是，为了提升对外宣传的成效，有必要采取几个措施：

第一，努力实现对外宣传模式的多元化。在全球化、信息化和网络化时代，对外宣传不能只追求过去的那种单一化模式。这意味着，对外宣传的内容和方式方法应该是无所不包的：既要宣传中国改革开放的巨大成就，也要敢于介绍中国在发展道路上遇到的各种问题和困难；既要面向海外的“精英”阶层，也要重视那里的普通民众；既要采用传统的形式（图书、报纸和杂志），也要积极利用风靡全球的新媒体的优势；既要发挥中央级媒体的作用，也要调动地方媒体的积极性。

第二，鼓励更多的外国媒体在华设立常驻记者站或来华进行短期采访。外国媒体的吸引力、影响力和竞争力不容低估。因此，有必要鼓励更多的外国媒体在华设立常驻记者站或来华进行短期采访。只有使外国记者做到“眼见为实”，才能尽可能地使其客观地报道中国。

第三，将澳门打造成中国对外宣传的“窗口”。在“有色眼镜”的支配下，有些人对不同地方或不同媒体说出的同一句话的认可程度是不一样的。

作为东西方沟通的“桥梁”，澳门在中国对外开放的战略全局中占有重要的一席之地。此外，作为旅游胜地，澳门每年接受来自大陆以外的世界游客多达数百万。因此，中央政府有必要与澳门特区政府合作，在澳门设立一个敢于同英国广播公司（BBC）和美国有线电视新闻网（CNN）媲美的电视台。此外，还有必要在澳门成立一家面向海外的大型出版社，出版一些面向海外读者的外文书籍、外文报纸和外文期刊。

第四，必须进一步提升中国对外宣传的诚信度。诚信度的高低决定着对外宣传的效果。因此，各种宣传工具既要千方百计地提升中国在国际舞台上的角色，也要避免类似《开罗宣言》电影海报那样的虚假宣传。否则，对外宣传不仅不会达到预期目的，而且还会损害中国的国家形象。

（二）大力推进增强国际传播能力建设。

融通中外的话语体系的本质就是中国如何对外“发声”或如何“讲好中国故事”。因此，这一体系的力量不仅与国际话语权的大小和国际话语力的强弱有关，在一定程度上也与国际传播能力的强弱有关。

中国早已拥有包括电视、广播、图书、报纸、期刊和互联网等媒介在内的庞大的国际传播网络。但是，与中国提升国际话语权的必要性和迫切性相比，这一问题在以下几方面有待进一步完善和充实：

第一，有必要尽快消除国际传播专业领域中人才匮乏的不良局面。国际传播专业领域中的杰出人才既应熟练运用一种以上的外语，还应知晓国际政治和国际经济等专业知识；既要掌握必要的通讯技术，又要具有较强的文字表达能力。在中国，具备上述技能的人才比较匮乏。为改变这一局面，除加大本国高校的人才培养的力度以外，还应该从国外引进更多的专业人才。

第二，有必要扩大中国媒介在全球范围内的覆盖面。英国广播公司（BBC）、美国有线电视新闻广播网（CNN）、《纽约时报》《华尔街日报》和《金融时报》等媒介在世界各地的几乎所有高档酒店或机场的贵宾休息室里随处可见，其影响力是可想而知的。中国的媒介尚未达到这一普及程度。

第三，有必要注意“发声”“讲故事”的方式方法。融通中外的话语体系不仅包括“发声”“讲故事”的内容，而且还包括“发声”“讲故事”的方式方法。国际上对中国对外宣传的批评并不少见。这些批评主要包括：报喜不报忧，避重就轻，用词用语不当，空话、大话和套话多于实质性内容，时效性差，单纯追求轰动效应等。

这些批评并非都是无稽之谈。目前中国话语体系中的种种问题不仅削弱了对外宣传的功效，而且还损害了中国话语体系的声誉。

第四，有必要充分利用新媒体的优势。话语体系包括话语工具的使用。新媒体具有传统媒体无法比拟的优势，如传播速度快、覆盖面广、表现形式新颖以及互动性强。在全球化、信息化和网络化不断发展的今天，新媒体的上述优势更为突出。

（三）最大限度地缩小中国特色话语体系与国际话语体系之间的差异性。

世界上不同的国家有不同的政治制度、社会制度和文化传统，也有不同的价值观。此外，受国内政治经济体制和文化传统等因素的影响，每一个国家都精心构建为自身利益服务的话语体系。毫无疑问，不同国家的话语体系在国际上的影响力不尽相同。影响力较大的若干话语体系构成了国际话语体系的主体。

中国特色社会主义建设不同于西方国家的现代化，由此产生的理论与实践必然会具有中国特色，因此也是很难被西方理解和认同的。此外，在内容、形式、内涵和外延等方面，中国特色国际话语体系与国际话语体系有着巨大的差别。如果我们完全用中国特色的话语体系在国际上“发声”，效果可能是“对牛弹琴”，事倍功半。这意味着，我们应该最大限度地缩小中国特色话语体系与国际话语体系之间的差异性。一方面，我们应该坚持道路自信、理论自信和制度自信，理直气壮地宣传中国特色社会主义的成就；另一方面，我们也应该使用容易被西方民众接受的话语，使中国发出的声音被更多的人接受。

为了缩小中国特色话语体系与国际话语体系之间的差异性，有必要增加非政府色彩。政府拥有足够的经济资源和外交资源，能从国家的层面上推动人文交流。但是，政府在人文交流中的作用并非无所不能。而且，不少西方人士对中国政府直接参与人文交流颇有微词。例如，美国的智库人口研究所所长斯蒂文·莫什在美国国会听证会上说，孔子学院是“中国特色的特洛伊木马”，与法国的“法语联盟”和德国的歌德学院相去甚远。他认为，孔子学院受统战部和教育部领导，在海外肩负着政治化的使命。

虽然这样的评论失之偏颇，但我们在推动中外人文交流时，必须最大限度发挥非政府组织、私人企业和其他一些民间力量的作用。

中国万达集团收购美国好莱坞知名影视制作公司传奇影业这一案例表明，民营企业有能力进入外国的媒体、出版和娱乐业等领域。当然，这一步伐不会一帆风顺。南方报业集团和成都博瑞传播等企业曾试图收购美国《新闻周刊》，但因所谓投标人的“国籍”问题而受挫。

（四）积极发挥学者和驻外使领馆的作用。

在许多国家，学者因拥有某一专业或某一领域的专业知识而能为其国际话语权的提升作出重要贡献。一方面，国际话语权需要学者提供学术支撑；另一方面，在公众的心目中，政治家的言论完全为政治目的或政府利益服务，而学者的言论则被认为具有较多的公正性和合理性。因此，为了提升中国的国际话语权，有必要采取以下措施：(1) 鼓励学者在国际学术刊物或国际媒体上发表其科研成果；(2) 减少对学者出国参加学术活动的限制；(3) 将更多的科研成果翻译成英语或其他主要外语；(4) 要求所有学术机构开设外文网站，介绍其学者的主要科研成果；(5) 创办更多的外文期刊；(6) 为学者在话语权领域的创新提供更大的空间和便利条件。

驻外使领馆既了解东道国的舆论动向，也深知当地社会各阶层对中国的看法。此外，它们的声音具有很强的权威性，在反击西方媒体的蛊惑人心的宣传时能发挥必不可少的引领作用。因此，驻外使领馆应该进一步重视对外宣传，增加驻外使领馆新闻处的人员编制。除了经常性地以记者招待会的形式发布有关信息以外，驻外使领馆还应该不断丰富、更新互联网网站的信息。大使和总领事要善于利用国外的社交网络，通过“脸谱”“推特”和“优兔”（Youtube）等新媒体工具，加大对外宣传的力度，与当地社会建立更为密切的关系。

（五）敢于在敏感问题上“发声”。

民主、人权、选举、政治改革和其他一些在国内被视为较为敏感的话题，常被国外的一些政治家、学者和记者当作攻击和批评中国的“炮弹”。为了反击和自卫，我们既要在各个场合用不同的方式宣传中国特色的政治制度的优势，又要敢于与其“对骂”，揭露西方政治制度中的种种缺陷和弊端。无论如何，在敏感问题上保持沉默绝非上策。

在敏感问题上“发声”时，有必要认真考虑以下几种做法：(1) 要注重发挥学者“能说会道”的优势，鼓励其在国际学术交流中发挥更大的作用；(2) 要区分人类社会恪守的普世价值观与西方推崇的价值观两者之间的不同之处，不能“将洗澡水与婴儿一起倒掉”；(3) 敢于抨击西方政治制度的局限性；(4) 做好我们自己的“家庭作业”，以避免为攻击中国政治制度的人提供“口实”。

（六）增加政府部门国际传播意识。

随着中国国际地位的上升，国际上希望了解中国政策动向的愿望与日俱增。尤其是外国记者外国学者，经常会提出采访或拜访中国党政军等部门的要求。

外国记者和外国学者提出采访或拜访的要求，应该是中国党政军等部门对外宣传和解释中国政策的一个良机。在一定程度上，中国的声音通过他们的文字传播到国外。因此，除增加新闻发布会的密度以外，党政军各部门还应该在做好保密工作的前提下，积极而主动地接受外国记者和外国学者的采访或拜访的要求。

（七）鼓励中国学者走进外国大学的课堂。

融通中外的话语体系既包括互联网、图书、报刊、电视和广播等媒介，也包括与国际学术界保持密切关系的学者。在一定的条件下，学者发挥的作用更为重要。

随着中国国际地位的上升，越来越多的外国大学开设了与中国政治、经济、外交、文化和社会等领域有关的课程。它们以公开的方式招聘教授，而应聘者主要来自中国以外的国家和地区。这些教授对中国的理解和认知是肤浅的，而且还具有很强的片面性。此外，他们很少使用中国出版的教科书。可以想象，这样的课程很难培养出对华友好的学生，也不利于增强中国话语权。

为了改变这一状况，有关部门应该鼓励中国学者向外国大学提出求职申请，并在人事关系、工资待遇和职称晋升等方面减少其后顾之忧。此外，还应该将中国学者撰写的教材推广到外国大学，以尽快改变外国教授在外国的大学用外国教材开设关于中国的课程这一不利于提升中国话语权的状况。

三、结束语

软实力是一个国家依靠自身的魅力和吸引力，而非通过军事手段或经济制裁等强硬手段来达到目的的能力。中国在追求和平发展和实现“中国梦”的过程中，应该重视软实力的培育和使用。

软实力的强弱是一种主观的判断。因此，在国际上，对一国软实力的判断并非完全是一种真实的认知。这意味着，中国在强化自身的软实力建设的过程中，有必要进一步重视话语权和话语力的重要作用。

话语权与话语力不尽相同。话语权是“发声”的权利，话语力则是话语的感召力、公信力和渗透力。每一个国家都拥有话语权，但不同国家的话语权的强弱各不相同。在很大程度上，话语权的强弱取决于话语力，即“发声”的力量及其效果。因此，中国必须通过构建融通中外的话语体系，力求实现话语权和话语力的最大化。这意味着，中国既要积极“发声”，又要使发出的声音能被他人听懂和认可。

为了发挥话语权和话语力在中国软实力建设中的重要作用，有必要采取以下措施：更加重视对外宣传的成效，大力推进国际传播能力建设，最大限度地缩小中国特色话语体系与国际话语体系之间的差异性，积极发挥学者和驻外使领馆的作用，敢于在敏感问题上“发声”，增加政府部门国际传播意识，鼓励中国学者走进外国大学的课堂。

国际传播视域下的中央文献意象翻译
——以十八大以来《求是》英文版中部分文本为例

孙宁[1]

【摘要】 党的十八大以来，以习近平同志为总书记的新一届中央领导集体不仅提出了一系列治国理政的新时代中国特色社会主义思想，在语言风格上也展现出了很多新特点、新变化、新趋势，变得更加平实生动、融通古今。受中央领导这种语言风格的影响，一向严肃的中央文献也开始变得鲜活起来，其中各类意象的运用也越来越频繁。如何准确解读并转码这些意象所要传达的信息，从而使国外受众能够感同身受，达到预期的传播效果是对中央文献翻译工作者提出的新挑战。本文针对中央文献中意象的翻译，以十八大以来《求是》英文版中部分典型文本为例，从国际传播受众接受和效果评估的角度出发，结合翻译实例，总结和梳理了中央文献中出现的意象的类型和特点，探究中央文献意象翻译的策略和技巧。

【关键词】 意象；翻译；《求是》英文版；国际传播

一、引言

“意象”一词是中国古代文论中的一个重要概念。古人以为“意”是内在的抽象的心意，“象”是外在的具体的物象；“意”源于内心并借助于“象”来表达，“象”其实是“意”的寄托物，因此意象是主观情意和外在物象的融合。南朝梁刘勰在《文心雕龙》中首次

1　孙宁：中央党史和文献研究院翻译部英文二处翻译。

将其用于艺术创造，指出“独照之匠，窥意象而运斤”，明清后专指借助具体外物，[2]用比兴手法所表达的作者情思。简言之，意象是赋有某种特殊含义和文学意味的具体形象，也就是借物抒情。意象主要的作用之一是寄情于物、赏心悦目，即通过物化所要表达的感情，将抽象的主观情思寄托于具体的客观物象，使情思得到鲜明生动的表达，同时也加深读者的审美愉悦。20 世纪初期英美诗歌界掀起了一场意象主义运动，此后“意象”一词便多见于诗歌评论与研究，但其实意象存在于所有类型的文本之中，甚至是以严肃严谨著称的政治文献也不例外，这其中就包括以领导人讲话、重大会议文件等为代表的中央文献。

党的十八大以来，以习近平同志为总书记的新一届中央领导集体不仅提出了一系列治国理政的新时代中国特色社会主义思想，在语言风格上也展现出了很多新特点、新变化、新趋势，变得更加朴实生动、风趣幽默、贴近群众、融通古今。习近平总书记在讲话中就善于选用一些老百姓熟悉的事物讲述深刻、抽象的道理，例如，用“总开关”比喻位于各项工作之首的世界观、人生观和价值观；用“缺钙”和“软骨病”比喻理想信念的缺失；用“鞋子合不合适，自己穿了才知道”中的“鞋子”比喻国家发展道路；用“烹小鲜”比喻治国等等。[3]受中央领导人这种语言风格的影响，一向严肃的中央文献也开始变得鲜活起来，其中各类意象的运用也越来越频繁。然而，由于这些意象通常源于百姓日常生活、源自积淀深厚的中华文化，具有浓重的中国特色，很多情况下，译者在对外译介这些意象时很难从翻译对象国的语言和文化中找到完全对应的表达形式。因此，如何克服中外语言、文化和习惯上的差异，准确全面地传达中央文献中意象的内涵信息，达到既能尽量保留原文特色，又能让国外受众理解的最佳传播效果，是中央文献译者面临的又一挑战。

二、中央文献中意象的类型

通过对十八大以来《求是》英文版中的重要文章、两会文件[4]等中央文献进行文本分析，可发现其中出现的典型意象。根据来源的不同可主要分为以下三种类型。

1.形象比喻中的意象

比喻是一种常见的修辞手法，也是意象最常见的来源。比喻可使事物生动形象、具

2 http://baike.baidu.com/link?url=TB2GqX9b7BCnYFZmAzXFIDsQa7Vo-EPpJ9xz1mcUoZBg9VsaxrrTWDEcRF5WfkTY6wMYkZBjb0QWrACGY9s6FK

3 刘卫红：《政治隐喻与国家形象的话语建构——<平易近人——习近平的语言力量>评介》，《中原工学院学报》，2017年第28卷第2期。

4 包括《求是》英文版第22-31期，以及2016年和2017年《政府工作报告》英文版（中央编译局版本）。

体可感，以此引发读者的联想和想象，给人以鲜明深刻的印象，并使语言文采斐然，富有很强的感染力，因此在中央文献中比喻也随处可见。例如，“改革和法治如鸟之两翼、车之两轮”，“党的作风是党的形象，是观察党群干群关系、人心向背的晴雨表”，“抓住科技创新就抓住了发展的牛鼻子”等等。这些比喻朴素新颖、生动形象，增强了中央文献语言的亲和力和感染力。这些比喻中出现的意象多数具有普适性，在不同文化中都存在类似表述，但可能在感情色彩或表达效果方面有细微差别，需要译者谨慎甄别，在翻译过程中避免先入为主。

2.俗文俚语中的意象

俗文俚语是民间非正式、口语化的语句，是百姓在日常生活中总结出来的通俗易懂顺口的具有地方色彩的词语，具有地域性强、较生活化的特点。[5] 在中央文献中使用老百姓耳熟能详的俗文俚语来讲述深刻、抽象的道理，能够达到让国内读者更容易接受和理解的目的。例如，用“打铁还需自身硬”来表达党要管党、从严治党的必要性和决心；用“行百里者半九十”来提醒我们离中华民族伟大复兴的目标越近，越不能懈怠；用“绿水青山就是金山银山”来强调保护生态环境的重要意义。这些俗文俚语的使用一方面让中央文献的语言变得更加平实易懂、贴近群众，但是另一方面由于这些俗文俚语中涉及的意象都具有很强的中国特色，在翻译过程中不易在对象国语言和文化中找到对应的表达形式，因此也是翻译的难点所在。

3.古文诗词中的意象

中华五千年文化积淀深厚，形成了一套以先秦经典及诸子百家学说为根基，并涵盖后期各朝代的各类文化学术成果的完整体系，而古文诗词就是这一体系的主要载体和表现形式，是中国优秀传统文化和中国智慧凝结的产物。在中央文献中引用诗词古语不仅能够丰富文章内涵，增加文章意蕴，有助于说理表情达意，而且还能达到弘扬和传承中华优秀传统文化的效果。习近平总书记就善于在讲话中广征博引，多次引用《周易》《论语》《大学》《老子》等经典著作中的警句格言，如用“兄弟同心，其利断金”来说明中国与周边邻国的深厚友谊；用“合抱之木，生于毫末；九层之台，起于累土”来说明基层工作创新对于做好宣传思想工作的重要性；用“一花独放不是春，百花齐放春满园”来说明“文明是多彩的，人类文明因多样才有交流互鉴的价值”。这些古文诗词中的意象丰富而生动，能够增强文本的感染力。然而由于中西文化差异，在翻译中如何既保留原文意

---

5 http://baike.baidu.com/link?url=HAmv9qRfpruRXhEFycDc-S_2-Y-ShheBU3ckVG-1YE7hrKUMpTHTlAxCaZ_rz-5ksX8DyOyywBAYy354Q0if4gikxYLeXoxrQdi9m8E96sG.

蕴，又能传情达意，对译者而言造成很大困扰。

三、中央文献意象翻译策略

作为内宣材料，中央文献中灵活运用各种意象能够化繁为简、深入浅出，增强文章感染力和亲和力，提升国内受众的接受度，达到更好的传播效果。然而，由于中外文化差异，作为外宣材料时，中央文献中的这些意象往往就成为了翻译的难点和影响传播效果的关键所在。如果能够在传播对象国文化中找到在感情色彩、使用频度和深层含义等方面都完全对等的意象，就能达到既忠实原文，保留中文特色，又传情达意，让国外受众完全理解和接受，实现预期的传播效果。[6] 但是如果在传播对象国文化中不存在完全对等的意象，就需要译者在正确理解原文的基础上，采取一定的翻译策略，尽量运用国外受众能够理解和接受的表达形式来传达原文信息以保证传播效果。因此，在翻译中央文献中的意象时，需要译者首先判断意象本身的文化属性，即是中华文化中特有的意象，还是跨文化存在的普适意象，以及在传播对象国文化中是否存在相似表述等。在此基础之上，再根据上下文采取有针对性的翻译策略。

1. 中华文化特有意象

这类意象植根于中华文化，内涵丰富，富有中国特色，在传播对象国的文化中很难找到类似的表述，如果采取直译的方式会给受众造成理解障碍，进而影响文本信息的传播效果。所以，一般情况下，会舍弃原有意象，将意象背后的深层内涵译出，保证文本信息的完整性和可读性。

例 1：

①把简政放权、放管结合、优化服务作为改革的*"先手棋"*。

China has identified streamlining administration, delegating government power, improving regulation, and providing better services as *top priorities* in its economic reform.

②力图在日趋激烈的国际竞争中下出*先手棋*、抢占制高点

striving to *seize the initiative* and gain the upper hand in increasingly fierce international competition

"先手"是象棋术语，一指走子次序，谁先走谁为先手；二指棋局形势，谁主动谁为先手。而象棋是中国传统棋类益智游戏，主要流行于华人及汉字文化圈的国家，因此国外

6 程曼丽：《国际传播学教程》，北京大学出版社2006年版，第176页。

受众对“先手棋”这一意象比较陌生，如果选择直译，一方面无法在对象国语言中找到适合的表述，另一方面也无法让受众完全理解。在以上两个例子中，译者都选择根据上下文将意象背后的深层次含义译出，并未纠缠于意象本身。

例 2：世上没有绝对安全的*世外桃源*。

No country in the world can enjoy *absolute security*.

“世外桃源”一词源自中国东晋著名文人陶渊明的代表作《桃花源记》，指与现实社会隔绝、生活安乐的理想境界，后借指一种空想的脱离现实社会的美好世界。如果选择按字面意思直译，对于那些没有接触过中华文化，尤其是中国古文的国外受众而言，会造成极大的理解障碍，无法达到准确表意的目的，直接影响传播效果。因此，上例中译者选择绕过意象本身，将其实质所指译出，这种做法更易让受众接受和理解。

2.跨文化存在的普适意象

针对这类意象，需要根据上下文采取多样的翻译策略，包括直译、意译、添加注释、转换意象等。一方面要尽可能在对象国文化中找到内涵接近的意象，另一方面也要注意甄别相似意象的内在差异。因为尽管这类意象同时存在于传播对象国的文化中，但其实际内涵在两种文化中可能不尽相同，或者也可能并非传播对象国语言中的习惯用法，如果贸然将其直译为对等意象，有时不但不能达到预期传播效果，甚至可能词不达意，适得其反。

例 3：“单则易折，众则难摧。”

“United we stand, divided we fall.”

这句原文的意思是势孤力单，容易受人欺负；人多势壮，别人不敢欺侮。而在英文中同样也有一句表意相近并广为接受和使用的谚语，即“United we stand, divided we fall.”这句谚语源自伊索寓言，并出现于圣经中，在英语国家中被广泛使用。采用这种译法，英语译文与汉语原文在形式和内涵上都做到了基本对等。

例 4：靠着拼劲、闯劲、干劲，靠着*钉钉子精神*……

Thanks to our perseverance, resolve, dedication, and *tenacity*…

“钉钉子精神”由习近平总书记于2013年提出，意指干事业要坚持不懈、久久为功、持之以恒才能见实效，这一意象是中国特色政治话语的典型代表。虽然“钉钉子”的意象在中外文化中都存在，但是如果按字面表述直译，会让受众一头雾水、不明所指，因为国外受众并不了解这个意象的产生背景和实际内涵。所以在翻译这类意象时，还是需要根据上下文采用意译的方式，只译出意象的内涵。

例5：“*绳墨*之起，为不直也。”

As an old Chinese saying goes, “The *line marker* (a form of ruler used by carpenters in ancient China) was invented because wood does not grow in straight lines.”

“绳墨”是指木匠所用装在墨斗上用以校正曲直的线绳，也指用墨线打出来的直线。在英文中也有类似的表述就是“line marker”，但是区别在于“line marker”在英文中有多重含义，可指线路指示器、标线机等，因此如果直译不加以任何解释，很容易让受众产生误解。在这种情况下，就需要译者在译文中补充注释，方便受众区分和理解。

例6：打造成为“一带一路”沿线国家政治、经济、外交关系的*压舱石*

forged into an *anchor* of stable political, economic, and diplomatic relations between these countries

“压舱石”在英文中对应的表述是“ballast stone”，但是考虑到这个词并非常用词汇，国外受众可能需要花费时间去查证和理解，进而会影响阅读体验。相较于“ballast stone”，“anchor”（锚）对于国外受众来说是常用词汇，并且作用与压舱石近似，都是增强船舶抵御风浪的能力，所以译者在翻译时选择转换意象，既保证了原文意象的生动形象性，又提高了译文可读性。

3.源自传播对象国文化的意象

中文中有些意象本身就是“舶来品”，即源自传播对象国的文化。在翻译此类意象时需要厘清意象的起源和发展脉络，明确意象的表层和深层含义，尽量采取地道的表达方式，实现原文和译文在形式和含义上的双重对等。需要特别注意的是有些源自外语的意象译成中文时做了归化处理，在翻译这些意象时就必须沿用原来的外文形式，而不应重新创造译法。

例7：坚决纠正“*劣币驱逐良币*”的逆淘汰现象

prevent the *“bad money” from driving out the good*

“劣币驱逐良币”是16世纪英国伊丽莎白造铸局长提出的一个经济现象，也称“格雷欣现象”，后随着西方经济学理论引入中国，这一概念在汉语中也常被使用。因此在翻译时需要回归英文本初的、在英语国家中被广为接受的说法，即“bad money drives out good”，切忌生搬硬造。

例 8：任何国家都不能随意发动战争，不能破坏国际法治，不能打开*潘多拉的盒子*。核武器是悬在人类头上的“*达摩克利斯之剑*”，应该全面禁止并最终彻底销毁，实现无核世界。

No country should open *Pandora's box* by willfully waging wars or undermining the international rule of law. Nuclear weapons, *the Sword of Damocles* that hangs over humankind, should be completely prohibited and ultimately destroyed, ridding the world of them once and for all.

“潘多拉的盒子”和“达摩克利斯之剑”都是古希腊神话中的经典意象，在英文中有对应的表述，因此在翻译时需要认真查证，确保译文的地道性。

例 9：我们将更加注重公平公正，在做大发展蛋糕的同时分好*蛋糕*。

we will make “*the pie*” bigger and ensure that people get a fair share of it.

用“蛋糕”来比喻经济总量和发展成果的表述源自西方宏观经济学，英文最初的说法是“pie”，在将这个说法引入中文时为了方便中国读者理解，译者将“pie”译成了更接地气的“蛋糕”，因此当将这个说法重新译回英文时，就需要核实原出处，采用英文中的地道说法，不能想当然地直译。

四、结语

中央文献中的意象往往承载着丰富的文化信息，翻译这些意象实际上是在进行跨文化交流，只有深谙国际传播原理和规律，了解对象国在文化传统、语言文字等方面的差异，坚持以让对象国受众能够理解和接受为翻译目的，同时兼顾原文意象的中国特色，才能使译文既能传情达意，又起到促进中华文化对外宣介的作用。这就要求译者熟练掌握两种语言，熟悉文化差异，在翻译这些文化意象时多做调查研究，了解意象产生的背景知识，深入理解意象的内涵，只有这样才能保证意象包含的信息能够被受众更好地接受和理解，才能保证达到预期的传播效果。

提升中国话语国际影响力案例研究

——以“G20 与中国”系列多语种外宣品为例

熊冰頔[1]

【摘要】2016 年在杭州召开的 G20 峰会对中国和世界来说都意义非凡。世界期待已成为世界第二大经济体的中国能为处在复杂的国际政治经济形势下的低迷的世界经济注入“中国活力”；中国则需要借助这不可多得的主场外交舞台，向世界解读中国的发展理念、发展道路、发展成果，以加深理解，增强互信。基于此，外文出版社邀请中国经济、金融、政治界最权威的一线专家、治理方案制定亲历者等担纲撰写“G20 与中国”系列外宣品，表达中国在经济金融领域的观点和主张，将中国发展的经验与尝试介绍给世界，为全球经济治理贡献中国方案。本系列得到国务院新闻办公室的采购支持，全语种亮相 G20 杭州峰会新闻中心。本研究从该系列的话题设置、作者选择、书稿编辑、后期宣传等多角度入手，以国家角度、国际视野，具体分析如何找准时下国际对中国的关切，并把握主场外交等机会提升中国话语国际影响力。研究的最终目的在于探索日后能够更有针对性地讲好中国故事、传播好中国声音。

【关键词】中国话语；国际影响；G20 峰会；话题设置；中国方案

2016 年 2 月 19 日，习近平总书记在党的新闻舆论工作座谈会上发表的重要讲话中指出，“要加强国际传播能力建设，增强国际话语权，集中讲好中国故事”。[2] 随着中国国际地位的不断提高，中国需要塑造与其相匹配的国际形象来把中国的发展道路阐释好，把

1　熊冰頔：中国人民大学法学硕士，中国外文局外文出版社对外出版编辑部编辑。

2　《习近平：坚持正确方向创新方法手段 提高新闻舆论传播力引导力》，新华社2016年2月19日电。

中国的发展成果介绍好，把中国对世界的贡献宣传好。在重大和热点问题面前敢于亮剑、善于发声，释疑解惑，发挥主流媒体在国际舆论中“定音锤”和“压舱石”的作用，牢牢掌握舆论的主动权和主导权，[3]是中国自塑国家形象最为重要的途径之一，也是主动出击、提升中国话语国际影响力最为有效的方法之一。

G20 杭州峰会，是中国 2016 年最为重要的主场外交。作为世界第二大经济体，中国的经济发展备受世界瞩目。在刚刚结束的第十二个“五年规划”期间，中国面对经济发展的新常态，在自身经济稳定增长的同时，也发挥了世界经济“推进器”和“稳定锚”的作用。作为一个负责任的大国，中国还在多个国际舞台持续发出“中国声音”，从“一带一路”倡议的提出到亚投行（AIIB）的建立；从成功举办 APEC 领导人峰会到在多种多边治理模式下携手其他国家共同应对挑战，中国的国际地位在不断攀升，受关注程度也前所未有。

此次中国在“十三五”开局之年作为主席国举办 G20 峰会，对世界和中国来说都意义非凡。借助 G20 的舞台，世界急需了解为世界经济增长贡献了三分之一力量的中国将如何在世界经济低迷的时候，与其他国家互联互通，精诚合作，共同应对挑战；而中国也需要以此为契机，向世界发声，解读中国、推介中国，让世界了解中国的发展理念、发展道路、发展成果，加深理解，增强互信。

鉴于此，外文出版社为 G20 杭州峰会量身打造了“G20 与中国”系列多语种外宣品，本系列无论是从话题设置、作者选择、组稿方式、编辑过程、文种设计以及后期营销推广活动上都做了精心的安排，表达中国在经济金融方面的观点和主张，将中国发展的经验与尝试介绍给世界，回应时下国际关切，体现中国大国担当，为全球经济治理贡献中国智慧。

一、话题设置——具有高度针对性

G20 杭州峰会的主题是“构建创新、活力、联动、包容的世界经济”，注重推动 G20 从危机应对向长效治理机制转型。“G20 与中国”系列多语种外宣品是为了高度配合 G20 杭州峰会而策划的，具有极强的即时性，然而也并不拘泥于 G20 会议的议题本身。本系列共包括 9 个分册，分别为:《中国与 G20》（何亚非）《全球气候治理的中国行动》（何建坤、王韬、滕飞）《亚投行的愿景与治理》（刘东民）《中国特色大国外交与“一带一路”》（吴建民）《绿色金融》（马骏）《B20 与基础设施投资》（田慧芳、傅成玉）《中国经济新常态与供给侧结构性改革》（蔡昉）《国际货币体系改革与 SDR》（张涛、陶坤玉、胡志浩）《B20

3　严文斌：《中国国际形象的“自塑”与“他塑”》，《对外传播》，2016年第6期，第17页。

与全球贸易投资》(宁高宁)。所选话题，既是围绕时下与G20相关的最热中国话题，如“全球贸易投资”“国际货币体系改革”“基础设施投资”等；同时也引申到全球经济治理的多个前沿领域，“一带一路”倡议、“亚投行”“绿色金融”“供给侧结构性改革”等均是中国首先提出并获得了世界高度关注的理念与话题。

值此重要外宣场合，这样的话题设置，站在国家角度，从国际视角出发，既将中国在G20框架下的努力与成果介绍给世界，也向全球经济治理的多个领域提供中国方案、中国智慧；在重大主场外交场合发出中国声音、主动构建中国国际话语权的同时，也回应了国外关切，满足了国外受众需求，内外兼顾；同时也为系列选题的进一步深度开发做了话题与内容储备，并不仅限于此次G20峰会宣传，旨在将中国稳定世界经济与金融秩序所做努力与所获成绩进行持续的宣传与介绍。

二、主编模式——联动智库、专业把控

新型智库有专业优势，对民间智力资源的整合更是意义重大。[4] 考虑到经济专题的专业性，为了保证品质和权威性，外文出版社在策划初期经过反复研究，决定邀请新型智库——第一财经研究院来担任主编方。外文社负责对全系列的话题设置、稿件结构、写作角度、语言表达、翻译工作进行整体把控；第一财经研究院协助外文社物色、邀请各领域权威专家以及从专业性角度对稿件进行指导。

外文社与第一财经研究院的合作可谓是强强联合、优势互补。外文出版社是从事外宣工作的国家队，有着丰富的对外出版经验和一线翻译、编辑队伍，一直致力于对外聚焦中国主张和国际关切，注重国家高度和国际视野，在历次重大主场外交活动中都积极发声，用多语种推出相关主题出版物。第一财经研究院作为第一财经传媒集团旗下的智库，储备了大量的经济方面的顶尖作者资源，对外文社在经济出版领域是一个强有力的补充。同时，作为拥有刊、网、日报、电台、电视台等多种媒体形式的第一财经，丰富了此系列对外宣传的渠道。外文社通过此次选题策划实践摸索出的新模式可在日后的工作中不断总结完善，继续沿用。

三、作者遴选——高端国际化

思想的高度决定了影响的深度，有了好的话题设置与角度还需要找到合适的作者来撰写，考虑到本系列多语种宣传品内容的专业性与深度，外文社与第一财经研究院邀请

4　钱晶晶：《领衔全球治理：中国声音与媒介呈现》，《对外传播》，2016年第7期，第20页。

了中国经济、金融、政治界很有分量的权威一线专家甚至是政策制定、推进亲历者来参与稿件撰写。

这些高端作者，有些既是学者又兼具官员身份，有些不仅有国内的专业经历还有国际的一线职业经验。在这样的背景下，这些作者看问题的视角既符合中国国情，又能充分照顾到国外受众的思维方式。亲撰稿件不仅有理论研究成果，还兼具很强的实践性和可操作性；不仅角度得当、结构清晰、内容权威，所阐述的观点、介绍的成果、说明的问题，既向世界解释中国，还对同处世界经济新常态的各国都具有一定参考借鉴意义。

选择在国内相关领域享有权威性同时又在国际上掌握一定话语权的顶尖权威专家作为作者，大大提升这套多语种外宣品的代表性与说服力，能很好地变换角度，用国外受众易接受的话语体系与表达方式将中国的声音传播出去，避免简单说教式的介绍或者生硬的强行灌输。此外，选择这样的作者，还有助于提升中国国际话语权以及中国话语模式的输出，如“一带一路”“绿色金融”“供给侧结构性改革”这些中国率先提出的概念与表达，会因高频率、全方位、深层次的解读与阐释而不断在国外读者群中间建立概念、增加了解。

四、内容编写——专业精炼

在本系列策划初期，就有明确的读者定位。本系列并不是针对一般普通读者的概括性经济类普及读本，而是非常有深度的专题解读外宣品。在选题策划初期就考虑到要供峰会现场的与会人员和专业记者使用，内容需要专业又不失简洁。鉴于每一个专题都宽泛到可以独立成书，外文社在框架结构和内容撰写上与主编方及作者进行了反复的沟通，最终将篇幅定在一万字左右，请作者在保证核心内容写作的基础上，对内容尽可能精炼浓缩。

此举的目的，是为了使读者能在短时间内高效地获取核心权威信息，对所选话题能够在阅读完毕后建立基本的认识与了解。

五、装帧设计——服务峰会

考虑到峰会前方新闻中心的用书需求，以及受众人群为专业与会人员和记者，需要短时间内获取最大量的有效信息，本系列将图书开本定为便携的 32 开，并分主题独立成册，读者可以依据不同需求挑选自己感兴趣的具体话题，阅读起来更具针对性，携带也十分方便，最大限度提高对外宣传的针对性与效率。

六、语种选择——涵盖与会对象国

精准的对外宣传一定离不开对象国语言的使用，借助对对象国历史、文化、社会等有深刻了解的资深翻译将中文准确翻译表达，是对外宣传工作能否获得实效很重要的基础。在诸多使用非通用语种的国家，借用通用语种作为中间语言自然就过滤掉了大部分读者，绝大部分人都会首选阅读用母语出版的图书。因此，为了达到更好的外宣效果，本系列采用中文、英文、法文、西班牙文、俄文、阿拉伯文、德文、日文、韩文 9 个文种出版，涵盖了所有 G20 参与国家的官方语言，由外文出版社的一流翻译队伍严把翻译质量关，让每一位与会者都尽可能用母语流畅地感知中国政治、经济、社会的发展现状。

七、推广宣传——多种媒体形式并举

"酒香也怕巷子深"，在如今多种媒体融合迅速发展、资讯快速传播到各个终端的时代，好的作品也要配合多渠道、多形式的推广宣传活动，才能达到预期的宣传效果。

在传统的宣传渠道上，外文出版社此套"G20 与中国"系列多语种外宣品得到了国务院新闻办公室的采购支持。G20 杭州峰会举办期间，国务院新闻办公室共采购了全系列全语种共 27000 册图书放置在 G20 杭州峰会媒体中心，供中外媒体记者取阅，助力此次峰会报道。该系列外宣品博得了与会人员、媒体记者等多方好评，短时间内就被取阅一空。

此外，外文出版社官方微信公众号及微博、第一财经研究院微信公众号、中国中化集团公司公众号、新华网、中国网、外文局官网、yicaiglobal.com 国际网站、《外文局报》等都对本系列多语种外宣品的出版以及不同主题的各个分册做了介绍与推广，实现了报、网、刊等多媒体终端的宣传推送。多种媒体并举的宣传模式，大大提高了该系列的知名度与关注度，取得了预想的外宣效果。

G20 杭州峰会已圆满落幕，中国为全球经济治理开出了中国"药方"、贡献了中国智慧、提供了中国方案，收获了国际社会的高度关注与一片赞誉。"G20 与中国"系列多语种外宣品也在峰会现场及多种媒体终端发挥了应有的对外宣传作用，达到了预设效果。如何在重大主场外交中掌握主动，赢得国际话语权，获得西方主流媒体的关注与认可，是"讲好中国故事，传播好中国声音"长期应对的课题与面对的挑战。"G20 与中国"系列仅仅做了一个示范，在日后的外宣工作中，应始终积极配合国家外宣需求、坚定政治导向、弘扬主旋律，选择最受关注的"中国话题"主动策划选题，邀请权威作者、采用最容易引起不同文化背景读者共鸣的表述方式与角度，打造出契合国家需要的外宣精品。将关乎发展、关乎奋斗、关乎未来的动听的中国故事传播到世界各处，自主营造积极的国际舆论环境，自主塑造中国国家形象，不断提高中国话语的国际影响力。

“命运共同体”与中国国际话语权建设

——以中非“命运共同体”为视角

潘敬国[1]

【摘要】中非“命运共同体”将中非的历史命运与现实命运交织在一起，确认了中非友好的历史传承，点明了双方的价值观认同，规划了双方的未来合作路径，构建了中非关系的新话语体系，也成为中国国际话语权建设的重要内容。

【关键词】命运共同体；中非关系；话语权

一、“传统友谊”是中非“命运共同体”的情感基础

共同的历史际遇使中非建立起休戚与共的传统友谊。近代以来，中国和绝大多数非洲国家都遭受过来自殖民主义、帝国主义和霸权主义的侵略和压迫，都进行过争取民族独立的斗争，都在探索国家发展道路，都在谋求和平与发展，相同的历史境遇让双方有着诸多共同的话题，“结下了同呼吸、共命运、心连心的兄弟情谊”。[2]

早期的中非交往，非洲对中国最大的需求不是经济援助，而是以尊重和平等为核心的身份认同。与西方不同，长期以来，中国从道义上给予了非洲反帝、反殖和反种族主义的全力支持，并从经济上力所能及地给予了非洲国家大量无私援助。毛泽东一再以最鲜明的态度向非洲朋友表示，“我们是朋友，我们是站在一条战线上的”中国对非体现出

1 潘敬国：东北师范大学法学博士，研究员，现任中央党史和文献研究院第二编研部一处处长。

2 习近平：《习近平谈治国理政》，外文出版社，2014年，第304页。

的政治上“患难与共”，外交上“平等待人”的特点使中非成为平等合作的好朋友。到20世纪70年代初期，中国在包括非洲等发展中国家的全力支持下恢复了联合国合法席位，成为中非传统友谊的标志事件。

中非关系一路走来，命运共识是中非合作的情感基础，传统友谊是中非信任的情感纽带。加强同非洲的团结合作是中国长期坚持的战略选择，“命运共同体”是中非在新形势的共同意识。

二、“真、诚、亲、实”是中非“命运共同体”的交往原则

2013年3月，习近平访非时首次提出“真、实、亲、诚”的对非交往原则。中国与非洲国家自建立外交关系时起便坚持“主权平等”的原则。“承认一切国家不分大小一律平等”是中国提出的和平共处五项原则的重要内容。在非洲“觉醒”之时，“平等”对于饱受西方殖民统治的非洲国家具有特殊意义。许多非洲首脑第一次访华时都为中国对他们的高度重视而惊讶和感动。中国对非平等交往的特点是不以国家大小、贫富、战略作用论亲疏，发展同所有非洲国家的外交关系。而西方国家或沿袭利益至上只发展与资源大国的关系，或以后殖民的领主自居重点巩固与原殖民地国家的关系，或坚持只与具有战略意义的地区大国交往的政策，有选择地与非洲国家发展关系。近年来，非洲大陆经济快速发展，发展的要求已超过了平等的要求，中国也适时地调整政策，从道义上的平等、经济上的援助转向建立道义上的责任、经济上的合作的“平等—合作”型中非关系。中国的真心换来了非洲朋友的真意，他们称赞中国是“全天候的朋友”，[3]是可“信赖的好朋友。”[4]

中国与非洲国家自交往之初便始终坚持经济援助“不附带任何条件，更不附带任何特权”的原则。作为最大的发展中国家，中国给非洲的援助不是最多的，也不是最好的，但中国坚持的“不排他”“无附加”“无特权”的原则是独一无二的。中国的援助是“穷朋友的同舟共济，而绝不是大凌小、强欺弱”。[5]新世纪以来，中国对非援助进一步加大，但中国“不排他”“无附加”“无特权”的对非援助原则没有变，这与西方国家形成了鲜明的对比。历史上西方国家不乏对非洲国家的援助，但这种援助往往附带政治或经济的条件。特别是在非洲国家政治上违背西方国家意愿，经济上试图取消西方特权时，西方国家往往就以取消援助或要求偿还贷款相要挟。

中国与非洲国家自建立外交关系时起便始终坚持“不介入”的原则。中国在与非洲

3 《赞总统说赞中是全天候朋友》，《人民日报》,1996年6月22日。

4 《习近平同赞比亚总统萨塔举行会谈 强调传承友好与时俱进发展中赞关系》，《人民日报》,2013年4月7日。

5 《周恩来总理对马里电台记者发表讲话》，《人民日报》，1964年1月22日。

交往中坚持不干涉非洲国家的政治、经济自主权，相信非洲国家有自己选择适合自身发展道路的能力和权利。这一原则迥异于西方。长期以来，欧美始终试图按照自身的价值判断主导非洲发展的路径，希望把非洲变成欧美式的非洲。如今，西方国家对非洲的态度没有改变，而中国对非洲的"不介入"的原则也没有改变。中国对于非洲各国的尊重同样赢得了非洲各国的尊重。

"真实亲诚"是对中国同非洲交往原则的总结，也是对中非交往原则的顶层设计。在"命运共同体"框架下，以"真"为基础，"中非平等互信、相互支持的兄弟情谊不会改变"；[6]以"实"为抓手，"推动非洲大陆持续高速增长以及社会经济高速发展"；[7]以"亲"为保障，"密切人文交流，夯实两国友好基础"；[8]以"诚"为核心，妥善解决双方合作中的新情况和新问题，携手应对"成长的烦恼"。"真实亲诚"诠释了中非"命运共同体"的真谛。

三、"正确义利观"是中非"命运共同体"的价值观认同

正确义利观秉承了中华文化和新中国外交的传统，顺应了中非关系的现实，为中非合作提供了价值观认同。

正确处理"义"和"利"的关系是新中国外交始终遵循的基本原则，也是新中国在国际上弘扬公平正义、增强凝聚力和感召力的一面鲜明旗帜。后殖民时代，对非援助始终是西方大国打开非洲大门的钥匙，与西方国家对非援助采用实用主义原则不同，中国对非外交重要特征之一是强调重义轻利。长期以来，中国的对非援助侧重于援建基础设施项目，希望通过这种方式实现非洲的自力更生，而这正是非洲迫切需要的，但又是许多西方国家都不愿意去做的事情。为了能真正帮助受援国，中国始终强调："一切援助应使得独立国家得到好处"。[9] 历史跨越了一个世纪，但中国以援助推动非洲自力更生的方针始终没有改变。

近年来，中国经济成为"世界经济的发动机"，而非洲素有"世界原材料仓库"的美誉，同时经济发展普遍比较落后的非洲又为中国企业的发展提供广阔的市场。中非在互有需求、优势互补的前提下走得更近了。中非贸易额从21世纪初的106亿美元跃升为2014年的2218.8亿美元。2009年以来，中国始终是非洲最大的外来资本投资国和贸易伙伴国。非洲则是中国工程承包主要市场、海外资源供应地和投资重要方向。目前，已有

6 《习近平总结中非传统友谊 要促进务实合作(全文)》，中国网，2015年12月6日。http://www.china.com.cn/news/2015-12/06/content_37247287.htm。

7 《习近平为<中国与非洲>杂志出版"中非合作论坛约翰内斯堡峰会专刊"致辞》，《人民日报》2015年12月4日。

8 《习近平分别会见出席中非合作论坛约翰内斯堡峰会的部分非洲国家领导人》，《人民日报》2015年12月4日。

9 周恩来会见苏丹革命指挥委员会主席、总理兼外交部长加法尔·穆罕默德·尼迈里少将率苏丹友好代表团，1970年8月7日。

3000 多家中国企业在非洲投资兴业。中非全面战略合作伙伴关系无论是深度、宽度和广度都实现了健康、快速、全面发展。

面对中非关系的不断发展，一向视非洲为“世袭领地”的西方国家媒体利用话语权优势频频抛出“中国威胁论”，大肆宣扬所谓的中国对非洲实行“新殖民主义”，指责中国在非洲“掠夺资源”，强占非洲市场，其现实目的就是维护其在非洲的既得利益，阻挠中国企业进入非洲市场。面对既缺乏历史依据，也不符合现实情况的“新殖民主义”指责，非洲人最有发言权。不少非洲国家的领导人公开表示，什么是殖民主义和新殖民主义，非洲人民自己最清楚。中国真心帮助我们，是真正的朋友，非洲国家完全信任中国。[10]

事实胜于雄辩。当非洲遭受自然灾害、疾病和战争时，很多西方国家的投资者都惧而远之，而中国却提供了及时、有效、真诚的支援。2014 年，非洲爆发了被称为“最严重的公共卫生安全危机”的埃博拉疫情。作为域外大国，中国第一个派包机运送援助物资到疫区。援助的持续时间之长、规模和力度之大，都创造了共和国公共卫生外援史上的新纪录。[11]

几十年来，中非关系不断超越西方殖民主义思维和现实主义逻辑，以“正确义利观”代替巧取豪夺或者同情施舍，构建起国际关系新模式，“正确义利观”也成为中非“命运共同体”的题中应有之义和驳斥西方对中国“新殖民主义”和“中国威胁论”指责的有力武器。

四、“合作共赢”是中非“命运共同体”的内在需求

中国是最大的发展中国家，非洲是发展中国家最集中的大陆，双方互有需要、互有优势，历史已经反复证明，中国发展好了，非洲发展会更顺；非洲发展顺了，中国发展会更好。中非发展“战略契合，经济互补性强，合作前景广阔”。[12] 近年来，随着非洲经济发展的需求增强，中非关系已从单向援助发展到“合作共赢”“共同发展”。

“合作共赢”意味着“中国梦”与“非洲梦”是紧密相连的。2013 年，非盟开始制定旨在建成地区一体化的《2063 年议程》。这一议程规划了非洲未来 50 年的发展道路，描绘了推进非洲工业化和现代化的“非洲梦”。《2063 年议程》提出，到 2063 年，非洲制造业占 GDP 比重 50% 以上，吸纳超过 50% 新增劳动力。按照这个议程，非洲近期目标是

10 《以正确的义利观指导对外合作（国际论坛）——五论新形势下的中国外交》，《人民日报》，2013年8月28日。

11 王毅：“大力弘扬坦赞铁路精神 携手打造中非命运共同体——在《中非关系史上的丰碑——援建坦赞铁路亲历者的讲述》发行式上的致辞”，中国外交部网站，2015年7月23日，http://www.fmprc.gov.cn/web/wjbz_673089/zyjh_673099/t1283583.shtml.

12 习近平：《习近平同多哥总统福雷举行会谈 双方同意共同推动中多关系再上新台阶》，《人民日报》，2015年12月2日。

在2020年结束本地区所有战争，在2025年消除饥饿。就在非洲提出“非洲梦”的同时，中国也提出了实现中华民族伟大复兴的“中国梦”。中非同属发展中国家，近年来都实现了飞速发展，随着中国“一带一路”倡议的展开，双方已形成了“你中有我，我中有你”的“合作共赢的利益共同体”。[13]中国是非洲的机遇，非洲也是中国的机遇。对中国来说，非洲是中国“一带一路”倡议的重要战略支点；对非洲来说，中国是帮助非洲未来发展的最好伙伴。如何促进非洲的发展？习近平给出了具体的答案。他指出，需要通过“三大网络”的合作克服未来发展中可能遇到问题：一是非洲高速铁路网络。非洲铁路的总长度仅占世界的7%，另外还有13个国家不通铁路。中国在这方面有着技术优势，可以帮助非洲在21世纪实现将非洲所有国家的首都用高速铁路连接起来的梦想。二是非洲高速公路网络。非洲高速公路密度仅为世界平均水平1/10。许多非洲国家都希望扩大中非高速公路合作。三是非洲区域航空网络。非洲航线、机场、支线运营等方面缺口巨大，中国在机场管理、建设和支线飞机等方面的优势都能够满足非洲市场的需要。除了三大网络建设，中非在电力、电信等基础设施建设方面的传统合作仍有深化的需求。对于三大网络建设，习近平表示：为打造非洲基础设施网络，中方愿提供金融、人才和技术支持，[14]并进一步提出中非实施工业化、农业现代化、基础设施等“十大合作计划”。三大网络建设意味着中非合作从对非基础设施投资和进出口贸易，发展到金融与服务贸易、技术转让、教育培训等更广阔的合作，解决了非洲发展以及中非合作的路径问题。尼日利亚《卫报》称，非洲将从此“不再被人遗忘”。[15]法国《人道报》评价说：“非洲大陆让中国展示了它著名的‘共赢’战略”。[16]

“合作共赢”意味着中非全面战略合作伙伴关系的关键是全面的合作。长期以来，中非合作较多关注的是政治、经济和文化的交流，2015年中国发表的第二份《中国对非洲政策文件》引人瞩目地增加了中非关系“安全上守望相助、国际事务中团结协作”[17]的新内容。在安全问题上，自20世纪50年代末非洲国家相继独立以来，非洲的地区安全问题始终没有得到解决。国家间冲突、政权更迭、种族矛盾、部族争斗、跨国犯罪、海盗猖獗乃至粮食问题等等诸多矛盾交织在一起，使非洲的地区安全局势错综复杂，直接影响了非洲的发展。近年来，中国积极参与非洲和平安全事务，成为中国参与全球安全合作的重要内容之一。截至2015年底，中国已成为联合国常任理事国中向非洲派出维

13 《习近平同利比里亚总统瑟利夫会谈》，《人民日报》，2015年11月3日。

14 习近平：《共同推动非洲发展迈上新台阶——在第二十四届世界经济论坛非洲峰会上的致辞》，《人民日报》，2014年5月9日。

15 《外媒：李克强非洲行掀起“中国旋风”》，http://news.sina.com.cn/c/2014-05-13/212530128306.shtml.（访问时间：2015年12月26日）

16 Première tournée africaine pour Xi Jinping （“习近平第一次访问非洲之旅”）http://www.humanite.fr/monde/premiere-tournee-africaine-pour-xi-jinping-518240.(访问时间：2015年3月16日)

17 《中国对非洲政策文件》，《人民日报》，2015年12月5日。

和人员最多的国家[18]，参加了联合国在非洲的16项维和行动，累计派出维和官兵2.7万余人。[19] 2015年，习近平在联合国发展峰会上宣布，中国将提供1亿美元无偿军援支持非盟建设非洲常备军和危机应对快速反应部队。[20]中非的安全合作直面非洲现实，解决了非洲迫切需要解决的重要问题。在国际合作上，20世纪60、70年代，非洲国家坚决支持一个中国，并于1971年将中国“抬进了”联合国；中国则在外交上积极主动地为包括非洲国家在内的广大发展中国家伸张正义，在力所能及的范围内对非洲民族独立和经济发展给予了大力支持，双方在交往中塑造了责任共同体。作为联合国安理会常任理事国和发展中国家的代表，携手非洲发挥“负责任大国”作用，促进国际秩序朝着更加公正、合理的方向发展，是中国的战略诉求，也是中国的国际责任。作为世界上国家最多的大洲和发展速度最快的大洲，非洲也需要在国际事务中发出声音，维护自身权益。同时，面对世界上越来越严重的地区保护主义和地区一体化进程，中非也有必要继续相互协作、相互支持。事实上，双方在联合国、二十国集团、金砖国家、气候变化大会等国际组织和多边机制中密切协调和配合，开展了卓有成效的合作，这使中非合作真正实现了“全面发展”“合作共赢”。

中非“命运共同体”将中非的历史命运与现实命运交织在一起，确认了中非友好的历史传承，点明了双方的价值观认同，规划了双方的未来合作路径，构建了中非关系的新话语体系。回望历史，在中非交往之初，非洲面临的是国家认同问题，中国则面临着如何打破美国和前苏联的封锁和包围。如今，作为最大的发展中国家，中国已跃升为世界第二大经济体。非洲也从当年被称为“黑暗的大陆”发展为世界上发展速度最快的大洲，其战略诉求从当年的国家认同转向了安全和发展。但中非之间的命运共识没有变。中非关系正如习近平主席所说，大家一起发展才是真发展，可持续发展才是好发展。[21]

18　“联合国维持和平行动部数据”，http://www.un.org.(访问时间：2015年11月3日)

19　2016年7月国防部例行记者会，国防部http://www.mod.gov.cn/shouye/2016-07/28/content_4702951.htm。（访问时间：2016年7月29日）

20　《习近平出席联合国维和峰会并发表讲话》，《人民日报》2015年9月30日。

21　习近平：《携手构建合作共赢新伙伴，同心打造人类命运共同体》，《人民日报》，2015年9月29日。

中国在国际人权领域的话语权现状与提升策略

邱昌情[1]

【摘要】随着综合国力的日益提升，中国作为负责任的大国走向了国际舞台中心，但中国外交话语的“失语”或“寡语”现象也日益凸显，引发了中国与外部世界关系中的诸多价值困惑。近年来，中国国内人权事业已经取得了前所未有的进步与发展，但中国在人权领域的话语权并未得到实质性的提升。相反，人权问题往往成为西方国家批评、质疑甚至责难中国的重要议题，给中国的国际形象带来了严重负面影响。其原因一方面在于当前中国在国际人权话语体系中话语权的严重缺失；另一方面在于中国对国际社会开展人权公共外交方面的能力明显不足，缺乏对外进行人权公共外交的战略筹划和顶层设计。未来中国亟需将自身的发展优势转化为话语优势，坚定中国的道路自信、制度自信，倡导中国特色的人权观，实现与国际人权话语体系的互联互通，建设与中国国际地位相称的国际人权话语能力。

【关键词】中国；人权；国际话语权；失语；建构

进入新世纪以来，人权议题在国际关系中的地位迅速提升，已经成为与国际安全、发展相并列的三大核心议题之一。在此背景下，人权话语成为越来越主流化的国际话语，已经成为国家利益和国家形象的重要组成部分，是当今大国之间软实力竞争中不可忽视的重要因素。国际社会围绕人权议题的话语权竞争已经成为当今国际政治的重要特

1　邱昌情：对外经济贸易大学国际关系学院外交学系讲师、博士。

征。然而，就中国而言，与经济的飞速发展和国际地位的迅速提升相比，中国在人权等价值观方面的话语权在国际上仍然缺乏影响力、感召力和吸引力。因此，未来中国亟需通过多元化渠道，有针对性地对外开展人权公共外交，全面、客观、系统、深入地向国际社会阐释中国的人权观，将中国人权发展的真实面貌展现给国际社会，积极回应西方国家对中国人权事业及人权外交立场的误解、质疑与诘难，打破西方国家的话语垄断地位，真正建设与中国大国地位相匹配的话语能力。

一、中国在国际人权领域的话语权现状及面临的困境

人权议题逐渐成为西方国家对华外交关注的焦点。尤其是在人权、意识形态等方面的国际话语权问题上，中国始终处于被围堵和被孤立的窘境，在涉及人权方面的国际舆论、对外传播、宣传等方面遭到西方强势话语的阻击，使中国在国际人权领域中的话语权呈现出明显的“失语”和“寡语”状态。

首先，西方国家对中国的国内人权状况进行歪曲攻击，强化了国际社会对中国人权的“制度偏见”。以美欧为首的西方国家利用其国际话语权霸权地位，把正在复兴之路上的社会主义中国视为其人权价值观和制度发展模式的威胁，加紧对中国的意识形态攻势和话语施压，长期恶意攻击、歪曲中国的人权发展状况，推动中国国内人权问题“政治化”以及政治主权问题“人权化”。西方国家对中国国内人权状况的攻击和歪曲使中国在政治制度、人权观念、意识形态等方面的话语权问题上，长期处于被围堵和孤立的局面，给中国的人权形象造成了严重的负面影响。

其次，西方国家对中国在人权领域的外交政策和立场的指责。在当前国际体系改组与国际规范重建的大背景下，西方国家对中国外交政策和立场的指责给中国的不干涉内政原则构成了重大冲击，使中国在处理地区热点问题时常常陷于被动局面。

最后，融入西方话语体系所带来的话语权困境。尽管中国一直致力于国内人权事业的进步与发展，但却未形成向国际社会有效阐述真实人权发展状况的国情以及在人权领域的政策辩论能力，常常在一些西方国家对中国人权问题的“政治化”和政治主权问题的“人权化”运作面前陷于被动和失语的地位。

二、中国在国际人权领域面临的话语权困境的原因

尽管中国政府也努力通过各种渠道对中国的国内人权状况和人权外交政策做出说明和解释，但一直收效甚微。尤其是在西方国家在文化、价值方面的软性压力下，中国在人权领域陷入一个自己的意见被歪曲的拟态环境中，出现被“妖魔化”后的失语困境。

究其原因，一方面在于中国在国际人权话语体系中处于弱势和被动地位；另一方面在于中国对外开展人权公共外交的能力严重不足，使中国在国际人权问题上处于“失语”和“寡语”状态。

首先，中国与西方国家在人权等意识形态领域的斗争日益激化。虽然近年来中国通过参与联合国人权事务、努力宣传中国的新疆、西藏政策，不断对外展示中国的人权成就。但是西方国际社会对中国的印象一直受制于“东方主义”框架，把人权问题政治化和意识形态化。在这种刻板印象和意识形态偏见指引下，西方国家对中国人权问题的评价严重失真。

其次，中西文化传统与价值体系的差异性是提升中国国际话语权的结构性障碍。西方国家往往站在道德的高地上，不承认发展模式的多样性，恣意推行西方的人权价值观，以此来干涉中国内政。受人权价值观、政治体制、历史和文化传统差异性的影响，中国在国际社会中“被理解”和“被认知”的程度较低。

再次，中国有关人权问题的话语建构缺位，无法及时、准确、科学地回应中国在人权领域面临的问题，对外开展人权公共外交的能力明显不足。如何向世界说明一个真实的中国，把人权议题从中国对外战略中的“负资产”转变为未来发展的“软实力”和“正能量”，已经成为中国对外战略面临的重要课题。

三、从失语到建构：提升中国人权话语权的路径及策略

在当前中国综合国力和国际地位日益提升的大背景下，如何构建人权等当代中国主流价值观话语权成为亟待解决的现实课题。中国作为负责任的大国走上国际舞台中心，国家的快速崛起为中国争取更多的国际话语权提供了条件和机遇。一方面积极向国际社会介绍我国人权事业发展的状况和取得的重要进步，向世界阐释中国人权事业发展和对外人权立场；另一方面积极参与国际人权领域的对话与交流，积极回应西方国家对中国人权状况的指责、诘难，消除国际社会对中国人权立场与政策的误解和偏见，向世界展示我国人权的良好形象。在构建中国人权话语的进程中，中国必须在国际社会中主张自己的人权观，通过人权话语的竞争，打破西方国家的话语垄断，彻底改变中国在人权领域的“失语”和“寡语”状态。

第一，重视人权议题在中国外交战略中的重要性，加强在人权领域的战略性外交话语建构。长期以来，由于中国战略性外交话语的缺失，使中国处于一个“话语暴力”的拟态环境中。[2] 增强在人权领域的国际话语权、妥善回应外部关切，增进国际社会对中

2　叶淑兰：《中国战略性外交话语建构刍议》，《外交评论》，2012年第5期，第68页。

国基本国情、价值观念、发展道路和内外政策的了解和认识，毫无疑问已经成为中国国际战略的重要内容。人权作为西方国家企图遏制中国发展的一项重要政治工具，以往主要集中在中国国内人权中的民族宗教、意见人士等问题领域。随着国际关系的发展，西方国家在继续炒冷饭的同时，也开始转向一些新的领域。例如在互联网安全、气候变化、中国对一些“问题国家”的外交立场等问题。中国亟需从整体外交战略的高度，有理、有据、有节地正面回应好这些新问题。长时间以来，受制于国际环境的影响，人权在相当长时期内曾被当作资产阶级的专利而成为新闻宣传和学术研究的敏感地带，人权议题在中国对外交往中也尚未占据重要地位。过去对人权问题的上述立场使得中国自身在道义形象方面一度处于十分被动的境地，尤其是在面临西方人权舆论攻势时常常陷入“不讲人权”的尴尬被动境地。增强中国对外话语和价值观的创造力、感召力、公信力和影响力成为了当前国家的战略性任务。表明了尊重和保障人权已经成为当前中国国家建设、社会发展和外交战略的一个重要主题。

第二，积极参与国际人权对话与合作，构建与国际社会沟通的价值体系，实现与西方主导的人权话语体系的“互联互通”。更多地融入世界共享的一些伦理观念，如人道、平等、民主、环保等观念是一种符合常识的外交准则与价值观，有助于减少国际误解，增进共识，进一步提升国际形象。对中国来说，要实现与国际社会在人权话语体系中的互联互通，就需要通过确立自身的人权价值观，对国际人权机制采取积极、灵活的态度，既要接受普适性的人权规范，又要参与国际人权议程设置，同时还要结合中国传统文化创新人权规范制度，为世界人权事业发展做出新贡献。[3] 未来中国需要以更为积极、开放和建设性的姿态对接西方的人权观，这种人权价值观的产生不能是中国的一厢情愿，而应该是一种能够得到国际社会认同的价值观，需要在中国与国际社会的互动过程中产生。目前，中国处于西方国家主导的人权话语体系下，现有的国际政治经济秩序包含着对中国和广大发展中国家的不利因素，这些规则的形成和构建都存在诸多争议，亟需变革和完善。因此，未来需从价值和规范的视角诠释中国外交政策的人权因素，拓展中国外交政策在国际社会中的认同度。例如，从人权领域的经济和技术援助、发展权等视角阐释中国的“一带一路”倡议与援外政策，力争将中国的发展优势转化为话语优势。

第三，打破西方国家的话语垄断，构建有中国特色的人权话语体系，塑造自身的人权叙事能力。在构建中国国际人权话语的整体战略框架下，努力成为“中国议程”设置的主导者，国际性议程的重要倡导者和引领者，在向世界说明真实的中国的同时，主动去引领世界舆论，形成对国际人权规范的竞争性解释。中国人权话语的对外表达范式，既需要具有民族性、国家性，也需要具有国际性和普适性视野。西方的话语框架和思

3 刘波：《当前中国国家人权软实力建设的理论道路和基本取向》，《人权》，2012年第1期，第29页。

维逻辑已经成为当前国际社会理解中国的巨大障碍。长期以来，由于西方国家在价值观、意识形态等领域的强势地位，使自由、民主、人权等西方话语构成了国际社会的“普通话”。事实上，在关于人权概念的内涵、人权的普遍性与特殊性、人权与主权的关系等各方面，中国与广大西方国家都存在不同的理解。欧美国家利用其话语优势垄断了国际人权领域的议程设置，使中国在国际社会常常面临“被表达”和被动挨骂的境地。因此，中国在与西方国家在进行人权交锋时不能陷入西方的语境中无法自拔，必须摆脱西方国家所设定的人权标准，要提升中国在人权领域的话语权，必须要构建有中国特色的人权话语体系，打破西方国家的垄断地位。随着中国综合国力的提升，国际社会对中国的文化价值观日益关注。与此同时，国际社会对中国发展道路、价值理念的疑虑与误解仍然普遍存在。西方国家往往是基于其传统的狭隘视角，很难真正理解当前中国的人权价值理念和外交政策立场。现代中国亟需跳出西方人权话语的框架，主动设置与引领新议题，构建自己的人权话语体系。中国所坚持的“不干涉内政”“创造性介入”等话语便是中国构建自身人权话语的初步努力。因此，需要从根本上解构传统西方发达国家在人权话语中的垄断，赋予人权话语以更多的中国元素。[4]

第四，在国际人权场合发出正义声音，对一些西方国家别有用心的挑剔进行有力有节的反击与回应。随着中国国际地位的日益提升，中国与世界的关系发生了诸多新变化，国际社会对中国的期待、需求和压力与日俱增。西方国家对中国的批判也将越来越多，面对西方国家在人权议题上的歪曲与攻击，中国不能只是简单的排斥和对抗，要善于利用现有的话语权体系和话语规则，在关键问题上有理有据地发出自己的声音，对人权、民主等领域的非议做出正面回应，对西方国家的意识形态输出与干涉予以回击与反制。中国不仅对美国等西方国家攻击自身人权状况的霸权行径进行坚决的反击，而且对于他们利用人权问题干涉发展中国家内政的行为进行了谴责，始终站在发展中国家立场来理解当前的国际人权问题。事实上，对重大国际问题和地区热点问题的表态，能体现中国的大国担当和国际影响力，进而有利于提升中国的国际话语权。如中国在执行联合国维和使命、亚丁湾护航、利比亚撤侨、对阿富汗等地区热点问题的国际调停等都得到了国际社会的高度关注与认可。

最后，加强人权公共外交的战略设计，多渠道开展人权公共外交。在全球化和信息化深入发展的时代，一国的内政和外交政策容易受到国际社会的关注和国际舆论的影响。“中国因素”常常被放大成为世界相关性因素，中国话题也越来越成为世界公共话题。这一方面使中国获得了更多的国际关注；另一方面西方传媒的片面和偏狭也给中国的国际形象带来了诸多负面影响。因此，对外开展人权公共外交，还原给世界一个真实的中国

4 邱昌情：《以中国元素重构国际人权话语体系》，《中国社会科学报》，2015年1月23日。

成为当前中国外交的现实问题。这要求中国政府、学界、媒体和普通公众通力配合，构建一个强大的传播网络，消解西方国家对中国在人权领域的误解与偏狭。在中国对外开展人权公共外交的实践中，不仅需要对外介绍中国在国际人权领域取得的进步和成就，也要客观地阐释中国社会发展所遇到的问题，让西方了解一个全面、立体的中国，从而获得中国发展的清晰图式。

中国特色的人权话语体系建设是一项复杂的系统工程，未来中国在国际人权领域的话语权建设需要重视这些力量，并与之开展密切合作，形成合力，积极有效传播中国的人权价值理念，推动中国价值“走出去”，提升中国价值观的影响力和感召力。中国在人权领域的话语权建设方面，除了官方渠道，还应特别重视人权非政府组织在推动人权公共外交中的作用。目前，中国需要在不断提升官方话语主体的国际话语能力的同时，培育广泛的民间话语主体。重视非政府组织在推动人权公共外交中的作用。加强中国的人权非政府组织与国外公众、非政府组织之间的接触与沟通，通过国际会议、对外交流、合作等非官方渠道加强彼此交流，提升中国的国际形象及其话语权。近年来，随着人权话语成为越来越主流化的国际话语，人权领域的公共外交开始成为中国外交工作新的增长点和着力点。[5]未来中国亟需建立常设性的人权公共外交代表团顾问制度和专家咨询机构，培育研究型国际人权研究智库，形成民间非政府组织与政府通力配合的多层次人权公共外交体系。

构建具有中国特色的人权话语体系是一个庞大而艰辛的系统工程，除了需要有效应对西方国际社会的“有色眼镜”和“话语霸权”之外，更需要努力提升中国的国际话语权和大力推进国际传播能力建设。随着中国的快速崛起，我们需要努力成为“中国议程”设置的主导者，国际性议程的重要倡导者和引领者，在向世界说明真实中国的同时，主动去引领世界舆论，构建国际舆论新秩序，开启国际话语权的中国时代。

四、结语

充分实现人权是世界各国人民的共同追求，在全球化和相互依赖日益加深的今天，世界不同文化在相互互动、碰撞中前进，人权原则的普世化、人权保障的国际化进程加速推进。世界各国在价值观与发展模式方面的竞争日益凸显，如何在国际社会中确立中国的人权形象，让世界了解、理解中国当代的核心价值，是未来中国开展大国外交面临的重要现实课题。随着中国经济的快速发展与国际地位的日益提升，中国的和平崛起进程不仅表现在经济等硬实力的大幅提升，还应有与之相匹配的文化影响等软实力的拓

5　柳华文：《论加强中国在人权领域的公共外交》，《人权》，2015年第4期。

展。对于正在崛起的发展中大国，中国在人权领域仍然存在一些需要改进和完善的方面，在未来所面临的国际压力也会越来越多，这也使得西方国家常常拿人权议题妖魔化中国，人权议题已然成为中国对外战略中不可回避的重要议题。在走向世界大国的进程中，我们不得不承认中国在国际人权话语体系中还处在相对低的程度，与中国目前在国际社会中的实力与地位是不相称的。未来中国亟需将自身的发展优势转化为话语优势，坚定中国的道路自信、制度自信，倡导中国特色的人权观，实现与国际人权话语体系的互联互通，建设与中国国际地位相称的国际话语能力。毫无疑问，中国在国际人权领域中的话语权建设不可能一蹴而就，需要经历一个漫长而曲折的过程。

“中国梦”的意义争夺与重构[1]

——基于美国三家主流媒体“中国梦”报道的框架分析

张超[2]

【摘要】本文运用框架分析法从宏观的概念层次框架、中观的议题层次框架、微观的文本层次框架对美国三家主流媒体《纽约时报》《华盛顿邮报》和美国之音有关“中国梦”的报道进行分析。发现有关“中国梦”的报道2013年最为集中。在框架分析上，三家媒体共通性强：在概念层次框架上，事件框架均多于价值框架；议题层面框架，以冲突框架和责任框架为主。三家媒体在文本组织框架上略有所差异。研究发现美国主流媒体通过“排除”的手法，避免提起“中国梦”就想起“美国梦”。“中国梦”的内涵被美国媒体重构成以下几类话语：“中国梦”是“党国梦”而非人民的梦；“中国梦”是空洞的梦；“中国梦”是习近平、中国、中国人自己的梦；“中国梦”是周边国家的噩梦。通过接合策略发现，三家美国媒体接合的领域较窄，并未客观、全面反映中国。

【关键词】中国梦；美国梦；框架分析；话语；接合

自2012年11月习近平主席在参观“复兴之路”展览时提出“中国梦”以来，“中国梦”迅速进入中国主流话语体系，并成为2013年“热词”第一名。“中国梦”已进入中共官方话语体系，也迅速为外国媒体所关注。外媒如何看待“中国梦”、解读“中国梦”，直接影响国外公众对“中国梦”的认知，尤其作为守成大国的美国，其主流媒体对“中国梦”

1　国家社会科学基金重点项目“习近平总书记的大国传播与公共外交思想研究”的阶段性成果；项目批准号15AXW005；北京市哲学社会科学规划项目“公共外交视野下‘中国梦’的国际传播研究”的阶段成果；项目批准号13ZHA026。

2　张超：山东大学（威海）文化传播学院新闻系讲师，硕士研究生导师。

的心态一定程度上折射着美国主流社会的观点。

一、研究设计

本研究运用框架分析法，分析、解读美国主流媒体对“中国梦”的意义建构。框架分析（frame analysis）是近 20 年来中外新闻传播领域引用最多的理论概念和研究方法之一。[3] 首先由美国社会学家戈夫曼在《框架分析：关于经验的组织》中引入。戈夫曼将框架定义为人们用来认识和解释社会生活经验的一种认知结构。[4]

本研究所指的框架分析是指媒体在内容呈现上的框架，我们试图了解美国主流媒体在建构“中国梦”时使用了何种框架策略来引导受众的认知，以及如何建构“中国梦”。“很多考察新闻媒体如何报道一个议题或现象的研究，重点自然在分析文本，但是，往往不考虑所分析的是什么行动者在什么场景形成的话语，因此这种对新闻文本的框架分析很少超越简单的描述。”[5] 因此本研究将结合报道的特定语境来分析，力图避免上述问题。

框架分析既是一种定性分析，也可以与内容分析相结合变成定量分析。我们梳理以往框架分析的案例发现，学者总结的框架策略通常只是对某一主题或事件的分析，往往只从一个层面维度进行探讨。本研究将媒介内容研究的框架分析分为三个层面：

宏观层面：概念层次的框架——观念的还是具体的；

中观层面：议题 / 内容层次的框架——如何引导受众认知；

微观层面：文本层次的框架——系统的还是片段的。

媒介内容的框架分析，看似分析的是文本，其实是一种话语。文本建构本身就是话语建构的一部分，而且文本建构中为将话语合法化、实现接受者对它的认同，会存在框架争夺的情况。

（一）样本选取

我们在 LexisNexis 全球媒体数据库中，以 China Dream、Chinese Dream 为主题词，通过数据库选取《纽约时报》《华盛顿邮报》的报道样本，在美国之音英文网通过网页检索获取美国之音英文网的报道样本。样本选择时间为 2012 年 12 月至 2015 年 4 月 30 日，剔除无效样本共获得有效样本 29 篇，其中《纽约时报》12 篇、《华盛顿邮报》9 篇，美国之音 8 篇。

3　杜涛：《框中世界：媒介框架理论的起源、争议与发展》，知识产权出版社，2014年。

4　陈阳：《框架分析：一个亟待澄清的理论概念》，《国际新闻界》，2007年第4期，第20页。

5　潘忠党：《架构分析：一个亟需理论澄清的领域》，《传播与社会学刊》，2006年第1期，第31页。

（二）样本分析

框架分析属于定性分析，为使研究尽可能弱化研究者的主观性解读，本研究引入量化分析方法，定性分析与定量统计相结合。由于样本量较小，本研究采取研究者与编码员协商一致的方式进行解读。具体操作为，在预研究阶段，研究者对类目的定义和操作对编码员进行培训，随后随机选取10篇进行编码，测试编码员的接受程度，第一次测试研究者与编码员的信度为0.85。随后就有争议的部分进行探讨，最后得出一致性。29篇文章的分析均采用二人意见一致的方式完成。

1.概念层次框架

Lakoff描述了建构公共卫生和其他社会政治议题信息的三个层次：价值框架、事件框架和细节框架。[6]

（1）价值框架是主导价值（overarching values）的表达，如公正、责任、平等、公平等，是激励人们改变世界或不改变世界的核心价值。在本研究中，报道如果以对“中国梦”的说明、评价为主（无论是正面还是负面），让受众从价值判断层面上看待“中国梦”，则可以归为价值框架。信息可以在这三个层面中的任何一个层面生产，但价值框架是最重要的。Lakoff认为人们支持或拒绝一项议题，很大程度上取决于他们是否能认同或联结主导价值。[7]

（2）事件框架是对一般议题（general issue）的关注，如居住、环境、学校、健康等。在本研究中，对“中国梦”的报道是通过议题的方式来进行的，则归为事件框架。

（3）细节框架（nitty gritty of those issues），包括实现这一变化的政策细节（或战略）和方法。在本研究中，如果报道指向如何实现“中国梦”或“中国梦”的组成部分（如“强军梦”），则可以归为细节框架。

2.议题/内容层次框架

议题/内容层次框架是从叙事策略的角度来分析报道所使用的框架。我们按照Semetko和Valkenburg[8]的分类方法，分为以下五类。在统计时，选择文本中最主要的两个框架按顺序计入，如果只有一个框架，则只计一个框架。

（1）冲突框架：这种框架为吸引受众兴趣，强调个人、团体和机构间的冲突。

6　L Dorfman, L Wallack, K Woodruff, More than a message: Framing public health advocacy to change corporate practices. Health Education & Behavior, 2005: 32:3, pp.320-336.

7　张明新：《后SARS时代中国大陆艾滋病议题的媒体呈现：框架理论的观点》，《开放时代》，2009年第2期，第136页。

8　Holli A. Semetko & Patti M. Valkenburg, Framing European Politics：A Content Analysis of Press and Television News, Journal of Communication, 2000:2, pp.95-96.

(2) 人情味框架：将人性的一面或从感性的视角呈现事件、议题或问题。

(3) 影响框架：媒介在报道某一事件或问题时关注它对个人、团体、机构、地区或国家在政治、经济、文化等方面上造成的影响。如“中国梦”会导致周边国家成为“附庸国”。

(4) 道德框架：在报道某一事件或问题、议题时将其置于宗教教义或道德原则中，这种新闻会开出良方，告诉人们如何行动。

(5) 责任框架：将某一事件或问题的原因或解决方案归结给政府、团体或个人。

3. 文本组织层次框架

根据新闻报道的文本组织手段分为主题式框架（thematic frame）和片段式框架（episodic frame）。

(1) 主题框架：新闻记者 / 编辑用来组织新闻文本的方式，采用系统资料全面描述，尤其是揭示新闻事件的来龙去脉，以一个命题为核心，对某类新闻现象运用系统资料和全面概括加以报道。

(2) 片段框架：采用个体人物 / 事件而报道某类新闻。

选择这种框架分类的意义：受众接触主题框架，更倾向于对报道的事件所提供的社会意义和社会层面的解释；而接触片段框架，受众更倾向于就事论事，寻求对个体层面的解释。

二、研究发现

（一）“中国梦”在标题中的显著度较低

梵·迪克（Van Dijk）认为标题位于导语的前面，它们一起表达了这个新闻文本的中心主题。[9] 如果将“中国梦”纳入到文章标题中，可以提升“中国梦”在版面中的显著度，也更能引起受众的阅读注意。

在三家媒体样本中，以“中国梦”为标题的文章共有 4 篇，仅占标题总数的 13.8%。其中《纽约时报》2 篇（*Xi Jinping's Chinese Dream*, 2013.06.05 ; *The Elusive Chinese Dream*, 2014.12.27），《华盛顿邮报》1 篇（*The Chinese Dream*, 2013.06.03），美国之音 1 篇（*China's New President Pledges to Pursue the 'Chinese Dream'*, 2013.03.16）。“中国梦”在样本标题中的显著度并不高。

9 [荷]梵·迪克：《作为话语的新闻》，曾庆香译，华夏出版社，2003年。

（二）“中国梦”报道的时间分布：2013 年的报道最为集中

在《纽约时报》样本中，“中国梦”报道最为集中的是在 2013 年上半年，有 5 篇，占样本总数的 41.7%。从年度看，2013 年 6 篇，2014 年 4 篇，2015 年前 4 个月 2 篇，报道集中在 2013 年和 2014 年，其中 2013 年占 50%。

在《华盛顿邮报》样本中，“中国梦”报道在 2013 年上半年最为集中，有 5 篇，占样本总数的 55.6%，2013 年全年的报道占总数的 77.8%。

在美国之音样本中，“中国梦”报道最为集中的时段是 2013 年，共 5 篇，占样本总数的 62.5%，其中上半年为 2 篇，下半年 3 篇。

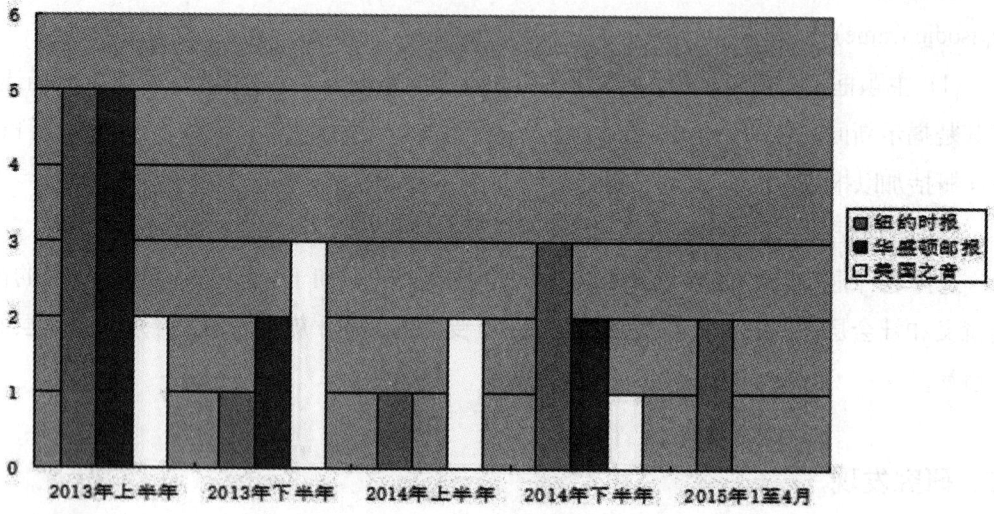

图1：“中国梦”相关报道在美国三家主流媒体的时间分布

“中国梦”在进入中共官方话语体系之后，内涵不断完善、阐释日渐明晰，通过对“中国梦”的内涵演进，我们将“中国梦”的阐释分为两个阶段：“中国梦”的“中国视野”阶段和“中国梦”的“世界视野”阶段。

第一个阶段是“中国梦”的“中国视野”阶段。2012 年 11 月 29 日，习近平在参观《复兴之路》展览的讲话中首次将“中国梦”纳入官方话语体系中。随后在 2013 年 3 月 17 日在第十二届全国人民代表大会第一次会议上的讲话中第一次系统阐释“中国梦”，认为“中国梦”的基本内涵是国家富强、民族振兴、人民幸福。

第二个阶段是“中国梦”的“世界视野”阶段。2013 年 3 月 25 日习近平在坦桑尼亚尼雷尔国际会议中心的演讲，指出“中非人民要加强团结合作、加强相互支持和帮助，努力实现我们各自的梦想。我们还要同国际社会一道，推动实现持久和平、共同繁荣的世界梦，为人类和平与发展的崇高事业作出新的更大的贡献！”[10]这是“中国梦”首次与其他国家人民的梦想对接。习近平提出的“命运共同体”理念，是“中国梦”世界内涵的新发展。

我们发现，“中国梦”进入美国三家主流媒体的时间与契机与“中国梦”进入中共官方话语并不相同。例如《纽约时报》第一篇和“中国梦”有关的报道为2013年1月8日，《华盛顿邮报》的第一篇有关“中国梦”的报道是2013年1月5日，都是关于“南周事件”的报道，由该事件引出“中国梦”话题。2013年6月习近平访美，在样本中并未检索到美国媒体提及“中国梦”的情况。

（三）概念层次框架：事件框架均多于价值框架

在概念层次框架中，我们没有发现细节框架的存在，这从一定程度上说明，美国三家主流媒体对于“中国梦”的未来走向、发展趋势与改进并不关心。

在价值框架和事件框架的选择上，三家媒体的事件框架均多于价值框架。其中，《纽约时报》的事件框架占75%；《华盛顿邮报》的事件框架占55.6%；美国之音的事件框架占87.5%。这说明三家媒体倾向于用具体的事件或话题来报道“中国梦”。

（四）议题层面框架的“共鸣”：以冲突框架和责任框架为主

在议题层面框架上，美国三家媒体出现了框架“共鸣”。《纽约时报》在议题层面上的框架以冲突框架、责任框架和影响框架为主，三者合计占87.4%，其中责任框架和冲突框架各占33.3%强，影响框架占20.8%。《华盛顿邮报》在议题层面上的框架以冲突框架和责任框架为主，二者占近8成，无道德框架。美国之音的报道中，冲突框架占所有框架的43.75%，责任框架占31.25%，影响框架占18.75%。

通过比较可以看出，三家媒体都以责任框架和冲突框架为主：冲突本来就是西方新闻媒体新闻价值的判断标准之一，责任框架则主要将中国发展面临的问题归结到中国共产党和习近平的执政上。

在冲突框架中，围绕“中国梦”的冲突建构，包括个人权益与党和国家的冲突（*In China, Dreaming of a Vote*，2014.07.12；*Shame on China*，2015.03.21；*Mr.Gao's nightmare*，2014.09.15；*Top Chinese university dismisses outspoken professor*，2013.10.20）、“中国梦”的口号与行动的冲突（*In China, slogans vs. Action*，2013.04.04；*The New Face of Chinese Propaganda*，

10　《习近平在坦桑尼亚尼雷尔国际会议中心的演讲》，新华网，http://news.xinhuanet.com/2013-03/25/c_124501703_3.htm。

2013.12.21）、中国存在的各种问题与实现“中国梦”的冲突（*Arrests in China Show Limits of War on Graft*，2013.04.05）

在责任框架中，样本报道多认为中国当前存在的问题是体制性的，尤其是新闻自由、民主、贪污腐败问题，认为是中国共产党要负主要责任。

“中国梦”的内涵包括命运共同体，但与之有关的影响框架所占的比重并不高，或许是“中国梦”正在形成还未实现，美国媒体只是将“中国梦”视为一种口号。

人情味框架很少，三家媒体的报道更多地从宏观的层面切入，也或许暗含着一个逻辑：“中国梦”与个人无关。其实这种观点在一些报道中已经有这方面的评论。

框架类型	纽约时报		华盛顿邮报		美国之音	
	数量	比例	数量	比例	数量	比例
冲突框架	8	33.3%	7	38.9%	7	43.75%
人情味框架	2	8.3%	2	11.1%	1	6.25%
影响框架	5	20.8%	2	11.1%	3	18.75%
道德框架	1	4.17%	0	0	0	0
责任框架	8	33.3%	7	38.9%	5	31.25%

表1：《纽约时报》《华盛顿邮报》和美国之音的“中国梦”报道框架分析

（五）文本组织层次：不同媒体侧重不同

片段框架寻求的是个人化的议题，而主题框架则是对普遍情况运用一般、抽象的方法研究，片段框架是就事论事，主题框架有助于人们形成对某一议题较为系统的认知。

《纽约时报》在文本组织层面，以主题框架居多，占66.7%。美国之音的报道中，主题框架占75%，是片段框架的3倍。由此可以看出《纽约时报》和美国之音在谋篇布局上，倾向于给受众一个较为全面的认知。而《华盛顿邮报》则是片段框架（55.6%）与主题框架（45.4%）基本持平。

三、分析与讨论

（一）作为他者的“中国梦”

虽然“中国梦”在话语表述上与“美国梦”有某种相似、相同之处，但是在笔者检索到的报道文本中，在提及“中国梦”的同时，还提及“美国梦”的次数仅有1次，出现在《华盛顿邮报》。仅有的这次也未在意义或内容上做关联，只是对“中国梦”的翻译做注释：“‘中国梦’——和‘美国梦’经常那样翻译”（*The Chinese Dream*，2013.05.03）。

美国主流媒体通过“排除”的手法，避免提起“中国梦”就让人想起“美国梦”的想法，这与另一项研究英国主流媒体的“中国梦”报道的发现不同，在40篇报道样本中，共有12篇提及“美国梦”，“中国梦”明显被纳入到与“美国梦”对比的框架下进行阐述。[11]

“中国梦”提出的重要目的之一被认为是为了与美国在心灵政治领域进行话语的争夺。习近平在多个场合下的讲话直接提及“中国梦”与“美国梦”，如2013年6月7日在同美国总统奥巴马共同会见记者时的讲话中，习近平指出“中国梦要实现国家富强、民族振兴、人民幸福，是和平、发展、合作、共赢的梦，与包括美国梦在内的世界各国人民的美好梦想相通”。

但是在我们检索到的样本中，并非发现样本媒体借由习主席之口将“美国梦”和“中国梦”纳入到报道中。得出这样的发现也是正常的，“中国梦”之所以在美国媒体上并未与“美国梦”建立关联，主要的原因在于美国媒体将美国和中国视为对立的“他者”关系，而非“自己人”。从价值观看，“美国梦”的本质是自由平等，但是中国的人民民主专政制度在美国看来并非民主制度。在美国媒体看来，“美国梦”与“中国梦”虽然都是梦想，但二者并不具备可比性和共通性。

从两国关系看，历史上的大国崛起必然带来斗争和对立，虽然中国积极构建新型大国关系，但是作为当今守成大国，美国并不希望中国取代美国成为世界第一强国。即便受众看到“中国梦”会有意无意地想到“美国梦”，但由于媒体的排除法，会打消或淡化受众对二者的关联。

在美国，媒体的偏见不是来自政治派别的政治主张，更多的是屈从于近些年来，特别是冷战后盛行的“政治上正确性”原则。无论事件多么复杂，媒体报道的每一条新闻都必须符合这样一个模板，这种模板的结果是新闻报道中的泛政治化，而不是遵循新闻的事实性和真相原则。[12]

（二）“中国梦”的意义争夺与“美国梦”的缺席

正如斯图亚特·霍尔（Stuart Hall）所言，“意义并不是被简单发现的，而是被生产——建构出来的。”意指概念是被特定话语专门“拣选”的符号术语，作为一种知识形态，意指概念是社会“争议”与“问题”构造的符号载体。[13]话语中“中国梦”与“美国梦”建立关联的缺席，本质上是话语中意义的争夺问题。长久以来“美国梦”被世界各国，尤其是第三世界国家人民视为自由、成功的乐土。但是如今在“梦”这个语义场中，“中国梦”的进入本身，对“美国梦”是一个挑战，即“美国梦”并不一定是世界上最好的梦，

11　钟新、潘亚楠：《英国主流媒体对“中国梦”的报道与意义建构》，2016年第3期，第21页。

12　[美]伯纳德·戈德堡：《偏见：CBS知情人揭露媒体如何歪曲新闻》，新华出版社，2002年。

13　刘涛：《意指概念：环境传播的修辞理论探析》，《现代传播》，2015年第2期，第54页。

因为还有“中国梦”。

话语斗争在本质上体现为合法性争夺，也就是发现对方话语所征用的意指概念的破绽，进而按照自身话语的赋值体系发明新的意指概念，或者对原有的意指概念进行意义再造。[14]

在上百年的话语形成中，“美国梦”的基本内涵趋于稳定，获得世界范围的认同，在“美国梦”的意义争夺中，即便有挑战者，想改变“美国梦”的话语意义并获得认同也不易。“中国梦”提出仅三年，“中国梦”作为话语本身，也在不断丰富、稳固自身的内涵，以期在语义场中实现中国官方所期待的认同。但话语所处的时空特质，新型大国与守成大国、社会主义与资本主义，使“梦”这个语义场充满矛盾。

在提及“中国梦”时，对“中国梦”的含义进行引用阐释和自我阐释的文章，《纽约时报》有6篇，《华盛顿邮报》有5篇，美国之音有2篇。引用阐释是指采用中国官方对中国梦的阐释；自我阐释，则是按照记者或作者自己的理解进行阐释。我们发现，美国之音在阐释中国梦上所用篇幅和比例最小，甚至在 *China's New President Pledges to Pursue the 'Chinese Dream'* 这篇将“中国梦”作为标题的报道，也没有对“中国梦”的含义进行解释。

美国三家媒体对“中国梦”的意义争夺主要有两种策略：

第一种策略是整体意义争夺。整体意义争夺是指将“中国梦”基本内涵或实现可能性予以全盘否定，赋予新意义。例如《纽约时报》的报道认为：除非清除腐败官员，否则“中国梦”就是一个白日梦（*Arrests in China Show Limits of War on Graft*，2013.04.05）；“中国梦”混合了国家主义和社会主义，需要强有力的军事实力，这种军事实力是在中国共产党领导下与复兴的经济结合（*Hong Kong Court Denies Residency To Domestics*，2013.03.26）；“中国梦”是空洞的（*The Elusive Chinese Dream*，2014.12.27）。《华盛顿邮报》认为“中国梦”可能会变成一个空口号，毕竟“中国梦”的内容是什么，怎么实现，依然很模糊（*In China,slogans vs.Action*，2013.04.04）。

第二种策略则是局部意义争夺。局部意义争夺是指并不全盘否定“中国梦”的内涵，而是对突出强化“中国梦”内涵的某一方面加以否定，之后赋予新意义。例如美国媒体对国家富强的阐释，重在强调“强”，而不是“富”，以塑造习近平和“中国梦”“aggressive”形象。中国成立国家安全委员会，《纽约时报》将其解读成为实现“中国梦”所采取的控制言论和激烈运动：习近平的口号是“中国梦”，战略框架扩充了他先前对于建立一个国家安全机构的努力。他也追求一个激进的运动消除政治异见人士，这对一党执政是威胁，并说对互联网的控制是国内秩序稳定的支柱（*China: Party Leadership*

14 同13，第57页。

Approves Security Goals, 2015.01.24)；我们生活在“中国梦”的巨大海报之中，告诉我们要为国家强盛和复兴而努力奋斗，但是在中国，“国家”一词与“共产党政府”是同义词。对我而言，如果一个更强大的国家不意味着一个更自由的国家的话，那么这不是一个美丽的梦（*Shame on China*, 2015.03.21)。

在美国主流媒体的报道中，我们发现在对“中国梦”语义场的争夺中，纳入到话语体系的是新闻自由、人权、腐败。

综合分析“中国梦”的内涵被美国媒体重构成以下几类话语：“中国梦”是“党国梦”而非人民的梦；“中国梦”是空洞的梦，只是一个梦；“中国梦”是习近平、中国、中国人自己的梦；“中国梦”是周边国家的噩梦。

（三）“中国梦”的话语接合

接合理论（theory of articulation）是斯图亚特·霍尔提出的，所谓接合（articulate）在字面上有两层意思：一是说出或者表达，即把单个章节连成一个具有意义的词语；二是形成一个弹性的联系，使文本和读者的社会情境之间被机动地联系在一起，令读者建立起认同感。[15]

按照建构主义的观点，印象和观点取决于互动。对于美国受众而言，了解中国、与中国互动的渠道较为有限，而且高低语境文化间和历史、政治、文化上的巨大差异，让他们理解中国、理解“中国梦”变得较为困难。按照框架理论的观点，人们会基于自己之前接触中国的认知基模式来认识新的事物。在接合实践中，“中国梦”通过与特定事件、议题的联结，自动形成特定含义。

接合并不是固定的、一成不变的，彼此间的意义联结是浮动的，一旦二者建立关联，那么则有可能形成新的意义和新的话语。

“中国梦”作为一个宏大的国家话语，可以说，中国的方方面面都是潜在“接合”的对象。从最基本的层面上看，中国官方将“中国梦”与中国百年屈辱的历史接合、与国家民族复兴接合，与每一个个体的幸福接合，与增强国防实力接合等等。在最深层的方面，中国目前存在诸多问题，也是“中国梦”与之接合的对象，如环保问题、法治社会问题、社会保障问题等。

当今中国的是一个复杂的中国，习近平在讲话中也强调：“全面客观地了解中国”。在欧洲学院讲话中，习近平讲道：中国是有着悠久文明的国家，中国是经历了深重苦难的国家，中国是实行中国特色社会主义的国家，中国是世界上最大的发展中国家，中国是正在发生深刻变革的国家。[16] 由于中国的复杂、博大，好的方面多，不好的方面也很多，在

15　刘海龙：《大众传播理论：范式与流派》，中国人民大学出版社，2008年。

16　陈贽、钱彤：《观察和认识中国，历史和现实都要看，物质和精神也都要看 习近平在欧洲学院发表重要演讲 在

新闻报道中，如何与“中国梦”接合、从哪个角度接合，直接影响受众对“中国梦”的认知。

我们将话语接合的元素分为三类：

第一类是议题层面。在议题层面的接合，“中国梦”多出现在政治和新闻自由议题中。在接合层面上，美国三家主流媒体的策略是“新瓶装旧酒”，而且直接推翻中国官方话语的逻辑基础。在中国官方话语体系中，中国实现“中国梦”的前提是坚持现有中国特色社会主义制度，坚持中国共产党的领导，而美国三家主流媒体的态度是，实现“中国梦”要么改变中国制度，否则“中国梦”只是共产党的梦。

第二类是事件层面。西方新闻报道中“人物”和“故事”是构成新闻的两大要素。通过与新闻事件和历史事件的勾连，进一步印证报道的立场。从统计结果看，这些事件的出现大多建立与“中国梦”的负面评价关联。

第三类是人物层面。美国三家媒体报道中与“中国梦”接合的人物大体可以分为领导人、中国知名人物、异议人士、中国普通民众。领导人涉及新中国历届领导人，多与新中国历史有关。

对于中国知名人物、异议人士、中国普通民众者三类人群更多地体现在“中国梦”实现过程中的命运和态度。值得关注的是，在两家报纸的样本中，单独介绍某一人物命运的报道只有几篇（即人情味框架较少），人物的命运大多纳入到宏观的叙事之中。这种策略一方面可以使报道内容可读性强、消息来源多样，另一方面给读者造成的感觉是报道内容全面客观。

通过接合策略发现，三家美国媒体接合的领域较窄，并未全面反映中国。暗藏的逻辑是如果中国政治制度不改变，“中国梦”不可能实现，这里的“中国梦”实际上已经不再是中国官方话语体系中的“中国梦”内涵，而是美国人认为的“中国梦”。

四、结语

通过《纽约时报》《华盛顿邮报》和美国之音的样本分析发现，“中国梦”虽然进入了美国主流媒体的视野，但关注度并不突出。美国三家主流媒体有意通过排除法，切断“中国梦”与“美国梦”的连接：“中国梦”是“他者”的梦，而非惠及全人类的梦。

话语中“中国梦”与“美国梦”建立关联的缺位，本质上是话语中意义的争夺问题。由于“中国梦”的概念形成时间较短，因此对“中国梦”内涵的解读是意义争夺的重点。

亚欧大陆架起友谊和合作之桥》，新华网，http://news.xinhuanet.com/world/2014-04/01/c_1110054295.htm。

美国媒体对“中国梦”的意义争夺主要有两种策略：第一种策略是整体意义争夺，将“中国梦”基本内涵或实现可能性予以全盘否定，赋予新意义。第二种策略则是局部意义争夺，并不全盘否定中国梦的内涵，而是突出强化“中国梦”内涵的某一方面并加以否定，之后赋予新意义。“中国梦”的内涵被美国媒体重构成以下几类话语：“中国梦”是“党国梦”而非人民的梦；“中国梦”是空洞的梦；“中国梦”是习近平、中国、中国人自己的梦；“中国梦”是周边国家的噩梦。

通过接合策略发现，美国三家媒体接合的领域较窄，并未客观、全面反映中国。“中国梦”的国际传播任重道远，如何让世界真正了解“中国梦”、认同“中国梦”，是未来中国对“中国梦”宣介、传略的方向。

西方媒介话语中的中国朝核立场再现

——以 2003 年至 2017 年《纽约时报》相关报道为例

吴伟超[1]

【摘要】2003 年始，中国应美方要求斡旋朝鲜半岛核问题并且主持多边谈判，开始越来越多的介入之前以美、朝两方为主角的朝核问题。自从承担起斡旋责任以来，中国便积极向国际社会传播和平对话解决朝核问题的明确立场。但客观上讲，中国对朝核问题立场进行国际传播依赖西方媒介的话语再现。再现方式和状态实际上就是中国朝核问题立场的对外传播现状和效果，是本研究的主要内容。本研究通过对《纽约时报》从 2003 年到 2017 年之间对中国朝核立场的相关报道进行分析，采用批判话语分析理论从文本、话语实践、社会文化实践三重维度呈现出美国主流媒体对中国朝核立场的再现情况，探讨中国立场与西方媒介话语建构中的中国立场之间的契合度，并探寻其背后的深层次原因。

【关键词】朝核问题；西方媒介；批判话语；《纽约时报》

朝鲜半岛核问题是东北亚安全局势中最具复杂性和最具不确定性的因素，也是当前亚太乃至国际社会高度聚焦的安全热点。随着朝核问题的螺旋式发展，中国尽管一再重申朝美双方是半岛核问题的关键，但国际尤其是美国国内逐渐形成了中国主导朝核问题走向的意见群体。很明显，在朝核问题上中国的实际立场和实际作用在西方主流媒介建构后产生了错位。在当下国际舆论场话语格局中，中国朝核问题立场的国际传播效果很大程度上取决于西方主流媒介的话语再现。因此本文对西方主流媒介话语中的中国朝核立场再现进行回顾总结，以展现西方主流媒体建构下的中国朝核问题立场变迁。

1　吴伟超：国防大学政治学院研究生。

一、研究背景

随着朝核问题的升级，美国有部分人士寄希望于中国通过加强制裁使朝鲜屈服，甚至希望直接将朝核问题外包给中国。然而实际上中国既不是半岛敌对矛盾的一方，也不是导致朝鲜安全困境的原因。中国作为利益相关的第三方，基于现实情况的角色定位和立场方针与美国对中国在半岛问题上的角色期待和作用影响发生严重错位。2017 年 5 月 3 日，全国人大外事委员会主任委员傅莹为美国智库布鲁金斯学会约翰·桑顿中国中心撰文专门回应“为什么中国不承担更大的责任，让朝鲜停止其核武计划”，进一步阐释了中国提出的“双轨并行”思路和“双暂停”倡议的无核化解决思路，力图塑造美国乃至全球政策界就此问题的看法。傅莹在美国顶尖智库专门刊文这一举措从侧面反映出中国是朝核问题解决者的观点已经在世界尤其是美国外交决策层拥有不容小觑的市场。

中国朝核立场的对外传播属于政治话语传播的范畴，在当前西强我弱的国际舆论场话语格局中，西方主流媒体的报道起到了媒介再现和重构现实的作用，潜移默化地影响了美国精英和大众对中国朝核立场的认知和态度。西方主流媒介不仅决定了中国朝核立场这一政治话语的对外传播效果，更通过影响舆论进而对朝核问题的走向发挥关键并微妙的作用。

二、理论依据与研究设计

本研究将从历时性维度应用批判话语分析，试图弥补传统研究思路的局限，从历史发展的角度全局性地展现西方媒体对中国朝核立场的话语再现变迁历程以及背后的建构逻辑与权力影响。

为达以上目的，本文还将突破现有研究大多为条块式应用费尔克拉夫三重分析维度的局限，将文本维度与社会文化实践维度、新闻话语维度与社会文化实践维度相结合，避免机械应用批判性话语分析而导致偏离社会实践这一理论核心。

《纽约时报》是美国主流新闻媒体的典型代表，其社会影响力和规模庞大的精英阶层读者群体令其能够很好地代表美国主流媒体。在样本选择上，本研究利用 Gale 公司的 Opposing Viewpoints In Context 数据库对《纽约时报》新闻报道文本进行检索。为了保证话语分析的文本维度的完整性，本研究以“China”“Korea”和“nuclear”为关键词对全文进行搜索，然后进行人工筛选，剔除无效样本（关键词在文中仅作为单纯的地理名词被提及且与中国朝核立场无关，例如“沙特阿拉伯已与韩国、中国、法国和阿根廷签署了核合作协议”“有五个宣布拥有核武器的国家：美国、英国、法国、俄罗斯和中国。此外巴基斯坦、印度和朝鲜都测试过核设备”等，此外还有一篇纠错声明同样剔除），最终获取 2003 年 1 月 1 日至 2017 年 5 月 3 日共 62 篇新闻报道作为分析对象。

2017年同样是朝核问题的关键之年，美国总统特朗普上台，韩国总统朴槿惠下台，美韩联合军演，朝鲜试射导弹，半岛局势扑朔迷离似有一触即发的险势。2017年5月3日傅莹在布鲁金斯学会发表文章专门回应“为什么中国不承担更大的责任，让朝鲜停止其核武计划？”意味着中国朝核问题立场已经成为不得不专门撰文回应的舆论热点。因而，通过批判性话语分析研究美国主流新闻媒介对中国朝核立场的话语再现具有了现实意义。

三、文本维度的《纽约时报》：中国朝核立场的渲染与暗示

文本维度的分析着力于话语进行描述的过程，费尔克拉夫概括出了词汇、语法（包括及物性、情态等）、连贯性以及文本解构等分析要点。本研究将从词汇策略和及物性的物质过程两个角度分析《纽约时报》在微观层面的文本描述，并通过历时性的梳理，结合社会文化实践层面打通微观与宏观的连接。

（一）词汇策略分析

围绕中国这一行为主体，《纽约时报》的词汇策略反映出特定社会文化的影响。由于文本背后的权力关系和意识形态并非一成不变，因此在历时性维度的词汇策略同样会随之发生变化。

具体的修饰词汇、词组	时间
a wider Chinese effort	2（2003-4-9）
their previously sympathetic Chinese hosts	3（2003-5-1）
a strong China to some, frighteningly, hungry China a rising China	8（2004-2-4）
a skeptical China	9（2004-4-3）
an assertion China	15（2005-4-8）
a rising China	17（2005-7-9）
today's rising China	21（2006-10-10）
a rising China	24（2008-11-16）
a fast-rising China	25（2009-9-4）
an increasingly assertive China	27（2010-5-24）
an ascendant China	30（2011-10-11）
what appeared to be the strongest public Chinese response	38（2013-5-8）
a more assertive China	42（2013-12-26）
a rising China	44（2014-3-28）
an assertive China	46（2014-4-9）
a rising China	52（2016-2-10）

表1：《纽约时报》围绕China/Chinese的词汇策略

如表 1 所示，在涉及朝核问题的报道中，《纽约时报》围绕“中国”这一行为主体，反复使用“崛起的”（rising）、“坚定的”（assertive）、“强大的”（strong）等词汇，在“中国危胁论”框架内，强调中国越来越强大，因此应该在朝核问题中承担更多责任，直至将朝核问题不断恶化归咎于中国的“不负责任”。

（二）及物性分析

语言对同一社会现实的过程进行再现的时候，可以将现实世界的经验划分为若干过程，并指出过程涉及的“参与者”与环境成分，因此在语言结构上就能体现出话语暗藏的权力和意识形态。

如表 2 所示，围绕朝核问题中的“中国”这一主体，《纽约时报》进行及物性描述时对与中国相关的行为主要采用被动语态。在具体文本中，逻辑主语包括美国、日本、韩国等朝核问题利益相关方，中国则属于逻辑宾语。从认知归因的角度看，主动语态中的逻辑宾语处于被动地位，是需要引导、需要进步的一方，主动方对被动方具有施以“规训”和“教育”的意味。

主动方	过程	时间
U.S.	urging the Chinese to use their influence	3（2003-5-1）
DPRK	deeply embarrassed the Chinese	
DPRK	Tells China He’s Committed to Nuclear Talks	10（2004-4-22）
U.S.	say China has warned North Korea that a nuclear test could turn its neighbors against it.	11（2004-6-25）
U.S.	to entangle Beijing in a growing web of international arrangements	14（2005-2-19）
	the better to limit Chinese influence.	
U.S.	not try to block China’s re-emergence as a great power	24（2008-11-16）
DPRK	humiliated China with the nuclear test	36（2013-3-6）
U.S.	encourage China to take bolder action against North Korea,	37（2013-4-20）
U.S.	has been urging China to limit its longtime support for the North Korean government	38（2013-5-8）
U.S.	urged President Xi Jinping and other senior Chinese officials to（使用一切手段说服朝鲜重新考虑发展核武器的计划……）	43（2014-2-15）
	rodding China to put more pressure on North Korea	
U.S.	warned Beijing on Thursday that its effort to rein in North Korea（是个失败，中国在对朝政策上必须有所改变……）	48（2016-1-8）
ROK	urged China on Wednesday to do more to rein in the North	50（2016-1-14）
U.S.	call for China to put more pressure on North Korea	

主动方	过程	时间
U.S.	urging the Chinese to use their influence	3（2003-5-1）
DPRK	deeply embarrassed the Chinese	
DPRK	Tells China He's Committed to Nuclear Talks	10（2004-4-22）
U.S.	（制裁）affect China the most	51（2016-1-21）
	urged China to agree（美国应该对朝鲜强化制裁……）	
ROK	Bluntly Tells China Not to Meddle in Its Missile-Defense Talks With U.S.	53（2016-2-25）
DPRK	told the Chinese that（扩大核武库和恢复经济是朝鲜不变的政策……）	56（2016-6-1）
	formally told China（通过高级别政府渠道告知无意放弃核武项目……）	
ROK	impel China -- and Russia -- to develop more sophisticated weapons	57（2016-7-9）
U.S.	gain China's help in addressing the nuclear threat.	59（2017-2-15）
	gain China's cooperation have consistently failed	
DPRK	accusing China of "dancing to the tune of the U.S." and "styling itself as a big power."	60（2017-2-25）
U.S.	had long warned China（美国和韩国必须部署反导系统除非中国施压朝鲜令其放弃核武……）	61（2017-3-8）
	continuing to press China to cut off support	

表2：《纽约时报》围绕China/Chinese的及物性描述

从2003年到2017年，《纽约时报》不断强调美国督促中国对朝施压或者制裁朝鲜。结合文本和社会文化语境来看，《纽约时报》十几年来坚持的“口径”，不仅反映出美国将朝核问题的恶化趋势归咎于中国的社会舆论，也反过来强化了这种社会舆论，最终影响美国的政策制定；另外，在文本描述中中国总是处于被动地位，是被要求、被督促的一方，既是过去十几年来中美国际权力关系的体现，也是美国认为中国没有承担相应责任的体现。此外，《纽约时报》对中朝之间的行为再现，不仅通过被动语态表现中国的无能为力，还用冲突性话语渲染中朝矛盾，例如2003年和2013年的报道中《纽约时报》都认为朝鲜的核试验“深深地羞辱（embarrassed /humiliated）了中国”。

四、话语实践维度的《纽约时报》：对中国朝核立场的曲解和误导

话语实践维度是文本维度和社会文化实践维度结合起来的中间维度，因此既研究文本的生产过程，也剖析文本的解读过程，强调整个阐释过程必须在话语的社会语境下，结合认知过程来进行。

互文性是批判话语分析在话语实践维度的核心概念，由法国符号学家克里斯蒂娃首先提出。由于新闻专业主义的要求，新闻话语中广泛运用显著的互文性以呈现观点。因此本研究将主要分析《纽约时报》对中国朝核立场的转述行为，研究其如何将中国的立场言语进行重新吸收、改写和强调的。

（一）中国官方话语转述策略分析

如表 3 所示，《纽约时报》在转述中国朝核立场话语时大量使用负面感情倾向的转述动词进行重新强调，不仅重新改写了引语的意义，也藉此隐晦地表达了媒体本身和美国官方的立场。

引语来源	转述动词	引语内容	时间
China's prominent announcement of the agreement	suggests	Beijing has a high degree of confidence in North Korea's intentions.	7 (2003-10-31)
China	resisted	the request of the United States to impose new United Nations sanctions intended to slow North Korea's expanding nuclear weapons capacity.	35 (2013-3-5)
	balked	suggestions that North Korea's commercial trade should be put under United Nations sanctions.	
Xi Jinping	bluntly told	a North Korean envoy on Friday that his country（应该重返外交谈判来移除核武器……）	39 (2013-5-25)
	struck a stern tone	The Chinese position is very clear（无论局势怎样变化，所有相关方必须坚持半岛无核化，保证半岛和平稳定，坚持对话协商解决问题……）	
Chinese	had urged	the new North Korean leader not to risk open confrontation with the United States by detonating the weapon.	41 (2013-12-10)
Xi Jinping	accused	North Korea of creating regional instability for "selfish gains."	
China	rejected	criticism from the United States that its policies toward North Korea had failed, suggesting on Friday（是美国而不是中国的失败政策该为朝鲜拥核负责……）	49 (2016-1-9)
China	indirectly criticized	South Korean and American responses to the test（韩国在边界地区重启对朝广播以及美国借助可携带核弹头的B-52巡航进行的武力展示……）	50 (2016-1-14)
China	supported	a new round of United Nations sanctions against the Pyongyang government（在新一轮导弹实验后……）	54 (2016-4-1)
China	has been frustrated	by the North's continued testing of nuclear weapons and launching of missiles（以至于在3月份同意国际制裁不再提供大量支援……）	56 (2016-6-1)
China	has urged	the United States to enter talks with North Korea to end its weapons program（显然认为特朗普可以打破多年来的谈判僵局……）	59 (2017-2-15)
	backed	tougher United Nations sanctions against North Korea last year	
Beijing	held	its tongue, even as its neighbor engaged in saber rattling, nuclear testing and bombastic threats.	60 (2017-2-25)
Beijing	seemed not to	take the warning（中国不对朝施压美韩就会部署反导系统）	61 (2017-3-8)

表3：《纽约时报》对中国官方话语的转述

具体而言，对中国在制裁朝鲜这一问题上的立场，《纽约时报》以“resisted”“balked”“rejected”“backed”等词语进行互文再现，不仅无法充分传达中国坚持朝鲜半岛稳定的一贯立场，也将中国积极推动半岛问题和平解决的主动和努力化为被动和消极的“拒绝”；对有关中朝关系的表述，《纽约时报》选取“bluntly told”“urged”“accused”“criticized”等词语进行描述，将中朝两个主权国家之间的平等关系曲解为附庸、训育关系，也抹黑中国对朝鲜蛮横无理、横加指责，不仅将中国塑造为大国沙文主义，客观上也起到了离间中朝关系的作用，误导了国际受众对中国在朝核问题上的态度、立场和作用的认知。从时间上看，这种互文性策略从 2013 年开始，恰好也是朝核问题急剧升温之时。

（二）其他各方话语转述策略分析

作为世界闻名的媒体，尽管《纽约时报》在朝核问题上不能直接表达自己的立场和价值判断，但却可以通过选择性报道、平衡报道等手法来传播自己的意识形态。具体到话语转述策略上，对于中国在朝核问题上的立场方针，世界各国政要、学者专家不乏评论判断，通过选取与自己立场相同的观点并辅之以相应报道技巧，《纽约时报》就可以传达出特定的价值取向。

话语来源	内容	时间
Scott Snyder[2]	believed that China signaled its will last month by cutting off an oil pipeline to North Korea for three days.	2（2003-4-9）
Bush administration	to persuade other nations -- including Russia and China, which helped North Korea and Iran with their nuclear programs -- that they must join in the crackdown.	4（2003-6-15）
Christopher R. Hill[3]	Beijing should have been a fairly straightforward exercise	22（2007-2-14）
Kurt M. Campbell[4]	said that China and the United States were working closely to draw North Korea back to nuclear disarmament talks.	26（2009-10-15）
Chinese trader Qu Baojie	said North Korea’s recent nuclear test would have few consequences for his business（中国将会继续在罗先投资，罗先的商业状态也稳步提高。中国农业银行最近也在罗先开了支行，朝鲜也允许中国商人将手机带入境内……）	35（2013-3-5）
	“There hasn’t been any impact from the test on my business, and I don’t think there will be. Anyway, China has rented Rason for 50 years.”	
Secretary of State John Kerry	said in Beijing last week that China had a vital role to play in helping rid North Korea of its nuclear weapons.	37（2013-4-20）
Cai Jian[5]	（中国银行停止与朝鲜银行交易不是单纯的银行行为）appears to be a step by the government to show that（中国愿与国际社会合作来加强制裁或者采取措施反对朝鲜的违法金融行为……）	38（2013-5-8）
	If China narrows the door to North Korea（朝鲜的经济就会受到影响，但是这主要是中国表明态度的行为，目的是令朝鲜重新考虑自己的行为……）	

2　斯科特·施奈德：美国亚洲基金会朝鲜问题专家。

3　克里斯托弗·罗伯特·希尔：时任朝核六方会谈美国代表团团长、负责东亚和太平洋事务的助理国务卿。

4　库尔特·坎贝尔：时任美国主管东亚和太平洋地区事务的助理国务卿，是美国智库新美国安全中心的创办人。

话语来源	内容	时间
Cai Jian	China would most likely agree to new six-party talks without preconditions	39（2013-5-25）
	China believes that the parties sitting down for talks is progress in itself	
Jonathan D. Pollack[6]	"North Korean actions in recent months have enabled the most candid and realistic discussions between Washington and Beijing that have ever taken place."	
Obama administration	made clear in recent months that China's inability -- or unwillingness -- to rein in Mr. Kim（事实上导致了美国增强半岛的军事存在的决定，这令中国人很厌恶……）	
Secretary of State John Kerry	asserted on Friday that China was prepared to step up the pressure on North Korea to abandon its nuclear weapons programs.	43（2014-2-15）
Stephanie Kleine-Ahlbrandt[7]	said China had conveyed its unhappiness about North Korean provocations（可能会导致美国在该地区升级反导系统并增加军事演习……）	
Ms. Park	said China's role is important in the process	50（2016-1-14）
Yan Xuetong[8]	China's relations with North Korea are worse than those with South Korea, which is an ally of the United States.	52（2016-2-10）
Trump	has said China can do significantly more to persuade the North to scale back its nuclear program, even as Beijing has told Washington that it holds limited influence.	60（2017-2-25）
Shen Zhihua[9]	The Chinese government has always viewed North Korea as a "vassal country"……	
Yan Xuetong	"In terms of diplomacy, I see no solution……"	
Shen Zhihua	urged Beijing to rethink its longstanding support for North Korea	62（2017-4-19）

9

表4：《纽约时报》对其他各方话语的转述

如表4所示，《纽约时报》在对象选择上，涵盖各国政要，如美国前总统小布什、前助理国务卿库尔特·坎贝尔、韩国前总统朴槿惠等，也包括各国学者，如前布鲁金斯学会约翰·桑顿中国中心主任李侃如、美国亚洲基金会朝鲜问题专家斯科特·施奈德，中国的著名学者阎学通、沈志华等。

信源选择上似乎范围较广、兼顾各方，但实际并非如此。以中国著名学者阎学通和沈志华为例，两位专家对于中朝关系的话语经过《纽约时报》选择后只剩下两大观点，

5 蔡建，时任复旦大学国际问题研究院韩国研究中心副主任。

6 李侃如，时任布鲁金斯学会约翰·桑顿中国中心主任。

7 孔珊，时任美国和平研究所亚太项目主任。

8 阎学通，清华大学当代国际关系研究院院长。

9 沈志华，著名历史学家。

一是中朝关系日趋紧张，外交途径毫无希望；二是中国立场存在问题，应重新定位中朝关系。这两大观点恰好是美国一直鼓吹的论调，即要求中国强化对朝制裁，承担更大责任，最终为朝核问题“买单”，实现阻挠中国发展的最终目的。

从内容上看，中国在朝核问题上有极大的影响力和中国应该承担更多责任是主要的话语内容。话语主体包括时任朝核六方会谈美国代表团团长、负责东亚和太平洋事务的助理国务卿克里斯托弗·罗伯特·希尔，时任美国国务卿克里，时任复旦大学国际问题研究院韩国研究中心副主任的中国学者蔡建，时任韩国总统朴槿惠和现任美国总统特朗普，话语主体的多元进一步证明这一观点的流行。

（三）模糊性话语策略分析

话语的阐释过程离不开所处语境。如果将话语来源进行模糊化处理，尽管可能减弱描述话语的可信度，但却可以改变话语语境，再结合话语来源和内容特点，就可以达到特定的阐释效果。在中国朝核立场的描述再现过程中，《纽约时报》的模糊性话语全部来自官员、专家、分析师等带有权威或专业引申义的来源，而且要么是复数形式，暗示描述话语并非个别观点，而是权威认证、普遍认同的群体判断，要么是形容词较多的单数形式，通过限定词的使用进一步提高模糊信源专业性权威性。这种话语策略不仅增强了话语的可信度，也有利于《纽约时报》将自身观点与模糊信源的观点进行融合。

话语来源	内容	时间
Reports in the South Korean news media	said Chinese officials had urged Mr. Kim to be more flexible in negotiating with the United States. Beijing should have been a fairly straightforward exercise	10（2004-4-22）
American and Asian officials	say China has warned North Korea that a nuclear test could turn its neighbors against it.	11（2004-6-25）
Analysts	say that Beijing’s top priority is to maintain quiet on its frontier（只有美朝关系严重恶化时才会采取更加积极的措施……）	14（2005-2-19）
Pentagon and military officials	（每次当美军被伊拉克和阿富汗作战，国际恐怖主义和朝鲜伊朗核武威胁所消耗时）China is presenting a new and strategically different security concern to America……（随着朝鲜不时进行核试验）China is quietly challenging America’s reach in the western Pacific by concentrating strategically on conventional forces.	15（2005-4-8）
The U.S., a leader in the talks	has expressed skepticism over the use of holding more of them（六方会谈）.	29（2011-8-27）
Chinese news media	stressing the need for punishing North Korea in a more meaningful way	34（2013-2-13）
Chinese analysts	said the Bank of China’s move carried clear diplomatic significance（考虑到奥巴马政府一直督促中国限制对朝鲜政府的长期支持……）	38（2013-5-8）

话语来源	内容	时间
Analysts	depicted Vice Marshal Choe's three-day visit to Beijing（是修复两国友好关系，副元帅递交了金正恩的亲笔信，但内容没有公开……）	39（2013-5-25）
a senior Chinese military commander	delivered a message similar to Mr. Xi's, and suggested that North Korea's nuclear program was responsible for the rising tensions on the Korean Peninsula.	
Chinese analysts	North Korea had requested meetings in Beijing for the last several months but had been turned down by the Chinese leadership	
analysts	That concern……means China -- the North's patron -- is often unwilling to（采取强硬措施导致朝鲜不稳定或者给美韩增强区域影响力打开缺口……）	43（2014-2-15）
some lawmakers of ROK	China nor the United States was able or willing to stop the North's weapons program.	50（2016-1-14）
South Korean officials	have described top Chinese leaders as largely unresponsive to attempts to discuss North Korea in recent days.	
some Chinese analysts	（朝鲜使用禁止的化学武器进行暗杀给中朝关系带来巨大压力）say are at their lowest point since the founding of the North as a separate country after World War II.	60（2017-2-25）

表5：《纽约时报》的模糊性话语应用

如上表所示，这些模糊信源具体包括美国官员、五角大楼军官、美国参与谈话的领导、中国军队高级官员和韩国政策制定者等。话语内容的主题与前述话语再现不同，多为推测和夸大的内容，例如分析师们认为中国的政策首选项是保持稳定，只有美朝关系急剧恶化才会采取更加积极的措施；五角大楼军官认为中国在美国处理世界安全事务尤其是朝核问题的过程中快速崛起；美国会谈领导对六方会谈效果持有怀疑态度；韩国政策制定者们认为是中国而不是美国，具有阻止朝鲜核武进程的能力和意愿；韩国官员们说中国高层对朝核问题的讨论无动于衷等。通过这些模糊性话语，《纽约时报》将一些缺乏足够论据支持的主观论断借助不明来源的话语传达出来，不仅避免了主观批判中国有失客观之嫌，还能够进一步增强这些观点的可信度。利用模糊性话语策略，《纽约时报》建构出的中国是不断发展具有威胁的、片面追求稳定不负责任的、有责任有能力却不主动作为的负面形象。

五、社会文化实践维度的《纽约时报》：中国朝核立场的变与不变

社会文化实践是费尔克拉夫的三重批判维度中最为宏观的维度，也是区别于一般话语分析的维度，对应着话语的解释过程。这一维度强调深入联系话语所处的社会文化环境，揭露话语潜藏的权力关系与意识形态，解释这些权力关系与意识形态是基于何种社

会现实被建构于话语实践，这些话语实践又如何反过来影响社会实践。

（一）中国朝核立场的再现主题未变

综合本研究在文本和话语实践两个维度的分析，《纽约时报》的新闻话语体系对中国朝核立场的再现过程中，主题从始至终一直是：因为中国对朝鲜影响力最大，因此中国应承担更多责任，具体方式是中国制裁朝鲜令其停止核武项目。随着朝核危机的发展，《纽约时报》不断强调中国对朝鲜的巨大影响力，其潜台词正是中国才是最有能力解决朝核问题的一方，中国应承担更多责任顺理成章。这一不变主题的长期灌输，最终在美国舆论场域树立起中国才是解决朝核问题的关键所在这一主流舆论。

（二）中国朝核立场的再现话题变化

在再现主题不变的基础上，随着朝核问题的起伏发展、螺旋式上升，《纽约时报》的具体报道会结合所处的社会文化背景选择不同的话题。

2003 年 4 月 9 日，《North Korea's Neighbors Seek Crisis Role》报道的是朝鲜同意进行谈判，但却在文章末尾借助智库专家的揣测，认为“是中国对朝鲜石油供应停止三天”才让朝鲜回到谈判桌上。实际上，朝鲜回到谈判桌上是因为中方于 2003 年春派特使访朝才得以令朝方同意尝试三方会谈。这种缺乏根据的主观推测从一开始就将中国在朝核问题中的角色定位为施压者和主宰者，这与中国的斡旋者、协调者的角色定位完全偏离。

2005 年 2 月 19 日《Doubting U.S., China Is Wary Of Korea Role》中认为中国对朝政策既要保持朝鲜半岛稳定也要营造负责任大国形象，最终目的是为中国崛起营造和平环境，因此中国为保证朝鲜稳定而不会赞同严厉制裁。2006 年 10 月 10 日《Mutually Assured Disruption》该文认为中国拒绝制裁朝鲜的理由不成立，而且中国应为避免“附庸国”朝鲜的崩溃买单，因此美韩不应提供人道主义援助。《纽约时报》对中国拒绝制裁朝鲜的原因分析实际上曲解了我维护半岛和平稳定方针的合理性，因此美国批评中国的“不作为”进而施压中国便“理所应当”。

2013 年年初，朝鲜进行第三次核试验，半岛局势急剧升温。在这一背景下，2013 年 4 月 20 日《China's North Korea envoy will visit U.S. for talks》认为中国的基本政策仍然是朝鲜半岛稳定，否则会令美国军事力量进一步推进。2013 年 5 月 25 日《China bluntly tells North Korea to enter nuclear talks》认为中朝关系尽管受到金正恩的刺激，但是中国实际上受益于朝鲜的廉价自然资源，暗示中国不会采取制裁，否则会影响资源贸易。2013 年 12 月 10 日《Public ouster in North Korea unsettles China》认为当时的朝鲜二号人物张成泽受到了中国支持，负责监视金正恩，为了进一步离间中朝紧张关系不惜捏造事实。尽管具体话题不同，但深层次的主题都是质疑中国维护半岛稳定的政策，建构出中国不负责任、暗中操纵、实际获益的负面形象。

2016 年 2 月 25 日《South Korea Bluntly Tells China Not to Meddle in Its Missile-Defense Talks With U.S.》一文中，将韩国正式宣布即将部署萨德系统归咎于中国拒绝对朝鲜 2016 年 1 月 6 日的核试验采取更严厉的制裁，其背后的深层主题仍然是中国没有承担起解决朝核问题的主要责任。

六、结语

从 2003 年到 2017 年，《纽约时报》对中国朝核立场的话语再现集中体现了美国立场，同时也通过影响主流舆论实现反向建构社会现实的效果，一定程度上影响了美国的对朝政策。

具体而言，在文本维度上，《纽约时报》通过词汇策略渲染中国不断发展壮大，通过被动语态的及物再现暗示中国在朝核问题上不主动不积极；在话语实践维度上，《纽约时报》通过具体的互文性策略运用，通过转述各方信源、模糊信源对中国朝核立场的评价和判断，曲解中国在朝核问题上的一贯立场，误导国外受众对中国的印象和认知；在社会文化实践维度上，十几年间对同一主题的反复报道，体现出朝核问题上美中朝三方利益碰撞与纠葛的矛盾难以调和，无论是制裁还是谈判都收效甚微，而不同话题的选用变化，则反映出历时十数年的朝核问题之复杂多元局面。

附录：《纽约时报》样本清单

序号	标题	时间
1	Powell links aid to North Korean concessions	2003-2-22
2	North Korea’s Neighbors Seek Crisis Role	2003-4-9
3	A Surprising Success On North Korea	2003-5-1
4	Cracking Down on the Terror-Arms Trade	2003-6-15
5	The Country America Cannot See	2003-7-27
6	U.S. Set to Take a Hard Line In Talks on Korean Arms	2003-8-27
7	North Korea Agrees to Nuclear Talks, China Says	2003-10-31
8	This 21st-Century Japan, More Contented Than Driven	2004-2-4

9	Japan Support of Missile Shield Could Tilt Asia Power Balance	2004-4-3
10	North Korean Leader Tells China He's Committed to Nuclear Talks	2004-4-22
11	Iran and North Korea Reignite Fears on Atomic Programs	2004-6-25
12	North Korea Is Reaching Out, And World Is Reaching Back	2004-8-20
13	Kerry Says Bush Has Ignored North Korean Threat	2004-9-13
14	Doubting U.S., China Is Wary Of Korea Role	2005-2-19
15	Chinese Navy Buildup Gives Pentagon New Worries	2005-4-8
16	South Korea Says It Doubts That the North Plans an A-Test	2005-5-17
17	For a Hungry Audience, a Japanese Tom Clancy	2005-7-9
18	U.S. Banks on Technology in Revised Military Plan for a Possible North Korea Conflict	2005-8-29
19	China Says North Korea Nuclear Talks Will Resume Tuesday	2005-9-9
20	Rumsfeld and South Korea Defense Chief Agree to Keep Status Quo	2005-10-22
21	Mutually Assured Disruption	2006-10-10
22	Private Talks Held in Berlin Spurred Sides To Reach Deal	2007-2-14
23	Command For Africa Established By Pentagon	2008-10-5
24	A military for a dangerous new world	2008-11-16
25	Japan's New Leader Seeks To Reassure U.S. on Alliance	2009-9-4
26	North Korea Expresses Regret Over Flood Deaths in South	2009-10-15
27	Japan relents on U.S. base on Okinawa, reneging on a campaign promise	2010-5-24
28	U.S. Concludes North Korea Has More Nuclear Sites	2010-12-15
29	China: North Korean Leader Repeats Offer for Nuclear Talks	2011-8-27
30	Army Leaders Warn Against Shrinking Forces Too Much	2011-10-11
31	U.S. and North Korea hold talks in China	2012-2-24
32	China: Nuclear Talks With North Korea Make Progress but Reach No Agreement	2012-2-25
33	China dissident said to be hiding at U.S. Embassy	2012-4-28
34	After North Korean Nuclear Test, China Must Deal Again With Its Wayward Ally	2013-2-13
35	Caught in North Korea, Sold in China, Crabs Knit Two Economies	2013-3-5
36	Another Round of Sanctions on North Korea	2013-3-6

37	China's North Korea envoy will visit U.S. for talks	2013-4-20
38	China Cuts Ties With Key North Korean Bank	2013-5-8
39	China bluntly tells North Korea to enter nuclear talks	2013-5-25
40	A Growing Chill Between South Korea and Japan Creates Problems for the U.S.	2013-11-24
41	Public ouster in North Korea unsettles China	2013-12-10
42	Japanese Premier Visits Contentious War Shrine	2013-12-26
43	China set to press North Korea further on nuclear aims, Kerry says	2014-2-15
44	Breaking the Ice in East Asia	2014-3-28
45	North Korea Vows to Use 'New Form' of Nuclear Test	2014-3-31
46	Japan's Foreign Minister Says Apologies to Wartime Victims Will Be Upheld	2014-4-9
47	Obama Offers Assurances of U.S. Shift Toward Asia	2014-11-15
48	U.S. Prods China on North Korea, Saying Soft Approach Has Failed	2016-1-8
49	China, in Rebuke, Suggests U.S. Worsened Ties With North Korea	2016-1-9
50	After Nuclear Test, South Korea Urges China to Rein In North	2016-1-14
51	World Briefing / Asia; North Korea: U.S. Presses China to Curb Ally's Nuclear Program	2016-1-21
52	Q. and A.: Yan Xuetong Urges China to Adopt a More Assertive Foreign Policy	2016-2-10
53	South Korea Bluntly Tells China Not to Meddle in Its Missile-Defense Talks With U.S.	2016-2-25
54	As Obama Hosts Talks, the Focus Is on China	2016-4-1
55	Ryan on Foreign Policy Veers Toward Clinton	2016-4-15
56	North Korea Tells China of 'Permanent' Nuclear Policy	2016-6-1
57	South Korea's Turn to U.S. Delivers Setback to Beijing	2016-7-9
58	In the History of U.S.-China Relations, a Pattern of Enchantment and Despair	2016-11-25
59	Trump's Muted Tone on North Korea Gives Hope for Nuclear Talks	2017-2-15
60	Friendship Between China and North Korea Cracks	2017-2-25
61	North Korea's Scary Show of Strength	2017-3-8
62	Excerpts From a Chinese Historian's Speech on North Korea	2017-4-19

地方政府网站新闻外译的受众实证研究初探

——以“中国上海”门户网站为个案

叶颖[1]

【摘要】地方政府网站新闻外译是中国对外传播的重要组成部分，其传播效果将关系到中国对外传播的整体表现，但目前国内仍缺乏与之相应的受众接受度调查研究。基于上海高度国际化的优势与英语作为对外传播首要语言的地位，本研究以开放式问题辅以半封闭式问题的方式展开问卷调查，尝试探寻直接受众对“中国上海”门户网站新闻英译的使用与接受情况，并初步了解直接受众的意见与潜在需求。通过研究可见，“中国上海”门户网站在网站自身推广、网站页面设置、新闻内容选择及译文翻译方法等方面都有进一步研究与提升的空间，顺势而为将有助于提高网站新闻外译的接受度。同时，这一研究结果对其他地方政府网站具有一定的借鉴意义，也提示着进一步开展受众调查的可能性与必要性。

【关键词】地方政府网站；新闻外译；实证研究；问卷调查

一、引言

得益于习近平主席“讲好中国故事，传播好中国声音”的号召，中国的对外传播工作及相关研究近年来获得了显著发展。本研究拟从地方政府网站新闻外译中选取适当的个案开展受众实证研究，并尝试依据研究结果提出改进建议，指出未来的研究方向。既

1 叶颖：上海外国语大学英语学院在读博士。

然传播效果是传播活动成功与否的关键，本研究的个案受众对象又得到了一定程度的细化，对译文受众直接展开传播效果实证研究应能为网站新闻外译活动提供一定的借鉴。

二、“中国上海”门户网站新闻英译的受众实证研究

本研究拟选取个案对直接受众展开调查，初步了解地方政府网站新闻外译的受众接受度，同时也为后续的、更为全面的直接受众实证研究奠定基础。在个案选取方面，首先，英语已成为不同国家的人们相互交流和传播思想的主要语言，要开展有效的国际传播则必须使用英语。[2]其次，上海是中国国际化程度较高的城市之一，上海通过各种方式提升其国际传播效果的必要性，这其中自然应当包括政府门户网站。而客居上海的外国受众国籍构成丰富、文化背景各不相同，一定程度上也有助于提高受众调查结果的客观性。出于这两点理由，本研究选取“中国上海”门户网站（下文简称“上海网”）的新闻英译为个案开展受众实证研究。

（一）研究对象

受众实证研究的对象确定为客居上海的、使用英语的外国受众，涵盖多个年龄层及多种职业。笔者随机选择符合该标准的对象发放问卷，实际发放问卷 40 份，收回有效问卷 24 份。

（二）研究内容

在本研究中，主要指向两方面的问题：(1）目标受众是否及如何使用网站新闻译文？(2）目标受众如何评价网站新闻外译？本研究的实证部分将以这两个问题为根本出发点。具体到“‘中国上海’门户网站新闻英译接受度”这一问题，其中应包含两个层次，一是受众对网站这一译文承载平台的接受度，二是受众对网站所承载的译文本身的接受度，两者相互交融，不可分割。本研究实证部分的第一层次将主要基于“使用与满足”理论的基本内容，围绕媒介使用现状与评价展开。另外，由于本研究的受访者定位在客居上海的外国受众，实证研究将参考王帆[3]针对中国对外传播的客居受众进行的效果研究。本研究实证部分第二层次的问题则询问受众对新闻译文从标题到正文的基本观点，用以初步了解受众对该网站新闻译文质量及议程设置的看法。

2 郭可：《当代对外传播》，复旦大学出版社，2003年，第26页。

3 同2，第53-56页。

（三）研究方法

对外传播活动的受众群体往往较为庞大，对受众逐个展开深入研究存在实际困难。正因如此，问卷调查成为对外传播受众接受研究的首选方法。有鉴于此，本部分实证研究也将以问卷调查的形式展开，但所设置的问题以开放式问题为主，辅以少量半封闭式问题，受访者的主观回答将成为主要分析对象。另一方面，本实证研究实际上仍处于开疆辟土阶段，仅能从涉及网络媒体或译文读者的相关实证研究中得到一定借鉴，目前并无直接适用的问卷可经整合改进后应用于本研究，所以问卷由笔者依据前述研究内容自行设计。笔者以为，本研究的实证部分旨在填补网媒新闻外译领域的受众实证研究空白，初步了解目标受众在特定网媒的使用、接受及需求等方面所表现出的倾向，以期唤起译者及相关网媒对受众接受度问题的重视，调整相应的策略与措施，从而一定程度上帮助提升传播效果；同时，开放式问题也为进一步的、适宜更大面积推广的专业化问卷编制提供可能的框架，助推本领域受众实证研究的深入发展。

基于以上观点，本研究的实证部分设置了两大层次的问题。第一层次共设置 15 个问题，用于了解受访者的个人信息、对上海的看法、对上海网新闻英译的了解与使用程度、使用上海网新闻英译的动机与潜在需求；第二层次共设置 2 个问题，分别选取具体的新闻译文标题与正文，请受访者综合考虑题材和风格等因素进行选择与评论，以进一步了解受众在新闻内容与译文风格等方面的需求。

（四）研究结果

笔者将从三个方面阐述回收问卷所体现的结果：(1) 受访者基本情况；(2) 受访者对上海网新闻英译的使用现状；(3) 受访者对上海网新闻英译的可能需求。依据问卷 1-9 题的回答，受访者基本情况大致如下（注：表格所列数字单位为“人”）：

1.国籍构成

以英语为官方语言的国家					其他国家
印度	瑞士	澳大利亚	美国	英国	
5	2	5	4	4	4

2.英语熟练程度

本族语	较为熟练	具基本读写能力
15	5	4

3.城区分布

虹口区	长宁区	浦东新区	静安区	闸北区	徐汇区
7	4	5	3	1	4

4.年龄分布

20岁及以下	21–30岁	31–40岁	41–50岁	51岁以上
2	11	6	3	2

5.性别分布

女性	男性
10	14

6.受访者在上海居留的时间

1年以下	1–3年	3–5年	5年以上
10	5	4	5

除此以外，受访者的职业分布较为广泛，包括在校学生、外籍教师、独立出版商和足球教练等；受访者每日平均上网时间超过 4 小时，有具体数字表述的最高达到 10 小时，甚至有 3 位受访者表示“一有空就会上”；受访者对上海的评价则以“漂亮”“非常现代化”“科技发展迅速”“人们乐于助人”等正面评价为主，有两位受访者表示“印象平平”“不好不坏”，一位受访者表示“无趣”。依据受访者的基本情况，我们大致可以判断，在使用与接受上海网新闻英译文方面，本次调查中的受访者在主观意愿和客观条件方面都具有较好的基础。然而，受访者对上海网新闻英译的实际使用情况却远不如预期。依据问卷 10-13 题的回答，无论居留的时间长短，绝大多数受访者在来到上海之后仍保留着过往的网络媒体使用习惯，对于上海网英语新闻有所知晓的仅有 4 人，且均未对其形成阅读习惯。尽管受访者数量有限，无法涵盖本研究中的所有直接受众，但这一压倒性的结果仍在一定程度上表明，外国受众对上海网新闻英译的使用情况并不理想，更不必谈接受了。事实上，确有一位受访者对上海网作为新闻供应方的公信力提出了质疑，表示不考虑将其作为消息来源；但与之相对，多达 21 名受访者都表示，尽管并不了解上海网英语新闻或并未形成阅读习惯，他们仍很期待从该网站获取新闻资讯，这表明西方受众对中国媒体的认识在加深，其需求也在随之变化；而在感兴趣的消息题材方面，没有受访者选择“政治”选项，有 20 名受访者选择了“文化”或“其他”项，具体表述包括“体育”“日常生活”等，这初步为上海网对外新闻的议题选择指出了改进方向。

从问卷 14-15 题的回答来看，受访者对于上海网的设置总体比较满意，但多数受访者认为，要使 News 一栏更易吸引受众关注，仍需做一定改进，如“新闻标题后可伴随日期”“新闻栏目应与滚动照片结合”“页面上链接繁多，容易模糊焦点”等。在对新闻属性重要性的判断方面，“authenticity（真实性）”和“relevancy to your life or interest（与自身生活或兴趣的相关度）”交替占据第一名和第二名的位置，而 immediacy（即时性）则排在第三位之后，这表明地方政府网站可能更适于承载软新闻。不难看出，软新闻能够同时符合 authenticity 与 relevancy 的需求，应是目标受众更加喜闻乐见的新闻形式。

第四部分第一题要求受访者从 10 个题材不同的新闻标题中选出最感兴趣的两个及最不感兴趣的两个，并简述理由。从回答来看，受访者对新闻题材的兴趣多与自己的职业强烈相关：教授跨文化课程的外籍教师对交响乐感兴趣；足球教练关心天气情况；长期在沪的普通外籍学生关心雾霾情况、关注毕业生薪资等问题，这再次印证了上文 relevancy 的重要性。但是，基于他们对标题的具体选择及相应解释，我们仍能透过这些看似相异的选项找出目标受众的某些共同特征。第一，10 个新闻标题中有 3 个体现出显著的负面倾向，其中最为突出的当属“Teacher sentenced after student dies（学生殒命，教师获刑）”。意外的是，仅有一位受访者将该标题列入“最感兴趣”项下，理由是“This sounds crazy!（太难以置信了！）”，绝大多数受访者对该标题似乎并不敏感，并未将其列入任一项下；而另外两个负面标题或者同样不获入选，或者进入“最不感兴趣”的行列。这样看来，负面报道似乎是颇能吸引国外受众的新闻类型，但本研究的受访者却体现出一种不同的倾向。我们有理由认为，随着国外受众对中国国情了解日渐深入，至少在对上海抱持一定好感的受众当中，负面新闻并非阅读消息的首选，这一点也符合近年来外媒涉华报道的取向，即：不再限于“负面新闻”，而是更为中立、客观。[4] 这一趋势为上海网输出更多有关中国的正面消息、为中国营造良好的国际舆论环境创造了重要条件。第二，普遍而言，新闻标题应当起到四种作用：提炼新闻内容、评价新闻事实、吸引读者注意、美化版面形式。[5] 事实上，从受访者的回答来看，他们感兴趣的标题除了与个人背景相关，能否提供充分的事实是最重要的因素。在“最不感兴趣”的标题项下，多达 18 名受访者对他们选择的不同标题不约而同地使用了同一种表达“seems (too) vague（过于含糊）”，还有些受访者认为部分标题“isn't clear（不够清晰）”。这意味着就上海网的英语新闻而言，新闻标题在“提炼新闻内容”和“评价新闻事实”方面的功能已经成为“吸引读者注意”的重要决定因素，无法清晰提示新闻主旨的标题难以引起读者继续阅读的欲望，这同样符合前文所述的受众对新闻价值重要性的看法，也提示网站和译者应当进一步思考如何在标题的功能、网站的版式要求与吸引受众的需要之间达成平衡。

第四部分第二题要求受访者综合考虑题材、写作风格等要素，从 A、B、C、D 四篇“软新闻”中选出最感兴趣的两篇并简述理由。这四篇新闻内容涉及京剧国粹、电影艺术、通讯科技及建筑改造，从几个维度较好地体现了处于传统和现代之间的上海。从回答看来，受访者最感兴趣的新闻集中在 B 和 D。值得注意的是，B 的内容为微信诈骗案受害

4　李建敏：《外媒笔下的中国及其带给我们的对外报道启示》，《对外传播》，2016年第6期，第22-24页。

5　张健：《新闻英语文体与范文评析》，上海外语教育出版社，2016年。

者被法院判决予以公司赔偿，判决结果存在明显争议，B 本身具有足以吸引外国受众的某些负面新闻要素，但从受访者的反应来看，他们选择这一消息的理由却显得颇为正面，这一定程度上表明西方社会对中国某些固有偏见正在消减，信任感有所增强。而选择 D 的理由则更为单纯：京剧这样的中国传统文化“迷人却难懂（intriguing yet intricate）”，有照片的新闻“读者更易接受（reader-friendly）”。这一道题的结果再次印证了上海网的正面消息传播具备成熟的条件，也进一步表明图片信息在吸引网站新闻读者方面功不可没。

三、对“中国上海”门户网站新闻英译的几点建议

依据上海网新闻英译的受众实证研究，我们大致可以得出这样的结论：目前直接受众对上海网新闻英译的使用率不高，接受度低下，这与受众的主观意愿和客观条件并不匹配。究其根本，关键原因并不在于目标受众对上海网的公信力缺乏信心，而是上海网在自身宣传、网站版式、内容选择及具体翻译方法等方面都尚未符合目标受众的期待，因此有必要依据初步的受众实证研究结果确定地方政府网站新闻外译的影响因素，并据此进行相应的改进。

首先，作为对外传播的一支重要力量，上海网对于自身在目标受众当中的传播还有待加强。从受访者对上海网了解甚少，但大多不排斥从政府网站获取信息这一事实来看，上海网目前的当务之急是通过多种渠道提高其在直接受众当中的曝光度和认知度，逐渐使其作为外国受众信息来源的地位得以确立，这是其对外新闻传播能够达到预期目标的基本条件。

第二，互联网站是承载译文的平台；译文能否被受众所接受，很大程度上取决于网站页面本身的吸引力大小。从调查中可见，网页设置是否合理将直接影响受众的阅读兴趣，不少受访者在调查中都指出 News 一栏的设置相对弱势因而吸引力不足。基于此，不妨就平台建设事宜对上海网直接受众展开更大范围的需求研究，为译文的顺利传播做好硬件准备。

第三，在内容选择上，政治新闻的比例可略为缩减；不必过多考虑新闻的时效性而大量推出受众不感兴趣的硬新闻，软新闻可成为吸引受众的主力；同时可适当增加与直接受众日常生活紧密相关的新闻，且网站刊载的各区（县）新闻数量不应相差过多，确保尽可能满足更多目标受众的信息需求；不必避讳负面新闻，但依据受访者的接受程度来看，可适当增加正面新闻的比例，以更有力地提升上海在国际友人心中的形象；此外，问卷调查也体现出图片新闻是吸引受众的有力武器，应视新闻具体内容予以合理利用。

第四，在网络新闻传播中，标题与正文往往分立两处，读者从主页列出的新闻标题

中选择标题链接，点击后方可阅读正文；且网络新闻标题受页面限制，多为单行，基本不存在传统纸媒中的正题、引题、副题等形式。[6]这意味着在网络媒体中，标题是决定受众是否继续阅读正文的关键。遵循英语思维，研究受众需求，避免出现过于模糊不清乃至词不达意的标题译文，是译者在网站新闻外译中不可忽视的一环。

四、结语

中国在互联网领域开展对外新闻传播，不仅应当重视中央级网站的导向作用，也不可忽视地方政府网站在争取直接受众、进而影响间接受众方面所具有的独特优势。推动地方政府网站新闻外译的发展，有助于促进中国“大外宣”格局的总体平衡；要使这一网络传播活动取得进步，受众研究也是无法回避的环节。通过对“中国上海”门户网站新闻英译的直接受众展开初步的实证研究，可以对导致该网站受众接受度不高的原因有所把握，进而确定大致的进步方向，其研究结果与研究模式对其他地方政府网站的受众实证研究也有一定的借鉴意义。随着各地方政府网站的受众实证研究普遍开展，地方网络媒体的对外传播效果势必得到提升，进而对中国的对外传播大局产生正面效应。当然，本研究尚处于初级阶段，仍有继续进步的空间。要对受众需求有更具体而深入的了解，势必需要进一步增强实证研究的科学性与系统性，以提升研究结果的可信性与适用性。

6　饶梦华：《网络英语新闻标题的跨文化转换》，《中国科技翻译》，2006年第1期，第36-38页。

国家战略话语译文即为政策

——从“一带一路”倡议的英译反思我国战略性话语外宣翻译[1]

翟石磊　方芳[2]

【摘要】 随着中国崛起而来的是中国话语的国际化。但是如何将中国话语，尤其是战略性话语进行外宣翻译已经成为一个必须反思的议题。长期以来，我国的战略话语外译形成了一定的传统与话语风格。但是当前以“一带一路”倡议为代表的战略理念的外宣翻译也依然存在一些问题。从 One Belt and One Road 到 the Belt and Road Initiative，在语言层面和政治蕴含层面都受到学界的批评。这也说明战略话语的外宣翻译既要紧跟时代、又要传承历史，既要彰显政治特色、也要兼顾语言文化认知习惯。当然，战略话语的译文一经发布，就成为国家政策，因而不容轻易修改。从国际关系和权力话语层面来讲，决定译文能够被接受的关键因素不仅仅是语言表述和符号建构，话语背后所表征的利益和权力诉求往往更具有决定性。

【关键词】“一带一路”倡议；战略性话语；外宣翻译；国家政策

引言

自“一带一路”倡议于 2013 年提出以来，围绕如何向国际社会阐释好、传播好此倡议逐渐形成“一带一路”倡议外宣话语研究范式。在 2015 年 10 月官方版本提出之前，

1　课题资助：本文为作者所主持的教育部人文社科基金课题“国家话语英译的传播竞争研究”（项目编号：18YJC740137）阶段性成果。

2　翟石磊：中国矿业大学澳大利亚研究中心执行主任，副教授。方芳：华东政法大学外语学院 副教授，上海国际问题研究院在站博士后。

国内外新闻界、学术界、商界，甚至官方使用不同版本的译文，其中 One Belt and One Road 是传播最为广泛的版本。有些时候，在 One Belt and One Road 甚至还加上 strategy。一方面，中国的“一带一路”倡议的确引发了国际舆论的聚焦，随之而来的是广泛的国际讨论与参与；但另一方面，关于此倡议的翻译问题，也的确引发了一些误解，并且给外宣翻译工作提出了一些值得反思的问题。

其一，为何我国外宣部门没有在 2013 年就提出官方的翻译版本？针对 One Belt and One Road 的译文，相关部门是否进行过调研？

其二，the Belt and Road Initiative 版本为何在 2015 年才提出？此版本是否广泛征求过国内外学术界的意见？

从构架中国特色话语体系角度来讲，中国所提出的“一带一路”倡议是中国对国际社会贡献中国话语的绝佳机遇，也是中国向世界阐述中国对全球发展理念的重大机遇。阐释好、表达好、传播好中国理念对赢得国际社会对中国发展的认知与理解、营造中国发展的良好国际舆论环境具有至关重要的意义。但是，此次围绕“一带一路”倡议而形成的战略话语外宣翻译工作中，除了可圈可点的诸多成就之外，也的确留下了值得反思之处。因此，本文将通过对“一带一路”倡议翻译的回顾与评析，从语义层面和国际政治层面解析“一带一路”倡议英语翻译的内外环境，以及传播效果。并在此基础上提出对战略性话语外宣翻译的建议。

一、中国政治词语翻译的传统与路径

与其他国家一样，中国政治词汇翻译既强调国家属性，也强调社会文化属性。只是作为与“西方”国家社会制度迥然不同的国家和历史进程，中国的政治翻译的范式经历从特色性逐渐转向特色与普遍性共存。中国政治词语的翻译路径和规范，有着一脉相承的历史特点，同时也能够在词汇选择方面兼顾与时俱进，突出普遍性。在这一历史进程中，中国特色的政治词汇翻译基本延续历史传统，以简单、直接、忠实作为最基本的翻译原则。这些中国理念通过各种渠道向国际社会传播，并且在一定领域内获得广泛使用。从传播学和国际政治角度来看，中国特色政治理念的国际传播与接受，不仅仅取决于译文与目的语语言习惯的契合度，同时也与中国社会发展和国家建设的强大国际影响力有着紧密的关系。但是，有些“共识性”的核心政治词汇的汉英翻译，也存在值得商榷和反思之处。

当今的中国已经成为世界大国，并正朝向世界强国迈进。随着中国国际化程度的提升和中外文化交流层次的深化，中国政治话语的国际翻译与表述也在发生着一定的变化，国际公众对中国政治话语的期待与理解也在发生相应的变化。因此，在传承与发展中国政治话语外宣翻译的范式，即以直译为主，在忠实原文的基础上，具有国家战略性质的理念在外宣翻译中也需要进一步优化，以实现国内国外两个话语场域的读者都能够理解和接受。然而，从现实情况来看，“一带一路”倡议的英文译文的确也引发了学术界的反思与讨论。

二、关于“一带一路”倡议的外宣翻译的争论

2013 年，习近平主席在访问哈萨克斯坦和印度尼西亚期间，先后提出了“丝绸之路经济带”和“21 世纪海上丝绸之路”，即后来的“一带一路”倡议。自该倡议提出以来，国内外存在以下几种译文，即：

One Belt & One Road

the Belt and Road Strategy

The Belt and Road Initiative

Silk Road and Belt Initiative

the Silk Road Strategy

以上译文有的是国内新闻界所倡导的翻译，有的是美国等国家的译文。其中 the Silk Road Strategy 来自美国，是美国前国务卿希拉里·克林顿就阿富汗问题提出的，其目的是着眼于开发阿富汗和周边地区的联系。[3] 因此，美国的版本蕴含其国际战略意图，绝对不能为中国所用，这在外宣工作中必须给予明确禁止。

国内有关“一带一路”倡议翻译的学术争鸣自 2013 年起就持续不断，这从一个侧面反映出中国国内和国际社会对“一带一路”的关注与爱护，也说明“一带一路”需要在实践和探索中完善，需要更多考虑东西方文化的差异与对接。[4] 在政界，“一带一路”译文的讨论也有诸多涉及。比如，澳大利亚前总理陆克文建议在译法中保留 Silk Road；而傅莹在美国芝加哥大学举行的首届美中关系论坛发表的演讲中，将它译成 land and maritime Silk Road programs, 被认为是上乘译文。[5] 直到 2015 年 9 月 23 日，国家发展改革委会同外交部、商务部等部门对“一带一路”英文译法进行了规范。规范指出，第一，在对外公文中，统一将“丝绸之路经济带和 21 世纪海上丝绸之路”的英文全称译为“the Silk Road Economic Belt and the 21st-Century Maritime Silk Road”，“一带一路”简称译为“the Belt and Road”，英文缩写用“B&R”。第二，“倡议”一词译为“initiative”，且使用单数。不使用“strategy”“project”“program”“agenda”等措辞。第三，考虑到“一带一路”倡

3　王平兴：《“一带一路”沿线国家的英译》，2017年4月26日。

4　刘劲松：《“一带一路”翻译争鸣背后的四个应有之义》，中国新闻网，2015年5月23日。

5　黄语生：《“一带一路”译法刍议》，《中国社会科学报》，2015年8月13日。

议一词出现频率较高，在非正式场合，除首次出现时使用全称英文译文外，其简称译法可视情况灵活处理，除可使用“the Belt and Road Initiative”外，也可视情使用“the land and maritime Silk Road initiative”。其他译法不建议使用。

虽然官方于2015年9月终于发布了译文的权威版本，也算是对前期译文之争的回应。但是，我们需要反思的是，在过去近两年的对外传播期间，One Belt and One Road译文在国内外得以广泛传播。这从建构中国特色话语体系和国际话语影响力角度来看，不能不说是个令人遗憾的事情。一个全新战略话语的提出与国际传播，往往在初期的传播最容易产生媒体效应，也最能形成“第一印象”。因此，我国的外宣翻译中，对One Belt and One Road的内涵阐释与历史、现实渊源的传播并没有与国际期待形成完全的互动。即便是2015年官方的The Belt and Road Initiative权威译文，学者从各自不同的学科角度对其提出了批评与反思。

施燕华指出，在汉语中，“路”的第一定义是指通行的道路，从一点到另一点，可以是陆上，也可以是在河海中。作为一种旅行方式，人们常说，走“陆路”，或走“水路”。陆路是实体的，而“水路”并非“水上的路”，它看不见，摸不着，但是为了船只安全行驶，测定了航道（navigation channel, sea route, etc.）设置了航标等。而“路”，在英语中，第一定义是：“a way that leads from one place to another, especially one with a hard surface that cars and vehicles can use.”（Macmillan English Dictionary for Advanced Learners）既然是供车辆行驶的，就必定是陆上的。因此，英语中“路”的概念就是陆地上的，“水上的路”是不存在的。“丝绸之路”，是在西汉张骞出使西域时出现的，几乎与此同时，我国沿海地区也开展了对外贸易，形成出海的贸易通道，我们称之为“海上丝绸之路”，但是此“路”非彼“路”，“海上丝绸之路”是没有“路”（road）的，严格说来，是“路线”（route）。由于汉英两种语言中“路”的内涵不同，在翻译“海上丝绸之路”时，不少人都直译为“maritime silk road”，暴露出概念上的混乱。作者认为，应译为“maritime silk route”。

此外，“一带一路”倡议的内涵也在不断地发生着变化。比如，最初强调“一带一路”倡议沿线国，即：countries along the land and maritime Silk Roads。而2017年5月举行的“‘一带一路’国际高峰论坛”中，习近平主席在大会致辞中使用一带一路参与国，即Belt and Road Initiative participant。这些理念变化也需要在外宣翻译中不断完善与补充。

透过“一带一路”倡议的译文争议和政治词汇翻译的常规路径，我们可以看出，政治翻译容易出现三个方面的倾向：

其一是“中心主义”的倾向，即译出方面过度凸显自我价值特色和取向，忽视了目的语读者的理解和价值取向，形成了政治话语翻译的“假翻译”问题；

其二是“自我殖民”的倾向，即译入/译出方面弱化自我特色和价值立场，完全以强势话语的价值判断作为依据，充当强势话语的“传声筒”；

其三是“误译”问题倾向，即由于缺乏对政治话语形成历史和社会语境的认识，同时也缺乏翻译理论知识的支撑而形成的不适当的翻译。

在政治语境中，翻译活动凸显了翻译与权力的关系。政治话语翻译的背后，存在着一定的权力操控，反过来翻译体现知识，建构权力。[6]也可以说，翻译与权力之间存在着一个互动机制。霍姆斯和波波维奇：译者通过不同的翻译技巧而实现不同的翻译目的和效果，其背后正是一种权力的运作。“一带一路”倡议从提出到最终官方译文的确定，当然也具有一般政治话语翻译所揭示的权力话语的属性。虽然从语言层面来看，官方译文依旧受到质疑。“路”究竟译为 road 还是 route 更合适？或者 silk 是否需要出现在该战略性话语中？从翻译学角度而言，都是可以继续商榷的话题，也将对后续政治话语，尤其是国家战略性话语外宣翻译起着启发性和引领性的作用。但是，作为一个国家核心战略性话语，“一带一路”倡议的官方译文与中文具有同等的法律效力，该译文一经正式发布，就具有政治宣示性和政策属性，也具有一定的法律约束力。这样的权威性，是不能简单以翻译是否得当来质疑和否定的。战略性话语译文即为国家政策。

三、翻译的政治性：译文即“政策”

上文提到“一带一路”倡议译文在国内学界所面临的质疑。但是，从政治传播角度来看，战略话语的外宣不仅仅是一个跨语言和跨文化的符号传播问题，其背后蕴含有更加丰富的国家利益和政治立场问题。我们不妨从外向内看，英美国家主流媒体对“一带一路”倡议的引文接受现状如何。

首先是“外交学人”（the Diplomat）网站的相关报道[7]。“外交学人”在亚太地区具有广泛的影响力，虽然办公地点位于日本，但是从管理层到运行方大都为澳大利亚和其他欧美国家人士，并且还一直宣称其观点和立场反映亚太声音。因此，通过这个网站，我们可以一窥端倪。

该网站 2017 年 5 月 12 日显示，“一带一路”倡议的译文为“the Belt and Road Initiative”和“One Belt, One Road”，并有译文全称。这里也充分说明，两种流传广泛的译文都为国际社会所知晓，并未因为译文的差异而造成混淆。

但是，欧美国家的主流网站对“一带一路”倡议的翻译却存在一定的蹊跷。比如，英国广播公司（BBC）网站 5 月 12 日刊文，使用早期的非官方译文，One Belt, One Road，见图 1。

6　王东风：《从文化转向到权力转向：翻译体现知识建构权力，导读，翻译与权力》，外语教学与研究出版社，2007年。

7　http://thediplomat.com/2017/05/who-is-actually-attending-chinas-belt-and-road-forum/.

图1：英国广播公司网站的报道[8]

美国有线新闻网（CNN）在新闻报道中也使用“One Belt, One Road”，并且称之为“中国全球贸易与投资倡议”(initiative)。

图2：美国有线新闻网的网站报道[9]

通过海外英语媒体英文表述的使用差异可以看出，作为中国当今最为核心的全球倡议，“一带一路”倡议的译文在海外的传播与接受显示出以下几个方面的问题：

第一，国家战略性话语的对外传播，首次传播十分关键。如何用外语表述本国核心战略话语，以何种方式表达，以及如何对外传播，是中国外宣工作需要在继承历史传统的基础上继续反思的。尤其是在信息化全球化时代，外宣工作的主体不再是外宣部门，学者、新闻工作者，留学生，甚至普通的自媒体使用者都是参与者。政府在这个传播过程中不仅是主导者，同样也是裁判员。关于国家战略性话语的对外传播的争议，政府需要及时关注与回应。并且在第一时间征求海内外意见，代表国家表述国家战略话语。

第二，政治话语的翻译与传播不同于普通话语的翻译传播，其背后蕴含有更多的国家意志、权力导向和战略倾向。翻译研究中所提出的翻译的文化、权力转向指出了翻译中的意识形态、权力操控与互动问题，这更多关注的是文本与权力的关系问题。但却不

8 http://www.bbc.com/news/av/business-39881895/what-is-chinas-one-belt-one-road.

9 http://money.cnn.com/2017/05/15/news/economy/china-belt-road-india-boycott/index.html?category=economy.

能从国际政治环境和大国关系的宏大叙事角度来揭示政治话语对外传播的格局性问题。事实上，从国际政治理论来看，对“一带一路”倡议的英文翻译的争论可以形成不同的解释。

	核心理念	话语认知	“一带一路”倡议译文解读
现实主义	国际关系中冲突是不可避免的，而且持有国家中心主义立场，排斥其他国际行为主体，崇拜物质力量（特别是军事力量）的硬核，认为权力政治是真理，追求国际政治中的权力，并且认为合作是基本不可能的，主旋律是冲突，强调军事作为维持和平的高级手段。	政治话语只是符号表征，话语只是利益的表征，话语对大国关系和国家核心利益不具有重要影响。	译文无关紧要，关键是战略性话语背后的国家利益和国际关系考量。
(新)自由主义	国际关系中的冲突并不是不可避免的，对于国家行为主体持有多元主义观点，支持研究国际组织和国际跨国公司，对于制度问题持有坚决的肯定态度，主要坚持将国际制度作为自变量，认为合作的可能就在于国际制度的提供与信息的供应，崇拜的是国际机制，认为合作是可能的，主旋律是制度合作，持有一种共赢的态度。	话语是权力依赖的表征，彰显国际合作机制。	译文具有一定重要意义，并且反映国家行为主体的立场、政治倾向和对他国的态度（合作还是对抗）。因此，英译质量很重要。
建构主义	文化认同决定了利益的分配，身份才决定对外决策;文化在国际关系中扮演重要角色。改变国际的文化认同，从而改变身份关系，决定国际关系。	翻译译文是话语，也体现理念认同。如果得不到国际社会认可，那么，倡议就难以获得国际支持，也难以推进。	译文是一种文化表征，也体现一种文化价值取向。因此，译文所体现的政治文化意向非常重要，也是形成国际认同和国际合作/冲突的重要依据。

表1：国际政治理论视角下的话语解读

政治文本的翻译，因其政治属性，一旦译成外文并对外权威发布，就不能轻易更改，即译文就是政策。如今，“一带一路”倡议已经进入实质化实施阶段，“一带一路”高峰论坛在北京刚刚开幕，因此，现在讨论“一带一路”倡议的翻译问题，已经不再是就该译文是否合适的问题了，而是从这个翻译中应该吸取怎样的经验教训的时候，同时也是在外宣翻译中如何阐释好、传播好该理念的问题了。

四、结语

透过以“一带一路”倡议为代表的国家战略性话语的翻译与对外传播，我们可以得出以下几点基本的共识：

1. 政治话语的翻译，既是一种语言行为，也是一种政治行为。

2. 政治话语的翻译，既要看到语义层面的准确，更要看到政治语境的制约。政治话语的翻译，本质上是政治利益的实现。

3. 对于“共识性”的翻译，要遵循政治和历史习惯，不能反复更改，政治译文一经官方发布，就具有政策属性，即政治性。

因此，政治话语的翻译，在考虑语言层面的同时，必须从历史语境与翻译的政治性角度深入考察，并且做好对外宣渠道的协调与规范。针对“一带一路”倡议译文的翻译问题，聚焦语言文化层面的讨论依然具有现实意义。这既可以为以后对国家战略话语翻译提供启发与方向，同时也有利于下一步将该倡议的理念阐释好、传播好。

BBC 纪录片中国叙事话语的转变
——基于《中华故事》和《中国新年》的探讨

战泳霖[1]

【摘要】2016 年春节期间，英国广播公司（以下简称“BBC”）接连推出两部中国题材纪录片《中华故事》和《中国新年》，其中对中国国家形象的建构与呈现方式与以往存在较大差异，在海内外引起极大反响。本文以二者为研究对象，以叙事学理论为研究框架，以叙事内容和叙事策略两个维度对两部纪录片进行文本分析。在此基础上，尝试解读二者在中国叙事话语上的转变及其背后的考虑因素，并探讨中国国家形象对外传播的有效路径。

【关键词】BBC 纪录片；国家形象；叙事话语

一、研究背景

纪录片是塑造一国国家形象的重要方式之一。近年来，随着中国在国际舞台上影响力的不断增强，外国媒体聚焦中国，拍摄了大量中国题材的纪录片。英国广播公司（BBC）是其中的典型代表。作为国际主流媒体，同时也是享誉世界的纪录片制作、播出机构，BBC 制作的纪录片一经问世往往会引发海内外观众的广泛关注。因此，BBC 有关中国题材的纪录片中对中国国家形象的建构，具有世界范围内的影响力，也是了解国际涉华舆情的重要窗口。

然而，一段时间以来，BBC 多部中国题材纪录片对中国形象的建构被认为存在失真

1　战泳霖：中国人民大学新闻学院硕士研究生。

和偏见。位迎苏和禹婧雯（2014）对近十年来（2001—2012）BBC中国题材纪录片进行内容分析后指出，BBC纪录片中呈现出片面、扭曲的中国形象，与真实的中国存在较大差距。[2]常江和王晓培（2015）在对包括BBC在内的西方主流电视机构播出的以“中国崛起”为主题的11部纪录片进行文本分析发现，它们以中国经济飞速发展为主题，但无一例外地将注意力聚焦在中国的政治制度和国家治理上，所构建的中国形象是一个充满冲突的矛盾体，对于现存世界秩序具有极强威胁性。[3]

2016年春节前后，BBC接连推出两部有关中国的纪录片《中华故事》（The Story of China）和《中国新年：全球最大的盛会》（Chinese New Year: The Biggest Celebration on Earth）。《中华故事》于2016年1月21日起在BBC二台开播，每周一集，每集一个小时左右，共六集，分别为《祖先》《丝绸之路与中国船舰》《黄金时代》《明朝》《末代王朝》《革命年代》。《中国新年》于2016年2月14日在BBC首播，每天一集，共三集，分别为《回家》《团圆》和《欢庆》。

两部纪录片一反常态，以一种崭新、友好的语调讲述中国故事，引发广泛关注和热烈反响。《中华故事》在每周四晚上9点黄金时段播出，收视率是其他节目的两倍。英国主流媒体也出奇一致地从积极方面对《中华故事》进行评价。英国《金融时报》刊文指出，《中华故事》对中国没有任何讥讽、嘲弄或指责，而是较中肯、客观地再现了中国的形象。《中国新年》系列纪录片在英国同样非常受欢迎，三集的播放量均超百万，其中第二集达到187万。[4]在中国，《人民日报》、新华社等主流媒体也通过多篇报道对两部纪录片进行了肯定。[5]两部作品更是引发了中国网友的热烈讨论，大多数网友给予了正面评价，并对BBC的“画风转变”表示吃惊。

二、研究思路

本文即以《中华故事》和《中国新年》两部纪录片为研究对象，聚焦二者关于中国叙事话语的转变，勾勒通过这一转变所建构的中国形象，并尝试探讨叙事话语转变背后的因素。

文本主要采用叙事学理论作为研究框架。叙事学是对叙事文本进行研究的理论流派，

2　位迎苏、禹婧雯：《他者的空间——新世纪以来BBC涉华纪录片所构建的中国形象》，《青年文学家》，2013年第22期。

3　常江、王晓培：《龙的翅膀与爪牙：西方主流电视纪录片对“中国崛起”的形象建构》，《现代传播》，2015年第4期。

4　《BBC纪录片<中国新年，全球最大的盛会>引起轰动》，搜狐2016年3月21日，http://www.sohu.com/a/64779531_106413。

5　详见《看看中国的“另一面”》《“明年春节的时候去中国旅游”——电视系列片<中国春节：全球最大的盛会>登陆BBC反响热烈》《对今天的中国，我们求知若渴——<中华故事>火爆英伦》等。

起源于西方，并于20世纪60年代走向成熟，形成完备的理论体系。其研究领域已从最初的叙事文学逐步渗透到电影、电视剧、纪录片等多种媒介形式的文本中。叙事学理论认为叙事是创作者基于一定的文化意图，采用特定手段对故事片段进行处理和组合，使其具有一定的表意功能，一般包括“事”和“叙”两个核心命题。前者指叙事内容，即故事内容本身，包括主题、人物和情节设置等方面；后者指叙事策略，即故事的讲述方式，包括叙事视角和视听语言等方面。

从叙事学视角出发，《中华故事》和《中国新年》的中国话语存在一定共性，本文围绕叙事内容和叙事策略两大核心命题，对两部纪录片进行文本分析，尝试回答以下几个问题：首先，两部作品采用了哪些叙事策略讲述了什么样的中国故事？其次，通过这些方式，两部作品建构出的中国形象与以往有何不同？最后，中国叙事话语转变背后的因素是什么以及为我们提供的启示。

三、叙事内容

（一）故事主题

与BBC拍摄中国题材纪录片时惯常采取的由某一问题切入，继而导入政治议题和社会议题的做法不同，《中华故事》和《中国新年》分别以中国历史和中国农历新年为核心内容，聚焦于文化主题。在对中华民族悠久历史文化和春节这一传统节日的整体肯定上，东西方鲜有分歧，选择二者作为主题能够避免涉及对政治、人权、环境等敏感问题的探讨，减少对西方主流意识形态合理性的强调，也降低了观众产生误读的可能性。

《中华故事》按时间线索追溯中国4000多年的历史，展现中国从夏商周至今的不同时期历史以及社会变迁。《中华故事》虽讲述历史，但从当下切入，摄制组辗转西安、开封、曲阜、延安、扬州等中国多个城市，与当地人进行交流，通过他们讲述自身耳熟能详的历史人物和事件来追溯中国历史发展，同时呈现当下现实风貌。《中国新年》以农历春节为核心，在全国各地辐射开来，多角度介绍中国各地的春节习俗和地域文化，折射中国文化的丰富性。同时，摄制组走入寻常百姓家，通过衣食住行等日常情景展现中国百姓的生活状态，挖掘其中包含的亲情、团圆等情感内核，能够超越文化差异，在不同国家、民族间产生共鸣。

（二）人物选择

聚焦个体叙事，将普通老百姓作为叙事主体是研究对象呈现出的第二个共性。尽管两部作品的主题均比较宏大，但都诉诸于大量平凡个体进行呈现。通过讲述情感上有吸引力的人物故事，折射中国的历史变迁与文化价值。

《中华故事》的主题为中国历史，但并未进行一板一眼的“说教”和学术考据，而是从当代中国普通民众及其家庭入手，理清不同历史时期在当代下时社会的投影，呈现“鲜活的历史”。例如，《中华故事》第一集《祖先》要讲述中国的历史起源，以江苏无锡一户秦姓人家的祭祖活动为切入点展开，通过秦氏家族的成员讲述家族历史和自己的寻根经历来呈现中华民族经历的沧桑巨变和延绵不绝的家国情怀。《中国新年》重点讲述在中国广袤大地上发生的形形色色的普通人家的春节故事，将个人经历和集体表达有机结合，故事迥异却都牵动人心。他们中有跨越千山万水踏上归途的海外华人，有在摩托车上日夜兼程的农民工夫妇，“亿万人同时迁徙，只为一次团圆”。他们中也有春晚后台的武术表演者，有春运期间北京火车站的搬运工人，思念亲人却不忘坚守职责。

聚焦个体叙事产生了很好的效果，主要体现在：首先，普通老百姓的经历和生活是普世的看点，抓住了东西方的情感契合点，让西方观众感同身受，产生共鸣；其次，林林总总的“小人物”故事阐发主题，突破了精英主义的樊篱，与国际推崇的平等、多元价值观有效接轨；再者，制作者处于观察地位，让故事主人公面向观众直接发声，彰显纪录片的客观、中立，增强说服力和可信性；最后，在宏大主题下，通过聚焦个体叙事，纪录片呈现出的中国民众并非千篇一律的面孔，而具有鲜明的个性特征，在与主持人自然的互动中，展现出国人的热情、友好、从容和自信。

（三）情节设置

在情节设置上，两部纪录片呈现出的共同点在于由主持人担当体验者角色，深入现场接触人物，零距离参与互动。《中华故事》主持人由英国历史学教授迈克尔·伍德担任，这一身份为其讲述宏大艰涩的中国历史提供了优势。但伍德并未停留在对专业历史知识的讲解，而是在一个个具体的生活场景中展开对中国历史的叙述。他流连在河南开封的老城街道，听当地居民讲宋朝的开国传说；他置身于洛阳的一所中学，与学生一起讨论杜甫的诗歌。正如伍德接受采访时所说，自己在《中华故事》中并非是哪方面的专家，而只是一名友好的向导。[6]

《中国新年》中则由5位英国主持人先后兵分四路深入中国各地，围绕农历春节这一主线，以现场直播的形式，亲身体验中国春节。5位主持人个性鲜明，具备很强的互动性与对象感。他们走进零下三十多度的哈尔滨冰雪大世界，加入城市返乡的摩托车骑行大军，围坐在中国百姓的餐桌旁学习包饺子，置身于中央电视台春节联欢晚会的彩排现场……尽管几位主持人各自风格不尽相同，或幽默，或活泼，或睿智，但都秉持尊重与欣赏的姿态，以极大的热情参与体验，不知不觉间将观众带入情境，无疑削减了与西方

---

6 《专访<中华的故事>主持人》，FT中文网2016年2月13日，http://www.ftchinese.com/story/001066144?page=3。

观众的心理距离，增强了作品的亲近感和趣味性。此外，主持人担当体验者角色，带领观众一同探寻，淡化了主观色彩，将评论权转交给观众，使其在与主持人共同经历的过程中形成自己的认知和评价。

四、叙事策略

（一）叙事视角

叙事视角即文本在讲述故事时的具体切入角度。在纪录片中，不同的叙事视角使得内容的呈现存在差异，直接影响观众的认知和情感态度。法国结构主义叙事学家托多洛夫 (Tzvetan Todorov) 将叙事视角分为全知视角、内视角和外视角三类。在全知视角中，叙述者大于人物；在内视角中，叙述者等于人物；而外视角则是叙述者小于人物。[7] 以托多洛夫的划分为依据，两部纪录片主要采用内视角，同时结合全知视角的方式进行叙事。《中华故事》和《中国新年》采取让故事主人公直接发声的方式，通过普通中国民众讲述自己的故事，让西方观众站在中国人立场认识中国的历史和文化。当涉及地理位置的大跨度切换以及其它必要信息的说明时，纪录片切换为全知视角，用精炼的语言进行介绍。值得一提的是，当涉及到相关访谈时，除了一位研究五四运动的专家是印度学者外，两部纪录片的采访对象都是中国学者，避免了以往 BBC 纪录片中西方学者对中国评头论足的情况，让西方观众倾听中国自己的声音。内视角和全知视角相结合进行叙事，既方便观众对主题进行整体把握，又能够让观众与故事人物共同经历，形成心理层面的共同体验。

（二）视听语言

1. 视觉符号多元化

视觉符号的多元化是两部纪录片在视听语言上的一个共同特征，呈现出古老与现代、城市与乡村、自然与人文的多样性。例如，《中华故事》中，主持人迈克尔·伍德乘坐高铁前往江苏无锡参加秦氏家族祭祖活动，当解说词介绍这一信息背景时，镜头对准高铁车厢上方的电子显示屏，列车运行时速的特写画面传达出现代感与技术感。《中国新年》视觉符号的选择同样有多元化的考虑，既呈现出具备现代工艺水平的哈尔滨冰灯，又有河北蔚县传承数百年的“打树花”表演；既有香港维多利亚港的烟花盛典，也有广州熙熙攘攘的街头花市；既有云南边陲山区的野生金丝猴，也有为保护其生存而辛勤工作的技术人员……长期以来，西方社会存在对中国文化的刻板印象，停留在紫禁城、长城、

7 Tzvetan Todorov. The Fantastic: A Structural Approach to a Literary Genre［M］. Cornell University Press, 1975.

舞龙舞狮等单一、片面的文化元素上，多元化的视觉符号是对这一刻板印象的有力冲击，中国文化不再单一而神秘化，而是摇曳多姿的鲜活存在。

2.语言符号去陌生化

两部纪录片在具体语言符号的选择上都考虑了文化接近原则，采取去陌生化的传播策略。如《中国新年》中，当主持人走进亚洲最大的铁路调度中心——北京西客站后，主持人感慨“像是在阿波罗13号的控制室”，用“阿波罗13号”这一西方观众熟悉的意象来增强他们的理解。这一传播策略在《中华故事》中体现得更为明显，迈克尔·伍德将唐代诗人杜甫形容为“中国的莎士比亚”，将北宋天文学家苏颂比喻为“东方达芬奇”，由他发明的天文仪器——水运仪象台，在伍德的口中成为“宋朝的大本钟”。采用具有西方文化背景的语言符号，便于西方观众更快地理解对其而言陌生的中国元素，同时为纪录片增添趣味性与生动性，提高了跨文化传播效果。

五、思考与启示

从以上叙事内容和叙事策略两个层面分析来看，不难发现《中华故事》和《中国新年》两部纪录片的中国叙事话语与以往截然不同。在一段时间内，BBC的中国题材纪录片中存在两种主要叙事：一是改革开放以来，中国经济迅速崛起，城市快速发展；二是所谓一党执政的“威权国家”，人权、环境、社会问题严峻。《中华故事》和《中国新年》打破了这一既定模式，呈现出一个更为包容多元、充满生机的中国形象，深入展现了中华文化的丰富多彩和社会生活的多样风貌。正如英国文化评论媒体《The Arts Desk》的评价：《中华故事》让我们知道，尽管北京、上海有许多和西方相似的摩天大楼，但他们的内在却是多么不同。[8]一方面，中国拥有悠久的历史和灿烂的文明；另一方面，当代中国人民热情友好，中国社会蓬勃发展。当然，纪录片中并非呈现给观众一个完美的中国形象，一些现状仍然不尽如人意，但中国正处于发展变化的动态过程中，未来充满希望。这在一定程度上是对中国官方一直倡导的“和平发展”话语的认同。

那么，《中华故事》和《中国新年》的叙事话语为何发生如此明显的转变？本文认为这一转变背后的因素主要有以下三个方面：首先，在政府层面，近年来中英两国政府合作进一步加强，关系更为密切、友好。2015年是中英合作“黄金十年”的起点，习近平主席对英国进行国事访问活动，两国签订贸易、投资等方面的一系列合作，并签署《关于构建面向21世纪全球全面战略伙伴关系的联合宣言》。政府之间关系的发展是研究对象叙事话语变化的整体大环境。其次，在媒体层面，中英合作加深。《中华故事》和《中

8 《聚焦普通老百姓，BBC这样讲<中华故事>》，《解放日报》2016年3月15日第5版。

国新年》都是中英双方合作的产物。《中华故事》制片团队中，制片人、主持人以外的工作人员，如摄影师、录音师和拍摄助理等均由中国人担任。此外，《中华故事》在中国各地拍摄过程中得到相关部门的积极协助，协调资源为拍摄提供便利。《中国新年》则为中英联合制片，中国制片方为五洲传播中心。纪录片在英国播出后，登录中央电视台纪录频道，并在腾讯、爱奇艺等国内视频网站播出。最后，叙事话语的转变可能也有市场因素在其中，中国市场越来越成为BBC制定商业战略时难以忽略的重要因素。两部纪录片均契合中国农历春节期间播出，同样也是出于中国观众市场和海外华人观众市场的考虑。

厘清《中华故事》和《中国新年》的叙事话语转变之后，以下问题值得思考：这一转变为我们进行中国国家形象塑造带来哪些启示？近年来，在对外传播领域出现了“借船出海”的新路径，即借助国际主流媒体的公信力与影响力讲述中国故事，摆脱原有自说自话的传播方式。《中华故事》和《中国新年》即为“借船出海”的成功尝试。由于历史积因，西方主流媒体在国际上掌握着丰富的话语权资源，并将在相当一段时间内得以延续。它们在长期发展中形成了一套系统、精致、成熟的叙事手段，并符合绝大多数国际观众的接受习惯。鉴于此，“借船出海”可成为传播中国国家形象的一个有效路径，能够弥补目前我国媒体对外传播经验不足，补齐国际公信力和影响力有待进一步提高的短板。同时，应清醒认识到，当触及国家根本性问题时，东西方意识形态的分歧很难弥合，西方媒体的相关叙事话语也不可能发生实质性的转变。因此，长期而言，“借船出海”不如“造船出海”，讲好中国故事、传递中国声音更需培育自己的国际媒介品牌，找到能够被国际社会广泛认可和接受的话语方式，提升中国话语体系的影响力。

跨文化传播中提升我国纪录片的对外传播力

——以 CCTV 版《春晚》与 NGC 版 *Inside China's Biggest Gala* 为例

谢稚　孙茜[1]

【摘要】 在纪录片的对外传播过程中，选择合适的传播内容能够增加受众对文化的关注度，减少由于文化差异所带来的文化抵制行为。选择合适的主题、内容以及传播视角等，是减少文化障碍的主要方式。多角度叙事、故事化讲述、"模糊表达"意识形态等，是提升我国纪录片对外传播力的有效途径。受众的文化身份也是影响纪录片对外传播效果的重要因素。本文通过对 CCTV 版《春晚》与 NGC 版 Inside China's Biggest Gala(《透视春晚：中国最大的庆典》) 进行对比分析，阐述如何消减纪录片对外传播中的文化抵抗，建立趋同关注，提升我国纪录片的对外传播力。

【关键词】 对外传播；文化差异；传播内容；叙事方式；文化身份

2014 年 10 月习近平在文艺工作座谈会中指出："一部好的作品，应该是把社会效益放在首位，同时也应该是社会效益和经济效益相统一的作品"。[2] 纪录片是我国影视作品对外传播中较为突出的一种形式。五集电视纪录片《春晚》经过改编，以一集 *Inside China's Biggest Gala*（《透视春晚：中国最大的庆典》）的形式在美国国家地理频道（National Geographic Channel，简称 NGC）旗舰频道黄金时段播出，取得较高的收视率，实现了我国纪录片在美国市场上的突破。

1　谢稚：中国地质大学（武汉）艺术与传媒学院副教授，硕士生导师。孙茜：中国地质大学（武汉）艺术与传媒学院研究生。

2　http://www.wenming.cn/specials/zxdj/xjp/zyjh/201410/t20141015_2233229.shtml.

纪录片《春晚》的对外传播是一个文化事件，它由三个核心部分组成：第一，纪录片《春晚》本身；第二，作为综艺节目的春晚在中国人心中的价值和地位；第三，这档节目所承载的春节民风年俗。这三个核心部分体现了中美不同文化背景下彼此沟通的设置与路径。美国是高语境国家，中国纪录片在对外传播中，如何设置合理的文化定位，寻找与他国间的趋同文化，建立理解和交流的平台，降低高语境国家的文化抵抗等，是提升中国纪录片对外传播力的重要因素。纪录片《春晚》的改编和在美国的播出，展现了我国影视作品对外传播中的一些成功要素。

一、选择合适的传播内容是减少文化障碍的主要方式

纪录片跨时空、跨文化的特征使之成为我国对外传播的主要媒介产品形式。作为媒介产品，我国纪录片在对外传播中有着不俗的收视率，例如：国内创造良好口碑的《舌尖上的中国》在国外也取得较高收视率。而迪斯尼动画电影《MULAN》（《花木兰》）等外方制作的以中华文化及中国元素为内容的作品，被冠以他国价值观在海外传播并回流国内的现象，也表明中华文化具有巨大的海外市场。以影视作为传播载体对外传播中华文化，不仅需要传播影视作品本身，更需要传播作品背后的中华文化以及中国人心中的核心价值观。

《中国纪录片发展研究报告（2013）》总结了2012年度在国际上传播的20部中国题材纪录片。报告显示，在国际市场中国题材纪录片的内容选择方面，最多的是“人与城市”占40%，其次是“人与文化”占30%，再次是“人与社会”占25%，其它内容占5%。取之不尽用之不竭的中国文化为中国纪录片提供了一个庞大的文化资源库，无论是政治、经济、文化还是社会题材，都能在中国五千年的悠久历史中找到经验或教训。

威廉姆斯（Williams）在《传播》一书中提出：“人与社会的关系还可以从传播的角度看，社会是传播的形式——通过传播，我们的经验被描述、被分享、被修正、被保存。在描述、学习、说服别人采用、交换这些经验的过程——也就是传播——中形成人与人、人与社会的关系”。[3]了解、理解、认同到信服的过程是受众认知行为的过程，也是对外传播中不可避免的问题。因此，对外传播中内容的选择是减少文化障碍的主要方式，它包括以下三个方面：

（一）主题选择：强调文化身份，体现文化自信

主题选择一直是传播学界争论的话题。主题选择，并不是对纪录片真实记录的素材

3　Williams, R. Communications, Cox & Wyman Ltd., 3rd Edition, 1976:10.

加以干预，而指的是通过客观需求，选择符合传播主体需求的内容进行加工、制作。春晚具有中国特色，而世界上其他各国也都存在着庆祝新年的风俗习惯，《春晚》就是在这种社会背景和文化氛围中，成为海外受众关注的焦点。

中国是一个低语境文化国家，在对外传播中往往会遇到语言文字、文化习俗、社会歧视、意识形态等问题。社群组织的华侨、华人、留学生等爱国人士；国家组织的中国驻外使领馆、孔子学院、中资机构等；国际组织的各国元首、联合国官员等对中国农历新年的庆贺，都让中国特有的年俗文化在海外扎根，成为纪录片《春晚》对外传播的基础。可见，纪录片的对外传播应以自身文化作为原点，寻求与他者国家文化间的共同点，在彼此交流、沟通中进行设置与传播路径选择。

（二）内容选择：寻找共同点，促进文化交流

家庭关系称谓的不同使 *Inside China's Biggest Gala*（《透视春晚：中国最大的庆典》）进行了部分删除。中国是一个礼仪之邦，完整的长幼尊卑体系，每个家庭都拥有庞大复杂的关系称谓，在称谓上中美之间也存在差异。但两国人民对“家”的渴望是相同的，成为文化交流的共同点。选择海外受众能够理解的内容，寻求文化中共通的意义空间，建立趋同关注，是纪录片海外传播取得好口碑的重要因素。在《春晚》第二集《回家过大年》中提到：“吴桂花今年 106 岁，她的家族已是五世同堂。看着 93 位儿孙，陆续从各地赶回到身边，此时的吴桂花是一年中最高兴的”。“儿孙绕膝，子孙满堂在中国传统观念里高寿的吴桂花，已经达到了圆满的人生。但此时吴桂花最舒心的是，享受着这春节的团圆时刻”。这段论述既体现了个人的愿望，也表现了中国的传统节日和传统文化。儒家的孝道观念、和谐的家庭观念也与西方人对温馨和睦家庭的追求达成共鸣，取得很好的传播效果。

（三）视角选择：“讲好故事”，传播核心价值观

海外受众都具有自己独特的“文化身份”，从个人心理角度来看，他们都拥有独立的“主我”形式，这种形式与完整的评价体系“客我”有机统一，在一定程度上阻碍着其他文化的传播。个人是社会的有机组成部分，*Inside China's Biggest Gala*（《透视春晚：中国最大的庆典》）通过 6 个人物的故事，组成了一部完整的纪实性作品。“讲故事”是西方最普遍的表达方式，个人主义是西方崇尚的价值观念，讲述个人的故事，是对外传播的一种视角选择。

米勒的主我与客我理论可以很好地解释胡启志对春晚的理解。他在 *Inside China's Biggest Gala*（《透视春晚：中国最大的庆典》）中感慨道：“在我小的时候，来中国之前我不会说中文。所以我也从没听说过春晚。我认为如果你不熟悉一国的语言，就很难为它的

文化而激动。因为文化是来自语言的”。华人的身份是胡启志的“主我”形式，胡启志的家人在言传身教中所传递给他的言行举止、思维方式、中华文化等都是构成他个体性的要素；而社会环境让他接受更多的是美国的教育、价值观、意识形态以及生活方式，这就使他形成了另一套评价自己的视角。

二、叙事方式的转变提升我国纪录片的对外传播力

针对受众收视行为和收视方式的转变，“一次采集多次加工”的新闻融合方式产生，为影视作品对外传播提供新的思考空间。针对受众群体的不同，采用“一次采集多次加工”的方式，能够更好地促进中国纪录片的对外传播。中国纪录片应该转变叙事方式，根据海外受众的收视习惯和收视行为决定纪录片对外传播的内容设置与传播路径选择。

（一）减少文化抵制需尊重文化差异，选择多角度叙事

个人、家庭、社会、国家等背景，是海外受众接受中国文化产品的文化基础，对文化的趋同关注或是对文化的抵制行为都取决于海外受众的选择性接触。文化的趋同关注，是指与受众兴趣、态度、认知等具有共通性的文化，能得到受众认可并予以接触的行为。而文化抵制，则是与受众自身、家庭、社群、国家等意识形态相违背或冲突的文化内容。据此，对外传播中需尊重文化差异，选择多角度叙事。

Inside China's Biggest Gala（《透视春晚：中国最大的庆典》）选取了6个人物，讲述了春晚是中国人实现个人价值的一种途径，这符合美国的价值观。对文化输入国价值观的尊重，有利于拉近与海外受众的距离，是海外受众选择性接触的基础。6个人物主线，通过不同角度进行叙述，既符合受众的收视习惯，又使纪录片的内容更加丰富；层层深入的讲述方式，通过个人价值的实现，折射栏目价值、社会价值与民族国家认同这样大的主题，巧妙地减少了文化抵制，提升了纪录片文化内涵的国家化表达。

（二）故事化叙事中悬念的设置能培养海外受众的收视兴趣

Inside China's Biggest Gala（《透视春晚：中国最大的庆典》）在开头设置了悬念：“这场综艺节目，保持着全球收看人数最多以及参演人数最多的纪录。然而，其中有着怎样的幕后故事？表演者是怎样脱颖而出？是什么秘诀让这台晚会经久不衰？是如何留住日渐挑剔的中国观众”？悬念的设置增添了传播内容的趣味性，也为故事化叙事埋下伏笔。

春晚第一代导演黄一鹤与2012年春晚总导演哈文对春晚的不同解读，体现了历史与现实的交替；历年春晚中的常客杨丽萍与海外华人胡启志的对比，体现了春晚新旧演员的交替；塔沟武校参与春晚彩排，但最终无缘2012春晚的事件，体现了春晚竞争的激烈

等。这些故事性内容交替出现，编导采用“热气球悬浮视角”这一种独特的传播视角来展示。在价值观的对外传播中，它通过“嵌套”的方式，隐含中国的价值观，潜移默化地影响着海外受众。

（三）心理替代性的故事形态是“模糊表达”价值观的方式

“胡启志就是其中之一，他是一位美籍华人，也是一名训练有素的杂技演员。曾在瑞典、丹麦、俄罗斯、加拿大与台湾接受过训练。他的表演包括水晶球杂耍与旋转铁环特技”，对胡启志的个人背景简明扼要的介绍，是形成受众心理替代性故事的基础。对胡启志的采访使用第三人称的视角，通过个人经历的转述，体现文化、语言、传播三者之间的关系。这种转述是对我国价值观输出的“模糊表达”。

Inside China's Biggest Gala（《透视春晚：中国最大的庆典》）中对胡启志的描述，体现了心理替代性的作用。音乐是最具心理暗示的传播方式。贯穿于纪录片中的音乐，如《常回家看看》《好久没回家》以及《难忘今宵》等，体现出“家”“团圆”等中国传统文化理念。可见，由此将价值观嵌套在故事形态中，技巧性“模糊表达”能更好地促进我国纪录片的对外传播。心理替代性的故事可以拉近海外受众与文化产品间的距离。

三、区分受众的文化身份，增强纪录片对外传播效果

斯图亚特·霍尔在《文化身份与族裔散居》中提出了“文化身份”的概念。他认为“文化身份”的界定至少有两种：第一是“一种共有的文化”，它反映了共同的历史经验和共同的文化符号，即“隐藏着的”文化身份以及“隐蔽的历史”。第二是强调“真正的现在”在塑造文化身份中的作用，即从现实状况出发去理解“文化身份”。个体身份是决定受众如何看待他国文化的重要因素，对于受众个体的研究有助于找到纪录片更好地对外传播的途径。

“个人身份产生于目的和想法，它帮助你远离自身的主流文化，也标志着个人是集体中的一员”。[4] 种族身份、民族身份、性别身份、国家身份是受众自身无法改变的，这些也决定了受众的信仰、价值与社会地位。随着地域身份、组织身份、个人身份、网络虚拟身份的改变，受众对文化的认知也会发生改变。这种改变将为受众接受他国文化提供条件，也有助于促成受众趋同关注，减少文化抵制。

（一）区分海外受众的地域身份是改善对外传播状况的前提

4 （美）Larry A. Samovar, Richard E. Porter, Edwin R. McDaniel 著，董晓波 编译，跨文化交际（第七版），北京大学出版社，2012:109-110.

英国著名史学家巴克尔认为四个主要自然因素（即气候、食物、土壤、地形）决定着人类的生活和命运。地域身份决定着人类对文化的认知。从地理上，海外受众包括两类，一是只具有当地国文化的受众；二是有一定中国文化基础的海外受众。

不同的地域身份会给纪录片的对外传播带来不同的传播效果。因此，针对受众地域身份，选择合适的传播内容可以提高对外传播的效果。纪录片 *Inside China's Biggest Gala*（《透视春晚：中国最大的庆典》）中人物故事的叙事与过去的历史事件穿插出现，让人目不暇接。第一届（1983）春晚导演黄一鹤对往事的深情讲述，把观众带入春晚创办之时；舞蹈家杨丽萍翩若惊鸿的舞蹈表现的极致之美，传递着民族文化的博大精深；华裔小伙胡启志的参与，让节目本身更加多元化；歌手李玉刚的反串表演，带来全新的视听与享受……这些对不同人物的描写体现出独特的视角，而海外受众的地域身份是接受独特视角的基础。

（二）了解组织身份的差异促进中华文化对外传播

一个人的组织隶属关系是很重要的身份来源，集体主义与个人主义，往往在组织身份中得以体现。中国传统文化中的集体观念与美国等西方国家的个人主义观念不同，西方人更崇尚个人主义和自我奋斗。因此，巧妙处理价值观上的矛盾，可以使中华文化和价值观更好地对外传播。

不同国家间的思维差异、价值观差异、文化差异等都会对纪录片的海外传播带来阻碍。“功夫”是海外受众认知度较高的词汇，塔沟武校作为功夫的发源地之一被传播。*Inside China's Biggest Gala*（《透视春晚：中国最大的庆典》）中，塔沟武校以集体的形态出现，但以短小的人物故事作为叙事主体，很好地隐藏并传播了集体主义精神。

（三）个人的文化素养、社会交际决定文化接受程度

种族身份、民族身份、性别身份、国家身份、地域身份、组织身份、个人身份、网络虚拟身份都由个人文化素养及社会交际决定。可见，不同的个人身份对理解中国文化，接受文化产品有较强的主导性。

中国春节在长期的对外传播中已逐步被海外受众认知，为纪录片 *Inside China's Biggest Gala*（《透视春晚：中国最大的庆典》）的传播打下了基础，个人对中国春节的理解决定海外受众对纪录片的接受程度。让个体受众更好地理解和接受中国文化，是对外传播的基本要素。

（四）网络以一种新的身份，改变着人们的接受与表达

“互联网的发展为不同语言之间架设了一座桥，让西方能够看到中国文化更多的侧

面”。[5]牛津大学出版社双语词典项目经理朱莉·克里曼说。网络赋予人们新的文化身份，改变人类的生活习惯、接受方式与表达方法。网络让人们意识到所属社会环境中的积极部分，也让人们正视自己文化中的消极因素。

网络的虚拟空间，打破了现实社会中人的社会属性及身份界限。在网络中，人们固有的种族、民族、性别甚至国家属性被减弱，人们通过虚拟的方式接受与表达自身的意见看法。不同的文化身份影响着人们对文化的接受与抵制，在日常生活中主导着人们的行为。

总结来说，传播内容的选择、叙事方式的改变和受众文化身份的深度分析，是解决传播什么、怎样传播、如何更好传播的问题。因此，在纪录片的对外传播中，应该从文化差异入手，加强文化传播的主动性，采用多角度的叙事方式、平行的制作手法、开放式的结尾以及符合受众心理的传播内容等方式，有效提升我国纪录片对外传播力。

5 http://www.wenming.cn/wmzh_pd/jj_wmzh/201312/t20131202_1613420.shtml.

中非故事的建构性叙事解读
——以独立性质的自媒体播客平台“中非项目”为例

张艳秋　张耀兰　Simon Matingwina[1]

【摘要】随着中非双方合作不断深入，有关中国故事和中非故事的媒体叙事成为影响中非间互通互联、民心相通的重要因子。然而，对于中国故事与中非故事的叙事，西方舆论一直占据国际传播的主导位置，造成众多负面的刻板印象，影响了中非之间的理解与沟通。本研究以境外英文播客网站“中非项目”为研究对象，探索独立性质的自媒体在讲述中国及中非故事的过程中所采用的叙事建构方式及话题特点，重点分析了该平台在解构中非间长期存在的刻板印象话题及争议性话题的独到路径，以期对我国在涉非传播及国际传播中建构灵活多元的传播主体、开拓新媒体传播渠道提供思路参考。

【关键词】中国故事；中非故事；中非项目；刻板印象；自媒体；播客；建构性叙事

一、研究缘起

随着中非双方在政治、经济、外交等领域合作的不断深入，有关中非故事的媒体叙事成为影响中非间互通互联、民心相通的重要因子，而中非故事的叙事也呈现出多主体化及多结构化的倾向。如何有效地讲好中国故事和中非故事，对于中国媒体及媒体人来说，还存在诸多困惑，传播效果依然不容乐观。

目前，中非故事的媒体叙事主体影响最大的是西方发达国家的国际主流媒体。因此，如何让我们自己—中国与非洲—讲好自己的故事，而不是让第三方主导中非故事的主流

1　张艳秋：中国传媒大学传播研究院非洲传媒研究中心主任、教授。张耀兰：中国传媒大学传播研究院2016级博士研究生。Simon Matingwina：中国传媒大学传播研究院2016级博士留学生。

话语，成为当下中国和非洲相关媒体的必答之题。

在中非信息交流与传播领域，是否能够在公共外交理念的指导下，利用新媒体渠道，以新的方式讲述中国故事和中非故事，以求在叙事方式、信息源、传播主体身份上有所突破，建构一个更加多元、平衡的中国故事叙述体系，是本研究的思考起点。本研究以“中非项目”（China Africa Project）为研究对象，探索独立性质的境外自媒体在讲述中非故事的过程中所采用的叙事建构方式及话题特点，以期对中国的媒体工作者在讲述中非故事时采取的方式、话题的角度、信源的选择等方面有所启迪。

二、独立性的自媒体播客网站“中非项目”

“中非项目”为独立性的自媒体播客网站，不从属于任何组织机构，也无盈利导向。目前为互联网上粉丝量最大的、也是最集中关注中非话题的英文多媒体平台。“中非项目”创建于 2010 年，由一位记者和一位学者身份的独立制作人联合运作，下设八个栏目分类，分别为：文化、发展、经济、外交、媒体、军事、资源和移民。

“中非项目”现有约 24 万名关注者，月平均下载播客内容量为 2.5 万。目前，其播客内容在发达地区下载量最大，如美国弗吉尼亚、华盛顿特区、北京和伦敦，发展中国家中下载量最大的地区为南非约翰内斯堡，位居总排名第七。

“中非项目”在创办之初的更新频率为两周一播，现改为一周一播，主要目标是为对中非关系感兴趣的受众和相关专家建立一个桥梁，这些专家包括非政府组织人员、分析人员、记者和作家。每一期的播客均由一位或两位创始人一起，与邀请的访谈人员就中非关系中的某一个话题进行讨论。话题既有包括实时新闻事件的讨论，也对长期存在争议的中非话题加以解读，同时也为中非关系领域的学者提供阐述个人学术主张的平台。访谈对象的多元性身份赋予这个自媒体平台一个相对平衡和多样的内容建构更多可能性，使其区别于传统的中非故事叙事主体。

三、研究方法与数据

（一）研究方法

本研究采集了 2010 年 2 月 26 日至 2017 年 6 月 14 日期间“中非项目”所发布的 296 期内容（以播客内容为主，包括前期部分翻译内容及文章）。研究采用内容分析方法，对这些内容进行了逐条分析，按照发布内容的话题及子话题、话题倾向、目的、涉及国家、信源等进行统计分类。

话题倾向主要分为争议性话题和非争议性话题两类。话题内容涉及国家的分布为某一非洲国家、中国、非洲、中国和非洲以及其他地区。此外，本研究还在各栏目内部进行了话题归类，从而得以在微观层面分析出各话题栏目的侧重点以及交叉内容。如在“资源”栏目占据65%比例的“野生动物保护”内容，在文化栏目同样也有一定比例；而在“发展”栏目和“外交”栏目中占据最大比例的都是“经贸投资”类内容，占比分别为77%和75%，即使是在“军事”栏目中，有关“经贸投资”的内容也占据23%。从中可以看出，与中非经贸投资的频繁往来相符，该播客网站对于中非经贸亦给予较多关注。

（二）概念界定

“刻板印象”(stereotype)是人们由某一群体成员相对固定的观念或期望构成的认知结构以及特定的社会认知图式，它对人们的社会认知和行为有着重要的指导性作用(Fiske, 2004)。[2 3] 由于历史、地域、文化、语言的差别，以及西方媒体在非洲地区长期的话语权主导优势，导致非洲人对中国的人和事均形成了一定的刻板印象，如中国对非洲的资源侵占，环境破坏，以及增大驻军加强军事存在等。同时，中国媒体对于非洲的叙事角度一直以政经内容为主，3D内容(death、disease、destruction)及猎奇内容为辅，也塑造了中国人对于非洲的负面刻板印象，忽略了其他民生、文化等方面的非洲故事。

本研究认为这些刻板印象构成了中非之间固有的争议性话题范畴，对中非间的民众交流造成一定阻碍，这些刻板印象多由各参与媒体以往的传播行为造成。因此，研究当下的媒体对于这些刻板印象范畴的争议性话题的报道比例和角度立场成为必要。

在原有的争议性话题之外，随着中非双方的高频度互动，新的争议性话题也在不断涌现，同样也需要得到及时关注和公正解释，以免形成新的刻板印象。由于涉及中非双方，对于通常意义上的正面、负面和中性报道，我们在此研究中无法给予相应的严格界定。因此，本研究选择对报道的视角给予分类：如对争议性话题的报道给予新的解读，或是对原有争议性话题的观点再次固化，或只是对争议性话题进行常规的无立场传播。基于以上考虑，本研究将报道角度分为以下五类：以新角度来阐释刻板印象、支持原有刻板印象、引发对争议性新话题的关注、对争议性话题提供新的阐释视角、引发对非争议性话题的关注。

（三）数据及内容分析

1.基本概况分析：栏目、话题、报道角度

2 China Africa Project网址：http://www.chinaafricaproject.com/

3 Fiske, S. T. (2004). Social Beings: A core motives approach to social psychology (pp. 398—400). John Wiley& Sons.

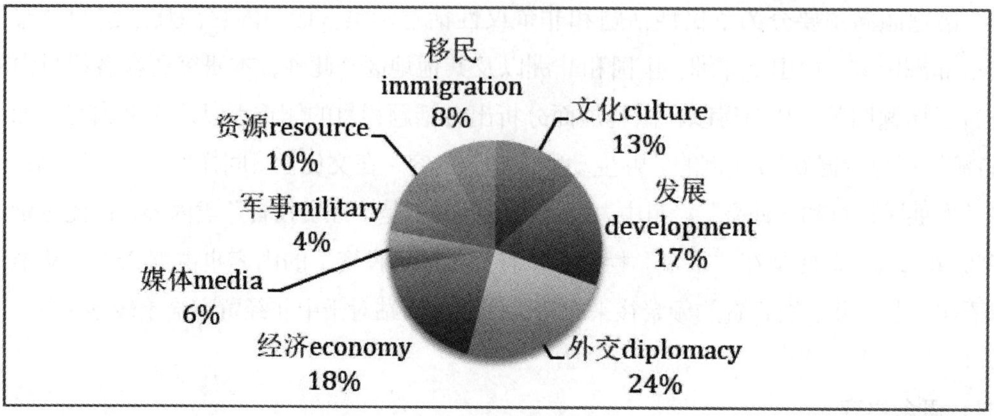

图1：栏目分布

从各栏目的内容占比来看，外交栏目的内容最多，占比24%，经济栏目和发展栏目的内容次之，分别占比18%和17%；位居第四的是文化栏目，占比13%；文章数目最少的为军事栏目和媒体栏目，分别为4%和6%；资源栏目和移民栏目分别占10%和8%，属于中位偏下水平。

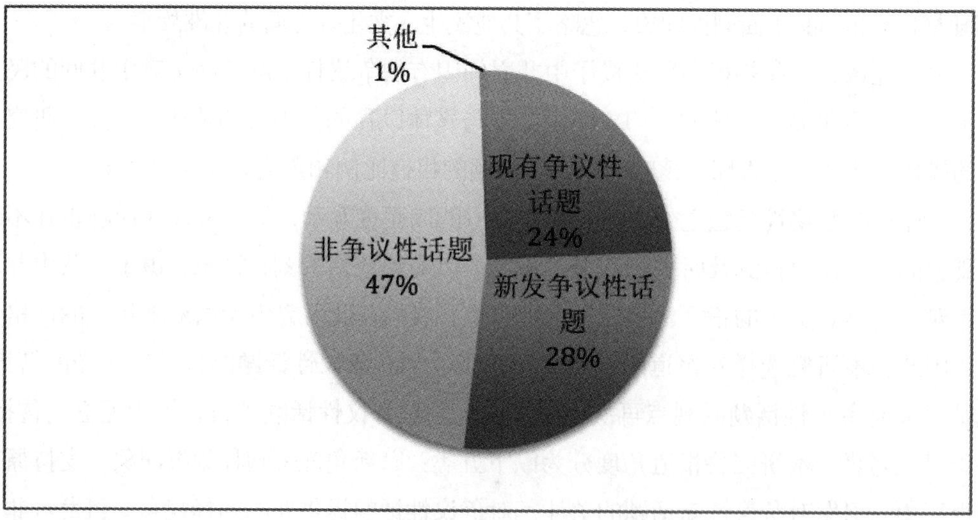

图2：话题分类

截至2017年6月14日，本研究在对“中非项目”所上传的296篇内容进行了分类分析发现，该自媒体的内容报道角度呈相对平衡状态，且具有建构性新闻的特质。

具体来看，在所有文章中，争议性话题和非争议性话题的占比分别为52%和47%，接近平衡。其中，争议型话题阐释中，24%的内容属于对原有争议性话题的再讨论，28%的内容属于对新的争议话题的报道，二者也基本趋于平衡。

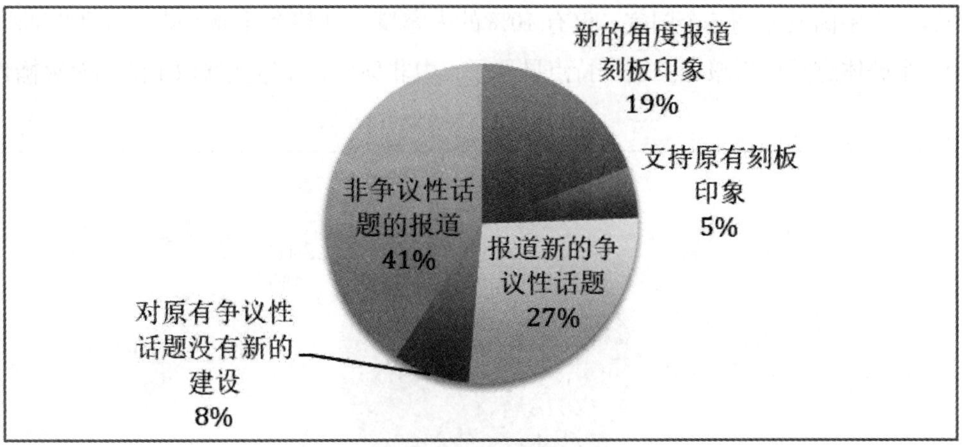

图3：报道角度分析

从具体的内容阐释角度来看，有关刻板印象内容的阐释中，以新的角度阐释刻板印象的内容占 19%，以固有角度，即支持原有刻板印象的内容占 5%，前者是后者的近 4 倍，体现出“中非项目”建设性地叙述中非故事的角度。

2.报道国家和更新频率

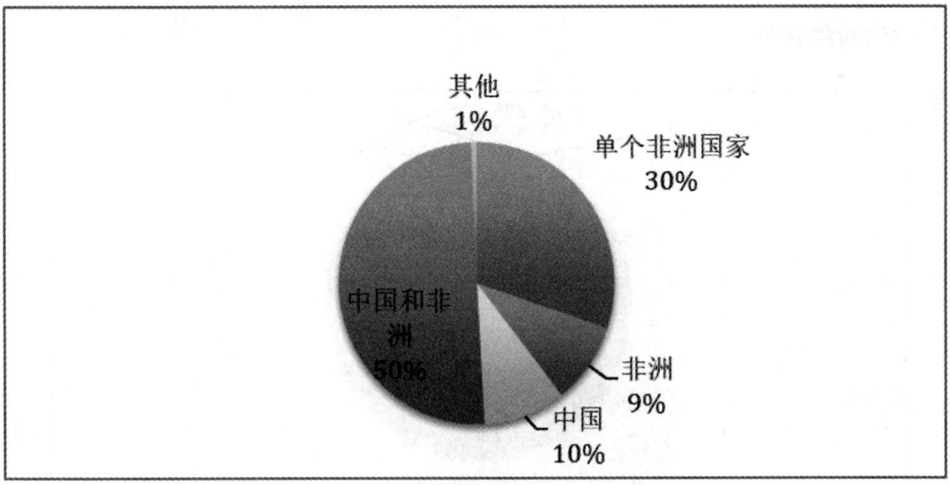

图4：报道国家分布

在“中非项目”的上传内容基本都是来自中国和非洲的国家，只有 1% 来自其他地区。具体到中国和非洲的地区分布，涉及到中非双方的内容占到一半，涉及单个非洲国家的内容占 30%，涉及到非洲大陆整体的内容占 9%，涉及到中国地区的占 10%。由此可见，“中非项目”在权衡新闻报道发生地时，将一半的内容置于中非双方的互动行为中，40%

的内容置于中国或非洲某个国家，仅有10%的内容覆盖到整个非洲大陆，即将非洲大陆作为一个整体进行分析报道。这一特点显示了“中非项目”在地区选取上的相对平衡性。

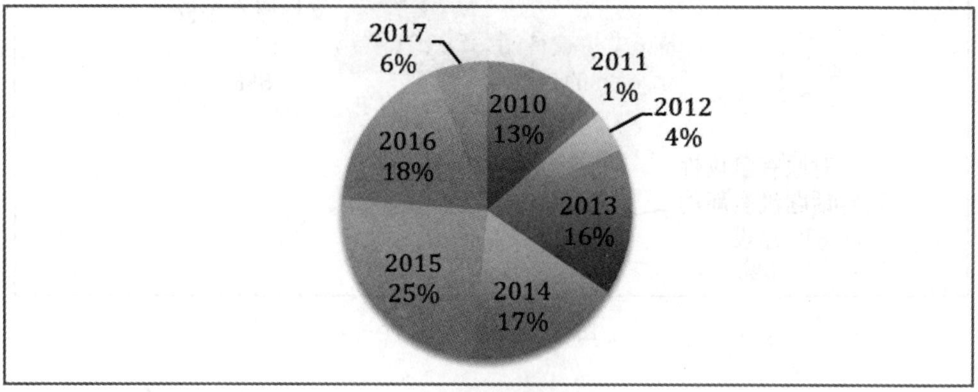

图5：播客发布时间分布

从2010年至今，“中非项目”在2015年的更新内容最多，大约为71篇，超过了每周一篇的频率。从数据来看，基本从2013年开始，就保持了每周一篇的更新速度。相比之下，2017年前半年的更新速度要缓于前四年，目前只有14篇报道。

3.访谈对象分布

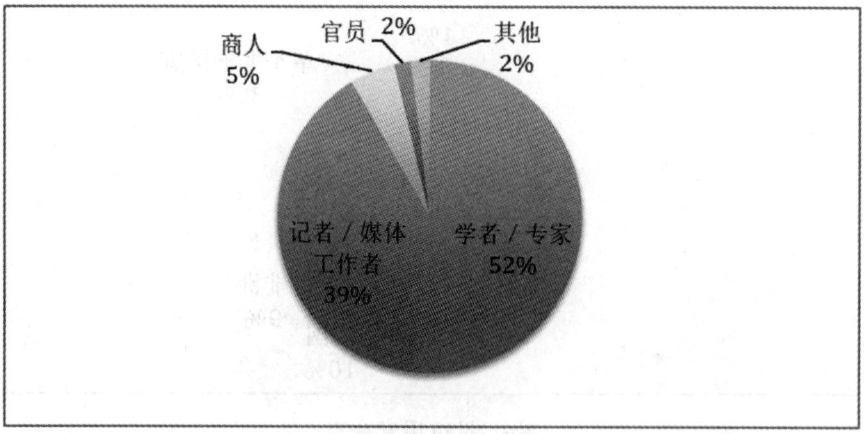

图6：访谈对象身份分布

在“中非项目”所选择的信源中，52%来自学者专家，39%来自媒体，其他9%来自商人、官员群体。由此可见，在信源选择上，“中非项目”最注重学术圈的发声，这与传统媒体注重政府信息渠道及跨国商业机构的信息呈现较明显差异。

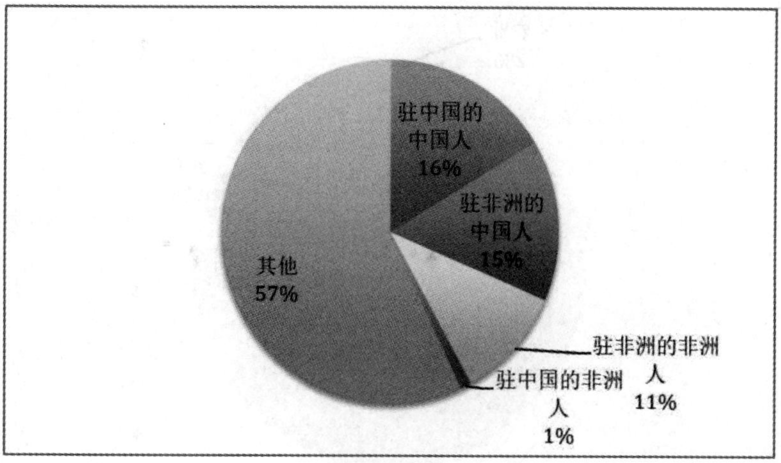

图7：访谈对象国籍及驻地分布

从采访对象的国籍和驻地分布可看出，57% 的信源来自中非以外地区。此外，在来自中非地区的信源中，以中国人居多，占比 31%，12% 是非洲人，仅为中国人的 39%；而从驻地分布看，26% 的信源来自非洲，17% 的信源来自中国。

4.各栏目子话题分布

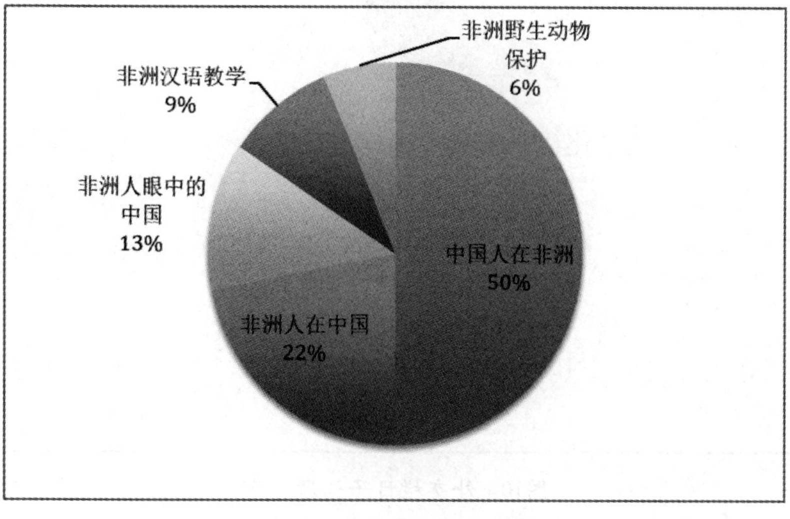

图8：文化栏目子话题分布

在文化栏目中，一半的话题为中国人在非洲的报道，其余的一半话题分别为在中国的非洲人、非洲人眼中的中国、非洲的汉语教学和非洲野生动物保护。

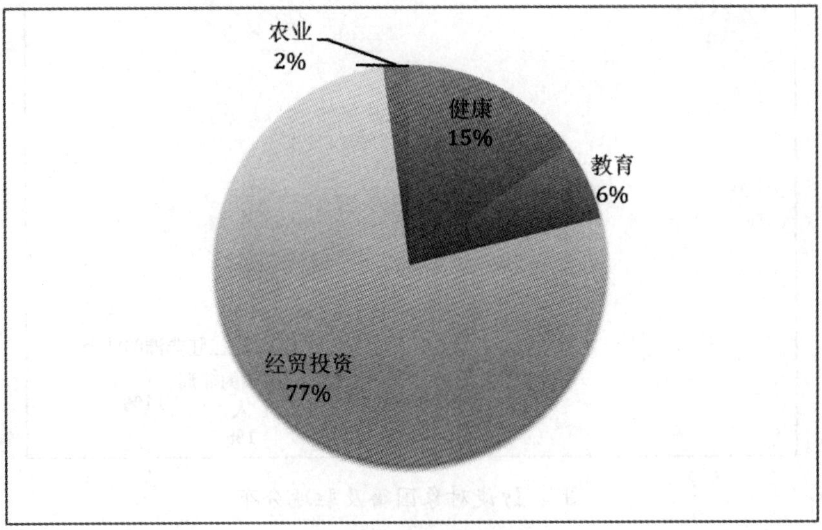

图9：发展栏目子话题分布

在发展栏目中，有关经贸投资的话题占据77%的高比例，这与中非经贸往来的高速发展现状相吻合，其余谈及较多的话题为健康内容，教育和农业主题分占个位数比例。

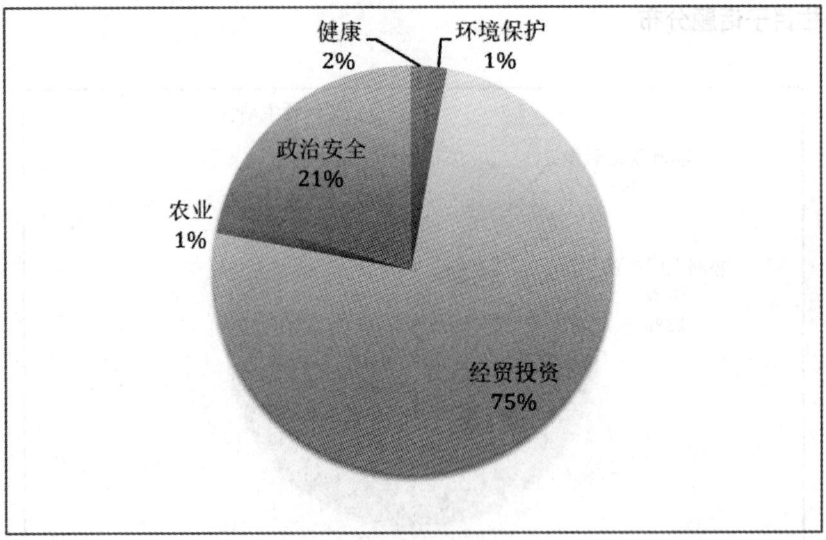

图10：外交栏目子话题分布

在外交栏目中，主要涉及话题为两大分类：经贸投资与政治安全，其中经贸投资类占75%，政治安全类占21%。

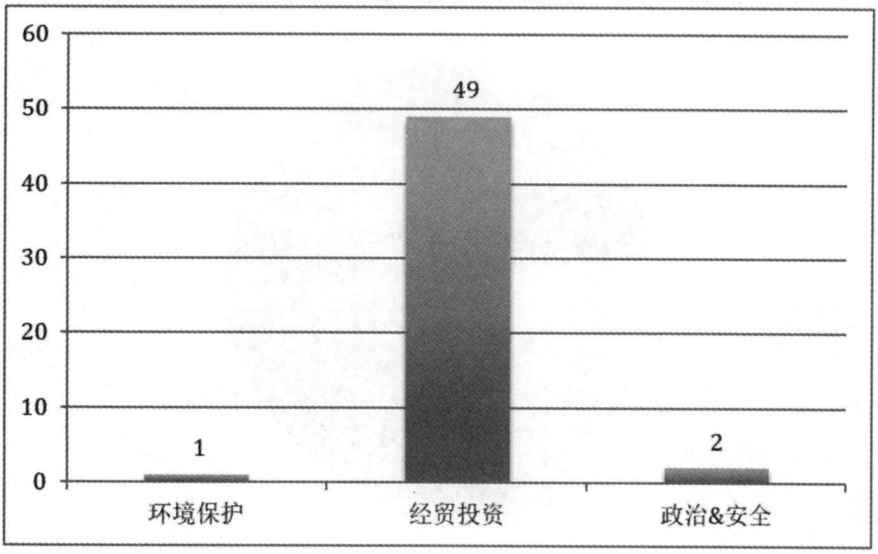

图11：经济栏目子话题分布

经济栏目中，几乎完全由经贸投资类内容组成，占 94%，其他少量话题涉及政治安全和环境保护。

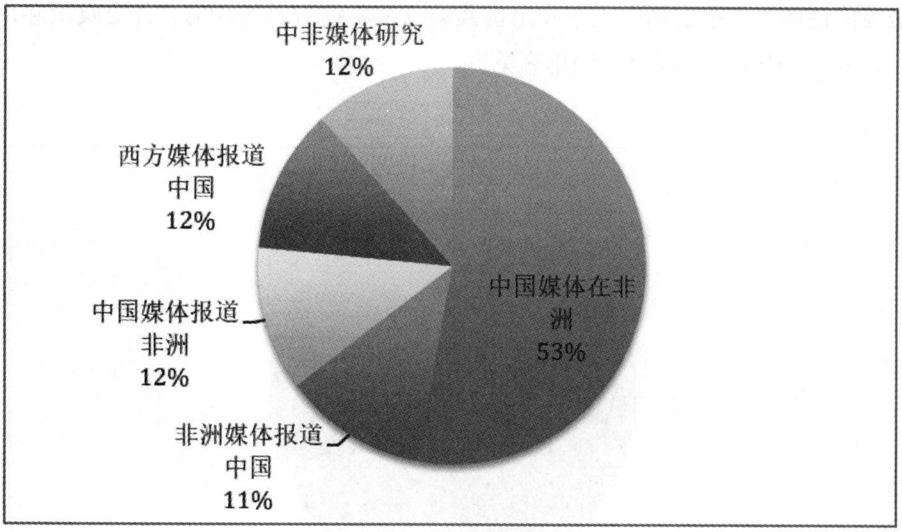

图12：媒体栏目子话题分布

在媒体栏目中，有关中国媒体在非洲的报道内容占据一半以上，为 53%。其余主题分别为“非洲媒体报道中国”“中国媒体报道非洲”“西方媒体报道中国”以及“中非媒体研究”，所占比例均在 11% 和 12% 左右，数量较为均等。

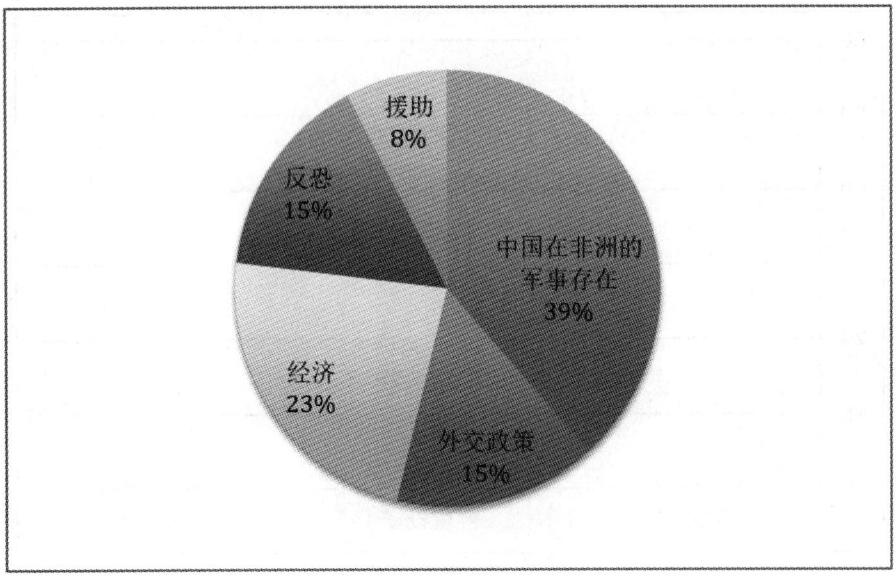

图13：军事栏目子话题分布

在军事栏目中，涉及话题最多的为“中国在非洲的军事存在”，其中包括中国在参与联合国在非洲的维和部队人数的上升以及中国派军队保护在非华人等内容；排名第二的依然是经济话题，其中包括中国对非出售武器以及手铐刑具等内容，外交政策和反恐的排名并列第三，中国对非援助问题排名第五。

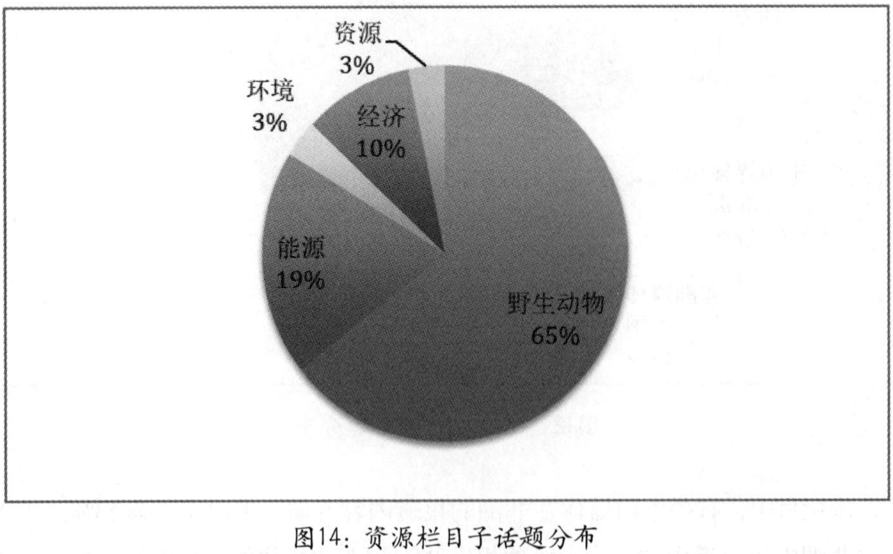

图14：资源栏目子话题分布

资源栏目中，涉及话题最多的为“野生动物”，包括长期以来的象牙买卖这样的“刻板印象”类争议性话题，也包括因中药需求导致的其他野生动物的买卖，譬如非洲的驴皮在中国的阿胶制造企业中找到市场。

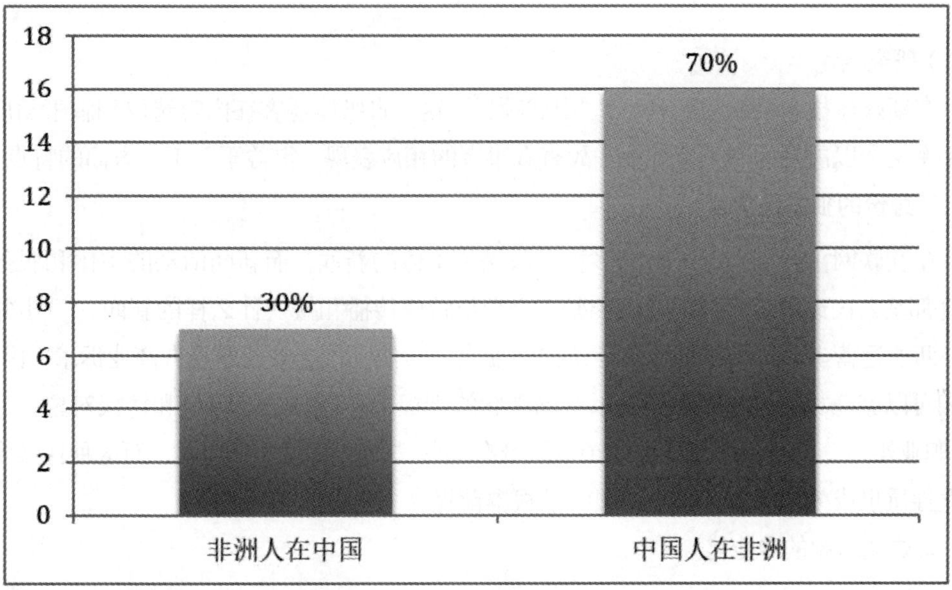

图15：移民栏目子话题分布

移民栏目中讲述非洲人在中国类话题的相对较少，为30%，70%的内容都是有关中国人在非洲的内容。

三、研究分析与结论

（一）研究分析

传统媒体机构与政府间的或显性或隐性的关系，使得其叙事框架无法摆脱政府的参与，政府通过新闻发言人机制或政策动态颁布左右着传统媒体的选题和信源。传统媒体的运营成本和运营方式使其难以轻易实现身份转型。然而，在新媒介技术的助力下，这样的困境似乎有望突破。西方学者认为，大众传播新技术的引入破坏了已经建立起来的媒介组织和集团的威信及影响力。新媒体能够巧妙地避开现有权力结构的控制，提供新思想和新信息，因而对现状造成了威胁。[4] 新媒体在赋权民众的同时，不仅丰富了传播的形式，也提供了传播内容多样化的丰沃土壤。

4　詹姆斯·卡伦：《媒体与权力》，史安斌、董关鹏译，清华大学出版社，2006年，第89页。

除了中非普通民众间的人际交流，中非间的很多交流其实都发生于媒体之中。原有的中非媒体主要叙事者的机构身份往往限制了中非叙事的深度和广度，尤其是在信源选择上的保守使得中非故事陷入了固定模式，容易固化已有的刻板印象，并引发新的争议及刻板印象。

（二）研究结论

在新媒体技术赋权的红利下，“中非项目”这一自媒体播客在内容选取和叙事角度上的平衡之所以能够区别于传统中非故事叙事者的相应表现，得益于以下三方面的特点。

1.身份的独立性优势

在互联网平台上，公民新闻多指以公民为主体的新闻，而新闻活动的主体和服务对象也都是公民或者公民群体，他们知道自身最希望传播和接受什么样的新闻。[5]“中非项目”两位运营者，对于该平台的运营完全独立于其他机构之外，亦没有商业诉求，因此，他们可以完全根据自身对中非关系互动现状的把握，来选择访谈题材和访谈对象。这一“非职业媒体”的身份，使“中非项目”带有某些“公民新闻”的特征，而这种自媒体的独立性质也成为该平台存在和扩展的最根本前提。

2.访谈对象的专业化

不同于传统媒体多依赖相关政府、跨国公司和各大通讯社的信息来源，“中非项目”在访谈对象的选择上体现出相当大的差异性，其一半的访谈对象来自研究中非关系的学者。由于缺乏与媒体充裕的对话空间，很多中非学者的研究成果只能局限于有限的学术期刊中，难以以传统大众媒体平台来对接更广泛的受众。随着中非关系的研究渐成显学，中非研究的学术成果愈渐丰富，这也给该平台带来了较为充足的信源及观点储备。同时，“中非项目”为学者和记者提供独立和自由的对话空间，使得学者能够在这样的自媒体平台上直接答疑解惑，并提出自身的疑问，与相关一线记者隔空对话，形成中非故事叙述的别样话语场域。

3.叙事方式的平衡性与建构性

在以上两个特点的共同作用下，“中非项目”在内容选取、信源分布上均呈现均衡性特点，建构出不一样的中非故事体系。首先，争议性话题和非争议性话题的占比仅相差5%，处于相对平衡状态。且在争议性话题中，新争议性话题和原有争议性话题的占比也仅相差4%，同样处于相对平衡状态。其次，报道所涉及地区中，50%的故事发生于中国和非洲双方，涉及单个国家（非洲某国或中国）的报道占40%，即不仅关注于中非互动的故事，也以类似的力度报道单个国家中的中非故事。此外，访谈对象中43%来自中国

5　姜华：《公民新闻及其民主监督作用初探》，《国际新闻界》，2013年3月。

或非洲，57% 来自其他地区，来自其他地区的访谈对象中虽大多是第三方国籍，但也有生活于中非之外的中非籍人员，因此也可视为相对平衡状态。

“中非项目”为中国故事和中非故事提供了新的叙事模式与平台，对于消解中非之间固有的刻板印象及有可能生成的新的刻板印象，具有建设意义。我国相关涉非报道工作者、学者以及其他行业的人员均可以借鉴“中非项目”的运作方式，以“公民新闻”的主体身份投入到对“公民新闻”的客体的等位传播中，为解构以往的刻板印象并建构新的话语空间探寻新的沟通空间。这既有可能对我国原有中非故事传播模式形成助力，更有望逐渐提升受众对中非故事的认知与兴趣，从而逆向激活并扩大原有叙事主体所传播内容的接受度，形成多条腿走路，多渠道发声，多行业讨论的中非故事的良好传播生态。

创新国际传播方式方法

创新“走出去”方式 讲好中国故事
——以开办海外本土化中国时段和频道为例

唐世鼎[1]

【摘要】随着中国逐步走向世界舞台的中心，如何让世界更好地了解中国，“讲好中国故事，传播好中国声音”成为我国国际传播的战略任务与重要使命。近年来，中国国际电视总公司充分发挥企业优势，采用市场化、商业化模式，以开办海外本土化中国时段和频道为重点，创新“走出去”方式，讲好中国故事，传播成效显著。本文以此为例，总结成果经验，分析主要特点与创新突破，以及由此带来的启示思考与发展展望。提出进一步扩大成果，创新提升，不断推动实现由“卖节目”到“开时段”再到“建频道”的模式转型升级，打造“China Hour”和“Hi+ 国家！”品牌，建立全球联播网络，形成特色亮点，用更接地气的方式讲好中国故事，产生持续、更大的传播效应，有效提升国际影响力。

【关键词】海外本土化中国时段和频道；讲好中国故事；文化“走出去”；转型升级；创新发展

当今时代，中国和世界的关系正在发生历史性变化。随着中国逐步走向世界舞台的中心，国际社会对中国的关注前所未有，“中国热”持续升温。如何让世界更好地了解中国，“讲好中国故事，传播好中国声音”成为我国国际传播的战略课题与重要使命。为此，近年来，中国国际电视总公司充分发挥企业优势，采用市场化、商业化模式，以开办海外本土化中国时段和频道为重点，创新“走出去”方式，拓展影视节目国际营销渠道，加

1 唐世鼎：中国国际电视总公司副总裁，高级编辑。

快实现由“卖节目”到“开时段”再到“建频道”的模式转型升级，着力打造“China Hour”和“Hi+ 国家 !”品牌，建立全球联播网络，取得新的突破。对于进一步加强国际传播能力建设，增强国际话语权，讲好中国故事，推动中华文化“走出去”具有重要意义，带来有益启示与发展思考。

一、发挥优势与传播成效

海外本土化中国时段和频道，是利用中方节目资源等优势，与国际主流媒体合作，双方共同投入，共同经营，在海外开设的本地化中国影视节目专属时段或频道，采用统一的形象包装与统一呼号，以“中国时间”(“China Hour”)、“你好！国家”(“Hi+ 国家 !”)为名，播出节目均在对象国当地译制配音，并根据本地观众收视习惯进行编排与包装，以本土化面貌呈现。

作为国家文化出口重点企业，中国国际电视总公司是我国最早从事影视节目海外发行机构，也是中央电视台各类节目发行总代理，连续九年获得中国“文化企业 30 强”。2016 年节目代理发行首次突破 2 万小时。拥有国内热播节目资源及国际营销优势。目前，依托其运营的中国国际影视节目译制交易平台，译制节目近 5000 小时、译制语种包括英、法、德、西、阿、俄、日、缅、泰、印尼、捷克、柬埔寨、匈牙利、塞尔维亚等 30 个，节目有效播出覆盖 120 多个国家和地区，每年向海外媒体机构销售 10000 多部 / 集的影视剧、纪录片、动画片和综艺、专题类节目等。同时公司拥有多年积累的遍布全球的海外客户资源和媒体资源。丰富的节目资源、节目译制以及广泛的国际合作伙伴等优势为开办海外本土化中国影视节目时段和频道提供了强有力的基础与保障。

2015 年 1 月 1 日，首个海外中国节目时段开播，由中国国际电视总公司与越南四大主流有线电视网之一的越南西贡有线电视台合办，面向越南全国收视群体，覆盖 200 万收视户。2015 年底，电视剧《美人心计》以 1.0 的平均收视超过该频道平均收视 150%，是该频道年度最高收视。自中国时段开办后，中国影视节目在越南持续升温。

2015 年 5 月 28 日，首个海外中国频道——印尼 Hi-Indo！频道开播，由中国国际电视总公司与印尼媒体公司合作运营，定位综合性娱乐频道，节目内容丰富，全天 24 小时播出，覆盖 1700 万收视户。目前在印尼同类国际频道中的收视率超过 Star TV、天映等老牌娱乐频道，进入印尼最具实力，三网合一的 Indihome 有线平台，付费收视户快速稳定增长，并积极拓展智能手机、互联网电视 OTT 等新平台。据第三方机构环球舆情调查中心开展的抽样调查数据显示，该频道在央视所有海外频道中推荐度排名第一，观众满意度排名第二。[2]印尼官方和国际媒体广泛关注，认为频道的开播，对促进印中在媒体领域的合作、推动印尼中国双边关系和深化人民之间的友谊具有积极意义，架起两国民心相通、民意相亲的桥梁和纽带，为推动“一带一路”建设注入更多正能量。印尼观众用“看了好想学中文！”“看了《舌尖上的中国》迫不及待地想来中国看看，品尝美食！”等纷纷点赞。

作为南非国家电视总局迄今唯一批准的本土化外国综合电视节目时段，南非开普敦电视台中国时段开播3个月收视率达该台最高收视的一半。目前该时段平均每月观看人次超过300万，累计观看总人次达3150万，占南非总人口的一半以上。因开播以来反响与收视良好，南非国家电视总局特批准时段由原来的每周播放四天、每次半小时，延长至每周四天、每天一小时；“China Hour”在开普敦电视台2016年每月评选“十佳节目”中多次位列前三名，其专业、优异的表现赢得了当地主流媒体同行的关注，同时也获得中国驻南非大使馆文化参赞和中国驻开普敦总领事的积极评价。该时段加大中国节目推广力度，效果明显。2017年1月，在开普敦最繁华的商业区中心电子屏幕上播放“China Hour”宣传片共计10000次，观看人次达1200万；开普敦市大屏幕播放《中国春晚》《航拍中国》《舌尖上的中国》宣传片共计7700次，观看总人次达2799万；通过观看该时段节目，当地观众感叹中国春晚真精彩，并由此带动了学做中国菜、学说中国话的热潮。中国节目开始逐步深入与影响到南非人民的日常生活。

此外，捷克巴兰朵夫电视台 (TV Barrandov) 是捷克最大的商业电视台，中国国际电视总公司与其合办的中国纪录片时段，首播节目《舌尖上的中国》收视率是该时段以往平均收视的4倍；尼泊尔中国节目时段首播剧目是尼泊尔语配音的86版《西游记》，该剧播出后迅速成为尼泊尔街头巷尾热议的话题，尼泊尔国家新闻通讯社、尼泊尔新闻局还把该剧的开播作为重要新闻推送。[3]开播后该台电视剧收视率提升了15%；柬埔寨Hi-Cambo!频道开播一个月，收视户达近30万户，收视率跃居柬埔寨卫星平台收视排行的第五和第六位。阿联酋中阿卫视中国节目时段播出的《小虎还乡》《小鲤鱼历险记》等动画片，深受当地儿童喜爱。

2016年12月6日，英国天空卫视（Sky TV）中国节目时段正式开播。这是中国国际电视总公司在发达国家主流媒体开办的第一个中国时段，每天播出2小时英语译制的纪录片、动画片及旅游文化类节目，覆盖英国本土1200多万天空卫视用户及300多万免费卫星和IPTV用户，在爱尔兰和欧洲大陆还覆盖100多万用户。该时段播出的纪录片《行走的餐桌》创造了每小时120,500人次的最高收看纪录，实现新的突破。目前有效观众数

2 《中央电视台2015年度在全球16国传播效果抽样调查报告》，中央电视台海外传播中心，2016年3月，第56页。

3 苑基荣：《电视剧<西游记>亮相尼泊尔荧屏》《人民日报》2016年8月1日22版。

量基本稳定在1.5万到2.2万户之间，其中午夜时段和周末晚间时段分别超过5万至7万户的峰值，累计观众数量约150万人次。最高日收视达9万多户。目前该时段已获得广告收入。

2017年2月6日，塞尔维亚国家电视台中国时段正式开播，平均每周收看人数达25万，最高达28.8万，名列塞尔维亚电视台节目收视前列。

总之，自2015年至今，中国国际电视总公司发挥企业优势，已成功开办了越南、南非、捷克、阿联酋、尼泊尔、英国、塞尔维亚等7个海外中国节目时段，印尼Hi-Indo!频道、柬埔寨Hi-Cambo!综合娱乐和纪录片频道等3个海外中国频道，传播成效显著。此外，印度中国频道和缅甸、俄罗斯中国时段等即将在年内开播，还有多个海外本土化播出平台正在抓紧筹备之中。

目前中国国际电视总公司海外本土化中国时段和频道建设初具规模，呈现出亚洲、欧洲、非洲国家多点齐发的良好态势，正加大推进力度，形成商业化、规模化的中国时段和频道传播集群，进一步讲好中国故事，传播中华文化，由此带动与掀起电视国际传播的“中国风”，有效增强世界对中国的认知与深入了解。

二、主要特点与创新突破

总结海外本土化中国时段和频道建设经验，主要有以下特点：

（一）精选优质节目，有的放矢播出

讲好中国故事，推动文化“走出去”，传播内容与质量是核心与关键。近年来中国影视产业发展突飞猛进，涌现出大量题材丰富、制作精良、品质较高的优秀作品。海外中国时段和频道，紧密结合当地实际，找准海外市场与本土受众需求，精心选择一批优秀的中国节目与丰富多元题材，有的放矢播出，进一步增强与提升时段和频道的吸引力，受到海外受众的欢迎。海外中国时段和频道先后播出经典电视剧《红楼梦》《西游记》《白蛇传》《琅琊榜》《李小龙传奇》《少年四大名捕》等；现实题材电视剧《生活启示录》《唐山大地震》《医者仁心》《我的经济适用男》等；精品纪录片《舌尖上的中国》《超级工程》《航拍中国》《第三极》《一带一路》《丝路，重新开始的旅程》《长城，中国的故事》《颐和园》《故宫》《瓷路》《园林》《茶，一片树叶的故事》等；优秀动画片《哪吒传奇》《熊猫和小鼹鼠》《小鲤鱼历险记》《小虎还乡》等；综艺、专题节目《中国春晚》《教汉语》《时代写真》等等。这些节目着力弘扬中华优秀传统文化、传播当代中国价值观念、展现当代中国发展成就、真实反映当代中国人的情感与家庭生活的酸甜苦辣，体现人类共同价值追求，有效提升

中国国家形象，促进民心相通与文化交流融合，引起海外关注，产生广泛影响。

(二) 强化本土译制，降低“文化折扣”

开办海外中国时段和频道，讲好中国故事，面对的是不同国家、地区与受众，彼此之间有着完全不同的语言习惯、文化传统与思维方式等，只有使用海外受众熟悉的语言与思维方式和接受习惯，才可能排除误读，消解歧义与偏见，减少“文化折扣”，使节目被海外受众所理解与接受。因此，海外中国时段和频道，强化本土译制包装，着力解决语言与文化障碍，通过与当地播出机构紧密合作，因地制宜，调整转换话语表达，确保译制质量与水准，以地道的译制和本土化的编排方式与包装手法，实现节目本土化配音播出，将中国影视节目原汁原味、以本土化的面貌与口味呈现给当地受众，从而更加贴近当地受众的收看习惯与心理，用更接地气，听得懂、易接受的方式，讲好中国故事，潜移默化、深入人心地传播中华文化，扩大传播范围，提升传播效果。如南非开普敦电视台中国时段的所有节目都由南非本土团队在当地译制包装，由当地主持人以英语解说，做好导视、访谈等，部分节目还译制为南非荷兰语，以适应本土观众的需求，有效拉动与提升节目收视率，产生良好传播效果。

(三) 坚持市场运作，推进持续发展

开办海外本土化中国时段和频道，与以往不同的是，以企业为主体，采用商业化手段推动文化“走出去”，变节目免费“送出去”为“卖出去”，从一次性或短期的行为变为着眼长远、持续发展的效应。通过加强与当地合作伙伴密切合作，实施强强联合、优势互补，深入推进版权交易、广告营销、节目推广等市场运作，双方共同投入、共同经营，利益绑定、风险共担、收益共享。商业化的运营模式和营销策略，有利于淡化媒体官方色彩，规避风险，更易被受众接受，效果更好，使得时段、频道更富有成长性，能够及早产生运营收入，迈上产业发展、品牌经营的商业轨道，提高“自我造血功能”，进而实现良性循环、持续发展。如印尼 Hi-Indo! 频道进入有线付费系统后，双方在当地和中国国内共同征订广告，收益双方分成，并逐步推进付费模式。广告收入、收视费以及 OTT 平台、手机平台的收入分成，成为该频道新的增长点。频道营收比上年大幅提升。英国天空卫视中国节目时段每 12 分钟设置节目插片广告，目前跟播的有快速消费品广告、环保公益广告等，商业化运营效益良好，为时段的持续发展奠定基础。南非开普敦电视台中国时段被南非合作方誉为本土化最成功的外国节目时段，目前，正与当地的中国企业洽谈广告投放，以及增加外景拍摄开发软性广告合作空间等，商业运营前景可期。

实践证明，在海外建设本土化中国时段和频道，一方面直接打开了海外播出窗口，

实现传播阵地前移，有效拓展海外市场，扩大节目播出和发行的范围，突破了之前中国影视节目难以进入的地区和国家；另一方面，依托于海外主流媒体的播出渠道，为中国影视作品“走出去”搭建常态化的播出平台，将中国节目内容嵌入对象国媒体中，实现二次传播，通过借力外媒，植入中国内容，更好地做到借筒传声，借台唱戏，借船出海，达到事半功倍的效果。同时节目以本土化面貌呈现，贴近当地受众，并结合本土实际，灵活调整排播时间和节目内容，有助于克服“水土不服”的现象，引起观众共鸣，形成持续稳定播出，使当地观众对中国节目产生深刻印象，提高观众忠实度，从而形成良性收视反馈，让中国故事真正产生影响力，提高传播实效。

长期以来，我国电视节目出口主要通过传统的海外发行模式，即向境外购买方出售发行权，再由其向境外播出机构出售播映权，这种方式并未使节目真正达到精准营销、有效落地。中国影视节目“走出去”由于缺乏固定的海外播出渠道，很难进入当地主流观众视野，传播影响有限。通过打造商业化规模化的海外中国时段、频道传播集群，有力改变我国电视出口以往单个节目零散销售的局面，推动中国影视节目广泛进入海外主流传播平台，逐步树立中国内容品牌，使中国影视节目“走出去”从传统的零星单个节目销售成功迈向批量化、规模化的海外本土制作播出，有效推动由“卖节目”到“开时段”再到“建频道”的模式转型升级，实现文化“走出去”的重大突破。

在总结海外本土化中国时段和频道成果与经验的同时，也要清醒地认识到目前仍有不少有待改进与创新提升之处，如当前东盟国家对中国节目需求量较大，需要逐步增加针对东盟国家语种的节目译制数量，为海外时段和频道的本土化提供更多优质资源；目前在欧美发达国家开办的时段和频道有限，仅有捷克的纪录片时段和英国时段，需要加快扩大与欧美发达国家媒体合作，不断增加时段和频道数量，提升节目品质，将更多优质的中国节目呈现给欧美地区观众；同时要更加注重传播效果评估，开展海外受众调研与互动，举办专题推介活动，加大新媒体的播出与推广等；着力提高节目播出本土化程度与社会效益；与对象国更多的地方媒体与企业开展多层次的合作，深入推进商业化运营与可持续发展。

三、启示思考与发展展望

（一）突出优质内容，讲好中国故事

优质的内容是中国影视“走出去”的首要保证。海外本土化中国时段和频道，讲好中国故事，就要坚定文化自信，增强自主创新，推动更多优秀文化产品“走出去”。突出内容为王，强化精品意识，不断推陈出新，打造中国影视精品力作。积极主动加大优质

内容投资，抓好原创节目，开发 IP 多种形态，积累更多节目版权。重点推出体现中华优秀文化、展示当代中国形象、面向国际市场的优质节目与文化产品。突出品质传播，增强收视竞争力，让更多彰显中国核心价值的优秀节目进入国际主流市场。通过拓宽国际视野、拓展传播渠道，整合优质内容资源，精心讲好中国故事，向世界推介更多具有中国特色、凸显中国精神、蕴含中国智慧的中华文化，展示中华文化的博大精深与独特魅力，让世界更好地感知与了解中国、读懂与认同中国，大力推动中华文化走向世界。

（二）立足本土策略，实施精准传播

作为跨文化的传播，国际传播面临文化、思维、语言等差异，办好海外中国时段和频道，必须根据不同国家、地区的特点与文化需求，加大本土化力度，开展“一国一策”的精准传播，增强中国影视节目“走出去”的针对性与实效性。本土化策略是解决跨文化传播的有效途径。通过本土化的国别传播，有针对性地为对象国提供适销对路的内容产品和服务，有利于贴近当地受众需求，实现精准覆盖落地，有效提升传播效果，增强对本土受众的吸引力。本土化首先是译制语言本土化，突出精准翻译，使用对象国母语传播，才能获得当地受众的更多认同。因此，中国影视节目走出国门，进一步讲好中国故事，必须立足海外本土，强化影视作品的本土化配音，体现对受众国语言的尊重。同时注重海外受众调研，采用大数据等新手段与新方法，精细了解当地受众的特点、偏好与口味，精准节目定位，不断调整改进传播内容与方式，增强当地民众的情感认同与思想共鸣，有效扩大传播影响。

（三）深化融合发展，拓展渠道平台

海外播出渠道的拓展及平台建设，是中国影视节目“走出去”的重要依托。顺应媒体融合发展大势，海外本土化中国时段和频道，必须充分重视利用新媒体渠道与平台，主动借助新媒体传播优势，推动传统媒体与新兴媒体深度融合，一体发展。创新渠道方式，开辟新的传播平台，加快实现传统电视和网络电视同步播出。同时积极推进与新媒体的开放合作，充分利用推特、脸谱、优兔等海外知名的新媒体平台，提升海外中国时段和频道的国际知名度和影响力。强化互联网思维，坚持“移动优先”的海外发展战略，不断推动基于互联网和移动互联网的商业模式创新，搭建移动多终端平台，占领至高点。以节目碎片化包装和贴近网络语言的重新译制包装，吸引海外更多用户。适应分众化、差异化传播趋势，提供更多的定制化、个性化、交互式的产品服务，满足多样化的需求。重视优化用户体验与互动服务，通过点播、回看等新形式，开发新市场，打造新的增长点，努力实现由单一媒体传播向全媒体传播延伸，拓展形成多元化渠道与立体

化平台，不断扩大海外中国时段和频道的市场占有率，让中国故事和中华文化广泛传播开来。

（四）增强合作传播，实现互利共赢

开办海外本土化中国时段和频道，通过积极加强与国际知名媒体、影视制作与发行机构合作，建立长期合作伙伴关系，形成稳定的国际合作机制，从而不断增强与深化合作传播能力建设。中外双方共同策划选题，共同投资，共同创意，共同营销推广，善于借助外方渠道与平台，主动传声发声，讲好中国故事，推动中华文化“走出去”。要大力推进内容合作、渠道合作、资本合作。注重加快资本“走出去”步伐，探索在海外采取参股、控股、并购等方式，投资当地优质传媒，打造海外经营和资本运作平台。加强文化贸易，优化出口文化产品结构，不断创新国际合作，构筑新的商业运营模式，加快强强联合、优势互补，汇集各方利益汇合点，构建利益共同体。突出市场机制主导，深化务实合作。当前尤其要借力“一带一路”带来的新发展机遇，以开办海外本土化中国时段和频道为突破口，调整优化区域布局重点，深耕丝路沿线国家潜力巨大市场，坚持开放包容，强化市场运作，形成“一带一路”商业化外宣带，不断开拓新兴市场，创造新的增长点，取得新突破，实现互利共赢发展，促进文明交流互鉴。

（五）注重品牌建设，提升全球影响

媒体品牌是其形象、品质与声誉的代表，直接影响着受众的接受程度。海外本土化中国时段和频道，精选优质节目，强化本土译制，推进市场运作，着力打造“China Hour”和“Hi+ 国家 !”品牌，使时段和频道的形象深入人心，吸引当地观众收看中国节目，取得良好效果。为进一步讲好中国故事，有效扩大全球影响，需要推出更多优质中国文化产品与品牌走向国际市场。强化文化品牌定位与核心价值，突出品牌的中国特色与文化内涵，不断提升内容质量与翻译水平，创新创优整体形象。统筹加强管理，注重国际包装，聘请专业团队对标识 LOGO、宣传片等进行统一设计和制作，有效增强品牌的识别度。以布局全球、日趋完善的海外时段和频道为基础，建立全球联播网，形成商业化规模化的海外中国时段、频道传播集群，增强国际竞争力。加大品牌的全球推广与运营维护，不断扩大国际知名度与影响力，努力打造出更多能够真正“走进去”，融入海外本土与受众生活，叫得响、传得开的国际知名文化品牌，输出更多中国原创模式，推动中华文化在海外产生深远影响。

放眼未来，讲好中国故事，推动中华文化“走出去”，任重而道远。中国国际电视总公司将加大创新驱动，在更多国家和地区推广由“卖节目”到“开时段”再到“建频道”

的模式转型升级。统筹规划，精心组织，优化全球布局，选准合作伙伴，扩大运营规模，推动新的发展。下一步，重点开拓欧美主流市场，深化与周边国家的合作，大力推进丝路沿线国家合作，拓展与拉美、非洲国家的合作，努力实现中国节目时段和频道全球播出的构想，打造国际品牌，形成特色亮点，以差异化、市场化、本土化方式创新中国影视节目“走出去”，用更接地气的方式讲好中国故事，产生持续、更大的传播效应，有效提升国际影响力。

创新融合 集中讲好“中国财富故事”
——从人民日报新媒体融合发展实践谈国际传播新路径

厉振羽　施明慎[1]

【摘要】以习近平同志为核心的党中央高度重视媒体国际传播工作。为切实将中央重要精神落到实处，人民日报新媒体在推进国际传播能力建设上进行了一系列创新性的探索，走出了一条独具特色的融合发展的新路径，极大地增强了国际传播的实效性。本文从发展理念、发展战略、管理机制、团队建设、内容建设、内容生产模式、国际传播效果等方面对人民日报新媒体上述创新实践成果进行梳理与总结，并对其未来发展进行展望，提炼出经过人民日报新媒体成功实践检验的，具有一般意义和实际应用价值的新模式与新路径。同时，本文进一步结合人民日报新媒体的成功实践，对我国国际传播领域中的一些前沿问题进行了一定的思考，以期为我国未来国际传播实践提供一些具有现实指导意义的新思路。

【关键词】国际传播；融合发展；创新发展；人民日报新媒体；新路径

党的十八大以来，以习近平同志为核心的党中央高度重视媒体国际传播与媒体融合发展工作。习近平同志在不同场合多次强调，要加强国际传播能力建设，发挥好新兴媒体作用，讲好中国故事，传播好中国声音。推动传统媒体和新兴媒体在内容、渠道、平台、经营、管理等方面的深度融合，同时指出党的新闻舆论工作必须创新理念、内容、体裁、形式、方法、手段、业态、体制、机制，增强针对性和实效性。这些重要论述，

1　厉振羽：人民网，资深主编。施明慎：人民日报社经济社会部副主任，高级编辑。

为我国媒体国际传播工作指明了方向。

人民日报新媒体积极部署，狠抓落实，在推进国际传播能力建设与媒体融合发展方面进行了创新性的探索，走出了一条独具特色的融合发展的新路径，极大地增强了国际传播的实效性。

一、融合发展新路径

长期以来，我国国际传播一直处于“有理说不出，说了传不开”的困局。如何切实将中央关于提升国际传播能力的精神具体落到实处，并实实在在实现传播效果上的突破是一个重要课题，也是一个实践难题。人民日报新媒体的创新性探索为我国媒体未来国际传播实践提供了一条可供参考的新路径。

（一）打破传统模式，融合优势资源，集中讲好“中国财富故事”

图1：大型融媒体国际传播项目双语经济新媒体的网站页面

人民日报社打破传统割裂式的发展模式，将国际传播能力建设与媒体融合发展有机结合起来，以融合推动国际传播能力的跨越式发展。人民日报社创新性地融合人民网与人民日报社经济社会部等人民日报社内部机构，以及外交部、中央电视台、智库高校等外部机构的优质资源，以经济外宣为突破口，专门设立了大型融媒体国际传播项目双语经济新媒体（以下简称“经济新媒体”），凭借在报道中国经济方面的比较优势，在西方媒体报道实力相对薄弱的专业细分领域，即“讲好中国财富故事”方面进行专业化内容建设与分众传播，力求取得切实突破。

（二）创新管理机制

作为重点打造的国际传播特色项目和国际传播能力建设与媒体融合发展的试点项目，经济新媒体被赋予了足够的权限与自由度，能够相对独立地开展工作，并创新性地以扁平化模式进行管理。由此，生产力得到了极大的解放，负责人的主观能动性得到了较为充分的发挥，并大大提高了决策效率。

（三）精准定位，分众传播

人民日报新媒体对我国国际传播媒体过去一贯采用的“大而全”的发展战略及面向不特定人群进行大众传播的策略进行了创新性的发展，在继续实施“大而全”发展战略的同时，尝试采用“小而精”的战略，通过经济新媒体，面向西方政商界精英人群进行精准细分化的分众传播，以此提升国际传播的针对性与实效性。

（四）组建新型复合型团队

一般说来，我国从事国际传播的媒体团队多由外语人才组成。经济新媒体在队伍的建设上打破了传统思维定势，将“融合”的指导思想进一步发展，在融合人民日报社内部资源的同时，进一步融合了外交部、中央电视台、美国摩根士丹利及智库高校等外部资源，组建了一支由人民日报社人民网全媒体采编人员、经济社会部财经专家为主，资深外交官、知名制片人、美国财经专家、中美问题专家等共同组成的一流的国际化复合型人才队伍，并将视听设计制作人才和新媒体技术人才吸纳到了团队中。

（五）专注内容建设，讲好中国故事

经济新媒体从创立之初始终坚持将“讲好中国故事”作为第一要务，采取“内容为先”的精品内容战略，不断推出有思想、有温度、有品质的原创融媒体作品，以此带动国际传播质量与水平的提升。

人民日报新媒体在经济新媒体上的创新性探索有效盘活、整合了人民日报社社内、

社外以及美国媒体资源，智库资源、行业资源及对内与对外报道资源，实现了资源的优化配置，提高了资源的利用效率，重构了内容生产模式，使得对外经济报道的传播效果和影响力得到了较大幅度的提升。

二、国际传播效果

经济新媒体在媒体融合与国际传播能力建设的创新性实践中，始终将内容建设放在首位，以国际传播实际效果为最终评价指标，在传播中国声音，特别是在对以美国为首的西方发达国家的有效传播方面，取得了突破性进展。具体体现在以下十个方面：

（一）在西方主流舆论界获重量级好评与推荐

THE WORLDPOST

U.S.-China Trade Rivalry in Asia Is Overhyped

By Li Shengjiao

The Trans-Pacific Partnership (TPP), the backbone of U.S. President Barack Obama's Asia policy, is down to its final haggling. U.S. negotiators hope they could close out the TPP deal by the summer, despite opposition mounting from both sides of the nation's partisan aisle. When opposition arises from within, exaggerating threats from the outside has practically become a usual practice adopted by some U.S. politicians to divert attention and win domestic support.

There have been many voices in the U.S. that have described the TPP and the Free Trade Area of the Asia-Pacific (FTAAP) as two complete competing trade initiatives, and labeled the "competition" as a China-U.S. tug-of-war in the Asia-Pacific region. They fear that China is trying to gain dominance in Asia-Pacific trade agendas and displace the U.S.-led TPP by pushing for the FTAAP. Although the appearance of rivalry does exist, much of the hype is overblown.

FTAAP, not "Made in China"

Quite a number of media outlets see the FTAAP as a China-led product, but in fact it isn't. It has long been a common vision of APEC economies.

The initiative was first formally proposed by the APEC at its Hanoi Summit as early as in 2006 and endorsed by all the 21 APEC leaders, including then-U.S. President George W. Bush. Noted American economist C. Fred Bergsten, then-director of the Peterson Institute for International Economics, even made a strong statement in favor of the FTAAP, arguing that it would represent the largest single liberalization in history. Interestingly, the FTAAP concept was in fact first developed by the Americans.

Moreover, according to an interview with APEC Executive Director Alan Bollard on People's Daily Online's Elite Talk, a high-profile interview program that features some of the biggest names in the global business community discussing the latest trends in China's business and finance, the FTAAP has long been a shared aspiration of most APEC economies; and as the host of the 2014 APEC summit, China helped to cement the deal. The APEC was grateful for China's engagement in turning the all-encompassing, all-win trade deal from words into action.

"We do see FTAAP as being the big goal out into the future, and China is doing a lot of work looking at the FTAAP," said the APEC boss in the People's Daily Online's Elite Talk.

"China this year would like to bring FTAAP to our attention, and probably agree to work on a study that will help us understand what it means; when we might achieve it; how we might achieve it; and what paths would be followed to get there; could this be the TPP, the RCEP, or a different stepping stone."

According to the interview, the FTAAP is not a Chinese initiative, but an APEC initiative.

FTAAP and TPP could be compatible

图2：美国《赫芬顿邮报》对《精英对话》节目的引用与积极评价

长期以来，对弘扬主旋律的中国主流媒体出品的内容产品，西方主流媒体鲜有关注，即便关注，引用、报道时也多以负面为主。经济新媒体出品的上述内容产品则打破了这一僵局，实现了重大突破，获得多家美国知名媒体的正面报道和一致好评。

（二）获数百家外媒千余次转载、推荐

美国时代华纳有线电视网、美国《赫芬顿邮报》、美国《华盛顿邮报》、美国 NBC News、美国《环球邮报》、美国雅虎、英国《经济学人》、美国知名网络杂志 Salon、美国 Business Insider、意大利国家广播电台、意大利安莎社等 30 余个国家的逾 300 家外媒、境外智库和政府网站等（其中国际知名媒体 100 余家，美国媒体 200 余家）对经济新媒体上述内容产品进行了多达千余次的全文转载、转播、转引、收录和推荐。

（三）获建外媒专栏并获重点推荐

包括全球最具影响力的文化传媒集团之一美国 AEG 旗下著名媒体《检查者》网站、美国雅虎、美国《环球邮报》、美国《经济观察》、美国 Veooz.com、加拿大《数码期刊》网站、印度知名门户网站 Rediff.com 在内的多家国际知名媒体均为经济新媒体原创内容主动设立了专栏，并在首页显要位置对内容进行了重点推荐。

（四）内容产品实现西方媒体付费使用

需要特别指出的是，经济新媒体的上述内容产品是基于内容的优质性、专业性与稀缺性而被西方媒体主动转载传播的，无需向西方媒体支付任何费用，同时还要视情况收取其版权使用费，是该垂直细分领域的国际受众所真正需要的资讯产品，有其受众基础和行业认同，在业界实实在在产生了国际影响。

（五）获全球政经领袖广泛肯定与好评

由于在国际政经界产生了较大影响，经济新媒体的融媒体内容产品《中国经济观察》和《精英对话》等受到了多位全球政经领袖的关注与好评。

（六）发出了强有力的中国声音，有效影响了国际舆论

经济新媒体的多篇报道均在准确把握我国外交政策精神的基础上，抓住重要时间节点主动设置议题，借助国际意见领袖之口发出了强有力的中国声音，并有效影响了国际舆论。

（七）被翻译成 15 种语言文字，覆盖全球受众

经济新媒体原创内容还被外媒翻译成多达 15 种语言文字，覆盖了全球所有主要国家的受众。

（八）进入西方大学教材

经济新媒体原创内容被广泛收录众多国际知名高等学府及智库网站。

（九）获得大量外媒优质外链与海外流量

由于上述内容产品的优质性促成了外媒对其进行主动转载、收录，出于尊重版权的习惯，外媒在主动转载、收录时往往会同时附上人民网原内容的链接，使得人民网获得了来自权威外媒的动辄数以千计的优质外链，为人民网带来海外流量。

（十）创新国际传播方式，在新媒体国际传播方面取得突破

经济新媒体原创内容产品在新媒体国际传播方面取得较大突破，被境外新闻门户网站等 20 余种新媒体渠道主动传播。

图3：时代华纳有线电视网对《精英对话》进行介绍并为人民网提供了外链

经济新媒体的原创内容产品，不是依赖自媒体平台进行的传播，而是被境外权威媒体所主动转载、收录，且外媒在主动转载、收录时会同时附上人民网原内容的链接，这样人民网就获得了来自权威外媒的动辄数以千计的优质外链。这不仅为人民网本身带来了流量，也使得人民网自己的媒体平台在外媒得到了推广。

三、未来发展路径

目前，由于仍处在探索阶段，经济新媒体在一些方面还存在较大提升空间。未来如能在以下五个方面进一步加强，相信其国际传播能力和水平定能获得更大幅度的提升。

（一）进一步融合、升级

经济新媒体的成功实践仅局限在一定范围内，尚属个案。其在内容、渠道、平台、资源、管理等方面，还需要与人民日报社经济社会部进行进一步的更深度的融合，将其升级为“人民日报多语种经济新媒体”，使其成功经验获得更广泛地应用，将传统媒体与新兴媒体的优势和资源进行更深度的整合，进一步形成对外传播合力。

（二）加大内容建设上的投入

虽然经济新媒体的内容生产质量与效率较高，但其持续生产能力还有待加强。对其投入与最优化投入点之间还存在很大距离。增加对其内容建设方面的投入能够显著增强其优质内容的持续生产能力，进而带动国际传播能力的提升。

（三）组建专业的营销推广团队

目前，经济新媒体将主要资源都集中在内容建设上，没有在新媒体营销推广上进行投入。而在缺乏推广的情况下，经济新媒体的内容产品尚且能够获得上述突出的国际传播实效，若能够为其配置专业的新媒体营销推广团队，对其内容产品适度进行推广，其传播水平定会获得进一步的飞跃。

（四）加强技术与后期团队建设

在团队中配置一定比例的新媒体技术与后期制作人才对于未来国际传播工作将起到越来越重要的作用，对于实现内容产品多元化、各种新媒体技术在国际传播中的应用，以及提升用户体验、多媒体呈现效果、内容产品与媒体形象等至关重要。

（五）引入英语新媒体互动专员

互动性是新媒体最主要的优势特性之一。充分发挥这项优势对于增强媒体国际传播的针对性与实效性十分重要，能够有效增加用户黏度、参与度和页面停留时长等，并获取受众与用户市场信息。因此需要引进专业人才，开发英语新媒体互动功能。

四、思考与启示

（一）关于媒体融合与创新传播方式的思考

在未来的国际传播工作中，宜将资源主要集中在新媒体及最有效的形式手段上，更多使用图片、图表、文字、播客、名家专栏、视频访谈、微纪录片等形式手段进行传播，将 H5 页面、电子杂志、数据新闻、海外社交媒体等作为辅助形式，而对于 APP 客户端、微博、微信、纸质杂志、报纸、广播这样的相对不甚适用于国际传播的媒体形态可以适当减小投入或逐步停止投入。

（二）关于如何利用海外社交媒体等传播平台的思考

在进行国际传播的渠道建设时需要注意到，拓宽传播平台载体并非多多益善，应将资源更多集中投入在有效传播渠道的建设上。

经济新媒体的实践证明，最为有效的传播平台是已拥有较大国际影响力与较高公信力的正规的国际知名媒体（以美国主流媒体为最佳）。

以美国为首的西方发达国家的知名媒体是最为有效的传播平台，且有效借助其进行传播也是完全可以实现的。而这其中的关键不是依靠简单的推送，而是需要在内容上，即讲好“中国故事”上下功夫。

（三）关于国际传播效果评价指标的思考

国际舆论的格局主要表现为：绝大部分的国际话语权掌握在以美国为首的西方发达国家媒体手中，中国在国际上的国家形象很大程度上也是由以美国为首的西方发达国家的主流媒体塑造的。同时，美国主流媒体对于一些通过推送、公关、软广告等合作实现落地这样的方式较为排斥。因此，在美国媒体的落地情况更能客观地反映国际传播的实际效果。所以应将对美国主流媒体舆论的有效影响程度，包括在美国媒体的落地情况，作为衡量我国媒体国际传播效果的最为重要的指标之一。

（四）关于渠道建设与破解国际传播困局的思考

我国媒体完全可以为国际社会提供更多可供选择的理性声音及以受众为导向的具有

实际价值的资讯产品。若以这种理念来指导国际传播实践，或许更易为国际社会所接受。

同时，在对外进行营销推广时要注意适度，并尊重国际传播规律。由于国情不同，国际传播规律与我国国内传播规律在很多方面存在着较大差异。

此外，既然我国主流媒体已开启了在渠道与平台建设上进行大规模投入的进程，就更需要意识到并处理好内容建设与渠道建设的主次顺序问题。因此，需要将内容建设放在首位，在拥有了优质内容的持续生产能力后再加大渠道建设的投入力度，这样传播渠道才能真正发挥其效用。

（五）关于实施特色化发展战略的思考

在未来的国际传播实践中，我国媒体可对目前所采用的对内、对外报道一体化的，面向不特定受众进行大众传播的“大而全”的粗放型发展战略进行一定的调整，可结合自身优势，设立垂直化项目，并实施以英语为主、其他语种为辅的，专注垂直专业化内容建设的，面向特定群体进行分众传播的“小而精”的特色化发展战略，以此形成自身特色与独特优势，这样才更易有所突破，在国际传播中产生实际效果。

（六）关于塑造“非官方”品牌进行国际传播的思考

在以党媒本身的品牌进行国际传播的同时，也可适当考虑塑造相对独立的、较为“非官方”的、商业化与国际化的品牌，以此进行国际传播。西方世界往往较为排斥具有浓厚意识形态色彩的中国媒体及其内容。为了提高内容产品的国际公信力与传播实效，经济新媒体在上述内容产品的品牌呈现上进行了“去意识形态化”的尝试。

此外，从经济新媒体的成功实践中还可以看出，采用扁平化组织管理结构，组建全媒型、专家型、复合型人才团队，借助在国际上具有一定影响力与公信力的意见领袖进行传播，都是提升国际传播能力的有效路径。同时在进行国际传播的内容建设时，建议树立品牌理念，打造精品内容，并增加一些对人类共同价值和趣味的关注与重视。

五、结语

人民日报新媒体的成功实践证明：第一，融合发展能够有效推动国际传播能力实现跨越式发展。第二，图片、图表、文字、播客、名家专栏、视频访谈、微纪录片是国际传播中投入产出效果较为突出的传播形式，可大加运用。第三，最为有效的传播平台是已拥有较大国际影响力与较高公信力的正规的国际知名媒体，且有效借助其进行传播也是完全可以实现的。这其中的关键不是依靠简单的推送，而是需要在内容上，即讲好“中国故事”上下功夫。第四，在 Facebook、Twitter 等海外社交媒体平台开设账户应只是一种退而求其次的做法。海外社交媒体可以被用于国际传播工作，但具体对其如何使用还需要进一步研究。第五，建设新型复合型团队是实现国际传播能力跨越式发展的重要保障。第六，集中优势资源，实施专业化内容建设与精准化分众传播战略能够取得更为突出的国际传播实效。

同时，我国主流媒体在未来开展国际传播工作时，还需要注意以下几点：第一，宜处理好内容建设与渠道建设的主次顺序问题。第二，营销推广过犹不及，要注意适度。第三，需要意识到国际传播规律与我国国内传播规律在很多方面存在着较大差异，并尽量遵循国际传播规律去开展国际传播工作。第四，拓宽传播平台载体并非多多益善，宜将资源更多投入在有效传播渠道的建设上。第五，国际传播能力建设中的媒体融合不是媒体形态上的融合，而是媒体资源等方面的融合。

公共外交视角下国家领导人媒体外交初探
——以习近平海外署名文章为例

杨虹艳　周庆安[1]

【摘要】媒体外交是公共外交的一部分，表现为一国政府及其代表借助媒体这一传播渠道，向海外公众传递讯息，表达观点与态度。截至 2016 年底，中国国家主席习近平自 2013 年上任以来在海外媒体共计发表 32 篇署名文章，开创了我国最高领导人在出访前于海外媒体发文的先河。本文发现，这些署名文章植根两国在历史和现今的联系，通过融入当地民众熟知的小故事，引用两国的谚语俗语、诗词歌赋、名人名言，并辅以细节和数据，呈现两国在多领域的共同点与共通性，烘托出合作共赢的主题，为出访营造了良好的舆论氛围，是“习式外交”独特风格和思路在媒体上的具体体现。

【关键词】公共外交；署名文章；领导人；媒体外交

一、媒体外交：公共外交中的媒体运作

公共外交这一概念最早出现在 1965 年，泛指国际主体试图通过接触外国公众而实现其外交政策目标的进程，冷战结束以来在国际上逐渐被使用。[2] 公共外交是一个“象征性的相互作用的过程”，国家和组织积极参与构建和协商符号的含义并根据意义采取行动。[3]

1　杨虹艳：清华大学新闻与传播学院硕士研究生；周庆安：清华大学新闻与传播学院教授。

2　Nicholas J. Cull. 2008. Public Diplomacy: Taxonomies and Histories. The ANNALS of the American Academy of Political and Social Science 616: 31-54.

3　Zhang, Juyan. 2006. Public diplomacy as symbolic interactions: A case study of Asian tsunami relief campaigns. Public Relations Review 32(1): 26-32.

政府、民间组织、社会团体、社会精英和广大公众等行为主体参与，以各种方式与外国公众进行交流，表达本国国情、说明本国政策，让外国公众了解相关观点，旨在营造有利于自身发展的国际环境。[4]

Soroka 指出公共外交是基于政府、媒体和舆论这三个主要方面的复杂关系。[5]赵可金认为，媒体外交是"公共外交中通过媒体进行运作的那一部分活动"，"由政府幕后操纵、运用大众传媒的力量，在特定的领域向其他国家的民众释放信息、影响舆论、塑造行为，希望在其他国家的民众中间建立信任、获得支持以及增强联系，进而间接影响他国政府行为的活动"。[6]美国新闻学、公共外交学者菲利普赛博同样认为，"媒体外交是公共外交的重要组成部分"，"是传播公共外交信息的一种方式"。赵楠和宋燕将"媒体外交"定义为多元主体运用各种媒介手段，有意或无意地隐性实现外交目的，影响外交行动及决策等的外交方式。[7]

国外学者主要从三个维度来解读"媒体外交"这一概念，即媒体作为信息来源，为公众和外交决策提供信息；媒体作为联络渠道，在政府、公众与外交决策者之间架起沟通桥梁；媒体作为媒介渠道，呈现外交议程、影响公众意见。[8]陆佳怡依据美国学者 Geoffrey Cowan 和 Amelia Arsenault 划分的公共外交的三个层次，即独白、对话和合作式公共外交，从传播学的视角，将媒体外交引申划分为"独白式媒体外交""对话式媒体外交"和"合作式媒体外交"。

其中，"独白式媒体外交"发挥了媒体作为传播渠道的作用，指国家政府及其代表通过本国或外国媒体，向外国公众发布宣言、声明等官方信息，从而影响外国公众及其政府决策，还包括权威媒体通过发布社论、具有影响力的个人，通过国际性媒体发表文章或观点来影响外国公众对本国的看法，从而影响其政府的政策。[9]近年来，国家元首、政府首脑等代表其所在国家和政府在其它国家媒体上发表个人署名文章就属于"独白式媒体外交"，通过媒介这一手段向国外公众传递信息、释放信号，产生一定影响力。

二、我国领导人媒体外交的源起与发展

中华人民共和国主席是中华人民共和国的国家代表，是国家机构之一，代表本国进行国事活动。以中华人民共和国国家主席身份在到访国媒体发表署名文章属于典型的领

4 赵启正：《公共外交与跨文化交流》，中国人民大学出版社，2011年。

5 Soroka, Stuart N. 2003. Media, public opinion, and foreign policy. *Harvard International Journal of Press/Politics* 8(1): 27-48.

6 赵可金：《媒体外交及其运作机制》，《世界经济与政治》，2004年第4期，第21－26页。

7 赵楠、宋燕：《媒体外交与国家形象构建——传播手段视角下的新媒体外交》，《兰州大学学报（社会科学版）》，2012年第40期第6卷，第26-33页。

8 陆佳怡：《媒体外交——一种传播学视角的解读》，《国际新闻界》，2015年4月，第92-105页。

9 同8。

导人独白式媒体外交，通过领导人笔触直接回应外界关切，表达中国态度与观点。

中国翻译协会副会长、中国驻新西兰前大使陈明明此前在接受采访时表示，“出访发表署名文章是一种国际上常见的做法，此前中国总理和副总理出访，经常在到访国的报刊发表署名文章”[10,11]。根据网络上可获取的资料,2007 年 5 月，时任国务院副总理吴仪在《华尔街日报》发表署名评论文章；2008 年，时任国务院副总理的王岐山在英国《金融时报》和美国《华尔街日报》分别发表署名文章《中美节能合作将是双赢》和《中国的知识产权战略》，2009 年又在外国报纸上刊发 5 篇文章；2011 年 6 月，时任国务院总理温家宝于英国《金融时报》上发表署名文章《共同推动世界经济强劲、可持续、平衡增长》；2013 年 7 月，时任国务院副总理汪洋在美国《华尔街日报》发表题为《加强对话促进合作》的署名文章[12];2013 至 2016 年，李克强以国务院总理身份出访前，共在海外媒体发表 19 篇署名文章。

据陈明明介绍，中国国家主席出访的习惯做法是接受到访国媒体联合采访，“习近平主席采取在访问国报刊上发表署名文章，这是一种创新。”本文通过外交部官网和网络搜索发现，习近平是第一位在海外媒体发表署名文章的我国最高领导人。2014 年 3 月 23 日，习近平在出访荷兰前夕，于当地主流媒体《新鹿特丹商业报》发表题为《打开欧洲之门携手共创繁荣》的署名文章，为此次出访预热，这是他上任以来首次在海外媒体发表文章。经统计，2014 年习近平国事访问 17 次，发表署名文章 13 篇；2015 年访问 11 次，发表署名文章 7 篇；2016 年访问 12 个国家，发表署名文章 12 篇，如图 1 所示，在 2016 年已形成每出访一个国家必定提前发表一篇署名文章预热的模式。

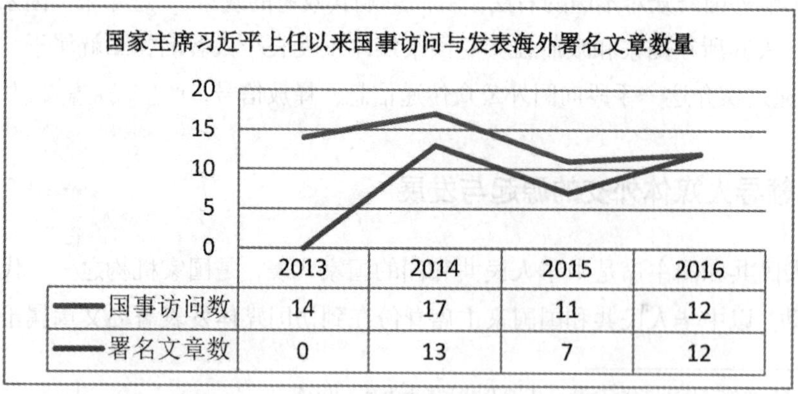

图1：2013—2016年习近平国事访问与发表署名文章数量变化趋势

10 摘自《盘点中国领导人海外署名文章》，《长江日报》，2014年3月27日。

11 同10。

12 摘自《李克强19次在外媒发表署名文章都说了什么》，《法制日报》，2016年10月5日。

三、习近平海外署名文章结构与特点

党的十八大以来，国家主席习近平先后出访54个国家，足迹遍及世界大洲，并在32国的主流媒体上发表署名文章。他独特的外交风格与思路被媒体归纳为“习式外交”，表现出“有定力、有张力、有亲和力”的特点[13]。

（一）文章结构

纵观这32篇署名文章，从内容到形式都呈现出鲜明的“习式”风格特点，是习近平治国理政、处理外交事务的理念和个性在另一个场域的延伸与体现。具体来看，出访前在目的国主流媒体上发表文章、预热造势，文章的内容和结构存在一定共性。

本文在对32个文本进行整理时发现，文章结构主要由以下几部分构成：(1) 交待国事访问缘由（参加某会议或接受到访国最高领导人邀请）；(2) 回顾此前访问经历与留下的印象，或到访国最高领导人此前访华取得的成果；(3) 介绍到访国概况和突出特色；(4) 回望两国友好交往源远流长，总结两国在文学、艺术、历史等方面的联系和共同点；(5) 回顾建交以来两国在政治互信、经济贸易、人文交流、国际和地区事务合作中取得的累累硕果，总结两国关系长期稳定的原因；(6) 分析当前国际形势，介绍中国的发展道路，联系到访国发展道路；(7) 表达对此访的期待，通过排比式文字为两国关系进一步健康稳定发展提出倡议。其中部分段落意群的顺序会有所改变，例如先介绍该国概况与近年来取得的举世瞩目的成就，再回顾两国关系走势，介绍此访的缘由。

由文章的开头表述可以看出，国家主席习近平国事访问可分为专门受邀出访、参加某国际性会议并进行国事访问、访问某国并出席某国际性会议这三种类型。其中第一种专门受邀出访的文章结构与以上列举的大体相同；第二种参加某大型活动并访问，例如2015年5月7日习近平赴莫斯科出席卫国战争胜利70周年庆典并访问俄罗斯，文章开头回顾历史、俄罗斯在二战中作出的贡献、第一次访问俄罗斯祭奠无名烈士的经过、中俄两国在二战中合作抗敌、患难与共，文章以出席这次活动的背景为主体；第三种访问该国并出席某会议，例如2016年6月21日习近平访问乌兹别克斯坦，并出席上海合作组织塔什干峰会，文章中在总结完中乌两国的共同点与纽带联系并提出两国关系进一步发展的倡议后，阐述了上海合作组织近年来取得的成绩，又回归该国独立以来取得的成就。

13 摘自《属于纳尔逊·曼德拉级别的人物——外国政要和媒体眼中的习近平》，《学习时报》，2016年1月19日。

朝鮮日報

"韓中, 북한核 해결책 찾고
일본의 共助이탈 막아야"

1,009.2

people.cn

图2：2014年7月3日习近平在韩国《朝鲜日报》上发表《风好正扬帆》（来源：人民网）

MONDE

Comment la Belgique s'est préparée à recevoir la Chine

Chine-Europe : amitié et coopération pour une vie meilleure

图3：2014年3月29日习近平在比利时《晚报》上发表《中欧友谊和合作：让生活越来越好》（来源：人民网）

（二）文章特点

通过署名文章，国外民众可以直面国家主席习近平的文字，感受其风格特点与释放出的两国友好交往的讯息。习近平 2016 年 10 月 13 日对柬埔寨进行国事访问，访问前夕在柬埔寨《柬埔寨之光》报发表文章《做肝胆相照的好邻居、真朋友》，据新华社报道，柬埔寨战略研究所所长强万纳里在接受采访时表示，“署名文章的字里行间都透露出习近平主席对柬埔寨的个人情谊，以及将柬埔寨视为中国真正朋友的真诚。”[14] 总结这 32 篇署名文章，体现出以下三大特点：

1.回顾往昔合作共赢，着眼未来命运共通

习近平署名文章的中间部分都会阐述两国的联系与纽带，包括历史和现今两大层面。历史层面，两国在古代丝绸之路上的商贸往来、两国古代文明的息息相通等；现今层面，中国人民为实现“两个一百年”奋斗目标、实现中华民族伟大复兴的中国梦而努力，到访国也在朝该国经济腾飞的方向努力发展，例如文章中提到的斯里兰卡“马欣达愿景”、韩国“第二汉江奇迹”、欧盟“欧洲 2020”、津巴布韦“可持续经济社会转型计划”等。基于历史和现今两大层面，习近平在文章中透露出两国友好关系源远流长，再结合世界形势为下一步发展提出倡议，显得有理有据而鼓振人心。

本文使用教育部语言文字应用研究所计算语言学研究室开发的“语料库在线”网站对 32 篇文章的纯文本（剔除标题与开头称谓）和 32 个标题分别进行词频统计，文本中的词语仅保留出现次数在 100 次以上的，标题中的词语仅保留出现次数 3 次以上，得出如下表 1 和表 2 的结果：

14　摘自《习近平主席署名文章在柬埔寨反响热烈》，新华社，2016年10月13日。

序号	词语	次数	频率%
1	合作	484	1.285
2	中国	480	1.2744
3	发展	449	1.1921
4	两国	390	1.0354
5	人民	306	0.8124
6	关系	288	0.7646
7	我们	183	0.4859
8	国家	177	0.4699
9	双方	172	0.4567
10	共同	160	0.4248
11	战略	143	0.3797
12	经济	128	0.3398
13	友好	127	0.3372
14	国际	112	0.2974
15	支持	109	0.2894
16	交流	107	0.2841
17	友谊	107	0.2841
18	领域	106	0.2814
19	相互	105	0.2788

表1：习近平海外署名文章文本词频统计

序号	词语	次数	频率%
1	关系	8	3.4783
2	友谊	6	2.6087
3	更加	5	2.1739
4	合作	5	2.1739
5	伙伴	5	2.1739
6	美好	5	2.1739
7	朋友	5	2.1739
8	未来	4	1.7391
9	发展	3	1.3043
10	共创	3	1.3043
11	开创	3	1.3043
12	明天	3	1.3043

表2：习近平海外署名文章标题词频统计

由以上结果可以看出，文本中“合作”一词出现次数最多，占比1.285%，排除“中国”“两国”“我们”这些称谓，其次“发展”出现449次，“人民”出现306次，“共同”出现160次，其它高频词还包括“战略”“经济”“友好”“支持”“交流”“友谊”等。在文章的标题中，“友谊”“合作”“伙伴”“朋友”“未来”“共创”这些词语也是频繁出现，体现出习近平署名文章中透露出的结交朋友、深化友谊、合作共赢、友好交往的主题和理念，基于两国的联系纽带，以此凝聚达成共识。

2.述说故事温暖人心，数据支撑拓展深度

习近平署名文章中广泛使用为到访国民众耳熟能详的歌曲、人物、风景等，摒弃高谈阔论，通过讲故事的方式和朴实真诚的口吻来贴近当地民众，达到良好的传播效果。例如，2015 年 11 月 5 日在越南《人民报》上发表的《携手开创中越关系的美好明天》中，提到了两国民众耳熟能详的歌曲“越南－中国，山连山、水连水”，“共饮一江水，早相见、晚相望，清晨共听雄鸡高唱”，大大拉近了与受众之间的距离。再如，2015 年 4 月 19 日在巴基斯坦《战斗报》和《每日新闻报》上发表《中巴人民友谊万岁》，开头就引用一句乌尔都语诗歌：“朋友的美好形象，就在我心的明镜之中，稍一低头，就能看见。”接着写道：“在我心目中，巴基斯坦就是这样一位好朋友。”开头十分亲切友善，激起读者的阅读兴趣。

除了引用当地诗歌，署名文章中还提到了为民众所熟知的普通人物，例如在津巴布韦的《先驱报》上发表文章，提到旅居津巴布韦的华侨中名为“非爱不可”(Love of Africa)的妈妈团体，一位连车牌号都被当地孩子熟知的“程爸爸”(Father Cheng)，以及去年该国穆加贝总统访华时赠送给中国人民的 1 对小狮子。另外习近平的署名文章中还表达了对一些国家在中国人民遭受灾难创伤时予以援助的感谢，其中提到这样一个故事，新西兰南岛一个城市的儿童自发组织，顶着凛冽的寒风，在街头演奏小提琴为汶川大地震募捐，让人十分动容。

除却生动的故事、亲切的口吻与诗意的语言，习近平署名文章中还大量使用数据说理证明，特别是在展现两国经贸往来取得的成绩方面。例如在呈现中国和阿拉伯国家关系时提到，“60 年来，中国累计向阿拉伯国家提供了 254 亿元人民币经济援助，培训了 2 万多名各类人员，向 8 个国家派遣援外医疗队，11 个阿拉伯国家成为中国公民出境旅游目的地国，中阿每周往来航班达 183 架次，每年往来人员达 102 万人次。”这些实实在在的数字支撑了叙述描写性的语言，真切展现了中阿交往的深度与广度，使文章浑然一体。

3.深耕语言融通文化，妙用诗词激发共鸣

大量引用谚语俗语是习近平署名文章的一大特色，不仅包括中国古代的诗词等，还大量使用到访国当地的谚语、诗句、名人语录，通过该种方式拉近与当地民众的距离。其中就提到了孟加拉国国父穆吉布·拉赫曼、波兰裔科学家居里夫人、波斯诗人萨迪的话，还有塞尔维亚、白俄罗斯、太平洋岛国、韩国等地的谚语俗语。

不畏地理空间相距遥远	“海内存知己，天涯若比邻。”(2次)	“相知无远近，万里尚为邻。”
	“志合者，不以山海为远。”(3次)	“天时不如地利，地利不如人和。”
强调交心坦诚交往	“兄弟同心，其利断金。”	“人之相知，贵在知心。”
	“唯以心相交，方能成其久远。”(2次)	“交情郑重金相似。”
强调信誉与道义	“与朋友交，言而有信。”	“友也者，友其德也。”
	“义以为质”“信以成之”。	
对两国关系下一步发展提出展望	“智者求同，愚者求异。”	“有良驹不怕路远，有益友不畏艰难。”
	“合则强，孤则弱。”	“既以为人，己愈有；既以与人，己愈多。”
	“欲穷千里目，更上一层楼。”	“百尺竿头，更进一步。”
	“潮平两岸阔，风正一帆悬。”	“海阔凭鱼跃，天高任鸟飞。”
	“一花独放不是春，百花齐放春满园。”	“求木之长者，必固其根本。欲流之远者，必浚其泉源。”

表3：习近平署名文章中使用谚语俗语总结

在描写当地概况时，文章中联系中国古语，显现出浓厚的文学色彩。2014 年 9 月 10 日习近平出访塔吉克斯坦前夕发表的《让中塔友好像雄鹰展翅》中写道，“塔吉克斯坦多山，中国古代思想家孔子说：‘仁者乐山。’这样一个雄壮多山的国度，人民宁静而有内涵，令人神往。”将当地地形地貌与孔子语录相结合，夸赞民风的同时表达了对此访的期待。此外谈及中法建交 50 周年时引用孔子话语“五十而知天命”，恰到好处地表达了对两国关系的珍视和良好祝愿。表述不同含义时使用不同的中国古代诗词谚语做支撑，详见表 3。习近平署名文章中还特别将两国的谚语俗语作了联系，详见表 4。这类反映两国人民智慧的语言息息相通，进一步加深了两国的认知与情谊，无形中提高了到访国公众的接受度。

1	中国	“患难见真情。”	柬埔寨	“只有在患难中，才能识别谁是真朋友，谁是假朋友。”
			波兰	“患难见真情。”
			沙特	“向急于求助的人伸出援手是最大的善行。”
2	中国	“行胜于言。”	塞尔维亚	“先跨越，再言语。”
3	中国	“人之相知，贵在知心。”	波斯	“人心之间，有路相通。”

4	中国	“朋友多了路好走。”	阿拉伯	“独行快，众行远。”
5	中国	“众人拾柴火焰高。”	津巴布韦	“一根柴火煮不熟萨杂。”
6	中国	“积力之所举，则无不胜也；众智之所为，则无不成也。”	越南	“独木难成林，三树聚成山。”
7	中国	“交得其道，千里同好，固于胶漆，坚于金石。”	白俄罗斯	“牢固的友谊利斧难破。”
8	中国	“真诚可靠的朋友。”	巴基斯坦	“比山高、比海深、比蜜甜。”
9	中国	“知行合一。”	法国	“打铁方能成铁匠。”

表4：习近平署名文章中提到的中国与他国含义相通的谚语俗语

四、习近平海外署名文章的作用与影响

国际关系可以归结为不同国家人之间的关系，国家主席作为一国最高代表，其在公共外交场域的行为、举措、言语等代表一国态度立场和国家形象。

（一）定调出访，正面回应

清华大学当代国际关系研究院高级研究员鲁世巍曾表示，高层外访都是有考量的，要么针对国与国之间的具体问题，或者是两国关系的一个重要时机，抑或是出席一次重大活动。在出访前，国外媒体都有种种分析和猜测，针对这类关注，一篇领导人的署名文章就是一次很好的回应[15]。自2014年3月在海外媒体发表第一篇署名文章以来，习近平共发表32篇文章，并于2016年形成了每出访一个国家必提前发表一篇文章的模式。相比较此前我国总理、副总理在国外发表的署名文章，聚焦到经济发展等具体议题，习近平的海外署名文章涉及国家元首外交层面，选择在国事访问前发表，为出访定调，借助当地主流媒体的影响力和接触面，直接回应外界各种质疑和猜测。

（二）增进了解，平等对话

纵观32篇习近平海外署名文章，几乎每一篇中都有当地谚语、俗语、诗歌、名言的引用，一些文章中还联系了与中国含义相近的俗语表述，此外配合为两国民众熟知的生动形象的民间友好小故事，改变我国传统对外发声方式，从受众的思维习惯和接受度出发，重温两国传统友谊，拉近两国人民的距离，增进互相之间的了解。据新华社报道，

15　摘自《盘点中国领导人在海外所发署名文章》，《长江日报》，2014年3月27日。

波兰东亚文明研究中心主任加夫利科夫斯基表示，习近平主席的文章能够让波兰人进一步了解中国，了解中国领导人的治国理念和对发展两国关系的设想，有利于进一步推动两国在各个领域的合作[16]。

（三）展露风度，传递温度

习近平在2013年全国宣传思想工作会议上曾经指出："要精心做好对外宣传工作，创新对外宣传方式，着力打造融通中外的新概念新范畴新表述，讲好中国故事，传播好中国声音。"[17]习近平海外署名文章是其个人身体力行向外国公众讲故事的体现，引经据典、遣词造句、语气口吻都展现了他作为中国最高领导人的风度风采，向外国受众传递了"亲""诚""惠""容"的理念。相比较此前国家最高领导人接受联合采访的形式，由习主席直接署名发文，字里行间更具温度与亲和力，也在一定程度上反映了我国的文化软实力。

五、结语

媒体外交是公共外交中通过媒体进行运作的那部分活动。[18]"独白式媒体外交"属于媒体外交的一种形式，国家政府及其代表借助媒体这一传播渠道，向海外公众传递讯息，表达观点与态度，从而实现其外交政策目标。截至2016年底，我国国家主席习近平自上任以来，总计在海外媒体发表32篇署名文章，开创了我国最高领导人在出访前于海外媒体发文的先河，体现了"习式外交"独特的风格和思路。这32篇文章的内容结构较为相似，在介绍出访缘由的基础上，回顾两国关系发展的历史与现今，基于两国的广泛联系与纽带，从政治互信、贸易融通、文化交流、地区事务合作等方面，为两国关系进一步健康稳定发展提出倡议。本文梳理这32篇署名文章时发现，文章植根两国在历史和现今的联系，凝聚共识，汇聚民心；其次，融入了民众熟知的小故事，挖掘细节，结合数字佐证，具有很强的说服力；最后文中引用了大量到访国和中国的谚语俗语、诗词歌赋、名人名言，寻求两国在表达上的共通性，增强文化共鸣。据海外媒体报道，习近平的署名文章在到访国反响热烈，受到广泛好评。文章主动发声，直面外界猜测质疑，通过传递友善真诚的讯息，增进两国之间的相互了解，展现出大国风采与气度。

16　摘自《习近平主席署名文章在波兰引起强烈反响》，新华社，2016年6月19日。

17　摘自《习近平十八大以来关于"宣传思想工作"精彩论述摘编》，人民网，2014年8月19日。

18　赵可金：《媒体外交及其运作机制》，《世界经济与政治》，2004年第4期，第21－26页。

国际知名媒体社交平台视频报道影响力研究
——以 RT 的 YouTube 英文主账号为例

蒋玉鼐　罗寰昕[1]

【摘要】 如今，社交平台已成为海内外受众获取新闻、认知世界的重要媒介。对于非西方媒体而言，如果能把握机会、快速成长，就可以实现“弯道超车”，打破西方媒体对话语权的垄断，在国际舆论场发出响亮的声音。俄罗斯的 RT（今日俄罗斯）在此方面进行了积极尝试，并取得了显著效果。在全球最大的视频分享平台 YouTube，RT 的英文主账号超越 CNN、BBC 等西方媒体的账号，位居媒体类账号粉丝榜首位。对于我国媒体而言，YouTube 等海外社交平台是重要的外宣阵地，进一步优化相关报道、提升影响力，对于增强我国媒体的国际传播能力意义重大。因此，本文选取 RT 的 YouTube 英文主账号 2017 年 3 月发布的全部报道作为研究样本，评估效果、总结经验，以期为我国媒体提供参考。

【关键词】 国际媒体；社交平台；RT；YouTube；视频报道；影响力

一、研究背景与意义

近年来，以 Facebook、YouTube、Twitter 的社交平台发展迅猛，不仅用户数量逐年攀升，也日益成为更加重要的新闻获取渠道。公开数据显示，截至 2017 年 4 月，上述三家社交平台的月活跃用户数量已分别达到 19 亿、3 亿、10 亿。同时，专业机构的调研显示，2016 年，使用社交平台获取新闻的美国成年人已达到了 63%，比 2012 年增加了 14 个百分点。[2]

1　蒋玉鼐：新华社国家高端智库传播战略研究中心助理研究员；罗寰昕：中国政法大学光明新闻传播学院本科生。

2　Jeffrey Gottfried, Esila Shearer. News Use Across Social Media Platforms 2016. Pew Research Center. 2016-05-26

因此，社交平台也越来越受到媒体机构的重视，不少多年来努力增强国际传播能力、希望打破西方媒体话语垄断的非西方媒体，均在上述社交平台开设账号，直面西方受众、传递本国声音，并取得了不错的效果。其中，俄罗斯的 RT（今日俄罗斯）在 YouTube 的实践较有代表性。

2005 年 12 月，RT 作为卫星电视频道正式开播。[3]2007 年 3 月，RT 在 YouTube 开设英文主账号，并陆续推出 21 个其他语种或主题的账号，形成了强大的传播矩阵。截至 2017 年 6 月 14 日，RT 在 YouTube 的英文主账号已累积了 213 万余粉丝，超越 CNN、BBC 等老牌西方媒体的账号，位居媒体类账号粉丝榜首位。

如今，我国主流媒体在海外社交平台的布局已基本完成，一些账号经过几年的精心维护，已进入世界主流媒体账号第一方阵队列（如新华社的 Twitter 英文主账号、CGTN 的 Facebook 英文主账号）。但在全球最大的视频分享平台 YouTube，我国媒体的影响力仍然有限，与 RT 等差距明显。

目前，国内外学界对于社交平台的研究已全面展开，许多学者进行了颇有建树的理论探讨。然而，能够为媒体实践提供直接参考的实证研究仍然十分稀缺。故本文选取 RT 的 YouTube 英文主账号为研究对象，对其发布的视频报道进行效果评估，并探寻原因、借鉴经验，以期抛砖引玉，为我国媒体进一步优化相关报道、提升国际影响力提供参考。

二、研究设计与方法

国内外学界对于媒体及媒体报道影响力的研究由来已久，其中很多方式与指标非常有价值，不仅适用于传统媒体报道，同样适用于社交平台报道。

美国特拉华大学（University of Delaware）四位学者制定的媒介表现评价（Media Performance Evaluation）体系包含五个指标：提供信息（Provide information）、解释新闻事件的重要性（Explain the significance of what is happening）、增进国家团结（Strengthen national solidarity）、缓解不安（Reduce tension）、提供舒适和幸福感（Provide a sense of comfort and well-being）。[4]

还有研究人士将社交平台影响用户的过程划分为四个 A 阶段：Awareness（注意）——Appreciation（认同）——Action（行动）——Advocacy（宣传）[5]，对影响力的评估也。

与国外相比，国内的相关研究起步稍晚，但发展迅速、成果丰硕，不仅有思辨性的理论探索，也有实证性的案例分析。学者唐润华指出，要科学评估媒体报道的影响

3　摘自RT官网介绍，网址https://www.rt.com/about-us/，访问时间2017年5月26日。

4　Jennifer L. Lambe, Scott E. Caplan, Xiaomei Cai, Nancy Signorielli. Public Perceptions of Media Performance at the Beginning of the War on Terrorism. Communication Research Reports. 2004, 21 (3) :299-309 (303).

5　Richard Pentin. A New Framework For Measuring Social Media Activity. TMW. 2010.

力，就必须优化之前过于强调覆盖数量的体系，从“抵达率”“接收率”“接受率”三个方面进行测量。还有学者认为，媒介的影响力可从四个维度测量：广度、深度、强度和效度。因此，相应的指标也分为四类：广度因子（Wide Factor），反映报道吸引受众注意力的多少；深度因子（Deep Factor），反映受众实际接受信息量的多寡；强度因子（Strong Factor），反映受众对媒介内容的信服程度；效度因子（Efficient Factor），反映受众因接触媒介产生的态度变化。[6]

此外，有学者提出了衡量网络视听信息影响力的具体指标：“有效度”“显著度”“关注度”“参与度”“扩散度”。[7]还有学者认为，在互联网平台，“点击量”“浏览次数”“粉丝人数”等能够更加精准地计算出媒体账号与单篇报道的全球关注度，是衡量媒体全球传播效果和国际传播力的重要指标。[8]

借鉴上述学者的研究成果，综合考虑 YouTube 平台的特征、媒体报道影响力的体现方式，以及相关指标的测量可行性，本文将媒体报道影响社交平台受众的过程划分为三个阶段：注意（Awareness）——参与与表态（Engagement & Sentiment）——行动（Action）。

具体的评估指标设定如下：

a 播放量，即视频报道被观看的次数，也可称为点击量，广度因子，代表抵达率，体现吸引力；

b 互动量，即受众留言数 + 点赞数 + 点踩数，深度因子，可在一定程度上代表接收率，体现话题度；

c 参与度，即互动量 / 播放量，深度因子，反映受众对报道的感兴趣程度；

d 好评度，即点赞数 /（点赞数 + 点踩数），强度因子，反映受众对报道的认可程度，在一定程度上代表接受率，体现争议度。

此外，本文对研究样本的报道主题和播出栏目做了分类梳理，以便开展研究。报道主题分为八个类别：

政治类：国际关系、英国脱欧、法国大选、荷兰大选、美国中情局监听风波等；

经济类：各国、各地区的经济形势、贸易关系等；

社会类：突发事件、游行示威、恐怖袭击、节日庆典、奇闻趣事等；

自然类：火山喷发、流星坠落等自然景观、现象；

军事类：展现军事演习现场、介绍新型武器等；

6 郑丽勇、郑丹妮、赵纯：《媒介影响力评价指标体系研究》，《新闻大学》，2010年第1期，第124-125页。

7 周勇、陈慧茹：《多级传播路径下的网络视听信息影响力评估体系建构》，《现代传播》，2013年第3期，第125页。

8 钟新、陆佳怡、陈国韵：《主流媒体的国际传播能力建设——以中外主流媒体应用国际社交媒体的现状分析为例》，《新闻与写作》，2014年第11期，第30页。

战争类：伊拉克、叙利亚、阿富汗等地的战事报道；[9]

文体类：花样滑冰、舞蹈、赛车、蹦床等文艺、体育类报道；

其他类：科技、历史、广告宣传片等均被划入此类。

三、主要研究发现

2017 年 3 月 1 日至 3 月 31 日，RT 的 YouTube 英文主账号共发布视频报道 406 条，除去一条重复发布的，有效样本为 405 条。日均 13.1 条，发稿最多的一天是 3 月 22 日，24 条，发稿最少的一天是 3 月 8 日,4 条。全部样本的时长总和为 44 小时 4 分 7 秒，其中，时长最长的是英国议会大厦爆炸案特别直播，4 小时 50 分 50 秒，时长最短的是荷兰警察用高压水枪驱逐土耳其示威者，仅有 10 秒。

按内容主题分，发布数量最多的是社会类报道，130 条，接下来依次是政治类 124 条、战争类 87 条、其他类 19 条、经济类 13 条、文体类 13 条、军事类 10 条、自然类 9 条，各类主题占全部样本的比例详见图 1。

按报道栏目分，LIVE 新闻占据绝对数量优势，多达 190 条，接下来依次是小视频 143 条、360° 全景视频 15 条、Cross Talk 14 条、Keiser Report 13 条、无栏目报道 10 条、直播 7 条、短新闻 7 条、Sophie Co.2 条、纪录片 2 条、Worlds Apart 1 条、Going Underground 1 条，各栏目占全部样本的比例详见图 2。[10]

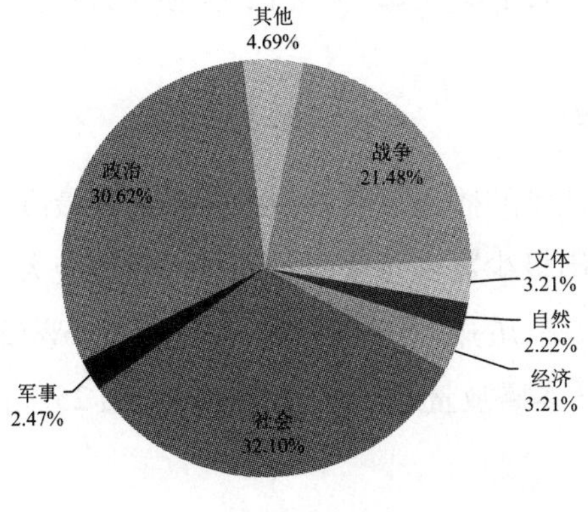

图1：各主题报道发稿占比示意图

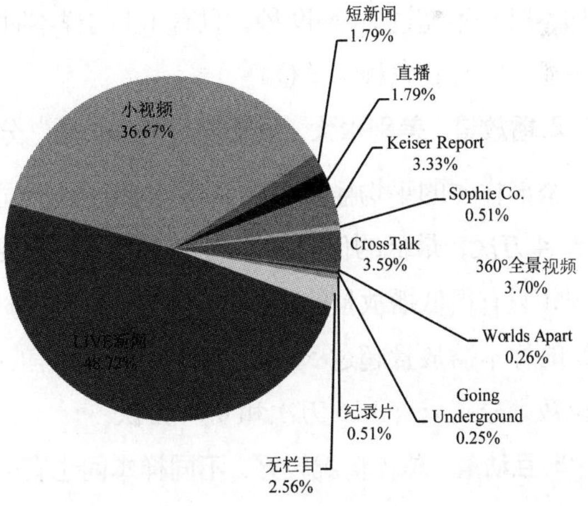

图2：各栏目报道发稿占比示意图

9　常见的报道主题划分，一般将战争报道划入政治类或军事类。但RT发布的战争报道数量众多，且与其他政治、军事类报道区别明显，故单独划为一类。

10　LIVE新闻是在RT频道和网站上直播的新闻栏目，播出后按内容切分成较短视频上传YouTube，故未被划入直播栏目；小视频指没有配音或字幕，仅有同期声的“原生态”报道，时长在5分钟以内；短新闻与小视频时长相似，但经过精心剪辑、制作，有字幕、配音或配乐。

（一）全部报道传播效果的总体情况

为了解样本报道的总体传播效果，本文对全部报道的时长、播放量、互动量、参与度、好评度进行了统计学分析，具体数据详见表1。

		时长	播放量	互动量	参与度	好评度
个案数	有效	405	405	405	405	405
	缺失	0	0	0	0	0
平均值		391.72	21782.42	713.06	.04307	.8709
众数		50[a]	1683[a]	143	.004[a]	.82[a]
最小值		10	1683	74	.004	.10
最大值		17450	534479	4259	.124	1.00
百分位数	25	84.50	7847.50	338.00	.02927	.8716
	50	169.00	13539.00	563.00	.04033	.9257
	75	325.50	25348.00	884.50	.05257	.9552

说明：1. a. 存在多个众数。显示了最小的值。

2. 因播放量和参与度每个数值都不一样，所以最小值即众数。

表1：2017年3月RT YouTube报道传播效果相关数值统计

1. 时长：大部分都很短，3分钟以内的视频比例超过一半。

统计显示，大部分样本的时长较短，尽管也有长达数小时的报道，但全部样本的平均时长仅为6分半，且中位数（即50%百分位数）只有2分49秒，也就是说，有一半的样本时长不超过2分49秒，只有1/4的样本时长大于5分25秒（注：为便于统计，表格中显示的时长以秒为单位）。

2. 播放量：差别很大，呈现明显的“长尾”分布。

全部样本的平均播放量为2.18万次，但不同视频的播放量差别很大，播放量最高的达53.4万次，最低的仅有0.17万次。同时，呈现出极少数视频获得极高播放量、绝大多数视频只有很低播放量的“长尾”分布。只有1%(5条)的样本播放量超过10万次，6%(26条）的样本播放量超过5万次，19%（77条）的样本播放量超过3万次，50%和25%百分位数则分别只有1.35万次和0.78万次。

3. 互动量：总体情况较好，不同样本间也有一定差距。

但从数值上看，样本报道获得的互动量总体不错，最大值达到了4259次，尽管最小值只有74次，但25%、50%、75%百分位数之间差距不大，说明互动量的数值分布较为均匀。

4. 参与度：因与互动量高度相关，故情况与互动量相似。

因参与度又互动量 / 播放量而来，所以分布情况与互动量较为相似：总体情况较好，平均值为 0.043，即 4.3% 观看了视频的受众有留言或点赞或点踩的参与行动；差别不算显著：25%、50%、75% 百分位数之间的差值均在 0.01 左右。

5.好评度：总体很高，个别样本数值极低。

如表 1 显示，全部样本的平均好评度达到 87%，最大值达到 1，即没有一个受众点“踩”。然而，排名最靠后的 24 条报道，点“赞”数比点“踩”数少，最后一名好评度仅为 9.5%，所以明显拉低了全部样本的平均值。

（二）不同维度指标测量排名前 100 条与后 100 条报道的特征分析

为进一步了解不同传播效果的样本各有何特色、探究各项因素对样本传播效果的影响，本文对不同维度指标测量排名前、后 100 条的样本进行了研究分析，主要发现如下：

1.不同主题的样本观看量差别明显，自然类报道平均观看量最多，文体类报道平均观看量最少，专栏节目品牌效应明显。

之前有学者对 YouTube 上关于中国文化的视频进行了详尽研究，结果发现，Pearson 相关分析显示，视频时长、视频的标题长度都与视频的观看量没有显著关系，而 Kruskal Wallis 检验和中值检验的结果都显示，不同主题的内容在传播效果上存在显著差异。[11]

本文的研究发现也与上述结果一致：不同主题的样本观看量差别十分明显。对比发稿比例和占播放量前、后 100 条报道的比例，以及某主题样本与全部样本的平均观看量，可知较受欢迎的主题有：

自然类，发稿占 2.22%，播放量前 100 名中有 7%，平均观看量 4.45 万次，是所有样本平均值的 2.05 倍；

经济类，发稿占 3.21%，播放量前 100 名中有 11%，平均观看量 2.98 万次，在八个主题中排名第二。

不大受欢迎的主题有：

文体类，发稿占 3.21%，播放量后 100 名中有 8%，平均观看量 0.72 万次，不及所有样本平均值的 1/3，在八个主题中排名最后。

战争类，发稿占 21.48%，播放量后 100 名中有 35%，平均观看量 1.41 万次，在八个主题中排名倒数第二。（参见图 3）

11　徐翔：《中国文化在视频自媒体的传播效果及其影响因素分析——基于YouTube的样本挖掘与实证研究》，《北京邮电大学学报（社会科学版）》，2016年第5期，第4页。

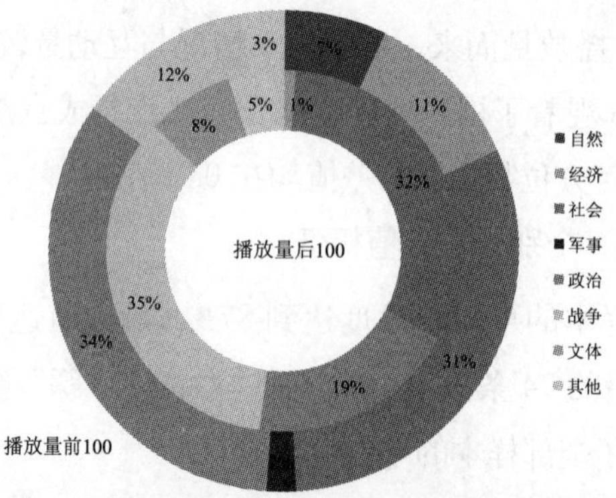

主题 / 播放量	自然	经济	社会	军事	政治	战争	文体	其他
播放量前 100	7%	11%	31%	2%	34%	12%	0%	3%
播放量后 100	0%	1%	32%	0%	19%	35%	8%	5%

图3：各主题报道播放量前后100条占比示意图

同时，不同栏目的观看量也有差别，但没有不同主题报道之间的差别明显。对比发稿比例和占播放量前、后 100 条报道的比例，以及某栏目样本与全部样本的平均观看量，可知较受欢迎的栏目有：

Keiser Report，发稿占 3.21%，播放量前 100 名中有 12%，平均观看量 3.36 万次，是所有样本平均值的 1.54 倍；

Cross Talk，发稿占 3.46%，播放量前 100 名中有 6%，平均观看量 2.48 万次，是所有样本平均值的 1.14 倍。

不大受欢迎的栏目有：

360° 全景视频，发稿占 3.7%，播放量后 100 名中有 11%，平均观看量 1.39 万次，不及所有样本平均值的 2/3；

纪录片，发稿占 0.49%，播放量后 100 名中有 1%，平均观看量 0.90 万次，约为所有样本平均值的 40%。(参见图 4)

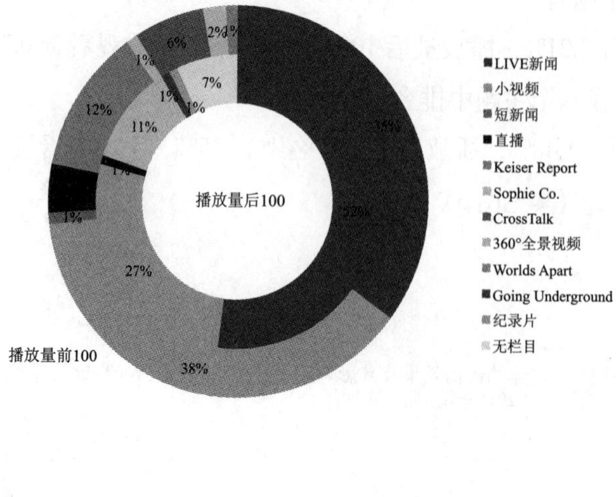

播放量 \ 栏目	LIVE 新闻	小视频	短新闻	直播	Keiser Report	Sophie Co.	CrossTalk	360° 全景视频	Worlds Apart	Going Underground	纪录片	无栏目
播放量前 100	35%	38%	1%	4%	12%	1%	6%	2%	1%	0%	0%	0%
播放量后 100	52%	27%	0%	1%	0%	0%	0%	11%	0%	1%	1%	7%

图4：各栏目报道播放量前、后100条占比示意图

2.参与度和播放量呈显著的负相关关系，不同主题与不同栏目的样本参与度差别均不明显。

在研究过程中笔者发现，由于参与度 = 互动量 / 播放量，所以播放次数越多的样本，即便互动量很高，参与度却难免较低。为检验上述观点，本文对观看量与参与度进行了 Pearson 相关分析。结果显示：参与度与播放量的确呈显著的负相关关系，即播放量如果很高，即便话题度足够，也由于视频的吸引力过强，导致参与度相对较低。（参见表 2）

		观看量	参与度
观看量	Pearson相关性	1	-.329**
	显著性（双尾）		.000
	个案数	405	405
参与度	Pearson相关性	-.329**	1
	显著性（双尾）	.000	
	个案数	405	405

**. 在 0.01 级别（双尾），相关性显著。

表2：观看量与参与度的相关检验

同时，不同主题的样本参与度差别并不明显，除自然、经济两个主题的样本因播放量较高而参与度稍低，其余六个主题报道的参与度均与全部样本参与度平均值相近，上下浮动不超过 0.035%。（参见图 5）

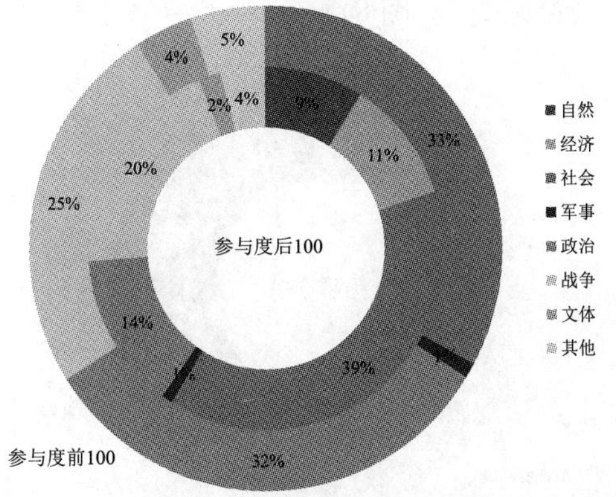

参与度 \ 主题	自然	经济	社会	军事	政治	战争	文体	其他
参与度前 100	0%	0%	33%	1%	32%	25%	4%	5%
参与度后 100	9%	11%	39%	1%	14%	20%	2%	4%

图5：各主题报道参与度前、后100条占比示意图

此外，不同栏目的样本参与度差别也不明显。对比发稿比例和占播放量前、后 100 条报道的比例，可知除 Keiser Report 等观看量高的栏目参与度明显较低之外，LIVE 新闻、小视频等栏目之间的参与度差别并不大，栏目内部的样本间反而差距明显。如 LIVE 新闻中参与度最高的达 10.39%，最低的只有 1.12%。(参见图 6)

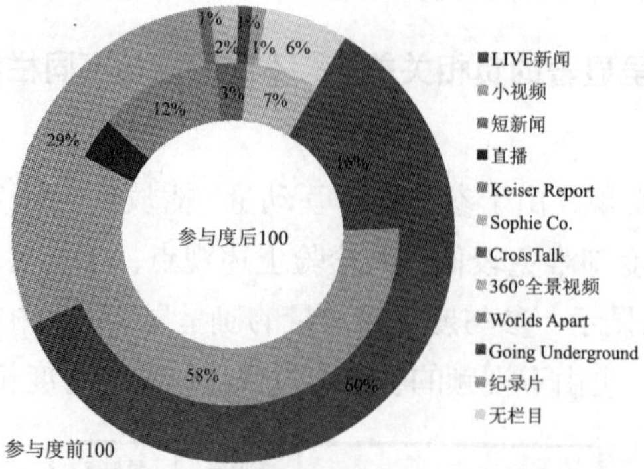

参与度＼栏目	LIVE新闻	小视频	短新闻	直播	Keiser Report	Sophie Co.	CrossTalk	360° 全景视频	Worlds Apart	Going Underground	纪录片	无栏目
参与度前 100	60%	29%	1%	0%	0%	0%	0%	2%	0%	1%	1%	6%
参与度后 100	16%	58%	0%	4%	12%	0%	3%	7%	0%	0%	0%	0%

图6：各栏目报道参与度前、后100条占比示意图

3. 不同主题与不同栏目的样本好评度差别都很明显，自然类报道好评度最高，360° 全景视频好评度最低。

综合对照不同主题、不同栏目报道的平均好评度、发稿比例和占播放量前后 100 名样本的比例，可知自然、经济、战争类的报道好评度较高，军事、社会、其他类报道好评度较低；纪录片、Keiser Report、Cross Talk 栏目的好评度较高，直播、小视频、360° 全景视频的好评度较低。(参见图 7、图 8)

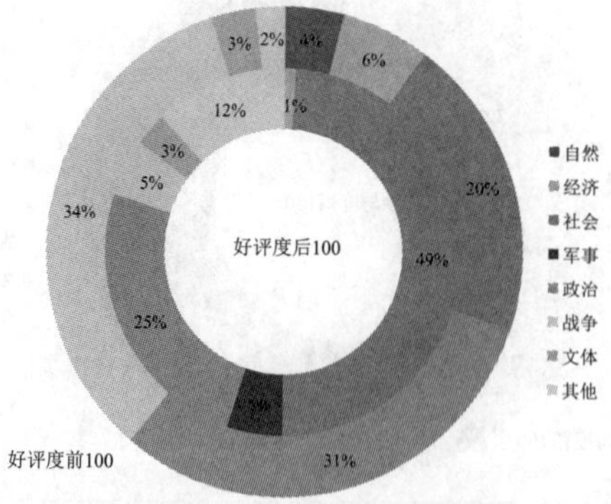

好评度＼主题	自然	经济	社会	军事	政治	战争	文体	其他
好评度前 100	4%	6%	20%	0%	31%	34%	3%	2%
好评度后 100	0%	1%	49%	5%	25%	5%	3%	12%

图7：各主题报道好评度前、后100条占比示意图

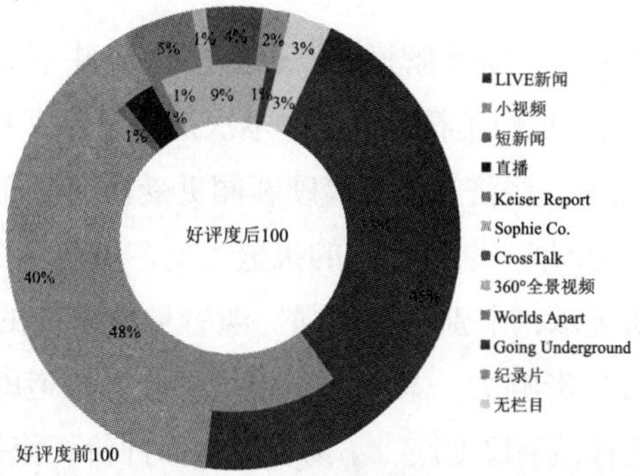

栏目 / 好评度	LIVE新闻	小视频	短新闻	直播	Keiser Report	Sophie Co.	CrossTalk	360° 全景视频	Worlds Apart	Going Underground	纪录片	无栏目
好评度前 100	45%	40%	0%	0%	5%	1%	4%	0%	0%	0%	2%	3%
好评度后 100	33%	48%	1%	3%	1%	1%	0%	9%	0%	1%	0%	3%

图8：各栏目报道好评度前、后100条占比示意图

翻阅受众留言不难发现，点踩数多、好评度低的样本，可大致分为两类：

一是报道本身存在瑕疵，如呈现方式不够谨慎、观点不够客观公正、制作不够精良等。观看量排名第五的 360° 全景视频《相约迪拜千禧塔》，好评度倒数，不少留言质疑此类报道方式过于危险，批评出镜者“拿自己的生命冒险”。另一条关于智利妇女三八节当天街头游行，要求男女平等的报道，点踩量是点赞量的两倍还要多。一条留言称：“智利凶杀案件的受害者中有 89% 是男性。什么时候女权主义者会为消除这种不平等而游行？”

二是报道内容争议度大。全部样本中，好评度最低的是一条希拉里发言的小视频，该报道收到的点踩数接近点赞数的十倍，受众留言都是对希拉里发言内容及其本人的攻击。另一条关于日本性文化节的报道情况相似，留言几乎都是批评节日本身的，有受众质疑“如此场合为何有儿童出现”，还有受众认为生殖崇拜是“扭曲的”“和人类的文明程度、受教育程度不相符”。

四、结论与讨论

结合相关文献、其他学者的研究成果与本次研究的发现，本文认为，若想在 YouTube 等社交平台提升报道传播效果、扩大自身影响力，媒体账号应在以下几方面加以注意：

（一）根据自身定位与特长选择报道内容，不必过分迎合受众

相关数据显示，在 YouTube 等社交平台，受众偏好的是更“软”一些的内容，如明

星音乐、娱乐搞笑、美妆教学、游戏解说等。但这些内容并不适宜媒体发布，更与定位高端、正统的 RT 等外宣媒体身份不符。同时，本次调研显示，相对于文艺体育、奇闻异事类软新闻，RT 发布的政治、经济、战争等硬新闻更受欢迎。而硬新闻正是 RT 更重视、更擅长，也更能体现 RT 乃至俄罗斯价值观的报道类型，值得在今后的报道中继续加强。

同时，后台监测数据显示，个别吸引力强、观看量特别高的单条报道，可为账号吸引大量粉丝，显著提升账号影响力。本次调研中，自然类报道即是典型。此外，自然类报道几乎没有意识形态色彩，争议度底，不易引发负面评价，值得多多尝试。

因此，综合考虑自身定位、报道特长，有选择地照顾受众偏好而非一味迎合，有意引导受众将关注重点放在媒体选择的议题上，是媒体账号提高社交平台报道传播效果、扩大影响力应当采取的内容选择策略。

（二）根据报道内容选择合适的发布形式，无需过度追求新技术

过去两年间，Twitter、Facebook、YouTube 三大社交平台先后推出直播功能，并陆续支持 360° 全景视频播放、360° 全景直播。一时间，直播、VR 成为最受热捧的新技术，各大媒体纷纷尝试，并收到了很好的效果。

然而，本次调研的数据显示，在 YouTube 平台，RT 推出的直播和 360° 全景视频传播效果并不理想，影响力十分有限。无论是观看量、参与度还是好评度，上述两类报道的数据排名都很靠后。

究其原因，很可能是相关报道的内容不适合直播或全景呈现。RT 在本次调研中进行的直播共有七次，传播效果最好的都是突发事件：英国议会大厦爆炸案、意大利的示威活动、俄罗斯的抗议集会，其余的会议报道和科技报道则效果很不理想，其中，俄日两国外长与国防部长举行 2+2 东京谈判的直播，时长达 1 小时，观看量仅有 0.62 万次。

因此，无论技术如何先进、炫目，如果不适合报道的内容，也难以获得理想效果，媒体不必为了追逐时尚而勉强运用新技术新手段。

（三）选择恰当的报道方式，把握好节奏和密度，注重打造品牌栏目

在本次调研中，RT 对很多热点事件进行了追踪报道，比较典型的有英国议会大厦爆炸案、伊拉克战事、法国大选等。统计数据显示，如果事件热度较高，RT 又能及时准确地呈现事实、传递信息，从不同角度切入，推出系列报道或连续报道，那么整组报道都会受到较高关注，影响力普遍较大。

典型案例如英国议会大厦爆炸案系列报道，调研时段内，RT 在 YouTube 共发布了 15 条视频，对爆炸案发生后的一系列动态进行了持续追踪，分布于直播、小视频、LIVE 新闻、短新闻等多个栏目，平均观看量 7.94 万次。

然而，这并不意味着媒体针对某一事件的报道越多越好。曾有专业人士在研究报告中称，把握好内容发布频率对社交平台账号增强吸引力、影响力意义重大，若内容发布过于频繁、相似度过高，容易招致受众厌烦，甚至造成受众流失。[12]

本次调研中，RT 共发布了 44 条关于伊拉克战事的报道，几乎每天都有。其中大部分关于摩苏尔，为提高辨识度，还添加了话题标签 #MosulSOS。然而，这些报道的平均观看量仅为 0.77 万次，其中超过八成视频的观看量不足 1 万次。

因此，如果新闻事件热度很高，媒体可以采取系列报道或连续报道的方式深入解读、持续追踪，但同时要注意把握好节奏和密度，以免因报道过于频繁而影响传播效果。

此外，即便不是同一新闻事件，相似主题的报道也可以专栏节目报道的方式集中呈现。本次调研发现，一些著名栏目的品牌效应非常明显，专注于经济、政报道的 Keiser Report 和专注于政治、战争报道的 Cross Talk，都是其中的典范。因此，集中优势资源打造品牌栏目，或许也是媒体账号扩大影响力的有效策略。

12 Katrina Padron. 3 Reasons You’re Losing Social Media Followers. Social Media Today. 2016-08-24.

中美电视国际传播策略比较及新兴媒体背景下新特征

李宇[1]

【摘要】 电视国际传播是国际传播的重要构成，在当前国际传播中发挥积极作用。中美两国国情、媒体制度和影视产业水平存在一定差异，这直接影响了两国电视国际传播的特点。中美两国电视国际传播的差异集中体现在传播理念和路径上，包括频道集群、产业支撑和渠道构建上。另外，在新兴媒体背景下，两国电视国际传播的差异被进一步放大。通过比较，中国电视国际传播要在理念、机制、路径和渠道建设上取长补短，积极变革，寻求突破。

【关键词】 电视国际传播；新兴媒体；中央电视台；中国国际电视台

一、中美电视国际传播的理念比较

中美电视国际传播的理念都根植于本国传媒体制，是本国传媒体制的延伸。中国电视国际传播致力于塑造中国形象，提升国际话语权，传播文化软实力。虽然中国近年来着力推进影视文化产品、设备和服务出口，而且成效显著，但核心目标仍是服务国家外交和文化战略。美国电视国际传播则是致力于谋求商业利益，在节目版权销售、频道经营、渠道运营、新兴媒体业务等领域寻求市场效益最大化，同时兼顾外交利益。当然，美国政府也直接投资和开展电视国际传播，依托媒体针对特定国家和区域进行赤裸裸的宣传。

1 李宇：中央广播电视总台中央电视台海外传播中心综合部副主任、主任编辑、博士。

（一）中国电视国际传播理念的嬗变

中国电视事业自创办之初，就致力于开展国际传播工作，并提出了发展战略。当时，北京电视台（中央电视台的前身）就提出了要“立足北京，面向世界”。电视国际传播成本高昂，与国家经济实力密切相关。中国电视国际传播是在中国经济稳步发展、国家整体实力显著增强之后，才取得突破性进展。作为我国电视国际传播战略的践行者和绝对主力，中央电视台制定和实施相应的战略。党的十八大以来，党中央对于电视国际传播工作高度重视，并提出了具体愿景和要求。习近平总书记在 2013 年 8 月全国宣传思想工作会议上，强调要精心做好对外宣传工作，创新对外宣传方式，着力打造融通中外的新概念新范式新表述，讲好中国故事，传播好中国声音。2014 年 11 月，在中央外事工作会议上，习近平总书记指出，要提升软实力，讲好中国故事，做好对外宣传。2016 年 2 月 19 日，习近平总书记在党的新闻舆论工作座谈会上强调，要加强国际传播能力建设，增强国家话语权，集中讲好中国故事，同时优化战略布局，着力打造具有较强国际影响的外宣旗舰媒体。基于此，中国国际电视台（中国环球电视网，英文缩写为 CGTN）在 2016 年 12 月 31 日正式开播。

值得一提的是，中国电视国际传播日益国际化，越来越注重企业参与和市场运作，并取得了一定的成效。2016 年，中国电视剧、纪录片、动画片及综艺节目出口总额达到了 1.2 亿美元，与 2015 年的 1.14 亿美元相比略有增长，但如果与 2013 年的 6066 万美元相比则增幅明显。另外，国产电影海外票房和销售收入 38.25 亿元，与 2015 年相比增长 38.09%。从花钱从事电视外宣到赚钱开展电视国际传播，中国电视国际传播的理念正在逐渐成熟。

（二）美国电视国际传播的官商并用

美国电视国际传播可以相对清晰地分为政府主导和企业主导两种理念。早在 1917 年，时任美国总统的威尔逊就宣称：“经济和意识形态是齐头并进的，电影既是一种经济产品，又是一种意识形态的工具，是一种完美的工具。”[2] 政府主导的电视国际传播由政府部门负责，获得国家财政资金支持，根据国家外交需要开展传播工作。美国根据《1994 年国际广播法》成立了广播理事会（Broadcasting Board of Governors），负责掌管美国联邦政府或政府资助的所有非军事国际传播事务。该理事会管辖美国之音（VOA）、自由之声电视台、萨瓦电台（Sawa）、法达电台（Farda）、自由欧洲电台（RFE）、自由亚洲电台（RFA）、马蒂电台和马蒂电视台等，这些广播电台和电视台以 65 种语言向全球 125 个国家和地

2　国家广播电影电视总局发展改革研究中心：《发达国家广播影视管理体制和管理手段研究》（内部资料），2006 年版，第192页。

区播出。相比政府主导的电视国际传播机构和媒体，美国企业主导的电视国际传播更为强势，影响力更大。美国传媒业在市场、技术、资金和管理等方面占据较大优势，也一直在强力开拓海外市场。近几年来，随着数字电视技术、互联网技术、光纤通信技术以及无线通信技术等的革新，美国进一步提升了在技术和管理等方面的优势，这也为美国传媒公司拓展海外市场提供了动力。而且，美国传媒公司历来注重资本运作和市场手段，并积累丰富的海外市场经验。借助节目内容、渠道运营、资本运作、技术研究等，这些传媒公司渗透到了世界的各个角落。

二、中美电视国际传播的路径比较

（一）频道集群

中国电视国际传播的频道集群构成相对单一，面向非华人海外观众播出的频道以综合类频道和新闻类频道为主，例如中国国际电视台开办了英语新闻频道、西班牙语频道、法语频道、阿拉伯语频道、俄罗斯语频道以及英语纪录频道，新华社开办了中国新华新闻电视网（CNC）英语台，另外一些省区市也开办了对外频道，但以中文频道居多。在这些外语频道中，综合类频道和新闻类频道占据了主导地位。值得一提的是，我国电视国际传播在语种上具有优势，已经开办了中文、英语、西班牙语、法语、阿拉伯语、俄罗斯语、韩语、蒙古语等语种的频道。

美国电视国际传播的频道集群构成则非常多元，而且不同类型频道的国际知名度和影响力都非常可观。在新闻类频道领域，美国有线电视新闻网（CNN）、CNBC、彭博电视（Bloomberg Television）等在国际新闻类频道中颇具优势。在纪实类频道中，国家地理频道（Nationial Geographic Channel）和探索发现频道（Discovery）等频道声名远扬。在影视类频道中，家庭影院频道（HBO）、美国经典电影频道（AMC）等频道常盛不衰。在体育类频道中，ESPN 在许多国家电视市场几乎所向披靡。在音乐类频道中，音乐电视频道（MTV）颇受欢迎。在综艺娱乐类频道中，艺术与娱乐频道（A+E）在多个国家成为热播频道。在儿童类频道中，美国迪斯尼（Disney）、卡通电视网（Cartoon Network）、尼克频道（Nickelodeon）和布莫让频道（Boomerang）等在一些国家电视市场中举足轻重。

（二）产业支撑

电视国际传播的基础是国内影视产业，影视产业水平的高低直接决定了电视国际传播能力的大小。中国影视产业仍处于发展阶段，但整体态势喜人。2016 年，中国生产完成并获得《国产电视剧发行许可证》的剧目共计 334 部 14912 集，其中现实题材剧目占比为 56.89%，历史题材剧目占比为 41.32%，重大题材剧目占比为 1.79%。2016 年中国共生产电影故事片 772 部，动画电影 49 部，科教电影 67 部，纪录电影 32 部，特种电影 24 部，总计 944 部，故事片数量和影片总数量分别比 2015 年增长了 12.54% 和 6.31%。2016 年中国电影票房为 492 亿人民币，同比增长 11.83%。总体来说，中国影视产业仍不成熟，尚不足对电视国际传播形成强有力的支撑。

美国影视产业经过多年发展，已相当成熟。即使放眼全球，美国影视产业的竞争力也首屈一指。目前，世界排名前十的传媒公司都在美国，其中排名第一的是美国康卡斯特公司（Comcast），位居第二和第三的是美国直播电视公司（DirecTV）和时代华纳公司（Time Warner）。进入前十名的其他美国公司依次为沃尔特·迪斯尼公司（Walt Disney）、新闻集团（News Corp）、时代华纳有线公司（Time Warner Cable）、考克斯公司（Cox Enterprises）、碟线公司（Dish Network）、维亚康姆公司（Viacom）和哥伦比亚广播公司（CBS）。[3] 美国发达的影视产业为电视国际传播提供了巨大支撑。

（三）渠道运营

渠道运营是电视国际传播领域竞争的重点。渠道运营是指传媒机构自建或租用有线电视、直播到户卫星电视、交互式网络协议电视以及数字地面电视等传输系统，以付费服务的方式向用户提供自办或集成的频道和节目。如果将节目内容的国际传播比喻为产品出口，那么渠道运营的国际传播就是在境外经营连锁超市，向顾客销售自制或代销的商品。从国际传播的角度来说，渠道运营是内容传播的重要基础。长期以来，中国电视国际传播在渠道运营方面作为不多，这既受国内产业发展水平的制约，也受国际传播意识的局限。

中国在海外的渠道运营业务仍处于发展阶段，而美国在这一领域则已经形成了非常成熟的商业模式，并涌现一批国际知名企业。其中，美国自由媒体环球集团（Liberty Global）颇具代表性。它是世界主要传媒集团之一，其业务遍及美国、欧洲、南美等地，主要涉及有线电视和直播卫星电视服务、电视节目制作与销售、通讯和互联网服务等领域等。其整体规模和经济实力在美国传媒领域位居第一，超过维亚康姆、迪斯尼等传媒集团。该集团通过资本运作进入多个国家电视业，并在德国、波兰等几个国家的电视业中扮演着举足轻重的角色。截至 2019 年初，该集团的用户规模达到了 2300 万。[4] 另外，美国新闻集团（News Corp）也在多国涉足电视运营业务。它在德国天空公司（Sky Deutschland）中持股比例为 54.5%；德国天空公司在德国直播到户卫星电视运营领域一

3　TV holds its own as global digital markets see continued growth, http://www.digitaltveurope.net, 20130531.

4　参见：美国自由媒体环球集团官网（www.liberyglobal.com）

家独大。新闻集团在意大利独资拥有意大利天空公司（Sky Italia），该公司是意大利最大的付费电视运营商。在澳大利亚，新闻集团拥有福克斯泰公司（Foxtel），它是澳大利亚付费电视市场的引领者，也是澳大利亚唯一进入全球前 50（依据用户数）的付费电视平台。美国直播电视公司（DirecTV）除了在美国电视运营市场占据重要位置之外，也通过拉丁美洲直播电视公司（DirecTV Latin America，简称 DTVLA）在中南美洲多个国家开展业务。2016 年，拉丁美洲直播电视公司的付费用户总数为 2022.1 万，预计到 2021 年为 2328.6 万，位居拉美地区首位。

三、新兴媒体背景下中美电视国际传播对比的新特征

新兴媒体改变了电视国际传播的媒介环境、传播范式和竞争模式，为电视国际传播发展带来新的挑战与机遇。就美国和中国电视国际传播而言，美国电视国际传播当前在新兴媒体领域全面发力，中国仍处在探索和尝试阶段。

新兴媒体解决了传统媒体时代电视国际传播的渠道问题，即电视节目通过卫星、光缆跨国传输以及后续落地播出的问题。当前，美国借助新兴媒体内容分发平台充分发挥内容的“边际效益”，提升电视国际传播竞争优势。目前，美国传统电视媒体和新兴媒体都在加大新兴传播平台建设，形成新兴渠道与传统渠道兼容并用的格局。例如，美国家庭影院频道（HBO）针对观众收视习惯的变化率先变革，推出了两个新兴媒体业务，一个是名为“HBO Go”的“电视无处不在”业务，另一个是名为“HBO Now”的网络电视业务。早在 2012 年，家庭影院频道就开始面向北欧地区推出了网络电视业务，此后又与亚马逊公司开展合作，进一步拓展网络电视业务。2015 年，美国家庭影院频道推出了名为“直播家庭影院”（HBO Now）的付费网络电视业务，每月资费为 12 美元。该业务进入了包括中国香港在内的多国多地区电视市场，观众通过该网络电视客户端即可登录，在智能手机、平板电脑、个人电脑等终端上观看 HBO 和 CINEMAX 等频道的内容。此前，家庭影院频道的网络电视业务已经在美国和北欧地区上市。同年，美国家庭影院频道将其网络电视平台“HBO GO”拓展到了哥伦比亚、巴西等拉美国家。2016 年底，美国家庭影院频道在西班牙推出了网络电视业务。该业务主要面向沃达丰电信用户，节目内容为家庭影院频道已经播出的热播剧，并在西班牙享有新剧的独家播出权。可以看出，无论是新兴媒体机构还是传统媒体机构，在国际传播中都积极利用新兴媒体技术来制作、播出、分发节目，在传播渠道的物理层面上淡化了国家边界概念。新兴媒体更是全面发力，以美国奈飞（Netflix）、亚马逊（Amazon）、互录（Hulu）、脸谱（Facebook）、优图（YouTube）等为代表的新兴媒体正在电视国际传播领域形成新一轮压倒性竞争态势。以

奈飞公司为例，根据HIS公司预测，美国奈飞公司的国际付费用户规模在2020年有望达到7500万。2016年底，奈飞在东欧18个国家新兴媒体公司排名中位居第一，用户规模为350万。目前，奈飞公司已经在国际影视节目分发领域形成了所谓的“奈飞效应”（the Netflix Effect），即影视内容跨国输出的“窗口期”因为新兴媒体的传播方式而大大缩短：在法国市场上播出的平均“窗口期”从2014/15年度的159天缩短到2015/16年度的32天。也就是说，一部美国电视剧在本国播出32天后，就开始登陆法国市场。另外，美国电视剧在英国和澳大利亚播出的平均窗口期为37天，此前是120天。美国电视剧在德国播出的窗口期为61天，此前是170天。[5]可以看出，美国在新兴媒体时代除了保持原有的节目优势之外，又在网络播出平台和内容分发技术方面加大了在渠道领域的优势。

相比之下，中国电视国际传播在新兴媒体领域尚未开展规模化渠道建设，未能在战略性竞争资源方面有所突破。目前，中国媒体在论及新兴媒体领域的国际传播能力时，多以在脸谱、优图等美国新兴媒体平台上的表现为标准。例如，根据中央电视台官网（WWW.CCTV.CN）的报道，截至2017年1月2日，中国国际电视台（CGTN）在脸谱上的粉丝数超过4000万。脸谱中国总部来函确认，CGTN已成为脸谱全球媒体主页粉丝数最多的新闻类主页。该网站在2017年3月又报道，2017年3月28日，脸谱全球副总裁、大中华区董事总经理梁幼莓女士向中国国际电视台新媒体部颁发脸谱杰出新闻媒体主页奖。“该奖项是脸谱官方为表彰全球最快增长和享有最大影响力的新闻媒体主页而设立的，新媒体部运营的CGTN主账号是2016年度全球唯一获奖者。目前，CGTN已经超越BBC和CNN等西方主流媒体，成为脸谱平台总粉丝量全球第一的新闻媒体主页。”[6]可见，中国电视国际传播目前尚没有在全球具有影响力的新兴媒体平台，国家的旗舰媒体都依然“寄人篱下”，借助美国新兴媒体平台开展传播。必须指出的是，电视国际传播具有浓厚的政治色彩，一旦因意识形态或国家利益等原因发生冲突，美国传统电视和新兴媒体渠道必然会封锁中国的节目。历史和现实都有案例可循。

四、结语与启示

针对当前国际媒体市场格局与新闻竞争，我国媒体参与国际竞争时需要认真分析自身强势、弱势，并研究当前机遇与挑战，从频道体系构建、品牌建设以及战略布局等方面有所创新和突破。通过比较，中国电视国际传播要在理念、机制、路径和渠道建设上取长补短，积极变革，寻求突破。当前，重中之重是要构建公共媒体和商业媒体两套

5 参见：www.digitaltveurope.net/530742/netflix-effect-forces-shorter-windows-for-drama.

6 参见中央电视台官网www.cctv.cn.

电视国际传播体系，实现宣传定位的频道与商业定位的频道并行不悖、并驾齐驱。其次，要注重媒体品牌建设，通过强化媒体品牌建设以及内容制作、营销推广水平来提升国际竞争力。最后，要高度重视新兴媒体在电视国际传播中的作用。在新兴媒体发展的大背景下，节目制作、传输和分发的全球化特征更为显著，对于规模的要求也更为迫切。要通过投资并购、合资等方式，获取优势新兴媒体资源，拓展传播渠道，提升综合传播能力。

中美智库“南海问题对话会”的启示[1]

王文[2]

【摘要】“中美智库南海问题对话会”是巧用智库外交，在关键时期精确传播中国声音。2016年7月5日，在菲律宾掀起“南海仲裁案”裁决前一周，中国特色新型智库中国人民大学重阳金融研究院与美国卡内基国际和平基金会合作，在美国首都华盛顿召开了“中美智库南海问题对话会”。中国前国务委员戴秉国、美国前常务副国务卿约翰·内格罗蓬特在内近百位两国在南海、经济、战略、国际法等领域的专家与前高官、媒体进行为期一天的闭门讨论。对话会由于特殊的时间点，引起了国际社会的高度关注，尤其是戴秉国关于“南海仲裁案就是一张废纸”掷地有声的论述，引起了全球媒体的广泛报道。

在国内，央视《新闻联播》《新闻30分》《朝闻天下》等近十个新闻热播栏目滚动报道；人民日报、新华社等央媒都连续多日大篇幅报道，中新社、中国外文局、光明日报、环球时报及人民网、环球网、大公报、文汇报、中评社等国内外上百家中文媒体都给予了重点关注与报道。在国际上，华尔街日报、美联社、路透社、南华早报等100家外媒也重点报道了戴秉国的讲话内容，也就对话内容给予深度挖掘。诸多报道认为，这是中美智库协力，旨在加强两国战略沟通、减少误判、提出务实解决思路，背后折射的是中美两国高层对避免事态恶化的努力，可谓中国对外传播的经典案例。

【关键词】南海问题；对话；智库；对外传播

1　本文系2016年度中国外文局全国对外传播理论研究课题“智库与话语体系建设研究”的阶段性成果，课题编号：15WWJB07。

2　王文：中国人民大学重阳金融研究院执行院长。

由菲律宾单方面要求裁定南沙岛礁地位的“南海仲裁案”在2016年7月12日公布所谓最终裁决。中国对此表示强烈反对，而菲律宾背后的支持者美国则屡放狠话，在南海问题上拉偏架、选边站，使得近年来本处于世界舆论焦点的南海问题加倍升温。在这个节骨眼，笔者所在机构与美国著名智库卡内基国际和平基金会于7月5日在美国首都华盛顿举办了“中美智库南海问题对话会”，双方都邀请了重量级对话嘉宾。会上，中国前国务委员戴秉国发出的“南海仲裁案就是一张废纸”的战略威慑，引起了全球的高度关注。

作为联合主办方“中国人民大学重阳金融研究院”与“美国卡内基国际和平基金会”之一的中方机构执行负责人，笔者亲历了前后数月的对话会筹备的台前幕后，以及一整天闭门讨论的始终，对各种细节尤其是现场激辩的情况感触颇多。

一、前高官要积极在智库平台上发声

此次对话，中方以前国务委员戴秉国领衔，有来自南海、经济、战略、国际法等领域的著名专家；美方则邀请了前常务副国务卿约翰·内格罗蓬特及来自美国国务院、国防部、国安会等重要部门的前高官和多家智库专家，总计约50位对话代表和与会嘉宾，可谓阵容强大，重要性空前，特殊性显著。

中美双方都有意愿希望通过深入对话，寻求在南海问题上管控分歧，并就中美两国今后如何长期加强战略沟通、减少误判等提出务实思路和解决方案。

开幕式当天，戴秉国走进会场后，全场响起掌声。他先与大家寒暄，讲到与在场几位美方重要嘉宾的多年友谊，然后对南沙群岛是中国固有领土的历史娓娓道来，坦承中国始终坚持双边谈判协商和平解决南海问题，坚守国际法和国际关系基本准则，管控和化解南海问题争端。但“在此背景下，菲律宾居然独出心裁，跳出来搞所谓南海仲裁案……实际上这背后隐藏着不良政治图谋，即有人有意挑事，刻意激化矛盾，怂恿对抗，唯恐南海不乱”。戴秉国极富逻辑与法理性地道出了仲裁庭的非法、无效性，并斩钉截铁地说道：“仲裁结果，不过是一张废纸。”这句话成为当天对话屡屡被引述的警句。

全场一直安静地倾听戴秉国的讲述。戴继续说，南海的温度必须逐步冷却下来。“当务之急是停止审理菲律宾的仲裁案”，并劝美方不要因为判断错误而“断送掉40多年来双方苦心经营起来的好端端的中美关系，那中美两国人民是绝不会饶恕的”。这句话可谓苦口婆心。此后内格罗蓬特在主旨发言中也复述了戴秉国的这个意思。

接着，戴秉国对美方的劝诫与警示令全场震撼。他向美国提出了如下五点建议，一是美方应恪守不选边站队的承诺；二是美方不要把南海放大为一个战略问题，臆想中国会把美国挤出亚洲；三是美国对南海的介入要降下来；四是要以建设性的方式妥善管控分歧；五是要努力拓展海上积极议程。其间，他说道：“哪怕美国全部10个航母战斗群都开进南海，也吓不倒中国人。”

戴秉国语重心长地说，自己75岁了，诞生在战火纷飞年代，亲历大国起伏，真诚希望“中国和美国都好，不要犯战略性错误而陷入冲突对抗的深渊”。“有些话不一定动听，但心是好的，是一个可以被视为美国朋友的肺腑之言”。

半个小时刚柔并济的主旨发言引起了美方对话嘉宾的共鸣。美前驻华大使芮效俭在开幕式茶歇期第一时间来索要戴秉国的发言稿，并用中文说“我一定要中文版的”。许多美方对话嘉宾围着戴秉国本人合影，有的则叙旧情，有的继续探讨；美国海军学院教授、著名少壮派军官马伟宁博士则告诉笔者，可能有人会觉得戴秉国的演讲有一些强硬措词，但他讲得很清晰，很真诚，让人听懂了中国给美国划的红线与底线。“这才是真正的中美对话。”美国《全球策略信息》华盛顿办公室主任威廉·琼斯说，戴先生的演讲几乎是中国近年来最清晰、最全面南海政策的讲述，美国真正懂得了中国捍卫南海岛屿主权利益的决心，也明白了中美在南海议题管控分歧的重要性，以及中美两国合作大于分歧的未来发展可能性。这些反馈都充分说明，在关键时刻，一些权威人士发声的重要性。

二、中国智库要有强大的辩论能力

中美两国之间虽有100多个对话交流渠道机制，但专门就南海问题的对话却很少，美国智库的大多学者对南海的基本事实也不了解，比如，对越南、菲律宾等国非法武力侵占南沙群岛共42个岛礁的事实模糊不清，对中方无意独吞南海、排挤美国的意图狐疑与猜忌等等。有的美国智库在南海议题上出于意识形态考虑，有的则跟着美国军方与媒体的观点走，而中美南海对话会则近乎给美方“洗脑”与“再教育”，在对话过程，中方学者处处显示出了话题主导力与逻辑优势。

第一环节的主题是“南海问题：中美各自的视角”，第一位主旨发言人、南京大学中国南海研究协同创新中心主任朱锋教授的坦诚立刻引起全场美方嘉宾的热烈响应。朱锋说，目前南海很危险，紧张局势有可能升级。美方需要想一想，有必要在南海进行中美战略对峙吗？美国无法阻止中国。如果各持己见，就毫无退路，大家都要懂得妥协，避免过激的行为，应该和平解决这个问题。美国、中国和其他声索国应该坐下来谈判。

随后作主旨发言的卡内基国际和平基金会高级研究员史文立即呼应了朱锋的观点，并道出原由：美国担心被中国逐出亚洲。他呼吁道：“我们面临的问题就像刚才朱锋教授提到的，双方会反应过度。中国可能认为主权受到挑衅，美国可能认为自己的立场受到了挑战。”

首轮定调发言引起了诸多正面回应。史汀生中心学者、美国前国务院高官容安澜呼应道：双方应站在对方的角度思考，否则谈判就无法推进。但现在，美国是对中国未来的不确定性感到焦虑。美国前副助理国防部长谢伟森不无担忧地说："未来 10 多个月的冲突几率特别高，我们要避免。"

管控风险的共识迅速达成，使第二环节"多角度看南海分歧与未来"的讨论变得更加直率。耶鲁大学法学院教授葛维宝在主旨发言中高唱"法律的价值"，"中国必须要遵守国际仲裁庭的裁决"。不过，他的所谓法理论述被接下来的主旨发言人、武汉大学边界与海洋研究院及国际法研究所首席专家易显河教授批驳得体无完肤。

易教授用流利的英文质问道：难道葛维宝教授忘记了奥巴马总统拒绝执行尼加拉瓜仲裁案的历史了吗？美国常讲依法治国，但"态度要诚实，不能在全世界面前玩把戏"，难道国际仲裁庭可以裁决主权吗？是仲裁庭不懂法、不尊重法律精神吧？现在仲裁庭的费用都是由菲律宾承担，可谓"出钱的人声音大"，仲裁庭只听了菲律宾单方面的片面之词。1995 年中菲两国就有共同声明，希望通过谈判达成和解，仲裁庭做判决，结果导致谈判消失。易教授在结尾幽默地问："现在我的学生问我，仲裁庭的仲裁员是否法律界的专业人士？我很难回答。"易教授的反驳令美方哑口无言，转而谈论其他次要议题。

第三环节聚焦"南海问题务实解决思路与建议"则更反映了两国的未来分歧。针对戴秉国"给南海降温"表述，芮效俭一方面表示，美方应当反思自己的言辞，停止公开谈论南海问题。另一方面，中国也应尊重海洋法框架，不要老拿历史性权利说事，由于明清时期的闭关锁国，历史上中国曾放弃过南海权利。

上海社会科学院黄仁伟教授立即反驳道，中国谈的"历史权利"不是追溯到明清时期，而是追溯到 1947 年中华民国建立的 11 段线，毕竟所有临时国界是根据二战之后的约定确立的。黄仁伟还纠正道：把仲裁庭的决定称为国际法，这是误导；美国是最大军事大国，老派航母到南海，如何要求其他国家不能军事化管理？

如何防止危机的出现？黄仁伟认为，中美要定期通话，应该继续海上相遇规则的对话，要通知对方在此领域的巡航和战舰通过、军事演习或其他活动。美方说制止过菲律宾的冲动，但你们不能偷偷地做。而对中国的批评却动辄用媒体，很高调。

黄仁伟的建议得到了美方响应。美国前助理国防部长格雷格森认为，美国不应再公开谈论航行自由行动，这让中国公众感觉受辱、下不了台。美国战略预测公司地缘战略分析副总裁罗杰·贝克提出，应当恢复共同开发，建立南海联络处实现信息共享等，以此缓和南海冲突。

为期一天的讨论，信息量相当大，交锋也很直接，几十位发言者相当踊跃，但在场的几位观察员纷纷表示，中方准备充分，立论扎实，占据道义至高点。有人说，"如果是一场辩论赛的话，中方完胜"。由此可见，在中外智库的话语交锋，基于事理、学理的话语辩论有多么重要。

三、通过思想碰撞寻求合作

在对话的最后，两家主办方代表做了总结。卡内基国际和平基金会副总裁、前总统特别助理包道格在总结时坦言，举办这场对话会是经过仔细而反复的利弊权衡的。他认为，这场对话会是坦诚、富有创造力的一次成功的会议。

笔者在总结中则以故事开头，赞扬卡内基国际和平基金会作为现代智库的前辈与老师，对中国智库不断提供帮助与合作机会，然后话锋转而谈道，美国对中国态度也应向卡内基国际和平基金会学习。因为在现代化与国家崛起方面，美国是老师，中国是学生，但老师也应包容学生赶上甚至超越老师。南海问题出现，部分折射了“老师”美国无法包容“学生”中国海洋力量的崛起。全场不少美方嘉宾都会心地笑了。

接着笔者建议，管控南海分歧至少要有三个 C：communication（沟通）、coordination（协调）、cooperation（合作），即双方在智库、媒体层面多沟通，在南海政策方面多协调，在南海生态、反恐和“一带一路”方面多合作。美方学者都为此报以掌声。

本次对话在平和却又深刻的讨论中圆满结束，被许多在场嘉宾视为一次中国主动塑造国际话语权、让美方释疑解惑的重要案例。不少外媒也报道了此次会议相当多的重要内容，让美方清晰地知道中国意图，起到了风险管控的作用。

通过这轮对话，笔者越来越觉得，南海问题不只是南海各方的利益之争、法理之争，更重要的还是思想之争、话语权之争。而南海的思想与话语权竞争则源于国家的海洋战略意识与国际维权意识，也源于智库的研究能力与国际运作能力。

正如前国务委员戴秉国铿锵有力的重要讲话，“希望美国恪守在领土主权争议问题上不选边站的承诺，认清中国和平崛起、无意争霸的战略意图，停止介入南海有关领土问题，与中国共同建设性管控分歧”，中国对南海问题的解决应当比美国更有底气，因为美国缺乏基本法理支撑与根本的利益诉求，而时间与道义都站在中国这边。

四、智库要善用国际媒体

在中美南海问题对话会的第二天（7 月 6 日），笔者所在机构又与中国南海研究院在距白宫不到两公里的杜邦环岛酒店合作召开了“南海问题：专家与媒体见面会”，通报了前一天的对话会情况，并就媒体关注的问题进行阐释和答问。在华盛顿的 50 多家媒体与相关人员参加了媒体会，引发数百家全球媒体的报道，也引发了美国决策者的良性反应。

国际上，美国《华尔街日报》、路透社、华盛顿最著名的内参《尼尔森报告》《外交政策》杂志、美国公共广播电视台、路透社、彭博社、日本 NHK 电视台、《朝日新闻》等上百家国际知名媒体对中方的南海政策与立场进行了深度解读与报道。

在国内，中央电视台、新华社、《人民日报》、中国外文局、《中国日报》《光明日报》《环球时报》、中新网及人民网、环球网、《大公报》《文汇报》、中评社、中国经济网、观察者网、网易新闻等上百家中文媒体给予了大篇幅重点报道，多家媒体还以整版形式刊登了前国务委员戴秉国的讲话内容。

其中，央视《新闻联播》《朝闻天下》《新闻30分》《新闻直播间》《中国新闻》、中央电视台北美分台（CCTV AMERICA）的《LATEST NEWS》均就均重点报道了此次对话会，还邀请中方智库代表专家团队进行了评论与解读。凤凰视频、腾讯视频、搜狐视频、优酷土豆视频等都给予了转播。

7月7日，美国国会临时举行听证会，讨论前国务委员戴秉国的发言及目前中方智库传递的信息，最终得出三点美方结论：1) 维系固有的军事存在（A steady military presence），即不扩大态势；2) 降低意外危机升级的风险（lower the risks of unintended escalation）；3) 目前的紧张无益于任何人（tensions … benefits no one）。这些都证明此次智库外交对美国战略决策的先发制人作用。

由此可见，在7月12日"南海仲裁案"即将判决的大背景下举行的两次对话会与媒体会充分发挥了中国智库外交的作用。此次对话会是中国智库主动塑造国际话语权的经典案例，取得了对美方释疑解惑，加强中美两国战略沟通、减少误判，并提出务实思路和解决方案的积极作用。中外媒体及社会各界一致认为，这是中美智库协力合作的成果，是真正的"中美对话"，背后折射的是中美两国高层对避免事态进一步演化的努力，也是国家战略和智库外交"完美配合"的一次全方位展示。

新媒体时代全球智库社交网络影响力研究[1]

相德宝　张文正[2]

【摘要】本文运用社会网络分析方法对全球智库社交网络影响力进行了研究，发现美国智库社交网络影响力最强，位于社交网络核心位置的智库数量最多。英国智库社交网络影响力位居第二。全球智库社交网络存在核心 - 边缘结构。核心位置智库除一家外均来自美国、英国等发达国家。亚洲国家智库社交网络影响力弱，全部位于边缘网络位置。中国智库国际社交网络影响力弱，与中国智库数量不相称。基于以上研究，文章提出提升中国智库国际社交网络影响力的策略建议。

【关键词】全球智库；社会网络分析；社交网络影响力；核心；边缘

随着信息时代和知识经济时代的来临，当今世界的竞争已经不仅仅是经济、军事等“硬实力”的竞争，更是以思想、观念、文化为核心的“软实力”竞争。作为创新思想的源泉，智库正成为各国“软实力”竞争的新焦点。[3]与此同时，伴随我国硬实力的提升，加强国家软实力建设愈益紧锣密鼓展开。2015 年初，中办、国办出台《关于加强中国特色新型智库建设的意见》，明确提出要实施国家高端智库建设规划。其中，衡量国家高端

1　本文为中国外文局对外传播研究中心招标课题《新媒体时代的话语体系创新和话语权研究》（编号：15WWJB04）、上海哲社一般项目《中国外宣媒体国际社交网络影响力及其提升策略研究》(2015BXW002)和前期研究成果，同时受上海外国语大学第二届科研创新团队资助。

2　作者简介：相德宝：上海外国语大学新闻传播学院副教授；张文正：上海外国语大学信息技术中心工程师。

3　王辉耀：《中国智库国际化的实践与思考》，《中国行政管理》，2014年5月，第20-24页。

智库的一个重要标准就是是否具有全球影响力，能否在重大全球舆论事件中起到舆论引导功能。

新媒体时代，社交网络成为全球公共舆论平台，是国际思想文化信息的集散地和全球重大事件舆论的放大器。社交网络成为新媒体时代各国智库拓展全球影响力的重要场域。全球智库纷纷抢滩社交媒体，传播信息，沟通民众，影响舆论。因此，如何客观评估全球智库社交网络影响力成为当下智库研究的重要理论和实践话题。

一、文献综述

（一）智库影响力研究

近年中国兴起智库建设的热潮，评估、衡量智库影响力成为当下智库研究的热点问题。国内方面，上海社会科学院智库研究中心和中华智库研究中心分别于 2014 年开始连续发表国内智库影响力报告。国际上，美国宾夕法尼亚大学自 2007 年开始发布《智库全球影响力指标》，对全球智库影响力进行评估。上海社会科学院对国内智库影响力的评估基于智库决策影响力、学术影响力和公众影响力的综合体现，同时加上智库影响力实现的一整套渠道和机制，即智库的成长与营销能力，共同构成中国智库影响力的评判标准。[4] 中华智库研究中心采用五级指标体系包括决策影响力、舆论影响力、社会影响力、专业影响力和全球影响力对智库影响力进行评估。[5] 宾夕法尼亚大学《智库全球影响力指标》评估采用专家提名、定量和定性相结合的研究方法，基于资源指标、声誉指标、成果指标和影响指标四大指标体系对全球智库综合表现进行评估。[6]

（二）智库社交网络影响力研究

伴随着社交网络日益嵌入到当下人们的政治、经济、社会和文化生活，社交网络影响力成为权衡现实机构影响力的重要指标。因为社交网络具有跨越时空、迅捷、便利、及时等传播特征，其已经成为新媒体时代各国智库拓展全球影响力的重要场域，如何权衡全球智库的社交网络影响力成为重要研究领域。

然而，目前无论国内智库影响力的评估还是全球智库影响力的评估，都是基于智库现实影响力的讨论，缺少社交网络影响力的考量。本文对前人相关研究进行综述后，发现目前尚无对智库社交网络影响力的研究。鉴于此，本文尝试运用社会网络分析的研究

4　上海社会科学院智库研究中心项目组，李凌：《中国智库影响力的实证研究与政策建议》，《社会科学》，2014年第4期，第4-21页。

5　中华智库研究中心：《中华智库影响力报告(2015)》，2015年11月。

6　McGann, James G., *2015 Global Go To Think Tank Index Report*, 2016, TTCSP Global Go To Think Tank Index Reports. Paper 29

方法对全球智库社交网络影响力进行研究。

本文的主要研究目的是对全球智库社交网络的关系、结构进行研究，发掘具有较高影响力的智库节点，并对具有较高社交网络影响力的全球智库的特征进行挖掘。本文的主要研究问题包括：

1. 全球智库在社交网络上是否形成具有一定密度的网络社群？
2. 全球智库社交网络影响力如何？哪些智库具有较高的社交网络影响力？
3. 全球智库社会网络结构如何？是否存在核心 - 边缘结构？具体特征如何？
4. 中国智库全球社交网络影响力如何？

二、研究设计

（一）研究对象

本文选取国际社交网络 Twitter 作为媒介研究对象，因为 Twitter 是国际社交网络中最具影响力的网站。此外，本文选取美国宾夕法尼亚大学《2015 全球智库报告》中综合排名前 175 位的全球智库[7]作为研究对象，因为他们具有综合性、全球性和跨领域的特点，具有研究价值。本文进而对 175 家全球智库在 Twitter 上开设的账号进行搜索，共计搜索到 80 家全球智库在 Twitter 上开设账号。

（二）数据抓取

本文主要研究全球智库网络之间的相互关注关系和结构，并对其社交媒体影响力进行评估。本文将在 Twitter 开设账户的 80 家全球智库作为独立的行动者，智库之间的相互关注关系形成一个相对稳定的网络结构。

（三）研究方法

社会网络指的是社会行动者及其相互关系的集合。一个社会网络是由多个节点（社会行动者）和各点之间的连线（行动者之间的关系）组成的集合。社会网络分析是分析社会网络中各种关系结构及其属性的方法，它通过建立行动者之间交往关系的模型，来描述群体关系的结构，并分析它对群体功能或群体内部个体的影响。社会网络分析采取结构分析路径，它的核心着眼点是社会行动者（或节点）的“位置及其相互关系”。

中心性是对社会网络结构、关系和权力的一种描述和度量。通过社会网络中心性分析可以直接找出在整个社会网络中最具影响力的节点。社会网络分析不仅在方法上，而

7 McGann, James G., *2015 Global Go To Think Tank Index Report*, 2016, TTCSP Global Go To Think Tank Index Reports. Paper 49-52.

且也在理论上突破了传统的研究范式。[8]社会网络分析成为当下人文社会科学研究中一个新的热点议题，并在社会学、政治学、心理学、新闻传播学、全球关系领域产生广泛应用。本文利用UCINET和ORA软件展开分析。

三、主要研究发现

（一）全球智库在社交网络上形成紧密连接的网络社群

网络密度指的是一个网络的凝聚力的总体水平，是测量网络行动者联系的紧密程度以及信息交流的积极程度的重要指标。网络密度的数值介于0和1之间，越接近1则代表彼此间的关系越紧密。结果显示，全球智库网络密度为0.154，表明全球智库在Twitter上具有一定的关联度。

网络平均距离指的是网络中任意两个节点之间交流所需经过的连线数，它是衡量网络全局特征的一个重要指标。全球智库网络平均距离为2.147，可见全球智库在社交网络Twitter上形成紧密连接的网络社群。

本文运用ORA可视化功能制作了Twitter全球智库网络的总体结构图，参见图1。

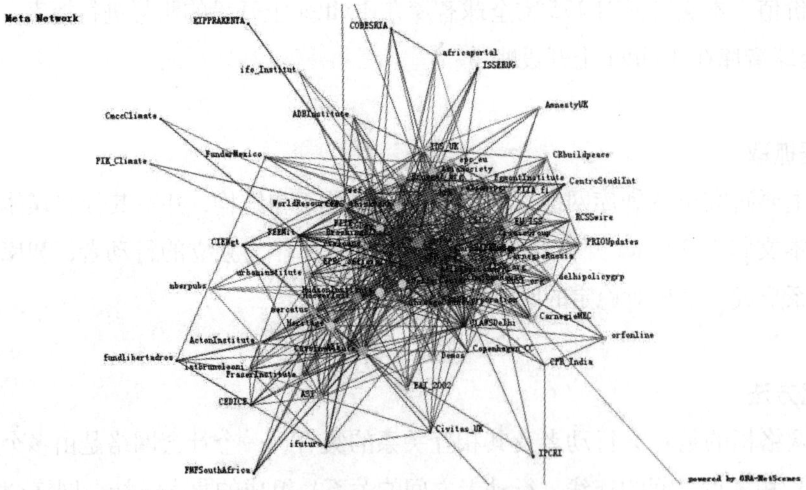

图1：全球智库社交网络结构图

（二）美国布鲁金斯学会、外交关系委员会和卡内基全球和平基金位列全球智库社交网络影响力前三名

社会网络分析是基于中心论的一种分析方法。中心性是对社会网络结构、关系和权力的一种描述和度量。通过社会网络中心性分析可以直接找出在整个社会网络中最具影

8　陈冲、刘丰：《国际关系的社会网络分析》，《国际政治科学》，2009年第4期，第92-111页。

响力的节点。

点度中心性是最先被提出的、概念相对简单的一个中心性度量指标。点度中心性是在网络分析中刻画节点中心性的最直接度量指标。本文将点度中心性等同于智库社交网络影响力。一个节点的节点度越大就意味着这个节点的度中心性越高，社交网络影响力越强。

通过 ORA 社会网络分析软件对全球智库点度中心性的统计发现：美国布鲁金斯学会社交网络影响力最高（0.229），其次是美国外交关系委员会（0.225），排名第三的是美国卡内基全球和平基金（0.224）。

（三）全球智库社会网络存在核心 – 边缘结构（Core–periphery structure）

世界体系理论（The Theory of World System）认为，世界体系是一个社会体系，由核心地带、半边缘地带和边缘地带组成。[9] 社会网络分析也从模型的角度研究网络的核心 - 边缘结构 (Core-periphery structure)。核心 - 边缘结构分析根据网络中节点之间联系紧密程度，将网络中的节点分为核心区域和边缘区域。对全球智库社会网络进行核心 - 边缘结构分析可以清楚把握哪些智库处于核心地位，哪些智库位于边缘地位。同时，这有利于对处于核心网络和边缘网络的智库特征进行挖掘。

本文利用 UCINET 核心 - 边缘结构模型对全球智库社交网络进行分析发现，全球智库社交网络同样存在核心 - 边缘结构，其中 27 家全球智库处于核心位置，53 家智库处于边缘位置。全球智库社会网络核心 - 边缘结构图参见图 2。

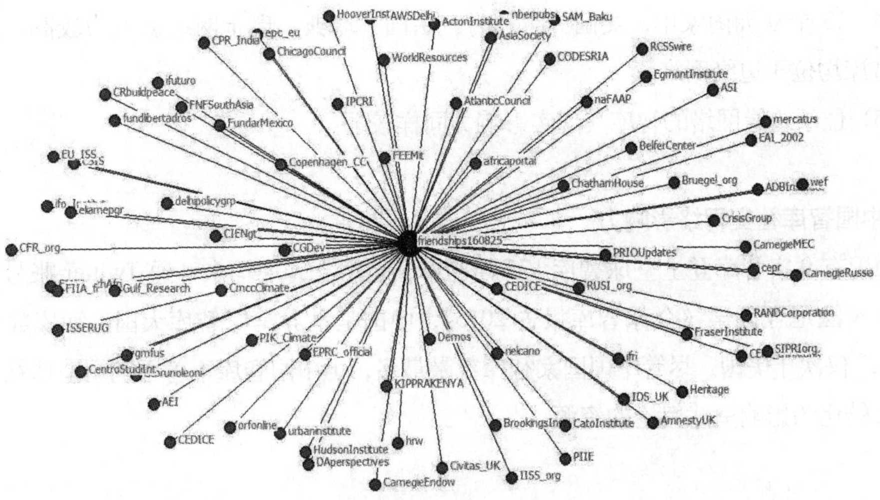

图2：全球智库社交网络核心–边缘结构图

9 Wallerstein, Immanuel. World-systems analysis: an introduction (5. print. ed.). Durham: Duke University Press, 2004.

1. 核心网络及其特征

（1）美国智库社交网络影响力最强，位于社交网络核心位置智库数量最多。27 家核心智库中有 15 家来自美国；英国智库社交网络影响力位居第二位，共计 4 家英国智库处于核心网络位置；比利时有 3 家智库位于核心网络；瑞典、瑞士、法国、德国、乌干达各 1 家。

（2）核心网络智库除乌干达一家智库外全部来自美国、英国、比利时等发达国家。乌干达经济研究中心尽管来自欠发达国家，现实影响力不高，在全球现实影响力排行榜位居 143 位，但在社交网络中连接了许多具有高度社交网络影响力的节点，在全球社交网络中扮演网络中心枢纽（Hub）角色，从而进入核心网络位置。

（3）智库网络影响力与现实影响力存在一定关联，具有较高现实影响力的全球智库同样具有较高社交网络影响力。本文将全球智库社交网络影响力排名与宾夕法尼亚大学智库现实影响力排行榜进行对比分析，发现全球智库社会网络核心智库名单中前 8 位与宾夕法尼亚大学全球智库现实影响力排名完全重合。仅 7 家全球智库排名 100 位之后的智库进入核心网络。

2. 边缘网络及其特征

（1）亚洲国家智库社交网络影响力弱，全部位于边缘网络位置。

（2）非洲国家中除乌干达外，其他国家智库全部位于边缘网络位置。

（3）美洲国家中除美国外其他国家智库全部位于边缘网络。

（4）13 个欧洲国家中，英国、比利时、法国、瑞典、瑞士网络影响力较高，其余国家的智库均位于边缘网络。

（5）位于边缘网络的智库其现实影响力同样较弱。

（四）中国智库社交网络影响力

中国有 9 家智库登上全球智库 175 强榜单，但所有智库均未开通 Twitter 账号。根据美国宾夕法尼亚大学《全球智库报告 2015》，中国是世界第二智库大国，智库数量达到 435 家，[10] 仅次于美国。尽管中国国家智库数量最多，但中国智库不善于利用全球社交网络将成果转化为影响全球舆论的资源。[11]

10　华凌：《〈全球智库报告2015〉：中国智库数量位居世界第二》，《科技日报》，2016年1月28日，第A06版。

11　王眉：《智库国际传播与对外话语体系构建》，《新疆师范大学学报：哲学社会科学版》，2015年第6期，第94-100页。

四、提升中国智库社交网络影响力策略和建议

中国智库作为中国对外传播话语体系的传播主体，应学习美国充分利用全球社交网络平台，建立多层次的信息传播机制，提升中国智库互联网时代全球社交网络影响力。本文提出以下策略建议：

（一）充分重视社交媒体，加强社交媒体对外传播能力建设

目前，中国智库在利用社交媒体进行对外传播中严重不足，中国智库全球网络影响力与中国智库的整体实力和数量严重不匹配。相较传统媒体，社交媒体对外传播具有先天的优势，这使其成为新时期加强中国特色新型智库建设中的利器。因此，应当充分认识和加强社交新媒体在中国特色新型智库建设中的战略地位，布局中国特色新型智库建设的全球社交媒体地图。

（二）鼓励中国智库在全球社交媒体开设账户，与全球公众进行沟通和对话

美国智库最早开设社交媒体账户。通过网络媒体，全球网络用户都可以了解美国智库对外交政策的分析，从而潜移默化地在全球范围内构建美国的软实力。[12] 因此，美国智库不仅拥有最强大的现实世界影响力，同时拥有最强大的社交网络影响力。

中国智库应学习美国智库运用社交媒体的经验，建立全方位社交媒体信息传播机制，第一时间在社交网络上发布智库研究成果；适时开展与全球网民互动交流活动等。

（三）根据智库专长进行议题设置，实现全球社交媒体舆论引导

加强社交媒体在全球社交网络对外传播能力建设，可以充分发挥智库的国际舆论引导功能，在重大舆情事件中发挥舆论引导功能。

近年来，中国外宣媒体纷纷在国际社交媒体中开设账号，加强社交媒体对外议题设置，在重大涉华舆论事件中扮演重要舆论领袖角色。智库作为中国对外传播话语体系建设的主体，应积极学习中国外宣媒体海外社交媒体传播的经验。此外，不同专业的智库应就专业领域进行议题设置，在全球社交媒体舆论场域发出中国声音，阐释中国立场，型塑中国框架。

（四）加强与全球智库链接，扮演全球智库社交网络的信息枢纽

社交网络的影响力的衡量很大程度上基于该节点在整个网络中位置和节点对外的

12　原松华：《建设一流智库 提升国家软实力》，《中国发展观察》，2012年第12期，第30-32页。

连接。乌干达经济政策研究中心尽管自身实力不强，但通过链接全球重要影响力的节点，从而成为全球智库社交网络的信息枢纽，增强了社交网络影响力。中国智库在自身网络影响力不强的形势下，加强与全球核心智库的网络连接无疑是增强自身社会网络影响力的捷径。

（五）开通智库知名研究员专栏，提升智库社交网络影响力

社交网络实现人际间的互联互通。鼓励智库研究员在全球社交网络开设账户，发挥智库知名研究员的个人魅力，有利于实现智库对外传播的粘性传播，从而提升中国智库的全球社交网络传播影响力。

（六）运用大数据进行个性化内容推荐，实现精准传播

社交媒体本质是社群传播。不同国别、职业、群组的网民的兴趣、需求和内容偏好各不相同。面对海量、异质、需求各异的全球受众，智库社交媒体的内容发布需要运用大数据战略。根据受众群组的内容、兴趣偏好进行个性化内容推荐，实现一对一的精准传播。

结论

本文运用社交网络分析方法对全球智库在 Twitter 平台上的社交网络影响力进行了研究，发现全球智库在社交网络上形成紧密连接的网络社群。全球智库社会网络存在核心-边缘结构。核心位置智库除乌干达一家智库外全部来自美国、英国、比利时等发达国家。亚洲国家智库社交网络影响力弱，全部位于边缘网络位置。智库网络影响力与现实影响力存在一定关联，具有较高现实影响力的全球智库在社交网络上同样具有较高网络影响力。

中国 9 家智库登上全球智库 175 强榜单，但所有智库均未开通 Twitter 账号。中国智库作为中国对外传播话语体系的传播主体，应充分利用全球社交网络平台，建立多层次的信息传播机制，提升全球社交网络影响力。

地方新型智库的国际传播能力建设研究

——山东社科院对外学术交流与合作的探索与实践

管典安　黄晋鸿[1]

【摘要】 综合国力的提升，既需要经济军事等硬实力的支撑，也需要思想文化等软实力的支撑。作为智力资源汇聚整合和生产加工的现代智库，既是国家软实力的重要载体，也是国际话语权的重要标志，承担着对外介绍中国建设经验、阐释中国发展道路，辨析中国对外关系和国际政策的重要任务。构建中国特色新型智库，强化智库公共外交功能，推动中华传统文化和中国价值观念走向世界，是增强我国国际影响力和国际话语权的重要途径。近年来，山东社科院在建设地方新型高端智库的探索与实践中，深入挖掘对外交流合作资源，不断创新对外交流合作模式，务实开展对外学术交流与合作，较好地促进了山东社科院智库建设水平和国际传播能力的提升。

【关键词】 地方智库；国际传播

在中国崛起为全球大国，深度参与国际事务的大背景下，中国急需建设一批高端智库，为推进中国的实践创新、理论创新和制度创新提供强有力的智力支撑。同时，需要把这批智库打造成为有效的国际交流平台，通过公共外交和对外传播的手段，吸纳国外智慧助力中国发展。山东社科院在社会科学创新工程和地方高端智库建设的实践中，注重加强国际交流平台和对外传播能力建设，较好地发挥了地方高端智库的公共外交功能。

1　管典安：山东社会科学院副研究员；黄晋鸿：山东社会科学院研究员。

一．主动走出去，向外国专家学者积极宣扬中国文化、阐释中国道路

为深入贯彻落实习近平总书记关于加强“学术外宣”“学术外交”的重要指示，促进中外学术的交流对话，山东社会科学院积极开辟和充分利用对外学术交流与合作平台，主动在国际学术舞台上发出山东社科院的学术声音，扩大山东社科院的学术影响。

（一）充分利用国际会议平台

近年来，山东社会科学院充分利用境外大型国际学术会议的时机，选派知名专家学者参会交流，加强对中国特色社会主义道路、理论体系、制度成就和中国传统文化的对外传播。例如，中国社科院马克思主义研究院连续四年在国外举办中国道路论坛，山东社会科学院积极协调和申请参会名额，先后选派 3 批 8 人参加“中国道路欧洲论坛”，1 批 1 人参加“中国道路澳洲论坛”，1 批 2 人参加第四届“中国、俄罗斯、中东欧国家发展战略论坛”，参会专家的学术观点得到国内外同行的高度认可。又如，山东社会科学院选派优秀的专家学者参加新加坡国立大学李光耀公共政策学院亚洲竞争力研究所每年举办的学术年会，介绍山东经济社会发展的现状和成就。

（二）积极拓展海外合作关系

近年来，山东社会科学院在梳理和巩固传统学术交流与合作关系的基础上，有针对性的建立或保持学术交流关系。目前，山东社会科学院与美国、日本、韩国等国家的 30 余个科研机构或高等院校签订了学术交流与合作协议，与 100 余个单位保持着学术交流与合作关系。尤其是近三年来，山东社会科学院与美国兰德公司和新加坡国立大学李光耀公共政策学院亚洲竞争力研究所保持了密切的学术交流与合作关系。在交流合作过程中，不仅开拓了山东社会科学院专家学者的学术视野，而且提升了山东社会科学院在国际学术界的知名度。

（三）尝试开展出国培训业务

2016 年，山东社会科学院尝试开展了出国培训工作，先后组织 3 批 10 人出国培训，学习借鉴美国高端智库在科研管理、人才培养、业务考核、成果转化、资金筹集等方面的先进经验。组织 2 批 4 人赴新加坡国立大学李光耀公共政策学院亚洲竞争力研究所学习“经济体竞争力指标体系评估技术”，为山东社会科学院顺利开展山东省 17 城市竞争力评估研究提供了技术支撑。2017 年，山东社会科学院又选派 16 人赴美国进行为期 21 天的“美国高端智库的研究方法培训”，学习美国高端智库的先进科研方法。在国外学习培训期间，山东社会科学院专家学者与国外同行广泛接触，了解他们对中国文化和中国

道路的熟悉程度，更好地把握对外宣传的技巧和方法，为今后有的放矢地“讲好中国故事、发出中国声音”积累了丰富的经验。

二. 热情请进来，让外国专家学者亲身体验中国发展、感受中国形象

外国专家学者只有亲身来到中国，才能真正体验到中国传统文化的源远流长和博大精深，才能真正感受到中国改革开放的蓬勃生机和伟大成就，才能更好地理解和认同中国的道路选择。

（一）邀请外国专家实地调研

深入推进中外人文交流，促进相互理解、彼此尊重，是合作共赢的基础。上世纪80年代，邓小平亲自批示山东省邹平县设立美国学者“中国农村调查点”。自1985年以来，美国历史学家、经济学家、社会学家、环保学者和农业科学家等500余人次到邹平进行了20余年的连续性、蹲点式社会研究。山东邹平观察点的建立，被中美政府和学界视为中美人文交流的成功典范。山东社会科学院全程参与和见证了国外学者在邹平的调研活动，并在与国外学者交流与合作中积累了丰富的经验。此后，我们还主动邀请国外知名友华学者来平阴县和邹平县农村进行跟踪调查。如日本东北大学小林一穗教授，他自2001年以来先后20余次到山东农村调研，先后出版了日文版《中国农村的合作组织》《中国华北农村的社会变迁》《中国农村的集居化》等三部学术著作，客观地介绍了中国农村特别是山东农村的发展变化情况，在中日学术界引起较大反响。又如澳大利亚国立大学教授、中国现实问题研究（英文）著名刊物《中国研究》原主编任柯安博士，先后数十次往返邹平调查点，持续了28年的田野调查，先后撰写出《关系的产生：一个中国北方村庄中的情感、自我与亚文化》《治理教育渴望：中国的文化、政治与教育》等著作，引起了国际学术界的广泛关注。

（二）欢迎外国专家访问交流

近年来，山东社会科学院对外学术交流与合作关系不断增多，每年来院访问或交流的国外专家学者约30余批60余人，有些还是中联部、中国社科院、山东省政府安排的国（境）外大型政府官员、智库学者和新闻媒体代表团，如“非洲经济社会发展研究学者研修班代表团”“拉美智库学者媒体人士考察团”等。每次国（境）外专家来访，我们都要精心准备、认真筹划，根据外国专家的学科方向、研究领域和关注热点，有针对性地安排山东社会科学院知名专家与外宾座谈交流。在回答外宾关心和关注的热点问题的同时，积极向外宾介绍中国优秀传统文化和山东改革发展成就。条件允许的情况下，我

们还组织外宾到曲阜进行传统文化体验和到周边农村社区实地调研，让他们感受中国传统文化的魅力和中国改革开放的成就，加深他们对中国文化和中国道路的理解和认同。

（三）聘请外国专家作学术顾问

为促进儒学科研事业的发展，提高儒学对外交流的实效，山东社会科学院聘请韩国著名儒学专家、韩国安东大学大学院院长李润和先生作为国际儒学研究与交流中心的外聘专家。近年来，外国专家在对外学术交流中的传送带作用和在学术研究中的催化剂效应明显。在外聘专家的支持和协助下，山东社会科学院先后三次成功举办了“中韩儒学交流大会”以及“首届东北亚儒学威海论坛”。

三．探寻合力源，和外国专家学者合作传播中国声音、讲好中国故事

中国智库要促进中国的话语设定能力，就必须前瞻性、独创性地研究与中国密切相关的重大问题。[2] 与国外友华学者进行学术交流与合作，有利于他们更好地了解中国发展现状，研究中国发展道路，宣传中国发展成就，维护中国良好形象。同时，也有助于使中国声音在特定议程的讨论之初便得以融入。近年来，山东社科院积极邀请外国专家学者共同开展课题研究，为友华学者提供畅通的交流渠道，搭建互利的合作平台。

（一）共同举办国际学术会议

近年来，山东社科院与国外学术合作单位在办好一年一届的“山东省京畿道发展论坛”“中韩海洋经济论坛”等传统涉外大型学术会议的基础上，连续三年共同成功举办了中韩人文交流委员会交办的“中韩儒学交流大会”和首次共同成功举办了“东北亚儒学威海论坛”。邀请参会的专家学者都是国外有较大学术影响力的友华人士，他们的参会交流和成果发布，有利于更好地宣传中国文化和中国道路。

（二）合作创办国际学术期刊

为加强学术研究成果的对外宣传，山东社科院在办好网站和报纸的基础上，积极尝试与国外知名学术机构共同创办学术期刊，及时刊发中外知名专家的最新学术成果。山东社科院成功地创办了《国际儒学论丛》集刊，该刊已经出版发行三期，投稿作者有美国、日本、韩国、蒙古等国家和台湾地区的儒学专家，他们在宣传中国儒家思想的当代价值上发挥了积极作用。

2　张春：《中国智库开展公共外交的四策》，《公共外交季刊》，2013年冬季号第3期，第36页。

（三）精心组织课题共同研究

邀请外国专家来华开展课题合作研究，借助外国专家的亲身经历和研究成果宣传中国的改革开放和发展变化，往往比中国专家对外宣传更有市场、更易接受，往往会起到事半功倍的效果。2016 年，山东社科院与新加坡国立大学李光耀公共政策学院亚洲竞争力研究所合作开展了山东省 17 城市竞争力评估研究。2017 年，山东社科院还与英国卡迪夫大学马海丽教授共同申报了 2017 年度英国艺术文化基金课题——《全球语境下中国新兴（传统）艺术产业发展研究》，课题组结合国家出台的“一带一路”倡议，为推动山东非遗文化产业柳编走出去提出有关对策和建议。

四. 形成新常态，向国内外学术界及时推送科研成果、展示智库实力

地方新型智库加强对外传播能力建设，不仅要在体制机制的创新上想办法，也要在宣介媒体的开发上下功夫。要及时发布山东社科院科研成果，及时宣传我省改革成就，真正成为地方党委政府对外宣传的生力军。

（一）强化传统媒体的外宣功能

近年来，山东社科院注重发挥报刊杂志等传统媒体的外宣功能。首先是办好品牌杂志。《东岳论丛》是山东社科院主办、国内外公开发行的大型人文社会科学综合性学术理论期刊。[3] 其次是创办学术集刊。根据山东社科院创新工程和新型智库建设的实际需要，适时创办了《中国文化论衡》《经济动态与评论》《国际儒学论丛》《中国海洋经济》等四种集刊，由于集刊优质稿源丰富，学术影响不断扩大。再次是创办学术报纸。创办的《山东社会科学报道》及时宣传报道山东社科院实施创新工程、建设高端智库的成效，围绕重大理论与实践问题组织编发院内外名家文章、开设特色专栏。

（二）挖掘新兴媒体的外宣潜能

注重网站和微信等新兴媒体的对外宣传功能，及时向外界推动山东社科院科研成果和智库建设经验。院官网、山东智库联盟网站编发稿件条次、总访问量均有大幅增长，比 2015 年增加 10 倍以上。微信公众号全年无休，2016 年共编发稿件 1000 余条次。

（三）注重新媒体上的互联互通

2017 年，外交部在“一带一路”高峰论坛官方网站和境内外新媒体官方账号上设计

3　孙必鹏：《2016年度人大复印报刊资料转载指数》，《山东社会科学报道》，2017年3月30日。

运行了“新媒体上的互联互通”专题宣介板块。山东社科院通过省外办，及时将山东社科院官网和山东智库联盟网站的网址，以及山东社科院微信公众号上报外交部，便于发挥新媒体的互联互通作用，更好地对外宣传中国和宣传山东，不断扩大山东社科院在国际学术界的影响力。

五．地方智库提升国际传播力的现实困难

智库的学术影响力与智库的对外宣传力是相辅相成的，两者相互促进，相得益彰。2016 年，山东社科院的学术影响力和对外宣传力大大提升，全院知名专家学者在中央和省级重点媒体发表一系列理论文章，在《人民日报》《光明日报》《经济日报》《求是》等中央级媒体发表文章 21 篇，比 2015 年增长 40%。2017 年 2 月上海社科院智库研究中心发布《2016 年中国智库报告》和《2016 年全球智库报告》，山东社科院成功入选“2016 年中国最具影响力智库阵营”，并居“地方社科院系统影响力”榜单第七名，是山东省唯一一家进入该阵营的智库。在肯定智库建设成绩的同时，我们也意识到在对外传播能力建设方面还有一些问题和不足。

（一）优秀外语人才缺乏

地方社科院系统与国家高端智库相比，对外学术交流与合作相对较少。长期以来，外语人才的地位和作用得不到重视，有时甚至被边缘化，一定程度上造成了外语人才的流失。随着地方高端智库建设的加速，地方社科院系统对外学术交流与合作日益频繁。目前地方社科院系统，外语人才不论从数量上还是从质量上，都不能满足国际学术交流与合作的现实需求，一定程度上制约了对外学术交流和宣传推介的效果。

（二）对外合作审批困难

目前，社会科学领域对外课题合作的审批缺少规范，现行的规章制度都是十几年之前，甚至二十几年前的文件，当时正处于改革开放初期，社会科学对外学术交流与合作管控得比较严格，课题合作要报众多部门审核把关。但目前随着对外交流与合作的增多，规章制度的更新远没有跟上学术开放的步伐，导致目前没有明确哪个部门主管，也不知按什么程序审批。

（三）对外合作渠道较窄

地方社科院的学科设置和研究领域具有一定的地域特色，不像国家高端智库或地方高等院校那样学科设置广、研究领域宽。再者，地方社科院在对外交往中很难找到交流

合作的切入点，往往停留在一般性的学术调研考察或座谈交流，对外学术交流很难深入和拓展。

六. 多措并举为地方智库扩展国际传播力提供探索空间

（一）加大外语人才引进和培养力度

要着眼地方高端智库对外学术交流与合作的客观需求，不断开拓科研人员的国际视野。一是加大海外高端科研人才和优秀留学人员的引进力度，确保专家学者在国际学术交流中，学术功底深厚，语言表达流畅，能应对各种复杂环境的学术互动需求。二是加大选派优秀科研人员出国学习深造的力度，积极为科研人员创造出国深造的机会。三是加大外事部门人才队伍建设，足额配齐外事人员，适时引进和培养优秀外语人才，确保对外交流工作顺畅高效。

（二）完善涉外课题审批和监管制度

省直有关部门要更新和完善社会科学对外学术交流与合作管理规定，明确审批程序和监管职责，改变当前多部门协管、无部门承责的局面，明确主管部门，简化审批程序，规范审批流程，切实提高社会科学对外学术交流与合作的效率。

（三）畅通对外学术交流与合作渠道

一是保持与中国社科院和省府外事办的联系和沟通，争取上级部门加大对山东社会科学院外事工作的指导和支持。二是定期与对外合作单位沟通与联系，梳理和维护好现有对外学术交流关系。三是加强与外省社科院和本省兄弟单位外事部门的联系与沟通，搞好外事资源的共享共用。

（四）加大重要信息推送和宣传力度

加强新媒体国际语言建设，充实外宣人才队伍，创建英语官方网站。一是及时宣传我党的路线方针政策。二是及时宣扬我国的改革开放成果。三是及时发布山东社会科学院专家学者的优秀学术成果。

国际传播中的议题设置与引导研究

——以新华网“2016美国大选”报道为例

孙茜[1]

【摘要】 各国的重要政治议题，如：国际外交事件、领导人选举、国际性会议等，都是各国关注的焦点，这些政治议题对各国的政治、经济、社会、文化发展产生影响。大众传媒需通过政治议题的设置、选择性报道、舆论导向等，营造“意见气候”来影响和引导舆论，让人民对“优势意见”采取趋同行为认知，从而达到净化网络空间的目的。本文选取新华网2016全年对“美国大选”的报道为对象，抽样分析了471篇相关报道。通过对这些报道的发稿节奏、报道形式、传播内容，评估受众的媒体使用情况和网上舆情控制方式。

【关键词】 国际传播；舆论引导；报道热度；议题设置；议题来源

对于国际重要政治议题，每个国家都有自己的新闻选择和报道取向。在“2016美国大选”的报道中，各国都鲜明地表达了观点。英媒认为希拉里和特朗普的竞争是骗子与疯子的竞争；法媒认为2016年对于美国梦备受考验；伊媒认为希拉里和特朗普一个差，另一个更差；俄媒认为，美国人有被害妄想症；日媒则观点明确地表示：若希拉里当选，安倍或在明年2月访美等。作为中国主流新闻网站的新华网则适时传递各国媒体的声音，主动表达中国立场、观点。通过网络媒体特征，准确、客观报道事实，引导网上舆论，传递中国声音、中国看法和中国主张。

1　孙茜：新华网-中国文明网编辑部编辑。

一、新华网报道的基本情况

综合考虑新华网对“美国大选”的报道情况以及研究的有效性、可操作性，本文选取 2016 全年的报道数据，将全年的报道作为调查时段，以“美国大选”“特朗普”“希拉里”等为关键词，检索新华网通过原创、整合、转载等手段报道的新闻内容，获取有效样本 471 篇，其中转载 411 篇，原创与整合新闻 60 篇。

（一）发稿节奏

调查时间段，新华网发稿最多的一天是 2016 年 11 月 9 日，这也是美国总统大选出结果的时刻。通过对一年样本进行统计，可知，在美国大选前后三天，报道量开始逐步增加。其中，11 月 9 日的最大峰值数 44 篇；11 月 8 日的 27 篇；11 月 7 日和 10 月 21 日的 21 篇。在 11 月 6 日到 11 月 12 日这一周，是新闻报道的最大增量时段。相关数据详见图 1。

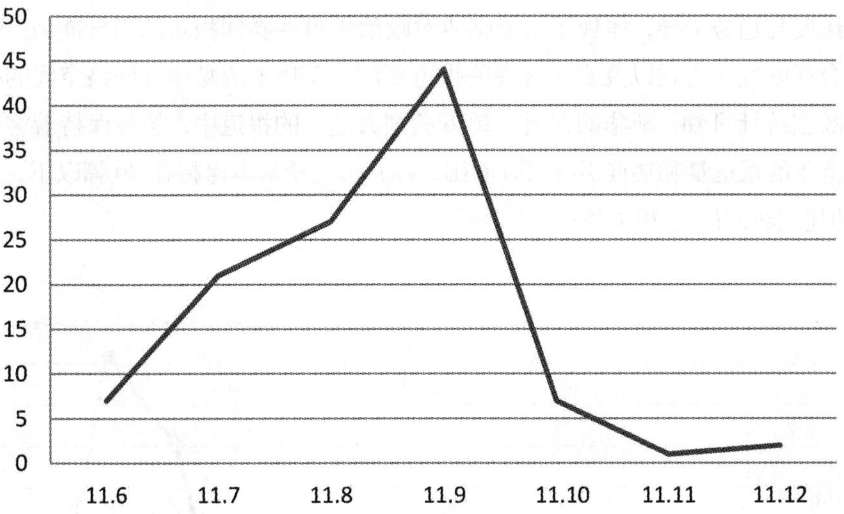

图1：“美国大选”周议题热度与趋势引导

统计数据显示，有关“2016 美国大选”的报道，中国报道频率相对紧缩，最大峰值仅仅出现在 10 月 15 日到 11 月 15 日，近一个月的时间段内。在这近一个月的时间里，新华网发布大量不同声音，比如西方媒体：希拉里“电邮门”凸显美大选乱象等，对美国大选乱象的评价性文章，体现“2016 美国大选”议题热度与趋势引导。相关数据详见图 2。

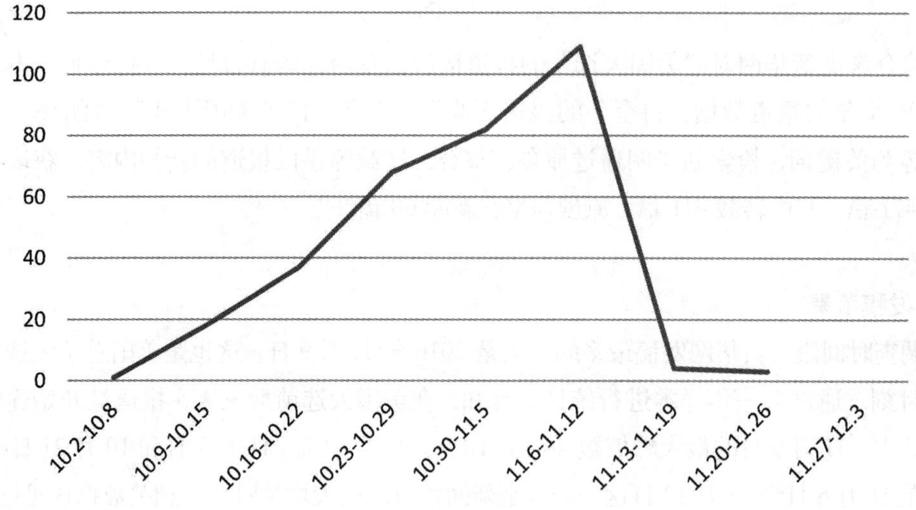

图2：10—11月份“2016美国大选”议题热度与趋势引导

议题热度与趋势引导，体现了主流媒体对政治性事件新闻报道的引导能力。适度的关注度、合理的宣传方式以及真实客观的报道新闻，反映主流媒体在网络空间的生存能力。根据数据统计可知，新华网在对“2016 美国大选”的报道中，始终保持着客观的态度。纵观全年的报道量和热度引导可以看出，每月报道量基本保持在 20 篇以下，对“时效度”的把握准确得当。相关数据详见图 3。

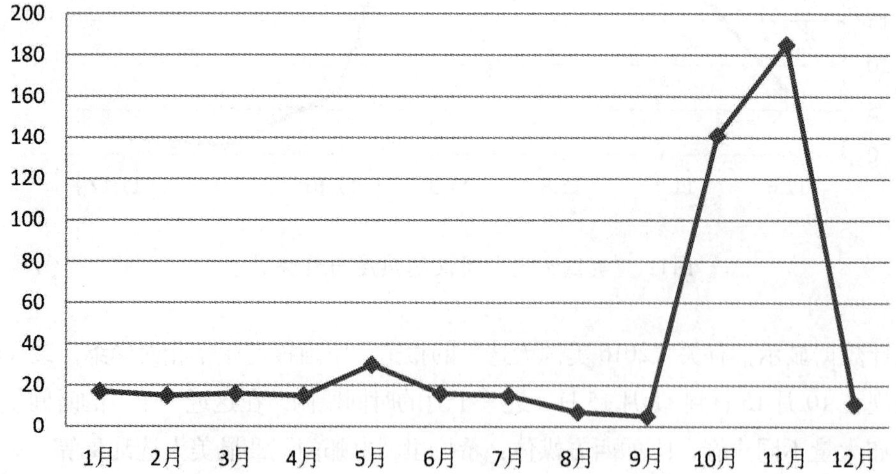

图3：2016年“美国大选”议题热度与趋势引导

（二）呈现形式

专题是“一种由编辑根据自己的主观意愿与价值判断进行的稿件的组织”。[2] 专题是对一个关注程度较高的或者持续时间比较长的新闻事件进行集合式的报道。[3] 新华网在“2016 美国大选”期间，共制作两个专题，分别为：《聚焦 2016 年美国总统选举》和《2016 美国总统选举》。

仔细分析发现，2015 年专题《聚焦 2016 年美国总统选举》包括：图集 5 篇、视频 5 篇、深度解析 3 篇、背景新闻 2 篇、集纳新闻 100 篇，共计 115 篇（含重复性文章）；2016 年专题《2016 美国总统选举》包括：大图要闻 5 篇、焦点新闻 9 篇、深度解析 12 篇、视频 4 篇、特别策划 7 个、大选图集 4 篇、大选关键词 6 篇、网友互动 13 条（不含重复性文章）。

根据分析得知，2016 年专题《2016 美国总统选举》原创、整合文章较多，占到总数的 25%，原创能力远高于 2015 年专题《聚焦 2016 年美国总统选举》。据统计，抽样分析了 176 篇相关报道均为新华网发布的相关内容，近 30% 内容被两个专题搜集整理。

（三）议题来源

根据新华网转载引用、原创、整合的新闻来源来看，关于“2016 美国大选”的相关稿件来源于 32 家媒体。传统媒体中，引用最多的是新华社占总数的 62%；其次是人民日报占总数的 7%；再次是光明日报占总数的 5%。

在新闻网站中，引用最多的是新华网占据 43%；中国新闻网占据 30%；中国日报网占据 9%。此统计中，新华网的原创和整合新闻的能力在中央主流新闻网站中，十分突出。

作为主流网络舆论场域的主导媒体之一，新华网在报道组织上，既关注外媒对于此事件的评价，又关注地方媒体的报道动态。从对“2016 美国大选”报道的发稿节奏、呈现形式和议题来源可以看出，新华网在议题选择上，遵循多元化、层次化选稿，注重客观和公正。

二、新华网的报道特点

媒体设置怎样的议程、传播怎样的内容、表现怎样的政治立场和主张等就会对网络

---

2 彭兰：《网络传播概说》，中国人民大学出版社，2001年第161页。

3 何苏六：《网络传播策划和编辑》，北京广播学院出版社，2001年第182页。

舆论场产生正面、中立或是负面的影响。

从新华网引用的外媒报道可以看出，每个国家都在通过媒体议题设置，阐明自己的报道倾向和意图，并影响民众对“2016 美国大选”的态度。因此，报道态度、报道倾向，使“2016 美国大选”的新闻有其独特的属性议程。

（一）新闻报道的倾向性

新华网选择了 32 家国内国际传统媒体或者是网络媒体的新闻报道，作为自己对“2016 美国大选”的报道倾向。在新华网整合文章中，大量运用各国媒体作为报道内容。比如:《美大选终辩撕出新高度 给了美式民主一记耳光？》一文中，使用了《纽约时报》、CNN、FOX、NBC、Facebook、美国网友观点等的内容进行报道。新华网的这种整合新闻报道，既包括了美国传统媒体、新闻网站的报道，又包括了网络媒介平台、即时通信等多渠道的内容。

新华网在整合性报道中，或是运用国际国内媒体声音、或是运用媒介平台上的美国民众声音、或是混合运用两者声音等的做法，是从“他者”的角度看待问题。这种方式，既表达了自己新闻报道的倾向又体现新闻的客观真实，能更好地进行舆论引导，营造“意见气候”。

（二）新闻报道的态度

依赖于作为主流新闻网站的社会立场、历史背景和意识形态，新华网在新闻报道中有着自己特殊的媒体态度。从新华网自身而言，其态度表现在三个方面，第一，在来源选择上，运用多角度、多层面的报道，体现出新闻的客观性；第二，在内容选择上，尊重“三为”原则、“三贴近”原则，尽量让内容更加多元化，更加符合不同受众群体的需求；在遣词造句上，运用“网言网语”传播发声，从而用自身“优势意见”引导民众形成趋同行为认知。

2017 年 1 月，CNNIC 发布了《2016 年中国互联网新闻用户统计调查报告》，在此份报告中，将我国互联网新闻用户大致分成四个用户群，“手机娱乐派”“意见表达派”“多屏低调派”“传统时政派”。这四类分群在互联网新闻细分用户浏览主动性上有着不同的表现。相关数据详见图 4。

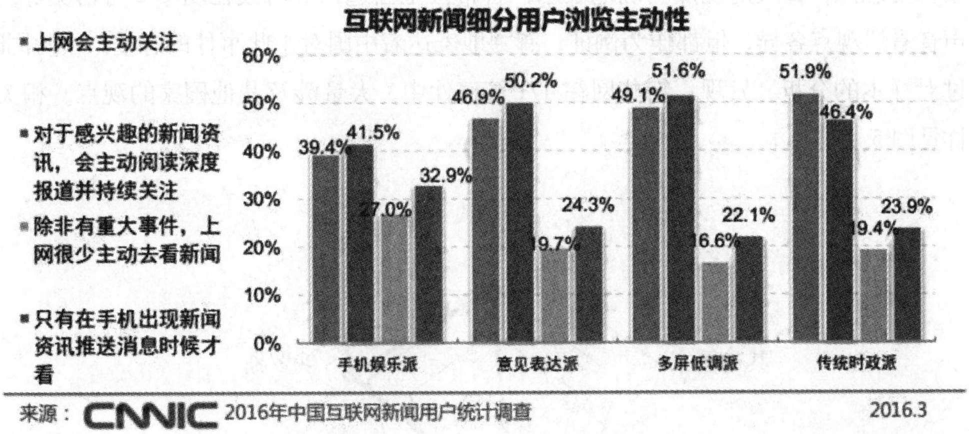

图4：互联网新闻细分用户浏览主动性[4]

CNNIC 用户数据体现出较少关注网络新闻或被动接受网络新闻消息的特征。网民的浅阅读的特性，要求媒体需要通过标题、导语等快速报道新闻事件，表达既有倾向性和媒体报道态度，能促进民众了解新闻，从而达到认知和理解的目的。

三、新华网的议题设置与受众引导

主流媒体想传播什么、网民想了解什么，是一种观点的博弈。在这场博弈中，主流媒体设置什么样的议题、选择怎样的舆论导向、传播什么样的内容、通过什么样的渠道、运用什么样的态度，决定最终的舆论引导能力。而与之相反的是，网民带着既有倾向性，通过他们熟悉的接受方式，选择他们所关注的事件、想要的观点、最终得到符合自身议题的传播内容。只有这种内容和主流媒体所传播的内容相符，议题设置才是最有效的；若与之不同抑或相悖，网民就会选择通过网络平台检索与其既有倾向相同的内容，加以选择地接受和传递。

属性议题设置，是一种态度的表达。在互联网平台上，正面的、负面的、中立的声音很多，网民会通过自身需求有条件地进行选择。而作为主流新闻网站的新华网，作为党、政府和人民的喉舌，必须传播一种声音。在“2016 美国大选”的报道中，新华网巧妙运用国际国内媒体，发出不同的声音。

比如：英媒认为希拉里和特朗普的竞争是骗子与疯子的竞争；法媒认为 2016 年对于美国梦备受考验；伊媒体认为希拉里和特朗普一个差，另一个更差；俄媒认为，美国人

4　2016年中国互联网新闻市场研究报告(2017.1) 来源：CNNIC。

有被害妄想症；日媒则观点明确地表示：若希拉里当选，安倍或在明年 2 月访美等。这些声音看似观点各异，但都作为例证，有力地表达着中国对于此事件的态度。于此同时，通过对样本的分析，发现：新华网在 471 篇稿件中，大量涉及其他国家的观点。相关数据详见图 5。

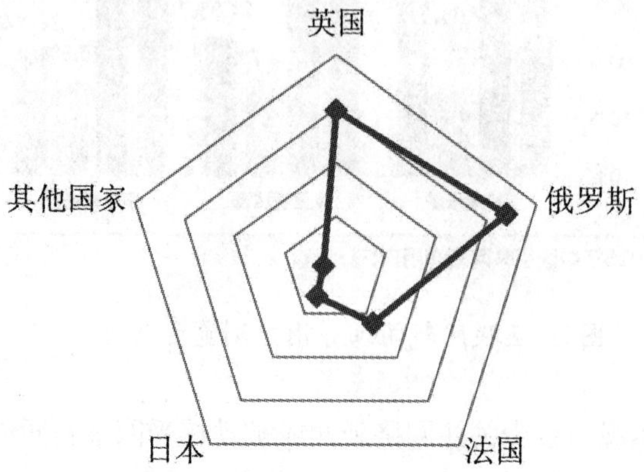

图5："美国大选"报道中各国观点及词频出现情况

主流媒体选择运用多角度、多层次、多渠道的内容，最大限度地扩大和网民的联系、沟通能力，才能够覆盖网民自身的既有倾向，满足网民的需求，达到有效的议题设置，让主流声音传播出去并对网民产生有效传播。

有效传播不仅表现在主流媒体的议题设置，还表现在网民对互联网环境的认知、对于特定事件的价值形成以及社会行为规范等方面。为了做好有效引导，新华网在报道素材上面通过事实表达观点、直接表达观点和反问表达观点的方式进行引导。相关数据详见图 6。

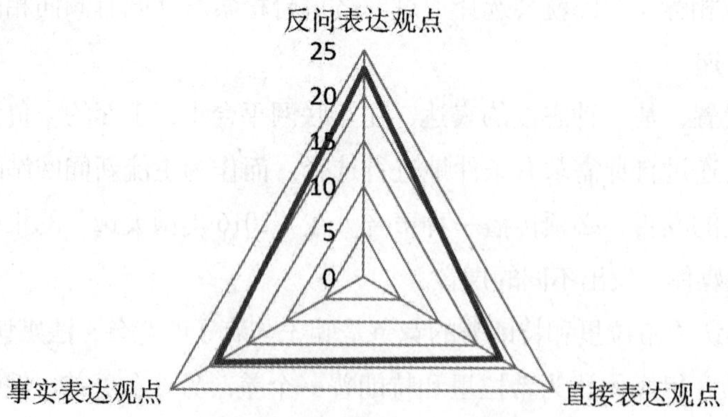

图6：新华网选取"美国大选"报道素材的观点统计

事实表达观点，是指通过引用外媒和新华社报道的新闻事实，客观反映事件本身。直接表达观点，是指新华网通过自身的新闻整合能力，在一篇文章中放入不同国家、不同角度的内容，全面传播事件内容。反问表达观点，是指通过设问句的方式设置标题，让网民在看文章的同时引发思考。这三种方式是此次报道的引导模式。

四、新华网国际传播的舆情控制

国际传播既包括中国话语对中国之外地区的传播，也包括把中国之外地区的信息向中国国内传播。因此，对外传递中国声音，树立“负责任大国”形象，让世界了解真实的中国；对内则需要助力网民开阔视野，了解世界，认知世界。新华网在国际传播中扮演着引导舆论，做好联接中外，沟通世界的职责和使命。

互联网在民众的政治、经济和社会生活中扮演着不可或缺的角色，已成为各阶层利益表达、情感宣泄、思想碰撞的重要舆论渠道。在“2016 美国大选”的报道中，新华网运用微博、微信等多渠道对舆情进行引导。在新华网微博中，11 月 8 日当天就以“2016# 美国大选 # 如期开始 你觉得谁会最后住进白宫？”和“押宝希拉里 美股大幅回暖”为题，为网民提供舆论出口，进行舆情引导。详见图 7。

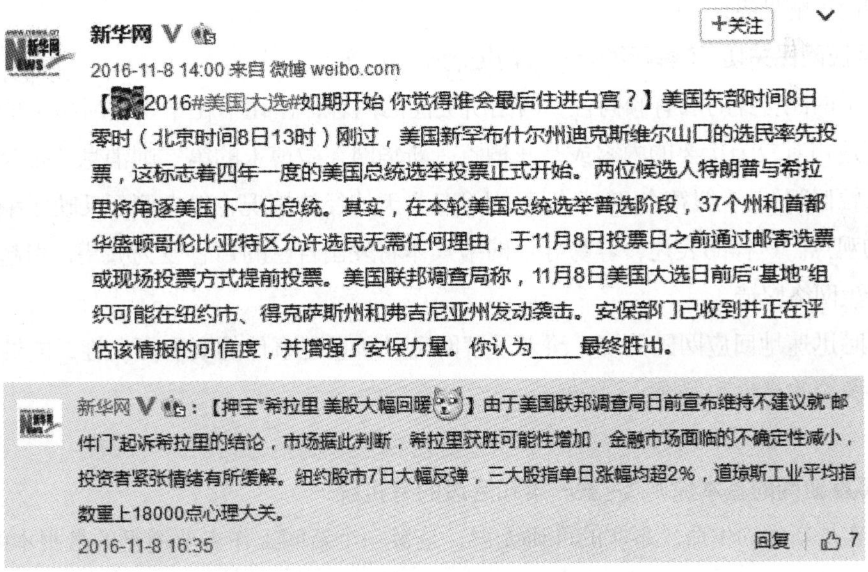

图7：新华网微博端的舆情控制和引导

“2016# 美国大选 # 如期开始 你觉得谁会最后住进白宫？”这则微博在 2016 年 11 月 8 日 14:00 发出。发出后网上舆论充斥着五种不同观点：第一，希望对华友善一点的可以胜出吧；第二，希拉里当选，有利于中国发展；第三，喜欢不拘一格，希望特朗普当选；第四，爱谁谁，不关注；第五，不管谁当选对华都不友善。当“押宝希拉里 美股大幅回暖”这则微博于 2016 年 11 月 8 日 16:35 发出后，舆情出现了新的特点，即：认为希拉里上台后，对中国不够友善的声音开始增加，同时对于特朗普的舆论开始减少。这种思想碰撞、这样的舆情引导，体现出新华网在国际传播中的舆情控制能力，也提升了网民多角度看待国际问题的能力，助力网民国际视野的开阔。

五、建议

（一）加强议题设置能力 注重意识形态和价值观的传播

国际传播的对内报道，较易引入西方的意识形态和价值观。有选择的对内容进行加工、制作，有目的性地传播符合中国的特色产品，必须加强媒体的议题设置能力。在“2016 美国大选”中，由于引用了多国媒体的声音，就为导入多国意识形态和价值观提供了温床。

同类报道中，在使用他国媒体报道时，应尽量选择符合中国意识形态的报道内容，或是对外媒的内容进行再加工，改变其内涵的价值观，转化成符合中国国情的议题，并引导网民了解世界。

（二）回应网民关切 了解网民既有倾向控制网络舆情

基于网民自身的既有倾向性，网民所关注的内容，往往不在于媒体所报道的主要内容，而是相对较为次要的内容或是吐槽点。新华网在微博上的第二则消息“押宝希拉里 美股大幅回暖”，看似符合 2016 年 11 月 8 日当天的经济情况，但也侧面反映了编辑有意无意的观点。这样的表述，容易导致网络媒体将发出自己的声音变为噱头，引起网民关注，产生网络舆情。

及时迅速地回应网民关切，深入了解网民对所报道事件的既有倾向性，能够有效控制网络舆论的产生和发展。

（三）尊重新闻的基本原则 注重严肃和活泼的有机统一

真实是新闻的生命。事实的准确无误，是每一个新闻工作者要遵循的最根本的原则。保证内容的严肃性，是一种必然。在传播的过程中，注重接地气的内容和传播方式，是对内容严肃性的一种考验。

《对“互黑”say no！希拉里和特朗普终于开始“干正事”了？》是新华网在“2016

美国大选”报道中的一则新闻。从新闻标题上看，充满了网言网语，语言活泼、内容清晰。在报道内容中：“近日，希拉里在采访中称自己不会再花功夫搭理特朗普，而是要专注于解决美国社会面临的实事。而特朗普这边也是铆足了劲儿最后一搏。10 月 22 日，特朗普在具有历史意义的宾夕法尼亚州葛底斯堡发表演讲，畅谈他当上总统后的百日将如何施政。”依旧是严肃认真。可见，在新华网的报道中严肃与活泼看似不能协调共生的一组词语，得到了完美的诠释。

（四）完善和丰富报道形式 提升报道的趣味性吸引力

文字、图片、音视频等是网络媒体常用的报道形式。在国际传播对内的报道中，除了常用报道形式外，新华网还制作了“时空新闻”，从深邃的历史角度，来看待“2016 美国大选”。这样的做法，让报道更加鲜活、生动。但是将新华网的产品与新华社的产品进行对比，却不难发现，思维层面、逻辑辩证能力以及语言功底上的薄弱。

因此，在丰富报道形式的同时，要加强记者编辑的写作能力的培养和网络媒体独特的网言网语的表述能力，也要加强对国际大事件的领悟能力和高水准的国家大格局意识和战略眼光，并通过不同的技术手段和表达方式，提升报道的趣味性、吸引力。

由“9·3阅兵”视频的“他者”解读看我国对外传播效果的提升路径[1]

周翔　付苇[2]

【摘要】本文以中国国际广播电台与中央电视台合作开展的对外传播活动为研究对象，具体分析了国际广播电台与央视通过日本社交视频网站——NICONICO网站对日本网民传播的“9·3阅兵”视频的建构情况。研究发现，日本网民对“9·3阅兵”视频的解读与我国对外网络传播媒体的议程设置出现偏差。本文认为，产生这种传受不一致现象的原因在于，中日之间存在意识形态的差异，且存在跨文化传播的鸿沟，传播实力也有较大差距，更直接的原因是日本媒体强势设置“9·3阅兵”议程影响了本国民众的观念。在此基础上，本文从三个方面提出了我国对外传播媒体提升传播效果的路径：一是争夺国际传播话语权，增强议程设置和框架能力；二是注重对外传播中“人”的培养，实现有效沟通；三是创新传播渠道与方式，打好对外传播“主动仗”。

【关键词】对外传播；网络媒体；“9·3阅兵”视频；传播效果

一、引言

近些年来，在提升我国整体对外传播影响力的时代大背景下，我国各大媒体针对国家重大主题活动的对外传播质量和效率进行了多方面的探索与尝试，其中，主流媒体网

1　本文为国家社科基金项目“网络空间语境下‘一带一路’跨文化分众传播与话语策略研究”（项目编号为：17BXW103）的阶段性成果。

2　周翔：汕头大学长江新闻与传播学院教授，学科带头人，武汉大学媒体发展研究中心研究员，博导；付苇：重庆市巴南区网络信息中心技术员。

站对纪念中国人民抗日战争暨世界反法西斯战争胜利 70 周年“9 · 3”盛大阅兵活动的全程详尽的报道颇为引人注目。借此活动报道，中央电视台和中国国际广播电台获得了与日本视频网站 NICONICO 的合作机会，这在我国对日传播中尚属首次。

“NICONICO 动画”是日本弹幕视频网站的始祖，同时也是现今日本最受用户欢迎的视频网站之一，其中日均访问量总计 5.6 亿次。[3] 如此庞大的流量规模，造就了 NICONICO 网站不容忽视的传播力和影响力。据日方统计，在“9 · 3 阅兵”视频的直播过程中，同时在线收看的网民有 8.16 万，截至直播当天 14：00，观看总数突破 1.4 亿次，网民评论留言超过 12 万条。[4]

我国对外传播媒体在“传”的方面下足了功夫，却鲜有提及国外受众的“观后感”。笔者认为，从受众反馈的角度分析我国网络媒体对外传播中的不足更具有针对性。本文以 NICONICO 网站上可重复播放的“9 · 3 阅兵”视频为研究案例，以日本网民的评论内容为具体研究对象，一方面系统分析我国“9 · 3 阅兵”视频的编码情况，包括音频视频报道内容、视频议程设置以及意图在对外传播中建构的国家形象认同；另一方面通过分析日本网民对于“9 · 3 阅兵”视频的评论来考察日本网民对该视频的解码情况；最后基于日本网民的态度偏向，分析我国对外传播在宏观和微观方面存在哪些问题与不足，由此探讨我国媒体对外传播的策略。

二、“9 · 3 阅兵”视频的“我”之建构

我国媒体制作完成“9 · 3 阅兵”视频，由于中国媒体受自身特有“知识框架”的影响，侧重于选取弘扬主旋律、传播正能量的报道素材。从舆论报道和倾向上看，这些素材突出了“9 · 3 阅兵”的若干个第一次，包括首次有外国军队参加阅兵、首次以英模部队命名受阅方队等。集中设置了中国为抗战胜利所做出的不可磨灭的贡献，中国愿与国际社会一道致力于维护世界和平的议程。

一是通过与他国之间的阅兵互动，向世界传递出中国是一个有担当、负责任、热爱和平的大国形象。二是通过对抗战老兵进行特写，强调中国为世界反法西斯战争胜利做出的巨大牺牲与突出贡献。三是通过展示中国军队的形象美，表明中国将继续坚定不移走具有中国特色社会主义道路的决心。四是通过对国产新型武器的展示，告诉世界中国作为命运共同体的担当。

3　三文娱《AB站鼻祖Niconico研究：内容平台的突围与危机》. http://3wyu.baijia.baidu.com/article/312608, 2016年01月29日。

4　卜伟才：《融媒体 微直播 巧创意 广落地——中国国际广播电台纪念抗战胜利70周年报道全纪录》，《传媒》，2015年第18期，第35-38页。

三、“9·3 阅兵”视频的“他者”解读

本研究分别对评论样本的态度倾向和内容属性进行了分类。编码结果发现，日本网民对“9·3 阅兵”活动整体上持负面态度（负面评论达到 200 条，占抽样样本的 51.8%；中性评论有 140 条，占比 36.3%；正面评论只有 46 条，仅占比 11.9%），且呈现出一种对抗式解读的倾向。

（一）日本网民的对抗式解读

在“9·3 阅兵”视频的意义解读，日本网民倾向于符合霍尔理论的“对抗式解码”，整体上负面倾向明显，其态度立场与“9·3”阅兵视频传播者的报道立场背道而驰。

珍视和平，是本次“9·3 阅兵”活动传递的重要主题之一，视频中每一个画面都经过精心剪辑，力争全画面讲述中国渴望和平的美好愿望。然而统计结果显示，评论总样本中的 25% 表现出对这一主题的反向解读。这些评论表明日本网民对我们希望传递的和平意愿持抵抗态度，认为中国进行军事扩张，就是在向世界和平发起挑战。无论中国媒体如何精心设置议程，多数日本网民却依然认为中国“9·3 阅兵”活动是在“秀肌肉”，渲染“中国军事威胁论”。评论大多是主观先行，从预设的、带有偏见的立场出发对“9·3 阅兵”活动展开评价。

1. 曲解中国“裁军30万”

在国际舆论渲染“中国威胁论”的社会环境中，为了不给部分国家留下炒作“中国威胁论”的把柄，在“9·3 阅兵”活动中习近平主席宣布将裁军 30 万。从视频评论来看，这一话题成为日本网民的关注焦点。大约 22% 的日本网民发表了对“裁军 30 万”这一话题的言论观点，均为负面评论。

在日本网民看来，中国宣布“裁军 30 万”是说一套做一套的把戏：一是认为中国“裁军 30 万”裁的是旧式武装部队，这是优化军队力量的策略；二是认为中国“裁军 30 万”后依然有庞大的军队人数，30 万不值一提；三是认为中国经济实力有限，没有能力养太多军人；四是认为 30 万这一数据是捏造出来的。

2. 避谈阅兵话题而发表对中国的攻击性言论

分析全部评论样本，约占 15% 的评论并不涉及“9·3 阅兵”视频内容，而单纯只是发表针对中国的攻击性言论。

归纳分析这部分评论内容，一是攻击共产党的独裁统治；二是攻击中国政府用历史教

材麻痹读者；三是攻击中国经济状况差；四是没来由的人身攻击，否认中国的大国形象。

3.非议受阅军人的精神面貌

受阅军人之所以要经受长期而严格的训练，是因为他们展现的是一国军队士气。观看此次“9·3阅兵”视频，日本网民也表现出了对于中国军人精神面貌的关注，相关评论达到37条，在总样本量中约占10%，绝大多数为负面评论，少量评论倾向正面。

从日本网民发表的负面评论来看，一是认为中国受阅军人就像机器人，没有接受检阅的喜悦，只有对于表现失误的担心；二是认为中国受阅军人精气神不足，导致阅兵式显得土气。而从部分日本网民的正面评论中可以看出，他们对中国受阅军人的刻苦训练和整齐步伐表示钦佩。

4.对新型武器装备持消极态度

在盛大阅兵仪式上展示国家新型武器装备，是国际惯例。本案例中，占总样本量8%的日本网民表达了对“9·3阅兵”视频中展示的新型武器的关注，评论内容以负面评论为主，其次是中性评论和正面评论。

诚然，大部分日本网民对于中国“9·3阅兵”展示的新型武器持消极态度，指出阅兵中展示的某些武器装备不如日本产的，认为阅兵中展示的武器装备是对俄罗斯产的仿造，中国的军事实力远不及发达国家。相关中性评论表明，日本网民观看“9·3阅兵”视频时，客观关注“9·3阅兵”活动中展示的武器装备。相关正面评论表达了日本网民肯定中国武器装备的先进性，同时传达期盼世界和平的态度倾向。

5.炒作中国的环境问题

举行阅兵式需要有一定的空间范围，按照中国惯例，阅兵仪式在北京天安门举行。通过“9·3阅兵”视频画面，日本网民传达出对中国环境问题的关注，比如天安门上方的天空、护城河里的水，尽管该议题并不在我国网络媒体对日传播所设置的议程之内。据统计，占总样本量2%的日本网民对中国的环境问题发表了看法，均为负面、炒作性言论。

在日本网民看来，随着中国经济和城市化进程的快速发展，空气污染、水污染问题也日益突出，雾霾天气成为北京的常态，而“阅兵蓝”是在北京周边省市许多企业停工停产和车辆限行后取得的，这是一种“非常态”。

6.淡化中国在二战中的贡献

从选中的388个评论样本来看，日本网民无一对中国老兵发表评论，这显示了日本网民淡化甚至抹杀了中国在二战中的贡献。网民的知识体系构建主要来自于自身所处的舆论环境，在国际性境外媒体“国益论”下形成的中日关系报道框架中，中国的二战贡献被排除在外。

在这样一种舆论环境下，虽然中国的“9·3阅兵”报道突出了“抗战老兵方队”，但日本网民依然没有表现出对这一群体的关注，间接否认了中国的二战胜利国地位。

（二）日本网民解构的中国国家形象认同

我国对外传播媒体通过“9·3阅兵”视频构建了一个强有力的大国形象，但通过分析日本网民对于视频的解构情况发现，反馈效果不容乐观。

一是否认中国是一个热爱和平的大国形象。二是认为中国歪曲了二战历史，中国相对于日本依然自卑。三是认为中国对受阅军队要求严苛，中国共产党的统治专制而残暴。四是认为中国先进武器装备是对俄罗斯的仿造，中国并非是一个创新型国家。

四、我国对外传播媒体在传播中传受失衡的原因探析

（一）意识形态差异

谈对外传播，就不得不考虑意识形态。有学者将影响我国对外传播效果的意识形态因素总结为：西方中心主义的政治观念和新自由主义的发展观念。[5]有关我国对外传播媒体在传播活动中受到来自西方中心主义和新自由主义阻挠的事例比比皆是，这一次国际台试图通过“9·3阅兵”视频对日本民众展开传播活动也不例外。也正是由于意识形态的差异，资本主义国家往往从合法性上质疑中国，认为中国的实力越强大，带来的威胁就越大。意识形态就像一个标签，成为各国媒体价值取向的重要参考。反观本文案例，由于长期受日本本国意识形态的浸染，日本民众在接触到来自中国这一具有不同意识形态国家的信息时，对于信息传递的价值观、思想观念甚至报道方式都往往带有明显的抵触情绪。因此，意识形态差异成为导致网络媒体对外传播中传受失衡的重要原因之一。

（二）跨文化传播的鸿沟

随着全球化进程加快，不同国家与地区之间在各领域的交流增多，这其中的传播过程就不可避免地带有“跨文化”属性，主要体现在价值观上的差异，这使得跨文化传播的效果有限，由此引发的问题和摩擦也接踵而至。

在NICONICO网站上播放的“9·3阅兵”视频，其目标受众是日本网民，由于日本与中国有着不同的文化传承，日本网民在接收我国媒体传播的信息内容后，会按照自身的文化背景对其进行“二次编码”，“二次编码”过程中，倘若中日两种不同的文化发生冲突，那么日本网民会不自觉地以本国的文化价值观作为评判标准，这样，沟通不畅就

5　程曼丽、王维佳：《对外传播及其效果研究》，北京大学出版社，2011年版。

此产生。“9 · 3 阅兵”视频的跨文化属性导致了我国对外传播媒体在传播内容、议程设置、形象认同等方面与受众沟通失衡。

（三）传播实力的悬殊

截至目前，国际传播体系“西强我弱”的不利局面也仍然没有得到根本性缓解。本案例中，虽然日本网民观看了 NICONICO 网站上播放的“9 · 3 阅兵”视频，但由于中国与西方发达国家在传播实力上的差距，这仅仅是日本网民接收的关于阅兵式传播信息的冰山一角。虽然中国多次在不同场合明确表态，中国“9 · 3 大阅兵”不针对任何特定国家，借阅兵机会“秀肌肉”既没必要也没意义，但从日本网民对于“9 · 3 阅兵”视频的评论观点来看，大多数人对视频的解读更倾向于西方媒体设置的报道议程，负面倾向明显。

另外，中国从事对外传播的媒体常以“覆盖率”作为检验对外传播效果的标准。“覆盖面”属于传播力的范畴，而接收或接受则属于影响力的范畴。本文的研究结果显示，我国对外传播的“9 · 3 阅兵”视频之于日本普通民众的影响力十分有限。

（四）日本媒体强势设置“9 · 3 阅兵”议程影响受众观念

美国学者关于议程设置影响的理论研究表明，由于媒体为受众预设了视角、标准和方式，其所设置的议程不仅影响人们思考什么问题，甚至能影响人们怎样思考。[6] 尽管日本高层出于种种原因并未出席“9 · 3 阅兵”活动，但在纪念“抗日战争胜利”这一事实，以及境外媒体渲染中国“9 · 3 阅兵”针对日本的情景下，日本各主流媒体对“9 · 3 阅兵”给予了高度关注，并统一口径认为中国通过“9 · 3 阅兵”视频对外传播的言论都是出于妄图消解“中国威胁论”的目的。

值得一提的是，从日本网民关于“9 · 3 阅兵”视频的观看反馈来看，这很大程度上契合了日本主流媒体的报道倾向。即是说，日本网民对于本国媒体负面倾向明显的报道内容进行了“支配式解码”，而对于中国“9 · 3 阅兵”视频报道给予了“对抗式解码”。

五、我国对外传播媒体提升传播效果的路径

（一）正确认识国际传播话语权，增强传播效果

我国网络媒体在争夺国际话语权中面临的两大难题：其一是国家重大主题事件的议程设置和报道框架在对外传播版图中缺乏话语权；二是中国对外传播媒体的单向输出在西方媒体制造的“普世价值”观念中失语。国际社会传播的一个潜在规则是，只有掌握

6　Maxwell E. Mc Combs and Donald L. Shaw, The evolution of agenda-setting research: Twenty-five years in the marketplace. Journal of Communication, vol. 43, No. 2 (June, 1993), pp.58-67.

了国际传播话语权，才有能力在国际社会中制定和改造规则。所谓掌握国际传播话语权，对于我国对外传播媒体而言，并不是单指包括到国外建了多少网站、向国外输入多少频率信号，这一数字体量不能与传播效果划等号。

互联网技术支撑下的全球传播时代，一国与他国之间更多的是优先选择那些代表“我方”利益的新闻报道角度来推进自身的政治议程设置，以争取民心。从全球网络舆论来看，西方国家实际掌握了国际传播的话语权，为其对外传播媒体创造了良好的舆论环境。在这种全球网络传播大环境下，如何提高我国对外传播媒体的议程设置能力，在国际话语体系中占据一席之地，是我国对外传播媒体亟待解决的问题。学者李希光等人对于国际传播力的研究值得借鉴：首先制造于已有利的国际新闻话语；其二是设置于已有利的国际新闻议程；其三是制定于已有利的媒体事件；其四是多方动员相关组织、机构、团体的力量；其五，要发挥网络媒体传播速度快、密度高的优势为增强对外传播效果奠定基础。[7]

（二）开展公共外交，寻求双向平衡

“9·3阅兵”视频在日本网站NICONICO上直播，开创了中国阅兵式视频在国外社交视频网站直播的先河，此前这一方面迟迟没有进展。虽然日本网民的评论以负面倾向居多，但仍有48.5%的网民保持了理性客观的评价，这在很大程度上对冲了西方强势媒体具有倾向性的言论。因此，我国对外传播媒体可以尝试借鉴国际台的做法，多与国外媒体平台合作、交流，甚至在可能的情况下建立长期合作伙伴关系。

公共外交不同于对外宣传，而是一种双向沟通方式，在战略上仍需重视国际新闻的对内传播。国际传播力终究是一个平衡的传播体系，强化对外宣传的同时要重视国际新闻在国内的传播。具体做法可以考虑在主流对外传播媒体的对外报道中，根据对国家利益关联的紧密程度来确定国际新闻版块的编排顺序。

（三）打造集团化品牌，提高公信力

媒体有权设置议程，但实现预设传播效果的关键在于媒体的公信力。提高我国对外传播媒体公信力的主要途径是寻求独家信源支持，在新闻性上树立权威。面对复杂的国际舆论环境，对外传播媒体在开展对外传播活动中，若只寄希望于一至两家对外传播媒体的对外传播，传播力量和传播影响力将明显不足，使得其报道的新闻价值有限，传播效果也往往有限，不容易获得境外媒体的引用和转载，因此建议优化国内对外传播媒体资源，形成集团化品牌。

7　李希光、郭晓科：《主流媒体的国际传播力及提升路径》，《重庆社会科学》，2012年第8期，第5-12页。

一是建设中国对外传播媒体集团。对现有对外传播媒体资源进行整合，集中优势力量重点打造中国对外传播媒体集团。二是实现跨界多元经营模式。做大做强对外传播媒体集团，促进对外传播媒体自身在渠道、内容、平台、运营等方面的融合发展。三是突出品牌定位。加强人力、物力的投入倾斜，重视品牌的培育，扩大品牌的国际知名度，增强中国对外传播的整体竞争力和全球影响力。

（四）注重对外传播中“人”的培养，实现有效沟通

基于我国在国际传播体系中处于弱势地位的背景，更有必要发挥外向型新闻人才在对外传播中的主力军作用。通过本研究案例也发现，我国在面向日本网民传播“9·3阅兵”时，使用的视频是对内传播音、视频的照抄照搬，没有从媒体自身角度出发，发挥人的能动作用，为提升对外传播效果而制定相应的传播方案。忽视人的力量，将使我们的传播效果受挫。

我们可以从以下三条途径加强人才培养：第一，对外传播媒体加强对外传播人员的职业培训。第二，高等院校优化国际传播专业设置。第三，对外传播媒体合理制定人员录用的体制机制。

（五）注重受众研究，完善互动服务

本文通过对日本网民观看NICONICO网站播放的“9·3阅兵”视频的研究，具体了解日本网民的接收反馈，从而发现我国对外传播媒体在对外传播活动中存在的先进性与不足。

由此可见，我国对外传播媒体在向国外受众进行传播时，要考虑国际传播的全要素，即传播信息+传播媒介+传播通道，实现有效传播。否则，尽管“我”花了大力气，投入巨资制作了视频内容，但这些视频传播内容能否被目标受众接受，其效果是值得研究的。这同时表明以传播效果检验传播学研究成果，能明确我们的传播机制是否合理，是否需要进行相应调整。因此，增强国际传播力有必要对目标受众进行系统研究，考量受众的文化背景和接收习惯。

（六）创新传播渠道与方式，打好对外传播“主动仗”

1.渠道上，用好国外新媒体平台

国际台将“9·3阅兵”视频搬到互动性极强的NICONICO网站上是一大创举，本文研究同时发现，仍有占总样本48%的日本网民在观看“9·3阅兵”视频时表达了中性或是正面的态度倾向，说明该视频之于日本普通民众的传播起到了一定的传播作用，我们的传播内容、议程设置、形象刻画都或多或少影响了日本民众对于中国的认知。因此，

笔者认为大胆使用、用好国外新媒体平台是开展对外传播的一种行之有效的方式。

除了作为本文研究对象的 NICONICO 网站平台，在国际上有较大影响力的其他新媒体平台也可以为我所用。为了做好重大主题宣传活动，需整合 PC 端、移动端资源，实现网站、微博、微信、客户端、海外社交媒体、互联网电视的跨屏互动。此外，还需针对不同国家受众的媒体使用习惯有选择地使用对应的新媒体平台。

2. 方式上，善于转换话语系统

对外传播中信息输入国的国情各不相同，各国受众之间的思维方式、语言习惯与文化传统也不尽相同。因此，对外传播媒体在对外传播中要正视国家历史传承与文化差异，善于转换话语系统，使用受众熟悉的语言思维方式和接收习惯，尽可能减少“文化折扣”，排除误读，消解偏见。[8]

首先是实现语言本土化，寻求更多文化认同。其次是创新话语表达方式，精心构建对外话语体系。关键是改变以“我”为传播中心，重传不重受的表达方式，遵循国际传播规律，融入国际话语体系。

六、总结

综上所述，本文发现我国对外传播媒体对于“9·3 阅兵”视频的建构，与 NICONICO 网站上日本网民对于该视频的解读出现了传受不一致的现象。对此，本文认为其深层原因在于中国与发达国家意识形态的差异，且存在着跨文化传播的鸿沟，传播实力也有较大差距，直接的原因是日本媒体强势设置“9·3 阅兵”议程影响了本国民众的观念。基于此，本文从三个层面提出了我国对外传播媒体提升传播效果的路径：一是争夺国际传播话语权，加强议程设置和框架能力。包括正确认识国际传播话语权，增强传播效果；开展公共外交，寻求双向平衡；打造集团品牌，提高公信力。二是注重对外传播中“人”的培养，实现有效沟通。包括培养传播人才，建立专业队伍；注重受众研究，完善互动服务。三是创新传播渠道与方式，打好对外传播“主动仗”。包括渠道上，用好国外新媒体平台；方式上，善于转换话语系统。面对错综复杂的国际传播形势，我国网络媒体只有抢抓机遇，克服不足，迎难而上，才能在处于相对弱势的对外传播中增强国际话语权，进而有效改善中国的国家形象。

8　唐世鼎：《提高对外传播有效性的路径探寻》，《对外传播》，2014年第10期，第10-12页。

新媒体环境下主流媒体对外传播能力建设的挑战和对策

——基于中美潜航器事件 Twitter 报道的案例分析

蒋齐光[1]

【摘要】 2016 年 12 月 15 日，中国海军在苏比克湾附近国际水域捕获美国海军潜航器。随后，中美两国政府间围绕这艘潜航器展开了外交上的交锋，媒体作为现代国际关系的主要参与者和国家形象的重要构建者，也不可避免地参与了进来。笔者关注了中美潜航器事件前后中外媒体，尤其是国际媒体平台（Twitter）报道上的角力，并指出了中国主流媒体“阵地缺位”和“话语缺失”的现象，同时笔者也尝试以国际传播学理论的视角为当下主流媒体更好地在国际外交争端中发出中国声音提供良策：新媒体语境下，我国的国际传播能力建设更需要树立阵地意识、加强传播的紧迫感并在报道形式上加以创新。

【关键词】 新媒体；Twitter ；国际传播；阵地意识

从 2016 年 12 月 15 日中方捕获美方军用潜航器至 20 日中美双方经协商移交，期间中外媒体对事件进展进行了跟踪性报道。媒体在国际关系事件中的表现，一贯以来都直接关乎所属国的国家形象。对于我国官方发声渠道——主流媒体来说，能否在国际舞台上及时地、全面地、生动地发出中国声音是衡量其生命力的重要指标。新媒体因其传播速度快、受众广和表现形式丰富的特征充当了国际传播的急先锋，占领了新媒体这个“阵地”，我们才更有机会在国际社会上把握舆论的主动权。

---

1 蒋齐光：北京大学新闻与传播学院硕士研究生。

一、“新媒体环境”的定义和本文研究对象的选择

(1)“新媒体环境”的定义

“新媒体环境”的关键词在于“新媒体”。关于新媒体的定义，学界众说纷纭，经过对比，我认为匡文波教授的说法较为科学。他认为，新媒体即“数字化互动性媒体”，“数字化”“互动性”是新媒体的根本特征。[2]根据这一定义，“新媒体环境”言下之意指的是数字化互动性媒体主导下的媒介生态环境。在我们当下技术条件可以接触到的互联网和智能手机媒体是新媒体，其中后者是前者的延伸。

(2) 研究对象的选择

政府、企业和个人使用互联网和智能手机进行跨国界的传播活动要依赖一定的载体。对以传播新近发生的事实为目的的新闻机构来说，他们进行及时有效的传播的载体则是新闻客户端、微博、微信、Twitter 等。考虑到 Twitter 是当今世界上国际化程度最高的社交软件之一，也是中国媒体进行国际传播的主要阵地。[3]从某种程度上说，Twitter 报道的传播效果决定了一国在国际社会上发声的力度。所以，笔者决定通过关键词搜索来进行简单的数据分析和内容分析来展示中国主流媒体在国际传播中的表现情况，并通过暴露出的问题提出自己的对策性建议。

二、Twitter 舆情综述

笔者通过搜索“媒体英文名 + drone”的方式，整理了涉及中美潜航器事件的 Twitter 舆情。

(1) 中国主流媒体 Twitter 舆情:

在开设了 Twitter 账号的中国主流媒体中，粉丝最多的是新华社（@XHNews)、人民日报（@PDChina)、中国国际电视台（@CGTNOffical)，粉丝量分别为 700 万、263 万、172 万。通过关键词搜索的方式，笔者总结了中美潜航器事件前后，中方媒体的 Twitter 报道情况如下:

2 匡文波:《关于新媒体概念的厘清》，《新闻与传播研究》，2012年10月。

3 贾爽:《“一带一路”: Twitter网络》，南京大学硕士论文，2016年5月。

1．新华社Twitter报道情况：

发布时间	内容	转发数	点赞数
12月18日0:31	*China has decided to hand over underwater drone to U.S. in appropriate manner: Defense Ministry spokesperson*	101	118
12月20日14:00	*China has handed over underwater drone to U.S. in waters in #South China Sea after "friendly consultations": Defense Ministry*	132	165

2．人民日报Twitter报道情况：

发布时间	内容	转发数	点赞数
12月17日21:44	*China confirm US request for seized underwater drone during a security check in the #South China Sea*	72	104
12月17日22:54	*#UPDATE: China will return equipment identified as US underwater drone, and regrets the US publicly hyping the incident: Ministry of Defense*	619	772
12月19日16:59	*Underwater drone just a sample of #US military action against #China #Voiceof China*	43	81
12月20日13:17	*#BREAKING: #China returns underwater drone seized in the #South China Sea to #US on Tus morning*	64	136
12月20日17:09	*#China deserve credit for handling underwater drone issue in professional and peaceful manner*	31	101

3．中国国际电视台（原央视英语新闻频道）Twitter报道情况：

发布时间	内容	转发数	点赞数
12月17日18:01	*Global Times says Chinese navy was checking "unidentified equipment", after Pentagon claims China seized its drone in the# South China Sea*	274	532
12月17日22:29	*#UPDATE MOD says China will return equipment identified as a US underwater drone, and regrets the US publicly hyping the incident.*	224	216
12月20日13:13	*#BREAKING China returns underwater drone seized in the #South China Sea to US on Tuesday morning*	69	131

我们不难看出，在12月15日到20日这段时间内，发声最为集中的中国主流媒体是人民日报。其五条推文既列举了事实又进行了分析，由浅入深。外国网友特别是美国网友的评论也趋于客观理性，甚至是略带诙谐地借机嘲讽美国当选总统特朗普。

(2) 美国大型媒体 Twitter 舆情

为了比较的对称性，笔者选取了美国的一家电视台、一家报纸和一家通讯社 CNN

Breaking News(@cnnbrk)、The New York Times(@nytimes)、The Associated Press. 这三家媒体的粉丝数量分别为 4478 万、3242 万和 931 万。通过同样的方式，笔者总结了事件前后，美方媒体的推特报道情况如下：

1. CNN Breaking News的Twitter报道情况如下：

发布时间	内容	转发数	点赞数
12月17日0:38	*A Chinese Warship stole a US underwater drone right in front of an American crew, US defense official says*	966	885
12月18日23:47	*China says it will return a US underwater drone it seized this week and says the US "hyped up" this issue*	657	885
12月19日2:28	*Pentagon says China has agreed to return the US underwater drone seized in the South China Sea earlier this week.*	320	549
12月19日16:42	*Underwater drone seized by China is the "tip of the iceberg" of US military surveillance, Chinese state media says*	223	286
12月20日13:14	*China has returned the US underwater drone it seized last week in the South China Sea, US and Chinses officials say*	293	467

2. The New York Times的Twitter报道情况如下：

发布时间	内容	转发数	点赞数
12月17日2:17	*Breaking News: The U.S. demands that China return an underwater drone seized by its warship in the South China Sea*	323	269
12月17日2:23	*A Chinese warship seized an underwater drone in the South China Sea. The Pentagon has demanded its return*	196	161
12月18日1:20	*China said an American underwater drone it seized would be returned in a "proper way", and Trump entered the fray*	408	586
12月18日2:26	*Breaking News: Beijing agreed to return a drone seized in international waters, the pentagon said*	174	153
12月18日5:40	*China agreed to return an American underwater drone seized in international waters, the Pentagon said*	181	265
12月18日16:23	*China agreed to return an American underwater drone seized in international waters, the Pentagon said (attached with an accurate map)*	114	195
12月18日22:17	*News Analysis: Muted U.S. Response to China's Seizure of Drone Worries Asian Allies*	146	153
12月20日16:30	*The Chinses Navy handed back an American underwater drone it had seized*	69	108
12月20日20:00	*The Chinese Navy handed back an American underwater drone it had seized*	73	110

3. Associated Press的Twitter报道情况如下：

发布时间	内容	转发数	点赞数
12月17日1:06	*Breaking: Pentagon says Chinese warship seized a U.S. Navy underwater drone collecting unclassified data in South China Sea.*	1042	631
12月17日22:02	*The Latest: In Tweet, President-elect Donald Trump blasts China's seizure of a U.S. Navy underwater drone (attached with an accurate map)*	93	113
12月18日11:30	*China says it seized US Navy drone in the South China Sea to ensure safety of ships*	68	70
12月18日14:00	*Trump tweets that US should let China keep drone it seized*	87	120
12月19日18:33	*Drone seizure latest sign of tougher times between U.S., China*	41	35
12月20日13:12	*BREAKING: Pentagon says China has returned unmanned underwater drone seized last week by Chinese Navy*	314	381
12月20日13:27	*Pentagon says China has returned unmanned underwater drone*	97	119

此外，被冠以“推特治国者”绰号的美国候任总统特朗普在潜航器事件中也发布了两条相关的Twitter。

三、Twitter舆情暴露出的问题以及我们面对的挑战

通过上面若干表格，我们可以看出，中国的主流媒体在Twitter上的表现与美国大型媒体相比还有不小的差距。

（一）威胁我国当前国际传播能力建设的首要因素是当今严重不平衡的国际传播格局一即西方主导下的、信息单向流动的格局。

出于意识形态安全等因素的考虑，我国选择性地屏蔽了部分境外网站。所以，国家政策客观上限制了我国主流媒体的用户规模。任何事物都有其两面性，互联网的“墙”在防止部分鉴别力低下的网民遭到敌对势力蛊惑的同时，也阻断了境内网民获取外部信息的部分途经。Twitter的中国市场也几乎被屏蔽，从这方面来说，我们不难理解，作为世界上最有影响力之一的大型通讯社、报纸和电视台，新华社、人民日报和央视的Twitter用户规模大约分别只有美联社的75%，纽约时报的8%和CNN的4%。在用户规模被西方大型媒体“碾压”的情况下，我国的主流媒体不可避免地会出现“发声无力”的状况。中美潜航器事件的Twitter舆情的强烈对比，正是对现存国际传播格局在国际网络空间的投射。

（二）“阵地意识”和“主动意识”有待加强。新闻报道讲求时效性，只有将自己的新闻第一时间传达给用户，才更有可能掌握舆论的主动权。

1.从推文的发布时间看，中国主流媒体远远落后于美国大型媒体：

	美最先发布消息的媒体和推文时间	中方最先发布消息媒体和推文时间
捕获潜航器	CNN，12月17日0:38	CGTN（原CCTV英语频道），12月18日18:01
移交潜航器	CNN，12月20日13:14	CGTN（原CCTV英语频道），12月20日13:13

从捕获潜航器的新闻报道时间看，中方首条新闻比美方迟了17个多小时，且中方的头条推文引用的还是*Global Times*的信息源，并非独家消息。根据双方的新闻内容描述看，双方人员同时目睹了该事件，不存在哪一方先得到信息源的问题。因此，笔者认为中国主流媒体在这一事件中并没有占领舆论的先机。反观美国媒体，CNN不仅在第一时间向全球报道了美国的潜航器在南海被中国军舰“盗窃”的事实，而且在中方掌握新闻源的情况下（潜航器在中方手上，美方无法直接获取最新消息）仅仅迟于央视1分钟的时间报道了中国归还潜航器的消息。美国大型媒体从业者的新闻专业水平可见一斑。新媒体时代下的国际传播，时效性的重要程度远高于传统媒体时代。换言之，时效性强的媒体才更有可能在众声喧哗中赢得话语先机。

2.从推文的条数上看，中国主流媒体明显少于美国大型媒体：

媒体	新华社	美联社	人民日报	纽约时报	央视	CNN
发布推文条数	2	7	5	9	3	5

代表中国政府发声的新华社只发布了两条推文。对比人民日报和纽约时报、央视和CNN的推文数量，中方的密度也只相当于美方的一半左右。笔者认为，这种现象暴露出的本质问题是中国主流媒体“主动发声”的意识薄弱，而这种薄弱的意识极有可能导致本来在舆论上占据主动地位的我方陷入被动境地。

（三）传播形式和话语策略存在缺陷。

1.传播形式亟待丰富

以移动互联网技术为依托的新媒体时代相较于传统媒体时代，用户体验直接决定了传播效果。丰富传播形式对提升用户体验从而加强传播效果的作用巨大。经过对比，笔者发现，美国大型媒体在传播形式上较中国媒体也略胜一筹：

CNN Breaking News 的 5 条推文和纽约时报的 9 条推文都附有链接，链接提供了详细的文章、视频报道和事发地点的精确地图；美联社的 7 条推文中仅有 2 条未附详细报道的链接。中方 CGTN 的 3 条推文，人民日报的 5 条推文和新华社的 2 条推文无论是本身还是附属链接都没有提供视频、动画或者精确的数据地图。

2. 话语策略需要提高

中方三家媒体的 10 条推文在体裁上全部属于消息性质，缺乏媒体本身的态度。只有人民日报的推文不仅交代了事件的发展过程，还揭露了美国 “hyping the incident”（使事件扩大化）这一意图以及潜艇的军事情报用途，彰显了中国行动的正义性。

反观美方三家媒体发布的 21 条推文，其中除了消息类型的推文，还有相当一部分属于表明媒体立场的评论。在用词上，以 CNN 为代表的美方媒体极尽 “煽情” 之能事，CNN 将中国捕获潜艇的行为描述成 “stole”（偷），美联社将美方从事的间谍活动称为 “*collecting unclassified data*”（采集非机密数据），然而同时他们会摆出 “公正客观” 的姿态，在每条推文下说明信息的来源。这种虚实结合的话语策略适应了新媒体语境下的网络传播，也更容易产生爆发式的传播效果。因此，国际传播的话语策略也是中国媒体亟需修炼的本领。

（四）不同传播主体缺乏默契联动

国际传播主体大致可以分为三类：政府和社会组织、企业、个人。[4] 他们各自在独当一面的同时仍然需要其他主体的密切配合。新媒体环境下的国际传播各主体间如若缺乏互动，传播效果也将大打折扣。

从 Twitter 舆情反映的情况看，美国大型媒体的推文充分显示了主体间互动的传播模式。作为政府象征的美国候任总统特朗普也利用自己 Twitter 意见领袖的身份先后发布了两条推文，以歪曲事实和戏谑的口吻对这一事件发表评论，唤起网民对这一事件的关注和讨论。此外，纽约时报 18 日的 *News Analysis* 中引用了学者 *Euan Graham* 针对潜航器事件的评论。在美国的国家利益受到 “威胁” 时，学者的声音无疑会给美国的 Twitter 网民们指点迷津。

对于美方来说，潜航器事件的报道实际上是政府、企业（媒体）和个人合作进行国际传播的经典案例。反观中方，三家主流媒体作为党和政府在国际社交平台上的喉舌，几乎是独自运转，传播过程没有企业和有影响力的 “大 V” 们参与。

4　程曼丽：《国际传播主体探析》，《中华新闻报》，2007年5月23日，第C01版。

四、新媒体语境下增强我国对外传播能力的必由之路

中美潜航器事件全程中方媒体暴露出的我国在国际传播领域存在巨大的挑战和严重的问题，针对这些薄弱环节，笔者提出自己以下一些思考。

（一）大力发展我国的综合国力，提升经济与科技实力，这是应对挑战的根本途径。

只有我们的经济、科技实力和人民的受教育水平提高了，来自内部和外部的威胁减弱了，国家才会适时调整互联网政策，有序地向中国网民开放 Twitter、Facebook 等国际性新媒体平台。我们不难想象，当中国网民可以不用翻墙时，Twitter 上的用户会有一小半是中国网民，通过群体身份认同的自我塑造，中国网民完全可以为自己国家“代言”。而且，通过网民的转发扩散，我们媒体的声音才会遍布国际传播平台。加之人民群众的洞察能力明显增强，西方国家对我国抹黑式的宣传才会不攻自破。

（二）加强人才队伍建设，提升“阵地意识”和“主动意识”，注重话语形式和话语策略。

现在早已不是“酒香不怕巷子深”的时代，而是谁先发声谁就占据主动权。中美潜航器事件充分暴露了中国主流媒体及时获取信息能力较弱的弊端。新媒体时代是媒介深度融合的时代，我们要巧妙地设计国际用户喜闻乐见的传播话语形式，在给用户提供更多信息的同时给予他们直接、愉悦的审美感受。此外，我们还要精准地培育属于自己的话语策略：在遵循新闻客观性规律的基础上，使用网络传播语境下具有传播力的语言表达方式（适当修辞），以有限媒体的口径传达多个信息来源的声音；在阐释事实原委的基础上对网民产生渗透性的效果。所有这些意识和话语方法，说到底得靠优秀的国际传播人才落实。

（三）移植“互联网 +”思维，加强主体间联动，创造新的国际传播生态。

新媒体环境下，我们迫切需要利用互联网平台将国家、企业和个人的力量融入国际传播能力建设的系统工程中，使之密切配合。中国主流媒体的性质特点决定了他们在国际传播中为政府发声的职能，但是这会导致国际新闻报道信源单一、说教性成分重、说服力不强从而不能取得预期效果。笔者认为，今后的国际传播不仅需要国家层级上的力量作为后盾，更需要呼唤有国际影响力的、能够代表国家利益和国家形象的跨国企业和本土国际知名人士积极参与。这种“台前 + 幕后”“硬性 + 软性”的排兵布阵方式，也正是美国等西方大国在进行跨国文化价值观输出时的一贯模式。

四、结语

中美潜航器事件看似只是两国间一次微不足道的误会，实质上却是中美围绕国家安全利益在国际关系领域中的博弈。笔者通过对 Twitter 上中美媒体关于此次事件报道的分析，意图使读者直观地了解到新媒体环境下中国主流媒体在国际传播能力建设上面临的挑战，他们存在于根本、意识、技术和战略四大层面。面对这些挑战，我们在“撸起袖子加油干”的同时，更要注重训练国际传播人才，使之适应新媒体语境，使之具有同世界一流水平接轨的意识和能力；更要注重凝聚不同主体的力量，使之在取长补短中发挥出最大的功效。

社会网络分析视域下
美军社交媒体组织传播效果考察[1]
——以 2016 环太平洋军演美军 Twitter 帐号信息传播为例

刘轶　张辉[2]

【摘要】 本文关注组织传播理论在社交媒体场域发生的嬗变以及信息传播对传统组织结构的优化变革。运用社会网络分析法，在梳理掌握美军 113 个 Twitter 认证账号结构关系基础上，以 2016 环太平洋军演美军 Twitter 账号信息传播与交互为实证考察，旨在研究社交媒体账号在重大军事活动中的动态组织协同模式。研究发现：美军所有的账号均有选择性地发布信息，取决于账号主体在事件中的参与情况，互动模式上呈现典型的动态中心辐射；美军在 Twitter 中除了以认证账号为代表的显性结构之外，还有非认证账号组成的隐性结构，后者的影响力甚至高过前者。

【关键词】 社会网络分析；美军 Twitter 账号；组织传播

当今世界，军事信息传播向社交媒体平台延展成为信息时代的发展趋势。美军高度关注其传播能力的全球到达，并认为这是军队软实力的重要组成部分，关系到其能否建立信任、赢得民心，关乎军队的生存、发展甚至组织目标的实现。每时每刻均凸显"层级分明、秩序严谨、行动高效"特性的军队组织映射在"平等赋权、开放共享、自由流动"的社交媒体场域，世界上任何一支军队都会表现一贯的审慎，但在内外力的双重博弈与相互妥协下，现代化军队选择了适应新技术，逐步构建较为成熟的组织传播体系。值得注意的是，现代军事传播体系构建与运转也在同步改造军队传统组织结构。

1　本研究属于国家社科基金一般项目《现代传播体系涉军信息及其传播机制研究》12BXW023阶段性成果。

2　刘轶：国防大学政治学院教授；张辉：南部战区空军某部政工处干事。

一、研究问题：美军是怎样利用 Twitter 账号进行组织传播，即怎样协同？

近年来，美军组织机构纷纷设立 Twitter 认证账号，积极展开信息传播活动。经笔者监测，美军机构在 Twitter 上显见 113 个活跃认证账号，其网络密度测算值为 0.32，网络节点平均距离为 1.632。由此可见，美军组织机构 Twitter 账号群联系紧密，信息传播通畅。那么，在具体军事行动中，美军 Twitter 账号参与度怎样，组织结构与组织传播如何相互影响？同时为了考察这种组织传播策略的有效性，以社会网络分析方法对其进行计量学考察。本文选择 2016 环太平洋军演美军 Twitter 账号信息传播实践活动，考察美军众多机构信息传播与互动关系。

二、研究方法

选择环太军演为案例考察，一是基于其常态化军事行动属性考虑，其信息发布具有一般规律；二是基于其非战争军事行动属性考虑，其信息互动具有平时特性。

具体来讲，笔者利用计算机软件辅助方法，先由 OSoMe 抓取以 #RIMPAC2016 为主题的标签数据，筛选出 K- 核子群，再经过社会网络分析的相关指标对组织传播效果进行考察。本研究运用 Twitter 自带的高级检索功能，以 #RIMPAC2016 为关键词，将推文来源限定在笔者自建账号关注的样本之中，时间限定为 2016 年 7 月 5 日至 8 月 4 日，共得到推文 87 条，分布在 10 个认证账号，分别是太平洋舰队（@USPacificFleet）、太平洋司令部（@PacificCommand）、美国海军（@USNavy）、国防部（@DeptofDefense）、《星条旗报》(@starsandstripes)、远征力量训练部（@SECNAV）[3]飞行保障（@AirMobilityCmd）、[4]太平洋空军（@PACAF）、海军后勤保障（@NAVFAC）、[5]美国空军（@usairforce）。

三、研究分析

(一) 组织传播内容分析

社会网络分析能够揭示物质的本质，但是如果只重视结构，忽视内容将会无法全面揭示组织传播。本研究将从内容和互动两个视角对组织传播内部的建构进行分析。

3　其profile介绍为，Ensuring the Navy & Marine Corps are trained & resourced to be the most formidable expeditionary fighting force in the world. Tweets by the SECNAV & his staff，故译为远征力量训练部。

4　其profile介绍为，Providing unmatched airlift, air refueling and aeromedical evacuation for the U.S. military.故译为飞行保障。

5　其profile介绍为，We build/maintain sustainable facilities, deliver utilities & services, & provide Navy expeditionary combat force capabilities.在此处译为海军后勤保障。

网络是现实的延伸。作为典型的传统结构，美军对于公共事务机构层级的设置是研究美军Twitter账号组织内部传播的现实依据。结合美国海军更加详细的事务指挥链（见图1），可以发现在环太平洋军演中，美军公共事务传播的指挥链为国防部（@DeptofDefense）→美国海军（@USNavy）→太平洋司令部（@PacificCommand）→太平洋舰队（@USPacificFleet）→任务力量（task force）→攻击单位（strike group）→所在小组（your unit）。

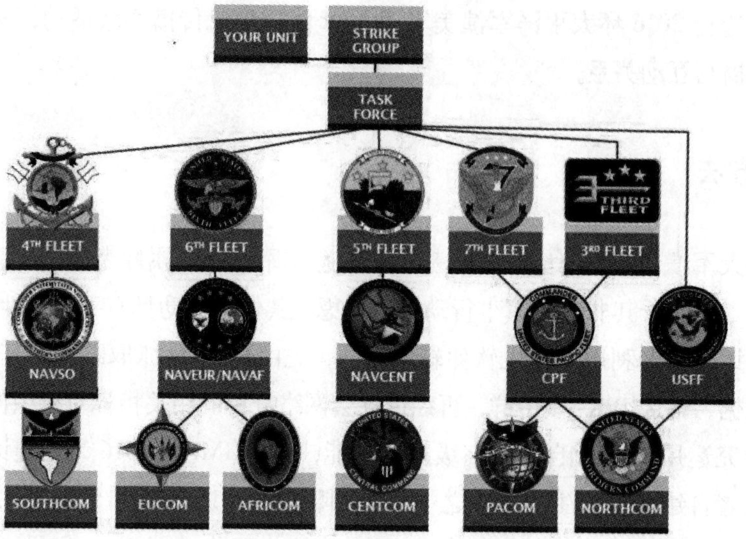

图1：美国海军公共事务指挥链[6]

1.信息内容生产凸显接近性原则

参与发布账号的有限性说明美军Twitter账号在涉军事件中并不是随意发布相关的信息，而是恪守着信息把关人的职责。在此次演习中，仅有10个相关账号发布了带有标签#RIMPAC2016的推文。这与社交媒体场域中受众细分的特点相吻合。因此，美军有节制地根据自己本身属性进行信息发布不失为增强受众粘性的有效手段。

不同主体之间推文数量的差异性在一定程度说明相关事件中，信息发布仍然有主次之分。从推文数量来看（见表1），@ USPacificFleet（24条）、@ PacificCommand（19条）、@USNavy（15条）和@DeptofDefense（14条）的条数远超过其他账号。四者是此次军事演习的负责主体。这种差异性源于不同账号与事件具有不同的接近性。这也反映在不同的信息传播平台上，内容核心要素仍然没有变。

6　此图片来自《Navy Public Affairs Guide- Collateral Duty Public Affairs（2013）》。

发布推文账号	推文条数
@USPacificFleet	24
@PacificCommand	19
@USNavy	15
@DeptofDefense	14
@starsandstripes	5
@SECNAV	4
@AirMobilityCmd	2
@PACAF	2
@NAVFAC	1
@usairforce	1

表1：各账号发布的推文数

2.信息链接凸显主体联动原则

本研究对环太平洋演习中美军账号嵌入在推文中的链接进行分析。通过点击链接查看其指向的网站类型，构建出相关账号的外部链接图，其中线条的粗细代表账号与相关网站链接次数。

据统计，在87条推文中，超过半数（50条）嵌入了超链接。相关认证账号在嵌入超链接的模式上有如下特点：(1) 超链接主要聚集在新闻网站。按照媒体属性来看，虽然链接之中也存在博客和社交媒体等新兴媒体，但是新闻网站的数量占据绝对优势。扩展单条Twitter的叙事空间是插入超链接的主要目的。相比之下，新闻网站比碎片化传播的社交媒体信息量更大。(2) 信息来源多样但主体属性单一。10个经认证Twitter账号的超链接目的地并没有集中指向同一处地址，而是分布在11个网址。[7]但是，根据其所属的主体来看，美军自身的军事媒体具有压倒性优势。可见，从美军相关账号的实践当中，依靠军方传播体系进行形象自塑仍然是不二选择。(3) 以主体为参照的媒体引用成为准则。美军较早地认识到传播对于军队的重要性。为此，美军加紧了媒体布局，各个军种均建有属于自己的网站、博客和社交媒体账号，形成了适应现代传播体系的社交媒体矩阵。适应了新媒体的信息环境，提高了传播能力。基于超链接对象和账号主体的关系来看（见图2），在环太平洋军演的信息发布中，同一个机构的网站、博客和社交媒体账号之间的联动效应明显，充分调动了各级别的媒体资源。

7　此处以点击链接时的直接页面为准，将网站的二级页面归为不同类。

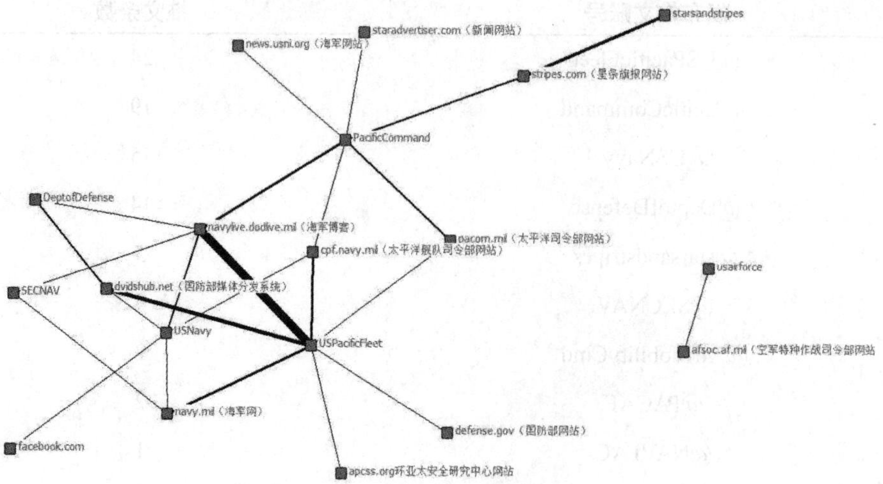

图2：参与账号外部链接分布图

（一）组织传播互动分析

传播是组织建构的基础，在互动中相互引发、不断循环的过程。在组织传播中，社交媒体具有双重属性，不仅仅是一种传播媒介，也成为组织工具。对组织传播动态化的考察是建立在静态的组织结构上。因此，在本部分首先对参与账号的静态结构进行了分析，以此作为参照，之后分析其动态结构。

1.静态呈现了分散式传播结构

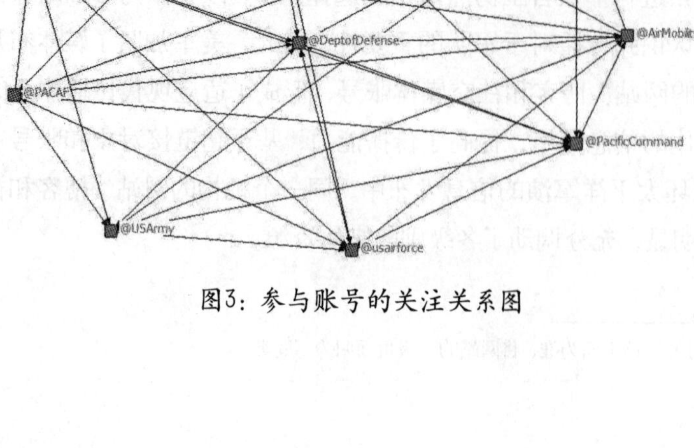

图3：参与账号的关注关系图

根据构成的社群图（见图3）可以看出，这10个账号联系非常紧密。相关测量结果显示，该网络图的网络密度为0.7，关系条数为63，显示较高数值，进一步说明成员之间的关系很近。高密度的网络布局为认证账号之间的交流互动奠定了一定的结构基础，影响着网络中的成员。另外，该网络的平均距离更短，为1.222。从信息传播的角度来看，网络中的大多数成员都可以不经过中介点与其他成员直接取得联系。这种分散式的结构在一定程度上保证了该网络中核心成员之间信息交流的真实性和准确性。这也充分体现了技术对于组织的改变。现实中的组织通过技术的应用打造了全新的组织结构，从而建立起独立的信息通道，由此形成与线下完全不同的组织传播结构。

2.动态呈现中心辐射式结构

借助社会网络分析工具，可以描绘出目标账号的静态组织传播结构图谱，但描述的静态关系图谱依然需要信息流动，才能揭示动态的完整的传播结构。在Twitter中，账号与账号之间除了简单的关注关系之外，还存在更多的互动行为，由此建构出动态的组织传播结构，是组织传播生效的关键。有鉴于此，本文探索“环太平洋-2016”中美军各账号的互动情况，从而确定他们的组织模式。通过查看它们之间转发（RT）和圈人（@），建立了关系矩阵（见表2）。在该矩阵中，数据不仅仅要表示关系的存在与否，同时还要对两者之间交往的强度和频率进行排序和量化。[8] 在这87条Twitter当中，转发或者圈过的次数为N，则在关系矩阵中在对应的位置记为N，N可以取非负整数。

	AirMobilityCm	DeptofDef	USPacificFleet	PacificCo	USNavy	USArmy	SECNAV	Usairforc	NAVFAC	PACAF
AirMobilityCmd	0	0	1	0	0	1	0	0	0	0
DeptofDefense	0	0	0	0	5	1	0	0	0	0
USPacificFleet	0	1	0	0	0	0	0	0	0	0
PacificCommand	0	0	0	0	3	0	0	0	0	0
USNavy	0	0	5	0	0	0	0	0	0	0
USArmy	0	0	0	0	0	0	0	0	0	0
SECNAV	0	0	0	0	2	0	0	0	0	0
Usairforce	0	0	0	0	0	0	0	0	0	0
NAVFAC	0	0	0	0	0	0	0	0	0	0
PACAF	0	0	0	0	0	0	0	0	0	0

表2：“环太平洋—2016”中美军Twitter账号互动关系矩阵表

经过Netdraw可视化关系图，其中连线的粗细体现赋值的高低，两者之间的连线越粗，互动越频繁。这10个账号在87条推文共互动了19次。从下图中可以看出，@DeptofDefense、@USPacificFleet 、@USNavy、@PacificCommand和@SECNAV五个账

8 戴维·诺克、杨松、李兰译：《社会网络分析（第二版）》，格致出版社2012年版，第89页。

号之间的连线比较粗，互动比较频繁。从以上分析可知，在环太平洋军事演习中，其互动模式属于辐射型，以“海军（@USNavy）”为中心辐射各个账号。这也说明美军官方账号会进行选择性地互动，而不是盲目跟他人互动。但从总体上看，这些成员之间的互动频率仍然偏低，如果不考虑提及的情况，上图的赋值将更低。

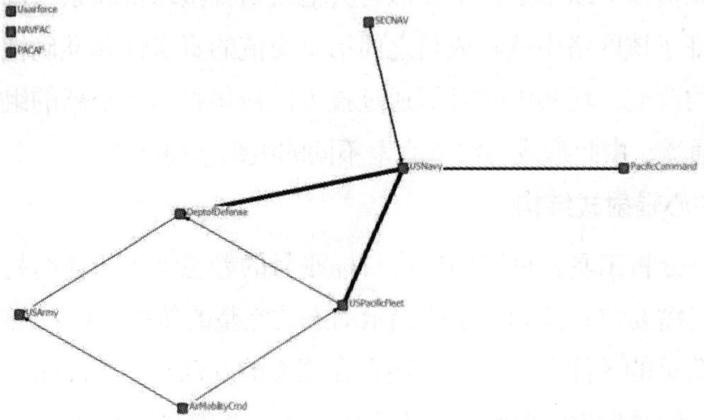

图4：“环太平洋—2016”各账号间的互动关系图

环太平洋演习是美国太平洋舰队主办的最大规模的多国海上演习，覆盖了包括国防部→海军（空军）→太平洋司令部→太平洋舰队（太平洋空军）的指挥结构和相关的后勤保障和媒体宣传。这种现实的军事链条通过各个账号在 Twitter 中得到了映射。

（二）组织传播动态分析

组织传播通过信息的流动形成网络舆论，它们在舆论中充当的角色决定了结构的有效性。而社会网络分析为研究网络舆论带来了新的视角，通过以“关系”为研究单位，分析网络舆论的结构特征，从而揭示影响舆论传播的主要因素和次要因素。为此，本部分基于社会网络分析对组织传播动态结构进行审视，观其优劣。

	AirMobili	DeptofDef	ElaineRey	androidsy	CanadianF	Defence (		AngeloJTM	bluebird	ponorit	fwinwin91	JorgeMede
AirMobilityCm	0	0	0	0	0	0	0	0	0	0	0	0
DeptofDefense	0	0	0	1	0	0	0	0	0	0	0	0
ElaineReyesTV	0	0	0	0	0	0	0	0	0	0	0	0
androidsystem	0	0	0	0	0	0	0	0	0	0	0	0
CanadianForce	0	0	0	0	0	0	0	1	0	0	0	0
Defence CASG	0	0	0	0	0	0	0	0	0	0	0	0
pet	0	0	0	0	0	0	0	0	0	0	0	0
AngeloJTM	0	0	0	0	0	0	0	0	0	0	0	0
bluebirdtrini	0	0	0	0	0	0	0	0	0	0	0	0
ponorit	0	0	0	0	0	0	0	0	0	0	0	0
fwinwin911	0	0	0	0	0	0	0	0	0	0	0	0
JorgeMedellin	0	0	0	0	0	0	0	0	0	0	0	0

表3：RIMPAC2016各个账号构成的邻接矩阵（部分）

为构建 2016 环太平洋军演案例的网络传播图，本研究以 #RIMPAC2016[9] 为标签用 OSoMe 软件进行数据抓取，取样时间为 2016 年 7 月 5 日至 2016 年 8 月 4 日，经过 2- 核分解过滤后，共得到 145 个节点度大于或等于 2 的节点，形成 315 条关系，由此构成关系矩阵（见表 3）。其中“点”代表标注有 #RIMPAC2016 信息的创造者和传播者，“线”代表两点之间由转发（RT）和提到（@）组成的互动。该矩阵中，1 代表行用户转发或者 @ 列用户，0 则代表两者并不存在互动关系。

1. 网络密度越强，信息流通路径越短

通过控制变量法分析。具体来说，首先用 UCINET 对上述矩阵进行分析，同时用 netdraw 进行可视化处理，生成 #RIMPAC2016 的网络传播图（见图 5）。然后去掉前文所述的 6 个账号节点，重复上一步的操作，得到网络传播（见图 6）。

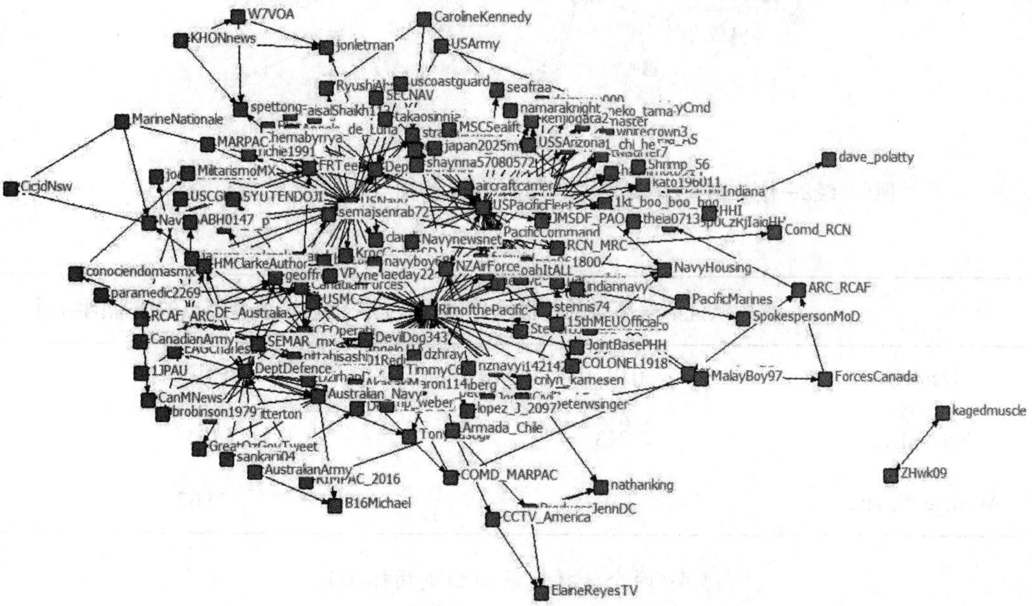

图5：经2—核分解的#RIMPAC2016网络传播图

根据传播网络可以看出，美军 Twitter 认证账号促进了网络一体化。在当前的样本规模下（见图 6），传播网络图中有众多节点分布较为散乱，部分节点甚至处于高度“离散”状态，游离于整个网络之外。但当经过上述 6 个账号出现之后，传播网络图呈现出错综复杂的网络关联，总体性程度进一步提高。一方面，原本处于游离状态的散点通过与新加入的信息源相关联而重新进入网络；另一方面，原来处于集中地位的节点因为新加入的信息源使得网络更加复杂。

9 http://truthy.indiana.edu/tools/networks/#?hashtag=RIMPAC2016&network_type=rm&start_date=7-5-2016&end_date=8-4-2016.

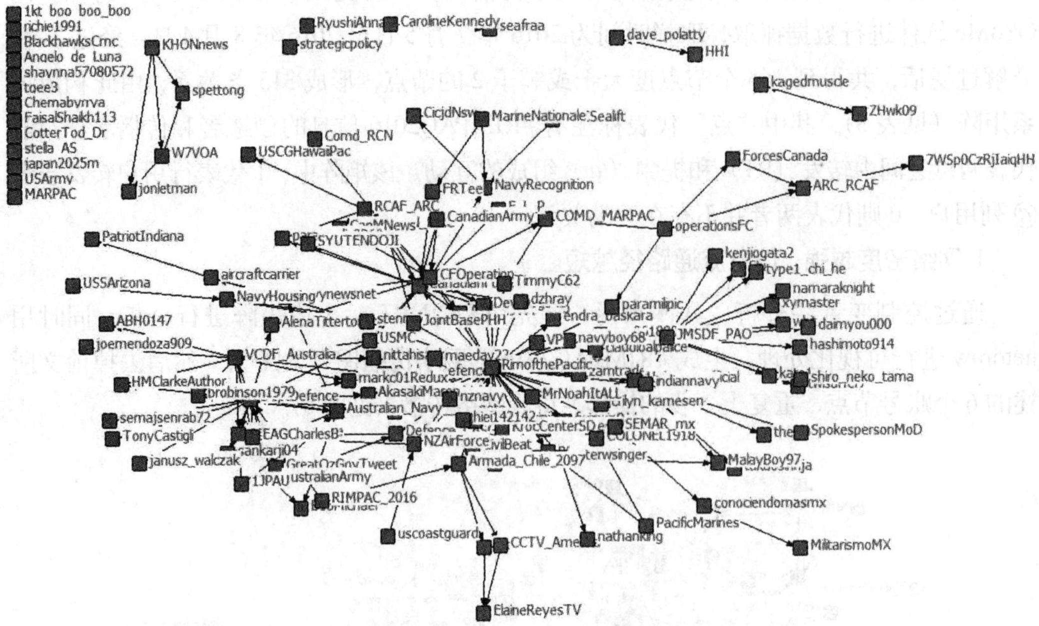

图6：经2-核分解的#RIMPAC2016网络传播图（去掉前文所说账号）

	保留认证账号节点的传播网络图	去除认证账号节点的传播网络图
Density	0.0150	0.0106
No.of Ties	313	194
Average distance	3.199	2.967

表4：两个传播网络图相关指标比较

从整体网的数据来看（见表4），这6个账号让信息传播更加流畅便捷，准确度更高。一方面，在加入认证账号之后，其网络密度增加了0.0044，增加了50%。另一方面，平均每对节点与节点之间的距离减小了0.232。

2.账号个体影响力呈现极化现象

社交媒体时代，军队机构获取军事信息渠道的排他性和垄断性决定其在军事信息的传播具有较强的控制力。这种权力可以用社会网络分析的中心性进行测量。理论上，在军事信息传播中，其他账号对美军Twitter账号的依赖性比较高，具有较高的中间中心度；同时，美军Twitter账号理应有较高的权力去有效控制影响舆论的发展，即点度中心度比较高。下文将基于上述两点认识对美军账号的传播效果进行分析。

		Betweennessn	Betweenness
45	RimofthePacific	2359.055	11.456
28	USPacific Fleet	1617.269	7.854
2	Deptof Defense	861.971	4.186
46	US Navy	674.776	3.277
34	Australian_Navy	580.033	2.817
29	Pacific Command	561.302	2.726
5	Canadian Forces	409.086	1.987
49	Dept Defence	308.667	1.499
32	CF Operations	283.821	1.378
51	RCN_MRC	275.931	1.340
91	indiannavy	268.743	1.305
		……	
120	SECNAV	3.200	0.016
		……	
1	AirMobilityCmd	0.000	0.000
129	USMC	0.000	0.000
130	uscoastguard	0.000	0.000
131	USArmy	0.000	0.000

表5：经2—核分解的#RIMPAC2016传播网络中各节点的中间中心度（部分）[10]

通过中间中心度分析（见表4-5）发现，上述6个账号对传播网络中信息资源和交往资源的控制能力出现极化现象。@USPacificFleet、@DeptofDefense、@USNavy、@PacificCommand等具有很高的中间中心度，分别排在该网络传播中的第2、3、4、6位，在该传播网络中占有重要的位置，起到桥梁的作用。与之相反，其余的两个账号中间中心度偏低。

10 标有底纹的部分为本研究的样本账号。

		OutDegree	InDegree	NrmOutDeg	NrmInDeg
45	RimofthePacific	40	13	27.778	9.028
28	USPacificFleet	36	4	25	2.778
46	USNavy	31	4	21.528	2.778
49	DeptDefence	16	5	11.111	3.472
2	DeptofDefense	15	7	10.417	4.861
96	JMSDF_PAO	15	1	10.417	0.694
5	CanadianForces	12	4	8.333	2.778
32	CFOperations	12	6	8.333	4.167
48	VCDF_Australia	10	2	6.944	1.389
29	PacificCommand	10	10	6.944	6.944
34	Australian_Navy	7	3	4.861	2.083
129	USMC	7	0	4.861	0
……	……	……	……	……	……
130	uscoastguard	2	0	1.389	0
131	USArmy	2	0	1.389	0
120	SECNAV	1	1	0.694	0.694
……	……	……	……	……	……
1	AirMobilityCmd	0	2	0	1.389

表6：经2-核分解的#RIMPAC2016传播网络中各节点的点度中心度结果（部分）

根据点度中心度的结果来看（见表6），@USPacificFleet、@Deptof Defense、@USNavy、@Pacific Command 等均具有较高的出度中心度和入度中心度，这四者是该传播网络比较有影响力的点。

由表5与表6可知，@USPacific Fleet、@Deptof Defense、@USNavy、@Pacific Command 等四个点具有双高特征影响，既有高点度中心度也有高中间中心度，是该网络重要的意见领袖。这较好地说明了美军动态组织传播策略的有效性。但不可忽视，@starsandstripes、@PACAF、@NAVFAC、@usairforce、@SECNAV 和 @Air Mobility Cmd 等6个账号在该传播网络中的角色被弱化，一定程度上是因为这些账号主体在该事件中的参与度不高。

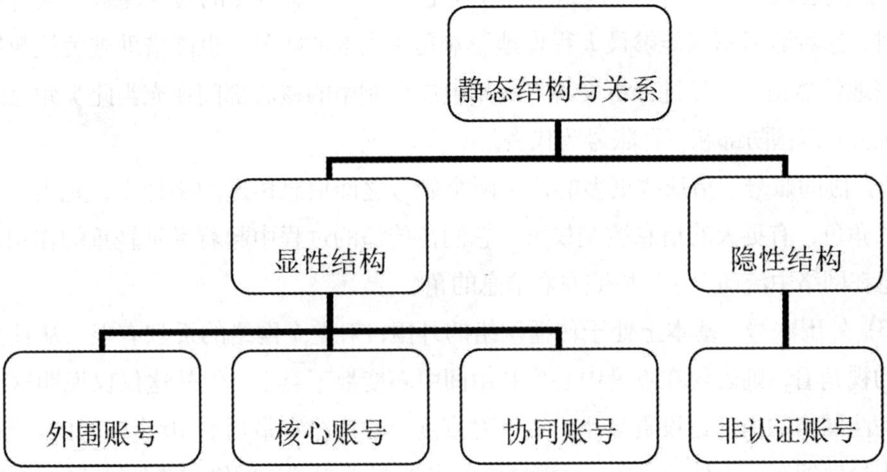

图7：美军Twitter账号静态组织结构与关系

四、研究发现

美军传统结构恰如黑匣子一般，严密设计且保持稳定。但技术的改变打破了这种封闭。为了更好地适应信息环境，组织的结构和关系产生了质变。美军组织传播静态结构与关系增加了信息环境感知能力和组织反应能力。网络的完备性极大地扩展了美军Twitter账号信息收集能力，通过关注重点账号和舆情分析等手段了解信息流动状况。同时，这也给信息传播中多元主体相互配合提供了可能，使其在军事行动的信息释放中形成彼此依赖、权力共享、主次分明的动态组织传播体系。

（一）静态结构呈显性与隐性，关系围绕角色而设定

总的来说，美军 Twitter 账号构成了显隐性结构。其认证账号是显性结构的重要组成，而非认证账号构成隐性结构（见图 5-1）。美军 Twitter 账号静态组织传播结构与关系既取决于线下军队层级结构，也决定于账号运用策略。具体来说，账号运营主体在美军组织结构中的位置优势极容易转换成社交媒体中的运营优势。如国防部（@Deptof Defense），在中心性的各项指标测量中均位居前列，积攒了上百万被关注数。但部分账号也凭借社会化媒体策略改变固有的传统组织格局。

在传播网络中，权力的不同决定了个体不同的角色和地位。在美军 Twitter 账号组织传播网络中，笔者通过中心性来测量各个节点在整个网络中的位置和角色。研究发现，有的账号担当了“双重角色”甚至“多重角色”。据此，本研究将其划分为核心、协同和外围三种角色构成。

（1）核心账号，即在整个网络中处于中心位置，拥有更多的被关注数。从传播学意义来讲，这种账号不仅能够最大程度地影响美军内部的账号，也能借助被关注数尽可能大范围地传播信息。经过分析发现，美军组织体制中的核心部门在充当此类角色时具有显著优势，以国防部和军种账号为代表。

（2）协同账号，指那些更多的位于两个账号之间信息传递的路径上，充当“信息桥梁”的角色，有更大的信息控制权力。它们在传播的过程中起着举足轻重的作用，一旦有信息在网络中流动，它们扮演左右信息的角色。

（3）外围账号，基本上处于传播网络的外围，对整个网络的贡献有限。从社会网络分析的视角看，则表现在点度中心度和中间中心度都不突出。但是这仅仅说明这些账号对该关注网络的内部建设贡献小。通过对点度中心度排在最后的 10 个账号的考察发现，这些账号都拥有不少被关注数。这意味着这些账号承担着该网络与其他网络连接的作用，便于信息到达不同的受众群体。

（二）事件触发传播，中心动态辐射

事件成为美军 Twitter 账号传播的触发器。一方面，相关账号在事件的报道中使用大量标签聚合事件报道，进行整合传播。例如环太平洋军演 -2016 的报道中使用了标签 #Soldier 和 #RIMPAC2016。前者加强了该事件与其他事件之间的联系，后者进行了精准传播。另一方面，以事件为传播重点的原则在美军相关的规章制度中显现。美国陆军少将史蒂芬 R· 雷菲尔德在《美军战略传播与传播战略指挥官手册》中提到，美军试图通过各部门协调一致的项目、计划、主题、资讯、图像和产品去认识并接触关键受众，从而影响其态度和行为。这充分体现了美军传播中的事件驱动意识。

在事件传播过程中，美军 Twitter 账号选择性参与信息发布。相关学者在研究美国政府机构和韩国政府机构利用 Twitter 开展组织传播的特点时发现，美国政府机构更多地选择与自己相关的议题发声。[11] 这个原则在美军 Twitter 账号信息发布中得到贯彻。

参与账号呈现动态中心辐射，中心位置由接近性决定。信息传播过程实质上是美军 Twitter 账号再组织的过程，组织的结构和关系在互动中变化。从上文案例分析来看，美军在动态组织传播时采用的是中心辐射型，以 @USPacific Fleet 为中心，其他点与之呼应。经过对网络传播图进行社会网络分析发现，这一模式具有一定的有效性。综合该案例中的显隐性结构来看，传播过程中权力的中心点由接近性决定。虽然显性结构中，@USPacific Fleet 为中心点，但在受众选择的过程中，更多地受众选择了非认证账号 @Rimofthe Pacific。该账号的主要内容是发布环太平洋军演中的相关信息。与太平洋舰队

11　Yoon H Y. Social media communication strategies of government agencies: Twitter use in Korea and the USA. Asian Journal of Communication. 2014, 24(1): 60-78.

比，其内容更加聚焦，接近性更强。

美军动态中心辐射的传播结构与关系创新在一定程度上也是美军传播体系改革的体现。2011 年初，美军建成国防媒体局，将占美军国防部和军兵种四分之一的媒体整合纳入该机构之中，从而打破了国防部、军兵种媒体机构原有的壁垒，将“伞状”科层结构转换为“中心 - 辐射”式线性结构，使新闻传播更加符合信息传播规律。通过机构的重新架构、信息的统一采制与发布，解决了军种媒体分割、公共事务传播存在的左右掣肘、上下分离等问题。

国家与城市形象传播

全球媒体中的中国：新形象、新形势、新机遇

王洪波[1]

【摘要】党的十八大以来，我们党围绕新的重大时代课题进行艰辛探索，取得重大理论创新，形成了新时代中国特色社会主义思想，受到国际舆论的持续关注和深入解读，中国国家形象随之出现新的变化，主要体现在整体形象、政治形象、经济形象、外交形象四个方面。这从侧面也反映出国际涉华舆论正在出现新形势新动向，国际社会相继出现一些对华积极、正面的新论调，但复杂多元的舆论态势依然值得我们重视。当前，中国国家形象的进一步树立和塑造面临着新的机遇。我国既应以我为主，又要贴近国外受众需求，让世界了解一个真实、全面、立体的中国。

【关键词】国家形象；治国理政；国际舆论；新变化

国家形象是国家软实力的重要组成部分，体现出一个国家的综合实力和国际影响力。因此，国家形象的塑造与传播深受各国政府重视。美国政治学家布丁认为，国家形象是一国对自身认知以及国际体系中其他行为体对其认知的结合，它是一系列信息输入和输出产生的结果，是一个“结构十分明确的信息资本”。布丁明确了国家形象在“自塑”“他塑”基础上的“和塑”概念。党的十八大以来，我国进入新的战略机遇期，党中央一直高度重视我国国家形象的塑造和建构。习近平总书记指出，我国要重点展示文明大国、

1　王洪波：当代中国与世界研究院对外传播研究中心副主任、副研究员，中国传媒大学传播研究院博士研究生。

东方大国、负责任大国、社会主义大国的国家形象。[2]面对错综复杂的国际国内环境，习近平新时代中国特色社会主义思想形成后，受到国际舆论的持续关注和积极评价，中国道路、中国模式、中国制度得到国际社会的更多理解和认同，中国国家形象中“自塑”的成分逐渐上升。在国际舆论场中，中国全面协调发展、主动担当作为的新的国家形象得以进一步树立和展示。

二

在海外媒体看来，中国国家形象的新变化主要体现在整体形象、政治形象、经济形象、外交形象四个方面。党中央在坚持和发展中国特色社会主义、坚持走和平发展道路等方面出台的重要政策理念的有效传播，提升了我国国家形象的自我认知和建构，一定程度上对冲了西方媒体的消极解构。

（一）整体形象：中国梦引领中华民族伟大复兴。新一届中央领导集体上任后，提出了中华民族伟大复兴的中国梦。外界广泛认为，中国梦成为党中央的治国理念和施政纲领，并对其实质和内涵、意义和影响等进行重点评述。第一，外媒肯定中国梦内涵丰富意义重大。外界认可中国梦在凝聚民心、鼓舞民众、改善民生等方面所起的作用，认为其表达出民众希望国家更加繁荣富强、经济保持平稳健康发展以及个人过上幸福生活的美好愿望。在《印度时报》看来，中国梦表明中国领导人希望实现民众对分享机会和繁荣的日益强烈的愿望。[3]第二，外媒强调中国梦给世界带来重要机遇。美国前国务卿基辛格在接受媒体采访时指出，中国梦与美国梦的终极追求是一致的：一个更加和平、繁荣和合作的世界。俄罗斯《晨报》直言，中国进入变革的新阶段，对于世界经济来说，中国梦可能比美国梦更适宜。[4]然而，仍有一些西方媒体对中国梦做出歪曲解读，忽视其中“人民幸福”的深刻内涵，指其是中国的“帝国梦”“霸权梦”，担心中国的“复兴之路”将挑战美国全球霸主地位、冲击现有国际格局。

（二）政治形象：协调推进“四个全面”战略布局。“四个全面”战略布局提出后，国际舆论普遍予以好评。外媒认为“四个全面”展现出中央领导集体的治国理政方略，不仅与中共以往的路线、方针、政策一脉相承，而且“全面”一词“覆盖面更广”，加大了“力度、深度和广度”。英国广播公司、日本《外交学人》等指出，“四个全面”概括了中国共产党治国理政的全新布局，清晰阐述了其治国思路和构想。[5]党的十八届三中、四中、

2 习近平《建设社会主义文化强国 着力提高国家文化软实力》，新华社北京，2013年12月31日电。

3 于运全：《中国共产党国际形象研究》，外文出版社，2014年8月第1版，第138页。

4 《俄报文章中国通过超级大国的考试》，《参考消息》2013年3月15日，第14版。

5 《“四个全面”展现中共治国新布局》，《参考消息》2015年2月27日，第1版。

五中、六中全会期间，外媒分别对全面深化改革、全面依法治国、全面建成小康社会、全面从严治党进行了深入解读，认为中共通过四次全会对“四个全面”战略布局进行了全面部署，系统回答了中共如何进一步推进经济建设、政治建设、社会建设、法治建设、党的建设等重大问题，为中国今后的发展描绘出新蓝图。不过，部分海外媒体认为中国如期建成小康社会面临巨大挑战，质疑我国深化改革的决心和信心，片面地将“党”“法”关系对立起来，诬称我党反腐败工作是“权力斗争”，对“四个全面”战略布局的实现前景抱有疑虑。

（三）经济形象：主动适应引领经济发展新常态。当前，中国经济正从高速增长转向中高速增长。外媒指出，“新常态”成为当前和今后一个时期中国经济发展的大逻辑，对中国经济的长期发展前景保持乐观。美国《洛杉矶时报》指出，对世界第二大经济体崩溃的担忧被过度渲染了，中国仍是全球经济增长的头号发动机。[6]中国政府以转方式调结构引领发展新常态，供给侧结构性改革被视为中国经济改革的“基调”。美国《纽约时报》指出，供给侧改革是引导中国经济健康增长的重要一步，为产业转型升级指明了方向。[7]政府致力于经济发展从要素、投资驱动转向创新驱动，让外媒意识到中国已吹响改革创新的“集结号”。新加坡《联合早报》指出，“互联网+”和“中国制造2025”等新战略都针对中国的核心产业制造业，将成为中国经济社会创新发展的驱动力量。[8]尽管如此，一些外媒始终认为中国经济形势存在诸多不确定因素，尤其对股市、楼市、债务等微观领域的悲观、担忧情绪较为浓重，声称股市波动、房地产过热、债务风险等问题如果得不到有效解决，将严重影响中国经济发展和改革前景。

（四）外交形象：打造人类命运共同体。中国坚定不移走和平发展道路，领导人在国内外深入阐释和平发展理念，国际舆论对此给予好评，乐见中国国际影响力和领导力的提升。中国着力与世界各国建设合作共赢新型国际关系，中美新型大国关系、中俄全面战略协作伙伴关系、中欧四大伙伴关系、中非全面战略合作伙伴关系、中拉全面合作伙伴关系，以及“亲、诚、惠、容”周边外交理念等均受到外界肯定。德国广播电台强调，中国没有向世界扩张的愿望，而希望成为世界上负责任的合作伙伴。[9]中国积极参与全球治理、推动全球治理体制改革，提出命运共同体、“一带一路”倡议、亚洲新安全观、正确义利观、开放型世界经济等中国主张、中国方案，获得颇多赞誉。《澳大利亚金融评论

---

6 《外媒驳斥“中国经济崩溃论”：中国仍是世界火车头》，环球网，2016年1月17日，http://world.huanqiu.com/hot/2016-01/8396345.html。

7 Chris Buckley, “Xi Jinping’s Remedy for China’s Economic Gloom Has Echoes of Reaganomics”, *New York Times*, March 3,2016.

8 《外媒：互联网+将成为中国经济社会创新发展主力》，人民网，2015年7月7日，http://opinion.people.com.cn/n/2015/0707/c1003-27266283.html。

9 《习近平在比利时享最高礼遇》，《环球时报》，2014年3月31日，第2版。

报》表示，“合作共赢”成为中国外交关键词，诸多中国方案体现出中国开放包容的发展模式，其实施对地区和世界发展都有利。[10] 但部分西方媒体对中国的快速崛起感到警惕和不安，担心西方占主导的国际格局受到冲击。同时，中国周边外交形势面临较大舆论压力，外媒围绕所谓“南海仲裁案”、朝鲜核问题等，持续指责我国“破坏”国际法、对朝政策“失败”，导致周边地区局势紧张。

二

中国国家形象在全球舆论场中出现新变化，反映出国际涉华舆论正在出现新的形势和动向。从报道数量、观点倾向、关注重点、国别特点等方面分析，长期以来“西强我弱”的局面逐渐松动，国际舆论形势总体上正在朝于我有利的方向发展，但舆论发展过程中复杂多元、甚至出现阶段性逆流的可能依然需要引起我国重视。

（一）中国成为全球媒体的关注焦点。随着我国综合国力的增强并逐步迈入世界舞台的中心，中国的发展和改革、内政和外交、道路和模式越来越受到国际社会的重视，中国已经无时无刻不处在全球媒体的聚光灯下。

全球媒体对于中国的英文报道量呈现几何数增长。1970 年，外媒涉华英文报道量尚不足 500 篇，改革开放后进入快速上升期，主要分为三个阶段。一是 20 世纪八九十年代，外媒报道量增加数十倍，从 2000 余篇增至近 15 万篇；二是新世纪前十年，外媒报道总量迅速扩大，达到近 50 万篇；三是党的十八大以来，外媒报道量平稳上升，2015 年达到峰值突破 65 万篇。（见图 1）

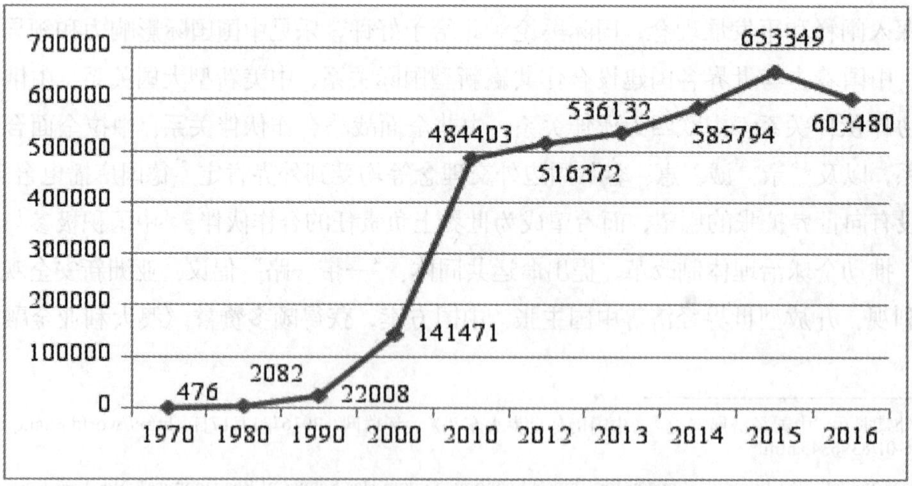

图1：1970年至2016年外媒涉华英文报道量

10 《外媒热评“习式外交”：命运共同体体现和平发展之道》，国际在线，2015年8月13日，http://gb.cri.cn/42071/2015/08/13/7651s5065417.htm。

中国话题在国际舆论场中占据重要份额和地位。以2015年为例，全球媒体涉华英文报道量仅次于涉美报道量，明显高于日本、德国、法国、印度、英国、澳大利亚和俄罗斯等国，是排名第三位日本的报道量的两倍多，叙利亚则因为内战受到全球媒体瞩目。(见图2)

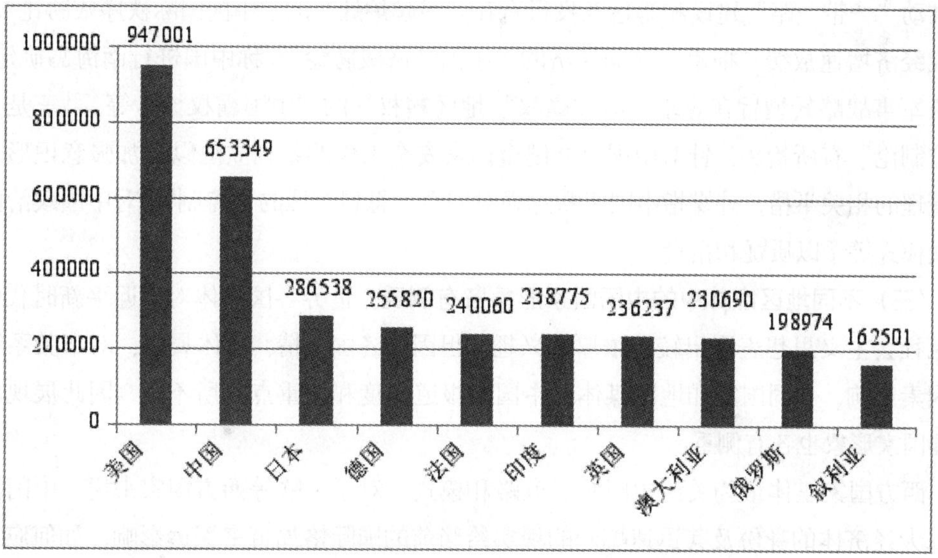

图2：2015年全球媒体英文报道量最大的10个国家

（二）展现中国国家形象的多种论调相继出现。习近平新时代中国特色社会主义思想，已经成为海外媒体观察和报道中国的出发点和落脚点。外界对中国发展道路和模式、经济社会发展形势，以及外交政策布局进行了深入持续的评论。

通过对中国的立体式报道，国际社会普遍看好中国的发展前景，全面分析中国发展的现实动力、未来前景及其世界影响。"中国光明论""中国前进论""中国机遇论""中国贡献论""中国担当论"等积极、理性的新论调正在逐渐形成，中国对外展现出的国家形象更加客观。首先，外媒赞赏在"五位一体"总体布局和"四个全面"战略布局的引领下，中国不断朝着实现中华民族伟大复兴中国梦的宏伟理想大步迈进，而"十三五"规划勾画出中国未来发展的新蓝图。其次，外媒肯定中国致力于经济转型升级和扩大内需，"一带一路"倡议的实施和亚投行的成立给国际社会带来更多公共产品，中国将继续扮演全球经济的"火车头"和"动力源"。最后，外媒重点解读中国的和平发展理念以及"更加多样""更加主动"的外交政策，肯定中国推动构建新型国际关系和人类命运共同体，向世界提供了不同于西方的全球治理新选择新方案，对促进全球发展与稳定做出积极努力，展现出负责任的大国形象。

但不容忽视的是，国际上批评、攻击中国的论调也出现一些新动向，中国国家形象被歪曲、被误解、被抹黑的情况依旧不容乐观。一是“中国崩溃论”再度兴起：2015 年全国两会期间，美国学者沈大伟在《华尔街日报》上撰文，高调宣扬多年来已经式微的“中国崩溃论”，公然宣称“中国共产党统治的最后阶段已经开始”。二是“中国威胁论”出现各种新版本：主要有指我“攻击”美国等西方国家网络的“中国网络威胁论”，认为我推动“一带一路”建设和筹建亚投行意在“另起炉灶”的“中国国际秩序威胁论”，担忧我经济增速放缓“拖累”全球经济的“中国经济威胁论”，称中国进行南海岛礁建设、加快军事战略转型旨在寻求“海洋霸权”“地区霸权”的“中国霸权论”等。[11] 三是“中国控制论”有所抬头：针对中国建立健全国家安全工作的系列立法以及加强意识形态领域管理的相关举措，外媒指中国不断加强对安全、思想领域的“控制”，对中国政治体制、发展模式等予以质疑和指责。

（三）不同地区媒体中的中国国家形象各有侧重。世界各国媒体对习近平新时代中国特色社会主义思想表现出较为浓厚的兴趣，但因受各国国情、媒体属性、对华关系等诸多因素影响，不同国家和地区媒体对中国的报道角度和侧重点有所不同，因此展现出的中国国家形象也各有侧重。[12]

西方国家媒体最为关注中国发展道路和模式。对于美欧等西方国家来说，中国世界第二大经济体的身份及其迅速崛起的现实给当前的国际格局带来深远影响，如何应对中国崛起这一重大问题摆在西方国家面前，也深刻反映在西方媒体的对华报道中。西方媒体重点围绕中国的全面深化改革、“十三五”规划、中美新型大国关系等内政外交重大政策理念予以分析解读，时刻关注中国的发展道路、发展模式及其国际影响。中国是国际秩序的“融入者、改革者抑或挑战者”，便集中展现出西方国家媒体视角下中国三种相互关联甚至相互矛盾的国家形象。

周边国家媒体持续聚焦中国外交战略和政策。对于周边国家来说，中国的快速发展及其影响力的不断增强给它们带来最直接的影响。如何与中国这个被视为未来能够与美国“平起平坐”的世界大国做邻居，是周边国家迫切需要了解的。因此，周边国家媒体重点关注中国的外交政策，“亲、诚、惠、容”周边外交理念，“亚太梦”“亚洲安全观”“一带一路”等重要倡议和理念都是报道重点。总体上，周边国家媒体特别是亚太地区媒体，将中国刻画成一个两面性较为明显的国家：中国积极拓展与周边国家的经济联系，但其“地区野心”可能损及周边国家的战略和安全利益。

发展中国家媒体期待本国搭上中国发展便车。对于发展中国家来说，中国发展取得

11 陈向阳：《当前境外涉华舆情新变化与应对思路》，《对外传播》，2016年第1期，第12页。

12 陈燕：《境外媒体涉华舆论年度分析报告》，外文出版社，2014年8月第1版，第298页。

的巨大成就令其感到羡慕和赞叹，他们希望学习中国的发展经验，并通过与中国发展关系而获益。因此，发展中国家媒体普遍欢迎中国对当地的投资以及本国与中国的贸易往来，希望加强对华关系以促进当地经济发展和人民生活水平改善。“中国是非洲、拉美地区和平与发展的贡献者和推动者”，是发展中国家媒体较为普遍的共识，但批评中国是“新殖民主义者”的舆论噪音仍不时掺杂其中。

（四）领导人形象成为中国国家形象的鲜明名片。我国领导人的施政重点和执政风格一直是国际社会观察党和国家发展走向的重要视角。党的十八大以来，海外媒体对习近平总书记在国内外重要会议和重大活动中的讲话予以持续关注和分析评论，领导人形象已经成为中国国家形象的一张鲜明名片。

世界主流媒体，如路透社、法新社、道琼斯通讯社等，几乎每天都有对习近平总书记的报道。在习总书记上任周年之际，美国有线电视新闻网、英国《经济学人》杂志、新加坡《联合早报》等主要媒体多次刊发专题专栏，对总书记执政“成绩单”及中国改革发展成就等进行深入分析解读。外媒主要通过国内重要会议和活动、我国主办的主场外交活动、领导人重要出访等机会关注习总书记执政理念。习总书记提出的中国梦、“四个全面”战略布局、新发展理念、正确义利观、“一带一路”倡议、中美新型大国关系等均受到全方位关注和评价。

习近平总书记的影响力受到国际社会普遍认同。在美国《时代》《福布斯》等杂志评选的全球人物榜中，习总书记多次上榜。2014 年底，哈佛大学肯尼迪政府管理学院艾什中心公布了对世界主要国家领导人形象的全球公众调查结果，在受访者对本国领导人认可度、30 国受访者对 10 国领导人认可度、受访者对本国领导人正确处理国内外事务信心度方面，习近平总书记都排名第一。[13] 国际舆论指出，习近平总书记“强大、有活力、见多识广且决断力非凡”，具有战略眼光，是中国的开创型国家元首：一方面在国内形象亲民，作风务实，致力于打击腐败、发展经济，在民众中具有很高声望；另一方面在国际上展现出独有的个人魅力，外交风格更加自信，彰显大国外交风范。

三

新的时代和形势使中国国家形象的塑造面临着难得的、更大的新机遇，我国对外传播应从多方面着力，跨过“失语就要挨骂”的历史沟坎，逐步让世界了解一个真实、全面、多样化的中国。

（一）增强议题设置能力，宽领域、全视角阐释党中央治国理政新时代中国特色社会

13 《习近平在9次全球人物榜上分别排第几？》，新京报网，2015年10月7日，http://www.bjnews.com.cn/news/2015/10/07/379650.html。

主义思想。党的十八大以来，党中央以新的理论和实践，深化了我们党对共产党执政规律、社会主义建设规律、人类社会发展规律的认识，形成了新时代中国特色社会主义思想，涉及改革发展稳定、内政外交国防、治党治国治军各个方面。全面掌握其深刻而丰富的内涵，是我们准确介绍中国、展现真实的中国国家形象的根本和前提。在对外传播工作中，我们应做好选题策划、加强议题设置，分体系、分层次、分领域、分角度，全面阐释习近平新时代中国特色社会主义思想，可重点介绍党中央在坚持和发展中国特色社会主义、实现中华民族伟大复兴的中国梦、坚持走和平发展道路等方面的重大政策理念。与此同时，对于国际舆论中可能存在的片面、狭隘化理解，应及时作出回应和阐释，以提升我国的国际话语权和定义权。

（二）合理包装，打造领导人新形象，做到传播领导人形象与国家形象的有机结合。领导人的形象是政党和国家形象的重要组成部分，同时领导人也是展示国家形象极其重要的载体，他们在对外场合中的言行举止都是外界关注的焦点。习近平总书记在对外演讲中主动发出中国声音、鲜明提出中国概念、直面回应重大关切，展现出中国的大国担当和风范。同时，习总书记在演讲中常常会透露不少极具个人色彩的细节，利用自己的亲身故事展现真性情、抒发大情怀。比如，“我是一个足球迷”；家乡在陕西，在梁家河插队当农民；喜欢了解美国政治家的生平和思想等。这些个人化的信息使大国领导人的形象更加鲜活、生动、饱满，提升了领导人的亲和力。在对外传播工作中，我们应抓住领导人出席对外活动的机会，深入解读领导人重要讲话内容及方式，阐释好中国方案、中国主张，宣传好领导人形象，使中国国家形象和领导人形象能够相互结合、相互促进、相互提升、相得益彰。[14]

（三）进一步推进分受众分地区的精准传播、差异化传播，提高传播的针对性和实效性。在传统媒体时代，我国的对外传播基本上沿袭了大工业生产的模式，以无差别的大批量信息生产面向几乎所有的外国受众，不重视传播对象的地区、文化、群体差异。但在当前基于互联网的全媒体时代，情况完全不同。前者是以精英阶层为主导的单向度传播，后者则以草根、多元化、互动性为特点，单一价值、单向度的“撒胡椒面式”传播已经失灵。[15]全媒体时代需要的是精准传播、差异化传播，针对性越强的传播效果越好，因此我们要根据不同国别、不同阶层、不同人群制定有针对性的传播战略和策略。我国既要细化“外宣三贴近”原则，进一步推进外宣媒体本土化工作，特别是要推动媒体融合发展，主动借助新媒体传播优势；又要推进合作传播能力建设，借船出海、借嘴说话，通过与国外主流媒体的合作来发出中国声音。

14　王洪波：《习总书记对外演讲的国际评价及启示》，《对外传播》，2014年第10期，第21页。

15　胡正荣：《精准传播是提升国际传播效果的关键》，《中国社会科学报》，2014年9月17日，第647期。

（四）建设对外传播高端智库，为对外讲好中国故事提供智力支撑。2013 年 8 月 19 日，习近平总书记在全国宣传思想工作会议上强调，要着力打造融通中外的新概念新范畴新表述，讲好中国故事，传播好中国声音。当前，中国话题在世界舆论场中的比重越来越大，世界越来越希望倾听来自中国的声音。更加全面、准确、及时地掌握国际涉华舆论和传播规律，成为我们做好对外传播工作、讲好中国故事的必然要求。因此，我们应在《关于加强中国特色新型智库建设的意见》精神指导下，加快建设一批对外传播高端智库：深化国际舆论研究，对国际涉华舆论进行全天候、全媒体的跟踪和研判，为讲好故事提供方向指引；推进传播理论研究，在国际传播能力建设、国际话语权构建等方面发挥咨政建言作用，为讲好故事提供学理支撑；创新对外翻译研究，助力全球视野下中国对外话语体系的构建，为讲好故事架起沟通桥梁。

综上所述，习近平新时代中国特色社会主义思想形成之后，我国的国家形象出现诸多积极变化。党中央高度重视对外宣传工作，习近平总书记本身就是讲中国故事的高手，为我们的对外传播工作树立了极佳的典范。面对新形势，我们要向世界大胆表达自己的战略观点和看法，积极引导国际舆论，争夺国际话语权。当然，对外传播并不只是媒体的职责，我们还需要不断拓宽传播渠道，发挥好孔子学院、海外中国人、中资企业、文化交流、出境旅游、影视剧以及当地公益组织的作用，共同讲好中国故事、展示好中国国家形象。

试析中国国家形象对外传播的制约因素与改善策略

李莉娟[1]

【摘要】改革开放30多年来，中国创造了世界经济史上的“中国奇迹”，金融危机以来，中国更成为促进世界经济复苏的“引擎”。但我国的国家形象并未因此而大幅改善。很多国家在经济上依赖中国，但却对中国的发展道路、政治制度横加指责，对中国在国际舞台上的地位上升充满疑虑甚至敌意。这种现象背后的原因是什么？我们该如何改善国家形象，为实现中国梦营造良好的国际舆论环境？本文即试图分析和解答上述问题。

【关键词】国家形象；文化软实力；核心价值

改革开放之后的30多年，中国经济以年均接近10%的增长率高速发展，创造了世界经济史上的“中国奇迹”。很多国家在经济上依赖中国，在政治上、安全上却依赖美国，甚至对中国的发展道路、政治制度横加指责，对中国在国际舞台上的地位上升充满疑虑甚至敌意，“中国崩溃论”“中国责任论”与“中国强硬论”“中国威胁论”等论调此起彼伏，充斥于国际舆论场。

当前，中国正处于实现中国梦的重要战略机遇期，我们从来没有像现在这样接近这个目标，但也面临着国际国内诸多矛盾和挑战，决不能掉以轻心，功亏一篑。做好对外宣传工作，塑造一个为世界所认同和接受的良好中国形象，营造一个和平友善的国际舆论环境，对于维护和用好我国发展的重要战略机遇期具有重大战略意义。

1　李莉娟：中国外文局融媒体中心副主任。

一、中国形象，“西方制造”

自新中国成立至今，我国在国家形象建设方面付出了艰苦的努力，虽然也取得了一定成绩，但却未能从根本上改变国家形象与国家实力不相匹配的状况，中国的国家形象，基本上是以美国媒体为主的西方媒体塑造的。其原因，可以从内外两个方面来看：

1，外因：“形象”背后的文化与利益冲突

众所周知，由于力量对比，西方拥有国际传媒霸权，在塑造与传播国家形象的竞争中，格局一直是西强我弱。在现代媒体中，几乎不存在关于一国形象的绝对客观的报道，原因有二：一是无意识的偏见，即报道者的文化和政治偏见，一个成人摆脱不了这种偏见，就像他无法摆脱地球的引力一样；二是有意为之，即通过新闻报道中的议程设置乃至撒谎等雅俗不一的手段，刻意传播一种设计好了的国家形象。在这两类做法的背后，文化（包括意识形态）和利益都是决定性的理由。

以美国为例：安全且封闭的地理环境、世界最发达的经济、最强大的国力和最富裕的生活以及讲求实用的性格，使这个民族长期持有一种天然的优越感和以自我为中心的心态，关心国际事务不如关心国家大事，关心国家大事不如关心社区事务。“邻居家死了一条狗比在我国的一个遥远地方的一场大火具有更高的新闻价值。”[2] 这种惊人的无知也包括：对其他国家为什么要搞社会主义与共产主义不了解，不理解，更不同情，一般美国人对社会主义和共产主义有根深蒂固的偏见、恐惧乃至仇恨。

但是研究表明，意识形态的对立并没有妨碍美国人偶尔对我们产生好印象，可见，还有其他因素使美国难以准确客观地理解中国。这个因素就是国家利益。在国际关系中，国家利益是主权国家行为的根源。对本国和他国的形象塑造，主要是利益驱动的。塑造形象的媒体，即使在美国这样的崇尚新闻自由的国家，也直接或间接地、自觉或不自觉地受着国家意志和国家权力的影响。

说到底，物质决定意识，利益决定偏好。力量对比，国情、文化差异，意识形态对立，国家利益冲突，都是影响美国人对中国看法的客观、长期和深层次的因素。是它们，塑造着中国在美国的形象，也通过美国的国际传媒霸权制约着中国在全球的形象。

2，内因：“形象”背后的软实力落差

中国媒体在塑造与传播国家形象方面作用甚微，一方面是包括外宣媒体在内的中国媒体自身的特点和弱点所致，像官方背景，宣传腔调，报道不及时，讳言“敏感”事件，

2　张昆：《国家形象传播》，复旦大学出版社，第284页。

技术和资金的约束，语言上不过关等等，是我们作为外宣工作者不得不承认的问题。同时，西方国家传媒产业发达，传媒市场高度饱和，且竞争激烈，这种新闻供过于求的环境使公众对新闻的需求标准和欣赏口味非常挑剔，对于任何外国的新闻媒介都有一种自然的排斥心理——于是，中国对外媒体公正的声音被弱化乃至“屏蔽”了。

另一方面，就是前文所述中西之间的力量对比、国情与文化差异、意识形态对立和国家利益冲突等等客观制约。而其中最为深层的原因就是文化软实力的巨大差距。

软实力概念由美国学者约瑟夫·奈（Joseph S. Nye）于上世纪 80 年代末提出，“是指一个国家的文化、政治理念和政策的吸引力。”[3]其核心要素是文化，“只有在其他国家羡慕并期望模仿一国文化之时，其软实力才得以实现。”[4]

中国文化源远流长，博大精深，“当近世的西洋人在森林中度其野蛮生活之时，中国已有高明的学术、美盛的文化开出来千余年了。四千年前，中国已有文化；其与并时而开放过文化之花的民族，无不零落消亡；只有他一条老命活到今日，文化未曾中断，民族未曾灭亡，他在这三四千年中，不但活着而已！中间且不断有文化的盛彩。历史上只见他一次再次同化了外族，而没有谁从文化上能征服他的事。”[5]“中国文化非惟时间绵延最久，抑空间上之拓大亦不可及。”[6]但是“近代以来，以鸦片战争时期西方‘坚船利炮’为代表的物质文明为先导，到 20 世纪初期西方‘德先生’‘赛先生’为代表的政治与社会制度为中坚，再到 20 世纪八九十年代以西方‘现代主义理论’‘后现代文化’为代表的理论与文化思潮为殿军，一种‘以西方之标准为标准，以西方之是非为是非’的殖民心态由表及里，由外而内，成为百年痼疾。”[7]乃至于作为中国文化传承者的当代中国人，被深深的文化自卑感所笼罩。

客观来说，近代以来，中国政治、经济、军事等“硬实力”的贫弱与思想、文化“软实力”的孱弱互为因果，当年的知识精英们为了救亡图存而“向西方寻求真理”无可厚非，但完全否定、抛弃自己的传统文化，却使中国陷入了长达一个多世纪的思想混乱和文明劫难。另外，中国虽然人文传统深厚，但在社科领域几乎是一片空白，所有相关概念与理论都是从西方（或经日本转道）引进而来。这些概念和理论，比如民主、自由、人权、宪政等等，不仅属于学术范畴，也带有强烈的价值判断意义。时至今日，在描述中国的社会现象、分析中国的社会问题、阐释中国的发展道路、传播中国的国家形象时，我们仍然不得不使用这些概念，这也加剧了怎么说怎么没理、总是不能自圆其说的情况——

3　[英]马丁·雅克：《<当中国统治世界：中国的崛起和西方世界的衰落>导言》，中信出版社，2010年1月第1版。

4　李光耀语：转引自《中国梦与世界软实力竞争》，赵磊编著，外文出版社，2014年8月第1版，第4页。

5　梁漱溟：《中国文化的命运》，中信出版社，2010年11月第1版，第22-23页。

6　同5，第32页。

7　刘士林：《诗性文化的使命》，《学习时报》，2014年11月3日，第9版。

无论你表现多么出色，只要你的现实套不进西方的理论框架，你就会广受诟病。

二、以软实力，塑新形象

只有认清了影响中国形象的制约因素，明白哪些方面是无法改变的先天因素，哪些方面可以有所作为、尽力突破，我们才能既着眼长远、把握规律，又立足现实、“对症下药”，探究和制定相应的策略。基于上一部分对形成和制约中国国家形象的内外因素的分析，我认为应从如下两个方面着手改善中国形象。

1. 提升媒体“硬”实力

媒体实力本来属于“软实力”的范畴，但相对于内容、信念、价值等更加深层也更加“软”的因素，媒体的运营、技术、资金等与国家的整体经济实力关系更密切，因此我认为可以把这些影响媒体竞争力的“硬”要素统一加以考虑。

首先，以市场化为导向，培育强大的跨国传媒企业。市场机制的长处，是能够根据市场需求制造或创造产品，并通过竞争实现资源的优化配置，从而推动产业的发展。改革开放 30 多年之后，这个逐渐深入、逐渐拓展的进程已经自然伸展到文化与传媒领域，决策层希望文化产业发展壮大，企业界也愿在这个领域实现资本的升值与自身价值的提升。而且，经过 30 多年的积累，应该有理由相信，我们在经济领域创造奇迹的经验，可以移植到文化与传媒领域。当中国出现了实力足以与美国新闻集团、时代华纳集团等抗衡的传媒企业，在塑造国家形象的竞争中改变西强我弱的格局，也就有了一定的物质基础。

其次，以新技术为动力，争取后发先至。今天，说到“传媒”这个词，你脑海中浮现的是什么？是报纸、杂志、电视？是无处不在、功能齐全如同超级微型电脑的手机？还是让每一个人都同时、实时成为信息发布者和接收者的社交网络、微博微信？不幸的是，这 10 多年来由新技术推动的传播革命，仍然是美国人占了先机；而幸运的是，在这个年轻的领域，中美之间的差距不像传统领域那样几乎不可逾越。如果积极推动自主创新，那么技术领域有朝一日的突破很有可能让我们实现“弯道超车”，获得在国际传播中的优先发言权。中国的互联网企业如阿里巴巴、腾讯已经在电子商务、社交网络领域成长为世界级的企业，支付宝、微信已经成为很多西方国家都艳羡不已的“中国发明”。它们不仅为我们做出了榜样，也在一定程度上塑造着中国的新形象。

再次，以本土化为手段，实现全球化的目标。今天，我们已有足够的财力聘用外籍雇员，来跨越对外传播中的语言障碍；明天，我们是不是也能以资本为纽带，通过投资、并购、控股等手段，直接间接地进入西方传媒市场，雇用当地人，用纯正的外语，就全球事务（当然也包括中国事务）发出我们的声音，阐述我们的立场，传播我们的价值？

2. 提升文化软实力

在全球政治舞台上，一个国家的形象如何，是否能得到国际社会的信赖、认同和尊重，是否能对别的国家具有亲和力、吸引力，归根到底，是由这个国家的“软实力”决定的，而“‘软实力’的核心要素是文化，文化的核心要素是价值观。”[8]“一个国家的文化软实力，从根本上说，取决于其核心价值观的生命力、凝聚力、感召力。”[9]只有成为让其他国家心悦诚服的道德权威，才有可能得到全世界的尊重。正因为如此，培育和弘扬当代中国核心价值观，才既具有重大理论意义，又具有强烈的现实紧迫性。那么，当代中国核心价值观究竟该如何构建？

一方面，要弘扬优秀传统文化，提炼中华民族核心价值。正如习近平总书记所强调的，“牢固的核心价值观，都有其固有的根本。抛弃传统、丢掉根本，就等于割断了自己的精神命脉。博大精深的中华优秀传统文化是我们在世界文化激荡中站稳脚跟的根基。中华文化源远流长，积淀着中华民族最深层的精神追求，代表着中华民族独特的精神标识，为中华民族生生不息、发展壮大提供了丰厚滋养。”[10]“中华文化是我们提高国家文化软实力最深厚的源泉，是我们提高国家文化软实力的重要途径。”[11]

中国古代的核心价值体系，是以儒学为核心、易道儒释兼容的价值观念和实践体系。其中“易”是中华先祖对天、地、人及万物缘起与变化的解释，道家探讨人与自然的关系，儒家处理人与人的关系，释家提供对人自身的认识和终极关怀。天人合一的信仰，道法自然的真理追求路径，实事求是的认知方法，以及以儒治世、以道修身、以佛修心的实践功能配套——就是在这套成熟、完整、开放、包容的价值体系涵育滋养下，中华民族得以绵延生息数千年，创造了博大精深的灿烂文化，虽屡遭战乱、灾荒、外敌入侵而不至亡国灭种。

另一方面，要立足当下，推陈出新，构建当代中国价值，“要使中华民族最基本的文化基因与当代文化相适应、与现代社会相协调。”[12]

“当代中国价值观构建需要我们将来自历史与现实、外部与本土的多元价值内在整合起来，融入到相对统一的价值体系，这里既有中国社会久远生成的价值复杂性的传承与继续，要求我们对其作出现代性诠释和时代性发挥，也有世界复杂价值格局对中国的渗入和影响，要求我们将其纳入中国体系融入中国民众，还有中国快速现代化和全球化的进程中不断产生并多重表现出来的独特性价值新问题，要求我们将其引向健

8　《中国梦与世界软实力竞争》，赵磊编著，外文出版社，2014年8月第1版，第38页。

9　习近平：《习近平谈治国理政》，外文出版社，2014年10月第1版，第163页。

10　同9，第164页。

11　习近平：《在十八届中央政治局第十二次集体学习时的讲话》（2013年12月30日），见《习近平关于全面深化改革论述摘编》，中央文献出版社，2014年5月第1版，第87页。

12　同11。

康发展的方向。”[13]

中华传统文化从来不是一个封闭、僵化的体系。“从中国以往历史征之，其文化上同化他人之力最为伟大。对于外来文化，亦能包容吸收，而初不为其动摇变更。”[14] 当代中国的面貌，也与中国文化的这种开放包容的文化精神密切相关：正是在外来的马克思主义的指引下，中国共产党人带领中国人民推翻三座大山，建立了社会主义新中国，使中国能以独立自主的姿态重立于世界民族之林；正是实行了改革开放政策，全身心拥抱、吸收人类文明发展的一切优秀成果，中国才能创造这 30 多年飞速发展、不断赶超的经济奇迹，直至成为世界第二大经济体和全球经济增长的拉动力量。可以说，处于东西方文明接触、碰撞的最前沿，对东西方文化冲突、互鉴的体验也最深切，使当代中国既有了构建为世界所认同的当代价值的紧迫需要，也具备了构建这一价值的历史与现实的基础。

当代人类面临的许多突出问题，比如，贫富差距扩大，物质追求无度，个人主义膨胀，伦理道德每况愈下，人与自然关系紧张等等，靠高歌猛进式的经济发展和宣称“终结历史”的自由民主制度，都看不到解决之道。如果我们能够在一百多年中西文化的相撞、冲突、彼此刺激之后，创造出一种既弘扬传统文化又具备当代精神、既立足本国又面向全球的价值观念，“并使之与人类利益和世界文明进步内在结合起来，”那么，就一定可以“占领当今世界的道德高地”[15]，从根本上提升中国的文化软实力。

综上所述，改善国家形象，仅靠做大做强传媒产业还远远不够，更要靠包括政界、理论界、文化界、教育界等在内的知识精英群体为构建当代中国价值、提升文化软实力而共同努力。

随着中国经济实力的进一步增强，以及中国文化软实力的提升，有理由相信，我们一定可以促进不同文化之间的相互理解，改善中国的国家形象和国际舆论环境，使迈向民族复兴伟大目标的中国更快被世界接纳，同时也为全人类的发展做出更大的贡献。

13 欧阳康：《中国价值观与中华民族伟大复兴》《光明日报》，2013年1月19日第11版。

14 梁漱溟：《中国文化的命运》，中信出版社，2010年11月第1版，第32页。

15 同11。

国际民意调查构建中国国家形象的路径探析

翟慧霞[1]

【摘要】 在全球化、信息化时代，民意调查对国际舆论引导和国家形象塑造的重要性日益受到世界主要国家的重视。通过对当前国际涉华民意调查现状分析发现，在现阶段“西强我弱”的国际民调格局中，国际民意民调机构对中国国家形象构建从调查议题设置、调查范围选取、调查发布和调查解读等方面对中国国家形象产生影响。相对于西方民调机构的政治考量和调查议题的局限性，我自主开展的国际民调对中国国家形象的评估更为系统和详细，在调查结果发布和解读上更为客观，但在国际影响力上还有待提高。

【关键词】 民意调查；国家形象；建构；议程设置

作为获取海外民众对某一国家或某些问题认知的重要手段，国际民意调查近年来在提升国际传播效果和塑造良好国家形象方面越来越受到世界主要国家的重视。随着中国综合国力的提升，国际社会对中国的关注不断加大，以“中国”为关键词的民意调查数量也显著增加。分析国际涉华民调报告，特别是国际权威民调机构发布的、具有较大国际影响力的民调报告，自主开展全球性的民意调查，可为我们实施精准化对外传播、提升国际传播效果、塑造良好国家形象提供更多有价值的数据参考。

1　翟慧霞：当代中国与世界研究院对外传播研究中心副研究员，中国传媒大学传播研究院博士研究生。

一、国际民意调查是构建良好国家形象的重要参考

民意，通常可以理解为民众的意愿。现代汉语词典将之解释为“人民共同的意见和愿望”。国际民意就是国际社会（不同国家和地区）民众的对某些问题的意愿。民意调查，又称民意测验，是运用科学的方法和手段、客观的态度，以人们的意见、观念、行为和态度为调查研究的主要内容，有效地收集、统计和分析相关信息，从而为管理决策部门制定有关战略策略和政策措施提供基础性的数据和资料，以增强决策的针对性和科学性。[2]本文提到的国际民意调查，特指一定范围内的他国民众对某国的国家形象认知、对全球议题的看法以及对重大热点事件的评价。

在国际关系信息化、民主化趋势日益增强的今天，世界主要国家政府越来越重视民意（包括本国民意和海外民意）在（对外）政策制定和国家形象塑造中的作用。开展国际民意调查作为主要国家了解海外民意和引导国际舆论的重要手段受到越来越多的重视。

新的国际形势也对如何更好地向世界讲好中国故事、传播好中国声音提出了更高的要求。在以社交媒体为核心的全媒体时代，以往单一价值、单向度的广撒网式的传播方式日渐式微，根据不同人群制定有针对性的精准化传播方式越来越受重视。“精准传播对于增强国际传播影响力，赢得国际舆论中的主动权和话语权十分重要”。[3]虽然目前我国在国际传播建设和国家形象塑造中也考虑到了针对不同国家应该采取不同的传播策略，但我们在具体传播过程中做得还不够精致、不够准确，影响了国际传播效果的发挥。为了更好地了解国际社会对中国的认知现状和特点，并在此基础上实施精准化对外传播，开展深入的国际民意调查是不可忽视的重要渠道之一。

国家形象的塑造必须建立在充分的调研工作基础上，深入细致的国家形象调查将对国家形象的现状、未来发展有一个较为综合和全面的了解。

（一）国际民意调查是一国开展国际传播活动的事前调研和事后评测工具

国际形象的构建离不开国际传播活动的推动。在国家形象构建中，有效结合海外受众对中国的信息需求现状进行传播，可以减少文化折扣，增强对外传播的有效性。“实现对外精确传播，需要大量实地调查研究，其中最主要的是了解传播客体的差异化需求，

2　中国中央组织部党建研究所编著：《中外民意调查方式比较研究》，党建读物出版社，2011年，第2页。

3　马为公：《从美国SAWA台到中国CRI——关于精准传播的实践与启示》，《对外传播》，2016年第8期，第26-28页

国际传播必须适应这一趋势的转变”。[4] 如果我们在开展国际传播活动前，能够针对对象国民众的对华认知情况进行调研，就可以在此基础上制定有针对性的传播方案；在全球传播过程中和结束后，对传播效果进行调查评估，总结取得的成功经验和发现存在的问题，从而可以为下一步的精准化传播提供更多建议。

（二）国际民意调查有助于增强国际传播主体的影响力和公信力

近年来中国在国家形象构建与国际传播能力建设方面取得了很大成就，但与西方主流媒体相比，承担“向世界说明中国”使命的中国媒体虽然在硬件上发展迅速，但在软件方面，如传播力、引导力、影响力、公信力方面仍有较大差距。特别是在“媒体具有的赢得公众信赖的品质与能力”即公信力方面，海外民众的打分普遍较低。[5] 环球舆情中心发布的 2016 年中国国际影响力全球调查显示，在海外受访国传播的中国传统媒体和新媒体在国际涉华重大事件上的传播力比较有限。国外受访者采用这两个渠道获取中国信息的比例均仅为 10% 左右。这既有对中国媒体不信任的原因，也有对中国媒体的节目不愿看、看不懂的因素。通过民意调查，我们可以发现阻碍海外民众选择中国媒体的具体原因，从而有针对性地加以改善。

（三）开展国际民意调查有助于我们把握传播时机、精选传播议题

2018 年 8 月 21 日，习近平总书记在全国宣传思想工作会议上指出，要不断提升中国文化影响力，把握大势、区分对象、精准施策。而通过国际民意调查可以了解海外民众在一定时间段内对中国的态度、对某一议题的关注重点，通过对不同时期的调查数据进行纵向比较分析，可以总结海外民众对中国整体形象和具体议题的认知变化趋势，发现倾向性、苗头性特点，从而在对外传播中抓住时机、把握节奏、讲究策略，为“区分对象、精准施策提供参考”。

综上所述，开展国际民意调查是新形势下构建中国国家形象、提升国际传播效果的重要参考。在传播主体、传播内容、传播时机、传播渠道、传播受众方面，都可以为精准化对外传播提供支持；同时，作为兼具媒体与智库双重色彩的国际民意调查机构，它们不断通过发布有权威性、有国际影响力的调查报告，在提升一国国际话语权方面发挥着越来越重要的作用，其本身也是国际传播的一部分。

4　胡邦胜：《我国对外宣传如何实现精准传播》，《中国党政干部论坛》，2017年第7期，第62-65页。

5　王彦霞：《比较视角下的中外电视媒体公信力初探》，《当代电视》，2015年第1期，第102+81页

二、西方国际涉华民意调查影响中国国家形象的主要途径

作为一项获取国际民意的手段，国际民意调查本身也是一项国际传播活动。在影响国际传播效果的途径方面，其他国家开展的国际涉华民意调查与我国自主开展的国际民意调查在影响中国国家形象构建方面呈现出明显的侧重。

国外现代意义上的民意调查，起源于19世纪初美国总统选举中的模拟投票。到19世纪末20世纪初，民意调查越来越受到人们的重视，进行民意调查的部门由新闻界发展到政府机构、企业、学校、军队和其他社会团体；民意调查的内容涉及总统选举、党派纷争、社会问题和市场调查等。自20世纪30年代起，美国以及其他国家的民意调查得到了蓬勃发展，许多专业的民意调查机构在西方发达国家如雨后春笋般纷纷建立起来[6]。进入21世纪，随着国际形势的变化，针对海外民众的全球民意调查越来越受到一国政府国际传播的重视。而与中国有关的议题则成为重要的调查对象。如自2005年开始，美国皮尤研究中心每年都抽取一定数量的国家来考察国际社会对中国的看法。如美国皮尤研究中心持续开展“全球态度调查”项目、美国盖洛普公司的“世界各国的国际影响力”调查、英国广播公司的“全球民情调查”项目，英国波特兰咨询公司的“全球软实力30强”排行等这些持续开展的国际民意调查逐渐发挥出国际影响力。因调查机构的权威性、调查方式的科学性、调查实施的连续性等这些调查报告在国际上产生了较大影响力，受到各国政府的关注和国际主流媒体的广泛报道。

总体而言，这些国际涉华民意调查主要从三方面对中国国家形象产生影响。

一是调查数据一定程度上反映了外界对中国认知的特点，有助于我们更好地认识国际传播面临的现状和评估已经实施的国际传播效果，为我们下一步有针对性开展国际传播活动提供了参考。西方调查机构开展的涉华调查从对中国持何种态度、中国是否值得信任、中国在国际社会是否具有合作精神等方面一定程度上描绘了国际社会对中国看法的立体图景[7]。

二是这些国际涉华民意调查报告的发布和媒体报道、专家解读，本身也是塑造国际涉华舆论、引导舆论、影响国际民众对华认知的一个过程。民调作为一种能够最直观反映大范围公众对华热点问题看法的科学方法，在客观性、真实性方面经常为西方社会所接受。知名调查机构发布的涉华民调结果更为西方媒体重视并作为重要的新闻来源。海外公众受媒体报道的影响形成“中国观”，而民调结果经过媒体报道又进一步影响海外公众对华认知并对中国的国际形象产生影响。在“中国威胁论”这一舆论现象中，这种互

6　林竹：《民意调查在中国的发展和应用》，《社科纵横》，2007年第8期，总第22卷第8期，第6-7页。

7　胡键：《国际社会如何看中国？——基于西方的相关民意调查》，《社会观察》，2010年第3期，第12-15页。

动影响体现更为明显。

三是在一些特定时间发布国际涉华民意调查报告进行议题设置，影响我国际传播的外部环境。如在 2017 年 4 月习近平主席访美前后，美国皮尤研究中心连续推出了 3 份与中国有关的国际民意调查报告，围绕美国民众对美中关系的主要关切、美国民众对美中关系看法的变化趋势、美国民众对网络安全和全球化的看法等多个议题进行了调查，其调查数据可以为美国对华谈判和对华政策的出台提供民意支持。

需要注意的是，虽然西方国家的国际民调机构具有较大的影响力，但由于其在西方价值观为预设的国际评判体系下，并不能够完全真实地反映出中国在国家形象构建方面所作的努力。

三、我国自主开展国际涉华民意调查影响中国国家形象的主要方式

中国现代意义上的民意调查，最早出现在 20 世纪 20 年代初，但真正兴起是在改革开放以后。随着改革开放的日益深入，我国民意调查机构发展迅速。目前，我国民调机构主要有政府、高校科研机构、媒体、民营、外资等五大类型。历经近 40 年的发展，我国民意调查机构从无到有、从少到多，逐渐发展壮大。中国民意调查的主体由学术性、官方背景的机构逐渐发展为学术性机构、官方机构、媒体机构和国际国内商业机构并存的格局；调查主题也从媒体受众调查扩充为涵盖媒体受众调查、政治、经济、社会热点问题调查、消费者群体调查、国家形象调查、企业发展研究等诸多领域；调查方法与国际接轨，从传统的问卷方式发展为问卷、焦点小组、网络问卷调查、数据挖掘等多种方法；调查资金从学术、政府资助转为学术、政府、市场多元结构，更规范、系统、全面地收集、监测与分析社会民意[8]。

进入 21 世纪以来，我国媒体机构、调查公司开展的国际民意调查日渐增多。除了大众传媒的受众调研（也包括国际传播媒体面向海外受众）外，中国媒体机构、调查公司、研究机构陆续开展了关于中国国家形象、中外关系的国际民意调查。在全球调查方面，自 2012 年以来，中国外文局当代中国与世界研究院、环球时报舆情中心等机构在全球多个国家连续实施了《中国国家形象全球调查》《中国国际影响力全球调查》等。在国别调查方面，中国日报社、中国外文局与日本言论 NPO 自 2005 年起同步开展年度中日联合调查。在专题调查方面，如零点有数数据科技集团在 2014 年实施的“一带一路”沿线 18 国开展的“一带一路”民意调查等，在专项调查方面，中国外文局当代中国与世界研究院自 2014 年起在全球开展《中国企业海外形象调查》等。

8　王迪、童兵：《中国民意调查研究回顾》，《当代传播》，2013年第2期，第34-37页。

大致而言，中国自主开展的国际民意调查主要从调查议题、调查结果、报告发布解读等方面为中国国家形象构建提供参考。

一是在调查议题设置上，主要体现在围绕海外民众的“中国观”、海外民众对华认知渠道等设置调查议题，系统了解海外民众对中国国家形象的认知情况。在“中国观”方面，主要包括海外民众的对华认知现状、对涉华重大活动的看法、对不同受众群体的认知水平进行细分；在认知渠道调查上，主要是指海外民众获取中国信息渠道的调查，包括接触中国企业和使用中国产品，工作、学习、旅游等人际交往，媒体（传统媒体、新媒体）报道更不提渠道的选择比例；还包括对选择中国媒体的内容偏好调查和阻碍海外民众选择中国媒体的原因调查等。由中国外文局当代中国与世界研究院等机构开展的《中国国家形象全球调查报告（2016-2017）》从中国国家整体形象及影响力、中国国家形象与国民形象、中国政治与外交形象、中国经济形象、中国文化与科技形象、信息接触渠道、来华意愿等 7 大类 31 个问题了解海外民众对中国国家形象的评价 [9]。

二是在调查结果上，主要体现在我自主开展的国际民意调查结果更为客观和全面。由于西方国际民调机构难以摆脱政治色彩、价值取向和意识形态偏好，在保证调查方法科学的基础上，相对于西方国际民意调查实施的涉华调查，中国自主开展的全球调查在涉华问题上能够做到更为客观和全面。相关数据可以为我们的国际传播提供更加具体翔实的参考。

三是在调查报告发布和解读上，主要体现为理性分析和正确评估海外公众对中国的评价。调查结果出来后，需要对调查数据进行解读，分析其背后的影响因素。重视和研究涉华民调结果，可以更有效地在不同层面进行对外说明和阐释，从而提升国际传播效果，塑造良好国家形象。

值得注意的是，相对于西方民调机构的权威性和调查报告的国际影响力，中国国内机构开展的国际调查中全球性调查议题较少，调查范围较窄，调查方法单一，同时缺少与其他国家的对比分析，被西方主流媒体转载和报道的比例较低，因此在提升国际传播效果方面还有较大发展空间。

鉴于当前国际民调在国家形象构建中的重要作用和目前国际民调格局中“西强我弱”的态势，一方面，中国应尽快建立、培养具备国际公信力的国际民调机构，推动民意调查规范化、常态化和国际化建设，提高中国在国际民调领域的国际影响力和议程设置能力。另一方面，对具有较强国际影响力的西方民调机构发布的涉华民调进行跟踪研究，监测其他国家民众对中国国家形象的认知变化，及时回应海外民众对中国的关切。充分发挥国际民意调查在中国国家形象构建中的作用，用详实的调查数据讲好中国发展的故事。

9　报告全文见当代中国与世界研究院官方网站：https://www.chinacics.org.

从《中国国家形象全球调查》看中国国家形象的变化与建构

张楠[1]

【摘要】通过对 2012 年以来中国国家形象调查结果的分析发现，近年来中国国家形象稳中有升，国际贡献度逐渐得到世界认可，科技形象和“中国制造”日益成为亮点。同时，越年轻群体对中国认知越积极，发达国家与发展中国家对华认知鸿沟依然存在，中国经济形象获普遍认可，政治形象仍有待改善。要注重将海外民众不断增强的中国需求转化为国家形象红利，在对话世界的过程中展示中华魅力，塑造好国家形象。

【关键词】国家形象；民意调查；软实力；中国

国家形象是一国软实力的重要组成部分。为准确把握全球受众对中国国家形象的认知情况，增强软实力建设，中国外文局对外传播研究中心（现为当代中国与世界研究院，编者注）多年来连续开展中国国家形象全球调查并发布调查报告，已形成重要的国家形象自主调研品牌。2016 年，第 4 次中国国家形象全球调查（2015）首次在 G20 的 19 个成员国（欧盟除外）[2] 中开展，受访者达 9500 人，在调查规模、议题广度和深度、传播影响力方面都达到新的高度。通过对比分析历年自主开展的中国国家形象调查数据，可以初步得出国际受众对中国形象认知的变与不变，对进一步有针对性地做好国家形象传播工

1　张楠：当代中国与世界研究院对外话语创新研究中心副研究员。

2　第4次调查共覆盖19个国家，涵盖亚洲（中国、日本、韩国、印度、印度尼西亚、沙特阿拉伯）、欧洲（英国、法国、德国、意大利、俄罗斯、土耳其）、北美洲（美国、加拿大、墨西哥）、南美洲（巴西、阿根廷）、大洋洲（澳大利亚）、非洲（南非）等世界主要区域。

作具有启示意义。

变化之一：中国整体形象稳中有升

近年来，随着中国对国际事务和全球治理参与的不断深入，尤其是中国特色大国外交的稳步推进，中国国家形象日益得到改善，这一点在历年国家形象调查结果中得到体现。调查显示，2012 年以来中国国家形象基本保持稳定，得分整体呈现上升趋势。在 2013 年调查中，中国国家形象整体得分为 5.1 分（总分为 10 分），2014 年为 5.9 分，2015 年 6.2 分，数值涨幅虽然不大，但持续走高的趋势还是十分明显的。

海外受众对中国的具体印象也在逐步改善。2012 年，在多数海外受众眼中，中国很“神秘”，仅有三分之一的人认可中国是一个“有魅力的”国家；而到 2015 年，已经有 43%（占比最高）的海外受众认为中国“历史悠久，充满魅力”。2013 年，有相当一部分海外受众表示，中国社会存在贫富差距（41%）、社会矛盾（26%）等问题，这一态度在 2014 年变化不大，受众比例分别为 45%、24%，但是到了 2015 年，质疑中国社会治理（18%）的声音已经开始明显减弱，中国的国内治理表现得到越来越多的国际认可。

变化之二：中国的国际贡献度逐渐得到世界认可

尽管国际上不时出现“中国威胁论”“中国责任论”的杂音，越来越多的国际民众正逐渐认知到中国对世界和人类的贡献，切实感受到中国发展带来的红利，并期待中国能在全球治理中发挥更大作用。2013 和 2014 年，认可中国“对国际事务负责任”“倡导国际合作、对世界和平与发展做出贡献”的海外受众尚不足半数；但到 2015 年，海外受众对中国的国际贡献度打出了 6.8 分的评价（总分为 10 分），这一得分在全球 19 个国家中位列第四，中国对全球治理的贡献已逐渐得到世界认可。与此同时，多数海外受众还期待中国能在全球治理中发挥更大的作用，尤其是在经济（64%）和科技（58%）领域。中国对国际事务的影响力也受到广泛认可，在所有国家中位居第二，仅次于美国，之后依次是俄罗斯、英国和德国。

变化之三：科技形象成为亮点

随着中国在航空航天、高铁、互联网、医药学等方面取得长足进步，中国科技形象日益成为中国国家形象的新亮点。在 2012 年调查中，中国科技形象并不突出。但自 2013 年起，认可中国科技创新能力的海外受众比例就开始上升并保持在六成以上。2015 年，

61% 的海外受众对中国的科技创新能力表示认可，甚至超过了中国民众的认可度（57%），同时还有半数的海外受众表示对中国多项科技成就有所了解。就单个国家而言，俄罗斯（84%）和巴西（84%）最认可中国的科技创新能力，而除日本（11%）、德国（44%）与法国（45%）外的其他 15 个海外国家也都有 50% 及更高的认可度。

变化之四："中国制造"日益成为国家形象的闪亮名片

凝聚了中国科技创新成果的"中国制造"正在收获越来越多的国际认可。随着科技发展、供给侧改革的深入、品牌意识和服务意识的增强，中国正在加快实现"中国制造"向"中国创造""中国速度"向"中国质量""中国产品"向"中国品牌"的转变。2013 年，有七成的海外受众担心中国产品存在使用安全隐患；到 2014 和 2015 年，质量问题的担忧比例已经开始有所下降。售后服务方面的进步尤为显著，海外受众对中国产品售后服务的不满意度从 2013 年的 51%，到 2014 年的 42%，再到 2015 年的 29%，下降幅度逐年扩大，反映出中国产品售后服务问题得到逐步改善。值得注意的是，2015 年小米、微信、UC 浏览器等科技品牌在海外受众中的熟悉度排名比 2014 年有了明显提升，从一个侧面印证了海外受众对中国科技的认可。

不变之一：越年轻群体对中国认知越积极

从历年调查来看，海外年轻群体往往对中国的整体印象最好，对中国未来发展形势的看法也最为乐观，并更多地通过新媒体渠道获取中国信息；而年纪越大的群体对中国印象相对越消极，对中国未来发展的态度也相对越悲观，往往通过传统媒体渠道获取中国信息。

在 2013 年调查中，无论在发达国家还是发展中国家中，年轻群体（18—35 岁）都是认为中国有吸引力、看好中国将成为世界第一大国、计划到中国旅游比例最高的人群。2014 年，海外年轻群体对中国的了解程度（34%）和对中国印象打分（6.3 分）都要明显高于中年群体（36—50 岁，28%，5.8 分）和老年群体（51—65 岁，20%，5.5 分）。同样 2015 年，海外年轻群体"比较或非常了解中国"的比例达到 33%，也明显高于中年群体（28%）和老年群体（23%）；年轻群体（56%）更多地通过当地新媒体（如社交媒体，网络媒体）渠道获取中国信息，中年（63%）和老年（72%）群体则更多地通过当地的传统媒体（如图书、杂志、广播、电视、电影等）渠道来获取中国信息。此外值得注意的年龄群体差异还有，海外年轻群体对中国科技创新能力的认可度往往要高于中老年群体，来华意愿也明显高于后者，而且相比中老年群体，海外年轻群体更能看到中国发展道路和模式所带来的积极效果。

不变之二：发达国家与发展中国家对华认知鸿沟依然存在

在历年调查中，发达国家与发展中国家的对华认知往往存在较为明显的差异，在一些领域甚至持相反观点。总体而言，与发达国家相比，发展中国家对中国的认知更为积极，对中国发展的认同度也更高，在对中国国家与国民的具体印象、对中国科技创新能力的认可度等方面往往与发达国家持不同观点。

2014 年，发展中国家对中国形象的平均打分为 6.8 分，对华印象明显好于发达国家（5 分）；68% 的发展中国家受众对中国发展理念表示认可，这一比例在发达国家中仅为 38%。同样 2015 年，发展中国家对中国的印象（6.9 分）比发达国家（5.5 分）更为积极；在“倡导和平发展、合作共赢的负责任大国”“国家治理良好、社会和谐稳定的文明国家”“亲和而有活力的开放国家”等对中国积极评价方面，发展中国家的认同度都要比发达国家高出 1—2 倍，而在“国家和社会治理不够稳定的国家”“比较保守的发展中国家”等相对消极评价方面，发达国家的认同度则明显更高，双方对华认知存在明显分歧；在对中国发展道路和模式的评价方面，发展中国家认为中国道路和模式“融合了中国历史文化和现实国情”“对本国的发展有借鉴意义”的比例是发达国家的两倍及以上；发展中国家认为中国国民诚实守信、开放创新、热情友善，而发达国家则更倾向于认为中国国民缺乏诚信、传统封闭、缺乏激情；对中国语言和文化感兴趣的前 5 位的国家也全都是发展中国家：印度（51%）、墨西哥（47%）、巴西（45%）、俄罗斯（44%）和印度尼西亚（44%）；在科技领域的认知差异同样明显，75% 的发展中国家受众认可中国的科技创新能力，而发达国家比例仅为 47%。

不变之三：中国经济形象获普遍认可，政治形象仍有待改善

中国经济发展成就世界有目共睹。在历年调查中，海外受众普遍认可中国经济发展的积极作用，认为中国乐于在经贸方面与他国开展合作，他们也从中国经济发展中获得了利益，并对中国经济的未来发展充满信心。2013 年，64% 的海外受众认可中国经济发展给全球经济发展带来机遇。2015 年，多数海外受众认可中国经济影响力位居世界第二，仅次于美国；近一半（占比最高）的海外受众认为中国经济影响力将会持续增长，40%（占比最高）认为“中国正在成为越来越多国家的最大贸易伙伴”，35% 认为“中国市场需求依然很大”。

然而，海外受众对中国政治依然缺乏足够的了解，对中国模式与道路还存在困惑、

观望甚至误解。2013 年，将近一半的海外受众表示不了解中国政治，尤其是中国特有的政治理念与主张；海外受众对中国政府最突出的印象是“严肃、不可亲近的”(39%)，这一比例在 2014 年甚至高达 45%；2015 年情况有所改善，“不了解”中国发展道路的海外受众比例降至 20%，但仍有一半的海外受众表示“没有听说过”“中国梦”“一带一路”“五大发展理念”等中国提出的理念和主张。中国政治形象的传播与改善依然任重而道远。

分析与建议

2013 年底，习近平总书记在中共中央政治局第十二次集体学习时强调，要注重塑造我国的国家形象，重点展示中国历史底蕴深厚、各民族多元一体、文化多样和谐的文明大国形象，政治清明、经济发展、文化繁荣、社会稳定、人民团结、山河秀美的东方大国形象，坚持和平发展、促进共同发展、维护国际公平正义、为人类作出贡献的负责任大国形象，对外更加开放、更加具有亲和力、充满希望、充满活力的社会主义大国形象。[3]这为我们开展国家形象传播工作指明了努力的方向。通过总结历年调查可以发现，习近平总书记提出的四个“大国形象”正在一步步树立和丰满起来。

中国历史悠久、充满魅力的东方大国形象受到世界认可，吸引了越来越多的海外个人和团体到中国来学习、工作和旅游。

中国文化多样、科技创新的文明大国形象日益突出，海外受访民众希望了解更多的中国文化，并关注中国科技的发展，对中国科技创新能力的认可度甚至超过了中国民众自身。

中国对全球治理的贡献和国际影响力赢得了海外受众的较高认可，有力反击了“中国威胁论”与“中国责任论”，中国和平发展、合作共赢的负责任大国形象正在逐步树立起来。

中国开放有活力、充满希望和亲和力的社会主义大国形象有待进一步加强，海外受众普遍对中国发展道路和发展模式的认知不足，但积极的一面是，海外年轻群体已经开始更多地看到中国发展道路和模式带来的积极效果。

今后，要进一步重视人际传播与品牌塑造，加大文化与科技传播力度，讲好中国发展的故事，将海外民众不断增强的中国需求转化为国家形象红利，在对话世界的过程中展示中华魅力，塑造好国家形象。

3 “习近平在中共中央政治局第十二次集体学习时强调 建设社会主义文化强国 着力提高国家文化软实力”，《人民日报》，2014年1月1日第1版。

1. 增强文化自信，进一步推动文化“走出去”，展示好文化多样、科技创新的文明大国形象

习近平总书记指出，文化自信是更基本、更深沉、更持久的力量。2016 年开展的第 4 次国家形象调查显示，超过三分之一的海外受访者对中国语言和文化感兴趣，海外民众最希望了解的有关中国的信息首先就是中国文化，其次是中国的科技，显示出中华文化与科技的国际吸引力。但在日益高涨的中华文化海外需求面前，我们的文化“走出去”仍面临不少问题与挑战。在今后的对外传播和国家形象塑造中，需要进一步增强文化自觉与自信，树立精品意识，创造和促进传统文化的“现代相遇”，着重展现中华文化与世界文明的融通互鉴、共同发展；要善于找准连接中外文化的共通点，不断推出易于被当地社会理解和接纳的文化精品，并将之以海外受众尤其是海外青少年群体喜闻乐见的形式展现、传播开来；中国科技创新能力广受认可，可借助举办和参加大型国际展会、技术交流会、科技创新大赛等形式加大对中国科技成就及其对人类贡献的报道与传播，向国际社会展示好中国文化多样、科技创新的文明大国形象。

2. 厚植民间力量，进一步做好“请进来”工作，巩固和推广历史悠久、充满魅力的东方大国形象

普通民众是国家形象最生动的代言人。要从根本上改善国家形象，就要尽可能多地争取广大普通的海外民众对中国产生真实的认知、发自内心的认可，乃至对中国的喜爱和向往。一个有效的路径就是通过民间交流，“请进来”普通的外国人亲自到中国旅游、学习和工作，使其获得对中国现代发展和社会文化生活最真实、最直观的感受，这样许多关于中国的负面论调和谣言也就不攻自破。调查显示，近年来海外民众来华意愿不断上升。这就需要我们进一步加强城市旅游形象塑造，规范旅游市场、完善配套设施，不断提升来华旅游体验；鼓励热门城市与热门景点加大国际广告投放和宣传力度，积极展现山河秀美、多元包容、充满活力的国际旅游形象；重视培养民间友好力量，广邀国际友人和团体来华观光、工作、学习，开展青少年交流、教育培训、新闻传播、行业技术交流等，让来华外国人成为中国形象的国际代言人；同时要重视“对内传播”与“对外传播”的一致效应，同步增强国内和国际传播的公信力。

3. 借助重大国际活动展示负责任大国和社会主义大国形象，设置好全球治理议题，扩大国际影响力

国家形象可以通过民族凝聚力、文化影响力、地区协调力、国际参与力等要素来建构，而重大国际活动正是将这些要素全面展示于世的绝佳舞台。调查显示，中国参加的外交活动往往在举办国能够获得较高关注度。要善于利用重大国际活动来设置中国议

题，传播中国声音，在举办地乃至世界范围掀起“中国热”。2017 年 5 月在北京举办的“一带一路”国际合作高峰论坛就是一次展示中国形象、传播中国声音的成功案例，来自 100 多个国家的 1500 多名代表带着友谊与合作的种子，将“一带一路”中国故事和中国梦、人类命运共同体、“共商、共建、共享”等中国理念在世界传播开来，有助于中国负责任大国和社会主义大国形象得到国际社会的更多认可。在 2019 年北京世界园艺博览会、2022 年北京—张家口冬季奥运会等中国“主场外交”活动中，更要善于借势，设置好全球治理、尤其是经济治理议题，发挥规模效应，有机结合地区和国际社会共同诉求，形成具有包容性、能引起国际共鸣的主场外交议程，重视活动前期“暖场”准备、中期“聚焦议题”、后期成果“落地有声”和可持续性，重点展示中国在科技、环保、发展理念等方面的进步和国际贡献，塑造和平发展、充满活力、为人类作出贡献的负责任大国和社会主义大国形象。

4. 重视自主民调品牌构建，加强国际交流与合作

对国家形象自主开展机制性的国际调查与研究，一方面可以持续地从整体上把握海外受众对中国国家形象的真实认知情况，及时开展国家形象传播效果评估，并根据反馈制定和更新富有针对性的传播战略；另一方面，通过主动设置议题、定期发布有影响力的报告，有助于向世界发出中国声音，对冲西方舆论负面影响。当下，要进一步加快自主民调建设，积极创立自主国际民调品牌，通过市场运作的方式，逐步将自主国家形象调查平台建设成为在专业水平和国际影响力上均可与皮尤、盖洛普等国际知名调查机构比肩，甚至有所超越的国际调查品牌。同时，加快国际调查数据库建设，定期公开发布我国自主开展的国际调查研究报告，扩大自主民调在业界、学界的影响力，推动调查数据成为国家形象研究的权威一手资料来源，在国际民调舆论场上持续发布中国观点，传递中国声音，贡献中国智慧。此外，还应加大与相关民调机构与智库的国际交流与合作，通过人员互访、举办和参与国际会议、签订战略合作协议、联合发布报告、分级别数据资源共享等形式，扩大国际民调合作的“朋友圈”和影响力，将中国国家形象更高效、更立体、更具公信力地传播出去。

国家形象传播中的议程设置与仪式设置

张学勤[1]

【摘要】本文通过与“意义场”的阐述，“参与者”的分析，在一个媒体与媒介合二为一的人人媒体时代，国家形象的海外传播需要在文化符号隐喻、符号拼接与符号识别上统筹议程设置与仪式设置，才能够形成海外信息传播的对话而不是单向度的输出，进而达到形象建构的良好形象，推进对外的政治、文化、经济的合作。

【关键词】国家形象；传播；议程设置；仪式设置

移动互联时代，媒介发展与媒体发展都进入了新的阶段：根据北京大学新闻传播学院陆地教授的观点，媒体与媒介融合为一，即原有的电视媒介与电视台是分开的，被称为公共媒体；而新媒体呈现的则是媒介与媒体的合二为一，即智能手机本身是一种媒介，但是，由于智能手机与移动互联的融合，智能手机也称为一种媒体，于是，公民媒体出现，换句话说，社会已由大众媒体时代转入人人媒体时代。

在人人媒体时代，国家形象更为具体的流动并重塑在一个又一个的个体手中。2016年，全球网民数量递增至35亿人，而且，这个数字还会持续递增，那么，一个事件在较短的时间内在全球的范围，获得100万人的注意力，已经变成方便和成本较低的事情。个体和群体的信息生产能力和传播能力获得了前所未有的释放，“个人和群体在传统组织结构之外的能力增长是史上前所未有的。”[2]

1　张学勤：四川文化产业发展研究中心副研究员。

2　【美】克莱·舍基：《人人时代——无组织的组织力量》，胡泳、沈满琳译，浙江人民出版社，2015年6月第1版，第85页。

由此可知，国家形象的塑造，开始由原来的大众传媒转移到社交媒体、自媒体的手中，也就是不再是由传统的报纸、杂志和电视台来设定和传播，转而由社交媒体、自媒体进行生产和转发。2017 年 6 月 5 日，在伦敦遭受恐怖袭击之后，英国首相特蕾莎·梅在唐宁街十号发表了关于对这些恐怖袭击的演讲，措辞严厉，态度强硬，在陈述了恐怖袭击的过程之后，表达了对民众的安抚，同时指出“恐怖主义滋生恐怖主义”，并阐述了在打击恐怖主义上的四种转变，并表达了战胜恐怖主义的决心。

特蕾莎·梅这一段演讲的视频，全世界的人们大多是通过手机的转发观看的，尤其是微信中的传播，甚至，有的人以专门学习英国首相的演讲而认真地浏览这段视频。但是客观上，特蕾莎·梅向全世界呈现了英国政府的姿态和勇气。在信息传播上，议程设置是关系到说什么的议题作用，仪式设置是关系到怎么说的方法作用，而英国首先播出演讲视频，价值明确，诉求单一，成为成功的议程设置案例和仪式设置案例。

一、国际交流中的议程设置

在海外传播中，要清楚地认识到传播是一种对话，而不是一种单向度的信息输出，要考虑到信息接收者的情绪与认知，而不是基于传播者信息倾斜与主观愿望。信息是在信息场中实现传播与意义建构的，所以在议程设置上，需要兼顾意义场的建构。

（一）“意义场”设置

“意义场”是指在信息传播中，叙事价值与话语符号能够得到主要信息使用者的理解与认同，从而，通过消费信息与参与信息的生产与传播过程，产生一种共识。

“9·3”胜利日大阅兵从海外传播与国家形象建构的角度分析，便是一个经典的议程设置案例。2015 年 9 月 3 日中国在北京天安门广场举行了盛大的阅兵仪式，并邀请了包括俄罗斯、韩国等在内的 49 个国家的元首、政府首脑及高级官员出席，习近平总书记携夫人彭丽媛与这些来宾在紫禁城中与他们一一合影留念。并且有俄罗斯、古巴、埃及、哈萨克斯坦等 11 个国家的方队以及阿富汗、柬埔寨、斐济等 6 个国家的代表队参加。

本次中国世界反法西斯胜利日大阅兵，不同于往年的大阅兵，不仅仅是一种国家自身爱国主义的整合与教育，更多的是向全世界宣告，“是为了纪念中国人民抗日战争暨世界反法西斯战争胜利 70 周年而举行的，其核心精神从以往阅兵的国家层面上升到了世界层面，不仅意义更加深远，而且规模更加大。‘9·3’阅兵式不仅仅是‘国家形象’的象征符，更是‘爱与和平’的象征符。”[3]

3　冯菲：《以传播的仪式观解读“9·3”胜利日大阅兵》，《视听》，2016年第8期，http://media.people.com.cn/GB/n1/2016/0812/c406528-28632502.html，人民网，2016年8月12日。

在信息传播的价值层面，通过邀请相关国家元首、政府首脑，以及他们的仪仗队的参加，便营造了一个意义场，并把中国阅兵的符号转化为世界反法西斯战争同盟的符号，在这一场域内，世界各国的人们都在向抗战的老兵致敬，向那些牺牲的英雄们致敬，同时追忆历史，珍惜当下和平与爱。议程设置便从一个国家的爱国，转变为世界人民共同爱好和平。

（二）“参与者”设置

议程设置是对媒介事件的策划与发生，从而建构出一个具有时代意义的事件。从传播学的建构观来说，正是媒介参与者在媒介视野的范围内活动，才构成了独特的话语和意义。“把传播看作是创造、修改和转变一个共享文化的过程，于是其典型的情形：对于从人类学角度来看传播学的人来说，传播是仪式和神话；对于那些从文学批评和历史角度来看传播学的人来说，传播就是艺术和文学。传播的仪式观不是指事件上对社会的维系。它不是一种传递信息或影响的行为，而是共同信仰的创造、表征与庆典。”[4]

2015 年庆祝世界反法西斯战争胜利 70 周年的大阅兵，能够获得极大的海外关注，也是因为世界各国的广泛参与，在参与的同时，共同建构了一个反思战争，追求和平的意义场。尤其是参与者中俄罗斯军队代表团的出场，向世界阐明了二战期间，全人类都结成共同的战线，抵御法西斯的残暴。

同样，2017 年 5 月 14 日，中国国家主席习近平在北京出席“一带一路”国际合作高峰论坛开幕式，并发表了题为《携手推进“一带一路”建设》的主旨演讲。中国“一带一路”国际合作高峰论坛吸引了世界的目光和关注，130 多个国家约 1500 名贵宾汇聚北京，就“丝绸之路经济带”和“21 世纪海上丝绸之路”的形成与思路，商议全球性的问题和发展。

这些参与者，开始在中国所搭建的国际舞台上、对话平台上，探讨世界问题，寻求共识与出路。由此所形成的信息源头和话语关联，便紧紧地设置在了中国话题上，全世界的社交媒体和自媒体则需要以中国的“一带一路”为原材料，进行信息的加工和新闻的传播，同时，就这一信息源头，讲述各自视角的故事。

在北京“一带一路”峰会上，习近平主席的演讲挥洒自如，内容宏大，意义深远，成为众多媒体追捧的对象，社交媒体上快速的呈现出来他的演讲内容，“中国古语讲：‘不积跬步，无以至千里。’阿拉伯谚语说，‘金字塔是一块块石头垒成的’。欧洲也有句话：‘伟业非一日之功’。‘一带一路’建设是伟大的事业，需要伟大的实践。”在谚语引用上，既有中国的古语，也有阿拉伯的谚语，还有欧洲的谚语；拉近了与国际听众的距离。

---

4 【美】詹姆斯 · W · 凯瑞：《作为文化的传播——“媒介与社会”论文集》，丁未译，华夏出版社，2005年第1版，第11页。

鉴于此，世界各国的媒体广泛报道中国北京的“一带一路”峰会，阐述中国机遇与世界机遇相结合的“最大公约数”，英国伦敦政治经济学院在官方网站上刊登文章称：中国“一带一路”的倡议将对全球经济、特别是沿线国家的基础设施建设和经济发展带来前所未有的辐射与影响。欧盟、东南亚等国家都在从中国倡议中寻找自己的经济、文化发展的机会。

二、海外传播中的仪式设置

在解决海外传播中的话语方式问题时，需要借助于仪式设置。媒介事件本身就是一种借助仪式感营造的历史创造，如罗斯福的炉边谈话、肯尼迪的电视演说、奥巴马的视频传播、特朗普的推特治国，政治人物借助媒介形成面向全体的对话，便完成了一种政治信息传播的仪式和政治共识的维护。

（一）符号隐喻

国家形象的海外传播体现在符号的拼接上，多种符号的聚合，通过符号的隐喻，呈现出一个国家个性特征。比如，美国的国家形象，则是通过好莱坞电影、迪斯尼动画、可口可乐、NBA、肯德基、航空母舰、自由女神、美国大兵、苹果、微软、谷歌、Facebook 等符号，呈现了一个实力雄厚、文化丰富、科技先进、国民亲和的大国形象。

尤其是可口可乐、肯德基、麦当劳和迪斯尼在全世界范围内的传播上。据称二战期间，巴顿将军带领的坦克部队，每到一处，就把可口可乐的装瓶厂带入进来，当美国的坦克横扫欧洲大陆的时候，可口可乐也成为欧洲大陆的可口可乐，便把乐观的美国精神开始影响到欧洲大陆。

如今，可口可乐、迪斯尼和肯德基、麦当劳、苹果等品牌在世界各地，更是从儿童成长的经历开始陪伴，这些品牌符号，渗透到了全世界青年人的成长理念中，也相应地对美国的国家形象，建构在一个一个具体的符号上，从而产生一种潜在的认同感。

美国好莱坞的电影中会努力地突出拯救者的特点，无论是《阿甘正传》《拯救大兵瑞恩》还是《血战钢锯岭》，还是科幻片《星球大战》都会把美国国家形象符号植入其中，隐形传达美国国家的意识与价值，即便是《当幸福来敲门》也把困境中的父子对话的镜头，映衬在美国的星条旗下，向世界宣告美国梦的平等与美好。

这种媒介仪式中，将符号以最为隐晦的方式传播，是对心理影响的一种权力。这是因为“是符号权力高度集中于媒介机构的结果。每个媒体都声称它‘代表我们所有人’，这掩盖了总体上我们并不代表我们自己这一事实。”

（二）符号识别

世界各国的语言是不同的，风俗也是不同的，但是爱恨情仇的情感却是人类所共有的。如同品牌的LOGO一样，为了节省人们的认知成本，而塑造出品牌符号便于人们识别，从而能够在众多产品中快速地挑选出自己喜欢的产品，比如耐克、比如乔丹。

在仪式传播中也是如此，仪式中的符号，具有识别的功能，“一个人穿着士兵制服站在一群士兵当中毫不引人注目，但如果他穿着的是一身睡衣就完全不一样了。同样，仪式中的主持者穿着教士的长袍或者国王身着王袍、头戴王冠也是为了起到引人注目的效果。”[5]

那么海外传播也是如此，中国众多的纪录片中，在海外受到追捧的往往是具有高度识别的，这也正是印证了“民族的才是世界的”，如讲述北京紫禁城的《故宫》，以及当下的热点纪录片——陆川拍摄的《我们诞生在中国》。

当然，中国符号中的熊猫和花木兰就有高度的识别度，但是经过好莱坞的加工，《功夫熊猫》和《花木兰》虽然获得极高的票房，但是其内核的精神已经被严重“西化”。可以说是“虽穿着中国文化外衣，却透露出美国文化内涵。因此，通过某种传播方式改变西方视野下中华文明形象，成为亟待解决的问题。”[6]

因此，国际传播中的文化内涵与文化符号，需要塑造成为具有高度辨识度的故事，从而能够在互联网上跨国际的传播，如韩国的韩剧与泡菜即便是在爱情剧中也是大放其彩，“文化传播作为国际传播的一种形式，是人们社会交往活动中产生于群体、组织及人与人之间共存关系之内的文化互动。当代国家民族间的文化传播，需要独特的镜头语言做载体。美国的现代电影工业、日本的动漫创作、韩国的电视剧文化都通过镜头画面，传播本国人文气息与地理风貌。镜头中不仅透露着各国独特的生活场景和情感故事，更从深层传达各自价值理念与精神追求。”[7]

当前中国纪录片《舌尖上的中国》，总导演陈晓卿曾经说通过这些镜头和这些食材的故事，想向全世界传达出中国人的农耕文明、生活哲学和勤劳质朴的形象。“《我们诞生在中国》则从自然题材入手，阐释中国传统文化精髓，对国家文化形象的传播，起着积极、正面作用。这种镜头语言或将成为中国式纪录片展现中国文化情怀的独特模式。”[8]

（三）仪式建构

中国是一个自古就以仪式感为文化传承的民族，比如端午节的赛龙舟，比如春节的

---

5 【美】大卫·科泽：《仪式、政治与权力》，王海洲译，江苏人民出版社，2015年11月第1版，第95页。

6 安仁：《我们诞生在中国》，载于《金融时报》，http://www.sohu.com/a/113466013_175647，2016年9月3日。

7 同6。

8 同6。

放鞭炮，甚至是春节联欢晚会已经演变成为新时代的民俗仪式和文化凝聚。这些仪式通过媒介的现场直播，形成了广泛的关注与参与，跨越了时间与空间的阻碍。

仪式感往往是群体情感的建构方式，“它能将关于宇宙的特殊形象和对于这种形象的强烈情感融合在一起。仪式是由一些特殊的象征构成的，这些象征能够将世界是如何建构的观念具象化。同时，通过使人们投身到规则化的也常常是高度情感化的社会行动中，仪式彰显出这些象征的意义并深化与这些象征之间的密切关系。”[9]

海外传播中，也要创造仪式建构，“9·3”胜利日大阅兵就有独特的仪式建构，突出了国共两党抗战老兵们的镜头和符号，向全世界传播出中华民族团结一致抵御外辱的民族精神。互联网上的讨论与转发，将会更深一步地突出现场感。

从传统的电视真实，进而转入了社交媒体参与的真实，经过讨论之后的参与，会形成新的仪式建构，“在形式、象征的意义和社会影响上，仪式都会发生变化：新的仪式出现，旧的仪式消亡。这种变化产生于个体的创造性活动。一言一概之，人们并不仅仅是仪式或象征的努力，他们也是仪式的支配者和创造者。”[10]

三、结语

当“一带一路”建设逐步推进，并日渐影响更多的国家和民众的时候，中国国家形象的传播与建构，需要适应移动互联时代的传播方式与话语方式，既要注意议程设置，又要注意仪式设置，尤其是仪式设置的方式与方法，突出中国的和谐精神，既要能够传达中国声音，又要能够形成互动的话语交流。

9 同5，第49页。

10 同5，第15页。

观照中国的新视角

——《超级中国》与《运行中国》对中国国家形象的塑造

杨致远[1]

【摘要】今年年初以来，国外媒体制作的两部有关中国的纪录片《超级中国》和《运行中国》引发海内外的关注，体现出一种观照中国的较为客观、正面的新视角。总体而言，两部纪录片体现出有机融合多种叙述视角、综合运用多种图像表现类型及努力追求画面的拍摄与修辞等较为突出的特点，为国内纪录片创作者进一步塑造、传播良好的对外形象、促进中外交流提供了有益的启示和借鉴。

【关键词】《超级中国》；《运行中国》；中国国家形象

2015 年初以来，两部国外媒体制作的以介绍中国发展为内容的纪录片引发了海内外的多方关注。两部纪录片分别是韩国 KBS 电视台制作的《超级中国》（Super China）和美国 Discovery 探索频道与五洲传播中心联合推出的《运行中国》(How China Works)。《超级中国》共七集，分别从人口、经济、资源、外交军事、文化软实力、政治六个方面对中国进行全面的介绍；三集《运行中国》则选取了“城市变迁”“科技与创新”“民生与愿景”三个角度对中国的当前发展进行透视。两部纪录片推出后在观众中产生了比较强烈的反响。《超级中国》播出后，其收视率在韩国一度超过了 10%，创下纪录片收视率的新高。该片不仅在韩国媒体、学界和民众中引起热烈关切和讨论，还在中国同样引发热议。《运行中国》推出两天，就在国内各大网站收获了 1620 万次的播放量，微博阅读量高达

1　杨致远：西安外国语大学新闻与传播学院副教授。

939.7 万次，参与讨论留言达到 2.1 万条。[2] 两部纪录片的推出，让中国的发展及国际影响成为广大观众的焦点话题，为我们呈现了他者眼中崭新的“中国形象”。

作为具有“非虚构”特质且以现实主义效果为追求的影像文本类型，纪录片通常会通过其独特的“论述”方式力图对观众的现实认知产生较强烈的说服效果。因此，以介绍、展示一个国家的各方面情况为内容的纪录片在国家形象的塑造与传播过程中就体现出十分重要的意义。此类纪录片通过媒体的广泛传播，可以为国家赋予新的形象内容，从而影响到他国的公众对于该国的认知与评价，甚至改变其原有的“刻板印象”。就此而言，《超级中国》和《运行中国》都以介绍新世纪以来中国的发展成就为主，且一改以往国外纪录片中“俯视”“妖魔化”的姿态，以相当客观、平衡的立场对中国社会的诸方面进行展示，表现出国外媒体建构中国形象的新变化。两部纪录片在表现内容、方式上存在一些差异，但总体而言，它们同属于阐释说明式纪录片，此类纪录片通过“将现实世界的片段结合起来，组织成一个更具修辞性或者论辩性的结构……直接向观众进行表达、通过字幕或旁白提出观点，展开论述或叙述历史”。[3] 播出后引发观众的强烈反响，很大程度上反映出两部纪录片在文本层面塑造中国国家形象时所采用的富有成效的策略手法。

一、多种叙述视角的有机融合

由于受到国际政治、经济利益等诸多因素的影响，国外媒体以往在呈现中国形象时，要么采用高姿态的“俯视”视角，聚焦各种存在问题；要么采用漠然的“远”视角，将中国塑造成一个神秘的（甚至落后的）“他者”。无论哪种视角，其所呈现的中国形象都是有失偏颇的“负面”形象。

整体上看，《超级中国》和《运行中国》则采用一种比较客观、平衡的视角展开对中国形象的叙述建构，更具亲切感。通过大量的资料和深入的访谈分析，《超级中国》展现一个全面且正发挥着越来越重要国际影响力的中国，令人信服；《运行中国》则采用主持人出镜解说加亲身体验的方式，聚焦“城市化、科技与民生”这三个关联密切的议题，呈现了中国富有活力的城市生活和广阔的发展前景。做进一步的考察，可以看出两片在叙述视角的搭建上均运用了以下几种具体手法：

1. **大与小的结合。**这主要体现为两部纪录片都将宏观说明与微观个案进行了有机的结合。《超级中国》中的个案呈现十分丰富。例如，第一集的开篇先为观众呈现的是阿根廷草原，介绍这里的牧场正在关闭改种黄豆，再表现当地一名居民的工作变化，最后说

2 《观察：<运行中国>是如何成功的？》，2015年4月14日，http://www.heb.chinanews.com/cjdt/201504148223.shtml。

3 [美]比尔·尼可尔斯：《纪录片导论》，陈犀禾、刘宇清、郑洁译，中国电影出版社，2007年7月，第121页。

明造成这一变化的原因是中国市场对黄豆的巨大需求，引出中国这个人口众多的巨大消费市场。第二集开篇用同样手法分别表现了中国经营的赞比亚矿山、中国人收购的旧金山红酒酒庄以及在韩国济州岛开发的中国房地产集团，以此直观地表明中国经济对世界其他国家产生的影响。在第五集中，永钢集团、濮阳东桥村的大学生村官、北京交通大学一个班级党支部的党员活动分别成为展示共产党优秀领导能力及组织发展的形象化案例。《运行中国》的第一集在表现中国城市的建设时，分别展示了即将竣工的上海全球金融中心的设计、建设情况和北京一个胡同院落里的改造方案，以此代表了大城市的建设新成就和对传统建筑的保护改造；在表现城市发展对人口迁徙的影响时，主持人跟随一名普通市民回家的脚步一起乘坐高铁，了解到后者对于城市及家乡的生活体验，让观众也感受到了城市对于普通人的影响。

宏观说明虽然有助于观众把握事物整体，然而又容易带来抽象、空洞的感觉。两部纪录片对众多个案的穿插运用，很好地将之与要说明的宏大议题有机结合起来，既有微观的细察，又有宏观的把握，以小映大，表现出大与小之间的关联互动，说服力更强，同时，个案本身的故事性也有效地提升了可看性。

2. **高与下的结合**。解释说明式纪录片通常使用“上帝之声”或“权威之声”的解说词传达主要的信息，这两部纪录片在采用这一常规手法的同时，又加入了相当多的采访。《超级中国》中采访了政府官员、研究学者、艺术家、企业家、媒体人和普通民众，人数众多；由于内容主题的差异，《运行中国》的采访对象主要是一些与城市建设、科技生活有关的人士，如研究人员、设计师、建筑工、机械工及普通市民。不难发现，这些受访者可分为“高”视角的专业人士（如名人、政府官员、研究人员）和“低”视角的普通人（如工人、市民），其受访谈话就自然反映出他们在谈论事物时的高、低视角差异，将这些视角与解说的“上帝视角”结合在一起，会使其呈现出一种相互交错、补充的面貌，有助于丰富、深化观众对于一些抽象问题的认识。

3. **历时与共时的结合**。虽然两部纪录片都以介绍中国当前的国情及最新的发展成就为主，然而它们又很好地引入了历史发展的脉络。如《超级中国》第一集介绍中国人口时就交代了建国初期宣传“人多力量大”这一背景，谈及众多人口如何从巨大的建设力量转变为世界重要的消费力量；第三集聚焦中国军事外交，在展示了中国在周边正树立起新的外交形象后，开始回顾清中期以来中国在世界舞台上的衰落过程，进而叙述建国至当前几代领导人的外交政策；在总结展示中国的文化软实力时，通过回顾郑和下西洋的历史来说明中国文化对世界曾经产生的强大影响力，还谈及“文革”时期对文化的全面破坏，以此对照当前国家对文化遗产的重视与保护。《运行中国》则分别通过回顾北京的历史影像来表现城市的发展变化，通过介绍四大发明来展示中国古代辉煌的科技水平。如果说对当前情况的介绍主要为了展现不同地区、领域的不同事物相互间的影响关联，那么对历史的回望就意在呈现同一事物的演变迁化。两部纪录片将共时的全面与历时的深入结合在一起，因而产生了较好的说服力。

4. 内与外的结合。这一点突出体现在《超级中国》中，该片的摄制组不仅几乎走遍了整个中国进行画面拍摄，还远赴美国、希腊、阿根廷、肯尼亚、越南、法国、坦桑尼亚、斯里兰卡等20多个国家，采访当地居民，拍摄了大量镜头素材。据统计，该片中的中韩两国以外的镜头高达30%，这些镜头内容体现出了创作人员很好的国际视野，虽以中国为主但不局限于中国，引入其他国家的观点、反应（学者、政府官员、普通民众作为其代言），让观众充分地看到中国在当前世界舞台上的力量、位置以及与其他国家的紧密关联。当然，毕竟中韩相邻，韩国媒体制作的这部纪录片也隐隐透出一种“中国威胁论”的担忧。

5. 正与负的权衡。两部纪录片叙述上的客观效果还来自于视角的相对平衡，这主要表现为对中国正、负面形象的比重安排。毋庸置疑，中国社会的快速发展及改革过程中出现了各种各样的问题，造成了不少负面的影响。然而，就大的层面而言，中国社会各个领域的发展所取得的成就无疑更值得关注。而以往不少西方的涉华纪录片都将负面内容作为主要部分，这难免会给世界范围内中国形象的塑造带来十分消极的结果。相较之下，《超级中国》和《运行中国》正面地展现、评价中国飞速发展的成就面貌以及社会、文化、民生等方面的积极变化，全面且深入，表现出一种以前罕有的新姿态。当然，两部纪录片也谈及了中国存在的一些问题，如雾霾、食品安全、水污染、一些党员干部的贪污腐败等问题，《超级中国》还尤为关注中国崛起后给韩国带来的威胁，担忧中国军事霸权的建立。总体而言，两部纪录片较好地平衡了正面视角与负面视角的比重关系。

二、多种图像表现类型的综合运用

时至今日，各种图像类型已在纪录片中获得广泛的运用。其中，由于要对事物进行深入详实的说明介绍，因此阐释说明式纪录片对图像类型的运用更为自由。这一点在《超级中国》和《运行中国》中得到突出的表现。

虚拟动画图像是电脑技术发展的产物，近些年来在纪录片中多被用于展示一些无法拍摄或再现的场景。《超级中国》要表现的地理空间和时间跨度较大，因此使用了一些虚拟动画图像来进行说明介绍。例如在展示中国的军事实力时，采用虚拟动画来动态摹拟演示中国研发出的新武器及其威力；谈及中国外交时，虚拟动画被用来展现中国在印度洋各国投资建设的一些港口，并展现了中国参与投资建设的尼加拉瓜运河未来建成后的可能样貌。第四集在介绍中国地理资源的时候，运用虚拟动画来展示中国多样化的气候带和地形特点，这些虚拟动画画面制作精良，镜头呈现横向及后拉运动，经济、直观地表现出了中国的自然特点。《运行中国》在第一集“城市变迁”中对天津建设生态新城的做法进行介绍时，采用虚拟动画摹拟向前运动的航拍镜头，展现未来新型都市的美好面貌；本集结尾处又用此类画面表现上海环球金融中心的建造过程及设计理念，形象而直观。

此外，两部纪录片还使用了地图图示及数据图表来加强信息说明。《超级中国》中，地图图示被用于展示大的空间关系，结合动画技术动态地标注地理、路线信息，让人一目了然。经过图像化加工的数据图表使原本抽象的数字信息得以视觉化呈现，直观地提供了人口、资源、金融经济、消费力、GDP、城市建设等多方面的宏观统计信息。这些多样化的图像类型丰富了两部纪录片的表现手段，形成了对拍摄图像的有效补充。

三、对镜头画面的追求与修辞

虽然画面在阐释说明式纪录片里并不占主导地位，其作用主要是对解说声音进行补充、确证，但是《超级中国》和《运行中国》中的一些画面因其拍摄上的追求及修辞手法的运用而显得独特，体现出创作者的创作态度与美学追求。

众多的大全景画面充分体现了两部纪录片创作者对于画面的拍摄要求。俯拍的大全景画面在两部纪录片中频繁出现，在交代整体空间环境的同时，也带来强烈的视觉冲击。宽广的草原、雄浑的山川大地、风景优美的河流、高楼林立的都市，车水马龙的道路、人头攒动的广场……这些画面都一一得以呈现。《运行中国》首集的开篇，摄影师与主持人丹尼·福斯特一起走上600多米高的在建的上海环球金融中心大楼顶部，主持人在镜头前向观众介绍这座大楼的种种情况，随后摄影机摇向一边，俯瞰下面的茫茫都市，看起来惊心动魄。透过这些大全景画面，我们不难感受到拍摄者过硬的身体心理素质和认真严肃的创作态度。此外，两部纪录片的大全景画面中还有不少都运用了航拍技术，俯瞰的视角加上快速运动，让镜头画面更具吸引力。

对于影像画面而言，其修辞方式多种多样，构图、色彩、文字、声音等等都可以成为画面修辞的重要元素。在两部纪录片中，一个最为突出的画面修辞手法便是画面的高速运动。在电影发展的早期，快速画面多运用于喜剧电影中以求得喜剧性效果。随着数字技术在摄像领域的广泛运用，快速画面逐渐成为纪录片中一个常见的修辞表现。《天地玄黄》等人文类型纪录片便通过将长时间拍摄的画面进行高速处理，使镜头获得了极佳的表现力。高速运动镜头在两部纪录片中数量众多，其中既有表现繁忙的港口和矿山的画面，也有表现川流不息的车辆、人流的画面，还有表现持续的建设施工的画面。这些拍摄时间都较长的镜头经过高速压缩呈现出种种奇特的视觉效果：各种机器速率更快的机械性运动、人们来去倏忽无影无踪、灯光七彩绚烂且不断流动、大自然风云变幻，神秘壮观……如此种种，无不给人以美的感受。

考虑到电影具有潜在的奇观性，大全景画面与高速画面的广泛运用可被视为纪录片追求奇观性的一种重要表现。中国地大物博，人口众多，近些年的快速发展取得了十分突出的成就，所有这些用大全景画面和高速画面表现出来，在令人印象深刻的同时，也具有一种明显的象征意义。按照众多社会学家的论述，现代性的一个重要特征便是社会各领域日益加快的速度，从这个意义上来说，高速运动画面便成为表现社会现代化发展的一种典型的“视觉隐喻”。时间被极大地压缩，运动快速而有序，其中暗含着一种对于改变世界、创造生活的乐观精神，这种精神与叙述视角一道反映创作者对于中国发展的肯定立场与积极态度。

中国的发展是不争的事实，中国的崛起是未来的趋势。然而，如何在国家实力不断强大，发展越来越深入的新时代去塑造与自身实力地位相应的良好的国家形象，以促进更多的国家、民众更好地了解中国、展开交流？如何让国家形象的塑造及传播更好地为中国的社会发展及对外交流服务？这是摆在中国影视工作者及对外传播人员面前的一项持久的任务，也符合习近平总书记对对外传播的总期望：“用海外读者乐于接受的方式、易于理解的语言，讲述好中国故事，传播好中国声音，努力成为增信释疑、凝心聚力的桥梁纽带。”[4] 在这方面，《超级中国》和《运行中国》两部纪录片的创作者以其巧妙的叙述手法、严肃认真的创作态度和精良的制作水准已为我们提供了颇有价值的启发。他人对我们的了解与呈现令人惊讶，下面需要做的便是我们应更为积极主动地去塑造自身的良好形象，掌握自己的形象主权。

---

4 《习近平就人民日报海外版创刊30周年作出重要批示》，2015年5月21日，http://news.xinhuanet.com/politics/2015-05/21/c_1115367376.htm。

东北亚共同体内民众建构彼此国家形象认知的非理性倾向探究

——基于以中国和日本为中心的考察

张铁云[1]

【摘要】受地缘政治、领土争端及潜在军事威胁等因素激发、裹挟，处于东北亚共同体内的民众在建构彼此国家形象时始终处于一种固定偏狭的线性思维模式，集中表征为冲动的情绪宣泄取代理性的价值判断，将对彼此的认知仅仅局限在本国政府和传播媒介制造的“政治共识”上面，以对他者某种领域的狭隘识见冠之于对他国形象的整体评价。特别是在最近两年，随着韩国逐步实现对“萨德”反导系统的部署与朝鲜半岛危机持续恶化，民众认知机制的政治与媒体偏向更加白热化。这种非理性趋势不仅严重威胁着本地区的和平稳定，而且从长远来看，对于“一带一路”的宏伟建设也极其不利。

【关键词】国家形象；政治与媒体；偏向；对策

从本质上讲，国家形象属于哲学认识论范畴，是民众的主观或直接（如出国考察、旅游）或经由官方机构、媒体、民间组织、个人等渠道传递见之于客观的结果，具有系统性和多维性、动态性和相对稳定性、对内对外的差异性等特质。国家形象的这种本质规定性就决定了民众在建构他国形象时无论在内容还是渠道上都应该是多维度的，固定偏狭的线性思维方式则易产生妄断，对“他者”难以形成审慎与全面的科学化解读。最近两年，随着韩国逐步实现对“萨德”反导系统的部署与朝鲜半岛危机持续恶化，在东北亚地区民众认知机制的政治与媒体偏向更加白热化，国家形象建构活动在现实中日益

1　张铁云：华中科技大学新闻与信息传播学院博士研究生。

陷入僵局。这种非理性趋势不仅严重威胁着本区域的和平稳定，而且从长远来看，对于“一带一路”的宏伟建设也极其不利。鉴于此，本文以中国和日本为中心，在对两国民众建构彼此国家形象的“政治”与“媒体”偏向进行详细考察的基础上，为双方及东北亚共同体内的国家群打破认知困境、开展健康交流提供建设性意见。

一、地缘政治与民族主义：东北亚地区民众舆论的晴雨表

1.“对抗型理念”的宰制：被群体极化的民族主义成为滋生和渲染非理性认知的温床

通常情况下，民族主义（nationalism）有三种形态：情感、意识形态和运动，它们之间是相互交融和紧密相联的。

在全球化进程中，民族主义越来越成为影响国际关系的重要因素，是“一股潜在的但随时可以被唤醒和利用的巨大力量”，[2] 它在反对民族歧视、争取民族自决权以及促进国家内外政策积极调整等方面发挥着巨大的进步和革命作用。但如果过度强调本民族利益与文化传统的殊别性，以对抗的姿态应对其他民族的多元文化和价值，民族主义也会对人类社会的发展带来不少负面影响。尤其在赛博空间（cyberspace），网络传播的平等沟通、高度自由、匿名性及低准入门槛等特征又为民族主义思潮创建了一个理想的传播平台，当一些突发性的、含有与对象国（当事国）有关信息的负面事件发生时，传统的民族主义情绪、言论就会在互联网领域呈井喷式爆发、啸聚甚至被极化，国与国之间理性的形象塑造和传播活动受到严重干扰。

在东北亚地缘政治关系体中，民族主义对地区政治秩序的冲击非常激烈、跌宕。从地缘政治学来看，东北亚地区是指中国的东北地区、俄罗斯的西伯利亚和远东、蒙古、韩国、朝鲜和日本。由于多国势力的交汇，东北亚历来都是一个特殊而又敏感的地区，地缘政治关系错综复杂，牵一发而动全身。冷战结束后，该地区局势虽然总体上趋于缓和，但热点问题并没有完全降温，诸如朝鲜半岛统一问题、日俄北方四岛问题、中日钓鱼岛领土矛盾以及中韩与日本之间的历史宿怨等都严重制约着东北亚各国关系的发展。特别是最近两年随着朝核危机加剧，韩美频繁举行军演以及部署“萨德”反导系统（Terminal High Altitude Area Defense，缩写：THAAD），东北亚局势发生颠覆性变化。

东北亚地区国家间历史矛盾与现实隐患的复杂纠葛既长期使该地区处于亚冷战状态，也为民族主义在各国的滋生提供了雄厚的土壤。当涉及领土、历史问题的重要事件发生时，基于强烈忧患意识的民族主义就会在国家间剧烈蔓延，语言暴力倾向明显且缺乏理性逻辑的情绪化言论充斥于互联网公共领域，导致民众对彼此的认知不可避免地走向极

---

2 王新刚、赵晓龙：《论民族主义对近现代国际关系的影响》，《西北大学学报（哲学社会科学版）》，2006年11月，第110页。

化。以中国和日本为例，进入新世纪后，随着日本右翼势力在钓鱼岛领土、海洋主权等问题上与中国搞对立，渲染“中国威胁论”，并在慰安妇、南京大屠杀等历史问题上含糊其辞，从未真诚向中国人民道歉，结果造成中日关系持续恶化。在执政当局的蛊惑宣传下，现在日本越来越多的民众认为正在崛起的中国是一个可怕的国家，是日本未来的最大敌人。皮尤研究中心（Pew Research Center）2016年的民调发现，受访的日本民众中绝大多数都担忧日本与中国将因为领土冲突而爆发战争，其中“非常担忧”和“有些担忧”两项指数的占比高达35%、45%，而且不少日本民众对于二战的认知也发生了改变，受访者中认为十年来日本已经“充分道歉”的比例逐年攀升，2016年达到了53%，另有17%的受访者竟认为日本“没必要道歉”。针对中韩两国在历史问题上的不退让，不少日本民众觉得这种做法很无趣。

在地缘政治统一体中，因领土争端、历史宿怨、军事威胁及大国兴衰而衍生的传统安全与非传统安全问题很多时候只是诱发民族主义情绪产生的外在条件，而从根本上左右一国民众对他国形象认知的因素，则在于该国所秉持的国家理念及在这种理念指导下所进行的国家建设实践，因为政治理念往往内含着政治国家与市民社会的关系，是国家政治价值观的合法象征与跨文化传播实践的隐形支配力。实践证明，任何国家的对外传播活动都是建基于一定的国家理念的，透过对外传播之“管”亦能窥探该国政治理念和国家利益之“豹”。因此，东北亚地区国家交往中的民间敌对状态事实上是与各自所奉行的国家理念分不开的。试以中日关系为例说明之。2006—2016的十年既让世人目睹了金融危机下日本经济泡沫的破灭与政局的动荡不稳，也见证了日本对华政策的频繁调整及其给日本社会带来的乱象丛生。面对经济的持续衰退与中国的强势崛起，日本政府并未抓住时机，积极发挥比较优势以寻求互利共赢，却转而采取一种更加极端的消极态度，屡屡借用领土和历史问题制造事端以抗衡和压制中国的发展，[3]使东北亚地区的地缘态势变得日益紧张。显然，从近年来日本政府炮制的挑衅举动来看，“对抗型理念”已经宰制了日本对华交往的主流政治生态。受这种理念的驾驭，中日之间“破冰”“暖春”般的对话机制走向终结，邦交正常化式微，互不待见、缺乏理性的情绪化言论也越来越多地呈现于线上线下公共领域。[4]

2.“大众理性”的被边缘化：民众认知游走于国际或政党合法性博弈的夹缝

“合法性”（legitimacy）是政治哲学领域的重要范畴，意即正当性或正统性。政治合

---

3 以安倍晋三为首的自民党重掌政权后，日本政治右倾化进程加快，采取了一系列挑战世界正义与良知的危险行径，诸如修改宪法、重提价值观外交、解禁集体自卫权、抛出“侵略战争未定论”、参拜靖国神社等。

4 根据皮尤研究中心发布的2016全球态度调查报告，在2013-2016的四年里，中国民众对日本的不待见指数分别是90%、86%、81%、81%，日本民众对中国的不待见指数分别是93%、91%、89%、86%。

法性是指政府在获得民众出于义务而非恐惧的认可和拥护原则的基础上，实施统治的正当性或合理性，它不仅影响着政权统治或制度在多大程度上被社会成员认为是符合道义和理性的，还关系到社会秩序的稳定与政治体系的持久性问题。现代政府实现政治合法性的基础与要素非常广泛，主要路径有三种：程序合法性、绩效合法性、意识形态合法性。在草根时代，人们对“国家”的本质及其统治的意义认识得更加清晰和理性，那种依靠传统权威或神圣理想而获得的被动式认同和机械式服从，在社会化媒体打破政治资源垄断、受众知情权得到极大满足的民主传播时代越来越少见，民众往往从实用理性的视野出发，将经济增长和道德表率作为衡量现代国家政权合法性的重要指标。而且，此时政府的任何一个过错或失误都可能会招来群众的非议和抵触，在社会上引发病毒式传播，社会管理和政令举措也势必将陷入“传而不通”或“通而不畅”的困境。更为可怕的是原本意义上的小小“蚁穴”极有可能在群众接踵而至的抗议声潮中被指数级地放大，最终导致整个政治“大堤”的崩坍。因此在政治哲学家看来，政府拥有合法性比掌握使公民服从的权力还重要，治理国家者应该通过施行仁政、改善民生、重视法制和社会各项秩序的合理化建设等方式，将赤裸裸的政治权力“润物无声”地转化为正当性的权威，“防患于细微”，这样才能不断巩固政权的合法性基础。

正因为政治合法性在根本上脱胎于社会成员的评价，映照着政府所持理念与民众政治价值的契合度，因此在以权力和利益为中心的世界体系中，关于意识形态话语权和国际合法性的争夺历来都表现得最为激烈，因为一个遭遇合法性危机的政权是无法有效开展对内对外传播活动的，正所谓“名不正则言不顺”。在威胁东北亚地区安全的诸多因素中，朝鲜半岛问题之所以成为最棘手的矛盾，主要还是归结于朝鲜与韩美之间的政治合法性斗争。在国际舞台上，韩美双方始终宣称朝鲜政权是流氓政权，是非法的，只有南韩才是统一朝鲜半岛的合法力量。因此，在朝鲜看来，只有发展核武器才能保障自身政权不被美韩颠覆。这种对国际合法性的争夺战直接造成了朝鲜与韩国双方互相丑化、抹黑的对峙情形。在国际关系中，民众的认知倾向主宰于国家利益的变动，因为很多时候民众对于世界政治是缺乏判断力的，“无意识现象不但在有机体的生活中，而且在智力活动中，都发挥着一种完全压倒性的作用。与精神生活的无意识因素相比，有意识因素只起着很小的作用”。[5] 其实，“集体无意识现象”在国内政治生态中也同样存在，社会大众的感情和思想在群体暗示与传染机制的支配下亦会跟随政府或政党宣传而发生不同的转向。以日本民进党与自民党双方支持者对华态度为例。自民党在日本现在是执政党，它主张走“亲美”路线，对华采取强硬态度；而作为日本国内唯一一个能够与自民党相抗衡的最大在野党，民进党在对华态度上较为温和保守，重视与中国搞好双边关系。两党

5 （法）勒庞：《乌合之众：大众心理研究》，冯克利译，中央编译出版社，2000年，第18-19页。

在政治理念与对华政策上的这种分歧直接引发了双方支持者之间的态度对立。皮尤研究中心2016年调查发现，两党受访者在“非常不待见”（自民党为46%，民进党为30%）、“日本没必要为二战道歉”（自民党为22%，民进党为12%）、“中国不是民族主义国家”（自民党为72%，民进党为87%）等态度指数上均存在显著差异。从表面看来，民进党与自民党对华理念有冲突，但事实上两党依然都无一例外地把维护日本国家利益视为立党的根本使命，“温和路线”与“强硬态度”之争的实质是把如何对待中国问题作为抢夺合法统治权和话语权的筹码。因此，从某种程度而言，日本自民党与民进党支持者对中国的感受与评价实际上是政党斗争的产物，他们对中国的好恶感并未以真实的接触或事实为依托，而不可避免地与他们所依附的政党保持一致。在这一过程中，大众理性逐渐被边缘化，民众认知越来越游走于政党政治合法性博弈的夹缝中。

二、大众传媒与刻板印象：制造同意的驱动器

虽然地缘关系、政治理念及思维方式等因素在具体的国家形象传播实践中处于基础性地位，构成了民众感知和评价“他者”的关键标尺，但这种文化和政治的解读并不意味着要贬低媒介在精神交往中的作用，恰恰相反，很多时候主权国家型塑自身形象的无力或失败往往与目标国家大众传媒的有意抵制紧密相关。特别是当两国存在领土等利益冲突时，双方便极力发挥大众传媒的“拟态环境”建构功能，通过组织严谨、系统有序的“议程”扭曲与压制对方文化在本国的自由传播，这既印证了媒体在新闻传播实践中不可能做到完全客观中立、戴着镣铐跳舞的必然性，也流露出民众对他国的认知其实是大众传媒跟进国家政治理念建构出来的产物，不可避免地被刻板化。

1.“拟态环境”的再作业：民众对他国形象的现实感受日趋刻板化和情绪化

按照沃尔特·李普曼的说法，统治者只有具备“制造共识”的能力才能实现对政治国家的领导与市民社会的管理，“当代意义最为重大的革命不是经济革命或是政治革命，而是一场在被统治者中制造同意的艺术的革命——在新一代掌权者的政治生活中，劝服已然成为一门自觉的艺术与大众政府的常规器官”。[6]然而，在以媒介为物质和技术承载体的“景观社会”中任何共识的达成都离不开大众传媒的力量发挥。今天，大众传播新技术极大地延伸了人类的能力，打破了“真实”和“虚假”的二元对立格局，日益增长的符号、媒介以及表达系统像空气一样“流通”在我们的周围，虽然它们只是一种非物质性的存在于观念中的虚幻“影像”，但却对社会的渗透无孔不入，很多时候受众都自觉地根据大

6 （英）麦克奈尔：《政治传播学引论》，殷琪译，新华出版社，2005。

众传媒建构的“拟态环境”（Pseudo-environment）对现实进行监测、认知，并以此决定自己的态度和行动。鉴于媒介创新之于社会变迁的巨大助推力及“同意”在国家政治生活中扮演的重要角色，现代政府组织都把深入理解媒体及公共关系机器的动作视为一项重大战略，并努力将这种理解转化为政治优势。

大众传媒与压力集团之间的互动联姻表明新闻生产总是根据一定的政治或商业的价值观进行的，表面上看来十分逼真的拟态环境其实并非原汁原味的现实，且多半只是现实环境的某些片断截取。在国际传播中，这种现象更是一种常态。试以日本媒体涉华报道为例。近年来在“对立思维”的裹挟下，日本媒体围绕钓鱼岛争端、二战历史问题肆意设置了不少与事实明显不符的“议程”，如日本主流电视媒体 NHK 在《能否克服这种对立：因领土问题而动荡的日中、日韩关系》《2013 年在迅速变化的世界中日本该如何》《中国激动》等涉及中国的专题纪录片中有意报道日本政府宣布购买钓鱼岛后在中国出现的反日游行活动及个别中国人的过激反日示威行为，并鼓噪“中国威胁论”，将日本在国际社会的存在感减弱归结为中国的强势崛起，尤其在《中国激动》中还对中国经济发展中存在的问题进行了放大和丑化。由于地缘政治的关系，日本民众本来就对中国比较敏感，媒体的这些鼓动式报道无疑又加重了日本社会对中国的抵触和误解。据日本内阁政府 2016 年 12 月公布的外交舆论调查报告，回答对中国“不抱亲近感”的受访者比例达 80.5%，连续 5 年超过 80%，虽然因为韩美“萨德”系统导致访日的中国游客剧增，但这并没有从根本上改变日本人对中国的消极印象，这次报告基本吻合了美国皮尤研究机构 2016 年的全球态度调查结果——71% 的日本受访者认为中国是暴力国家，认为中国比较傲慢的比例达 81%，而认为中国人“诚实”的比例只有 12%。

虽然我们无法用数字精准地衡量大众传媒塑造的“拟态环境”之于民众的态度认知有何种程度的影响，但从日本媒体的议程设置及其民众对中国的成见可确信：媒体的报道与民众的感受之间具有相关性。一般的社会心理学研究也发现人们接触传播媒介的频率越大，其观点越接近媒介的观点，对现实的认识也越“媒介化”。在东北亚地缘政治关系链中，受国家利益制约，各国传媒在型塑他国形象、打造政治共识时往往嵌入了自身的政治价值与意识形态。因此民众对彼此国家的感受和看法大都是大众传媒跟进国家政治理念建构出的产物，在极其强大的宣传和教育机器所塑造的斑斓仿像面前，人们已经丧失了独立判断和决定的自主意识，最终在大众传媒传播的民族主义行动感召下走向理解的狂欢。在这种情绪化的社会场域中，个人的集体行动既不是靠理性也不是靠法律控制的，而是被作为刺激物的信息流控制着。

2. 交流的无奈：制约受众感知的文化差异因素遭到“刻板印象”的强力冲抵

在对外传播领域，我们经常看到这种景象：相同的传播内容和行为施于不同的地区和国家，效果却不一样。这表明因文化圈层不同而产生的文化观念差异也会影响民众的认知。例如在欧美社会，政治国家与市民社会的对立分野往往使民众对来自政府和官员的信息持有一种本能的怀疑，反而那些没有官方背景的独立媒体的声音更容易得到大家的认同；而在东方国家，政府和主流媒体意味着正统、权威，在大众心目中具有较高的公信力，相反那些出自民间及非正式传播渠道的意见却常常被列入“小道消息”之流。由于这种文化差异的存在，由官方主导的、被传统权力话语模式建构的对外传播活动在西方社会容易受到质疑甚至曲解。

文化差异本是一种正常现象，只要我们在对外交往中注意正视与了解，就可以最大限度地避免传播隔阂与误读。然而可怕的是，受国家利益、地缘矛盾激发加之大众传媒铺天盖地的渲染、鼓噪，民众逐渐培养起了用过度简单和夸张手法来认知他国的“素养”，结果导致对他国传播内容的“误读”演变为刻板印象甚至是民族文化偏见。偏见貌似为认知主体提供了一条了解他国的便捷途径，实则是“以自我为中心”的唯心主义心理在作祟。目前，在东北亚地区的几组双边关系中如中国与日本、日本与俄罗斯、韩国与日本、朝鲜与韩国及中国与韩国之间，因传统地缘及国家利益冲突，民众对彼此的认知普遍呈现出消极和刻板化的趋势，未目见耳闻信源国家之“事”却可“臆断”其有无甚至加诸价值判断，传统理性被挤占。

在东北亚地缘关系中，因抵触情绪和刻板成见的存在，很多时候即便在对方国家加大人力与物力资源投入，提高传播覆盖面，虽使信息到达了却没有进入，进入了却无法被当地民众接受，以致在对外传播中做了很多无用功，“交流的障碍”进而转化为“交流的无奈”。

结语和建议

从地缘政治的角度而言，东北亚地区国家间关系的正常化建设不仅在维护区域和平与促进共同发展方面扮演着重要角色，也是决定全世界未来发展方向的关键力量。为改变东北亚地区民众认知受地缘冲突、大众传播等因素裹挟而出现的非理性偏向，笔者建议各国应合力创造对话情境与多维传播渠道，打破民众因过度依赖官方与媒体提供的信息而造成的“信源窄口径”困境，努力减少刻板印象。具体而言，可从以下几个方面着手：

第一，加强民间交流，淡化政治色彩。目前在东北亚地区，由国家级媒体主导的对外传播占支配地位，而非政府组织如商贸协会、科技协会以及民间渠道的对外交流却较少。事实上，在东北亚地区各国民众亲近感较低的舆论生态下，代表着官方政治价值的主流媒体在对方阵营型塑自身国家形象时，已经较难打开局面。因此利用双方的各种非政府组织进行沟通包括企业合作、民间旅游、学术交流、互派留学生等，不仅能够形成政府、社会、个人为一体的良性传播主体架构，而且使对外传播更加“接地气”，有助于争取对方民众的信任。

第二，传播理性声音，注重网络舆情监管。在互联网和移动社交媒体成为“拟态环境”主导建构者的今天，被激进民族主义煽动的情绪化言论将核裂变式地在赛博空间扩散，并迅速转化成线下行动，干扰国家之间的经贸与文化交流。因此，在东北亚地区的国家间交流中，各国应注重网络舆情的监管，对社交平台上围绕地缘关系的非理性声音依法进行管理，切实推动该地区国家关系的健康发展。

第三，尊重彼此的差异性文化诉求和话语表达习惯，排除传播误读。在东北亚共同体内，中、日、俄、韩等国家虽处于共同的文化圈层，思维方式具有一定相通性，但“彼此间使用着几乎完全不同的话语系统，有时使用的即使是同样的词语，其意涵也可能完全不同，所以在跨文化传播过程中，经常会出现对牛弹琴、隔靴搔痒的情形”。[7]因此，为提高信息输出的针对性和到达率，各国不仅要加快对外传播人才队伍建设，还要尽力使用当地民众熟悉的话语，尊重他们的接受习惯，这样才能打造更大意义的共享空间和心理共鸣，不断化解既有的刻板印象，为推动区域和平与发展提供持久的精神动力。

7　张昆：《当前中国国家形象建构的误区与问题》，《中州学刊》，2013年7月，第168页。

新华社推特传播国家形象的修辞策略分析[1]

李斌[2]

【摘要】复杂国际形势下，充分发挥出主流新闻媒体海外社交媒体的话语影响力，是“讲好中国故事，传播好中国声音”的重要路径。本文选取新华社在推特上的报道为研究对象，主要分析新华社推特展示出来的国家形象的情状和这种国家形象传播的效度。研究发现，新华社推特呈现出了丰富含义的国家形象，表达出了明确的国家立场，运用了合适的国家形象修辞，但是也存在受众意识建构不足的问题。

【关键词】新华社；国家形象；推特

一、研究背景

近20年来，我国的国家形象修辞开始了从单向至双向的迈进。1995年国务院新闻发言人制度的正式确立，使“向世界说明中国”[3]取代“向世界宣传中国”成为对外传播的指导理念，修辞传播国家形象成为一种国家战略。

在海外社交媒体上开展报道，不是中国内容的简单翻译，而应借助技术融合和跨国经验开展“原创叙述”。在这种意义上，修辞策略研究就具有了强烈的现实意义。本文以新华社推特报道为主要研究对象，分析报道修辞对国家形象的呈现与传播的作用，探看

1　本文系江苏省“青蓝工程”项目资助成果之一。

2　李斌：苏州科技大学人文学院副教授，文学博士。

3　赵启正：《向世界说明中国（赵启正演讲谈话录）》，新世界出版社，2005年，第16页。

主流新闻媒体通过海外媒体传播国家形象的路径。

二、研究方法

截至4月20日，新华社推特共发了8.46万条。拥有890万关注者。本文选取新华社在推特上的报道为研究对象，主要分析这些推特报道展示出的国家形象和修辞策略在国家形象传播中的作用。本文的样本选取时间设定为2017年4月20日，主要是因为中国“天舟一号”货运飞船于2017年4月20日在文昌航天发射中心成功发射升空。新华社对此作了详细报道。这些报道无疑是传播国家形象的重要文本。同时这一天还有其他“日常事件”足以反映出新华社推特的一般性传播活动。基于这一天具有的“特殊性”与“日常性”的特质，所以选取这一天来作为研究样本。

本文以4月20日新华社发送的全部推特作为研究样本，总共有77条报道。我们对77条报道按照报道的类型、报道的国别、报道的内容、报道的评论等类目进行分析，其中报道内容按照报道词语、词语出现频次、涉及地点等类目进行分析，在此基础上对报道做细致的文本分析。

本文主要关心的问题是：1. 新华社传递出了一个怎样的国家形象？ 2. 新华社是通过什么方式传递出国家形象的？ 3. 新华社传播国家形象在国外受众那里的实际认同情况如何？ 4. 主流新闻媒体应从新华社经验中得到利用修辞传播国家形象的哪些启示？

三、研究发现

（一）多维纵深的国家形象的呈现

修辞是一种符号和意义的互动。对主流新闻媒体而言，报道修辞背后的含义就是国家形象。中国应当向世界传播怎样的国家形象？新华社的推特修辞的背后，浮现出了一个日益多维纵深的国家形象。

在国家形象传播中，与关注“宏大形象”的传统关注方式不同，新华社推特力图将区域形象推向前台。把区域推向世界，标志着中国形象传播已经进入了精细传播的新阶段。“天舟一号发射”与文昌、“天鹅迁徙”与新疆巴音布鲁克、“智能汽车展”与上海的有意联系，说明新华社推特以报道凸显重大新闻事件中的区域，强化了世界对于新闻发生区域的认同和关注，借助新闻的影响力推动了中国形象向纵深和细部的拓展。在报道中突出区域，既是新闻报道规范的体现，也体现了传播多样中国的新思维。

相比传统传播框架中的“文化中国”“历史中国”的刻板形象，新华社推特将科技中国作为了中国形象传播新亮点。4月20日这一天正好是“天舟一号”发射之时，新华社在上午的 4:17、4:20、4:23、4:43、5:09、5:19、6:47、7:40 共八次实况展示了“天舟一号”从发射到升空的由近及远的全景景观，让世界看到了中国科技创新力量的崛起，对中国产生了佩服与敬畏之情。实实在在的科技进步对百姓生活的改善，在世界人民的阅读视野中，就会迁移成他们对中国的一种美好印象。目前中国形象传播中，现代化、国际化的中国鲜少得到传播，[4] 这也提醒主流新闻媒体海外社交媒体传播时不能总是围绕着一些古老历史文化的题材，而是转而选择一些有助呈现创新中国、当代中国的题材，这样的中国形象才让世界感到亲切和愿意贴近。

推特展示出了万花筒般多元的世界，而不是单维度的世界。单纯的“文化中国”或“经济中国”，或抽象的“大国”形态的展现，不足以吸引受众。不同于文化艺术传播或表演，新闻报道作为国家形象传播载体的特殊之处在于，它不是以静态的追思性的古代文化传播为主体内容的，而是依托各方面动态消息为由头的。多样性的发生在中国的动态消息是与多维多角多类的国家形象相辅相成的。

在推特报道中反复出现的词语中，频次最多的词是“中国”，总出现次数 28 次。除出现“中国”这样的“大词”外，新华社推特还通过“小词”呈现出了中国的“内部”与“细部”景观，如“beltandroad（一带一路）”“tianzhou-1（天舟一号）”“launch（发射）”出现了 5 次，“xijinping（习近平）”出现了 4 次，“infrastructure（基础设施）”，“investment（投资）”，“trade（贸易）”出现了 2 次，展示出了当前中国发展的热点和热区。“小词”的高频出现，说明新华社在宣传“中国”的框架下通过灵活调度词语，更为深入和生动地展现出了中国景观。

新华社推特展示了更为丰富的层面和更为细致的格局，把摇曳多姿的当代风貌、悠远绵长的道德人情、丰富多彩的中国故事藏在新闻报道中传播出去，漂洋过海，让世界认识到了综合的、立体的中国。

（二）国家立场的明确表达

什么是有立场的国家形象传播？我们觉得，主要包括这么几种立场：展示符合我国利益的形象、而非西方想象的形象，它体现出了国家形象传播的自主性；展示发展中国的形象、而非西方发达国家的形象，它体现出了国家形象传播的主动性；向“我们的”国家友善示好、向“他们”的国家提出批评，它体现出了国家形象传播的选择性。

新华社传播国家形象就利用了这股“控制性”修辞的力量。复杂国际环境中，新华社海外社交媒体的目的就是着力维护国家利益和形象。要以此为核心，围绕党和国家工作大局，有立场、有主见、有方向的开展多样化的传播工作。

4　王嘉婧：《国家形象塑造中的“中国故事”内容选择》，《新闻界》，2016年第18期，第2-6页。

在“希特勒著作进入日本教科书”的报道中，新华社推特用了 notorious（臭名昭著）一词来批评希特勒，侧面表达对日本首相的做法的强烈的反对态度。反之，在涉及埃及、希腊、非洲等洲、国家的报道中，常用“双赢”“全球化”等正向意义的词汇来配合表达。对新华社推特的关注者分析发现，新华社面向发展中国家的有态度的传播取得了有倾向性的关注效果。推文关注者的国籍除了美国、英国这样的英语国家外，非英语国家开始增多，如西班牙、葡萄牙、土耳其、巴基斯坦、俄罗斯、印度、古巴等。其中发展中国家的受众对中国美誉度明显增加。

表达中国立场、说出中国态度，有助于世界知道、敬畏、尊重自己，也是一种中国形象。这个中国形象，不是一味讨好、忍让和退缩，而是想说就说、敢爱敢恨、长于团结、善于维护国家利益。这才是有份量的国家形象。

（三）新媒体修辞的运用

社交媒体时代，国家形象修辞的重要性被提上日程。修辞是与媒体的性质紧密联系的。什么样的媒体，必然有其独特的修辞。让世界透过 140 个字符看见中国、认同中国，是新华社推特的修辞使命。标签是一种典型的社交媒体语言。标签词是根据新华社表达的重点来设计的，符合社交媒体阅读规律，扩大了报道的辐射面。说明新华社一贯重视使用符合新媒体特点的语言表达方式。

麦克卢汉说过，媒介有冷热媒介之别，冷热媒介的关键区别在于人们的主观参与性，“冷媒介提供的信息少，大量信息需要由听话人自己填补。热媒介则并不留下空白让接受者去填补和完成。”[5] 麦克卢汉旨在提醒要重视受众的参与性。在很长一段时期内，对外宣传框架里的中国形象都比较刻板、笼统、冷峻、单一，没有调动起国际受众的感官热度与参与热情。

为了适应推特语境下的国际受众的接受心理，新华社推特报道中，政治、经济类新闻占了相当大比重，但社会、教育、科技、文化等新闻的数量不断上升，在整体数量上显出了优势，呈现出“轻”“软”的报道趋势。从总篇数来看，政治类新闻篇数最多，有 18 条。文化类新闻 14 条。科教新闻 13 条。经济新闻 12 条。社会新闻 11 条。会议新闻 5 条。卫生、军事新闻各 2 条。其中政治类新闻最多。但综合起来看，硬新闻数量（37 条）低于软新闻数量（40 条）。软新闻成为新华社推特对外传播的主力。软新闻规避了硬新闻的概念固定化，降低了厚重距离感，让网友在轻松的阅读中感受到了多元细致的“中国体验”。其中“上海车展”“中国科学家瑞典获奖”的报道，切口小，软新闻调动了受众的阅知兴趣，网友的转推和点赞量较高。为中国赢得了美誉度。

5　[加]埃里克·麦克卢汉：《理解媒介》，何道宽译，南京大学出版社，2000年，第244页。

社交媒体是融媒体的代表范型，主流新闻媒体海外社交媒体的修辞应立足多元融合的媒介特性，灵活采用各种传统修辞手法表达方式，利用媒介技术创新出适合的新的表达方式，选择恰当有效的组合方式，营造出轻松的接受氛围，有效地说服异国受众。

新华社推特在适应互联网传播规律上仍有不足。如在视频使用上，就没有遵守推特的发文规律，即“图片优于视频，视频优于文字，短文优于长文”的社交平台传播规律，而较多地使用了视频。这些视频在很多地方和很多时候都打不开，变成了无效的传播障碍，失去了不少没有耐心的受众。当前有很多视频的代替品，如十分风靡的GIF动图，新华社却没有重视这种省时省力但和视频一样生动的阅读方式。新华社推特报道是在广义的互联网环境下进行的，要遵守互联网传播规律，使用互联网语言，融合互联网技术，才能更好地传播国家形象。

（四）受众意识建构的不足

从推文主动推送到网友深度认同间，仍需以语言修辞策略、主题选择因素等作为桥梁纽带来衔接。在跨国交际活动中，传播者与受众存在心理文化和语言习惯等方面的差异，构成了不同性质、不同程度、不同形式的交际障碍。主流新闻媒体为更好地传播中国形象，必须针对双方的差异矛盾进行客观科学的辨识。

国外对中国形象有“猎奇化窥视”的惯式。一方面，这是由于西方媒介不了解中国。另一方面，不少中国人在艺术传播中故意迎合西方视角进行“猎奇化叙述”，把中国文化当成奇观来“出售”，也是一个原因。主流新闻媒体对外传播时尤其要警惕自觉不自觉的“猎奇化传播”。在传播像功夫一类中国古代文化遗产时，主流新闻媒体要注重吸收“持中平和”的古代文化精髓，不要过分追求新奇特，否则既违背了中国的传统价值观，也不会令西方人感到舒服，反而可能引发更大面积的文化误读。

在修辞学上，尤其是与国家形象有关的政治修辞都在强调一种“人本表达”的趋势。[6]主流新闻媒体应从人文视角出发，选取和人有关，和生命、环境有关的题材切入报道。加强修辞的柔软度、亲近度、灵活度。新华社推特有些报道就比较生硬，“物化”的特点比较明显，如对洛阳龙门石窟的报道，只说一句“洛阳是中国文明的摇篮”，配了几幅石窟佛像的全景照，呈现方式“大而空泛”。在“四川峨眉有机茶”的报道中，配了一张茶农手里握着茶的特写，虽然见到了茶叶，但是看不见人，反而影响了表达效果。

互动性是社交媒体的特点，与网友在评论区互动可以提高修辞的有效性。新华社推特网友存在着不同的圈层，包括偏见者、中立者、支持者。有些网友对中国表示了深度关切，在发布的推特上留言，但留言表明存在不少偏见者，主要的偏见有“固化的联

6　宫贺：《跨文化认同与政治修辞——基于对中美当代政治传播实践的考察》，《国际新闻界》，2009第5期，第26-31页。

系”——无论什么报道，都能让他们联系到军事争霸；“阴谋论”——无论中国怎么做，他们都会认为这是一种伪装，刻意地讨好，中国都是有阴谋的；“一带一路”则被解读为新的殖民霸权。这些负面评论是对中国不友善的世界舆论的缩影。如果能加强对这些评论的即时反馈、关注研判，就有可能有针对性地开展策略报道，以对成见和误解开展驳斥与纠偏，有利于面向国际澄清中国形象。主流新闻媒体海外社交媒体的影响力是在前期报道和后期的互动维护中共同形成的，对网友意见的及时回应、困惑的及时解答、对误解的研判与应对，都应是互动的重点所在。

四、研究结论与建议

通过对新华社推特传播国家形象的报道进行分析，我们认为，我国主流新闻媒体海外社交媒体在国际上话语力的影响力正在生成。新华社是我们当前积极开展对外传播的主流新闻媒体的一个代表。我国的主流新闻媒体在海外社交媒体上构建起了传播国家形象的宣传阵地。它们探索采取了适应新媒体特点的多元的修辞方式，着力塑造出了多维视角的从政治到文化、从自然美景到科技创新的具有丰富含义的国家形象，在推动世界认同中国形象的征程中前进了一大步。

在国家形象传播的过程中，主流新闻媒体的修辞策略的意义得到了充分的彰显。在以“小细节”“小美丽”著称的社交媒体世界里，主流新闻媒体的“高大全”修辞需要向更有人情味的方向继续转型，才能成功地传播出国家形象。主流新闻媒体应当着力将传播内容的趣味化、生活化与贴近化，用情景化报道代替结论性报道，用动态报道代替静态报道，精心选择国际题材和世界语言（如报道动物、儿童、音乐等），尊重受众作为参与主体、感受主体、获知主体的感受，用惊鸿一瞥的特写、印象深刻的细节、人情浓郁的视角传达出可感可触的中国形象，从“以我为主”的中国思维向“服务为主”的世界思维转变，从“以物为主”的思维向人的思维转变，从生硬的说教转向表意修辞的展现，增强我国价值观输出的动能与国家形象传播的潜力。

在 20 世纪 80 年代以来的主流新闻媒体对外传播思维框架中，习惯于把中国当作西方国家的“对象”和“题材”，存在着叙事题材老化、讲述姿态低匐的缺憾。当前中国正处于伟大复兴的新征程中，中国在世界的地位不断提高。要建设与伟大复兴使命相适应的舆论力量，加强对外传播的话语自主性无疑是极为必要的。提高对外传播话语自主性是传递伟大复兴中国形象的新使命。主流新闻媒体应响应时代趋势，树立主动进取的主体意识，加快传统传媒融媒体转型，通过大规模的硬件建设和落地，全面拓展中国内容的落地渠道。进一步扩大中国的话语主动权，改变中国只能是“被人说的题材”而难以成为“说题材的人”的现状，把海外社交媒体打造成有中国立场的非西方想象式的中国形象视窗，从“讲中国的故事”转为“中国讲故事”，提升中国在国际舆论舞台的操控力。

在取得一定传播效果的同时，我们也必须承认，主流新闻媒体传统思维仍然是影响修辞力发挥的障碍。受“报道者只司报道之职”而不重受众关系维护的旧思维影响，如新华社推特几乎没有开展传播者与受众的互动，整体的受众吸引力和影响力有待加强。建设与我国国家发展地位相符的海外舆论力量的路仍然遥远。当前我国正从区域性大国转变成国际性大国，但在国际性的地缘政治斗争中还缺乏话语权。在国际影响力不断加大的同时，负面舆论、误解偏见也不断袭来。加强负面舆论研判，开展针对性舆论互动研究，实现报道的公信力与宣传力的同步提升，才能最终形成与国家地位相适应的对外舆论力量。

中国文化对外传播中的文化图景呈现与缺失[1]

——以欧洲三大电影节中获奖的内地电影为视角

邱凌　丁金阳[2]

【摘要】中国文化的对外传播有多种传播形态，其中电影被认为是多种艺术元素的综合，也是国外民众了解中国文化最有效、最直接的途径，而在国际影坛上获奖的中国电影则更是展示中国文化的一个重要窗口。本文以近30年欧洲三大电影节中获奖的中国内地影片为视角，通过分析影片的文化层次，归纳总结出每部影片有代表性的中国文化元素，从而描摹出中国文化的对外图景呈现；同时将影片中的文化元素与权威机构发布的最有代表性的中国文化元素相比对，发现哪些文化元素得以呈现，而哪些文化元素未能呈现、处于缺失状态，从而为我国文化的对外传播提出策略性建议。

【关键词】中国文化；对外传播；文化图景；欧洲三大电影节；内地获奖影片

文化的对外传播有多种形式，其中电影以其超强的承载力和包容性，成为比报纸、广播、电视更有戏剧性和感染力的传播媒介，也因此一直被海外观众所喜闻乐见；同时电影也是影响他国民众对一国国家形象、文化印象的重要途径。中国电影走出国门、走向世界的主要途径就是国际电影节，通过电影节的平台展现中国文化。

本研究是以欧洲三大电影节中获奖的中国内地电影为研究对象，按照文化的三个层次理论，将获奖电影提炼出在文化层面上（器物层面、制度层面、价值层面）所展现的

1　该论文为国家社科基金项目（项目编号：13CXW048）“儒家思想在西方的传播与认知研究”及山东大学新闻传播学院“部校共建”资助项目“文化自信与中国文化的对外传播”的阶段性成果。

2　邱凌：山东大学新闻传播学院副教授；丁金阳：山东大学新闻传播学院硕士研究生。

文化元素，并对这些文化元素进行时代、地域等方面的分析，以观其所呈现的中国文化图景；同时，将这些展现出的文化元素与我们权威机构和专家所认可的有代表性的中国文化元素相比对，寻找其重合部分和差异部分，从中分析提炼出哪些中国文化元素得以呈现，哪些还是处于缺失状态尚未呈现，从而为我国文化的对外传播提供参照。

一、研究的立论基础和研究对象

（一）文化的三层次理论

根据文化的三层次理论，本文将内地获奖电影中的中国文化由表及里分为物质文化、制度文化、精神文化；同时将中国文化按照时空进行划分，在时间上分为传统文化和现代文化，在空间上展现出电影中所呈现的不同的地域文化。本文利用文化的三层次理论，将文化这个宽泛的概念较为系统地、有逻辑地呈现出来，有利于形成中国文化在对外传播过程中的整体图景。

（二）研究对象及研究方法

本文所选取的电影是自 1988 年《红高粱》起至 2014 年在欧洲三大电影节上的获奖的中国内地电影，共 40 部。

序号	时间	导演	片名	获奖情况
1	1988年	张艺谋	《红高粱》	柏林电影节最佳影片金熊奖
2	1989年	吴子牛	《晚钟》	柏林电影节评委会特别奖银熊奖
3	1990年	谢飞	《本命年》	柏林电影节杰出个人成就奖银熊奖
4	1991年	张艺谋	《大红灯笼高高挂》	威尼斯电影节最佳影片银狮奖
5	1992年	张艺谋	《秋菊打官司》	威尼斯电影节最佳影片金狮奖、 沃尔皮杯最佳女演员奖、 金西阿克奖最佳女演员（巩俐）
6	1993年	谢飞	《香魂女》	柏林电影节最佳影片金熊奖
7		吴子牛	《火狐》	柏林国际电影节提名表彰奖
8		陈凯歌	《霸王别姬》	戛纳电影节金棕榈奖
9	1994年	张艺谋	《活着》	戛纳电影节评委会大奖、最佳男演员
10		姜文	《阳光灿烂的日子》	威尼斯电影节沃尔皮杯 最佳男演员奖(夏雨)
11	1995年	李少红	《红粉》	柏林电影节最佳视觉成就银熊奖
12		张艺谋	《摇啊摇，摇到外婆桥》	戛纳电影节最高技术大奖

13	1996年	严浩	《太阳有耳》	柏林电影节最佳导演
14	1998年	贾樟柯	《小武》	柏林电影节青年论坛沃尔夫冈·斯道奖
15	1999年	陈凯歌	《荆轲刺秦王》	戛纳电影节最高技术大奖
16		张艺谋	《一个都不能少》	威尼斯电影节最佳影片金狮奖
17		张元	《过年回家》	威尼斯电影节最佳导演奖
18	2000年	张艺谋	《我的父亲母亲》	柏林电影节评审团大奖银熊奖
19		姜文	《鬼子来了》	戛纳电影节评委会大奖
20	2001年	王小帅	《十七岁的单车》	柏林电影节评审团大奖银熊奖、最佳新进男演员（崔林、李滨）
21	2002年	田壮壮	《小城之春》	威尼斯电影节圣马可最佳影片奖
22	2003年	张艺谋	《英雄》	柏林电影节阿尔弗雷德·鲍尔特别创新奖
23		李杨	《盲井》	柏林电影节特别艺术贡献奖
24	2005年	顾长卫	《孔雀》	柏林电影节特别艺术贡献奖
25		刘佳茵	《牛皮》	柏林电影节青年论坛卡里加利奖、费比西国际影评人奖(青年论坛)
26		王小帅	《青红》	戛纳电影节评委会奖
27	2006年	张元	《看上去很美》	柏林电影节杰出电影艺术创新奖
28		贾樟柯	《三峡好人》	威尼斯电影节最佳影片金狮奖
29		刘杰	《马背上的法庭》	威尼斯电影节地平线单元最佳影片奖
30	2007年	王全安	《图雅的婚事》	柏林电影节最佳影片金熊奖
31		张扬	《落叶归根》	柏林电影节“全景单元”最佳电影奖
32	2008年	王小帅	《左右》	柏林电影节最佳编剧银熊奖
33	2009年	娄烨	《春风沉醉的晚上》	戛纳电影节最佳编剧
34	2010年	王全安、金娜	《团圆》	柏林电影节最佳编剧银熊奖
35	2011年	蔡尚君	《人山人海》	威尼斯电影节最佳导演奖银狮奖
36	2012年	王全安	《白鹿原》	柏林电影节最佳艺术贡献奖（摄影）
37	2013年	贾樟柯	《天注定》	戛纳电影节最佳编剧
38	2014年	刁亦男	《白日焰火》	柏林电影节最佳影片金熊奖、最佳男主角（廖凡）

39	2014年	娄烨	《推拿》	柏林电影节最佳艺术成就银熊奖（曹剑-摄影）
40		曹保平	《狗十三》	柏林电影节国际评审团特别提及奖（最佳影片水晶熊奖）

1988—2014年中国内地电影在欧洲三大电影节的获奖情况统计表

研究方法：

本文采用定量分析和定性分析相结合的方法，对内地获奖电影涉及的年代、地点、主题等用图表的形式呈现，用数据说明问题，统计内地获奖电影中文化元素出现的次数，描述出内地获奖电影以及欧洲三大电影节的文化偏好，推论出以内地电影为视角传播中国文化的效果。通过定性研究法对内地获奖电影的影片内容进行深度的挖掘和发现，探索和解读文本中的传统文化元素、现代文化元素以及地域文化元素，对比中国文化元素在电影呈现时的差异性。

二、三大电影节中获奖内地影片的文化元素呈现分析

（一）器物层面的文化元素呈现

1.服饰：偏向于农村服装、旗袍等乡村、传统的服饰

影视服饰能够直接、形象地传达语言符号所不易传达的审美、情感、情绪等。[3] 农村服饰是出现次数最多的服饰符号，如在威尼斯电影节上的获奖影片《一个都不能少》和《秋菊打官司》中，主角都来自农村，魏敏芝简单的棉褂子、秋菊厚重的大棉袄都是农村妇女的典型装扮，这种农村服饰的展示一方面表现了她们的质朴和单纯，另一方面又不可避免地与城市时尚服饰进行对比，给受众带来一种破旧和落后的中国印象。

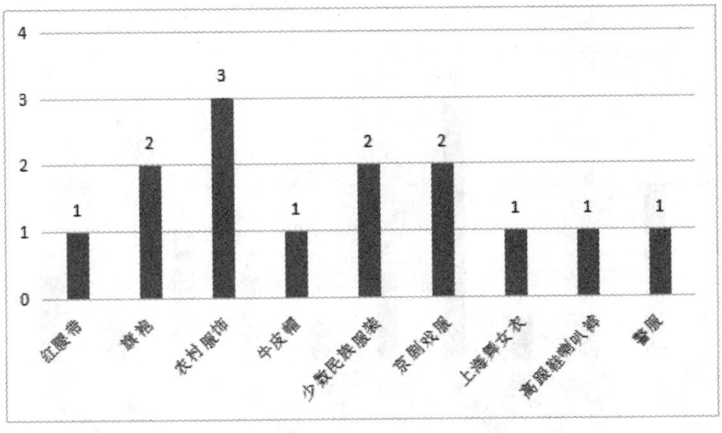

图1：三大电影节中获奖内地影片的服饰元素

3　邓伍英：《影视服饰文化符号的多重社会意义》，《文艺研究》，2012年第8期，第8-9页。

2.饮食：偏向于面条、饺子等北方食物

中国人把文化巧妙地融汇在饮食习惯中，但在内地获奖电影中并未真正展现出中国饮食文化的丰富性和艺术性。从数据来看，在饮食文化层面内地电影呈现最多的是面条。除此之外，在饮食的呈现方面也多以北方食物为主，来展现“舌尖上的中国”食文化的多样性和丰富层面。

香烟也是在柏林电影节出现较多的，电影一般通过吸烟来表达人物无奈和惆怅的心境，塑造的是小人物的颓废和无助。

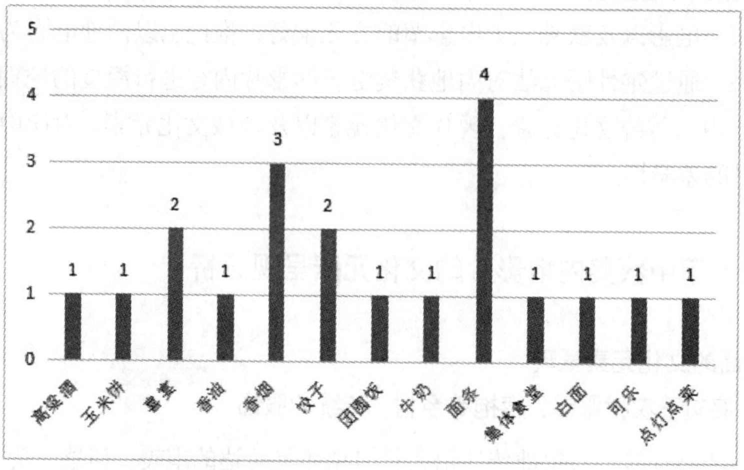

图2：三大电影节中获奖内地影片的饮食元素

3.建筑：偏向于老街、胡同等底层民居

在建筑层面，出现次数最多的是拆迁背景下的中国底层人民生活的环境，《过年回家》《三峡好人》《人山人海》等电影都表现的是市场经济下拆迁的街道和新旧交替的社会。

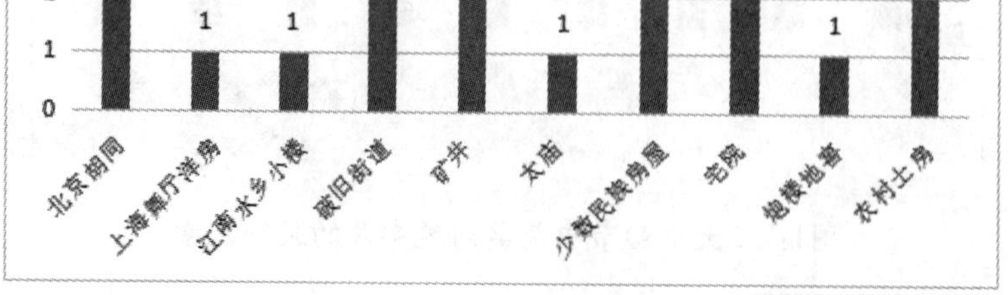

图3：三大电影节中获奖内地影片的建筑元素

4.交通：偏向以自行车为代表的交通工具

柏林电影节上自行车是出镜率最高的交通工具。在《孔雀》中，女主角车后面降落伞飞起的那一刻，破碎的梦想重新拼接起来。自行车作为电影中人物生存和追求梦想的光亮，是他们前行的动力和生活的必需品。

车水马龙的街道也是电影中不断出现的符号。《十七岁的单车》中小贵骑自行车找自行车，展现了北京的马路和马路上的众生相。成群的自行车和来往的汽车勾勒出北京城市面貌以及市民麻木而快节奏的社会生活。大街的热闹与小贵内心的凄凉形成强烈的对比，隐喻着现代社会的冷酷与小人物的卑微。

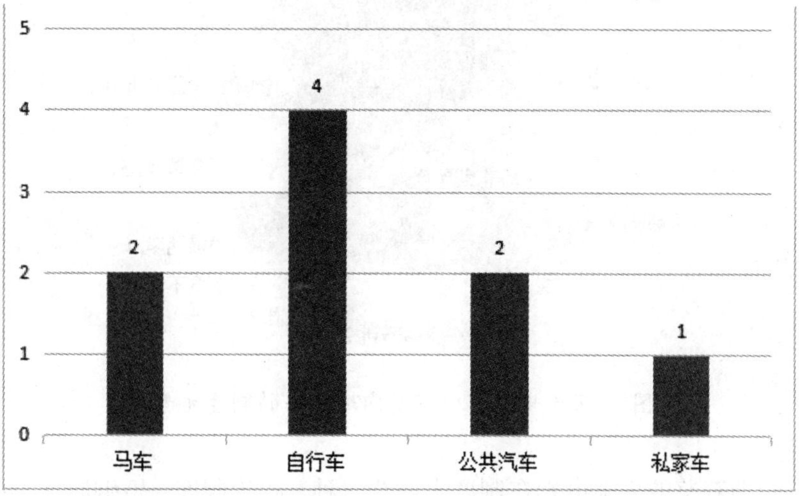

图4：三大电影节中获奖内地影片的交通元素

5.其他器物层面的文化元素展现

相较于衣食住行上的文化元素，戛纳电影节中获奖的内地电影还展现了其他具有中国特色的文化元素。这些丰富的、传统的文化元素在一定程度上体现了中华文化的多样性。

（二）制度层面：多呈现了中国特殊的政治和经济制度

在制度层面，内地电影也有其表达的倾向性。数据显示，政治层面的文化元素表达次数最多，其次是经济层面的文化元素，法律制度、教育制度以及社会保障制度层面的文化元素较少。其中政治层面的体现以20世纪三四十年代的军阀乱世为主：《红高粱》《晚钟》等都是以军阀乱世为背景的电影。另外，“文化大革命”也是政治层面呈现较多的，《霸王别姬》《活着》都是反映“文革”阵痛的电影。此外，有一些电影试图通过时间的跨度展示政治制度的变化，如《霸王别姬》涉及了北伐战争、抗日战争、解放战争、“文化大革命”，《活着》涵盖了半封建半殖民地社会、解放战争、土地改革、大炼钢铁、“文化大革命”等。总体来看，政治制度层面有着多元化的表达。

从数据来看，柏林电影节上获奖的内地电影中反应特殊政治制度和经济制度背景的较多。以20世纪二三十年代的军阀乱世、五十年代的新中国成立初期、六七十年代的“文革”动荡等，以政治制度为背景的内地电影都出现在柏林电影节的领奖台上。

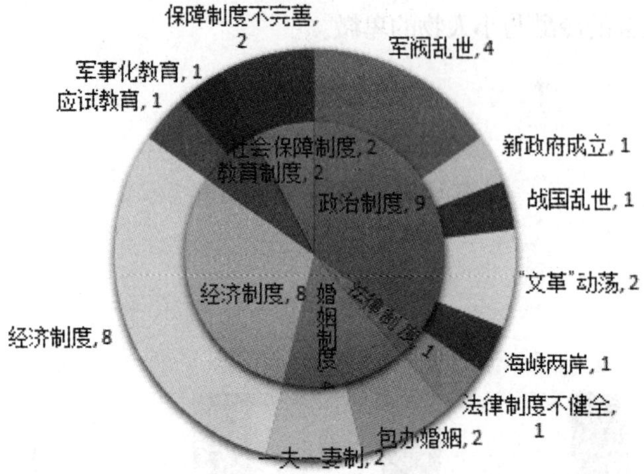

图5：三大电影节中获奖内地影片的制度元素

戛纳电影节获奖的内地电影在制度上分为三种，政治制度、婚姻制度和经济制度。其中以政治制度为背景的电影在戛纳获奖最多。战国的乱世、新中国成立之前的军阀乱世、新中国成立后的土地改革等文化图像，在获奖电影中都有所反映。戛纳电影节是比较认可具有历史意义和时代感的作品。

在威尼斯电影节上，以政治制度和经济制度为背景的电影的获奖量最多。以经济制度为背景的电影在威尼斯电影节也得到了认可。

（三）精神层面：对社会底层人物和女性命运的关注

在精神层面，柏林电影节上获奖的电影比较常见的主题是小人物个体境遇和“男尊女卑”下的女性命运。关注底层小人物的电影频频在该电影节获奖。这种审美倾向也符合西方价值观中对个体的关注、对自由的标榜。很多电影虽然主角是女性，但终究难逃悲剧命运。值得注意的是有关人道主义和“家”观念的电影在柏林电影节也有较好的反馈，这些观念与西方社会提倡的自由、人权、人道主义等价值观相同或相近，也说明了中西文化的共同性。这种中国文化西式表达的方式，也为日后很多的内地电影提供了可取的经验。在戛纳电影节上获奖的内地影片也基本是这类的主题。纵观在威尼斯电影节获奖的电影，对个体小人物的关注也包含对女性命运的关注。

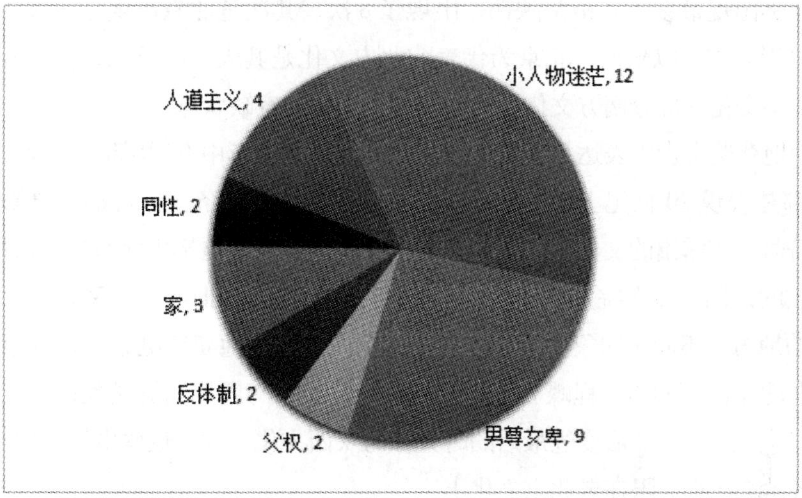

图6：三大电影节中获奖内地影片的人物元素

三、时空上的文化特点

（一）传统文化多于现代文化

内地电影的文化符号在时间上分为传统文化符号和现代文化符号两大类。从文化的三个层面来分析，传统文化符号在器物层面中包含了以唐装、汉服、旗袍、长袍马褂等为代表的服饰文化符号，以饺子、月饼、面条、茶叶等为代表的饮食文化符号，以宫殿、城墙、四合院等为代表的建筑文化符号，以轿子、马车、船等为代表的交通文化符号。在制度文化层面涵盖了分封制、郡县制、行省制等的封建君主专制的政治制度，男耕女织自给自足的小农经济制度，三妻四妾、包办婚姻的婚姻制度以及家庭本位的伦理法制等。在精神文化层面有和为贵、百善孝为先、尊老爱幼等传统美德，也有封建落后的男尊女卑、三纲五常、女子无才便是德等思想观念。

在现代文化符号中，器物层面中有以喇叭裤、超短裙、高跟鞋等为代表的服饰文化符号，有啤酒、牛奶、香烟、点心等为代表的饮食文化符号。在建筑方面有高楼大厦、桥梁隧道、摩天轮等。在交通上有私家车、自行车、飞机等文化符号。而在制度方面，政治上是人民民主专政制度、宪法制度、政党制度、人民代表大会制度，经济上是公有制为主体、多种所有制经济共同发展的经济制度，教育上实行九年义务教育，婚姻上实行自由恋爱的一夫一妻制度等。

（二）北方文化多于南方文化

在内地获奖电影中，有很多电影就是以中国特有的地域文化为背景的。

内地获奖出现最多的省份是陕西，出现了 8 次，其次是北京出现了 7 次。就目前的内地获奖电影来看，以陕西、北京为代表的北方文化是其表达的重点，而岭南文化、湘西文化、闽南文化等部分南方文化在内地获奖电影中处空缺状态。

作为内地获奖电影中表达最多的地域，在内地获奖电影中有 10 部电影涉及陕西文化，这些电影都是表现 20 世纪上半叶的中国，祠堂、秦腔、面条、方言都是电影中较多出现的文化符号，流露出的文化是古老而厚重的。在内地获奖电影中北京出现次数也较多，电影中北京的胡同和四合院是破旧的、拥挤的、闲散的、怀旧的，但又是主人公赖以生存和成长的地方。不同于印象里的故宫长城，胡同成为内地获奖电影里最具京味儿的文化符号，在北京的胡同里，程蝶衣走进了戏班，马小军与同伴厮混长大，小贵与小坚交接了自行车，李慧泉出狱后度过最后的时光。与陕西文化一样，这些电影多以 20 世纪的北京为背景，文化也局限在老北京文化上。

总体来看，内地电影在地域文化的表达上基本上以北方文化为主，与部分南方文化的失语形成对比。同时，对于北方文化的表达基本集中在陕西、北京，北方文化中山东的齐鲁文化、内蒙古的草原文化、东北的黑土文化出现的次数较少，只作为故事的发生地，模糊了地域的特色，未对地域文化深入地表达。中国文化是多种地域文化的多元复合体，对地域文化和风俗习惯的不全面、不深入的表达，在一定程度上可能会造成国外受众印象里中国文化单调、扁平的形象，这也使内地电影在地域文化的表达上进入了瓶颈期，不利于中国文化的立体化呈现。

四、文化元素的交集与差异

（一）中国学者选取的有代表性的中国文化元素：

本研究选取了《中国文化对外传播效果研究——对 5 国 16 所孔子学院的调查》中的文化元素，该调研依照文化的三个层面选取了 19 个最能代表中国的文化符号，分别是茶叶、中国菜、长城、兵马俑、饺子、太极拳、中医、中国功夫、舞龙舞狮、中国书法、中国诗词、孝、俭、礼、勤、悌、谨、面子、谦。[4] 将学者调查采用的中国文化符号与中国人认可的中国文化符号相比对，基本上能够作为中国人自身认同的符号和中国最具代表性的文化符号。根据下图可以看出，长城、兵马俑、中医和书法是两个标准共同认可的最能代表中国文化的文化元素。

4　吴瑛：《中国文化对外传播效果研究—对5国16所孔子学院的调查》，《浙江社会科学》，2012年第4期，第147-150页。

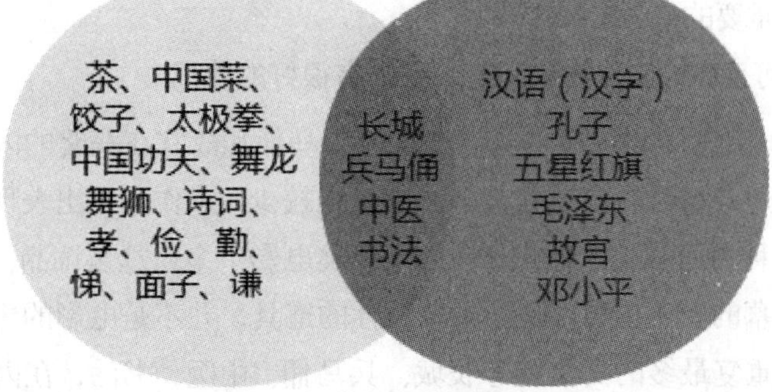

图7：中国最具代表性的文化符号

（二）外国民众眼中最具代表性的中国文化元素

2016 年 1 月至 3 月，中国外文局对外传播研究中心（现为当代中国与世界研究院）与华通明略 (MillWard Brown)、Lightspeed GMI 合作开展了第四次中国国家形象全球调查。本次调查首次覆盖了 G20 中 19 个成员国（欧盟除外），访问样本共计 9500 个，每个国家 500 个样本。谈及中国文化的代表元素，海外受访者认为中医、武术和饮食最具代表性，选择比例分别为 50%、49% 和 39%。而且国内外受访者对中国文化代表元素的看法存在一定差异：在孔儒思想、书法绘画篆刻、民俗、戏曲相声杂技等传统文化方面，海外受访者对其作为中国文化代表元素的认可度明显低于国内受访者，而在产品、科技发明等文化元素方面则要远高于国内受访者。超过 1/3 的海外受访者对中国语言和文化感兴趣。[5]

根据（一）、（二）的分析，在最具代表性的文化元素上，中国人认可度较高的是长城、兵马俑、中医、书法，外国人认可度较高的是中医、武术、饮食；二者共同认可度较高的文化元素是中医。

（三）欧洲三大电影节获奖内地电影的文化元素缺失

1. 双方认可度高的文化元素在欧洲电影节上呈现较少

中外双方共同认可的中医在欧洲三大电影节中呈现不足，在中医题材的电影中，《刮痧》比较具有代表性。该电影以中医刮痧疗法产生的误会为主线，反映了华人在国外由于文化冲突而陷入种种困境的故事。中华武术类的影片在获奖内地电影中呈现的也不多见。

外国民众认可度较高的中国美食在影片中的呈现略微单调，未展现丰富的中国美食文化。在内地获奖电影中，面条是被呈现最多的饮食文化符号。饮食文化中负载着多元

5　《中国国家形象全球调查报告2015》，中国外文局当代中国与世界研究院，www.chinacics.org。

的文化内容，在电影的制作中通过对饮食文化符号的深入挖掘和表达，对于塑造中国的文化形象也有着重要的意义。

2.中国人认可度高的文化古迹和艺术品未有很好的体现

中国人认可度比较高的文化古迹：长城、兵马俑和故宫在获奖的内地影片中都未有呈现。这些传统遗产符号在内地获奖电影中表达较少，未作为突出表现的主体。书法作为汉字汉语的一种书面的表达形式，在内地获奖电影中多通过装饰品、人物的书信、门店的牌匾以及字幕的形式出现，是一种辅助性的道具，并不是电影的主要表达主体。因此，从图中得到重复最多的文化符号长城、兵马俑、中医、书法，在内地获奖电影中的出镜率并不高，内地获奖电影对于中国人心中最有代表性的文化的呈现应该更加多元化和立体化。

3.稳定的社会状态和现代文明体现较少

影片中的社会背景多以20世纪三四十年代的军阀乱世为主。此外，有一些电影试图通过时间的跨度展示政治制度的变化，但多以古代和20世纪的事件为背景，缺少与当代政治生活接轨的影片。

内地获奖电影在呈现儒家思想时表达也有些片面，侧重表达儒家文化中的尊卑等级秩序、父权、保守意识等思想。这些电影虽然能够反映出中国社会曾经存在的一些问题，但是也不可避免地带来一些国外受众对中国传统文化理解上的偏颇，对中国文化的传播可能会造成一定的负面效果。

通过梳理发现，在内地获奖电影表达最多的文化元素中，片面呈现的所占比例较高，农村服饰、破旧街道、自行车、市场经济、底层人民等形象在电影中多次出现。市场经济下的城市快速发展的风貌、车水马龙的街道、拔地而起的高楼、快速发展的服务业，都与小人物的生活擦肩而过，经济高速发展的社会对于他们而言是严格和冷漠的，这与中国真实的社会面貌与生存状态还是有差距的。

综合以上对文化元素的解析，获奖的内地电影所呈现的中国文化图景基本是塑造了一个落后的、愚昧的、远离现代文明的中国形象，这是需要中国的电影工作者和文化学者深思和关注的问题。

五、以电影为载体的中国文化对外传播策略

内地获奖电影在文化对外传播的过程中还是存在一些问题，对中国文化符号的重复、单一、曲解的表达，很大一部分原因在于这些电影在制作时缺少宏观的全局意识，只从个体的角度考虑利益和艺术的得失，而忽视了其作为中国电影的组成部分而对中国文化

形象产生的堆积效应。因此中国电影在文化传播时应立足全局观念，建构真实、立体、丰富的中国文化图景。

1. 电影的对外传播前提是要做好文化双向了解

首先要了解本国文化，对本国文化有一个全面的把握。从传播学的角度来说，电影的导演、编剧和出品方作为影片的编码者，要对中国文化有着深刻而全面的认识。其次又要准确细致地了解他国文化，对国外文化有一个正确的把握。西方受众对内地电影的解码偏差是不可避免的，但内地电影应该尽可能地了解西方受众的喜好和文化背景，减少文化和符号系统的差异，选择对方认同的文化符号。做好文化的双向了解是生产出易被接受和理解的产品的前提。

2. 电影的时代背景可以倾向于表现中国的当下和未来

在过去的 30 年间，内地获奖电影过多地涉及封建时期、民国时期、抗战时期以及政治运动时期，只有少数电影选择以当代社会为背景进行叙事，其实这未必有利于深入的表达出中国文化的精华。外国民众容易被表面服装、建筑等因素吸引，而忽视内在的文化内涵，成为一种“看热闹”似的观影。因此，电影架构可以从“过去”和“现在”两个维度入手，用“过去”表现中国文化的反思，用“现在”表现中国文化的进步，可以适当地以后者为重，以当下和未来的中国为表现对象，传播中国现代的有代表性的优秀的文化，这也有利于塑造出现代化中国的形象。

3. 地域文化呈现上要注重南北文化的均衡分布

通过前文的梳理发现，中国文化在地域表达上总体以北方地域文化居多，这种情况不利于形成丰富的、多层面的、多民族文化的整体印象。因此，中国电影在地域文化的表现上可以考虑南方文化的呈现，比如吴越文化、荆楚文化、徽文化、巴蜀文化、岭南文化等等；增加民族文化的呈现，如藏族、维吾尔族、回族、彝族等多民族文化的呈现。真正把中国文化的地域文化、多民族文化从表面的特色饮食、房屋、服饰等联系到深层次的精神领域，从而在国外受众心中打造出中国多元文化融合的特点。

4. 价值观文化元素的真实、客观表达

通过对内地获奖电影中的文化元素分析发现，一些元素在传播中“失真”，被片面地表达。其中，最显著的就是对儒家文化或者说是中国传统文化的片面表达。儒家文化中有很多值得学习和发扬的内容，在内地获奖电影中就有电影选择这个角度进行文化传播，比如电影《英雄》等古代题材的电影最后的落脚点都是以“仁”为本，以和平收尾，切合了儒家思想的主要观点仁爱与和谐。但有部分内地获奖电影过多呈现了儒学中的尊卑等级观念、男尊女卑、保守等落后文化的思想，儒家文化乃至中国的众多传统文化被片面的表达，在一定程度上造成了中国文化的负面形象。这些电影虽然获得了国际的认可，

但对中国今后的电影人来说并不是一个好的导向，这种电影的累计印象可能导致中国文化形象与中国先进、现代化大国形象背道而驰。

电影是全球化语境下文化传播的最佳载体之一，从最早获国际奖的电影《渔光曲》发展到今天，中国电影的对外传播之路走过了半个多世纪的历程。在当今时代，中国电影将在中国文化的对外传播、提升软实力和塑造国家新形象方面起着越来越重要的作用，在对外的文化图景建构上塑造一个文明的、现代的、负责任的东方大国形象。

影视剧“走出去”与我国文化价值观对外传播

赵玉宏[1]

【摘要】 影视剧往往能够以消费者喜闻乐见的方式创造和表达相应的思想内容，从而获取更多人的认同、喜爱和理解。因此，影视剧可以改变社会主义核心价值观建设中传统的说教方式，以喜闻乐见的手法达到寓教于乐的效果，是社会主义核心价值观建设中的新载体和新形式。影视剧在对外传播我国核心价值观方面具有隐蔽性、时效性和渗透性。我国影视剧国际传播力近年来不断增强，然而通过对其现状的审视，发现我国影视对外传播尚存在一定的不足之处。

【关键词】 影视剧；对外传播；文化价值观

2013 年 8 月 19 日，习近平总书记在全国宣传思想工作会议上强调，要精心做好对外宣传工作，创新对外宣传方式，加强话语体系建设，着力打造融通中外的新概念新范畴新表达，讲好中国故事，传播好中国声音，增强在国际上的话语权。十八大以来，中央更是连续制定一系列文化发展和对外传播战略，力求“讲好中国故事，传播好中国声音”。

影视剧通过译制推广，能够产生良好的国际传播效果，有利于切实提高中国文化在国外的知名度和影响力。提炼好、讲述好、传播好“中国故事”，将为世界打开一扇了解中国的窗口。近年来一大批走出国门的影视剧，在国际文化交流中扮演着重要角色，

1　赵玉宏：北京市社会科学院传媒所副研究员。

促进了世界对中国的了解，极大提升了中国的国家形象。中国影视剧既要“走出去”又要“走进去”，使更多海外观众通过影视剧真正地了解中国文化与价值观，这仍然是我们重要的文化目标。

一、影视剧是核心价值观传播的载体

中国的电影和电视剧首先承担起对外输出中国的文化价值观这份责任。贾磊磊认为：“在文化领域并不是所有的文化活动与艺术作品都能够提升到国家文化软实力的层面上来考虑、来讨论。”[2] 在文化艺术领域只有那些能产生广泛的社会影响力，具有较高的市场占有率的电影和家喻户晓的电视剧的文化取向，才是构成国家文化软实力的重点所在。这是由影视产品的特点决定的：

第一，电影和电视剧的社会影响力自其诞生以来就基本确定，随着现代社会不断发展更为显现。电影和电视剧作为观察社会变迁的透射对象，在不同时期，都自觉或不自觉地成为传达意识形态的工具。影视产品从衣着打扮、生活趣味、居住环境到工作任务、人际纠葛、阶级争斗等多重角度折射社会。

第二，对于现代社会而言，大众文化的影响力越来越显著。文化媒介公信力使得电影和电视剧在大众心目中依然具有文化符号的含义，感召性的无形影响是影视产品的魅力所在。其感染力对于世界各国的观众都有极大诱惑，其投射出的衣着穿戴、生活方式、情感表现等，都可能影响一代人。

第三，影视产品作为传播接受阻碍最小的文化产品，具有不分种族、性别和年龄都可以接受的无障碍优势。在跨越国界和种族的文化传播中，影视语言的共通性使受众无需过多的知识层次就能接受。因此，影视产品无疑是具有最大影响的文化产品，作为国家文化实质的投射，影视产品在对外文化传播中具有其他形态难以达到的作用。[3]

在全球化浪潮中，西方国家更早地认识到影视剧作为价值观传播的载体的重要作用，纷纷借助影视文化产品的潜移默化的价值导向功能，推销自身的意识形态和价值观念。其中，尤以美国、印度、韩国的影视文化出口作为典型的代表，以上三个国家的文化产品长期以来形成的文化内涵可以概括为：

好莱坞 = 视听享受 + 以丛林法则为背景的美国梦和所谓的普适人权；

宝莱坞 = 载歌载舞 + 以印度教文化为背景的善恶有报和追求贫富平等；

韩流 = 光鲜美貌的生活时尚 + 以儒家文化为背景的悲欢离合和长幼有序。

---

2 贾磊磊：《用流行文化传播国家文化软实力》，《大众电影》，2008年第11期。

3 周星：《中国电影实现文化软实力的背景、动因与发展分析》，《艺术百家》，2010年第5期。

同样，为吸引更多的人了解和喜爱日本，日本政府常以动漫、电影等为载体推广其核心价值观，传统文化元素根植于现代流行文化中，全方位展现日本的流行文化产品的独特民族气质。因此，我们大力发展影视文化产业，就是要通过生产出丰富、高质量的影视文化产品，将我们的文化魅力展现于世界，将我们的文化精神传播到世界。

二、影视剧传播文化价值观的优势

（一）影视剧的商业和娱乐功能使核心价值观传播具有隐蔽性

一个国家的意识形态以单纯说教的形式向外传播时，深受他国意识形态影响的人们会把其当作政治宣传，很难达到预期的效果。而如果把意识形态融入以“中性”姿态出现的文化产品中，蕴涵其中的价值观则不会被受众轻易察觉。随着人们对影视文化的依赖性越来越强，影视产品在控制、改变大众意识形态方面的作用日益凸显。

斯图亚特·霍尔在《文化、传媒与“意识形态”效果》的著名文章中，肯定了大众传媒在文化和意识形态领域中的殖民作用。正如詹姆斯·彼得拉斯在《20世纪末的文化帝国主义》开篇中所言：“美国的文化产业有两大目标：一个是经济的，一个是政治的。经济上是要为其文化商品攫取市场，政治上则是要通过改造大众意识来建立霸权。”可见，文化产业化的目的之一是使意识形态和价值观念的传播取得一种更为隐蔽、快捷和高效的新形式。

（二）影视剧使得核心价值观的传播具有极强的渗透性

随着现代大众传媒业的兴起，大众文化以“大众”的名义四面开花，并以文化产业的形式渗透到社会各个角落。普通民众在消费文化的同时，毫无设防地接纳混杂在“大众文化”中的主流意识形态。影视文化产业提供的文化信息、文化产品和娱乐经济，以叙事和构造形象的方式，创新了核心价值诉求的通道，延展了核心价值体系的意义，推动核心价值体系渗透到社会生活之中。

（三）优质核心价值观使影视剧更具吸引力和市场

优秀价值观往往具有先进民族文化，契合各国各族人民追求真、善、美的共同心理，因此一直是经典文化产品的主要标志。文化产业以满足人们的思想精神需求为出发点和落脚点。所以在产业表达中，思想文化价值的因素十分重要，堪称能否取得市场成功的核心要素。[4]

4　沈望舒：《价值观与文化产业建设》，《瞭望》，2014年5月6日，http://www.lwgcw.com。

韩剧就因为承载了忠义、孝道、仁爱、诚信、礼仪和廉耻、爱国等优秀传统文化价值观而风靡流行。2011 年，韩国评选出了五部“2011 年引领社会变化的电影”，这五部电影反映的主题都与传统道德有关。同样，中国电影也已经用无数成功的作品告诉我们，文化价值观在对外传播中的重要作用。

三、我国影视剧对外传播文化价值观现状审视

（一）我国影视剧国际传播力日益增强

目前中国电影走上国际化道路主要有两个渠道，一是进入国际主流电影节电影奖；二是走上国际电影市场，在国际电影市场上占有一席之地。中国文化价值观的展现也主要是通过在国际上获大奖的影片或在国际上取得较高票房的影片来展现给广大西方观众的。例如导演李安的几部作品:《推手》中太极拳及太极文化、京剧、书法;《喜宴》中的中国传统婚姻文化和婚礼风俗;《饮食男女》中的中国传统饮食文化和餐桌文化等。一部好的影视剧在民众中产生的作用可能比建一个工程项目更明显、更深刻、更长远。

电视剧对外传播方面也取得了一定的成就。中国电视剧从 1990 年开始向海外输出，现已推广到一百多个国家和地区，近年来年出口总量基本维持在 250-350 部左右。以往，海外对中国电视剧的印象往往停留在“皇帝”“后宫”“辫子”“功夫”上，现在电视剧作品的海外销售，无论是出口规模、出口覆盖范围，还是出口类型都在逐年增加和丰富。在非洲，最受欢迎的是反映中国现代都市生活的家庭剧。例如早在 2014 年，《媳妇的美好时代》就“出口”非洲，并取得空前反响。

随着中国影视剧在海外热播，中国故事正在突破语言瓶颈、跨出国门，展现中国当代主流价值和中华优秀传统文化，向全世界讲述美丽的“中国梦”。

（二）中国影视剧对外传播的不足之处

中国影视剧对外传播已经取得了不凡的成绩，然而令人不容忽视的是，目前在中国影视剧对外传播中还存在一定的问题：

1. 传播主体方面，缺少了解国际影视市场的影视人才

在跨文化传播中，一个有效的传播至少包含三个关键要素：传播主体、接收者和经过编码的信息。[5] 在影视产品的跨文化传播中，作为传播主体的影视从业人员的专业素养极其重要。

在中国影视产品进入海外市场时，影视从业人员还需了解海外影视市场的运作规律

5　关世杰：《跨文化交流学提高涉外交流能力的学问》，北京大学出版社，1995年，第48页。

和准入制度等。合格的影视制作者需要对国际题材有一定的把握，了解国外市场需要什么，擅长用国际通用的电影行业“语言”与国外市场对接。比如在中国电影进入美国市场时遭遇挫折的主要因素在于影片的类型归属：目前只有动作片类型的中国影片在美国主流商业院线有所突破，但美国发行商对这一类型的接纳度也并不稳定和持久。而且美国的电影分级制度很容易将具有暴力打斗情节的中国动作片定级为 PG-13 以下的级别，因此中国动作片在发行范围上会受到一定限制，影响到影片经济价值的实现。

2. 传播内容方面：缺少本土化和国际化相结合的题材

在全球化语境下，我们的影视创作面对国际化市场带来的激烈竞争，一方面体现为争夺国内的市场，另一方面则体现为争夺国际的市场。中国影视剧要走向国际，就要摒弃单一的视角和过重的本土情结，用现代化、全球化的视界来看待中国的本土文化或中西文化的差异。这就要求影视剧生产不仅要挖掘本国的题材资源，也要注意关注一些国际性的题材或跨文化方面的题材资源，只有根据目标市场的受众需求来配置题材资源才能征服国际影视市场。

因此，寻求中国影视题材的合理构架成了我国影视跨文化传播的关键问题。

我国影视剧对外传播需要增强自身实力，在坚持本土文化特色和国际化之间找到合适的平衡点。如此才能使中国电视剧更好地发挥讲好中国故事、传播中国声音的作用。

3. 传播方式方面：缺少多元、立体化的传播渠道

目前在中国电视剧的海外发行渠道上，主要是通过自办发行和委托代理发行向海外销售、通过国际电视节向海外推广以及通过“合拍”的方式在海外共同发行等方式外销。应该说，这三种方式在国产电视剧迈向海外的道路上，都起了一定的作用，但也都存在明显的弊端。比如，电视节是个不错的平台，但作用毕竟有限，而且每次的时间也短，不足以支撑我们日益庞大的电视剧产业。再如，向境外购买方出售发行权，再由其向境外播出机构出售播映权，这种方式欠缺直接性的营销策略，同时也存在缺乏自主发行团队的问题。

总体来讲，目前国内从事影视作品海外发行业务的公司大多数规模较小，数量也不多，而营销方式、宣传策略也相对单一，缺乏创新。如果想获得海外市场，就需要针对当地制定因地制宜的营销方式，加入当地元素，让海外观众更易接受，使得相关作品的信息传播效果更好，获得更大的影响力。

中国影视产品要想在世界影视市场上获得一席之地，还要在立足自身的基础上借鉴学习世界先进理念与商业操作规则。如有人所说的“用好莱坞的方式打败好莱坞”。好莱坞电影的投资策略、品牌策略、市场策略、营销策略等都值得中国电影借鉴。把电影作为一项产业，实施好市场化战略，做好电影产业链上的每一个环节。

4.传播受众方面：缺少对海外受众的“涵化培养”

在接收者（传播对象）方面，中国影视产品要占领国际市场，必须培养中国电影和电视剧的“国际受众”。从传播学的“涵化分析”理论来说，国外影视观众是通过中国影视剧所提供的“拟态环境”或“象征现实”来认识中国人和中国文化，来建构他们头脑中的中国形象。由于这种影响是一个长期的、潜移默化的“培养”过程，这就要求中国影视剧要处理好影视媒介的“设置议程”功能，运用正确的文化传播策略，让国外观众了解、热爱中国文化，对中国电影和电视剧产生浓厚兴趣，用银幕塑造真实、完整而富有个性的“中国形象”。

中国电影要善于引导和培养观众的“中国式审美”。当然，这种引导“培养”的具体策略还是要落实到跨文化传播的“双重编码”上，抓住不同文化“契合点”，既注意审美心理的“熟悉化”，又注意使其“陌生化”。

在培养国际受众方面，中国电影已经取得了一定成绩。由于几代中国电影人努力，中国的“武侠类型片”已经在海外培养了大批忠实观众。今后中国电影还要通过进一步的努力，形成样式更加丰富的“中国类型片”，吸引更多的国际受众，打造好中国电影进军国际市场的品牌。[6]而在电视剧出口方面，目前海外输出最热门的剧种还是古装剧和武侠剧。受文化差异的制约，就目前中国电视剧海外输出的规模和影响来看，观众基本还是集中在亚太国家，约占出口总量的2/3。

6　邵培仁：《论全球化语境下中国电影的跨文化传播策略》，《浙江大学学报（人文社科版）》，2006年1月。

中国军队“听党指挥”形象国际传播浅析[1]

连小童　顾黎[2]

【摘要】当前，我军国际形象与我军综合实力并不相称，我军的军事力量已“走出去”，但良好形象的对外传播却并没有与之匹配，相得益彰。其中一个原因即是我军“听党指挥”的国际形象建构与对外传播，仍存在一些理论困境和现实瓶颈。新时期新形势下的军事对外宣传，应该从树立外宣自觉自信、创新话语范式设计、扩展传播路径方式等方面，加强我军“听党指挥”形象的建构与传播。

【关键词】听党指挥；形象传播；话语范式

“听党指挥”形象作为我军对外宣传的重要内容之一，在现实建构和传播中面临巨大的国家间利益分歧和意识形态鸿沟，成为西方抹黑我军形象的重点，是我军国际形象建构与传播不得不面对的重点课题。

一、“听党指挥”形象与军队形象之间的内在逻辑

军队作为国家力量的特殊形式，是国家形象的主体要素，军队形象是国家形象的重要组成部分。本文所说的军队形象，则主要是指国际社会对一国军队的性质、能力、作风等方面的印象、看法和评价。对于我军而言，“听党指挥”承载着我军制度的核心要义，

1　本文系2013年度国家社科基金军事学项目“我军先进军事文化对外传播研究”（编号：13GJ003-082）的阶段性成果。

2　连小童：国防大学管理学院教员；顾黎：国防大学政治学院教授。

完善我军形象国际传播，则首先要全面把握“听党指挥”形象与军队整体形象之间的内在逻辑。

首先，“听党指挥”是塑造我军良好国际形象的根基，“听党指挥”形象是我军整体形象的首要。“听党指挥”形象构成我军整体良好形象的充分且必要条件，只有严格按照“听党指挥”的要求来指导我们的强军实践，把强军之魂贯彻好，把强军之事做好，才能把整体形象传播好。要努力塑造“听党指挥”的良好形象，以期我军整体形象塑造取得事半功倍之效。

其次，“听党指挥”形象传播有助于破解价值理念认同难题。全球性的国家和军队形象认同，最根本的是价值理念认同。向世界充分阐释我军“听党指挥”的基本制度，力求国际公众认可或者至少不反感我军的预设立场，则应该成为我军“听党指挥”形象传播的主要任务，以期最终达到世界范围内的理性认知与价值认同。

第三，“听党指挥”形象传播有助于大幅提升我军整体良好形象。对于我军而言，作为操作性软实力的“听党指挥”形象，能够引导并运用装备展示、纪律作风等资源性软实力发挥更好更大的作用，由此大幅提升我军整体良好形象。“听党指挥”集中反映了我军良好形象的本质，是国际受众理解和认可的关键，也是遏制反击对我军意识形态渗透和“政治转基因”工程的关键。对外宣传我军“听党指挥”的良好形象是理性说服范畴，一旦为国际社会和公众理解接受，就会大幅增强我军良好形象的广泛影响力、持久力。

二、“听党指挥”形象国际传播面临的现实挑战

一直以来，我军一举一动面临强烈的国际舆论“聚光灯”效应，处于西方媒体的“有色眼镜”下。一些西方国家和敌对势力加大对我国和平崛起的战略遏制，在国际舆论上开辟围堵我军的新战线，通过话语优势和传播优势对我军加紧实施“文化冷战”和“政治转基因”工程，抨击抹黑我军“听党指挥”形象，突出表现为大肆叫嚣“军队非党化”“军队非政治化”“军队国家化”，炒作中国“军事威胁”“军事不透明”。我军“听党指挥”的国际形象传播面临着一些现实挑战。

其一，“听党指挥”国际形象塑造的政治文化跨度非常大。西方所谓“中国军事威胁论”长期以来在国际很有市场，一个与自己制度不同的强大国家和军队必然会对自己造成威胁，这是西方“中国军事威胁论”的思维逻辑。而从意识形态和文化价值观来看，西方眼中的共产主义信仰体系同西方价值观念格格不入，他们对于把反共产主义作为首要目标几乎没有争议，他们把抵制共产主义在全球的扩张也同捍卫自由、民主和追求人权视为统一的事业。[3]

3　赵国军：《美国国会议员中国观研究（1989-2006）》，复旦大学博士学位论文，2007年。

其二，“听党指挥”国际形象还是军队整体形象传播中的一个短板。一个国家的整体形象由政治形象、经济形象、文化形象、军事形象等有机构成。在国际社会中，相比于充满魅力的文化形象、蓬勃发展的经济形象，我国军事形象是一个短板。而“听党指挥”的形象又是军队整体形象中的一个短板。对于“听党指挥”这一基本制度的外宣而言，我们还处于“有理说不出，说了传不开”的尴尬境地。十多年来我军积极参与国际安全事务，更加开放透明，向国际社会有效传递了威武之师、文明之师、和平之师的良好形象。但西方媒体以负面为主的报道倾向仍然没有得到根本改变，在关键事务和问题上抹黑贬损我军的报道手法没有得到根本改变。

其三，关于“听党指挥”形象传播的话语争夺不容乐观。长期以来，西方凭借其强大的传播优势和话语优势，压制中国的“形象崛起”。在这种情况下我军政治形象更多的是被“他说”“他塑”。我国国家话语体系还没有建立起来，国际传播体系还没建立起来，导致国际话语权还没强大起来，使得我军客观存在的政治优势并未转化为话语优势。

三、我军“听党指挥”国际形象的建构与传播

科学完善我军“听党指挥”国际形象的建构与传播，不仅要在传播理念维度树立高度自觉自信、以传播效果为根本目标指向，同时要在传播实践维度加强内容创新，完善形象传播话语体系和路径方式。

（一）牢固树立“听党指挥”国际形象传播的自觉自信

文化自觉自信是文化对外传播的前提，也是由自信到他信的必由逻辑选项。在中国共产党的领导下，新中国几十年伟大的发展实践证明，中国道路、中国方案是世界多元发展模式中极具优越性和竞争力的一种。中国也完全有信心、有能力为世界提供党政军三者有效运行的中国方案。“听党指挥”国际形象传播自信是外向型自信，而非“不言自明”的自我盲目，恰当时机和场合进行理念阐释和形象传播是必要工作。要聚力对垒国际上错误政治观点，让我军“听党指挥”形象更多更广地为国际社会所认同。我们在对外传播我军忠诚形象时，不能简单隐去我们忠诚的对象和原因，一定要把对谁忠诚、如何忠诚讲清楚，旗帜鲜明、针锋相对展开宣传。

国内学术界基本有这样一个共识：目前我们挨打、挨饿的问题已基本解决，但是挨骂的问题还没有根本解决。必须将对外传播我军“听党指挥”良好形象的责任意识、任务意识转化为实践行动的自信自觉，在党中央、中央军委统一领导下理直气壮地把形象传播融入我军全面建设发展进程之中。值得一提的是，这种自觉自信并不是自负，不是强行输出价值观和制度，而是针对西方敌对势力的误读污蔑进行反击纠正。我们的目的

是让世界真正了解到我军基本制度理念是世界多元建军理念的一元，运行合理合法有效。这种自信是相互尊重理解包容的自信，既不是“东风压倒西风”，也不应该“西风压倒东风”。

（二）创新传播内容设计，构建我军“听党指挥”国际形象传播的话语体系

“听党指挥”国际形象研究并不只是对国际社会中我军形象的简单描述，更为重要的是解构国际社会尤其是西方眼中中国军队形象的政治文化成因，并建构更加完善的中国军队国际形象。可以根据马克思主义军事政治学相关理论，综合运用大众传播学、跨文化传播学相关策略技巧，改进话语范式设计，有针对性推动我军对外宣传话语创造性转化，构建我军“听党指挥”形象传播的话语体系。

一是比较范式下的异同解读。在现代国家范式中，政党政治是普遍现象，政党是国家的管理者，执政党统领国家和这个国家的军队。针对“军队非党化”的错误观点，我们应该讲清楚我国实行的是中国共产党领导下的多党合作和政治协商制度，共产党是新时代中国特色社会主义建设的坚强领导核心。共产党领导新时代中国特色社会主义的合法性造就了领军的合法性，这与西方国家执政党通过国家系统统领军队的原理是相同的。同时，我们也应该讲清楚我国与西方国家领军制度的具体差别。我国采取的是共产党长期领军模式，而不是一些西方国家采取的多党竞选轮流执政领军模式。讲清楚我国民主党派与共产党的关系是政治上密切合作的关系，具体的讲是参政与执政的关系，而非竞争关系。而西方一些国家则是多党通过竞选轮流执政。这是导致具体的领军模式不同的原因。我们要讲清楚，世界上并没有单一的党政军关系模式，正如“中国共产党领导的多党合作和政治协商制度在反映着我国政治发展独特性的同时，也表明了现代制度文明的一般视角”。[4] 在此基本政治制度下，“党指挥枪”是中国共产党领导新时代中国特色社会主义制度的必然结果，“听党指挥”是我军特色的形象标识。

二是理论范式下的本质揭露。经典马克思主义原理告诉我们，军队是阶级斗争的产物。军队必须听从所属的阶级指挥，必须服从所属阶级的价值观，这是军队的本质。因此，针对“军队非政治化”的错误观点，我们应该讲清楚，从本质上看军队都是为政治服务的，这与克劳塞维茨关于“战争是政治的工具”理论是一致的。美军核心价值观“责任、荣誉、国家”宣扬的是为民主自由而战，其本质也是为政治服务，为资产阶级核心价值观服务。针对“军队国家化”的错误观点，我们应该着重宣传阐释“听党指挥”形象、国家军队形象和人民军队形象三者具有高度一致性。讲清楚共产党与国家绝不是冲突的、对立的关系，而是领导、服务的关系。讲清楚西方强调“军队国家化”的实质是将国家

4　程竹汝：《中国共产党领导的多党合作和政治协商制度基本理论问题思考》，《政治学研究》，2011年，第2期。

与党割裂开来、对立起来，形成一个非此即彼的舆论陷阱。讲清楚共产党在建立新中国后，解放军增加了国家的属性，是中华人民共和国的武装力量。这样从本质上讲清楚党对军队的绝对领导，就能够跨越价值观鸿沟，就有可能得到国际社会更多的认同和理解。

三是制度范式下的法理支撑。西方国家批驳抹黑我军“听党指挥”形象的一个重要借口就是没有宪法依据，企图从法理角度质疑共产党领军的合法性。对此，我们在对外传播“听党指挥”形象时，要重点寻找法理支撑，着重阐释我国严格按照法制精神与原理对军队的领导权进行宪法和法律上的规范和界定，不断完善党指挥军队的一系列制度体系。我们要大力宣传党领导军队相关体制设计和制度安排的法理内涵，要讲清楚这些法律和规定对共产党、国家和军队的关系做了法理上的最权威阐释，充分说明我军作为党的军队、人民军队、社会主义国家军队的高度一致性。要讲清楚中国共产党中央军事委员会和中华人民共和国中央军事委员会实际上是同一个机构，要讲清楚共产党不断完善依法治军，把党对军队绝对领导、建军治军经验用法的形式确定下来，推进军队建设科学化、制度化、规范化的法理实践。讲清楚我军“听党指挥”形象高度体现了法治与政治的融合统一，体现了党政军民的统一，也保证了国家和军队建设的统一。

四是效果范式下的标准评判。在历史维度，无数个历史的力量形成历史结果的合力。在空间维度，没有放之四海皆合适的制度模式，应充分认清世界的多元化，求同存异。西方政党竞选执政的模式是通过民意而获得执政合法性，民意同样也能将其选下去。同样，党政军关系的评价标准不在于特定的某种模式，而在于其服务的人民。因此，我们要讲清楚我军“听党指挥”形象的背后是共产党领导下人民的选择，中国共产党的合法性源自于历史实践，是人心向背决定的。讲清楚人民的支持拥护是共产党领导新时代中国特色社会主义的最大合法性，也自然是共产党领军的最大合法性。讲清楚中国人民解放军的根本宗旨就是为人民服务，“党指挥枪”充分把“听党指挥”、依法治军、人民拥护三者结合起来，“听党指挥”是根本原则，依法治军是制度保障，人民拥护是评判标准。

五是实践范式下的强军叙事。实践最有说服力，故事最能打动人。习近平同志多次提出讲故事是国际传播最佳方式，要在各种场合讲好中国故事，传播好中国声音。我们在对外传播我军“听党指挥”良好形象时，应着重把握中国军队故事的深刻内涵，掌握讲好中国军队故事的方法技巧，通过讲故事的方式阐释党对军队绝对领导的历史必然性，大力宣传党创建和领导人民军队的苦难辉煌历程，充分说明坚持党对军队绝对领导对民族独立、国家富强、人民幸福的巨大历史意义和实践作用。“党指挥枪”“支部建在连上”“三湾改编”“古田会议”等凝聚着我党建军历程的史实，如何通过讲故事的方式为国际受众所了解认同，是塑造“听党指挥”形象应着力解决的问题。而在强军实践方面，要着重讲清楚我军在党的领导下保持高度集中统一的实践情形。要讲清楚我军集中力量改革强军，为实现中国梦、强军梦而努力奋斗，为维护世界和平安全贡献重要力量。

（三）拓展我军“听党指挥”国际形象传播的路径方式

把创新内容设计和扩展传播路径方式结合起来，更新传播理念，完善传播渠道，采用灵活策略，争取各种合适的时机场合对外传播我军“听党指挥”的国际形象。首先，要加强主动策划意识，构建深入沟通互动渠道，谋求设定议程。扶持重点涉军智库，与国内、海外非政府组织、知名智库联合，确立长期研讨合作关系。积极创办或参与国际性会议、闭门会议和其他多种形式的学术交流活动，广泛发动军内外专家、观察家、记者参与，在主题发言、分组讨论、互动问答等环节主动阐释、细致讨论我军“听党指挥”基本制度，阐释习近平主席系列重要讲话精神特别是国防和军队建设重大战略思想，影响国际舆论精英，由精英圈向国际大众圈慢慢扩散影响力。比如，利用新加坡香格里拉对话会和北京香山论坛等高端峰会专门开辟讨论会场，阐释我军“听党指挥”、政治建军的相关制度，展示我军“听党指挥”良好形象。其次，加强军政关系的官方权威解读。我国自从 2013 年开始发布专题型国防白皮书，以更好地向国内外受众介绍中国国防和军队情况。建议可以在今后的国防白皮书中特设一章节，详细介绍中国军队基本制度理念，甚至专门发布以“听党指挥”为主题的国防白皮书。此外，互联网和新媒体是我军“听党指挥”形象对外传播的重要突破口。以互联网思维和跨文化传播思维为特点的网络制品图文并茂、故事开场、由浅入深，可能收到奇效。比如，复兴路上工作室近年在国内外社交媒体网站上推出《领导人是怎样炼成的》《中国共产党与你一起在路上》《十三五之歌》等视频短片，党建网推出《穿军装的习近平》视频短片，在国际社交媒体上广泛传播，颇受好评。鉴于此，我们可以策划制作一批以我军“听党指挥”为主题的视频短片，运用互联网思维和跨文化传播思维，以讲故事的方式进行演绎，以接地气的方式实现效果传播。

案例展示权威发布，设计主题立体传播

——北京技术创新行动计划专项成果系列发布创立新闻发布新范式

北京市外宣办

北京市政府自印发实施《北京技术创新行动计划（2014-2017 年）》两年以来，重点开展了首都蓝天行动、首都生态环境建设与环保产业发展、城市精细化管理与应急保障、首都食品质量安全保障、重大疾病科技攻关与管理等 12 个大专项行动，取得了突破性进展。2016 年 7 月至 8 月，北京市政府新闻办会同北京市科委连续举办了 9 场新闻发布会，对专项行动系列成果进行主题发布。

系列发布会共邀请 14 家有关政府部门的 28 位负责人和 45 家专项计划项目承担单位的负责人，分别介绍北京市在生物医药、移动通信、现代服务业、数字化制造、生态保护、城市精细化管理、食品安全、轨道交通发展和能源结构研发等 9 个领域的最新科研成果。发布会主题鲜明、内容丰富、形式新颖，报道持续升温，主流媒体刊发 550 余条相关报道。为期两个月的持续发布和新闻报道，为北京落实五大发展理念、建设全国科技创新中心营造了良好的舆论氛围。

一、主要特点

专项系列成果新闻发布会立足于《北京技术创新行动计划（2014-2017 年）》的工作重点，对重点专项行动的工作进展和最新研发成果进行及时、准确、全方位发布。

在发布内容方面，突出“两个注重”。一是注重发布专项技术最前沿的研发成果，重点展示每一专项成果在服务国家和北京市发展战略、引领国际研发水平、突破西方国家技术垄断、优化经济发展结构方面的作用，在“高精尖”上吸引眼球。二是注重发布技术转化成果，重点介绍相关技术在医疗服务、食品安全监管、城市智能化管理等方面的应用，在“服务民生”上讲好故事。

在发布形式方面，呈现“两个创新”。一是创新发布主体，发布会采用了“政府部门联合发布 + 项目单位负责人案例发布”的新模式，来自市科委、市经信委、市卫计委、昌平区等 14 个部门和区的 28 位有关负责人进行发布并回答了记者提问。清华大学施一公教授、天坛医院副院长王拥军等 45 位创新成果单位负责人介绍项目成果，增强发布和解读的吸引力。二是创新发布手段。发布会充分采用以图表、H5 动画等多媒体形式，发布会全程配备了 PPT 展示，生动形象地向记者展示项目相关成果。主发布与成果演示展示相得益彰，将“专业术语”转化为“科普信息”，使得发布主题更加鲜明、发布内容更加饱满。

在传播效果方面，专项系列成果系列发布实现了全媒体覆盖，持续性报道。系列发布会历时两个月，场次多但参与报道的媒体记者规模不减、时间长但报道和传播的热度不降。一是主流媒体报道全覆盖。有关报道达 450 余条。市属主流媒体均对每场发布会做了报道，其中《北京日报》5 次在头版（3 次为报眼）刊发信息，北京电视台《北京新闻》9 次播发。部分媒体记者深入研发一线，对相关企业、科技专家、工作人员进行实地采访，结合发布会有关内容，开展专题解读，其中不乏深入、分析性报道，产生多篇反映新创造、展现新变化的精品文章。二是行业类媒体深入解读。《中国科学报》《中国高新技术导报》、中国科技网等对发布内容十分关注。《精细化管理让北京交通更智能》《让数字化制造擦亮“北京创造”品牌》《从“跟跑”到“领跑”北京新一代移动通信前沿技术与标准研发取得重大突破》等报道内容鲜活，专业人士受用，普通百姓可读，学术参考和科学普及一举两得。三是网络媒体广泛报道。千龙网、首都之窗、北京发布、北京时间进行网络直播，人民网、新华网、中国新闻网等第一时间刊发有关内容。根据科技舆情监测的统计和分析，“北京发布”“科技北京”“科普北京”“锐科技”等政务新媒体以及科技企业微博、微信等科技行业类新媒体进行在线直播和海量信息发布转载，并配以图表解读和活泼新颖的界面设计，充分发挥了新媒体的传播优势，形成了全覆盖发布、多样化传播、分众化推送的传播局面，引发社会广泛热议，得到网友大量点赞。发布会期间，“骨科机器人”“可充电脑起博器”“实时公交”“5G 通信技术”“3D 打印”“无人驾驶”等成为了媒体报道和公众参与讨论的热词。

二、工作做法

一是加强发布议题设置。北京市政府新闻办与市科委坚持把信息发布、政策解读与主动回应社会关切相结合，有针对性地加大主题策划力度，科学制定工作方案，对每一个专项系列成果的要点、亮点进行梳理、提炼。对照发布主题与传播需求，从众多项目承担科技企业中遴选案例，丰富发布内容，通过精心的议题设置实现媒体和公众议程的引导，为北京建设全国科技创新中心营造了良好舆论氛围。

二是突破创新发布形式。积极发挥专家学者在信息发布和政策解读的积极作用，邀请各领域先进典型和专家代表讲述经济建设和社会发展过程中的故事，开展立体发布。在发布会前，积极与项目承担单位负责人进行沟通，反复推敲设计案例发布内容与展示手段，提前演练案例介绍环节等细节，使发布会做到增亮增色。在“数字化制造技术创新及产业培育”主题发布会上，北医三院刘忠军教授手持骨科 3D 打印髋关节模型并配合 PPT 演示世界首例临床医学成功案例，使该项成果可知可感。

三是认真研商问答口径。市政府新闻办与市科委紧密联系，充分准备问答口径。尤其是 7 月 21 日“城市精细化管理与应急保障”专项系列成果新闻发布会恰逢“7.20”北京特大暴雨第二日，8 月 19 日“轨道交通产业发展”专项系列成果新闻发布会恰逢“8.18”北京地铁一号线早高峰因信号故障全线停运第二日，新闻发布会主题极易引发媒体对暴雨抢险应对、地铁停运原因等话题的关联。由于发布会前已对舆情热点做了准确研判，对备答口径做了充分准备，有关问题应答精准、掌握了新闻发布的针对性和舆论引导的主动性。

三、工作启示

1. 制度建设是做好新闻发布的根本保障。北京作为全国意识形态“重镇”，市政府各部门要不断适应在“聚光灯”下开展工作，自觉把信息发布和政策解读纳入重要政策的整体谋划和工作部署当中。一是坚持新闻发布与工作部署同步研究、同步部署、同步推进的“三同步原则”，不断完善新闻制度建设，通过建立“8.2.1+N”新闻发布工作模式和例行新闻发布制度等一系列工作措施，确保第一时间对党和政府的重大决策和重要政策进行对外发布和政策解读，牢牢把握了新闻发布的话语权和主动权。二是全面打造新闻发布权威平台。北京市高度重视市政府新闻办新闻发布会平台建设，通过市政府新闻办例行发布会制度的建立，为发言人与媒体沟通提供机会，创造让发言人开展工作的权威主要平台。2016 年 9 月在系列发布会召开后，市科委主任闫傲霜带头出席新闻发布会，权威解读“十三五”全国科技创新中心发展规划，起到了良好的示范带动作用，为科技系列发布会压轴收官。与此同时，积极推动微博、微信、客户端等政务新媒体平台建设，打造以“@北京发布”为龙头的全市政务微博微信矩阵，在网上架起一座政府与公众互动交流的桥梁。三是不断加强新闻发言人队伍建设。培养一支过硬的新闻发言人队伍，对做好新闻发布工作至关重要。北京市多年来坚持开展新闻发言人队伍建设，现已建立党委和政府两个系列新闻发言人队伍，市委、市政府各部委办局，各区委、区政府局级新闻发言人近 140 名，各有关单位和各区设立二级新闻发言人超过两千名，构成了市政府、市政府组成部门和各区政府三级新闻发布工作体系。高度重视新闻发言人专业培训，不断提高发言人能力素养，使北京市各级新闻发言人成为开展信息发布和政策解读工作的关键力量。

2. 议题设置是做好新闻发布的必然要求。要不断加强新闻发布的议题设置，提高新闻发布的质量和水平。一是要围绕重要主题和重要政策设置议题。这是开展新闻发布策划组织的一条主线。党和政府的重大政策措施，为做好新闻发布工作提供了丰富内容信息储备，也提出了更高的工作要求。关键是要通过精心策划和组织，把信息政策讲清楚、讲透彻。建设全国科技创新中心是中央赋予北京的新定位，是北京的使命和责任。做好全国科技创新中心建设主题系列发布和政策解读，就是落实好中央和北京市关于加强信息发布和政策解读的重要举措。二是紧扣社会关注设置议题。社会关注的热点是新闻发布工作的难点，也是发布工作的重点。在设置系列发布议题过程中，要注重结合舆论关注和热点话题和涉及群众切身利益的现实问题，研究策划新闻发布的主题内容。本次系列发布会在遴选案例发布过程中，注重选择与社会关注度高和百姓生活关系密切的项目进行案例发布，增强了发布内容的可读性。三是把握好时度效原则设置议题。设置系列议题要遵循新闻传播规律，把握好发布时机，科学合理设置发布频次，始终保持了社会和媒体对系列发布的关注度。本次系列发布以全市科技创新大会召开为契机，在两个月的时间内有序安排 9 场主题发布，始终保持该主题发布的新闻热度，为全国科技创新中心建设营造了良好的舆论氛围。

3. 讲好故事是做好新闻发布的重要手段。讲故事，是扩大传播的最佳方式。一是用讲故事的方式开展新闻发布。要更多地用百姓喜闻乐见的方式讲好故事，用生动的事实、详实的数据说话，把党和政府的政策主张寓于鲜活的故事之中。把开展案例发布作为讲好故事的重要载体，有序参与到新闻发布工作当中，形成立体化发布效果。二是建立健全专家学者参与信息发布工作机制。充分发挥专家学者在政策解读中的作用，各区、各部门特别是专业性强、社会关注度高的部门，应联系或者选聘掌握相关政策、熟悉有关领域业务的专家学者，组建专家库。加强策划和协调，组织专家按照总体部署有序参加到信息发布工作当中，共同研究，增强发布内容的新闻性和吸引力、说服力。三是积极运用新技术手段开展新闻发布。在信息传播技术日新月异、舆论格局发生深刻变化的新形势下，新闻发布要不断创新思变，创新发布手段，充分运用多媒体、图表、图像、视频、动漫、H5 等形式，深入浅出、通俗易懂地使媒体和公众了解发布内容，不断扩大新闻发布会的影响力和传播力。本次系列发布会特别采用了可视化呈现、艺术化展示等图文方式开展政策解读。通过发布 PPT 动态演示、图解及实物展示等多样化手段让创新项目动起来、活起来，受到媒体记者、特别是电视媒体与网络媒体的广泛欢迎，切实提高了核心信息的传播效果。

广州“花城”品牌形象对外传播的策略与经验

伍庆　胡泓媛　鲍雨　章淑华[1]

【摘要】广州拥有种类繁多的花卉景观资源，深厚悠久的历史底蕴以及对外开放的良好传统，这是广州打造“花城”品牌形象的独到优势。本文通过对《发歌》、“丝路花语”城市形象国际传播项目等重点案例进行分析，得出结论：广州市充分挖掘传统历史文化渊源，综合运用高低介入性传播媒介，利用海内外全媒体平台进行创意推广等途径，建立了全方位立体化的城市品牌营销战略，成功向世界传递出友好、热情的信息，有效提升了“花城”知名度与广州的城市国际形象。

【关键词】城市品牌形象；对外传播；广州；花城

随着中国崛起，不断有更多城市走向世界的舞台，面对经济社会迅速发展与多元文化交流碰撞，城市品牌形象的对外传播模式正经历深刻变化。习近平总书记立足于国家软实力构建、国际话语权竞争的高度，对我国对外传播工作提出了“讲好中国故事，传播好中国声音”的根本要求。对于城市形象传播而言，必须科学把握城市特色和定位，善于运用新型传播媒介与手段，在国际话语体系中积极争取主动权，继而让城市的发展理念和成果与世界潮流、国际语汇相互融通。面对新形势，广州立足传统的“花城”品牌，打造了一系列形态新颖、内容丰富的主题宣传活动，成为城市形象对外传播的成功实践。

1　伍庆：广州市社会科学院国际问题研究所所长，副研究员；胡泓媛：广州市社会科学院国际问题研究所助理研究员；鲍雨：广州市社会科学院国际问题研究所实习研究员；章淑华：广州市委对外宣传办公室调研员。

一、广州“花城”品牌形象对外传播的机遇和挑战

广州拥有得天独厚的地理条件，气候适宜，四季鲜花盛开；园博会、迎春花市等老牌宣传活动也为广州打造“花城”品牌形象奠定了基础资源优势。在新的形势和条件下，广州既要把握传统，发挥优势，还需要解决一系列新的问题。

（一）“花城”品牌形象具有深厚的历史底蕴，但有待与现代文化相融合

广州自古以来都是中国古代重要的花卉种植与出口基地，一直享有“花城”的美誉。花文化在广州具有重要影响力，不仅催生了广州花卉产业的良好发展，也为广州“花城”形象的深入人心提供了重要的品牌资源。在新的历史机遇下，用新内涵、新渠道、新方法将广州的传统城市资源转化为现代话语形式，使更多人理解并认可“花城”品牌，是服务城市形象推广工作大局的重要任务。

（二）“花城”品牌形象可以凭藉景观艺术资源，但需注入更深层次文化内涵

近年来，广州“一路一景”植物景观建设项目效果明显，成功获评“全国绿化模范城市”，打响了绿色生态城市的名号，也为“花城”品牌的塑造夯实了基础。

如今，越来越多的城市引入并种植优良花卉品种，在赏花旅游的市场中展开激烈竞争，这导致许多城市的主题形象趋同，甚至呈现出“千人一面”的现状。想要跳出同质化的宣传口号，广州需在现有的品牌建设和宣传活动基础上，将自身的“花城”品牌与背后的文化内涵更紧密、更立体地结合起来，充分调动创意性，做出独一无二的“花”样文章，扩大“花城”品牌活动的影响力和持续性。

（三）“花城”品牌形象能够运用花文化的普适性，但需在国际语境中寻找民族特色

花卉的形状、色彩和香味能够带给人视觉、嗅觉和心理上的愉悦感受，在古今中外各种语言的著作中，都可以看到大量对花的歌咏与赞美。随着人们教育水平与审美品位的提升，赏花逐渐成为一种普适性的高雅时尚趣味，花更被赋予了慰问、庆贺、外交赠礼、国家象征等功能，成为人类寄托情感与自我表达的重要载体。

花所具有的审美价值使其能够跨越国界进行传播，但只有形成了本民族或地域特色的花文化才能真正发挥宣传效用。在国际化交往日益密切频繁的大背景下，如何突破语言和文化的藩篱，让“花城”名片在更广泛的国际语境中代表广州形象、发挥影响，成为城市形象宣传者的当务之急。

二、深入挖掘和丰富发展广州“花城”品牌内涵的意义

广州是百花齐聚的城市，宣传推介“花城”品牌形象，不仅要借助种类繁多的花卉资源，更要通过主题创意宣传活动，全面深刻阐发诠释广州“花城”的丰富文化内涵。

（一）从城市景观层面，树立“美丽”的形象

展示广州各种花卉景观争相开放、争奇斗艳的景色，能够形成广州城市景观赏心悦目的视觉效果，反映广州绿色生态发展方面的突出成就。

（二）从城市风貌层面，激发“活力”的节奏

城市风貌可以反映出城市的特有景观和面貌、风采和神态。丰富多彩、四季延绵的花景烘托出广州“花城”的城市气质和性格，体现出市民的文明、礼貌和昂扬的进取精神，能够形成巨大的文化张力，焕发广州“乐活之萼”这一生活友好乐活都市的活力与生机。

（三）从城市气质层面，表达“包容”的内涵

广州形成了开放包容的城市气质，一贯为海内外人士所熟知和称道。以不同品种的花卉齐聚“花城”为表现形式，阐释在广州既可偶遇四海花卉，亦能邂逅五洲良朋，使人产生花好人善的联想，表达广州市民积极向上的社会风貌和精神气质。

（四）从城市发展层面，营造“开放”的氛围

提炼花卉的各种艺术特征为表现线索，开展创新形式、更高水平文化艺术创作，能够更好地诠释广州“岭南之脉”这一岭南文化中心城市的成就，展现广州开放进取的人文精神。

（五）从城市交往层面，传递“友好”的信息

广州对外交往活动频繁，通过积极参加各种国际活动与合作，形成了务实负责的城市形象。发掘花语这一全球通行的情感表达方式，能够直接而便利地加深与其他城市的沟通，反映广州“人文之蕊”这一百萃汇聚交流的城市交往特征。

总之，“花城”主题的宣传推介要突出广州美丽、活力、包容、开放、友好的城市气质，不断塑造、提升和传播广州的国际城市形象。

三、广州“花城”品牌形象对外传播的具体做法

在中国大力加强国际交流与合作的背景下，2017 年以来，广州围绕“花城”主题，开展了一系列城市品牌形象传播活动，向世界传递出友好、热情的信息，极大地提升了广州城市国际形象。

（一）整合提升自然景观和人文资源，塑造“花城”城市形象

广州的城市景观园林建设始终走在全国前列，广州市各有关单位围绕“花城”主题形成了各具特色的周期性宣传活动，其中以迎春花市、园林博览会等大型活动最为知名。围绕“花城”品牌的塑造和营销，广州市从大处着眼、小处入手，做了大量扎实的基础性工作：通过挖掘“花城”的主要内涵，开展以花文化为主题的特色活动、创意设计及营销事件的组合宣传，更完整地表达广州城市的美好品质，更深刻地诠释广州社会对美好生活的追求，更突出地宣传广州的城市形象特质，更有效地提高城市国际吸引力和城市联系的粘度，形成周期性、持续性、全球性的“花城”品牌形象宣传氛围，为城市整体形象的宣传推广和广州国际影响力的提高集聚能量。

（二）结合新年推出三语版《发歌》，中外友人共唱“神曲”受热捧。

广州在 2017 年春节期间，围绕“花城”主题，结合新年拜年的习俗，推出了中文普通话、粤语和英语三语版“花城”神曲《发歌》，引发了广泛关注和传唱。

《发歌》创作团队以“千年商都 美丽花城”为主题，充分结合广东的民俗文化特色挖掘卖点：第一，融通“花”与“发”，巧妙取名为《发歌》。粤语“花”的发音接近普通话中的“发”、英文中的“FUN”和幸运数字“8”，故将歌名选定为《发歌》并于新年时推出上线，巧妙地连接起“花城”与“商都”的关系，表达在广州可实现“发展、发财、发达”的梦想。第二，融通“有趣”和“有情”，旋律力求朗朗上口。《发歌》创作采用了具有浓郁岭南风情的画面，将广州建设国家历史文化名城、国际商贸中心、枢纽型网络城市的发展定位精心传递给世界。第三，融通中英粤三语演唱，力邀“奥运大伽”友情加入。中文版《发歌》和英文版《Our Song》分别由广州本土实力派歌手李熙郁、与非门现任主音陈艺之主唱，并邀请到广州籍奥运跳水冠军陈艾森友情助唱和录制新年祝福视频，为《发歌》一经推出就广受关注夯实了基础。

（三）挖掘“丝路花语”历史文化内涵，七国主流报刊协同宣传。

为更好地宣传广州作为世界“花城”的城市形象，广州市借助“海上丝绸之路”这一厚重的历史主题，结合“花语”的国际传播方式，重磅打造了“丝路花语”城市形象

海内外传播项目，宣传推介瞄准阿根廷、巴基斯坦、埃及、新加坡、英国等“一带一路”沿线国家，国别选择涵盖了亚洲、欧洲、美洲和非洲，形成完整的海丝“地图”，有力凸显了广州这一“千年商都”和“开放门户”的战略定位和发展机遇。“丝路花语”以来信、回信的悬疑互动式手法吸引读者眼球，以“花语”拟人化的手法体现讲故事的亲切感，图文并茂地彰显广州作为“世界花城”的魅力。

当地时间5月16日，《华尔街日报》国传专版、《广州日报》分别整版投放了广州给“丝路花语”的“回信”《花开广州·盛放世界》(*Guangzhou, Flower City in Bloom*)，指出广州在“一带一路”倡议的推动下积极践行“和平合作、开放包容、互学互鉴、互利共赢”的丝路精神，加速对外开放和创新发展的步伐，迅速崛起为国际枢纽城市及海丝沿线国家和地区的重要纽带。

（四）全球多媒体平台联动跟进，持续扩散“花城”品牌影响力。

为进一步扩大二次传播的效果，广州市积极利用网络推文、H5、微信、微视频等新媒体创意传播手段，在线上线下形成立体的传播攻势，提升受众的参与度和关注度。

2017 年 3 月，广州新版城市形象短片《花开广州·盛放世界》亮相美国纽约时代广场。短片一经推出便引发外媒高度关注，德新社、日本共同社、埃菲社、美国 ABC、FOX 电视台等数百家外国主流媒体纷纷跟进报道。5 月 16 日，亚洲网推出图文专题 *Guangzhou, the World Flower City for Two Thousand of Years and Counting*（《广州：穿越千年的世界花城》），稿件在亚太地区、美洲地区和欧洲地区以英语、日语、乌尔都语、德语、西班牙语 5 种语言同时发布，遍布亚太、美洲、欧洲地区的主要国家，覆盖读者接近 1 亿人次，传播效果显著。

四、广州“花城”品牌形象对外传播的经验启示

面对城市形象传播的新形势，广州不断拓展“花”作为自然佳品与文化符号所蕴含的内涵，持续强化“花城”品牌形象，努力找寻“花语”的国际表达，取得了良好的宣传效果。

（一）在城市形象传播的资源方面，创意运用传统历史文化渊源确立城市主题定位

广州对自身拥有的文化传统及脉络进行挖掘和梳理，确立了“花城”这个与历史渊源和现代生活品位的契合点，并以花语作为跨文化联系的纽带追述历史，成功打造了“丝路花语”国际传播项目。该项目的系列活动恰到好处地运用了现代话语方式，有效盘

活了广州的历史文化资源，使受众对“花城”的印象产生由认识到理解、由理解到喜爱的逐步深化。

（二）在城市形象传播的内容上，立足国际视野建构民族地域特色形象

广州在推介城市品牌形象的过程中意识到了中外受众的异同，在有差别投放内容的同时，努力构建符合各种文明的共同价值。被“丝路花语”项目选为“信使”的五种花不仅是广州城市特质的代表，也分别是阿根廷、巴基斯坦、埃及、新加坡、英国的国花，对目标受众来说更具亲切感，大大增强国际接受度。为广州量身定做的《发歌》，歌名巧妙利用粤语“花”和“发”的谐音，凸显岭南地域特色；歌词、MV 及三语版本具有国际化色彩，让原本不了解广州甚至不熟悉中国的西方参与者也能迅速融入广州故事。

（三）在城市形象传播的方向上，综合应用高低介入性传播媒介强化互动体验

广州“花城”主题城市形象传播案例的效果表明，城市形象传播过程应当高低介入性传播媒介并重，形成波段式持续性高频次传播活动体系。第一，大规模持续地集中应用文字、图像和声音为传播媒介的大众传媒等低介入性的媒介，在目标地区受众脑海中形成直觉印象，增强品牌熟悉度。“花城”主题传播大量使用了户外大型电子显示屏、网站首页焦点图、网站弹窗等视听冲击力较强的传播形式，并在纽约时代广场连续多日播放广州形象宣传片，在受众脑海中潜移默化地植入“花城”印象。第二，运用营销活动等高介入性的传播媒介，使受众对“花城”形象由一般接触向深度接触转化，对传播主题的记忆提升到更高层次。广州对外国媒体受众进行重点突破，在各种公关活动中植入“花城”形象传播内容，例如安排到访广州的德国媒体访问代表团在花城广场与跳街舞的年轻人一同唱《发歌》，在瑞士达沃斯举办 2017《财富》全球论坛新闻发布会会前播放《发歌》英文版暖场等，都促进了外国记者对“花城”形象的感知与体验，促进他们主动投入“花城”形象的宣传报道中。

（四）在城市形象传播的形式上，创新开展城市品牌立体化营销策略

广州在“花城”主题形象传播系列活动在传播形式上实现了重大突破。一是运用新技术进行宣传内容呈现形式的创新。以《发歌》为背景音乐的《各国驻穗总领给您派年货啦！》双语 H5 小游戏、线上互动猜谜、魔方九宫格等趣味活动广泛传播，使受众在娱乐过程中牢牢记住《发歌》的旋律和花语的内涵。二是通过文字、图像、语音、歌曲等多种形式立体化呈现“花城”形象的内容。在新闻、广告、宣传片等多种传播产品多重投放的情况下，外国社会各场合都能接触到“花城”品牌，持续强化记忆。

（五）在城市形象传播的渠道上，利用全媒体传播渠道二次传播进一步强化国际影响力

广州“花城”主题形象传播以国际主流新闻媒体为主，并加大在国际社交媒体平台上的投放量，实现全球多媒体平台联动跟进，进一步扩大二次传播效果，持续扩散“花城”品牌影响力。一方面高效应用电视直播广告、平面媒体专栏专刊及新媒体传播手段等增加深度报道，在线上线下形成立体传播攻势；另一方面实现了境内外媒体的互动式报道，例如“丝路花语”的来信问答，以及国际主流媒体对广州城市形象片亮相时代广场的大量评论文章等，均起到很好的传播效果。

五、结语

广州在历史上一直是中国对外开放的窗口，开放包容的城市气质一贯为海内外所熟知与称道。树立和宣传万紫千红齐聚广州的“花城”品牌形象，既能体现城市的绿色生态文明成就，也表达了友善、包容、开放、进取的城市风貌和精神气质，从而构成巨大的文化张力。广州以“花城”作为切入口，丰富和充实了城市形象内涵，创新宣传理念和传播形式，为我国城市品牌形象的对外传播提供了有益的参考和借鉴。

中国地方外宣活动的 SWOT 分析及策划建议

——以 2016“微秀吉林”主题活动为例

车函　刘晖[1]

【摘要】 地方外宣是我国对外宣传工作的重要组成部分，吉林省作为我国东北边境省份，近年来不断探索外宣新模式，“国际友人感知吉林”系列活动已成为吉林省对外宣传的品牌活动，取得了良好的外宣效果。本文以第三届“国际友人感知吉林”系列活动之一——2016“微秀吉林”主题活动为例，通过 SWOT 分析法来评估融媒体发展背景下的地方外宣活动，探讨地方外宣部门如何利用融媒体优势进行有效的对外宣传，并通过 SWOT 矩阵框架为策划地方外宣活动提出建议。

【关键词】 地方外宣；“微秀吉林”；SWOT 分析

一、地方外宣活动现状及 2016“微秀吉林”活动情况简介

（一）地方外宣活动现状及特点

近年来，我国地方外宣工作发展迅速，成为全国外宣大格局中的亮点和创新点。2016 年至今，地方外宣活动百花齐放，各有特色，相互辉映。归纳近年来中国地方外宣活动，主要有以下特点：

一是种类繁多，形式多样。在外宣工作发展过程中，地方外宣部门也在积极创新外

1　车函：吉林省委对外宣传办公室媒体联络处干事，吉林大学行政学院公共管理学硕士研究生。刘晖：北京第二外国语学院国际传播学院副教授、博士。

宣方式，目前地方外宣工作包括但不局限于以下内容：制作外宣品和外宣纪录片；借助国家级大型会议、活动和平台推介地方；邀请外国媒体和境外涉华媒体采访；在外国举办外宣推介活动；与外国文化、艺术部门和团体进行交流合作；建立运营外文官方网站，以及建立运营 Facebook、YouTube 等外国社交媒体账号。

二是较以往更重视国际受众需求。在纪录片拍摄前的内容策划和外宣活动策划中，地方外宣部门开始逐渐重视外国受众需求，结合受众想要了解的内容和兴趣点进行策划，邀请外国人参与外宣活动，借助外国媒体和国际友人的声音讲述中国故事。

三是积极借助国家品牌和平台，突出地方特色。随着中国国力增长，在中国举办的国际活动和主办的国家品牌活动日益增多。地方外宣部门策划活动时积极与中央政府部门协调，结合国家重大活动主题，在活动中突出当地的历史、文化、民族、资源等特色，给海外受众留下深刻的印象。

（二）2016“微秀吉林”活动情况简介

“国际友人感知吉林”系列活动是一项吉林省外宣的品牌活动，包括赠书、采风、演讲等子活动，活动内容丰富，形式多样。“国际友人感知吉林”系列活动旨在记录国际友人在吉林的难忘经历，讲述在吉林的精彩故事，留下对吉林的美好回忆，凸显吉林特色，展示吉林形象，以体验式、互动式的宣传活动为国际友人留下深刻吉林印象，增进国际友人对吉林的了解和喜爱，借助国际友人积极传递中国声音，讲好吉林故事，全面推介吉林。该系列活动于 2014 年首次举办，至 2017 年 3 月已成功举办四届，活动开展以来，得到了来自英国、美国、俄罗斯、韩国、日本、德国等 30 多个国家的 1000 余位国际友人的积极支持和广泛参与。

2016“微秀吉林”主题活动是第三届“国际友人感知吉林”系列活动中的一项创新活动，是在深刻认识新兴媒体重要意义的基础上进行的一次讲好中国故事、传播中国声音的新尝试、新探索。“微秀吉林”活动从策划到开展，实现了微博、微信、Facebook、吉林英文新闻网与吉林省新闻办门户网的有效互动、同时发声，取得了很好的对外传播效果。

二、“微秀吉林”活动 SWOT 分析

SWOT 分析法通过分析和研究对象密切相关的内部优势（Strength）、劣势（Weakness）及外部机会（Opportunities）、威胁（Threats），将对象内外部条件各方面进行综合和梳理，得出结论，进而制定对策和发展战略。

（一）优势分析

1. 积极借助融媒体，从单向传播向互动传播转变

2016“微秀吉林”活动是一次借助融媒体发力的成功探索，在传播模式上偏向于互动传播。一是注重新兴媒体互动：延边大学医学院的尼泊尔留学生阿宾的投稿作品是新浪微博“吉林发布”上发布的第一条“微秀吉林”信息。秀美的延边风光和感情真挚的文字引发广大网友关注，该条信息当天就获得了超过 2 万的阅读量。外国留学生与吉林网民在这些微博下留言互动，在社交平台上增进了吉林与外国文化的交流，同时这些微博得到了新文化报、中国吉林网、“走啊游延边”等媒体微博、当地大 V 的转发，使活动的宣传面进一步扩大。微信方面，活动之初通过“吉林发布”新浪微博与微信公众号同时面向社会及省内高校留学生发布活动通知，并协调学校通过各自学校的微信公众号平台对留学生进行了组织动员，建立了“国际友人感知吉林”微信群，将“微秀吉林”作品第一时间转发到微信群中。投稿者也自发地将自己的作品在其微信、微博上扩散传播。二是利用传统媒体和新兴媒体结合宣传：6 月 29 日，在长影世纪城举办“微秀吉林”主题大赛颁奖仪式暨第三届“国际友人看吉林”主题采风活动启动仪式，中国国际广播电台、国际在线、中新社、中国日报、吉林电视台、长春电视台等报纸、电视等传统媒体对活动进行了详细报道。这些报道传到网络和新闻客户端后，被参与活动的留学生们再次转发给他们的亲朋好友，让活动得到了二次传播甚至多次传播。

2. 活动操作难度小，投稿者参与度高

“微秀吉林”活动要求参与者以图文形式投稿，较以往的征文比赛、演讲比赛对中文要求相对较低，能够让更多初学中文的国际友人参与其中。活动通知中，我们要求每位参赛者提供 9 张图片，一段感受文字，其中第一张就是作者本人的照片，文字也是作者本人对吉林的感受，有的作者提供的图片中，每张都有自己在吉林的身影。将留学生本人融入到传播内容之中的做法很好地点燃了国际友人传播吉林的热情，让众多留学生主动加入了对外宣传吉林的行列。

3. 设计内容精彩丰富，利于报道传播

在“微秀吉林”活动策划之初，我们对投稿内容就进行了划分，“我爱——好看吉林”“我爱——好吃吉林”“我爱——好玩吉林”“我爱——推荐吉林”能够分别展现吉林的美景、美食、文化以及历史等吉林特色，便于其他媒体微博能够进行有选择的转发推广。

除此之外，结合“微秀吉林”活动策划启动了“对话国际友人”系列访谈，与来自尼泊尔、叙利亚、波兰、摩洛哥、俄罗斯、孟加拉等国的国际友人进行深度对话，从国际友人的视角讲述吉林故事，传播吉林声音。

（二）劣势分析

1.投稿者职业、所在地域相对单一

从“微秀吉林”活动的报名人群分析，参与活动的国际友人虽然来自不同的国家，有着不同的文化背景，但多为目前在吉林省留学的外国学生，大部分是年轻人。因此他们的体验、观察和认识也有着一定局限性，对吉林的了解多局限于景色、美食，角度类似，对吉林的农业、经济、民俗、文化了解不够深刻。所以在“微秀吉林”作品对外推广展示中，作品所展示的深度和广度还不够，有继续完善的空间。

2.外宣翻译不够精准

“微秀吉林”活动为了调动国际友人积极性，扩大投稿者范围，规定可中英文投稿。但我们在投稿翻译的过程中也遇到一些问题：一方面是国际友人对吉林具体的地名和专有名词发生误记，给工作人员的校对带来一定困扰；另一方面，外宣工作人员的翻译水平还有待提高，应牢记例如吉林高校校名等专有名词，避免生搬硬套的翻译给国际友人和本国民众带来困扰。

（三）机会

1.与更多媒体合作的机会

融媒体为信息传播提供了无限空间。2016“微信吉林”作品主要在微博、微信的吉林省新闻办公室官方账号，以及吉林省新闻办门户网上展示。在日后的“微秀吉林”活动中，我们可以与中国日报、环球时报等具有号召力的涉外媒体合作，将作品投放在中国日报等媒体的微博上，将作品进一步推广。

2.更多的衍生外宣品

融媒体的发展使传播方式和渠道更多元化，能够制作更多种类的外宣品。在未来的“微秀吉林”活动中，可以精选“微秀吉林”的投稿作品做成H5作品，在微博、微信上进行进一步推广；也可以将以往作品纳入吉林外宣画册中，通过外宣画册，以外国人的角度介绍吉林；目前，我们计划采访“微秀吉林”的投稿作者，拍摄制作“国际友人在吉林”系列纪录片。通过多种形式的外宣品将外宣效果最大化、最佳化。

3.可以结合重要时间节点

2016“微秀吉林”活动期间，没有特殊的时间节点和吉林省的重大活动。而中国传统节日和吉林省的重大活动期间，都是外宣活动的良好时机，如春节之前、“中国—东北亚博览会”“长春国际汽车博览会”等活动举办期间，对“微秀吉林”活动来说，如果能够结合重要的时间节点，投稿作品可能更能反映出吉林省的发展和特点。

（四）威胁

1. 冗杂信息淹没活动主要信息

互联网的迅速发展带来了信息的飞速增长，各类信息浩如烟海，使得人们难以在信息海洋中迅速而准确地获取自己最需要的信息。以网络社交媒体为例，截至 2016 年底，新浪微博月活跃用户数突破 3 亿。[2] 自媒体的大量用户也产生了海量的信息，同时受众获取信息的时间更加碎片化，而且对信息的印象不够牢固，如何能使外宣活动的信息在海量信息中突围，能够吸引受众，使外宣活动信息达到传播实效，是信息爆炸时代需要解决的传播难题。

2. 在广大海外受众中关注度不够

为使“微秀吉林”的海外受众更广泛，我们将投稿作品投放到了 Facebook 的吉林官方账号“Jilin，China”上，但由于 2016 年吉林脸书官方账号刚刚建立，其关注粉丝还不多，所以当时“微秀吉林”作品在 Facebook 上关注度以及互动度并不高。另一方面，由于客观因素，参与活动的国际友人无法及时将他们的作品和活动照片上传到 Facebook、Twitter 等海外社交平台，将活动信息传播给他们在这些平台上的好友并互动，使得活动缺少了一部分海外宣传力。因此 Facebook、Twitter 等海外社交平台上的潜在海外受众还有待挖掘。

三、策划吉林省及其他地方外宣活动的战略选择

SWOT 矩阵是一种系统分析的概念框架，这种分析有利于把外界的威胁和机会及组织内部的优势和薄弱环节结合起来。[3]

2016“微秀吉林”活动SWOT矩阵表

外部因素 发展策略 内部因素	S优势 借助融媒，互动传播 活动难度小，内容丰富	W劣势 参与人员职业、地域相对单一 外宣翻译不够精准
O机会 更多媒体合作 更多衍生外宣品 结合重要时间节点	SO策略 精心策划活动方式， 充分利用融媒体宣传	WO策略 应该多针对在华工作的外国人或者针对在华外国人经常接触的媒体进行公关宣传；充实外宣人才，提升外宣翻译水平
T威胁 冗杂信息 海外受众关注不够	ST策略 突出地方特色和亮点，在海量信息中凸显出来	WT策略 建设海外外宣平台，与外国媒体合作，扩大受众范围

2　中新网《2016年底微博月活跃用户数突破3亿 移动端占比达90%》，2017年2月23日。

3　海因茨·韦里克、哈罗德·孔茨著，马春光译《管理学——全球化视角》，经济科学出版社2004年版，第98页。

基于上述表格的分析研究，对吉林省及其他地方外宣活动策划提出如下建议：

1.精心策划活动方式，充分利用融媒体宣传

地方外宣活动要提升宣传效果，还需要在策划上下功夫，不断创新表述方式，充分考虑受众需求。要让外国人充分参与到地方外宣活动中，让外国“受众”同时成为我们的“传播者”。地方外宣活动要学会把“自己说”和“别人说”结合起来，把“讲自己”和“讲别人”结合起来，只有这样才能让中国声音传得更远，唱得更响。

在媒介快速发展的形势下，融媒体的地位和作用越来越突出、越来越重要，融媒体既是党的新闻舆论工作的有效媒介，更是讲好中国故事的重要平台。对外宣传要想不断增强感染力、影响力和实效性，就必须充分用好融媒体，社交媒体、客户端、网络报道、电视、广播以及报纸多管齐下，形成“N 个 1 之和大于 N”的传播效果。

2.内容突出地方特色，在海量信息中凸显亮点

地方外宣活动要在海量信息中吸引到受众，引起对方的的关注和兴趣，就需要我们打造外宣精品，在外宣内容中突出地方特色，包括“人无我有、人有我优”的独特文化优势和鲜明的民族性格。在外宣工作中，传播方式上可以采用短视频、VR 视频、H5 等当下热门的营销宣传方式，传播内容上要突出地方特色，融入中国的思想和价值观，以达到能够给受众留下深刻印象、让受众认同中华文化的效果。为提升地方外宣影响力，我们还要紧随国家外宣步伐，借助国家战略的东风，将地方外宣活动品牌提升到国家外宣层面。

3.扩大参与人员范围，选好媒体精准宣传

地方外宣活动为方便组织活动人员，多选择在本地工作学习的外国人。建议在条件允许的情况下，扩大参与人员范围，可以面向大范围在华工作的外国人进行选拔，让在华其他地域的外国人通过参与地方外宣活动，了解地方情况，再通过他们向其周围的外国人进行二次传播，从而进行有效的地方外宣。在宣传媒体上也要精准定位，着重选择在华外国人经常接触的媒体，如央视的英语频道、中国日报，在这些媒体的电视、报纸、微博、微信等媒体平台上投放地方外宣信息，加强地方的公关宣传。

4.充实外宣翻译人才，提高中外沟通效率

地方的外宣部门，尤其是中西部和边疆少数民族地区，在外宣翻译人才方面较国家部门稀缺。外宣翻译人才担负着在不同文化中传递信息的使命，是沟通文化的桥梁。在地方举办外宣活动时，地方外宣部门可以联合地方的外事部门、高校外语学院以及中国国际广播电台、中国日报等中央涉外媒体，为活动提供外语基本功扎实的翻译人才。地方外宣部门还应注重在日常工作中培养既懂外宣理论，又精通外语，政治立场坚定的复合型人才，保证外宣翻译效果不打折，既保持中国文化特色，又使海外受众能够正确理解我们的中国故事内涵。

5.建设海外外宣平台，扩大海外受众范围

海外社交媒体是能够直接面向最广大海外受众的平台，也是即时、全面、互动的、能够进行有效对外宣传的平台。世界领先的新闻媒体、传媒集团都在试图通过这一平台延展报道触角，弥补传统报道的局限性。这对于我国打破原有国际舆论传播格局来说，无疑是一个难得的机遇。[4] 目前，国家中央媒体如人民日报、中央电视台都已在 Facebook 上设立账号，其中人民日报截至 2015 年 6 月在脸书上的认证账号粉丝数已达 460 万，超过华尔街日报和今日美国等西方大报，在全球报纸中排第二位，仅次于纽约时报，[5]起到了非常好的对外传播效果。融媒体为我们提供了缩小国际传播的“数字鸿沟”的机会，地方外宣部门也需要向中央媒体学习，建议地方外宣部门在 Facebook 等海外社交媒体建立官方账号，建设好海外外宣平台，面向不同国家、不同文化的广大受众传递信息。除此之外，还建议积极推动地方媒体与海外媒体的交流合作，不断提升合作传播能力建设，双方的网站、报纸进行新闻产品互换，电视台、广播台进行节目互换和推介，推动文化“走出去”。

四、结语

2016“微秀吉林”主题活动的成功实践证明了地方外宣活动在注重受众需求和突出地方特色的基础上，通过融媒体传播能够取得很好的外宣效果。融媒体的迅速发展为我国的外宣工作提供了良好机遇，也提出了前所未有的挑战。面对日益复杂的国际舆论环境，中国地方外宣想要讲好中国故事，传播好中国声音，还需要不断创新外宣方式方法，专注挖掘优质的外宣内容，与时俱进地使用好融媒体。建议国家层面能够在制定国家外宣大方向的同时，健全地方对外宣传的激励机制和容错纠错机制，鼓励地方外宣要敢试、敢闯、敢担当，创新有为。

---

4 程小玲：《从海外社交媒体开拓看构建融通中外的话语体系》，《新闻战线》，2016第5期，第96-98页。

5 人民网《人民日报：脸书粉丝数已达460万 超华尔街日报》，2015年6月27日。

地方外宣如何参与国际传播话语实践

——以“丝绸之路今日行”报道为例

刘斌　矫艳[1]

【摘要】本文聚焦青岛市委外宣办与青岛电视台参与国际传播的典型案例——“丝绸之路今日行”大型媒体采访报道活动，围绕地方外宣在积极融入国家战略报道中如何利用区域优势探索地方模式、城市媒体如何以创新的传播策略尝试国际传播话语实践进行梳理和分析。文章认为，“丝绸之路今日行”不仅是一次成功的新闻行动，一个生动的报道样本，也是地方外宣和城市媒体在国家传播的宏大叙事之外，讲述更为具象、鲜活、灵动的中国图景的有力探索，具有范式意义。

【关键词】地方外宣；城市媒体；“丝绸之路今日行”；话语实践

2016年9月，青岛市委外宣办联合青岛电视台开展“丝绸之路今日行”媒体采访报道及城市推介大型活动，通过有效借助地方外宣平台和城市媒体的传播优势，创新传播理念和话语方式，全媒体全方位报道了丝路上的青岛故事以及中国与丝路沿线国家人民的合作与情谊，是地方外宣“一带一路”倡议传播的生动样本，体现出地方政府和城市媒体的责任担当和文化自觉。青岛市委外宣办以及青岛电视台作为国际传播的实施主体开展深度实践，充分发挥地方外宣的统筹协调作用和城市媒体的话语权优势，以国际化的视野和开放的传播理念建构新的话语体系，讲好青岛故事，在做优地方外宣的同时，面向国际展示全面真实的中国形象，为“一带一路”报道提供了更为具象、鲜活、灵动

1　刘斌：青岛大学新闻与传播学院讲师；矫艳：青岛市委宣传部文明实践工作处副处长。

的微观话语表达方式。

一、“丝绸之路今日行”传播策略解读

（一）地方外宣层面的传播策略

1.抓住历史机遇，借力区位优势，实施“感知青岛”走出去工程

2015 年《推动共建丝绸之路经济带和 21 世纪海上丝绸之路的愿景与行动》正式公布“一带一路”倡议后，成为所有媒体最为关注的焦点。能否抓住这样的历史机遇，做出具有贡献价值的宣传策划以融入国家战略，对于地方外宣而言至关重要。2015 年，在青岛市委外宣办的组织下，青岛电视台派出 10 组 20 个人重走海上丝绸之路的 16 个节点国家，引起广泛关注。2016 年的“丝绸之路今日行”就是建立在之前活动基础上的又一次“走出去、在路上”大型采访报道和城市交流行动。青岛作为同类城市中响应国家“一带一路”倡议，第一个派媒体走出去进行综合采访的城市，在全国都在大力报道国家宏观战略的时刻，青岛结合自身实际，统筹城市资源，推动青岛文化走出去，开创了青岛地方模式。

“一带一路”对东西方文化交流的意义，既在于对古丝路文明的继承和发展，又为新时代的合作开创了巨大空间。我们在深刻分析“一带一路”历史价值的同时，更注意挖掘它的当代价值和文化内涵，传播继往开来的丝路文化和丝路精神。青岛市委外宣办围绕这一定位，赴“一带一路”国家开展新闻文化交流，借助当地媒体和民间社团的传播力量，多领域、多角度实施文化走出去工程，推动青岛形象走进国际社会，青岛声音深入海外受众，让世界更好地了解青岛、感知青岛，全面提升城市美誉度。

2.策划媒介事件，集中持续报道，设置公共议题

“丝绸之路今日行”大型媒体采访报道及城市推介活动是典型的媒介事件。青岛市委外宣办通过前期的精心策划，中期的全程报道、后期持续发酵，最大限度地持续传播了采访活动的有效声音，牢牢抓住观众的“眼球”，提高观众的关注度和兴趣点，构建了政府、媒体和市民一体化运作、合力推进的良好工作格局。此次报道将公共外交这种以媒体交流形式为主、政府背后主导的模式合理运用到外宣领域，以国际化的报道理念和话语表达方式开展国家战略主题的地方实践，取得了良好的传播效果。

（二）城市媒体层面的创新传播策略

城市媒体因其专业性强、影响力大、用户黏度强的特点而具有话语权优势，是增强国家和城市之间了解与互信合作的桥梁纽带，是信息传播的主力军。青岛电视台作为

“丝绸之路今日行”媒体采访报道及城市推介大型活动的具体实施者，以创新的传播策略和话语实践，将官方平台和媒体平台有机结合起来，有效提升了传播力度。

1.聚焦青岛元素，采访典型人物，凸显报道感染力

青岛电视台选择“新丝路上的青岛印记”和“新丝路上的青岛人”为主题，以新丝路上的青岛人为典型人物，以青岛人在丝路沿线的活动印迹和交流故事为典型事例，关注青岛参与“一带一路”建设项目的企业和个人，关注参与“文化走出去”的机构和个人，也关注沿线国家研究“一带一路”的政府官员、专家和学者，采访有国际影响力的人物，以文化历史或财经学者的视角展现他们眼中的丝绸之路。通过一系列报道，“丝绸之路今日行”聚焦并串联起丝路沿线国家的青岛元素，并生动阐释了丝路精神。

宏大叙事需要由微观事例和影像来承载其意义，才容易打动人。报道摒弃概念化的表述，以新闻故事的叙述手法，挖掘区域合作的成功案例，既把握了大的历史背景，又贴近百姓，这样讲故事的方式做专题节目，既生动也有意思，通过现场报道、人物专访、细节呈现等形式，突出表现他们创业创新、报效祖国的优秀品行和精神境界，展示其促进所在国家和地区经济发展，与所在国家和地区成功合作模式的不凡经历，让受众发自内心地产生佩服和敬仰。

2.构筑采访线和采访点，形成持续报道，提升传播价值

策划丝路上的青岛人采访线，关注在当地工作、学习、生活的青岛人。通过动态管理，确保各采访线和采访点活动既有持续性又各具特点，提升传播价值。

3.尝试“一次采集、多元呈现”的报道形态，搭建全媒体平台

“丝绸之路今日行”大型采访报道行动在一开始就明确定位为对重大主题进行报道的全媒体探索。在丝路行过程中，报道团队既发挥传统报道的优势，更利用“两微一端”传播的活力，注重整合嫁接国内外媒体平台，“跳出青岛、放眼全国、走向世界”实现立体化报道、全媒体传播。

4.借船出海，利用国外媒体平台传播中国声音

要将青岛城市品牌和中国文化精品推广给世界，既要靠我们的主动传播与展示，也应在国际合作中把青岛故事、中国声音用“借船出海”的方式在国际平台上介绍给海外受众。

作为地方媒体对外传播的重要平台，“丝绸之路今日行”大型采访报道活动聚集了20多位有着资深媒体经验的新闻从业人员和各领域专家学者，其中多人有海外留学经历和媒体从业经验，能够充分发挥自身国际语言优势开展策划采编工作和国际合作交流。同时，城市媒体的大型媒体行动能够发挥传播渠道和品牌资源优势，积极利用海外媒体的影响力。

二、地方外宣和城市媒体参与国际传播话语实践的经验总结

1.主动参与构建中国对外话语体系

“任何一个国家和政府，都希望通过各种传播手段，将自己的主张、政策乃至本国文化、思维定式等尽可能广泛地传播到境外，让更多国家、更多人了解、理解、接受自己的原则、观点与立场。”[2]随着交流的继续进行，理解变得越来越接近，从而达到传播共享的境界。因此，地方外宣及城市媒体参与国际传播话语实践的过程就是通过完成意识形态编码使传受双方获得相互理解和共识，实现传播共享的过程。

在此过程中，作为地方外宣及城市媒体，首先应该主动设置议题，把握话语主导权。通过议程设置引导舆论方向，说自己的话语，表达自己的价值观；通过主动设置议题，讲述真实的中国城市、中国人和中国文化，增进世界对中国的了解；紧扣国际热点设置议题，及时主动地回应国际舆论的关切；围绕重大国际问题设置议题，提出中国主张、表明中国立场，与国际社会开展对话和合作，充分展现一个负责任大国的形象。

其次，话语内容上要明确核心价值和共同愿景，应该立足地方、超越中国，传播共赢理念。不能单方面只强调中国的利益，而忽略了对沿线国家的相关报道。地方外宣和城市媒体要聚焦能够为双方带来利益，能够合作共赢的新闻议题，才能赢得沿线国家的情感认同，实现“大音希声”的效果。

2.明确定位国际传播话语内容

地方外宣和城市媒体参与国际传播，讲好中国故事，首先面临的是“讲什么”的问题。相对于经济政策、市场开阔等一系列宏观的话题，文化往往能够从细微之处达到前两者所不能达到的效果，中西方受众对“中国文化”的共同兴趣交集决定我国国际报道框架应该定位于“文化中国”。在与国外的采访对象沟通交流的时候，可以讲述城市的秀美自然风光，也可以讲述各具特色的风土人情；可以讲区域历史文明，也可以说城市发展的现实成就；可以讲历史文化与现代文明的传承关系，更可以讲述外国友人与中国民众之间由来已久的深厚友谊，讲好软性的感性的故事，强调具备普适性价值观的叙事命题。利用这样的话题来讲故事能够加强双方之间的交流和理解，有利于求同存异，化解对抗，从而达到更好的传播效果，这是尊重国际传播规律的表现。

不仅要讲宏观叙事的国家故事，也要讲微观具体的百姓故事。讲述百姓生活和行为，可以具体到一人一事，可以被受众体会和感知，是一种有情感有温度的话语表达。比如“丝路行”报道中有一位一心要重建碎叶城的华人白玺，听老先生讲述碎叶城的历史和现在，讲述位于吉尔吉斯斯坦的古城与中国的历史渊源，讲述李白和那首著名的《静夜思》

---

2 何国平：《中国对外报道观念的变革与建构——基于国际传播能力的考察》，《山东社会科学》，2009年第8期。

与碎叶城的故事，让中外观众真切体会到中华文化对丝路沿线国家的影响。话语的生活基础可以防止话语的模式，通过鲜活的故事描绘中国图景更容易打动世界人民的心扉。

3.精心组织国际传播话语表达主体

选择合适的话语表达主体，明确由“谁来讲”中国故事直接影响到话语的传播效果。城市媒体要加快“走出去”的步伐，融入国际传播大环境，应在自己讲好中国故事的同时，充分利用外国讲述者讲好中国故事，构建“我讲”“他听”“他信”“他讲”“互信”的传播链。

“我讲”是最能贴近我们的想法的话语表达。事实上，作为媒体派驻境外采访的记者，通过采访报道和选取话题，用中国的话语方式和解读视角来梳理中华文明、城市文化、改革成就等重大议题，本身就扮演着中国形象宣传者的角色，他们明白自己要讲什么故事以及如何讲自己的故事。

“他讲”即让外国人成为中国故事的主动讲述者。外国人作为中国讲述者和海外受众之外的“第三方”，只要他们能够以客观公正为原则来认识中国，他们在讲述中国时就能更有效地避免主观倾向性的影响。特别是那些在中国工作生活过的普通外国人，那些与中国交流合作过的外国专家学者和那些与中国有着血脉联系的海外华侨华人，他们的亲身经历更具有说服力，可信度更高。此外，外国讲述者与本国受众的交流没有文化、语言、思维方式和价值观念上的障碍，容易把握本国受众的心理和偏好，能够用更适合海外受众的视角和表达习惯讲述中国故事。

拉扎斯菲尔德在“两级传播”模式中提出，通过有效影响传播过程的意见领袖环节，可以提高报道的影响力和效果。作为城市媒体，需要加强自身建设，通过组建高水平的国际化传播团队，让外国媒体人在提升城市媒体国际传播能力的过程中充分发挥意见领袖作用。另一方面，城市媒体要加强国际合作，善于利用海外媒体影响力，为外国人讲述中国故事提供国际传播平台，真正实现借嘴说话、借筒传声，秉承合作传播理念，激发合作传播的正能量。

4.通过宏大主题的微观表达，实施有效信息编码

习近平总书记谈到对外传播时提出：“要着力推进国际传播能力建设，创新对外宣传方式，加强话语体系建设，着力打造融通中外的新概念新范畴新表述，讲好中国故事，传播好中国声音……”[3]鲜活的故事素材如何通过有效的话语表达搬上世界舆论舞台、让世界倾听、认可并接受，需要遵循传播规律，正视受众差异，利用新兴媒体，创新话语方式。

第一、重视新闻规律，回归传播本位

回归传播本位，要求在国际传播中重视新闻规律，在话语内容上表现为对非虚构内

3　2013年8月19日，习近平总书记在全国宣传思想工作会议上的讲话，简称“8·19讲话”。

容的坚守，在话语方式上表现为淡化报道的意识形态属性，降低因意识形态不同导致的接受视域反差。

首先要求真实、主动、客观地对外发布信息，善于用事实说话，多报道凡人小事。其次要加强报道时效性和针对性，关注境外媒体动向，及时掌握境外舆论动态，借力重大事件的“国际关注效应”，就焦点话题发声，以便有的放矢，形成中国声音的国际化表达。此外，应以中性的话语方式传播信息，提高信息的可读性和必读性，注意运用背景解释，正面材料和负面材料结合以保持信息的拟态真实，提升媒体公信力。

第二、正视受众接受习惯差异，注重微观话语表达

创新传播形式，要求“用海外读者乐于接受的方式、易于理解的语言，讲述好中国故事”。[4]我们传统的报道方式注重宏大叙事和主题性报道，对社会个体关注不足。而海外受众更习惯于通过具体的人和事来实现对中国的了解，他们对具有人情味的寻常百姓的故事更感兴趣。地方外宣和城市媒体走出去进行国际传播，应该尊重当地受众的利益诉求和接受习惯，找准用户需求和自身定位的契合点，通过互动让中国故事与当地用户产生情感上的共鸣，让采访报道融入当地环境。

影像的表达方式具有以微观见宏观，以具象表现抽象的特点。影像因其直观性和生动性往往能够承担“国际通用语”的职能，通过运用视听语言，如采用视频直播、现场报道、多点连线、拼贴动画等多元表现形式，对传播内容进行影像化表达，可以丰富感官体验，使视觉冲击力和情绪感染力更强，有助于跨语言、跨文化的鸿沟，提升影像内容的国际传播力。

通过影像的过程性叙事进行微观的话语表达，要求在叙事内容上关注个体，在叙事方式上用事实说话，以平视的视角完成生活化的故事的讲述，让观众在认识事件的过程中去体验和感受。通过从个体到整体、由细节呈现引发深度思考的渐进手法，潜移默化地引导观众思考并接受隐含在一个个人物故事背后的“中国”立场，实施有效的信息编码，实现中外话语对接。

三、融合新旧媒体，打通官方与民间、国内与国际舆论场

众媒时代，传播在被重新定义。“新闻传播呈现出人人传播、多向传播、海量传播的特征。线上与线下、网络与现实、国际与国内共同构成了一个日益复杂的大舆论场。”[5]地方外宣和城市媒体参与国际话语实践，既要充分利用主流媒体进行集中宣传，议题设置

4　习近平就《人民日报》海外版创刊30周年做出的重要批示。

5　杨振武：卷首语，《传媒评论》，2016年第4期。

和营造舆论氛围，也要充分利用好新媒体的智能化、个性化、移动性和交互性特点，增加符合用户需求的新媒体产品。利用新媒体的快速发布功能和全球传播的技术优势，及时有效开展报道；借助新媒体的互动协商功能，发挥社会活力，扩大传播影响；善用新媒体的圈层功能，凝聚价值共识，“春风化雨”“润物无声”，实现“看不见的宣传”。

传播效果与受众研究

中国图书海外影响力评测指标的创设构想

——基于网络数据的采集视角

张岩[1]

【摘要】自“中国出版走出去”系统工程开展以来，中国图书的海外影响力日益提升。海外传播效果直接影响到跨文化交流中我国国家文化形象的塑造，影响到对外传播体系策略的效能评价。在整体营销的思路下，中国图书海外传播的现实状况也将影响到文化输出系统工程的方向调整和策略调节。然而，困于国际受众反馈数据采集的艰难，目前学界和业界对中国图书海外影响力的调研渠道有限，评测指标单一。本文基于网络数据采集的研究视角，从到达度—关注度—影响度—接受度四个维度建构中国图书海外影响力的评测指标，以期为中国图书海外传播的落地实效考察提供一个可计量的方案。

【关键词】中国图书；海外影响力；评测；网络数据

随着全球化文化交流的日益频繁，中国图书在国际文化交流空间中承担着传递具有丰富文化底蕴的“中国表达、中国修辞、中国语意”的文化功能。对于中国出版走出去系统工程的设置，在宏观视角上需要全面考察中国图书海外传播的生态语境、整体框架及其对中国文化形象建构的参与；在中观视角应当聚焦中国图书海外传播的环节要素，动态调整从选题策划到国际营销的全链条；在微观视角上应当带入实证调研，采集受众信息反馈数据以考察中国图书海外传播的接受和影响，从而实现对中国图书海外传播情况的全面考察。

1　张岩：辽宁大学新闻与传播学院副教授。

一、建构中国图书海外影响力评测指标的必要性

近年来，我国不断加大新闻出版业“走出去”的步伐，推出“经典中国国际出版工程”“中国图书对外推广计划”“中外图书互译计划”“中国出版物国际营销渠道拓展工程”等多项工程项目，设立“文化产业发展专项资金”“文化出口中央奖励资金”“国家出版基金”“中小企业国际市场开拓资金”等专项扶助资金，鼓励国内出版企业积极参与法兰克福书展、北京国际图书博览会等国际图书贸易活动，通过展会主宾国、国际文化交流年等多种渠道扩大中华文化的国际影响力。同时，国家新闻广电出版总局和各地新闻出版管理机构均出台多项政策，积极引导中国图书海外传播能力的提升。中国图书的海外传播效果直接影响到跨文化交流中我国国家文化形象的塑造，影响到对整个对外传播体系效能的评价。特别是在整体营销的思路下，中国图书海外传播的现实状况也将影响到文化海外传播系统工程的方向调整和策略调节。目前，我国新闻出版行政管理部门和有关企业不断深化沟通，合作设立了“中国新闻出版业资讯库”“版权交易信息库”“新闻出版走出去重点项目库”等信息聚合平台。然而数据大多来自于国内出版机构“走出去”的环节，未能实现对中国图书在海外市场“落地实效”的有效考察。

对中国图书海外影响力的评测，应当将中国图书作为文化国际传播的有机组成置于全球视野下进行考察，突破现有研究聚焦于中国文化出版产业“走出去”的单个环节，将研究视野延展至中国图书进入海外传播市场的“走进去”环节，转变为“走出去”+“走进去”的完整观测链条。目前存在的主要困难是国际图书受众的信息调研存在着难以突破的现实困境。相比国内的图书受众，跨文化传播的受众群体体现出分布地域广泛、文化心理多元、阅读语言差异等多重复杂性。这些复杂性使得我国出版组织难以延续国内图书市场调研的传统方法，对海外市场展开大规模的实地调研工作，直接影响了对跨文化传播受众反馈信息的采集，进而制约出版企业对海外受众的地域分布、群体诉求、社会结构、文化评价等因素进行准确定位。随着网络平台和社交媒体的快速发展，不断丰富的数据采集手段和信息采集渠道为我国出版“走出去”的经营企业和监管部门提供了新的可测量维度，基于网络数据的抓取视角建构中国图书海外影响力的评测指标应当成为题中之意。

二、中国图书海外影响力的评测指标

当前学界对中国图书海外传播的效果研究与评价指标基本上采用了“到达即产生影响”的研究思路，即把输出数据、海外馆藏和版权贸易额等指标作为衡量指标。北京外国语大学对外传播研究中心与《中国图书商报》共同发布的《中国图书世界影响力馆藏

报告》自 2012 年启动以来，每年对本年度中国出版图书为海外图书馆的收录情况展开调研统计，其延续性的数据积累为中国图书海外影响力提供了一个可观测的路径。然而将“到达率”等同于“影响力”显然缺少中间环节的联结。对中国图书海外影响力的评估，需要多重观测维度的加入，基于这一研究价值和现实诉求，本文提出基于“到达度—关注度—影响度—接受度”四重维度的中国图书海外影响力评测指标模型。

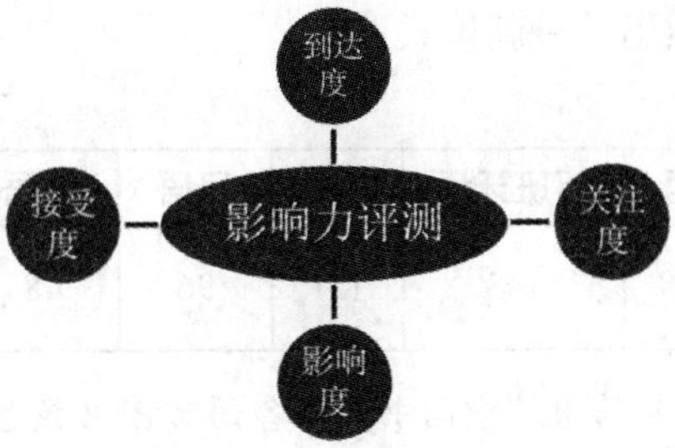

图1：中国图书海外影响力的评测指标

对于这四重维度指标数据的采集应当基于对国内出版机构的出版信息统计、海外出版公司的版权贸易数据、海外书店的销售记录、各类媒体的图书评论，以及网络数据等多种渠道的信息汇总。出于研究的集中性，本文拟以网络数据的采集视角为例，论证此评测指标模型的创设构想。兼顾到评测指标的指向需求，可采纳的数据采集渠道如下：

世界图书馆联机数据(OCLC)的海外馆藏数据
亚马逊（Amazon.com）网络书店的销售数据和反馈高频词
谷歌热词趋势搜索Google Trends的Top Charts
谷歌消费者调研工具Google Consumer Survey跨国线上问卷调查
Goodreads在线社交平台评价数据

（一）到达度

对于中国图书在海外传播的到达度的考察可以选择的数据来源，包括世界图书馆联机数据的海外馆藏数据和亚马逊网站（Amazon.com）的在售信息。海外馆藏数量基于 OCLC（Online Computer Library Center）的 WORLDCAT 全世界图书馆联机书目数据，根据时间、主题类型、关键词等信息的检索可以查阅到中国图书在海外图书馆的被收录所在地、收录时间、图书类型划分等信息。根据收录图书馆的性质，可以将图书的用途粗略预测为研究使用或大众阅读使用；根据收录时间可以了解中国图书进入海外图书馆系统的反映时间；根据图书类型划分可以了解海外读者对于中国图书的主题理解。亚马逊等网络书店的在售信息则能够反映中国图书在海外大众图书市场的覆盖面。通过对网站中国图书的在架信息、语言分布、题材类型等指标的考察，可以描绘中国图书在海外大众图书市场的“到达度”。

以亚马逊网站的中国书店（China Books）为例，该项目作为“中国出版物国际营销渠道拓展工程”的重点支持子项目，于 2011 年 9 月 29 日成立。通过委托中国国际图书贸易集团公司以商业运作模式，借助亚马逊全球网络营销平台对外推广中国出版物，[2]旨在为中国出版物的全球传播探索出一种新模式。

语言	中文	英语	西班牙语	法语	日语	德语	韩语	俄语	荷兰语
图书数量（册）	302,272	8,759	143	121	96	48	38	37	30

表1：亚马逊“中国书店”各语言图书数量分布

图书类别	China Books 总数量（册）	中文图书数量（册）	英文图书数量（册）
参考书 (Reference)	9417	7036	429
童书 (Children's Books)	8269	7633	432
商业与财富 (Business & Money)	3902	3021	598
文学与虚构 (Literature & Fiction)	3111	2495	442
政治与社会科学 (Politics & Social Sciences)	2937	1487	1068
科学与数学 (Science & Math)	2812	2250	357
历史 (History)	2250	1076	1015
健康、塑身与饮食 (Health, Fitness & Diet)	2069	1858	175
计算机与技术 (Computers & Technology)	2052	1898	95
旅行 (Travel)	1899	1329	373
艺术与摄影 (Arts & Photography)	1697	993	583
医学书籍 (Medical Books)	1581	1418	123
工程与运输 (Engineering & Transportation)	1575	1246	229
教育与教学 (Education & Teaching)	1368	1144	88
法律 (Law)	1037	834	126

表2：亚马逊“中国书店”各类别图书中英文数量

2 张福海、郝振省：《新闻出版业走出去工作指南》，高等教育出版社，2014年，第41-42页。

从语言分布的维度看，亚马逊“中国书店”的在架信息显示共有17种语言分类，而其中中文图书的数量为302,272册，占据了绝对比重。由此可见，亚马逊网站的中国书店的各类在架图书均以中文图书为主，服务对象也大多为海外华人或具备中文阅读能力的读者。除英文外，其他语种的版本比较稀缺，直观反映了目前中国图书需要开发多语种版本的市场占有量。而通过对在售的24000多份图书样本主题类型分布的统计，总体分为十五个类别，其中参考书和童书市场存量最高，而法律、教育类图书存量较低。从一个侧面反映了中国图书在海外大众市场的到达形态与结构分布。

（二）关注度

对于海外读者对中国图书关注度的调研，数据来源自谷歌热词搜索趋势在Google Trends。通过在Google Trends的Top Charts中检索图书或作家等关键字可以整理出热度趋势图。Top Charts是基于知识图谱构建的序列检索工具，排名是基于不同关键词但导向同一主题的搜索，而不仅仅是关键词，因此这份榜单相较于旧版Google搜索更为精确。

以谷歌热词搜索趋势为例，通过在Google Trends的Top Charts中检索莫言、刘慈欣、阎连科、曹文轩、郝景芳五位近期获得国际文学奖的作家，考察中国当代文学书籍与国际文学奖项之间的关联性问题，可以整理出如下热度趋势图，进而考察获奖作家对中国文化海外影响力的带动价值。由于搜索热度的差异较大，出于显示的需要，分三个图示来呈现调研结果。

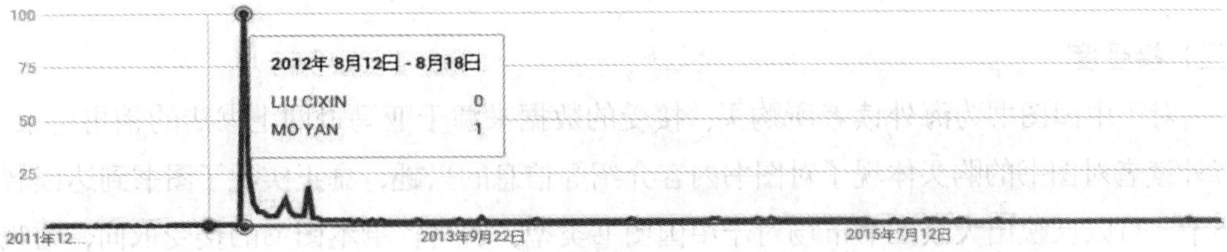

图2：莫言与刘慈欣的热度趋势双元素对比

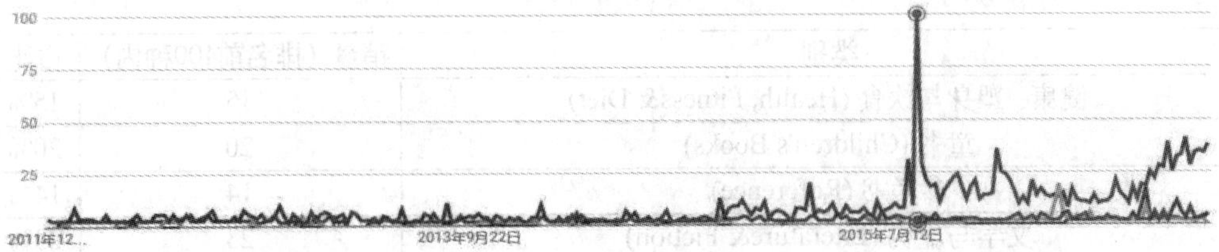

图3：除莫言外四位作家热度趋势

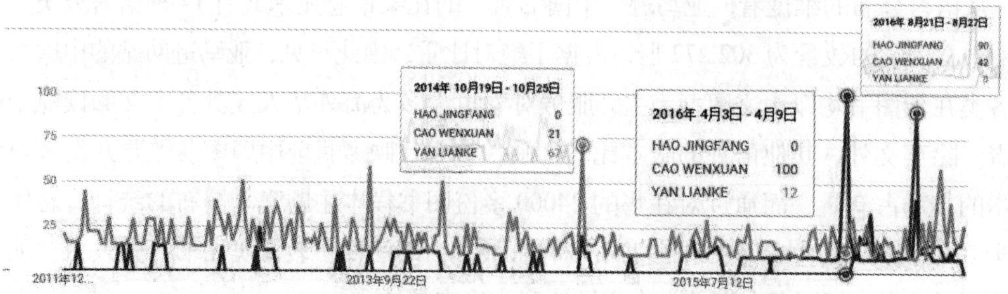

图4：阎连科、曹文轩、郝景芳3位作家三元素热度趋势对比

将莫言与刘慈欣的热度趋势图进行双元素对比（图 2），可以看出莫言的整体搜索热度要远高于刘慈欣，并且在 2012 年 8 月 12 日达到热度峰值。此时正值莫言获诺贝尔奖提名时期，这显然引起了海外读者的广泛关注。该热度一直持续到 2012 年 10 月份左右，随后趋势下滑并维持相对稳定的状态。图 3 是在分离出“MO YAN”关键词而对比其余 4 位作家的热度趋势图，刘慈欣表现出整体平均值较高的搜索热度，并且在继 2015 年 7、8 月份达到峰值（2015 年 8 月获得“雨果奖”）后，又在 2016 年 4 月份开始呈现出整体上扬的趋势。这是由于刘慈欣“三体系列”的第三部小说《三体Ⅲ 死神永生》(Death’s End) 译制版在 2016 年初在美出版后大受好评，并于 9 月登入纽约时报畅销书榜单。将阎连科、曹文轩、郝景芳 3 位作家进行三元素热度趋势对比（图 4）也可以看出，该 3 位作家均在获奖期间达到了最高热度，这说明获得国际奖项的确为作家带来了一定周期的搜索高峰和关注热度。

（三）接受度

对于中国图书为海外读者所购买、接受的数据来源于亚马逊网上书店的销售记录。海外读者对图书的购买体现了对图书内容介绍等信息的兴趣，真正实现了图书到达读者环节，可以反映出大众图书市场对于中国图书类型、题材、单本图书的接受取向，为我国开发“走出去”图书选题提供一定的参考价值。

以亚马逊网上书店的中国书店 China Books 为例，其首页的 Best Sellers 版块展示出了销量前 100 名的图书。

类别	销量（排名前100种内）	占比
健康、塑身与饮食 (Health, Fitness& Diet)	15	15%
童书 (Children’s Books)	20	20%
参考书 (Reference)	14	14%
文学与虚构 (Literature& Fiction)	23	23%
烹调、食品与酒 (Cook books, Food& Wine)	6	6%

历史 (History)	5	5%
教育与教学 (Education & Teaching)	8	8%
艺术与摄影 (Arts & Photography)	5	5%
科幻 (Science Fiction & Fantasy)	1	1%
政治与社会科学 (Politics & Social Sciences)	2	2%
惊悚与推理 (Mystery, Thriller & Suspense)	1	1%

表3：畅销排行(Best Sellers)前十图书类别及销量占比

按照 Best Sellers 排行榜的类别分区数据统计，畅销题材主要集中在文学与虚构、童书、健身塑身与饮食以及参考书这四大类别中，且文学与虚构和童书两类的图书数量占销量前 100 名图书中近 50% 比重。

自 2006 年我国正式推出中国图书推广计划以来，我国图书输出类型不断调整，通过对计划实施 10 年来（2006-2015 年）不同图书主题类型出口总量的分析（数据来源于中国新闻出版广电网 http://www.chinaxwcb.com、全国新闻出版统计网 http://www.ppsc.gov.cn.)，可以较全面地总结近 10 年来不同主题类型的图书在“走出去”过程中的具体情况。

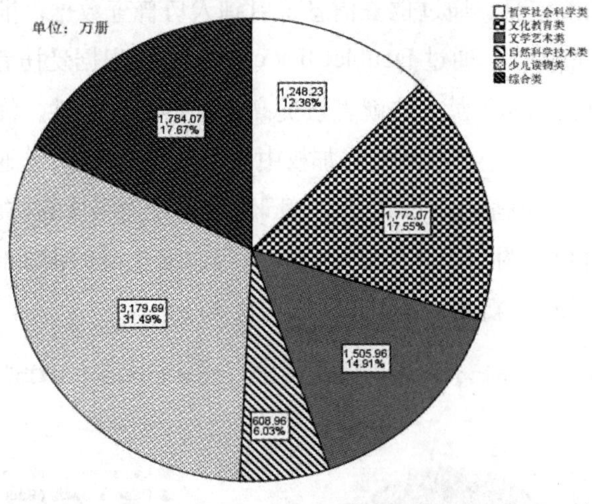

图5：中国图书海外输出主题类型分布（2006—2015）

10年来，中国商品书出口总量为10098.98万册。不同图书主题间的出口数量差异明显，其中少儿图书类出口总量为 3179.69 万册，占比 31.49%，是六大主题图书类型中出口总量最多的，将近图书出口总量的 1/3。其次是文学教育类图书。输出图书主题类型与亚马逊网站畅销排行榜数据类型基本一致，一方面说明我国图书出口的总体类型结构基本合理，另一方面也证实了亚马逊网站数据样本具备可参照价值。

（四）评价度

海外读者对中国图书的评价可以具体分为两个层面的问题：一、借鉴图书整体产品概念在图书产品的核心层、形式层、延展层等方面的全面评价；二、对图书中传递的价值观念、国家形象等问题的评价和认同感调研。数据来源：(1) 亚马逊网站已销售图书反馈数据的正向评价和负向评价，特别是对评价星级和高频词的提取。这部分信息不仅是销售平台口碑营销的重要的参照，而且是直观反映海外读者对中国图书阅读体验的第一手信息。(2) 普通读者是图书最大的受众群体，读者口碑是衡量图书质量的重要标准之一。成立于 2006 年 12 月的 Goodreads 在线读书社交平台是图书爱好者推荐和评价图书的重要平台，其注重于侧重社区和朋友读书分享的设计也更符合它社交平台的属性，它允许个人创建书目和读书清单，建立自己的读书推荐群组和讨论，与豆瓣读书有许多相似之处。目前，该网站有超过 800 万名会员，2.8 亿万册图书被添加，另外还有 1300 余万的评论。其受众对中国图书的评价度和推荐度直接影响该书在社交网络的口碑传播效应。以《三体》为例，通过检索“*The Three-body Problem*”找到该书主页，一共有约 35700 条评价，评分为 4 分，点赞最高的前 10 条评价中有 9 条为正面评价。(3) 谷歌消费者调研工具 Google Consumer Survey 跨国线上问卷调查。这是一种施行基于概率的网络调查模型，与传统调查直接询问受访者个人信息不同，谷歌消费者调研工具使用受访者的 IP 地址来推断大概的人口和位置信息。通过位置信息映射到人口普查数据，推断出被调查者所处环境的平均收入和城市密度。通过 DoubleClick cookie 可以根据受访者此前通过谷歌访问过的网页类型来推断性别和年龄。这就直接提高了样本的代表性，优化了受访者在所有调查问题中的分配，进而减小了事后分层加权中使用的权重大小。[3] 通过谷歌消费者调研工具可以对中国图书的价值呈现、文化认同等问题进行较为深度的访谈。

本文使用谷歌消费者调研工具，对中国现当代作家作品的海外阅读情况展开调研，调研地域包括美国、法国、新西兰等国，回收问卷 30 份。

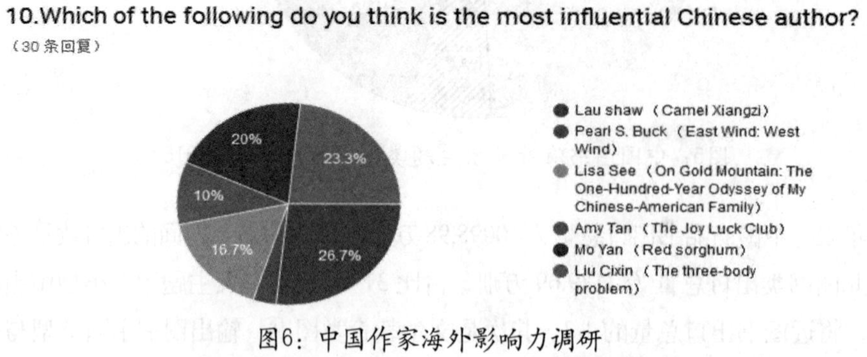

图6：中国作家海外影响力调研

3　Paul McDonald, Matt Mohebbi, Brett Slatkin. The New Online Era of Consumer Surveys: Bucking tradition, Google Introduces its ‘three-legged stool’ Internet survey model” *Marketing Research*, Fall 2012.

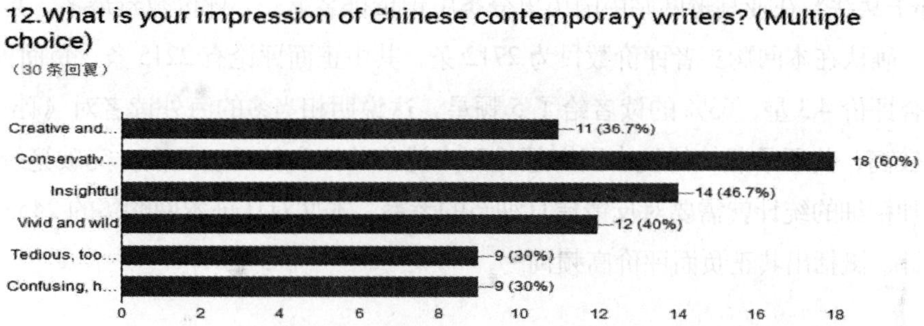

图7：中国作家海外评价度调研

调研结果显示，26.7% 的读者认为最有影响力的中国现当代作家是老舍，其次是刘慈欣。而对中国作家最深刻的印象，超过半数的调研者认为是 Conservative(保守倾向的)，近半数的读者认为是 Insightful（有洞察力的、有深刻见解的）、Vivid and wild（生动野性的）。同时也有 30% 左右的读者认为图书内容 Tedious（冗长的）、Confusing（难以理解的）。中国作家和作品作为我国文化海外传播的重要渠道，其独特的审美表达形态能够弥合其他外宣型图书文学性较弱、感染力有限的弱势，而对塑造中国国际文化形象起到以点带面的重要作用。针对海外受众对中国作家作品的评价在相当程度上体现了中国国际形象的传播效果。

以《孙子兵法》(《The Art of War》) 在亚马逊网站的销售评价为例，作为海外认知度极高的中国图书，其在亚马逊网站的在售版本繁多。截止于 2017 年 3 月底的数据，亚马逊网站的搜索结果为 1816 条，主要的版本信息如下：

译者	书名	版本年代	出版社	语言
SamuelB. Griffith	The Art of War	1971	Oxford University Press	English
Thomas Cleary	The Art of War	1988	Shambhala	English
John Minford	The Art of War: The Essential Translation of the Classic Book of Life	2003	Penguin Classics; Reprint edition	English
Thomas Cleary	The Art of War	2005	Shambhala	English
/	The Art of War	2007	Filiquarian	English
Lionel Giles	The Art of War by Sun Tzu	2009	Special Edition Books; Reprint edition	English
Tom Butler-Bowdon	The Art of War: The Ancient Classic	2010	Capstone	English
Lionel Giles	The Art of War	2014	CreateSpace Independent Publishing Platform	English
/	The Art of War	2016	Simon & Brown	English

表4：《孙子兵法》海外部分翻译情况

《孙子兵法》在亚马逊网站中国历史分类中销量排名第一，评价数量最多，共有 3378 条评论，确认在本网购买者评价数目为 2712 条，其中正面评论有 2215 条，负面评论 497 条。综合评价 4.3 星，63% 的读者给了 5 颗星。这说明相当多的海外读者对《孙子兵法》的评价较高，其所承载的传统中国智慧受到广泛的关注和接受。然而，突破笼统概念而进行更加精细的统计就需要对反馈信息细节的考察。本文对认证本网购买的 2455 条评价进行统计，概括出其正负面评价高频词。

	评价高频词	频数（单位：个）	百分比（%）	累计（%）
正面高频词	伟大、卓越	759	42.2	42.2
	经典	322	17.9	60.1
	有价值	313	17.4	77.5
	有吸引力	235	13.1	90.6
	价格合理	170	9.4	100.0
	合计	1799	100.0	
负面高频词	翻译混乱	167	46.1	46.1
	编辑草率	129	35.7	81.8
	篇幅过短	66	18.2	100.0
	合计	362	100.0	

表5：《孙子兵法》评价反馈

调查数据显示，在 1799 个正面高频词中，认为《孙子兵法》“伟大、卓越”的占 42.2%，认为“经典”的占 17.9%，认为“有价值”的占 17.4%，认为“有吸引力”的占 13.1%，认为“价格合理”的占 9.4%。在 362 个负面高频词中，认为该书“翻译混乱”的占“46.1”，认为“编辑草率”的占 35.7%，认为“篇幅过短”的占 18.2%。可见，海外读者在内容这一图书的核心价值上肯定了《孙子兵法》的地位，但该书的翻译、编辑排版等出版形式上的评价普遍较低。这组数据对于中国出版社出版策略的调整具备一定的参考价值。

四、结语

整体而言，中国图书海外影响力的评测指标需要多端口信息的汇总和综合分析，拓展信息采集视野、增加数据观测渠道，辅之以评测比例加权算法，进而形成更加全面的对中国图书海外影响力的研判。对中国图书海外影响力评测指标的创设，能够突破现有国际出版集中关注顶层设计和政策制定的宏观视角，补充以中观视角和微观视角，以实证调研和理论创新为双擎切实考察中国图书海外传播的影响力，有助于科学建构全球化语境中中国的对外传播话语体系，从而切实提升中华文化的国际传播力和影响力。

国际民调、国际指数类涉华舆情与中国国家形象的构建

——兼论零点有数集团的国际民调实践与比较研究

赵雷　崔婷[1]

【摘要】国际民调的天然属性决定了其在塑造和引导国际舆论方面具有十分重要的地位。目前国际社会的主流民调机构大多以西方国家为主导，通过定期发布民调报告或指数报告设置国际舆论议事日程。在以西方国家为主导的民意调研机构的舆论攻势下，由国际民调数据构建出的中国总体形象常常是负面大于正面的。国际民调类涉华舆论呈现出“西强我弱”的被动形势，一方面因为部分西方民调机构拥有较大的国际影响力但在研究层面缺乏中立性和规范性，另一方面也与中国本土的国际民调机构发展缓慢和在国际上发声较弱有关。因此，中国亟需建立具备国际公信力的国际民调机构，推动民意调查规范化、常态化与国际化建设，提高中国在国际民调领域的影响力和议程设置能力，对有失公准甚至存在偏见的国际民调类涉华舆情实行交叉论证和舆论对冲，从而增强中国的国际传播能力和对外话语体系建设。

【关键词】国际民调；国家形象；涉华舆情；对外传播

舆论话语权是一种控制舆论的能力，具体表现在社会行为主体对社会发生现象的“说话权”“解释权”和“发表权”。话语权不仅是公民拥有的民主权利，也是整个媒体、整个国家的表达能力，它能够直接或间接地影响受众的判断，表达自身的诉求。民意调查作为塑造、引导舆论的重要手段，对国家话语权和国家形象构建具有重要作用。

1　赵雷：零点有数集团国际关系与社会发展研究中心副总经理；崔婷：零点有数集团国际关系与社会发展研究中心项目经理。

一、国际性民调、国际性指数研究与国际舆论

国际民调在国际舆论中具有十分重要的地位。20 世纪 90 年代以来，西方国家的民意调查特别是欧美国家的跨国政治社会性民调机构迅速发展，其中代表性的有美国皮尤研究中心（Pew Research Center）、盖洛普国际（Gallup International）、马里兰大学世界民意调查中心（World Public Opinion）、英国 BBC 全球民调中心（BBC World Service Poll）、环球扫描（Globe Scan）、法国益普索集团（Ipsos International Polls）和奥地利 - 澳大利亚世界价值调查协会（World Values Survey Association）等。这些机构通过定期进行民调并发布数据结果和研究报告，借助媒体、研究机构等途径进入各国公众、政治和商业精英的视野，巧妙地塑造和改变国际舆论环境，夯实西方国家的全球话语权。

序号	项目名称	发布机构	机构性质	涵盖国家和地区	周期	调查方式	样本量
1	2015全球民意调查	皮尤研究中心	智库类	40	年度性	面访、电话访问	45435
2	2015全球民意调查	盖洛普国际	企业类	142	年度性	面访、电话访问	140040
3	2013国际政策态度调查	马里兰大学世界民意调查中心、环球扫描	学术类	25	年度性	面访、电话访问	26299
4	2014全球民意调查	BBC全球民调中心、环球扫描	媒体类	24	年度性	面访、电话访问	24542
5	2015危险感知调查	益普索集团	企业类	33	年度性	网络调查	25556
6	2010-2014世界价值调查	世界价值调查协会	NGO	57	年度性，每轮持续4年	入户面访、计算机辅助面访	21327

表1：全球重点民调项目概览[2]

国际民调结果能够成为重要的国际舆情点，与其本身特有的属性有关：

首先，民意调查有现代社会学理论做支撑，通常被认为具有较强公信力。国际民调

2　注：统计截止日期为2016年1月。

多由独立的第三方调查机构或智库机构发起和执行，这些专业性较高的机构大多配备高素质的专业人才队伍，宣称秉持价值中立的立场，依靠专业社会学、统计学理论和数据计算、分析方法做支撑，并采用相对规范的抽样和调查方法，能够在理论上使调查偏差最小化，调查数据说服力最大化。

第二，民意调查具有天然的话题性。国际民调特别是跨多国、大样本且具有延续性的调查项目，其数据结果具备横纵两个维度的可比性：横向对比即国别、区域间的对比，可以用数据针对具体国家或区域做文章；纵向对比即年份对比，可以展现涉及特定国家或地区的某个议题在过去几年内的变化趋势；延续性的数据还能对未来起到一定的预测作用，从而进一步增加话题性。民调机构发布的数据经过媒体的引用和解读，引导媒体受众对研究者设计的特定话题进行关注，敏感性较高或争议较大的话题非常容易成为媒体和民众议论和发声的焦点，从而成为引导舆论的有效载体。

第三，国际民调覆盖面广影响力大。这一特点既表现在受访者的分布广泛，也表现在调查结果的涉及国家众多。调查执行这一过程本身就扩大了人们对问卷涉及信息的知晓度和关注度，强化受访者的先在性认知，同时引发人们对不同声音的思考。而调查结果发布后，经过各国媒体多语种、多渠道的报道和转载，进一步促进调查结果的传播。在西方国家，民调结果通常与政治选举和政党竞争紧密相关，民调数据的受关注度会进一步放大。

国际民调的天然属性决定了它能够有效地争夺和夯实国家话语权，也就是国家在国际社会表达、阐释利益诉求，影响其他受众，进而达成自身目标的能力。除跨国民意调查之外，还有一些全球知名研究机构通过建构一套指标体系，作为某项特定研究议题的分析框架，并依托于跨国民意调查，定期进行数据报告发布。这类民调在频次上可分为单次性民调、周期性民调和不定期性民调。单次性民调如：美国卡托研究所“全球痛苦指数”(Misery Index)、美国波士顿咨询公司“全球福祉指数”(Sustainable Economic Development Assessment）等；周期性民调如：透明国际“全球清廉指数”(Corruption Perceptions Index)、美国《外交政策》双月刊与美国和平基金会的“全球脆弱国家指数”(Failed States Index)、英国《经济学人》的“全球和平指数”(The Global Peace Index）等；不定期性质的民调如：英国《经济学人》“全球民主指数”(Democracy Index）等。

这些全球指数报告，以及更多全球范围性的评价或排行，均透露出一个信号：掌握话语权的西方大国热衷于通过各类指数研究或是排行榜的制定，不断向全球渗透其西式“民主”和“自由”标准。无论是从发布机构属性、还是指标体系的构建和评价标准，无不带有浓厚的西方价值色彩，而且与一定的政治利益相勾联。如清廉指数、民主指数、和平指数等等，均代表着一种西方式“傲慢与偏见”的冲击，显示出西方国家对中国等发展中国家的排斥与否定。

序号	项目名称	发布机构	机构性质	议题	涵盖国家和地区	发布周期	数据来源		有无权重	
							调查类	统计类	有	无
1	全球清廉指数	透明国际	NGO类	政治	168	年度性	✓	✓		✓
2	人类发展指数	联合国开发计划署	政府类	经济	188	年度性		✓	✓	
3	全球痛苦指数	美国卡托研究所	智库类	经济	90	单次性		✓		✓
4	全球民主指数	英国《经济学人》	智库类	政治	167	不定期	✓	✓		✓
5	2015全球城市指数	美国科尔尼公司	企业类	民生	125	周期性（每2年）		✓	✓	
6	全球老龄生活指数	国际助老会	NGO类	民生	96	年度性		✓		✓
7	2015全球生活费指数	全球数据库NUMBEO网站	媒体类	经济	119	单次性	✓			✓
8	全球和平指数	英国《经济学人》	智库类	安全	162	年度性	✓	✓	✓	
9	全球奴役指数	人身自由基金会	NGO类	安全	167	年度性	✓	✓		✓
10	全球性别差距指数	世界经济论坛	NGO类	民生	145	年度性	✓	✓		✓
11	全球竞争力指数	世界经济论坛	NGO类	经济	140	年度性		✓		✓
12	全球幸福指数	联合国“可持续发展解决方案网络”（SDSN）与哥伦比亚大学地球研究所	政府类&学术类	民生	158	年度性	✓	✓		✓
13	全球福祉指数	美国波士顿咨询公司	智库类	民生	149	单次类		✓		✓
14	全球创新指数	世界知识产权组织、美国康奈尔大学和英士国际商学院	NGO&学术类	经济	141	年度性		✓		✓
15	全球脆弱国家指数	美国《外交政策》双月刊、美国和平基金会	媒体类&NGO类	综合	178	年度性		✓		✓
16	全球繁荣指数	英国列格坦研究所	智库类	综合	142	年度性		✓		✓
17	经济自由度指数	美国传统基金会&《华尔街日报》	智库类&媒体类	经济	186	年度性		✓	✓	
18	全球恐怖主义指数	经济与和平研究所	智库类	安全	124	年度性		✓		✓
19	世界慷慨指数	慈善援助基金会	NGO类	民生	145	年度性	✓			✓
20	全球饥饿指数	国际粮食政策研究所	NGO类	民生	117	年度性		✓		✓

表2：全球重点指数报告概览[3]

3 注：以上仅选取覆盖国家为90个以上的重点指数调研项目，统计截止日期为2016年1月。

目前，在各类跨国综合民调报告和指数报告中，成果质量参差不齐。受制于研究方法和意识形态差异的影响，以及研究设计上存在的部分缺陷，西方民调研究结果时常出现偏差，但这些研究成果在国际社会影响力仍然较大。国际民调数据刻画出的中国形象必然有符合客观实际的合理之处，需要我们秉持包容、理性的精神看待并谨慎回应。而在面对纷繁的国际民调舆论战时，我们也要积极就调查数据的真伪、抽样与调查方法和数据解读的合理性进行鉴别。

二、西式价值观对国际民调与国际指数研究的渗透

在以西方国家为主导的民意调研机构的舆论攻势下，中国在国际民调中的总体形象常常是负面大于正面的。这些负面形象，有的是客观反映，但有的源自评价指标的偏见和调查设计中科学性和规范性的缺失：

（一）国际民调机构难以摆脱政治色彩和价值取向问题

许多国际民调机构的资金支持背景有政治色彩或财务不透明，经济上的依赖可能导致研究成果具有偏向性。如美国皮尤研究中心宣称是独立型民调机构，受皮尤慈善信托基金资助，是一个无倾向性的资助。然而由于皮尤的全球民调项目覆盖国家范围广（最少 5 国，最多 47 国）、样本量大，为了弥补国际经费的不足，不得不引入除皮尤慈善信托基金外的其他基金会加盟赞助。值得注意的是，皮尤全球民调项目的发起者之一是美国前驻联合国大使约翰 · 丹弗斯（John Danforth）、其共同主席之一是美国前国务卿马德琳 · 奥尔布赖特（Madeleine Korbel Albright）；同时，美国著名自由派媒体《纽约时报》也是全球民调项目的合作伙伴，为全球民调项目提供资金支持和意见指导。

其次，研究机构在跨国民调中难以跨越文化隔阂。民意调查数据区别于统计数据的最大特点在于：民意调查的目的是对受访者主观感受的探测，而主观测量法常常受到受访者个人观念、受教育程度、信息获取渠道和文化差异的影响，它反映一种受访者的感受、印象，而非完全客观的现实世界。例如在透明国际“清廉指数”报告中，一国公众可能基于很高的道德标准来对某国腐败印象进行感知，并不能真切代表该国真实的腐败状况。而且“清廉指数”项目的调查对象多为商界人士和国情 / 风险研究专家，这些受访者的整体受教育水平和专业程度都比较高，难以代表社会上大多数群体的意见。[4] 再如英国《经济学人》智库（EIU）“全球民主指数”报告以“选举程序与多样性”“政府运作”“政治参与”“政治文化”和“公民自由”5 个大类指标，为世界大多数国家或地区政权的民主

4　Corruption perceptions index 2016, Transparency International, 2016.

程度打分，部分民主得分采用专家评估的方法。[5] 专家在打分的过程中不可避免地会带入其意识形态，对其他国家打分的客观性难以掌握。这些民主与否的标准，通常是西方民主政体的代名词。有学者指出，全球民调最大的挑战是如何设计一个能够跨越文化障碍的问题，使这样的问题既能体现研究的初衷，又能容易被调查对象所接受和理解。因此，跨国民调话语表述很难排除设计者的价值和话语取向问题。[6]

（二）名词概念界定和指标设置存在争议

“全球民主指数”不仅在专家打分方面存在主观性问题，而且从其细分指标可以看出，其构建立场带有强烈的西方色彩：以选举程度与多样化为例，题目设置完全出于西方现有政体的考量，对其他类型的选举程度以“非公平、非自由”一概而论，中国屡次在此项指标的得分为 0 分。从政治科学的视角看，民主可以分为很多种模式，包括直接民主和间接民主；民主的形式可以包括：选举表决、参与讨论协商等；而民主参与范围又可分为精英民主、大众民主等。“全球民主指数”简单地将公民普选等同于“民主”，忽略其他形式的民主政体：在 2015 年的民主指数报告中，抛开中国大陆以 3.14 分（总分为 10）被列为“专制独裁”国家不谈，仅“选举程序与多样性”一项的得分就为 0 分。[7]

英国波特兰公司的《全球软实力报告》中“全球软实力指数”(Soft Power 30 report) 为评价软实力设有六个指标，分别是企业（Enterprise）、文化（Culture）、数字化（Digital）、政府（Government）、全球参与度（Enhancement）和教育（Education），每个大类指标下细分许多次级指标，这些次级指标在设置上未显示一定的规律性，部分指标偏差较大：首先，文化指标下属的体育类，仅引入奥运奖牌数和国际足联排名（且仅限男子）作为衡量指标。第二，数字化指标下的 12 个次级指标中，就有 5 项与 Facebook 相关，包括 Facebook 上的各国领导人粉丝数量、外交部粉丝数量、网友对各个国家领导人及外交部的总体评分、以及各国领导人在 Instagram 的粉丝数量。在同一家网络社交型平台选取过多权重指标来衡量一个国家的数字建设情况，评价标准简单而偏颇。

（三）数据来源复杂多样，抽样和样本量缺乏代表性

在数据来源方面，定量研究需要严格控制变量，调查所采集的样本数量、调研周期、指标体系、评分标准如若没有统一标准，可能影响到最终结果的客观性和准确性。透明国际的“清廉指数”采用的是“复合指数”研究方式，透明国际本身不直接进行调查和访问，而是通过对其他独立的、有公信力的 11 所国际研究机构出具的调查报告进行分

5 Democracy Index 2016, Revenge of the “deplorables”, The Economists Intelligence Unit, 2016.

6 翟石磊：《民调与国家话语体系建设关系的思考》，《对外传播》，2014年5月，第11-14页。

7 Democracy Index 2015, Democracy in an age of anxiety, The Economist Intelligence Unit, 2015.

析[8]，经过对设计腐败的信息进行统计整理，制作出衡量腐败的复合指数并对世界各国排名。透明国际引用的报告数据来源在样本量、访问方式、数据采集时间和受众等方面都缺乏统一性，难以科学地反应某国家在某一时期内的腐败情况。

在样本量设计方面，调查统计结果易受到多种因素的影响，比如统计抽样设计和样本数量，合理的抽样设计是保证调查结果具备较高的代表性的重要环节，而必要的样本单位数目则是确保抽样误差不超过某一给定范围的重要因素之一。环球扫描2015年全球调查项目（Global Civil Society Radar Research and Advisory Program）在中国18个城市共选取1000份样本进行电话访问，平均每个城市55-60份样本，[9]这一抽样方法只能代表中国城市而非中国整体。因为在进行样本分配时，需要综合考虑人口规模、行政区划和地理经济划分：按照中国国家统计局2010年最新人口普查数据，中国城市、城镇、乡村的人口比例约为30:20:50，即使是按照城市、城镇人口进行的抽样科学规范，该调查结果也仅能代表中国50%的人口。而这个调查的城市、城镇抽样并不符合以人口规模大小比例的概率抽样方法（PPS抽样）规范。其具体抽样地点仅包括副省级及以上城市9个，地级市4个，县级市5个。[10]

（四）民意调查的国家选取和执行方法缺乏规范

民意调查方法的不规范也可能影响调查结果的准确性，主要表现为有针对性地选取执行国家，以及执行标准不统一。皮尤研究中心2016年全球民调报告的一条结论是："目标国民众对美国的好感度要高于中国"。仔细分析可以发现，报告中用作参照的16个国家大都属于地理或价值观意义上的"西方国家"：例如，民众对美国好感度最高的前10名国家是波兰、日本、意大利、瑞典、加拿大、法国、荷兰、匈牙利、英国、澳大利亚，相比之下这些国家的民众对中国的好感度的确低于对美国的好感度，但难以代表此次国际民调涉及的全部国家。另外，此次皮尤年度国际调查报告中还选取了日本、澳大利亚和印度三个亚洲国家，探测其国民对中国国家领导人习近平正确处理国际事务的信心度，其中澳大利亚公众的信心度为39%，而印度和日本公众的信心度分别是15%和12%。值得注意的是，皮尤全球民调项目2014、2015年调查中对中国好感度持续较高的巴基斯坦（2015，82%；2014，78%）、俄罗斯（2015，79%；2014，64%）、马来西亚（2015，78%；

8　注："清廉指数"的数据来源于11个独立机构，包括：国际货币基金组织（IMF）、世界银行、经济合作与发展组织、CIA世界概况，美国传统基金会、波特雷斯曼基金会、自由之家、经济学人智库、世界正义工程、政治经济风险咨询社、世界竞争力报告、世界经济论坛。

9　CSR Expectations and Performance, Globe Scan, 2015. http://www.globescan.com/component/edocman/?view=document&id=270&Itemid=591.

10　注：18城市为：北京、上海；沈阳、西安、郑州、武汉、杭州、成都、广州；西宁、阜阳、泉州、曲靖；汾阳、北流、都江堰、满洲里、双城。

2014，74%）、加纳（2015，80%;2014，61%）等国，[11][12] 均未被列入 2016 年全球民调的执行范围。[13] 再如英国波特兰咨询公司 2016 年《国家软实力报告 TOP30》在对 30 个国家的软实力状况进行定性定量相结合的评估时，定性研究对象为 30 个国家，而定量研究对象只有 25 个国家，最后生成综合榜单排名，[14] 事实上没有进行定量研究的 5 个国家无法与其他国家做横向比较，TOP30 榜单的科学性也存在质疑。

（五）数据与实际情况脱节，时效性滞后

透明国际“清廉指数”报告转引的数据涵盖各个智库和民调机构到过去两年的数据结果，这难以及时反映某些国家、特别是发展中国家的腐败程度变化，这种滞后的感知滞后削弱了“清廉指数”的时效性。根据透明国际制定的“新闻自由”“公众获得信息”“基本人权和权利”“贪腐情况”“其他”五大指标作为打分依据，中国近 5 年的清廉指数得分一直在 36-40 分之间（最低 0 分，最高 100 分）；同样在近 5 年，中国政治领域的廉政建设和反腐败取得瞩目成果，中国共产党采取的一系列“打虎”“拍蝇”“猎狐”行动成效显著。根据零点有数集团 2014 年的一项调查显示：2014 年，认为政府在反腐方面的决心和努力程度“比较大”或“非常大”的公众比例达 79.1%，分别比 2009 年、2011 年高出 8.9 与 23.1 个百分点；认为中国政府在反腐方面取得的效果“比较大”或“非常大”的受访者比例达到 68.3%；公众对政府反腐效果给予肯定评价的比例相比于 2011 年提升了近一倍（2011 年：35.5%，2014 年：68.3%），也高出 2009 年（45.5%）逾 20 个百分点。[15]

以上种种可见，以西方民调研究机构为主导设立的所谓客观的排行榜折射出中国国际话语权的弱势，在西方价值观为预设的国际评判体系下，并不能反映各国真实的政治发展状况。而中国国际民调机构的长期缺位，使多数媒体难以抓住“痛点”及时有效地发声，常使中国在国际舆论中陷入不利境地。

三、中国国际民调机构发展现状与零点民调实践

与西方国家的民调机构相比，中国的民调研究机构起步较晚，大多创立于 20 世纪 90 年代或 2000 年以后，发展速度相较于西方国家也显得相对缓慢。1986-1992 年间，官方民

11　Global Opposition to U.S. Surveillance and Drones, but Limited Harm to America’s Image, Pew Research Center, July 14, 2014.

12　Global Publics Back U.S. on Fighting ISIS, but Are Critical of Post-9/11 Torture, Pew Research Center, June 23, 2015.

13　As Obama Years Draw to Close, President and U.S. Seen Favorably in Europe and Asia, Pew Research Center, June 29, 2016.

14　John McClory, The Soft Power 30-A Global Ranking of Soft Power, Porland, 2016.

15　零点有数科技集团国际关系事业部，2015年中国居民评价政府调查，2015年2月。

意测验机构出现，同时出现半独立的民间社会调查机构，但此阶段的民意研究主要局限于少数经济与人事改革政策。1992 ~ 2001 年间，中国民意研究快速发展，一方面允许独立民意测验机构合法注册，另一方面政府进行民意测验的数量增加，内容也更广泛；且政府与独立民间测验机构开始进行合作，媒体开始大量使用民间独立机构的调查数据。2001 年以后，原本隶属于政府或半官方性质的一些民意研究机构基本实现私营化，政府开始购买民间研究服务，媒体对各类民意研究的数据使用更为广泛，而政府统计调查职能主要集中于国民经济的宏观统计研究。[16] 也就是说，直到 20 世纪末期，中国民调机构的发展才逐渐步入快车道，而其中具备海外调查执行能力的机构还是屈指可数，中国本土的民营民调机构在规模、海外执行能力和影响力方面都难以与西方老牌调查机构和智库相媲美。近年来，也有部分民调研究机构在努力尝试国际性民调，这些民调主要可分为以下几类：

第一，具有官方背景的国际民调：如文化部外联局“2014 年‘欢乐春节’、‘上海国际艺术节’重大品牌活动评估”、中国外文局对外传播研究中心的年度性调查——“中国国家形象调查项目（2012-2016）”“中日关系调查项目（2005-2016）”以及部分专项调查研究；再如国家旅游局与零点合作的“中国出境游游客文明形象年度调查项目”、央视英文频道与零点合作的“2016 年核安全峰会主题 10 国民调”等。

第二，具有高校背景的文化类国际调查项目：如北京大学中国国情研究中心“2012 年中美安全关注研究项目”、中国人民大学公共外交研究院“2013 年中国在金砖国家的公共外交效果调查”、上海外国语大学“中国文化对外传播效果研究”、北京师范大学首都文化创新与文化传播工程研究院的“外国人对中国文化认知调研项目（2014-2016）”等。

第三，中国本土第三方民营机构进行的海外调研：如零点有数数据科技集团（原零点研究咨询集团）近年的国际民调实践，包括 2014 年“一带一路沿线 18 国民调”、2015 年“海上丝绸之路 5 国调查”等。

目前，中国的涉外调查在执行覆盖国家范围、样本量配额、话题多元性和深度方面与西方国家相比仍有较大差距，且大多侧重于双边关系或区域少数国家，尚未形成具备全球规模的常规民意调查项目和专题项目。在第三方独立调查研究机构中，就涉外调查的执行能力而言，零点有数数据科技集团具有较为明显的相对优势：零点公司在全球超过 45 个国家建立了业务协作伙伴，海外调查执行能力够覆盖 6 个大洲、90 多个国家及地区；同时，零点是世界专业研究者协会（ESOMAR）中国代表机构，也是国际管理咨询机构协会（AMCF）中国代表机构。零点集团在国际民调实践中，围绕涉华民调项目的科学设计和数据结果的公正解读，积累了一些初步经验：

16 袁岳、张慧：《独立民调机构与公共管理评估：以零点为案例的研究》，《经济社会体制比较》（双月刊），2010年，第135-142页。

首先，涉及国际领域的课题，相对于“代表性调查”，应该更加注重“影响力调查”。国际舆论的影响力并非“一人一票”的简单数量叠加，随着互联网信息时代的迅速发展，应该更加注重各国互联网活跃用户特别是互联网“意见领袖”在影响和引导舆论方面的作用，这些人的影响力远远超过普通民众，而对国际事务了解的深度、广度与知识素养也远远超过普通民众。因此，在抽样方法上，可以尝试突破传统社会学定量研究采用的抽样方法；在调查手段上，优先考虑网络在线调查和 CATI 调查，同时视调查的目的和效果决定是否采用部分入户调查、拦截调查等面对面访问方式作为补充。

第二，考虑多元分析维度，既重视绝对的静态现状，也要关注相对的动态趋势。国家旅游局与零点“2016 年中国出境游游客文明形象年度调查”发现：从绝对的静态现状看，2016 年，10 个热门旅游目的地国家和地区的受访者[17]对中国游客文明形象的平均打分为 5.2（满分为 10），低于及格线 6 分；但从相对的动态趋势也要看到，尽管中国出境游游客文明形象得分仍然相对较低，但有近半数（46%）的受访者普遍认为与 5 年前相比，中国游客整体文明素质有所上升。因此，在动静结合的辩证分析下，对数据分析结果的解读更会趋于客观、中立和准确。

第三，在问卷设计中，既要有抽象的“形而上”提炼，更需要具象的“形而下”表述。民调本身就是国民情绪的一种抒发与体现，当外国受访者被笼统问到“对中国外交的印象”“对中国国家领导人的印象”时，往往带有民族情绪和偏见。零点在跨国民调的实践中，尝试在题干设置中有意淡化意识形态和立场，将中国秉持的发展道路和外交理念融入选项当中抹去这些理念的国别、领导人和意识形态的色彩，并以比较的方式，探测受访者更倾向于何种价值观。例如一项国际民调中的题目就使用了这种调查方式。调查结果证明，其他国家民众对中国提出的发展道路选择多样化与自主化、主权高于人权和和平解决国际争端等理念普遍持支持态度。

（零点2013年海外民众国际意识调研）[18]以下有3组关于国际关系准则的表述，每组都有两种不同的说法。即使任一种说法您都不能完全同意，相对来说哪个说法更接近您的观点？【逐项提问，单选】

		美国	印度	巴西	肯尼亚		美国	印度	巴西	肯尼亚
1	在国家发展理念上，存在着普世性的规范，各国都应按照这个普世性的蓝本规划本国发展。	26%	32%	44%	53%	国家的发展道路应多样化。各国有权按照本国国情独立自主地选择发展道路。别国无权干涉。	52%	58%	44%	42%

17　注：10个执行国家和地区为：韩国、日本、泰国、新加坡、印度尼西亚、美国、法国、英国、中国台湾、中国香港。

18　注：总频数100%，其他选项为“拒答/说不清”。

2	如果某个国家出现侵犯人权事件，大国和国际社会有权对这个国家进行“人道主义”干预。	47%	35%	48%	44%	各国根据本国的具体国情推动本国的人权事业。其他国家不能以人权为借口干涉主权范围内的事务。	33%	52%	39%	51%
3	武力手段是解决国家间分歧的优先选项。对于大国来说，凭借军事实力解决国际与地区纠纷，可以不经过联合国授权。	15%	22%	18%	31%	应以和平方式解决国家之间的分歧和争端，而不应该诉诸武力或以武力相威胁。	66%	66%	70%	65%

国际民调无疑是巩固和加强软实力这一无形国家力量的重要载体，也是促进对外传播、维护国家形象的重要领域之一。对于如何提高国际民调在塑造国家形象方面的能力，应该对各方面的因素加以综合考虑：

第一，增强中国民调研究机构设置国际议事日程的能力。中国亟需建立具备国际公信力的民调机构，通过官方与民间第三方民调机构形成战略合作的模式，联合设计和实施多国年度性和专题性民意调查项目，并根据国际舆论的热点导向，适时在各类对外传播平台发布民调数据与报告，增强中国在国际舆论中的影响力，打造立足中国本土的民调产品和品牌的影响力，从而增强中国的国际传播能力和对外话语体系建设。

第二，重视第三方民调机构的作用，推动民意调查规范化、常态化与国际化建设。由于政府公共管理现代化的特性（从管制到赋权、前后台模式的转变、管理流程优化等），以及第三方民调机构在民意调查中的独特优势（立场中立、体系完善、方法齐全等），使得专业民调机构介入公共管理成为必然。政府应该重视民意调查在塑造舆论、影响舆论和控制舆论方面的作用，建立民意调查常态化机制，既要重视针对特定议题的常规调查，也要重视针对突发事件的快速民调；而对于国际民调领域涉及中国的热点话题以及抹黑中国形象的调查，应合理借鉴其他国家行之有效的经验，由国内专业民调机构进行交叉论证性质的调查和研究，为国际舆情提供中国的视角和议程，对不利于中国的国际舆论实行对冲。

第三，建立国际民调数据库，及时搜集、录入国际知名民调机构涉及中国或其他重要国家地区的民调数据结果。通过对国际民调的关注、特别是通过监测分析其他国家或地区的民众眼中中国国家形象的变化，制定适时适度的回应性宣传措施，增强在国家形象的塑造和增加推广上的主动性，扭转中国在国际舆论中长期处于被动回应的局面，这对于增强对外交往决策的科学性和在国际舆论领域确立中国话语权意义重大。

国家形象的塑造必须建立在充分的调研工作基础上，深入细致的国家形象调查将对国家形象的现状、开发潜力和发展趋势有一个较为综合和全面的了解。“通过收集国家全方位的综合数据，了解国民对国家发展远景的期望，收集来华旅游者和投资者对国家形象的评价和建议等，制定符合国情的国家战略规划”，[19] 才能更好地讲好中国故事，传播好中国声音。

19 范红：《国家形象的多维塑造与传播策略》，《清华大学学报（哲学社会科学版）》，2013年第2期，第141-152页。

上海积极探索和实践国际传播精准化

冀宇平[1]

【摘要】 要更好地对境外民众讲好中国故事，发挥中国话语的影响力，必须从观念、内容、渠道、方式等多方面做出改进，特别要讲求精准传播。上海近年来努力创新对外话语表达方式，深入研究境外受众的文化传统、价值取向、接受心理，积极整合配置全市国际传播资源，努力创新国际传播实践，寓服务于引导，有效引导驻沪外媒客观报道中国，努力探索和实践国际传播的精准化，以境外民众易于接受的表达方式讲好中国故事，力争提高中国话语对外传播的影响力、吸引力和感染力。

【关键词】 精准传播；国际传媒；引导国际舆论；拓展传播影响力

习近平总书记在党的新闻舆论工作座谈会上指出，讲故事是国际传播的最佳方式，要讲好中国故事，创新对外话语表达方式，让中国故事成为国际舆论的话题；要下大气力加强国际传播能力建设，让全世界都能听到并听清中国声音。[2]

上海始终坚持国家站位，不断创新上海对外话语表达方式，围绕对外传播说什么、怎么说、精准说努力开展探索和实践，以期增强中国话语对外传播的影响力和辐射力，努力形成符合全国整体战略、城市形象鲜明统一的上海国际传播体系，向世界展示一个真实的上海、全面的中国。

1　冀宇平：上海市人民政府新闻办公室研究室主任。

2　《坚持正确方向创新方法手段 提高新闻舆论传播力引导力》，《人民日报》，2016年2月23日。

一、整合全市资源，精准定位上海国际传播能力建设

上海是中国改革开放的排头兵、创新发展先行者。当前上海正在努力建设自由贸易试验区和具有全球影响力的科创中心，努力建设“四个中心”，努力建设社会主义国际文化大都市，展示上海国际大都市风采，因此，更加充分地、有感染力地讲述上海，让世界读懂中国，是上海开展国际传播的中心任务。

2010 年上海世博会的成功举行，向全世界展示了蓬勃发展的中国、生机盎然的上海。全球媒体聚焦上海，客观上起到了非常好的宣传中国、宣传上海的国际传播效果。上海世博会结束后，上海审时度势，经过调研论证，制订了《上海国际传播能力建设三年行动计划 2013 － 2015》，强调要持续发挥后世博效应。2016 年，上海在全国各省市中率先强化对外传播力度，制订实施了《上海国际传播能力建设三年行动计划（2016-2018 年）》《< 关于加强和改进周边外宣工作的意见 > 的实施意见》，启动第二轮国际传播能力建设三年行动，着力推动开展周边外宣。

新一轮上海国际传播能力建设行动计划充分整合了全市国际传播资源，对新形势下上海提升国际传播能力予以精准定位，力求做到传播任务精准、传播对象精准、部门协同精准。

《上海国际传播能力建设三年行动计划（2016-2018 年）》明确提出上海国际传播要实施八大工程、25 个项目，着重在对外传播中国话语、提高中国话语的海外辐射面和影响力上取得进展，目的是建立一个规范全市国际传播工作、有效整合全市国际传播资源、集全市之力对外讲好中国故事、引导境外媒体更加客观公正报道中国、报道上海的制度性工作框架。着重提出要在内外宣融合、政务信息发布、重特大突发事件舆论引导、政务新媒体建设、优化境外媒体服务、创建国际传播领军媒体、“魅力上海”城市形象推广、学术外宣等关键领域取得较大突破，统筹协调全市各部门、各地区开展国际传播工作，强调要与中央的国际传播能力建设总体战略同步，与上海经济社会发展内在需求同步，与传播新技术新应用变革同步，进一步提高中国话语的国际传播水平，扎扎实实提升上海国际传播工作的水平，取得实实在在的效果。

二、创新实践精准传播，在国际主流社会讲好中国故事

上海是国际大都市，国际关注度高，有条件充分利用各种场合，通过主动设置议题和设置议程，持续深入引导国际主流媒体客观报道中国、报道上海，努力以上海实践，讲好中国故事，发出上海声音，推动更多的中国主张上升为国际共识。

（一）充分发挥“世界中国学论坛”等重大活动的国际传播效应

由国务院新闻办和上海市政府共同主办的世界中国学论坛是国际学术界研究探讨中国道路的重要平台，自 2004 年以来，已连续举办 7 次（含两次专题论坛）。[3] 2016 年 5 月，世界中国学论坛东亚分论坛在韩国高丽大学举行。中共中央政治局委员、书记处书记、中宣部部长刘奇葆同志出席论坛并发表主旨演讲。50 余位各领域、各学科的亚洲知名学者，共论全球化背景下中国改革进程，150 多名亚洲中国问题研究学者与会。论坛对于服务“一带一路”倡议和周边国家外交外宣战略，拓展讲好中国故事海外阵地具有重要价值。据统计，世界中国学论坛迄今已有全球 40 多个国家和地区的 1600 余名学者参与学术讨论，50 余个国家的外交机构和智库代表与会，百余家中外知名媒体对论坛作了报道。

近年，我国相继举行不少重要主场外交活动，上海承担了重要的外交外宣任务，2016 年 2 月和 7 月，G20 财长和央行行长会议、G20 贸易部长会议相继在沪举行，两个会议主要讨论了当前全球经济形势，财长、央行行长会议发表了联合公报，贸易部长会议通过历史上首份 G20 贸易部长声明，充分体现了中国在完善全球金融治理、促进国际贸易和投资的积极倡议精神。此外，上海每年都举办国际媒体关注度很高的陆家嘴论坛，通过举办上海市政府新闻发布会、组织现场直播、推送上海国际金融中心建设 H5 宣传片、做好现场媒体管理服务等方式，保证论坛国际传播效果。据统计，仅 2016 年陆家嘴论坛，就有 75 家境内外媒体、近 300 名记者参会采访，其中境外媒体 23 家，各类新闻报道累计 1800 余篇次，海外媒体报道积极正面客观。

（二）创建“魅力上海”国际传播知名品牌

以上海市政府新闻办为活动主体，充分联合上海市各地区、各部门有效资源，广泛利用国际传播途径的“魅力上海”高端城市形象海外推广品牌不断发展成熟，传播对象定位于欧美亚太主流社会、主流人群，已形成每年、数次、多地举办系列活动的惯例，海外推广目的地遍及五大洲，推广人群以当地主流社会为主并覆盖各阶层。主要做法是积极探索国际传播阵地前移到传播对象国，进一步优化资源配置、拓展渠道平台、创新方式手段，力争做到传播效果入耳、入脑、入心，走进并有效影响国际主流社会主流人群。

在习近平主席 2014 年访问斯里兰卡之后，上海市政府新闻办及时把握这一战略机遇，2015 年 10 月在这个“21 世纪海上丝绸之路”的重要节点国家举办了城市形象推广活动，通过图片展、广播周等形式，斯里兰卡高层人士更加直观地感受到上海的城市魅力所在，斯里兰卡国民议会议长卡鲁和副议长苏马提帕拉出席活动并给予了积极的评价。[4]

3　《中国道路与前景》，2013年9月五洲传播出版社，第1页。

4　《魅力上海推广活动在斯里兰卡举行》，2015年10月29日，东方网，网易。

国际传播是否有效要看传播是否真正到达对象国主流社会主流受众，并得到传播对象的认可。2015 年“魅力上海”在欧亚结合部土耳其举行，上海市政府新闻办与土耳其第二大媒体集团土库瓦兹集团和土耳其伊斯坦布尔节奏调频台联手合作，借助两大当地媒体单位的渠道优势，广泛宣传报道上海经济社会人文发展情况，活动受到土耳其社会和民众的广泛关注，填补了土耳其媒体从未全面报道上海的空白。

2016 年“魅力上海”城市形象推广活动在英国伦敦和比利时布鲁塞尔举行，比利时活动选择在布鲁塞尔中国文化中心举行，邻近欧盟总部，人气集聚，影响力和覆盖面广，推广活动借力使力，以多媒体手段展示了上海最新城市风貌和人文景观，成为中国经典文化“走出去”的典型范例，进一步扩大了中国话语的国际影响力，提升了上海城市国际传播能力。

（三）“东方的诺亚方舟”用世界语言讲述犹太难民在上海的故事

上世纪三四十年代，大批被纳粹迫害的犹太人远涉重洋来到上海居住，总数超过 3 万人，主要聚居地就是虹口提篮桥地区。当地居民无私接纳了这些难民，和平相处，给予帮助，发生了许多动人的故事。上海也因此得名“东方的诺亚方舟”。近年来，上海各区各部门各单位共同致力于犹太难民历史文化资源的发掘整理保护和外宣，通过上海犹太难民纪念馆、“犹太难民与上海”海外巡展、大型音乐剧《微光·犹太人在上海》等形式，用世界语言讲述犹太难民在上海的故事，在世界各国特别是犹太人群体中产生了广泛深刻的影响。

坐落在上海市虹口区的犹太难民纪念馆现已收集到二战期间在上海避难的犹太难民名单、数据库、音视频、口述实录，实物展品达 500 余件，从 2007 年开馆至今，上海犹太难民纪念馆已接待了来自 80 个国家和地区的 20 余万名游客，用世界语言讲述中国故事，在世界各国特别是犹太人群体中产生了广泛深刻的影响。[5] 2015 年 8 月 26 日，纪念馆整修完成重新开馆，以色列、奥地利、德国、匈牙利、波兰等国驻沪领事及世界犹太人大会负责人、犹太难民后裔悉数出席。现场播放了以色列驻上海总领事馆制作的宣传片《谢谢上海》。从以色列总理本雅明·内塔尼亚胡到普通民众，超过 100 名犹太人参与拍摄。在仅仅 1 分多钟的短片中，他们分别用中文、希伯来文、英文三种语言不停地表达着“谢谢”。

2016 年 12 月，原创音乐剧《微光·犹太人在上海》在纽约百老汇爱迪生剧院举行首次海外公演。整部剧作制作精良，情节感人，把“犹太难民在上海”的历史故事与现代艺术表现形式相结合，重现二战时期在华避难的犹太人得到普通中国民众帮助的感人场景。首演当天即引起轰动，被观众誉为中国版“辛德勒名单”，开创了中国原创音乐剧

5　“世界拒绝犹太人时，上海是唯一例外”，2015年9月2日，澎湃新闻。

“走出去”的先河，是中美人文交流的重要成果。

上海广播电视台融媒体中心历时 8 个月，辗转德国、奥地利、美国和以色列等国，采访近 40 位二战期间曾经在上海居住的犹太难民，拍摄制作的纪录片《生命的记忆－犹太人在上海》真实还原了那段历史，2017 年 1 月 10 日在美国国会放映，中国、以色列两国驻美大使和美国政界人士观看，这部纪录片还在全美 50 所高校巡回展映，并保存在美国大屠杀纪念博物馆和美国国会图书馆，形成全方位立体传播声势，收到了春风化雨、点滴入土的良好效果。

（四）寓引导于服务，通过议题设置提升对境外主流媒体报道的影响力

国际社会对中国的认识和感受，主要通过境外主流媒体的报道，做好境外主流媒体服务引导工作至关重要。目前，全球各大通讯社、主流媒体、财经专业媒体均在上海设站，常驻上海的境外记者超过 100 人，上海已经形成“服务、引导、管理”三位一体的外媒工作格局，及时准确的信息发布是影响国际舆论走向的有效途径。上海综合运用政府新闻发布会、主流媒体、政务新媒体、网络等各种对外传播渠道，积极稳妥做好重要政策的信息发布，加强热点问题和重大突发事件舆论引导。坚持做到政务信息发布和对外传播同步策划、同步实施，借助微博、微信等新媒体平台与传统媒体相互融合、相互助推的优势，保证公众知情权，不断提升对境外主流媒体服务和引导工作水平。

2015 年、2016 年，上海市政府新闻办连续两年作了外媒涉沪报道大数据统计和分析。我们统计了 28 个语种、100 多个国家的主流媒体，2015 年国际主流媒体对上海的报道量创历史最高峰值，总计搜集到 22.6 万条涉沪新闻报道，是新世纪之初 2001 年的 6.2 倍，其中争议性报道占比只占 5% 左右。2016 年，国际主流媒体发表涉沪报道共 23 万余篇次，略高于 2015 年，其中中性报道（含部分正面报道）占比九成以上。[6]

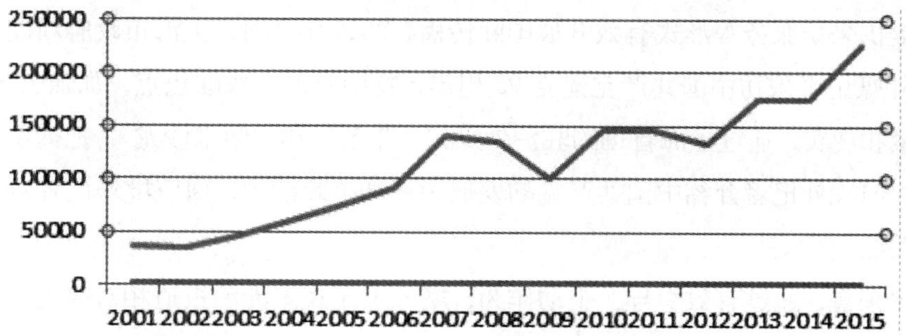

国际媒体报道上海的新闻数量趋势图（2001—2015年）

6　数据采集自Factiva和Gdelt数据库。Factiva数据库是由道琼斯公司建立的全球性新闻及商业数据库，收录了118个国家和地区以26种语言出版的一万余种信息资源，具有较强权威性。Gdelt（世界整合新闻数据库）是全球最大的政治事件开放数据库，覆盖近100种语言的2亿余条数据，可以全景式展现重要事件的相关信息。

城市	数量	城市	数量
纽约	1831630	北京	256187
伦敦	1388773	上海	230686
巴黎	956877	深圳	74363
东京	284400	广州	30522

2016年国际主流媒体对国际一线城市和
国内一线城市的报道量比较表

研究发现，随着中国国际地位的上升，作为经济中心城市的上海日益受到国际社会的广泛关注，作为传统四大世界级城市，纽约、伦敦、巴黎仍是国际媒体关注的焦点，处于信息中心地位，而东京超出上海的量差已经不大，上海与北京数量接近，远超国内其他地区，从数据走势看，未来国际媒体涉沪报道量仍将处于上升趋势，上海已稳步成为全世界媒体报道和瞩目的焦点，成为国际社会观察了解中国的重要窗口。

一是组织接待好国际重量级传媒高端访问。重点策划小范围深度采访，增加互动空间，改善报道效果。近两年上海先后接待了菲律宾总统府新闻部部长、土耳其安纳多卢通讯社等重要媒体来沪，德国莱茵邮报总编辑、加勒比广播联盟主席、泰国经理报总编辑、欧亚国家新闻官员业务能力建设研修班等欧美、“一带一路”沿线、周边国家的重点媒体相继来沪参访，全方位采访和报道了上海经济社会发展情况，借筒传声宣传上海。

二是提升境外记者新闻引导工作水平。加强与境外媒体的沟通，重点做好境外媒体采访需求的及时分析和回应，注重个性化服务和柔性引导。结合境外媒体采访需求，鼓励和协助其根据上海经济转型发展的特点采写制作有分量的专稿、专栏和专题节目。通过“感知上海”网上国际新闻中心网站和微信服务号，分类定向驻沪外媒记者推送采访信息、提供采访服务等形式有效开展国际传播。2016 年 7 月，上海市政府新闻办组织安排驻沪外媒记者采访中国共产党建党 95 周年，特别强调“找准焦点，加强引导”，立足党史，紧扣现实，通过上海首创的驻沪外媒“下午茶”和“学术沙龙”，把握境外记者关注焦点，向境外记者介绍中国共产党的发展历程和执政活力，回应境外记者对我党执政能力的关注。

总体来看，通过有效引导、主动作为，境外主流媒体涉沪报道相对客观，负面报道量不是很大，大部分属于中性客观报道。上海的重大活动、重大事件、重要政策，外媒都第一时间发出报道、进行解读，进行全方位观察和分析。境外驻沪媒体和记者一方面通过近距离了解上海、报道上海，同时也是通过上海来了解和报道中国，从不同维度呈现出一个变革进步的中国、发展创新的上海。

三、改进传播途径，发挥上海国际传播媒体集群优势

媒体是讲好中国故事、发出上海声音的重要载体，对境外传播受众而言，非官方、企业性质、民间身份的媒体有时比政府直接出面更有吸引力，尤其是新媒体时代的来临给中国媒体实现在世界媒体格局中的“弯道超车”、更好地发出中国声音提供了现实机会。

上海大力加强国际传播能力建设，集中力量打造公司性质的国际传播新媒体，形成上海国际传播媒体集群优势，目前已初步构建起全媒体、多角度、立体化讲好中国故事、讲好上海故事的生动局面。

（一）直接面向境外受众，建设国际传播领军媒体

2016 年 4 月，上海报业集团澎湃新闻负责的 THE SIXTH TONE（第六声）上线测试。作为中国第一家全数字化英文媒体，直接面向境外用户，以讲故事的方式展现生动的中国、充满活力的上海，力求在西方关注中国宏大题材、西方解读的国际舆论场中提供更丰富、更多样化的“中国故事”和中国视角。全球用户均可通过访问网页（www.sixthtone.com）及设在社交网络 Twitter（推特）、Facebook（脸书）、Instagram（领英）以及微信上的账号访问“第六声”的内容。目前页面浏览量近 1000 万，超过 60% 的阅读点击来自海外，近八成用户来自 20 多个国家和地区，其中美、英、澳、加、印等国家用户占比较高，已经收获了一定的国际媒体关注度。

（二）针对海外受众心理，制作传播原创中国新闻精品

上海广播电视台融媒体中心外语频道（ICS）与美国知名中国问题专家罗伯特•库恩合作，采用海外观众容易接受的传播方式，讲述真实的中国故事，制作了纪录片《中国面临的挑战》。该片先后登陆美国 PBS、澳大利亚 ABC、德国北威州电视台等，并通过美国国家教育传播协会（NETA）在全美范围内共 154 个电视台发行该片。并持续向美国 CNN、澳大利亚天空新闻台（SkyNews）、日本 NHK 等海外主流媒体供片，向世界传播当今的中国和上海，2016 年底获得第 68 届美国洛杉矶地区艾美奖最佳社会与法制类节目奖。

全英文上海日报与亚马逊等近 10 家海外主流数据库以及数字出版商合作，向其推送优质内容，开发新闻 APP SherLock，每日推送图片新闻，并提供手机界面下载，赢得了国际主流媒体和读者的关注与好评，逐渐在年轻境外用户中建立起品牌影响力。

（三）借机求显占据国际主流媒体传播渠道

上海主流媒体通过交流、业务合作等方式加强对境外知名媒体的影响，使之成为境外主流媒体报道上海的重要参考信源，广泛传播中国和上海发展成果。

上海广播电视台外语频道ICS与美国纽约中文电视台达成战略合作，实现整体输出，即在美国纽约中文台设立的英语频道上，每天完整播出由ICS制作的近4小时内容。节目内容包括美食、文化、旅游、谈话、以及纪录片等，在每天18点到22点的首播版面中占据4个小时的播出量，并重播两次，一天总播出量达到12小时。上海广播电视台融媒体中心外语频道ICS还与ABC旗下的澳大利亚国际频道展开合作，向对方提供24分钟一集的节目，每周两集。

（四）生活交流无障碍，多语种语言服务境外驻沪人士

2005年，上海创建对外信息服务热线（962288），这是中国大陆首条7×24小时多语种公益服务热线，以实现外籍人士在沪“语言交流无障碍”为目的，目前提供在线服务语种13种，是全球服务语种最多的公众服务呼叫中心之一。962288向在沪外籍人士提供五大类信息服务，包括上海城市信息咨询，临时应急翻译服务，专业服务，上海的生活和时尚信息，阶段性地为政府重大项目和展会任务提供外语语音配套服务。

上海市政府新闻办公室政务微博微信“上海发布”开设了“I ❤ SH”英文功能菜单，推出“这一刻，在上海、英文翻热词、英文解沪语”等6个栏目。[7]

“I ❤ SH”以时下流行的H5页面进行展示，通过丰富多彩、生动有趣的形式，展示海派传统文化，传播现代城市形象，提升了外宣工作实效。上线一年，“I ❤ SH”浏览量达621万次，成为访沪外籍人士重要的生活服务工具，[8] 对于来沪在沪外籍人士形成关于上海的良好印象起到了重要作用。

7　上海市人民政府新闻办公室“上海发布”英文菜单http://act.shanghaicity.openservice.kankannews.com/iloveshanghai/

（五）深耕海外华人社会

创刊于 1994 年的新民晚报美国版在洛杉矶地区出版发行 20 多年。目前，新民晚报海外版的布局为“1+22”，“1”为新民晚报主办的美国版；“22”是与美国、澳大利亚、菲律宾等国家当地华文报纸合作的 22 份海外版。新民晚报海外版提供的新闻板块主要包括中国新闻和上海新闻。另外军事、健康、美食、旅行、市井故事、史海纵横等专副刊类版面也很受海外读者欢迎。

四、深挖内涵，探索中国话语精准传播的维度广度深度

传播力决定影响力，话语权决定主动权。做好国际传播，扩大中国话语的国际影响力，必须不断探索对外传播的精准度，要在传播的维度、广度、深度上下功夫，只有找准境外传播对象的需求，找准传播渠道，才能做到精准传播。从上海国际传播探索和实践来看，我们有几点体会。

（一）要研究国外受众不同的文化传统、价值取向和接受心理

上海广播电视台外语频道（ICS）制作的专题纪录片《中国面临的挑战》以被称为“中国通”的罗伯特·劳伦斯·库恩为视角，对中国发展的现状进行观察。库恩长期在 CNN、BBC、彭博社等担任中国问题嘉宾，他既有对中国的真知灼见，又非常熟稔西方的媒体，为节目提供了一个很好的切入角度。这种以“正反两面”“客观中立”的态度、以“西方视角”“信息平衡”的手法呈现中国，首先消除了西方受众对中国发展话题的壁垒乃至反感，由此保证中国话题与中国影像切实抵达并呈现在西方受众眼前。

（二）要研究国际主流媒体的信息需求

目前国外公众获取关于中国的信息，主要还是通过其所在国媒体。国际主流媒体驻华记者对获取第一手中国新闻信息有较强烈的需求，上海正在推进的自贸试验区、具有全球影响力的科创中心和“四个中心”建设，都是外媒感兴趣的采访内容。

以上海广播电视台和 BBC 合作为例，上海广播电视台 2013 年、2014 年曾与 BBC EAST 做了两次直播合作，《Look East（看东方）》和《英伦中国梦》，直播结束后，BBC East 收到很多观众反馈，表示整个节目让人耳目一新。其中有不少观众写来电子邮件表示，从来没有这么真切地感受过上海，了解到上海的发展、上海与英国的密切往来。

对于西方主流媒体而言，尽管有其固有的立场和价值观，但是作为媒体也必须要满足本国观众对当今中国的客观信息需求。通过共同设置话题、共同采制新闻并及时提供

内容信息，可以影响境外主流媒体、利用境外主流媒体帮助国际观众进一步理解当今中国、了解上海发展，提升对外传播效果。

（三）要研究利用好家门口的国际传播资源

借助高端体育赛事开展城市对外传播、提升城市国际形象是上海国际传播能力建设的一个重要抓手。经过精心策划，上海选择 F1 上海大奖赛、世界极限运动大赛、环球马术冠军赛、上海网球大师杯等在国际体育传播领域有较大影响的四大赛事作为城市形象推广活动的载体，探索运用国际体育赛事，打造上海“城市背景板”。围绕赛事特点，突出上海文化特色，将“赛事卖点”“城市地标”“海派文化”三者巧妙揉和起来，依托顶级赛事的国际影响力，国际媒体充分集中报道了赛事活动及穿插其中的上海 " 城市背景板 "，上海城市形象向全世界作了生动具象的展示。

以 2017 年 F1 上海站开幕式为例，开幕式现场 6 块正对主宾看台的大屏幕播放最新上海城市形象片，场地内印有上海对外形象标识的彩旗与各国国旗一起飘扬。由 F1 总裁和国际汽联主席领衔的 F1 众赛车手列队向中国国旗致敬，并与摆出“I♥SH”造型的轮滑表演选手一起带动全场观众齐唱中国国歌，将现场气氛推向了高潮。F1 官网、50 多个国家 73 家电视台、26 个国家 164 家平面媒体对活动作了转播报道。

（四）要研究运用互联网技术把中国声音直接传播给境外民众

除了 2016 年开通运行的互联网信息产品“sixthtone”之外，上海广播电视台融媒体中心外语频道（ICS）积极打造 ShanghaiEye(上海眼) 为品牌的国际传播视频新媒体矩阵，努力开拓海外视频网站，与海外知名视频网站 Viki 合作，共同推广“洋厨房”“城市节拍”“车游天下”“说东道西”等优质节目。Viki 是总部设在新加坡的一个在线多语种视频聚合网站，向超过 230 个国家提供付费电视剧、电影、音乐视频，月均活跃用户超过 4000 万。

全英文上海日报目前正在全力推进整体转型，一个全新的融媒体上海日报，既有传统的纸质报纸，也有立足互联网渠道、以海外读者为主要传播对象的全新外宣媒体产品将与 sixthtone、Shanghaieye 形成一个和谐生长相互促进的良性发展格局。

五、结语

上海作为社会主义现代化国际大都市，在当今世界传播格局中理应享有与城市地位相匹配的影响力、传播力，要充分发挥上海作为中国改革开放前沿和窗口的优势，准确把握当代中国与当代世界关系的历史性变化，不断创新对外话语表达方式，深入研究国外不同受众的文化传统、价值取向、接受心理，以国外受众易于接受的思维方式和表达方式讲好中国故事，增强吸引力感染力，力争在国际舆论场上凸现中国国际话语的独特重要价值，把中国和上海发展优势和综合实力转化为话语优势，开创上海对外话语表达新局面。

反腐败国际传播“一举转为战略主动”的思考和启示

贾亮[1]

【摘要】 在十八届中央纪委六次全会上，习近平提到：“过去，美国等西方国家总想用反腐败问题来拿捏我们，不断在联合国、二十国集团、亚太经合组织等场合提出所谓反腐败问题。现在，我们在国际上一举转为战略主动……”在中国国际话语权整体上仍处于被动局面的当下，这不啻为一个值得认真研究的经典案例。对这一成功案例进行考察和思考，传播主体自信、传播策略科学、议程设置得当或许是成功的主要原因。总结经验，对做好整个对外传播工作、争夺更多话语权，进而提升中国国家形象，无疑具有借鉴意义。

【关键词】 反腐败；国际传播；战略主动；话语权

中国在经济体量上所占国际地位与其在国际上的话语权严重不匹配，已是不争的事实。欧美等一些国家以及追随其后的一些国家，以西方政治民主和社会发展为标准衡量并借以指责中国的事情经常发生。作为世界政治通病的腐败，就是经常被其利用的一个重要方面。但是由于各种原因，在反驳西方指责、争夺反腐败话语权、构建中国国家形象的过程中，困难重重，收效甚微。

党的十八大以来，在党中央领导下，正风反腐取得了很大成绩，国际舆论被动的局面也慢慢改观。在十八届中央纪委六次全会上，习近平提到：“过去，美国等西方国家总想用反腐败问题来拿捏我们，不断在联合国、二十国集团、亚太经合组织等场合提出所

1　贾亮：北京日报社北京晚报评论部编辑。

谓反腐败问题。现在，我们在国际上一举转为战略主动……原来他们认为那些犯罪嫌疑人是他们手中的牌，现在都成了手里的烫山芋。各方面对我们敢于向腐败亮剑是佩服的，我们的反腐行动赢得了国际社会尊重。”[2]

“一举转为战略主动”的成绩，在长期遭受压制的国际舆论战场上，尤其是反腐败这一敏感领域，殊为不易。也正因如此，对这一成功案例进行考察，总结经验，对做好整个对外传播工作、争夺更多话语权，进而提升中国国家形象，能提供有益的借鉴。笔者曾在中央纪委监察部机关报工作 8 年时间，对反腐败国际传播的演变趋势和原因有一些经验性的认识。依据工作中的思考，本文将从作为反腐主体的中国共产党更加自信，反腐败国际传播策略更加科学，以及反腐败国际传播议程设置上的变化三个方面，对中国反腐败国际传播“一举扭转为战略主动”的成功经验进行分析。

一、反腐主体自我认同增强，反腐败对外传播更加自信

在反腐败这一问题上，西方对于中国的指责看似一边倒，其实心态是复杂的。一方面，冷战思维长期存在，根深蒂固，在尝试多种方法希望中国能重蹈苏联覆辙失败的情况下，寄希望于腐败成为制约中国发展的秘密武器，而且从短期收益看，一些国家、组织和企业又能在某种程度上从腐败中获益。另一方面，腐败作为任何国家、任何执政党必须反对的人类公敌，从传播策略和实效上讲，西方国家又必须以中国腐败严重的借口向中国施压，企图破坏作为执政党的中国共产党以及中国国家的形象和地位。

西方对话传播的一个重要特点，或许也是“成功”策略之一，就是将实践问题进行理论包装，以理性、科学的形式出现。关于腐败，西方就常以西方民主政治理论、“三权分立”学说、“执政合法性”等为理论基础，试图证明作为执政党的中国共产党和中国政府，腐败不仅是难免的而且靠自身无法解决腐败问题。一段时间内，这些指责形成舆论强势，在国内相当有市场，而且反驳无力。

说服作为传播的基本形式之一，传播主体的态度和信念对于说服实效有着至关重要的作用。[3]中国在反腐败国际传播上的弱势地位，与对中国理论、道路、制度、文化不自信，又深陷西方话语和理论陷阱，一时无法找到突破口，有相当程度的必然联系。从“三个自信”到“四个自信”，[4]中国共产党可以说意识到了这一问题的严重性，而且自信不只是对党内、国内，更决定了中国以何种精神状态出现在国际舞台上。

---

2 http://news.xinhuanet.com/politics/2016-05/03/c_128951516.htm

3 （美国）Werner J.Severin/James W.Tankard,Jr.著，郭镇之主译，《传播理论起源、方法与应用》，中国传媒大学出版社，2006年1月第一版，第131页。

4 “三个自信”：理论自信、制度自信、道路自信；党的十八大后，又提出文化自信，是为“四个自信”。

其实，国内不乏理论建树，李忠尚有专注《第三条道路》，专门论述“中国模式”“中国崛起”的真谛，即中国选择的中国特色社会主义及其理论。[5]只是，纯学术性的著作与对外传播实践的结合尚有较大距离，理论学者与传播主体的思路也没有形成统一。传播者的自信是逐渐建立的。具体到反腐败自信，真正确立的转折点，无疑当属党的十八大，尤其是习近平同志有关意识形态、舆论工作的一系列重要讲话，以及从中央到地方的正风反腐实践。“鲜明的旗帜、坚定的步伐，展示了中央领导集体对理想信念的执着追求，对世情国情的清醒认识，对中国未来发展走向的深沉思考，让世界感受到中国坚定不移地走中国特色社会主义道路的自觉和自信。”[6]

“我们坚定不移反对腐败，使我们占据了国际道义制高点。”[7]不仅如此，从国内一些人都认为反腐败是“搞运动”“政治斗争”等一系列怀疑，到几年来数百省部级以上腐败分子被查，各个层面的传播主体对中央的决心，和中国政治模式能有效应对腐败的理论基础和制度建设更加自信，对共产党组织内反腐与依法治国、纪律与法律的边界内涵及交互作用的方式有了更清晰的认识。与西方交流反腐败等一系列问题时，“很被动，像是给领导汇报工作”的[8]自卑心态迅速得到扭转。

中国自古以来就没有输出价值观和意识形态以及政治经济体制的主动性，但其文化制度和发展模式却往往成为其他国家效仿的对象。反腐败自信传播的反馈也是积极的，西方一些国家元首、政要或表示，对于一个八千万党员规模的一个党派，中国共产党能够有效管理，殊为不易，而且希望能交流学习。就在不久前，西班牙执政党人民党在听取专家介绍中国共产党反腐败经验后，仿效中国共产党的反腐措施和机制，设立西班牙版“纪委”——人民监督办公室，专门惩治党内腐败。

在全世界都在期望中国给出全球经济发展的中国方案时，可以说中国的反腐败也正在给出一种可以尝试的路径。

二、反腐败传播策略调整，更加科学有效

对西方针对中国腐败的指责，我们以大众传播为主要方式，曾经做过很多的辩护。辩护的策略大致有几种：(1) 展示中国在反腐败工作上做出的种种努力，试图证明中国的腐败状况并没有西方指责的那样糟糕，廉洁状况正在改善；(2) 反过来指责西方国家的三权分立思想、多党轮流执政等方式同样不能解决腐败问题，而且以法律的名义进行合法

5 李忠尚：《第三条道路——“新马克思主义”与中国崛起之真谛》，人民出版社，2010年7月第一版，第289页。

6 蔡名照：全面客观认识当代中国的重要文献——《习近平谈治国理政》介绍，《人民日报》，2014年9月29日。

7 http://news.xinhuanet.com/politics/2016-05/03/c_128951516.htm。

8 张维为：《中国超越》，上海人民出版社，2014年5月第一版，第105页。

化腐败，属于腐败的高级形式，腐败程度和危害甚至高于中国。赵汀阳在谈人权问题时，对这两种反驳策略进行了点评，称策略一是愚蠢辩护，策略二是幼稚辩护。因为第一种策略预先承认了西方标准，第二种策略是在用别人的错误为自己的错误辩护。[9]

争夺话语权的斗争是一场博弈，但注定不能以零和博弈的思维进行。此前，反腐败话语权交锋中急于证明自己的“弱者心态”，试图迅速改变国际舆论上被压制的迫切心情，采取各种策略进行反击的良好初衷，最终长期效果一般的尴尬境地，迫使对传播策略做出调整。

笔者认为，最重要的策略之一，就是从主动驳斥到不予理会，专心做好自己的事情。不理会看似没有声音，其实也是一种态度和声音，“此时无声胜有声”。在中国强力正风反腐两年后，中国在“透明国际”2014 年清廉指数得分比 2013 年低 4 分，排名也从 80 名降到 100 名。得分和排名均与中国的现实相悖，与中国作出的反腐败努力不成正比，更与中国社会的感知度形成强烈反差。对于这样打着公正客观名义却严重违背事实的指数，中国主流媒体表现出了集体自觉，不关注，不报道，不评论。当然不理会并不代表什么都不做，只是不与西方针对中国腐败以及中国反腐的非理性声音进行正面交锋，反而选择以讲故事的方式，以无可辩驳的事实进行反击。党的十八大以来，习近平同志多次指出，要讲好中国故事。在党的新闻舆论工作座谈会上，谈及对外传播，更是明确提出“要加强国际传播能力建设，增强国际话语权，集中讲好中国故事”。

从被动反击到主动出击，从看别人脸色到以我为主，从空对空地进行论辩到以讲故事为主，对外传播策略上的变化显而易见。一定程度上讲，是根本性的转变。2015 年习近平访美期间，在西雅图出席当地政府和美国友好团体联合举办的欢迎宴会上，在谈到中国的反腐败斗争时，他提到“这其中没有什么权力斗争，没有什么‘纸牌屋’”。借用美国热播剧的剧名，阐释中国的反腐，既彰显了中国共产党的最高领导人对反腐败的自信，更是一次成功的对外传播范本。不仅如此，关于政党建设，习近平对“坚持中国共产党的领导理直气壮、旗帜鲜明、毫不含糊，无论国内还是国际，走到哪里讲到哪里”。[10]

在获取信息更为方便的当下，国际舆论场和国内舆论场在有些方面是重合的。“对此，我们应该考虑的是，如何积极争取利用既有的美国全球新闻传播网络来宣播中国政府的声音，即让‘美国话筒’‘唱’‘中国歌’。”[11] 这一策略比较典型的案例，是国际上对周永康、令计划等高级领导干部被查办的报道。在相关部门宣布令计划接受组织调查后，《纽约时报》《华尔街日报》、英国《卫报》、BBC 等在国际上有广泛影响力的媒体迅速报道并加以

---

9 赵汀阳：《坏世界研究：作为第一哲学的政治哲学》，中国人民大学出版社，2009年4月第一版，第324页。

10 http://www.ccdi.gov.cn/xsjw/series14/201601/t20160124_73384.html#Art1《总书记讲话里找答案》一文系“学思践悟”栏目刊发的文章，该文章每周一在中央纪委监察部机关报《中国纪检监察报》头版头条刊发，“本报评论员”文章得此处理，其观点来源或作者的重要性不言而喻。

11 李智：《国际政治传播：控制与效果》，北京大学出版社，2007年8月第一版，第173页。

点评。德国柏林自由大学国际政治学者梅斯奈尔对《环球时报》记者表示，反腐为中国塑造了新形象。[12]

三、主动设置反腐败议题，摆脱对媒体的路径依赖

造成长期反腐败国际舆论被动一个重要原因，是在反腐败国际舆论场中的议题设置能力不够，或称无效设置。此外，长期以来将“新闻”等同于“宣传”、将“对外传播”等同于“对外宣传”等意识的存在，导致了视媒体为对外传播唯一路径，并产生路径依赖。但由于中国缺乏在世界上有广泛影响力的媒体，且西方刻意回避中国对西方的驳斥，以至于以媒体为主要途径的传播效果乏善可陈。

党的十八大以来，中国对外传播路径大大拓展。值得一提的是《习近平谈治国理政》一书，被国际社会视为解码中国的必读书。书中有不少篇幅直接阐述中国的反腐败决心和思路。由国务院新闻办公室会同中央文献研究室、中国外文局编译，由外文出版社以中、英、法、俄、阿、西、葡、德、日等多语种出版发行，受到国际社会持续广泛关注。美国《商业周刊》中文版发表文章评论称，《习近平谈治国理政》的出版发行，是一次理念层面的对外推广。美国中国问题专家库恩评价《习近平谈治国理政》一书具有“里程碑”意义，他认为本书有3个特点：“实质性，呈现了习近平的深厚政治哲学；标志性，表明对习近平作为一个世界大国领导人政见的认可；信号性，即以透明的方式向世界介绍习近平的思维方式。”[13]

此外，领导人会晤、出访、双边和多边合作等都已成为中国反腐败国际传播主渠道。中央政治局常委、中央纪委书记王岐山在十八届中央纪委七次全会报告中的一段话，既是对过去一年反腐败国际合作的总结，也是中国反腐败对外传播路径的一次集中展示：“习近平总书记等党和国家领导人，无论在国内还是国外、多边还是双边场合，都主动设置反腐败国际合作议题，讲好中国故事，讲好中国共产党的故事，讲好全面从严治党、惩治腐败的故事，占领道义制高点。中央反腐败协调小组加强组织协调，各成员单位密切协作，各地方相互协同、健全机制。发挥二十国集团反腐败工作组主席国作用，推动杭州峰会通过《二十国集团反腐败追逃追赃高级原则》《二十国集团2017－2018年反腐败行动计划》，确立“零容忍、零障碍、零漏洞”国际合作三原则，在华设立反腐败追逃追赃研究中心。强化同美国、加拿大、澳大利亚、新西兰等国双边执法合作机制，加强重大个案执法协作。”[14]

12　资料来源http://news.qq.com/a/20141225/014163.htm《外媒：反腐成为中国新常态 腐败官僚进入寒冬》。

13　http://world.people.com.cn/n/2015/0319/c1002-26719525.html。

14　王岐山：《十八届中央纪委七次全会报告》。

不久之前，在出席“一带一路”国际合作高峰论坛并发表的主旨演讲中，习近平提出，我们要加强国际反腐合作，让“一带一路”成为廉洁之路。同样在十八届中央纪委七次全会上，习近平也提到，我们加强反腐败国际多边双边合作……主动提出一系列反腐败国际合作倡议，倡议构建国际反腐新秩序，特别是加大对美国等西方国家在反腐败合作方面的压力，要求他们不要成为腐败分子的“避罪天堂”。过去，西方一些国家，不愿协助引渡涉嫌腐败的犯罪嫌疑人，如今包括美国、新西兰等被腐败分子视为“避罪天堂”的国家，迫于全球舆论压力，陆续公开表示支持中国抓捕外逃腐败官员的行动。

可以确信，中国在反腐败国际舆论场“一举转为战略主动”、全面提升在该领域议题设置和规则制定方面的话语权等可喜局面的出现，与中国对反腐败的自信，与在自信基础上做出的策略调整以及所选择的传播路径都有密不可分的关系。“当前，虽然西强我弱的舆论格局还没有根本改变，我国外宣事业整体水平与世界第二大经济体的地位还不相称，传播规模、渠道范围、话语体系的构建还有很大提升空间，但可以确定的是，国际舆论的天平正在向中国一端倾斜，对外宣传正迎来跨越式发展的难得机遇。”[15]抓住这个机遇，需要深入分析和研究反腐败国际舆论“一举扭转为战略主动”的成功经验，为中国在国际舆论场上占据更多主动权、更大发言权提供借鉴。

15　杨振武：《把握对外传播的时代新要求——深入学习贯彻习近平同志对人民日报海外版创刊30周年重要指示精神》，《人民日报》，2015年7月1日。

部委新闻发布会传播效果评估研究

——以 2017 年“两会”前夕 11 场中央部委新闻发布会为例

张力　杨卫娜[1]

【摘要】 每年全国“两会”前，都要由“两会”发言人分别举行新闻发布会，这已经成为“两会”对外开放的显著标志之一。新闻发布会，作为政府、媒体与海内外受众之间信息沟通的平台，通过释放权威信息、消弭杂音，发挥引导舆论的重要作用。传播效果是检验新闻发布会成败的重要标准之一。对于系列新闻发布会对外传播效果的整体评估，有利于了解我国新闻发布会对外传播的基本情况和改进工作。

本文基于议程设置理论，通过网络新闻与社交平台的综合对比分析，研究我国媒体对 2017 年“两会”前夕国新办系列新闻发布会的对外传播情况，旨在评估当前“两会”前夕各部委系列新闻发布会的海外传播机制和效果，总结亮点和特色。同时，也将针对发现的问题，提出可行性的意见和建议，以供参考。

【关键词】 新闻发布会；议程设置；媒体；对外传播

一、概述

1983 年 4 月，我国正式建立新闻发言人制度。1993 年国务院下发《国务院关于国务院新闻发布工作的会议纪要》，首次明确由国务院新闻办负责国务院新闻发布和协调各部门新闻发言人工作，具有标志性意义。

1　张力：人民网舆情监测室研究员；杨卫娜：人民网舆情监测室助理研究员。

同时，大众媒介在20世纪的繁荣，及其在社会中的角色和影响，促进了媒介化社会的形成，引发了全社会极大的关注和重视。人类社会已经完全进入了媒介化的社会。新闻发布活动就是出于媒介化社会中的一种特殊传播活动。如果说传播学发展有一条红线的话，那就是“传播效果”贯穿其中。[2]

新闻发布会传播机制的效果评估，是新闻发言人制度建设的重要组成部分，而我国媒体在新闻发布会对外传播中发挥不可替代的作用。自2009年中央实施国际传播能力建设工程以来，中央主要媒体“走出去”力度不断加大。新形势下，新闻发布会作为对外传播的重要内容组成，其传播效果研究值得关注。

“两会”是国际上观察中国的重要窗口。为落实国办政务公开要求，2017年“两会”前夕，各部委在“两会”之前密集召开新闻发布会，各部委的负责人回应相关领域的热点话题和社会关切，意在提前释放“两会”政策信号、提升新闻发布效能、预防舆论矛盾滋生、提升政府形象。

观察系列发布会，新闻发布实施制度化从单向发布转为回应关切以及注重新媒体技术平台运用，均极大程度地提升新闻发布的效果，给人清风扑面、权威高效、焕然一新的感受，也为“两会”营造了良好的舆论环境。

二、研究说明

（一）研究对象

2017年“两会”前夕，各部委在“两会”之前密集召开新闻发布会。本报告旨在评估“两会”前各部委系列新闻发布会对外传播效果。

具体而言，本文将研究对象设定为2017年“两会”前夕部委召开的11场新闻发布会，即2017年2月6日至3月2日，中央农村工作领导小组、国土资源部、工业和信息化部、商务部、保监会、住建部、证监会、食药监总局、交通运输部、人社部和银监会11场部委新闻发布会。

（二）数据来源

本研究综合多维度数据进行分析，在传播主体上兼顾我国媒体和境外媒体，在传播媒介上涵盖网络媒体和社交媒体平台。

数据主要分为三部分，一部分为我国中央媒体官网上主动发布的有关11场新闻发布会的英文报道；一部分为境外媒体发布的涉及11场新闻发布会的中英文报道；还有一部分为我国中央媒体在海外社交平台推特上发布的有关11场新闻发布会的英文推文。其

2　孟建：《中国新闻发布活动传播效果的理论与策略》，《2006中国传播学论坛论文》。

中前两项数据来源参考人民网舆情监测室数据系统，第三个数据来源于推特平台的搜索数据。

（三）参考框架与分析方法

20 世纪 70 年代，美国传播学者麦库姆斯和肖基于 1968 年美国总统大选期间受众调查结果提出了议程设置理论。该理论认为大众传播往往不能决定人们对某一事件或意见的具体看法，但可以通过提供给信息和安排相关的议题来有效地左右人们关注哪些事实和意见及他们谈论的先后顺序。大众传播可能无法影响人们怎么想，却可以影响人们去想什么。[3] 成功的设置议程，会使受众发生与发布者的预期较为一致的变化。因此，作为影响发布会效果的一个重要因素，评估发布会效果时，对议程设置的评估也必不可少。这也是从传播角度去评估新闻发布会效果的典型路径。[4]

受地域、族群、文化、习惯和对中国认知程度等影响，海内外受众存在着巨大的差异性。我国媒体根据受众的不同需求和接受特点，注意把握对内报道和对外报道的区别，注意把握新媒体受众和传统媒体受众的差别显得尤为重要。此外，也有研究表明，对新媒介的积极使用也有助于我国刻板印象在海外的改变。[5] 因此，我国部委新闻发布会对外传播中，我国媒体选择哪些议题、以何种形式对外进行重点报道，采用分众化、差异化策略，对发布会的有效传播至关重要。成功的议程设置可有效避免涉华议题话语权的缺位，客观完整展现中国国家形象。

此次研究将对外传播的议程设置划分为对新闻媒体与社交网络的议程设置；将我国中央媒体主动发布英文报道、以及在海外社交平台（此次研究以推特为例）发布英文信息视为主动设置议程的方式；对应将境外媒体报道、社交网络相关信息转载、评论与点赞视作议程设置效果的研判对象。

本报告主要采用内容分析、大数据统计分析等方法展开，用以评估当前新闻发布会传播机制的效果、特点、优势及不足等，以供参考。

三、海外传播基本情况和传播效果观察

（一）新闻发布会对外传播基本情况

据观察，在海外传播方面，在我国中央媒体主动发布英文报道以及英文推特的背景

3　张洪忠：《大众传播学的议程设置理论与框架理论关系探讨》，《西南民族学院学报（哲学社会科学版）》，2001，第22卷第10期，第88-91页。

4　周庆安、邓仙来：《新闻发布会传播效果的评估研究初探》，《新闻与写作》，2014年第11期，第64-66页。

5　常江、肖寒：《超越二元对立：外宣视频<“十三五”之歌>的传播效果与中国对外传播的后结构转向》，《新闻大学》，2016年第1期，第121-128页。

下，系列发布会产生了不俗的传播影响力。人民网舆情监测室数据显示，人民网、新华网、中国新闻网、中国日报等中央媒体主动发布稿件 186 篇、境外媒体（含中英文）报道 2022 篇；主动发布推特 39 条，收获转载 248 次、评论 1165 条、点赞 2664 次。

具体情况如下：

	新闻媒体议程设置[6]		社交网络议程设置[7]			
发布主题／主要内容	发布英文报道	境外媒体报道	发布推文	转载	评论	点赞
银监会	21	323	2	12	30	110
人社部	13	156	2	13	76	161
交通运输部	27	50	5	58	363	703
食药监总局	11	56	5	10	31	157
证监会	24	410	2	12	49	156
住建部	13	111	7	33	128	314
保监会	11	178	1	3	29	93
商务部	43	157	6	55	184	447
工信部	8	130	2	14	55	77
国土资源部	10	166	3	17	148	280
2017年中央一号文件	5	285	4	21	72	166

表1：系列新闻发布会相关数据统计

（二）相关性分析

基于上述数据，对“发布英文报道”与“境外媒体报道”的相关性、“发布推文”与“转载”“评论”“点赞”的相关性进行分析，结果如下：

1. 我国中央媒体发布英文报道量与境外媒体报道量关系不大，二者相关系数只有 0.057。

相关系数	境外媒体报道量
发布英文报道量	0.057

表2：发布英文报道量与境外媒体报道量相关系数

6　中央媒体发布英文报道量、境外媒体报道量数据均源自人民网舆情监测室，统计时间段为2017年2月1日至3月3日。

7　推特相关数据均源自推特平台搜索结果，统计时间段为2017年2月1日至3月3日。

2.我国中央媒体发布推文量与转载量、评论量与点赞量有着较强的相关性，相关系数均在0.5以上。

相关系数	转载	评论	点赞
发布推文量	0.724	0.521	0.631

表3：发布推文量与总体转载量、评论数、点赞量相关系数

其中，发布推文量与转载量相关程度最高，二者相关系数达到0.724。

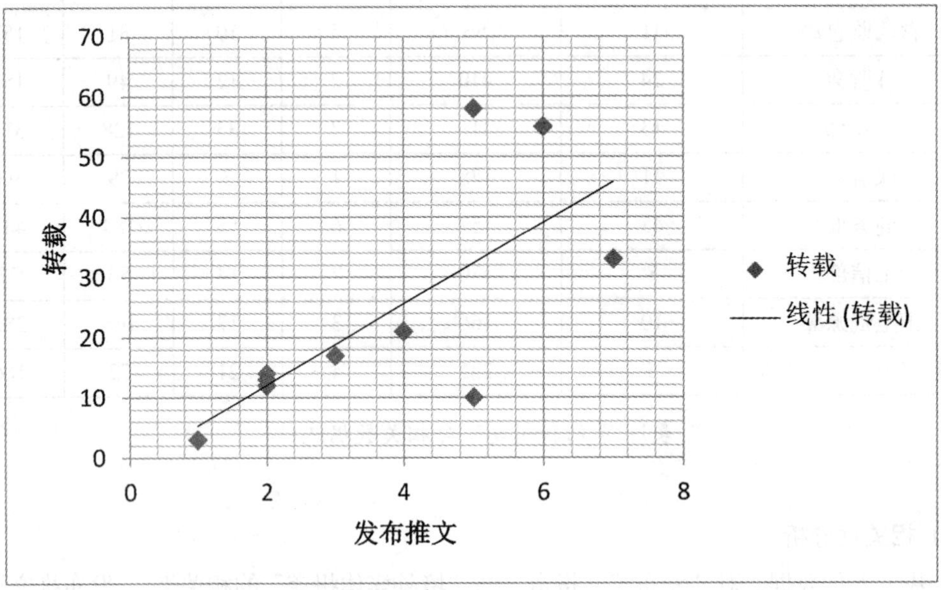

图1：发布推文量与转载量关系

(三) 中央媒体传播亮点

研究发现，尽管在数量上我国中央媒体的信息发布量与外媒报道关系不大，但在内容引导上，议程设置效果仍较为明显。就此次系列新闻发布会的媒体传播效果而言，具备以下特点：

1. 中央媒体积极参与英文报道传播。媒体传播方面，参与英文报道传播的媒体包括人民网、新华网、中国网、中国日报、中国新闻网等。

2. 主动议程设置引导媒体客观报道。通过增强英文语境下的海外传播，此次系列发布会的海外舆论引导成效明显。通过归纳境外媒体报道聚焦点发现，境外媒体报道以中性以及正面报道为主，极少断章取句以及以偏概全的抹黑性、煽动性负面报道。

发布主题／主要内容	境外媒体聚焦点扫描
2017年中央一号文件	布局农业供给侧改革（香港财华网、香港新闻网）
	“农民将成魅力职业”（大公网）
国土资源部	宅基地买卖与使用问题（美国《商业周刊》）
	土地二级市场试点问题（路透社）
工信部	5G研发进入第二阶段（《大公网》《欧洲时报网》）
	特朗普当选对中国政策的影响（路透社、《纽约时报》）
商务部	商务部：中国外贸更重质量效益（香港文汇报）
	中国商务部：合作是中美唯一的正确选择（美国华尔街日报网）
	“一带一路”高峰论坛筹备工作正有序推进（香港星岛环球网）
保监会	北京观察：金融高官屡战为哪般？（香港新闻网）
	中国金融市场刮起监管之风（新加坡《联合早报》）
住建部	房地产市场容不下“害群之马”（日本新华侨报网）
	加快房地产税立法（多维新闻网）
证监会	刘士余警告“大鳄妖精”将无所遁形（法新社、《泰晤士报》）
	进一步向国外公司开放投资市场（路透社、《纽约时报》）
食药监总局	京官轰网上造谣“胶紫菜”（香港《信报》）
	食药监总局谈婴幼儿奶粉监管：源头严控 违法严惩（香港大公网）
	中国官方要求餐饮企业严防“地沟油”“泔水油”流向餐桌（新加坡《联合早报》）
交通运输部	中国交通运输总投资规模将达2万亿美元（《日经亚洲评论》）
	李小鹏回应网约车改革：鼓励各地因地施政（香港大公网）
人社部	延迟退休政策何时是适时“窗口期”？（《香港文汇报》）
	中国50万“烟囱”行业岗位将被裁（《新西兰先驱报》）
	香港人可享内地社保待遇（多维新闻网、《香港文汇报》）
银监会	市场化债转股签约4000多亿元人民币？（英国《金融时报》）
	坚决治理各种金融乱象（《联合早报》、欧洲时报网）
	加强银行监管与防控风险（路透社、《纽约时报》）

表4：境外媒体聚焦点（括号内为代表性媒体）

3. 传播形式有所创新。除了常规的图文报道，此次人民网还尝试了英文图解。例如，2 月 17 日工业和信息化部部长苗圩出席新闻发布会并介绍 2016 年工业通信业发展情况后，人民网通过英文版的图解新闻向英文读者介绍了中国通信产业在 2016 年的发展情况。

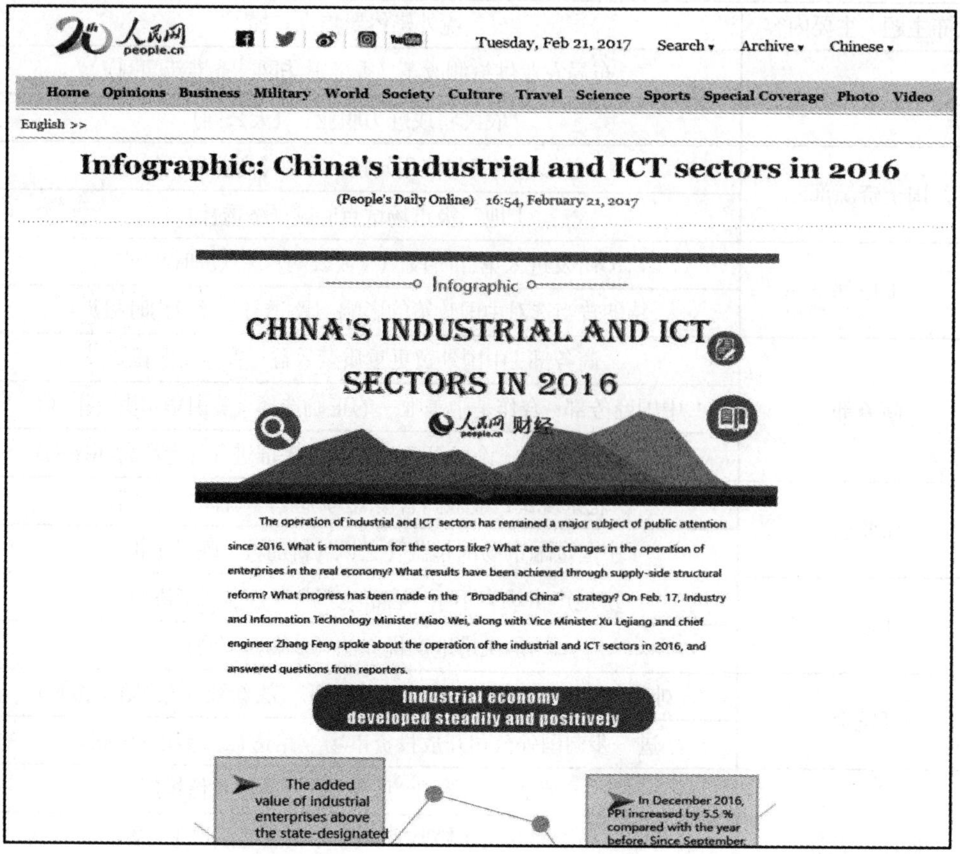

图2：人民网英文图解新闻《2016年中国通信产业》

（四）海外社交媒体传播亮点

前文初步的数据分析结果已经表明，我国中央媒体在社交平台上发布信息量与转载、点赞、评论等效果具备较强的相关性。就此次系列新闻发布会而言，中央媒体在以推特为例的社交平台上的传播效果，具备以下亮点：

1. 图文搭配的形式极大地提高了推文的吸引力。对于此次系列发布会，人民网、央视网、新华网等多家中央媒体在推特社交平台上基本采取了图文搭配的形式发布信息。尽管“图片 + 文字”并不属于非常创新的传播方式，但在较高质量的图片以及精简文字的支撑下，“中国形象”呼之欲出，推文整体转载量、评论量与点赞量均非常可观。例如，在交通运输部新闻发布会相关的推文中，人民网发布的文字配中国高铁动图收获超 210 次点赞量。海外网民对中国高铁建设展示出积极肯定的态度，并表达了对中国高铁的赞叹。

图3：人民日报官方推特采用GIF动图配合内容传播

2. 短视频效果吸睛，强调现场感和原生态。除图文传播外，新华网将商务部新闻发布会有关经济全球化部分的报道制作成短小精悍、易于传播的21秒短视频，该视频利用发布会现场高虎城部长对全球化的表态原声，结合新闻视频素材和英文字幕，将生动鲜活的短视频形式与新闻报道结合，内容精简、重点突出，形成不俗的传播效果，单条推文点赞量超过120次。

图4：新华社官方推特直播商务部部长高虎城在国新办新闻发布会上的讲话

3. 推文内容选材角度多样，传播内容实现海外受众关注侧重点的覆盖。此次系列新闻发布会，人民网等中央媒体场均发布 2 至 3 篇推文。在数量不多的推文中，一方面，推文内容成为发布会内容观点的浓缩。例如，人民网 5 篇推文从我国商务部回应“外资撤离潮”、我国对外贸易回稳表现、利用外资稳定增长相关数据、消费对经济增长的贡献率、对美方酝酿出台的边境调节税回应 5 个不同角度传播商务部为主体的新闻发布会。另一方面，议题选择上，不少推文内容敢于聚焦海外关注的敏感问题，顺应受众需求心理。例如，在国家食品药品监管总局为主体的新闻发布会后，人民网与中国国际电视台有关发布会的推文均与中国婴幼儿配方乳粉质量问题相关，呈现给受众事实与态度，也获得不少网民点赞。

四、政府新闻发布会“走出去”任重道远

在此次国新办组织的系列新闻发布会中，十几位部委负责人答记者问，创新新闻发布会的传播机制，有效促进议题设置和舆论引导效果并举，促进权威解读。

2017 年“两会”前夕的系列新闻发布会，一方面，把握了议程设置的最佳时间，及时进行海外传播，并实现了海外报道主题定位精准，发布渠道多元；另一方面，有效避免了先入为主、断章取义、以偏概全等现象的出现。对于日后部委新闻发布会对外传播、乃至我国重大议题的对外传播而言，本报告基于此次的观察与研究提出以下四点建议：

第一，加强海外舆情研究，提高把握境外舆论期待与关注的能力。此次境外媒体报道聚焦以中立客观为主、鲜有负面，其中部分可以归因于我国主动传播、满足境外舆论需求。但是，在主动传播的议题与境外媒体聚焦议题的对比过程中，仍出现“各说各话”的情况，表明在这方面的思维与能力仍有待提高。媒体在对外报道过程中有效塑造国家形象，需了解境外媒体报道中国的视角及倾向，洞悉国外受众对中国的认知程度，通过议程设置，媒体可使意见相左的受众就某些议题达成某种一致，从而实现跨文化背景下的对话，引导对象国受众从了解中国到热爱中国的转变。

第二，中央媒体之间应积极建设矩阵、扩大整体影响力。尽管此次多家中央媒体均参与到海外社交媒体平台的信息发布与传播中，但相互间缺乏互动（例如转载、点赞或评论），无法促进各自的粉丝群体的流动，推文影响力也有待挖掘。议程设置理论考察的不是某家媒介的某次报道活动产生的短期效果，更是作为整体的大众传播具有较长时间跨度的一系列报道活动所产生的中长期、综合的、宏观的社会效果。因此应着力打造我国对外传播的全媒体矩阵，让中国声音真正深入海外受众的工作圈、生活圈和人际圈。

第三，社交平台传播中应鼓励意见领袖参与解读。此次社交平台传播的媒体色彩浓厚，在一定程度上虽然增加了信息源的安全性与可靠性，但若能加上海内外意见领袖在

社交平台上的解读与引导，信息的传播范围与持久度均会提升一个水平。鼓励更多涉外记者、智库专家、学者等半官方或民间的机构人员积极发声，形成与媒体声音的同频共振，补充、丰富传播内容，与受众心理更贴近，提升对外传播内容公信力。

第四，充分利用新媒体平台特点，积极使用标签功能，方便内容搜索、查询与传播。此次系列发布会的推文绝大部分都未使用推特平台的“# 话题标签 #”功能，导致在海量信息中难以被检索与追溯，限制了传播效果。

整体而言，2017 年“两会”前夕系列新闻发布会的传播效果整体得到改善，我国政府新闻发布会的对外话语体系建设也在不断完善中。

突发事件中我官方信息对外传播效果评估体系的建立探析

——以“中国捕获美无人潜航器”事件为例

崔远航[1]

【摘要】国内学界对我官方信息对外传播效果的考察有两大基本路径：一是评估我官方信息在国际媒体报道内容中的显现，二是考察国际受众对我官方信息的反馈。但在新媒体环境中，这两大路径已然受到挑战。本文以 2016 年 12 月中国捕获美无人潜航器事件为例，分别从国际媒体报道和 Twitter 用户反馈两个角度考察我官方新闻发布中的口径与立场的对外传播效果。经分析可见，我官方信息在国际媒体中得到广泛呈现，但基于国家利益差异，不同国家媒体对我官方口径和立场的认可度不同。Twitter 用户的关注重点和理解框架与我官方口径和立场有较大偏离，且主要受到美国新兴网络媒体和传统媒体的影响。通过总结和比较两种路径下得出的对外传播效果结论的异同，本文认为若要较完备评估突发事件中我官方信息对外传播效果，这一评估体系有必要在评估对象上扩充“国际舆论”的主体范围；在评估标准上注重根据重要性为不同舆论场赋权重，兼顾短期信息的长期对外传播效果；在研究方法上除了内容分析、问卷调查和访谈等传统社会学方法外，将数据挖掘与分析也纳入其中。

【关键词】对外传播效果评估；中国捕获美无人潜航器事件；国际媒体报道框架；Twitter 用户分析

传播效果研究是传播学实证研究中的重要分支。在当前国内的对外传播研究中，对

1　崔远航：国防大学政治学院讲师。

我国政府、官方媒体的对外传播效果讨论也是主要方向之一。2012 年国家重点社科重大基金课题“中国发展道路中价值理念及国际传播研究”以及 2015 年中央办公厅下发的文件《我国国际传播能力建设发展规划（2015-2020 年）》中都从传播效果的角度对我国传播能力建设展开讨论和规划。

国内学界在对外传播效果这一领域已基本形成两大研究视角：国际媒体报道内容评估与国外受众反馈评价。前者多采用框架理论、议程设置理论等效果理论，利用内容分析法比较中外媒体的报道主题、信息源、倾向等多个指标；后者则多采用问卷调查、访谈等方法针对受众个体采集其接触、认知、态度乃至行为改变情况。相较而言，若希望获得具有代表性、精准的国际受众样本，对国际受众的调查成本高昂；而对国际媒体报道内容的分析成本更低、更易操作。这也是为何当前国内多数对我国对外传播效果的研究仍以国际媒体报道内容评估为主。

但当前新媒体环境下国际传播格局已有所调整，这对从国际舆论反馈考量我对外传播效果同样带来挑战。调整之一在于除了欧美国家主流媒体之外，既往处在边缘地位的印度的《印度时报》、俄罗斯 RT 和 sputnik、我国的中央电视台等国家媒体得以借助 Twitter、YouTube 等社交媒体获得较高国际影响力，并促使美国和欧盟相继出台政策试图反制这些国家的对外传播能力，[2] 这意味着在对外传播效果评估中“国际媒体”的组成有必要进行调整，而不仅限于《纽约时报》《泰晤士报》等欧美媒体。调整之二在于社交媒体在国际政治传播中的角色愈发重要，国际互联网也构成了国际舆论的重要组成部分：Twitter、Facebook 等社交媒体用户全球分布广泛，特朗普等国家首脑对社交媒体显示偏爱，而传统媒体对新媒体用户的影响力仍然存疑，[3] 这意味着从受众反馈评估对外传播效果有必要将国际互联网用户、尤其是社交媒体用户意见纳入其中。而考虑到网民流动性、身份多重性等，采用传统抽样调查的方式难免会产生受访者代表性不足、研究信度有限的问题。因此，有必要另辟蹊径发掘对外传播在国际社交媒体用户上的效果考察方法。

本文即为对上述两大挑战的进一步阐释与说明。通过以 2016 年中国捕获美无人潜航器事件为例，本文将尝试分别从国际媒体报道框架分析和 Twitter 用户认知及态度反馈两大视角出发，分析此事件中我官方口径的对外传播效果，进而总结和讨论这两种视角亟需解决的问题，并在此基础上探索国际性突发事件中我官方信息对外传播效果评估体系的指标设立问题。

2　在2016年美国的《波特曼-墨菲反宣传法案》、欧盟《欧盟反击第三方宣传的战略传播决议案》中都明确提到要针对俄罗斯和中国国际媒体的政治传播采取措施。

3　在此前中国外文局主导的《中国国家形象全球调查报告2014》等调查中显示一国居民主要依靠本地媒体了解他国情况。但在社交媒体上传统媒体是否仍然能够主导其用户对国际事件的认知和意见，则值得进一步考察。

一、事件基本情况

2016 年 12 月 15 日，隶属于美国海军“鲍迪奇”号海洋测量船的无人潜航器在菲律宾苏比克湾西北约 93 公里处进行测量活动。“鲍迪奇”号回收无人潜航器时，中国海军 922-III 型“ASR-510”号打捞救生船派出 1 艘快艇将潜航器捞走。这件事情由路透社爆出，在其报道中援引了美国防部匿名官员消息。12 月 16 日美五角大楼迅速向媒体发布声明，称该潜航器是一个非机密的“海洋滑行者”系统，用于收集海洋军事数据，比如盐度、水温和声速等。当时“鲍迪奇”号通过广播喊话，要求中方归还，但中方不予理会。五角大楼强烈要求中国立即无条件归还美国水下无人潜航器。12 月 17 日特朗普发 Twitter 指责中国“窃取”无人潜航器，并称其为“史无前例”。12 月 17 日中国国防部新闻发言人对此事进行回应，并称将归还该无人潜航器，指责美方故意炒作，阐述我捕获合法性。此消息之后，特朗普新闻发言人发 Twitter 称，此事得以解决应归功于特朗普。

12 月 18 日特朗普再次发布 Twitter，称该潜航器可以留给中国。

12 月 19 日中国外交部例行记者会上，外交部新闻发言人再次重申我捕获无人潜航器的合法性，对特朗普“窃取”一词进行评论。

12 月 20 日中国国防部网站发布消息称：“中美双方经友好协商，于 12 月 20 日中午在南海有关海域顺利完成美无人潜航器的移交工作”。

美国时间 12 月 19 日五角大楼新闻发言人发表声明称移交已完成，中国捕获行为违反国际法，美军将继续在国际法允许的南中国海进行测量、航行、执行任务，以此反驳中国外交部对合法性的申述。

12 月 20 日中国外交部例行记者会上，外交部新闻发言人对此事再次进行回应，评价中美两军之间建立的沟通协商机制运行比较顺畅，并再次重申中国捕获合法性。

在 12 月中国国防部例行记者会上，对于记者对此事目的的猜测，国防部新闻发言人回应称：“归纳起来就 8 个字：发现、查证、沟通、移交。”

这一国际性事件率先经由外国媒体爆出，自 12 月 16 日至 12 月 21 日，各国媒体广泛关注事件进程，特朗普所发送的两则 Twitter 也促使此事成为 Twitter 上的热点事件。

二、国际媒体报道角度的对外传播效果评估

借鉴社会学家坦卡特等人所提出的用于归纳“框架列表”的方法，本文将对美联社、路透社、《纽约时报》《华尔街日报》、CNN、《赫芬顿邮报》《新闻周刊》《时代周刊》、俄罗斯 RT、日本时报、香港《南华早报》、台湾《中国时报》《自由时报》、中广网等媒体在

2016年12月16日至2016年12月21日期间共56篇相关报道进行内容分析，具体统计指标包括议题、倾向、信息源与核心词汇，以此构建国际媒体对此事件的报道框架，并与我国防部、外交部发布会中口径加以比较，以评估此事件中我官方信息的对外传播效果。

（一）国际媒体的议题设置：国际格局的冲突性解读而非我官方降调处理

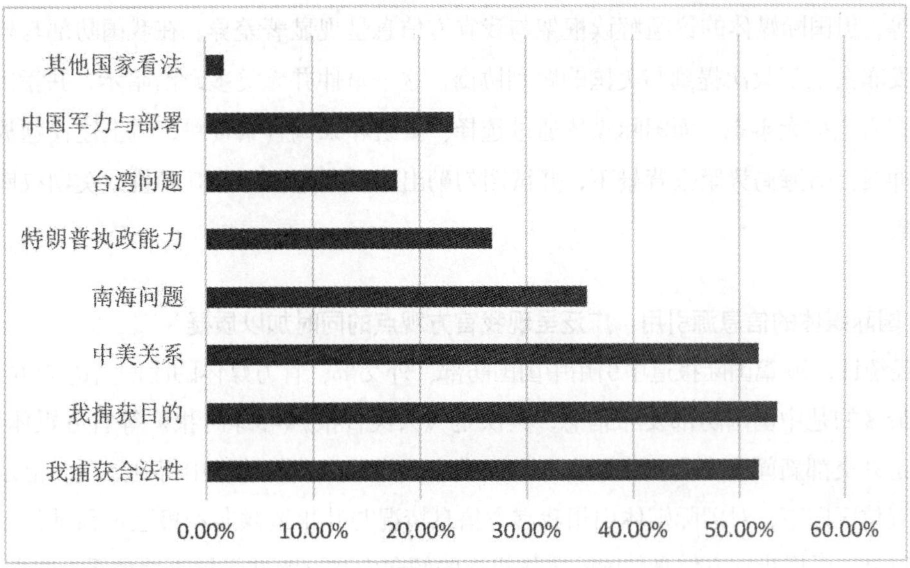

图1：中国捕获美无人潜航器事件中国际媒体报道涉及议题比例

由图1可见，国际媒体关注重点是我国捕获美无人潜航器的目的，其次是我国捕获合法性问题，再次是中美关系问题。这些议题出现的时间亦不同。对我国捕获合法性的关注集中在12月17日，即我国防部发布声明、特朗普指责我国偷窃时。对我国捕获目的以及特朗普执政能力的讨论集中在12月18日和20日，即特朗普发送第二条推文以及我国将无人潜航器移交美国之后。而对南海问题的关注爆发在无人潜航器确定将被归还之后。

国际媒体对中美关系的走向讨论贯穿始终，在《华尔街日报》与《日本时报》等媒体报道中不仅在标题上描绘出中美关系紧张、大战即将爆发的冲突性国际局势，更在内容中描述中美在南海地区的军事竞争与利益争夺。

而在对我国捕获无人潜航器目的的猜测上，这一举动被与特朗普就任前的“挑衅中国”的行为相联系，如与蔡英文通电话，在Fox电视台接受访问时否认“一个中国”政策等。并由此推论我国捕获无人潜航器意在警告美国。

尽管“南海问题”与“中国军事建设与发展”两类议题并非最主要议题，但不可忽视的是这两类议题基本共生，并且呈现出固有的负面倾向。56.3%的报道把“潜航器事件”设置在中美两国南海争端激烈、亚太局势紧张的背景下。并且将导火索直指中国，称中国在南海的主权声索过分，中国在南海的岛礁建设以及军事化建设严重影响了南海的和平与稳定。

总之，整体而言国际媒体所关注的议题虽然与我官方信息有重合性：都涉及我捕获无人潜航器的合法性问题、我捕获无人潜航器的目的、特朗普的“偷窃”一词与其执政能力等。但国际媒体的议题解读框架与我官方信息呈现显著差异。在我国防部与外交部新闻发布会上都数次提到与美国的顺利协商，这一事件并无更多政治暗示，并指出美国媒体在有意扩大事态。而国际媒体通过选择、重组和强调背景资料，将上述议题放置在中美冲突、南海局势紧张背景下，并试图勾勒出不断崛起、野心勃勃挑战美国权威的中国形象。

（二）国际媒体的信息源引用：广泛呈现我官方观点的同时加以质疑

经统计，56 篇国际报道中引用中国国防部、外交部、官方媒体的比例高达 78.6%。被引用最多的是中国国防部发布信息，其次是《人民日报》《环球时报》等官方媒体报道，再次是外交部新闻发布会。我国官方主张或意图能够在国际传媒中得到显现。但是若在 95% 置信区间下，对国际媒体引用我官方信息情况与其报道倾向和报道议题进行相关性分析可见，引用我官方信息与国际媒体报道的倾向中和议题并无显著性关系。这意味着，我官方信息尽管能够在国际媒体报道中得到广泛呈现，但并不能促使国际媒体改变其报道框架。国际媒体在全面呈现我官方口径的同时也完整呈现美官方口径，甚至会更多引用美国智库、专家学者的观点佐证美国官方口径，从而对我官方口径予以质疑。

典型可见对我国捕获无人潜航器合法性的报道。在中美两国官方对捕获合法性的阐述迥异的情况下，此类国际媒体报道中引用我官方信息比例高达 82.8%，但仅 58.6% 的报道呈现中立，即对中美两方陈述不偏不倚；还有 31% 报道认为我捕获非法，在其报道中广泛征引美国智库与政府官员的评价，支持美五角大楼所称我捕获“违反国际法”，这些负面报道中 90% 并未引用我官方对合法性的阐释。鉴于此事件中我官方信息对中美关系的描述仍然显示为顺畅友好，并未有意凸显中美政府之间的冲突。在国际媒体广泛呈现中美紧张关系的报道中，罕见来自中国的任何信息源。

在我官方释放信息对特朗普推文“偷窃”的反驳也并未能够成为质疑特朗普执政能力的主要信息来源。对特朗普执政能力的报道更多将此话题引申至美国国内政治领域，引用其国内不同党派以及政治学家的观点进行讨论。

总之，我官方信息虽然被国际媒体广泛引用，但并没有带来其报道框架的调整或改变。相反，涉及南海议题的报道中，对菲律宾领导人及政府官员评价的引用与其报道中立倾向呈现显著相关。

（三）国际媒体报道倾向表达：国家利益差异导致对我倾向迥异

整体而言，国际媒体中 25% 报道呈现出对我明显负面倾向，仅不到 9% 报道持有正面态度。若进一步讨论，可见 95% 置信区间下，议题和倾向呈现显著相关。如图 2 所示，我国捕获无人潜航器目的、南海问题、中国军力与部署这三个所占比例都较高的议题显示出明确的负面倾向，即质疑我国捕获举动的合法性、认为这一举动目的并不单纯，暗示“中国军事威胁论”。

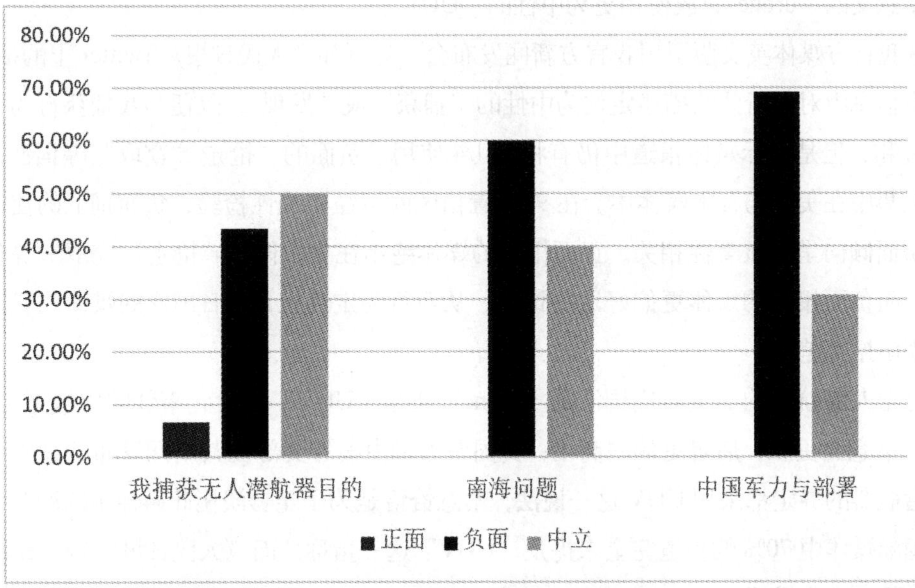

图2：中国捕获美无人潜航器事件中国际媒体在主要议题上的倾向

报道倾向同时显示出显著的国别差异。《日本时报》报道基本都带有负面色彩，以此事为基础着重关注中国对美国的挑战、中国在南海的军事建设等，突出其“中国军事威胁论”的冲突性解读框架。而对中国的正面报道主要来自于俄罗斯 RT，不仅在中美政府对捕获潜航器事件合法性议题上采用我国官方口径，并且在欧美日等国家媒体质疑中国军事扩张时，RT 则质疑美国在亚太地区的军事威胁是这一区域最大的不稳定因素，应是此事件归责方。俄罗斯和日本媒体在此事件中的鲜明态度差异直接映射出国际事件中的媒体态度仍然带有鲜明的“国益论”取向。

值得注意的是，尽管 RT 报道对我国在此事件中的举措表示肯定，但并非对我官方信息全盘接受。RT 除了认可我国捕获行为合理合法、美国在南海海域对我施行间谍行为之外，并未接受我官方信息中所表现出的“降调处理”、即多次强调中美能够良好协商解决此事件的态度。RT 无论在中美关系议题还是我国捕获合法性议题、我国捕获目的、南海问题等议题上都进行冲突性解读。

（四）国际媒体的核心词汇使用：事件定性与我官方不同

此事件共有两大类核心词汇，一类是对我“捕获”无人潜航器这一动作的描述，除了特朗普在其推文中使用的极具负面色彩的“窃取”（steal）一词外，国际媒体报道或使用偏中立的“捕获”（seize/take/capture/remove/discover）一词，或使用偏负面的“抢走”（snatch/grab/fish out/rip out）一词；一类是对“无人潜航器”的表述，国际媒体或使用具有军事意义的“drone”，或使用更为中性的“UUV”。

从我官方媒体英文版引用我官方新闻发布会可见（如《人民日报》Twitter 上的描述），我官方信息中对我行为的描述定位为中性的“捕获”或“发现”，以便与我捕获行为合理性相应和。但是国际媒体报道中仍有将近 1/4 使用了负面的“抢走”“窃取”等词汇，这些词汇集中在美国与日本媒体中。在 95% 置信区间下经相关性检验，负面词汇的使用与对我负面倾向呈现显著性相关。正面报道的媒体绝不在文中使用“抢走”“窃取”等负面词汇，而负面报道的媒体更偏好这些词汇。从我行为定性上，美日国家的媒体与我国官方呈现出显著差异。

对无人潜航器的英文对应词汇是“drone”还是“UUV”也对此事件的定性有影响。前者军事意义更强，后者更偏向商用；美国军方和中国外交部在其新闻发布活动中对于无人潜航器的界定都采用 UUV 这一说法，本意恰恰是为了能够淡化此事件中的冲突色彩。但在国际媒体中 70% 的报道完全未提及“UUV”这一指称。而《人民日报》Twitter 账号在前期报道中也采用了 drone 而非 UUV 这一说法。

总之，国际媒体所采用的核心词汇与我官方信息中的应用亦有较大差异，显示出国际媒体对此事件定性与我官方定性之间的不同。

（五）总结：我官方信息对外传播效果显示出国际政治影响

通过对报道议题、信息源、倾向和核心词汇等关键指标的内容分析，本文认为从国际媒体角度评估此事件中我官方信息的对外传播效果，可见一方面我官方信息的接触率能够得到保证，即国际媒体报道能够较完整展现我国立场与官方口径。另一方面，对我国立场与官方口径接纳与否直接显示出国际政治因素的显著影响。国际关系与地缘政治的作用下，各国媒体对此事件的报道倾向于维护本国或本地区利益，如在我国捕获行为合法性、我国捕获目的以及南海问题等议题上，俄罗斯媒体 RT 都采用了我国立场，对我官方信息表示信任；而美日媒体则更倾向于美国政府立场，并借助南海问题、我国军力发展等议题强调“中国军事威胁论”。

此外，我国新闻发布中对中美之间顺利协商、关系稳定的口径未能在国际媒体中得到显现，中美关系的紧张态势、中国对美国权威的挑战等是国际媒体较为统一的冲突性呈现框架。

三、Twitter 用户反馈视角的对外传播效果评估

鉴于 Twitter 用户多使用匿名、流动性强、身份多重，面向用户个体进行问卷调查的受众分析较难实现。故此本文借助使用沃德社会气象台，以“drone+China+U.S.”为关键词抓取 2016 年 12 月 15 日至 2016 年 12 月 22 日期间的 Twitter 数据，共得到 7338 条推文。在此部分，本文将探究 Twitter 用户对此事件的认知是否与我官方信息一致，是否在其推文中引用我官方信息，对我官方信息态度是否支持或信任。

前文提到，此事件中我国国防部和外交部新闻发布会强调的口径包括：我国捕获美无人潜航器合理合法、美炒作和扩大事态、中美沟通顺畅、特朗普指责无理、中国捕获行为无其他目的。尽管上述两机构并未开通 Twitter 官方账号，但《人民日报》与新华社的官方账号先后推送八条信息，充分表达我官方立场与口径。

根据沃德社会气象台数据，7338 条推文中单条推文转发量最高可达 23612 条，转发量在 300 条以上的推文共 696 条，仅占所有推文 9.4%；转发量在 10 条以下的推文有 5238 条，占总数 71.4%。这显示 Twitter 用户对此事件的讨论意见较集中。转发量在 300 条以上的推文来源自 22 条原创性推文，归纳这 22 条推文主题及解读角度可见，Twitter 用户对此事件的讨论集中于以下话题：特朗普执政能力及其与俄罗斯的关系，奥巴马对华政策及执政能力、中国在南海军事扩张与对美国的挑衅、中美关系、中国捕获无人机旨在回应特朗普对台湾的态度。其中前两点是推特用户最关注的议题，即 Twitter 用户对此事件的解读更多从美国国内政治出发，质疑特朗普和奥巴马的执政能力。而其他次要议题则与美国媒体口径保持一致，这 22 条原创性推文中有 3 条由 CNN、Skynews、NYtimes 等媒体直接发出，有 4 条引用了赫芬顿邮报、FOXNEWS、Dailymail、CNN 等媒体的报道链接，即约 1/3 采用美国媒体报道框架的推文被大量转载。美国媒体中对中国军事威胁论的渲染、中美关系趋于紧张、中国捕获美无人潜航器目的不纯等议题得以成为推特用户的次要理解框架。

若进一步提取7338条推文的主题词，可见如图3[4]所示，特朗普是最重要的主题。美五角大楼、CNN、纽约时报、路透社等也能够成为众多推文提及次数较多的信息源，而罕见我国官方信息源。

图3：中国捕获美无人潜航器事件中Twitter主题词分布

由上可见，与国际媒体的报道相较，Twitter用户的关注重点明显出现偏差。国际媒体高度关注的中国捕获美无人潜航器合法性和目的、中美关系等国际政治类议题在Twitter中并不重要，从美国国内政治角度对特朗普和奥巴马执政能力的讨论反而成为Twitter用户的关注重点。在与国际媒体报道相重合的议题上，Twitter用户的解读框架则与美国媒体保持一致，其引用的信息源、加入的链接多来自美国官方或美国媒体，对我国行为与形象的态度偏向负面。尽管关注《人民日报》、新华社和RT官方账号的Twitter用户在其推文和评论中表示出对我官方口径的接受、对美国媒体解读框架的排斥，但与参与此事件讨论的Twitter用户总数相较，这部分用户数量较小。整体来看，中国的官方口径与立场在Twitter用户中难以获得广泛了解和接受。

四、总结

在对我官方信息对外传播效果的考察上，国内学界有两大基本路径：一是评估我官方信息在国际媒体报道内容中的显现，另一是考察国际受众对我官方信息的反馈。但在新媒体环境中，这两大视角已然受到挑战。本文以2016年12月中国捕获美无人潜航器事件为例，分别从国际媒体报道和Twitter用户反馈两个角度考察我官方新闻发布中的口径与立场的对外传播效果。通过比较两种视角下得出的对外传播效果结论异同，结合前文具体分析，本文认为若要较完备评估突发事件中我官方信息对外传播效果，这一评估体系的建立有必要注意以下3个方面：

4　其中中文为系统自动翻译所得。

（一）评估对象：需扩大“国际舆论”的主体范围

鉴于此事件中国际媒体报道内容与网络用户反馈之间存在较大差异，双方所关注的重点议题与解读框架亦有所不同，社交媒体上传统媒体并非仍然能够作为意见领袖设定网民的关注议程和理解框架。因此在对我官方信息对外传播效果加以考察时，有必要同时将受众反馈与国际媒体报道同时纳入考量。

此事件中国际媒体报道框架差异凸显国家利益差异，在考察对象的选择标准上，需重新评估“国际舆论”的代表媒体类型。在旧有国际传播格局中，英美媒体固然仍然占据主导地位；但伴随半岛电视台、RT、《印度时报》等媒体借助社交网络迅速扩大影响力，国际传播秩序已有所调整。[5]此外，如赫芬顿邮报等依托网络生产新闻的新兴媒体影响力不断上升，如此事件中推特用户质疑特朗普执政能力时主要新闻来源即为赫芬顿邮报的报道。上述事实都意味着“国际舆论场”的主角将不仅包括欧美主流传统媒体，也需将网络新闻媒体与非欧美国家的新兴媒体纳入其中。

此外，应根据该突发事件中我对外传播目标，着重考察利益相关国家媒体的反馈，而非仅将研究对象限定为在国际传播领域影响力大的媒体。如涉及到南海问题，东南亚地区媒体对我官方信息的反馈同样重要。

（二）评估标准：需对不同国际舆论场重要性赋值，兼顾长期效果

正如上文提到的，国家利益在一定程度上主导了该国媒体对国际事件的报道框架。一起国际性突发事件中各国分别扮演了不同角色，除了冲突双方或多方外，仍包括其他间接利益相关方、第三方。

若希望准确评估我官方信息在国际舆论场域的传播效果，有必要按照各国所扮演的角色差异划分舆论场域，根据对外传播目标，对不同舆论场域重要性予以赋值。并以我官方信息呈现出的口径和立场为标准，考察其他涉事国家媒体、间接利益相关国家媒体、第三方国家媒体及国际社交媒体平台对我官方信息的引用情况，对我官方口径与立场的认可度。从而综合得出我官方信息对外传播绩效值。

除了考察突发事件爆发期间的短期国际舆论反馈之外，还需考察此次事件我官方信息发布对我国长期外交策略、国际利益获取上的影响。需要从全局角度考察此事件中我官方口径与立场的确立与传播、与他国之间的舆论争锋是否有利于我国国家利益的扩展。如此事件中美国和日本等媒体对我国捕获行为不合法、有意挑衅美国权威、我国捕获意在警告特朗普、我国在南海地区展示霸权等议题大加强调，这样的舆论是否会影响我国在南海地区的利益获得。

5　史安斌、王沛楠：《“新十亿”阶层的崛起与全球新闻传播的新趋势》，《新疆师范大学学报（哲学社会科学版）》，2017年第3期，第22-28页。

（三）研究方法：需基于传统社会学方法，充分利用数据挖掘技术

目前国内学界对我国官方信息传播效果的评估方法，多集中于对媒体报道的内容分析以及对受众的问卷调查和访谈，同时辅以定性的文本分析方法。但由于有必要将国际社交媒体用户反馈纳入到传播效果的受众分析范围中，而若使用问卷调查分析社交媒体用户对我官方信息的接触、认知和态度，易出现受访者样本代表性有限的问题，因此在大数据与云计算技术飞速发展的当下，对我官方信息对外传播效果的受众分析可以借用数据挖掘技术，对社交媒体用户的个体身份、信息接触和使用情况等进行总体描述，从而保证研究对象的完备和研究结果的高信度。

绘制新的“南海图画”
——议程设置理论对我国媒体涉南海报道的启示

谭林茂[1]

【摘要】近年来，南海议题持续发酵，成为世界媒体关注的重大热点。如何更有效地应对涉南海问题国际舆论挑战、掌握国际话语权，成为摆在我国媒体面前的一项重大课题。作为西方新闻学界一种影响深远的学说，议程设置理论有助于揭示西方媒体在南海问题上设置的议程及其特点、运作机制等。该理论可为我国媒体涉南海报道提供有益的启示。本文拟在议程设置理论框架下，分析我国主流媒体、自媒体涉南海报道特点及优劣势，结合涉南海新闻舆论工作的新形势，针对如何转变报道思维、加强议程设置能力建设、进一步完善传播管理机制等提出建议。

【关键词】议程设置；南海；国际话语权

近年来，南海问题不断升温，已成为影响我国周边安全的主要因素之一。在新闻传播领域，南海成为世界媒体关注的重大热点。当前，国际舆论场总体格局依然是西强我弱，西方媒体控制着涉南海报道的主导权。如何更有效地应对涉南海问题国际舆论挑战、掌握国际话语权，成为摆在我国媒体面前的一项重大课题。议程设置理论是西方新闻学界一种影响深远的学说，它对于揭示西方媒体在南海问题上所设置的议程及其特点、运作机制等都具有重要意义，也可为我国媒体涉南海报道提供有益的启示。面对涉南海新闻舆论工作的新形势，我国媒体应加强议程设置能力建设，进一步完善传播管理机制，在实践中逐步提高涉南海报道影响力。

1　谭林茂：新华社国家高端智库传播战略研究中心研究员、博士。

一、议程设置理论主要观点

议程设置 (Agenda-setting) 理论是上世纪六七十年代在美国出现的一种传播学理论。其主要代表人物是麦库姆斯 (Maxwell McCombs，或译为麦考姆斯) 和唐纳德 • 肖 (Donald Shaw)。通过对 1968 年美国总统大选部分地区选民的调查，他们观察到，在媒介和公众之间存在一种因果联系，即：经过一段时间，新闻媒介的优先议题将成为公众的优先议题。也就是说，产生了媒介议程显著度向公众议程显著度的转移。麦库姆斯和唐纳德 • 肖将这种转移命名为大众传播的“议程设置影响”。[2] 作为西方新闻学界的一种重要学说，议程设置理论能较有说服力地解释西方新闻传播界的诸多现象，帮助人们认识到西方媒体隐藏在表象之下的运作规律。同时，作为一门研究美国总统竞选起步的学说，议程设置理论与西方政治议题之间存在天然的密切联系，对国际政治研究者来说具有重要的参考价值。

议程设置理论自诞生以来，在新闻学界和传播学界都产生了重大影响。随着传播学理论和实践的发展，尤其是新媒体时代的到来，议程设置理论被赋予了新的视角和内涵。中国学者也在这方面展开了探索。如蒋忠波、邓若伊认为，新媒体时代媒体对受众产生的影响较传统媒体环境下更为迅捷；传统媒体环境下的媒体为受众设置议程逐渐转变为新媒体环境下的受众与媒体双向互动设置议程。[3] 尽管此类研究尚未达到成熟的阶段，但新媒体对议程设置理论的影响已不容忽视。

二、西方媒体呈现出的“南海图画”

美国著名的新闻工作者和社会评论家沃尔特 · 李普曼 (Walter Lippmann) 著有《舆论学》一书，这本名著开篇第一章叫做“外部世界与我们头脑中的图画”。他认为，作为超越人们直接经验认识广阔世界的窗户，新闻媒介决定了人们对这个世界的认知地图。那么，随着南海问题日益成为国际舆论焦点，在国际舆论场上占有优势地位的西方媒体呈现给世人的“南海图画”是什么样的呢？尽管不同国家不同媒体之间存在差异，但总体上来说，其关注焦点主要集中在以下几方面：

1. 对突发事件反应迅速，偏重海洋争端。

西方媒体尤其关注涉及中国与周边国家海洋争端的突发事件，如 2012 年黄岩岛事件、中菲船舰在仁爱礁的调度和对峙、中国与印尼在纳土纳群岛的“渔权争端”等。

2　[美] 马克斯韦尔 · 麦库姆斯、T · 贝尔：《大众传播的议程设置作用》，郭镇之译，《新闻大学》，1999年夏季号，第33页。

3　蒋忠波、邓若伊：《国外新媒体环境下的议程设置研究》，《国际新闻界》2010年第6期，第44页。

2. 制造模糊的争议性话题，渲染冲突氛围。

西方媒体炮制并不断炒作南海的“航行自由”“飞越自由”“遵守国际规则”“维护地区安全稳定”等话题。这些话题含糊不清、模棱两可，存在很大的争议性。一个总体趋势是，西方媒体报道中渲染冲突、对抗的比重在上升。这一点既体现在其选取的事件本身，也反映在其叙述模式、关键词、话语表征、推理模式、道德判断等文本特征。

3. 聚焦中国军事建设及活动，炒作“军事化”概念。

西方媒体紧咬不放的往往是中国一方的军事建设情况，其报道范围不仅限于南沙岛礁，还延伸到西沙各岛，甚至盯上了我国在海南岛的军事建设；与此同时，他们对越南等国的军事建设情况则有意忽略，明显采用双重标准。南海岛礁的所谓“军事化”概念成为美国在中国宣布完成陆域吹填工程后重点炒作的对象。[4]

4. 讲述越菲等国渔民的“受害”经历，诱发受众的同情心。

随着我国海事部门对南海的巡逻和监管力度逐步加大，西方媒体发现报道越南、菲律宾等国渔民被中国“欺负”的经历成了很好的卖点。为此，他们不遗余力地搜罗此类题材。[5] 与此形成鲜明对比的是，我国渔民长期遭受越菲马等国军警的骚扰、扣押及罚款，西方媒体对此往往充耳不闻。

西方媒体的上述报道，体现出强烈的议题设置色彩。议程设置理论认为，议程设置包括两个层面，第一层面是指客体显要性的转移；第二层面是指属性显要性的转移，这里的属性指的是客体的特点与特性。通俗地说，媒介不仅告诉人们想什么，而且告诉人们怎么想。[6]

西方媒体在南海问题上的议程设置在这两个层面都产生了作用。在第一层面上，它们有选择性地展开报道，人为地只将一小部分南海话题纳入重要的报道议题之中并加以放大，刻意引发西方受众对南海的关注；在第二层面上，强调中国“侵害了航行自由”，中国挑起了“军备竞赛”，中国破坏了地区的“和平稳定”，等等。

值得注意的是，西方媒体这些扭曲的报道是通过精良包装的。一方面，媒体报道形式多样，重视图片及视频。另一方面，媒体积极利用新技术为报道服务，如大数据分析、卫星图等。这些报道形式无疑大大增强了相关报道的渲染力。

西方媒体这一幅片面、扭曲和刻意裁剪的“南海图画”，对我国国际形象造成了恶劣

4　邵先成：《中国南海岛礁建设中的国际话语权研究》，《战略决策研究》2016年第2期，第73页。

5　赵新利：《从南海报道看日本媒体的倾向性——兼论我国南海问题国际传播策略》，《青年记者》2016年第13期，第88页。

6　[美] 马克斯韦尔 · 麦库姆斯著：《议程设置：大众媒介与舆论》，郭镇之、徐培喜译，北京大学出版社2008年版，第83-84页。

的影响。更为严重的是，这幅图画深刻影响到了西方国家的公众议程。公众态度和意见通过政党选举、议会讨论等渠道对西方国家的对华政策施加了不利影响。

三、我国媒体涉南海报道特点及优劣势

在我国，南海问题已成为新闻热点之一。我国主流媒体严守宣传纪律，积极稳妥做好涉南海报道，为维护我国的利益和形象作出了重要贡献。此外，相关网络媒体、微博、微信等自媒体大量涌现，为受众提供了丰富的信息。主流媒体与自媒体涉南海报道各有各的特色及优劣势，某些情况下可以构成一定的互补关系。

1. 我国主流媒体涉南海报道取得的成绩及不足之处。

(1) 报道时效性大大增强，部分稿件取得了全球首发。同时，仍有部分报道较为滞后。尤其是涉及到我国与他国之间具有冲突性的突发事件，首先发布信息的经常是该当事国或者西方媒体。我国媒体发布澄清消息有时要晚好几天甚至更长时间，此时对我不利的片面信息已经扩散并造成难以挽回的恶劣影响。

(2) 采访对象范围日益扩大，涵盖政府、学界、智囊机构等。同时，官方声音，包括我国政府部门表态比重仍然偏高。比较而言，来自日本、越南、菲律宾等国的声音仍显不足。西方常常借此攻击我方发布的消息缺乏“独立消息来源”。

(3) 报道视角日益丰富，数量和质量均有所提升。同时，报道内容的专业性、可读性、立体性等仍然有进一步提高的空间。报道常常集中宣示我国的总体原则立场，而对某一问题进行精细、深化、具有专业水准的挖掘的情况仍然偏少；记者亲临海洋一线发回的报道较少，现场感仍显不足；报道严肃、理性色彩浓厚，而反映民众生活和诉求的相对较少；反复刊发的评论和历史追溯多，而对现状的介绍分析较少，有新意、爆出新料的报道少；正面宣传多，监督性报道、调研报道少，贴近性不足。

(4) 报道呈现方式日益多元，在海外社交媒体上开展对外传播取得重要进展，但报道形式上的创新仍显不足。新华社等中央媒体重视通过网站、微博、微信进行涉南海报道，并在脸谱、推特、优兔等海外社交媒体上进行传播，国际反响不错。但总体上看，我方报道仍以文字报道居多，图片、视频等相对不足，视觉冲击力不强。大数据分析、动漫等新的报道形式的应用仍然较为缺乏。

我国主流媒体涉南海报道取得的成绩是可喜的。但总的来说，议程设置能力仍然是一块短板。其中存在的问题既与媒体自身报道力建设方面的不足有关，也反映出相关报道管理机制仍有进一步完善的空间。从根本上来说，随着外媒与新媒体涉南海报道对我国主流媒体构成的挑战逐步加大，对外传播在思维方式上是否应有所转变，值得我们深

入思考。

2. 涉南海报道自媒体的弊端及优势。

我国除各大新闻门户网站、论坛开设有南海问题版块之外，还有一些以南海问题为专业领域的新媒体。这类专业新媒体主要包括：政府主办的新媒体、主流媒体开办的新媒体以及自媒体等。

由政府和主流媒体开办的新媒体，其特点主要有：熟悉政策，与我国政府在南海问题上的立场保持高度一致；宣传色彩较浓，强调宣传工作的纪律性；内容覆盖面广，权威、严谨。

在自媒体中，南海研究论坛具有代表性，充分体现出自媒体的特点：以网民自主发帖为主，交互性强；内容庞杂、散乱；视角多样，平民化色彩突出；反映即时动态，时效快。

南海研究论坛等自媒体，其发布的内容、运营思维、风格与政府及主流媒体网站存在明显差异。这给主流媒体涉南海报道构成了压力，也提供了参考。这类自媒体的存在，对涉南海新闻舆论工作来说，既有利也有弊。

弊端主要体现在：(1) 内容庞杂，良莠不齐，真实性难以保证。(2) 内容具有一定的违规性、超前性。(3) 部分内容有泄密的可能性。(4) 部分内容具有较强的民族主义色彩和煽动性。

同时也具有一些优势：(1) 有助于受众全面了解信息。(2) 普及南海相关知识，增强海洋权益意识。(3) 某些视角和做法可供主流媒体借鉴，并与主流媒体构成一定的互补。

四、我国媒体应当呈现出的另一幅“南海图画”

国际舆论主导权仍为西方国家所掌握，我国在国际上常常处于有理说不出、说了传不开的不利处境。要改变这一局面，我国媒体须加强国际传播能力建设，增强国际话语权。程曼丽呼吁，中国必须以独立的传播主体身份，参与到国际舆论的议程设置中去，突破“他塑”带来的种种负面影响，同时增强“自塑”的力度，将一个历史传统深厚的、和平发展的、具有国际视野和现代气息的中国形象呈现在世人面前。[7]

当前，南海地区出现了一些新形势新变化，其中关键的一点是我国在南海的岛礁建设取得重大成就。我国控制下的各岛礁功能逐步完善，除必要的军事设施外，民用设施建设蓬勃发展，为南海地区提供了越来越多的公共产品和服务。随着“一带一路”的推进，

7　程曼丽：《论“议程设置”在国家形象塑造中的舆论导向作用》，《北京大学学报（哲学社会科学版）》2008年第2期，第168页。

各国在南海地区开展合作迎来了历史性的发展机遇。这一重要变化给我国媒体提供了更宽广的视角和更丰富的素材，涉南海报道应有更多的新思路。

面对西方媒体在南海问题上的偏见报道，我国媒体可以从两个方面着手应对：一方面，针对西方媒体的歪曲不实报道，及时加以澄清，发布权威真实消息；另一方面，更重要的是，我国媒体应加强自身的议题设置，掌握国际舆论主导权，为各国受众绘制一幅新的、与西方媒体不一样的“南海图画”。

麦库姆斯认为，议题可分为具体议题与抽象议题，其议程设置效果是不一样的。对于具体议题，受众具有个人经验，媒体报道影响相对降低，因此公众议程与媒介议程之间的相关性也较低。抽象议题难以在日常生活中接触到，受众亲身经验不能提供充分的指导，受众对媒体报道的依赖性较强，因此公众议程与媒介议程之间的相关性也较高。[8]在议程设置能力不足的情况下，我国媒体涉南海报道远未达到可以替代西方媒体的程度，具体议题可以成为我们着力加强的一大方向。提供西方媒体不擅长和刻意忽略的报道内容，降低受众对西方媒体报道的依赖性，使我国媒体成为南海信息重要的供给方。

1. 在对外宣传中，要逐步树立我国作为相关海域管理者的思维，以民事活动等具体议题报道为突破口，增强报道的贴近性。

从南海对外传播思维上来说，当前我国呈现的主要是一种主权争夺者的形象，今后宜更多体现出管理者的角色。随着我国在南海民事活动的增多，相关报道要趋向“正常化”，增强其现实性、贴近性，逐步与国内普通新闻报道接近。此外，要扭转跟在西方媒体背后跑、习惯于“澄清”“声明”的态势；避免陷入其鼓吹冲突、对立的话语框架；针对军事议题加强舆论监管，杜绝民族主义煽动言论；充分利用民事活动新闻，重视选题策划，给予主流媒体更大的采访报道自主权。

2. 我国媒体应积极加强报道内容建设，做到“快”“新”“独”“小”“柔”。

所谓“快”“新”“独”“小”“柔”，指的是：发布消息要快；视角和背景资料要新；搜集独家信息，主动发起话题；要选择小切口，力求精细化、专业化；放低姿态、以讲故事的方式来打动人，以情感人，做到“以柔克刚”。具体而言，从报道议题来说，可以重点考虑以下几方面：

（1）突发性事件。尤其是涉及我国与周边国家海洋争端的事件，要力拼时效，尽快发出有用信息，抢占报道先机。

（2）民用设施建设、活动及民间声音。多涉及国际公益事业，如海上救援、科研等；

8 ［美］马克斯韦尔·麦库姆斯著：《议程设置：大众媒介与舆论》，郭镇之、徐培喜译，北京大学出版社2008年版，第68-71页。

多讲普通渔民、工人等的经历，淡化官方色彩；同时，也要注意报道各国在南海的事务性合作，营造良好氛围。

(3) 借嘴说话。加强与各国对华友好媒体之间的交流合作，尤其是大量海外华文媒体，通过它们发出有利于我方的声音。

(4) 反映我国南海管理中存在问题的监督性报道。事实上，适当播发监督性报道，可以给受众留下这种印象：我国对相关岛礁、海域等实施正常管理；我方重视管理中存在的问题并认真加以解决；这些岛礁与我国普通民众的生活息息相关。当然，监督性报道的内容还需要稳妥把握，精心挑选，逐步推进。

五、进一步的思考

要掌握我国在南海问题上的国际话语权，扎实推进媒体报道影响力建设、增强议程设置能力是必由之路，但还远远不够。议程设置能力的不足，反映出在深层次的传播管理机制上还有进一步完善的空间。因此，需要以更宏观的视野，充分利用新媒体带来的机遇，从顶层设计上加强涉南海新闻宣传管理。

1. 建立统一、高效、专业的传播管理机制。

可以组建统一的涉南海新闻传播管理机构，明确职责权限；打造跨部门、跨领域传播协作机制，定期召开各界联合座谈会；根据外交活动、国际会议议程等有针对性、有计划地策划报道选题；精简报道审批环节和流程，提高反应速度；打造强大的媒体集群，鼓励各主要媒体发展自身报道特色；提高新闻宣传管理人员的专业水准，选拔具有海洋思维和专业背景、工作经历的干部，加强管理人员的涉海基层锻炼。

2. 紧抓媒体融合发展的良好机遇，依托科技创新，大力发展对外新媒体报道。

可以充分利用我国在移动互联网方面的诸多优势，以微信群、微博等加强在海外华人圈的传播，借此扩大对西方受众的影响；鼓励主流媒体开发涉南海问题的特色文化产品，鼓励形式上的创新，凭借先进、新颖、便捷、活泼等特点来吸引国外年轻人；培养熟悉西方媒体运作，能在脸谱、推特等海外社交媒体上发声的网络意见领袖；深入研究不同国家媒体在南海问题上的不同立场和特点，有针对性地推出不同报道，以加强对外传播效果。

世界政治新生态与软实力较量

张树华　祝伟伟[1]

【摘要】 世界政治正进入“后国际形象”时期，我们应当高度认识国际格局变化和地缘政治博弈，在此基础上升级对外传播方案。政治价值观是对外文化传播和国家“软实力”竞争的核心，是国际意识形态斗争和舆论较量的关键点。要善于比较总结中国政治发展的全面性特点和独特优势，讲清楚西方民主制度的根本缺陷和局限性，要善于提炼标识性概念，打造易于为国际社会所理解和接受的新概念、新范畴、新表述，引导国际学术界展开研究和讨论。

【关键词】 对外文化传播；软实力；政治价值观；话语权

古往今来，任何一个大国的发展进程，既是经济总量、科技力量等硬实力提高的过程，也是价值观念、思想文化等软实力提升的过程。当前，国际上政治思潮激荡，世界形势复杂多变，国际合作和全球治理陷入困境。在经济下行和国际难民潮等压力下，国际上思想冲突、舆论对抗不断。另一方面，在世界的东方，中国成功举办了“一带一路”国际合作高峰论坛，提出了创新、协调、绿色、开放、共享等发展新理念。中国成就、中国之道犹如耀眼明星愈发瞩目，吸引着越来越多国家和地区的目光。

1　张树华：中国社会科学院信息情报研究院院长、研究员，《国外社会科学》主编；祝伟伟：中国社会科学院信息情报研究院《国外社会科学》编辑。

一、文化传播首先要认清世界形势

文化走出去不是建桥修路那样照着图纸就能完成的简单工程或技术活儿，而是类似播种耕作一样，需要风调雨顺和满足各种条件才能收到预期的良好效果。近些年来，国际局势风云变幻，这是对外文化传播不得不考虑的重要外部因素。要想更好地开展工作，首先就需正确认识当今世界形势和国际格局变化。

2017 年初，一年一度的德国慕尼黑安全会议上提出了“后真相、后西方、后秩序”的命题，很值得玩味和思考。以美俄为代表的大国之间的“新冷战”已酝酿成熟，国际一些热点地区武力冲突一触即发。正是在这种“后秩序”“新冷战”的大背景下，当今世界的意识形态之争和地缘政治争夺日趋激烈，逆全球化、排外主义、民粹主义等思潮抬头。这些因素都给国际文化交流和相互借鉴带来重大影响。

当此世界变局之时，如何判断和把握当前国际舆论态势或变化？笔者认为不妨提出一个新的认知概念，即世界政治正进入“后国际形象”时期。在这个时期，以传播文化等形式塑造国家“软实力”、维护国家美好形象仍然重要，但更要敢于以直接而显见的方式迎接网络战、信息战、舆论战甚至混合战。

如此一来，对外文化传播就与一个国家的对外战略紧密联系在了一起。比如，前些年“韩流”文化在中国大行其道，但近来随着中韩关系因“萨德”入韩等问题趋于紧张，“韩流”好像冷却了下来。这说明，国家形象和文化工程等在国家利益碰撞和政治冲突面前，往往碎得“一地鸡毛”。

这也警醒我们，需要升级版的对外传播方案。今后在确定 2.0 版的对外文化传播和“软实力”塑造的实施路径时，首先要从国际格局变化和地缘政治博弈的高度予以认识，分清轻重缓急，厘清文化传播与国家总体战略、国家核心利益的关系，这样才能有所收获。

二、政治价值观是软实力较量的核心

何谓软实力？软实力何为？

不少人在谈到对外文化传播时，习惯从地理区隔、人文、种族等角度着眼。但无数事实表明，对外文化传播以及国家“软实力”竞争的根源，还是源于政治上的分歧和差异。软实力竞争实质拼的还是政治价值和政治自信。如果说文化传播是打太极，政治价值的碰撞则是短兵相接。

像约瑟夫·奈一样的西方政治谋士从不讳言，软实力的核心是政治价值，而美国宣扬的“民主、自由”是美国保持软实力优势的核心所在。30 年来美国本想携冷战胜利之威，借软硬实力，想赢者通吃，一统天下。所以说，当今世界，意识形态或政治层面的差别和斗争，仍是国际舞台上的一根主线。一个比较明显的例子就是，美国人可以随意举起“民主和自由”大旗，给自己和西方阵营贴上“自由社会”“民主国家”等漂亮诱人的标签，而将中国等“社会主义”国家打入“共产党一党专制”的另类，将给俄罗斯总统普京涂抹上“铁腕、独裁”等颜色。如此等等，美国借着民主等政治话语，长期霸占国际政治和道义的制高点。

可见，政治价值观是软实力建设的核心，是国际意识形态斗争和舆论较量的关键点。失去政治话语权，缺乏政治自信，文化走不出去，很难立得住、听得进、留得下、传得开。对于一个独立于世界民族之林的国家来讲，她所秉承的价值内核是灵魂、理念是血液、道路模式是骨骼、文化是精气神。

习近平总书记指出，要围绕我国和世界发展面临的重大问题，着力提出能够体现中国立场、中国智慧、中国价值的理念、主张、方案。我们不仅要让世界知道“舌尖上的中国”，还要让世界知道“学术中的中国”“理论中的中国”“哲学社会科学中的中国”，让世界知道“发展中的中国”“开放中的中国”“为人类文明作贡献的中国”。

三、以全面的发展观破解西式民主悖论

2016年5月17日，习近平总书记在全国哲学社会科学座谈会上指出，发挥我国哲学社会科学作用，要注意加强话语体系建设。在解读中国实践、构建中国理论上，我们应该最有发言权，但实际上我国哲学社会科学在国际上的声音还比较小，还处于有理说不出、说了传不开的境地。要善于提炼标识性概念，打造易于为国际社会所理解和接受的新概念、新范畴、新表述，引导国际学术界展开研究和讨论。

“落后就要挨打、贫穷就要挨饿、失语就要挨骂”。习近平总书记多次强调，要加强我国国际传播能力建设，争取国际话语权，从根本上解决“挨骂”问题。而如何构建我们自己的话语体系，破除对西式政治模式的迷思，解决在政治话语体系中的“挨骂”问题，是当前理论界的一项重要任务，极为关键、最为迫切。

中国社会科学院信息情报研究院院长、国家社科基金项目《冷战后国际民主化研究》课题组负责人、《民主化悖论》一书作者张树华率领的跨学科课题组经过10多年的观察和研究指出，国际金融危机以来西方社会陷入空前困境，暴露了西式民主政治缺陷。多年来，西式民主一元论造成民主过热，理论思维走入极端，逻辑上陷入悖论，实践中步入泥潭。西方政治乱象和政治困局已经引起了世界范围内新一轮有关民主及政治发展等问题的探讨与反思。当前西式民主政治陷入了多重困境，为我们提供了鲜活的反面素材和绝佳的历史机遇。有利于我们科学地认识民主问题，树立正确的民主观，坚定政治自信，坚定不移地走中国特色社会主义全面发展的政治道路。

西方阵营的政治困境昭示着西式民主一元论的破产。西式民主政治是当今世界政治失序的乱源。冷战后西方大国加快对外输出民主，非但使对象国没有收获民主，却导致了文明冲突、恐怖泛滥、政局动荡和颜色革命。在西方世界内部，在民主泛化、治理赤字的同时，没能生产出更多合格的政治产品，却造成了劣质化、极端化、分裂化等政治难题。

2008 年国际金融危机以来，西方社会深陷经济和政治危机而难以自拔。经济危机的根源在于西方社会制度，直接原因则在于政治、路线、政策。近两年，除经济持续低迷、社会分化之外，西方政治生态持续恶化。政治分裂和政治对抗占据西方政治的头条，国际上民粹思潮、排外行为、保守主义泛滥，恐怖主义袭击、国际难民潮和热点冲突持续不断。

习近平总书记强调，提高国家文化软实力，要努力传播当代中国价值观念。当代中国价值观念，就是中国特色社会主义价值观念，代表了中国先进文化的前进方向。我国成功走出了一条中国特色社会主义道路，实践证明我们的道路、理论体系、制度是成功的。要加强提炼和阐释，拓展对外传播平台和载体，把当代中国价值观念贯穿于国际交流和传播方方面面。坚持“道路自信、制度自信、理论自信、文化自信”，在国际舆论环境下更多地表现为树立“政治自信、价值自信、主义自信”。改革开放 40 年来中国发展的巨大成就为中国社会科学“走向世界”打下了坚实的经济基础。中国特色社会主义发展道路为社会科学积累了宝贵的实践经验。我们有理由坚定“四个自信”，跳出“西式话语”的圈套，勇于表达和主张中国的价值观。这不仅是中国理论界的责任，也是国际学术界的期待。

因此，提出壮大软实力、争夺国际话语权等问题十分及时。但提出问题并不等于解决了问题。研究话语权问题切忌空泛议论，而是要找出话语体系中的突破口，抓住关键处，提出有效的、有针对性的、能够突破西方话语壁垒的解决方案，拿下炮楼和碉堡。要善于比较总结中国政治发展的全面性特点和独特优势，讲清楚西方民主制度的根本缺陷和局限性，扯下罩在西式民主头上的“光环”，把它请下“神坛”。

我们不仅要让世界知道“舌尖上的中国”，还要让世界知道“中国价值”“中国理念”。正因如此，提炼中国道路、中国价值及其相关的制度、模式、政策规则、标准等，对于我们的对外文化传播和软实力建设极为重要。这是根本上的“道”，除此之外的其他都只是“术”。

四、国际信息战背景下软实力较量：来自美俄的镜鉴

强调“道”的根本意义，并不是说“术”不重要。在明确政治价值观这个文化传播和“软实力”建设的“道”之后，“术”的安排将决定这项工作的成效甚至成败。在这方面，

俄罗斯给我们提供了很好的镜鉴。

文化霸权和软实力是美国主导世界的主要工具之一。前苏联就是在美国“信息战”和以自由、人权、民主为标榜的“软实力”进攻之下失败而瓦解的。新俄罗斯独立以来，俄罗斯在西方阵营中的国家形象任凭梅德韦杰夫和普京如何努力，也没能摆脱负面的阴影。面对这种形势，俄罗斯国内多有反思。

比如，俄罗斯有政治学家提出，俄罗斯迫切需要提出一个具有说服力的发展理念和具有吸引力的发展模式。俄罗斯不能放弃思想之战，缺乏理念的俄罗斯软实力建设只能停留在战术层面。也有俄罗斯专家认为，俄罗斯“软实力”机制应该改革。不能再指望通过类似索契冬奥会的大型国际活动来提振影响力。需要构建一种费用降低的“软实力”机制。

在诸多反思的基础上，近年来俄罗斯在信息舆论、国际文化传播等等方面开始了转向。无论“今日俄罗斯”电视台的崛起，还是美国上下怀疑俄罗斯利用网络信息“干预”美国大选，都显示了俄罗斯“反击”所取得的效果。美国政府甚至显得惊慌失措，急忙推出《反宣传法》，这也显示了俄罗斯舆论反击和争夺国际话语权的成效。

第一，审时度势，在国际舆论斗争中处理好防御和进攻的关系。目前，一些国家保守主义、排外思潮盛行，在民粹思潮和“逆全球化”加剧的背景下，要确定适当的策略参与国际舆论斗争。有时突出正面宣传，以防御为主，传出中国的意见、主张和判断。有时则要转被动防御为有力反击，甚至是主动出击，攻其软肋，动摇并将对方拉下神坛，进而占领一席之地和道义制高点。

第二，敢于与强手过招，才能赢得关注、赢得话语权和影响力。20 多年间俄罗斯的经验和教训表明，获得国际影响力的手段不是一味“示好、示弱”。因为西方不尊重弱者，更蔑视怯懦者、犹豫者、失败者。国际舆论较量由不得安分守己、相安无事、自我表白、自言自语。要么攻城掠地，要么甘心偏安一隅。

第三，要重新规划对外宣传的路线图。面对西方世界竖起的意识形态堡垒和思想铁幕，要学会避其敌意和锋芒，眼光不只集中在纽约时代广场或维也纳金色大厅。不妨顺势而为、另辟蹊径，就像中国革命那样，走“农村包围城市”之路，把重点放在周边和亚非拉等广大地区，做好东盟、俄罗斯和中亚等近邻国家的工作，闯出一片新天地。

第四，维护国际公理、主张国际正义。维护国际法和联合国的作用，反对霸权和“双重标准”。前苏联解体后，两极格局结束，美国自认为是世界上唯一的超级大国，超越联合国，甚至践踏国际法，在国际事务中垄断权力，拉帮结伙，肆意干涉他国内政。每当此时，需要有国家站出来，公开反击美国的霸权行为。只要言行有理有据，总统、外交部长和新闻发言人、传媒一起形成反美霸权、维护国际公理的大合唱。借此也可以在国际舞台上为自己塑造不畏强权、主持国际公理和正义的国家形象。

第五，为国际社会提供更多、更好公共产品，才是提高“软实力”和国际影响力的正道。从美国对外政策的反复与软实力的兴衰中可以得到启示：要尊重别国，尊重对手、特别是像俄罗斯这样的大国。追求软实力，绝不是一味地追求话语霸权，也不是一味地炫耀文化文明的优越性，更不是傲慢地对外输出价值观，而是为国际社会提供更多、更好的公共产品，才是国际社会沟通民心、合作共赢、进而提高国际影响力的正道。

从历史维度看美国国际传播策略及对中国的启示[1]

陈静静[2]

【摘要】2013 年我国提出了“一带一路”倡议，沿线国家态度不一，乐观支持和警惕质疑的声音同时存在，该倡议甚至被解读为“中国版的马歇尔计划”。从传播学的角度看，我国与沿线国家“民心不通”是一个非常重要的原因。沿线大部分国家无论是在历史上还是在今天都在很多方面深受美国的影响，所以我国进行对外传播，美国是不可绕开的因素。美国在这些国家的影响是其实力以及多年传播塑造的结果，为了做到“知己知彼百战不殆”，本文旨在从历史的角度对美国战后以来的国际传播策略和技巧进行系统研究，并在此基础之上探讨对我国的启示。

【关键词】“一带一路”；国际传播；公共外交；美国

本文通过对二战以后美国国际传播策略和技巧进行梳理并探讨其特征，在此基础之上探讨对中国的启示。

一、美国国际传播策略和技巧

美国国际传播的主要目标有两个，一是对外宣传美国的政策，二是向其他国家介绍

1　本文为国家广播电视总局部级社科项目《西方发达国家国际广播战略研究》（项目编号：GD1823）的阶段性成果。

2　陈静静：中国社科院日本研究所助理研究员。

美国的社会文化和价值观念。其活动大致可以分为两类，一类为“信息活动”，主要宣传美国的政策，另一类为国际教育文化交流活动。二战结束以来，美国动用大量的人力、物力、财力从事国际传播活动，并取得了突出成就，无论对目标国还是对美国都产生了深远的影响。在此过程中，美国逐步形成了一系列对外传播策略和技巧。

1. 不同国家不同政策

为了将有限的资源进行最优化的配置，美国很早就确立了对外传播的优先体制，强调精准行动，对同一个地区的不同国家采取不同政策。比如20世纪50年代，美国非常重视东南亚，并把该地区多数国家看作对抗共产主义的关键外围和危险地带，[3]因此将该地区纳入心理战的优先考虑地区。美国政府根据冷战形势的变化、东南亚国家不同的外交政策、东南亚国家在美国战略中的不同地位以及目标国家本身情况等因素而采取不同政策。具体来说，对于菲律宾，美国不仅要让它成为自己坚定的盟国，还要把它培养成东南亚国家反共的领导力量，成为这些国家的榜样，从而吸引更多的东南亚国家加入到反共阵营中来。为了达到此目标，美国一方面加强对菲律宾的宣传，另一方面，美国采取措施宣传菲律宾提高其在东南亚的认可度以及在国际上的声誉，比如对菲律宾援助越南进行了充分宣传，并制作了两部反映菲律宾参与《马尼拉条约》的电影。针对泰国，鉴于当时泰国政府比较亲美，美国新闻署协助泰国政府开展“攻心计划”，该计划是全面反对共产主义的思想灌输计划，对泰国国家、省级和地方政府官员以及普通民众灌输反共思想。针对缅甸、柬埔寨和老挝相对比较落后的国家，因为其教育文化水平相对落后，采取了以信息项目为主文化交流项目为辅的方式。

2. 各种项目针对性强、覆盖面广，并针对各种群体给予不同程度的关注

自20世纪50年代以来，美国就提出了“精准传播”策略，其项目都有比较明确的受众。教育和文化交流项目方面，这些项目覆盖学校系统教育的每一类群体，包括各类学生、教师和管理者。此外，针对专业领域人员、各种青年人群特别是各领域的青年领袖人物、女性、非精英群体以及相对不被重视的群体，国务院都制定了相关项目。国际广播从整体上来讲针对大众，但是具体的节目内容和形式也有明显的侧重，特别是针对青年，广播理事会制订了旨在影响下一代的相关战略，并做了调查研究、配备了相关预算、在节目内容和呈现方式上尽量迎合年轻人的偏好。另外，美国之音和自由亚洲重视女性受众，同时也在一定程度上关注占人口大多数的农村受众。

3　印度支那三国、泰国、马来西亚属于关键外围，而印度尼西亚和菲律宾则属于危险地带。参照：FRUS, 1950, Vol. 4, p.312.

3. 重视特殊群体：海外华人和海外移民

美国在其对外传播中一直特别强调精准传播，由此制定了一些针对某些特殊群体的传播政策，比如说重视宗教人士、海外移民和某些少数族裔。下文我们将提到美国在对外传播中对宗教因素的运用，在此简单介绍一下美国针对海外华人的宣传项目以及对海外移民的重视。

冷战前期，美国向新中国渗透的渠道有限，因此除了通过国际广播的形式向新中国进行宣传之外，美国特别重视对海外华人进行宣传，而东南亚是海外华人最多的地区。在这种背景下，美国提出了“海外华人项目”，1956 年，行动协调委员会海外华人特别工作组成立，由行动协调委员会台湾与中华民国政府工作组主席领导，行动协调委员会东南亚工作组协助开展工作。[4] 不久，“海外华人作为美国政策工具”和“海外华人与美国政策”相继出台。

“海外华人项目”由美台共同实施，它将美国的心理战战略与台湾的资源结合起来，利用台湾的地缘和政治优势，攻击中国大陆政权。香港和台湾始终是反共组织的家园和宣传资料的生产基地，美国投入巨额资金用于面向海外华人的宣传活动。[5] 美国宣传部门以驻香港和台北的新闻处为主、驻东南亚各国新闻处为辅，运用广播、书刊、电影、新闻、展览、文化外交、教育交流等多种媒介和形式，对东南亚、港澳、台湾和中国大陆的华人展开了声势浩大的宣传攻势。这场运动最核心部分是 1950 年代这十年之间，以香港（美国新闻处）为基地、针对东南亚华人、主要运用文字出版物（书刊）媒介的宣传活动。[6] 最开始的时候，这种宣传以“反共反苏”为主，这种直白地攻击对手的方式不容易被受众所接受，因此后来逐渐调整为以正面宣传美国为主，以“反共”为辅。这些活动得到美国国务院及其驻港办事处和公共事务官员的协助。宣传材料通过东南亚各个国家的美国新闻处的运作而广泛传播。这一项目体现了美国宣传部门在东南亚各国、台湾和香港的密切合作。

美国国际传播非常重视海外移民。国际传播的受众是外国受众，海外移民是国际传播中特殊群体，他们长期居住海外，对居住国的文化更加了解和认同，同时与其母国有着千丝万缕的联系，他们的观点和故事更易于被母国的受众所接受。“重返亚太”战略提出以来，美国非常重视海外东南亚人，并通过国际广播以及交流的形式展现出来。借东南亚国家的海外移民讲述美国故事和世界故事，海外移民的故事易于引起其母国大众的兴趣并易于被其接受。比如，自由亚洲越南语部有一档节目名为《洞察海外越南人的生

4　Memorandum for the Board Assistants, the Overseas Chinese and U. S. Policy, Nov. 27, 1956, Dwight D. Eisenhower Library, White House Office, National Security Council Staff: Papers, 1948-61, OCB Central File Series, Box 28. OCB 091, China.

5　NSC Report 6007 on U. S. Policy toward Hong Kong, May 9, 1960, CK3100113632, DDRS.

6　翟韬：《“冷战纸弹”：美国宣传机构在香港主办中文书刊研究》，《史学集刊》，2016年第1期，第81页。

活》（insights into the lives of the Vietnamese diaspora），[7] 美国之音越南语部有一档节目名为《聚焦越南》（Eye on Vietnam），主要关注海外越南人。[8] 美国之音泰语部有一档每周一次的节目名为《来自美国的报道》，主要关注美泰关系和海外泰国人。[9] 美国国务院组织菲律宾记者到美国与政策制定者、思想家、海外菲律宾人交流。[10] 除了在东南亚，在其他地方也重视海外移民群体。

4. 迂回渗透与直接宣传策略相结合

美国在推进国际传播时，"快媒介"和"慢媒介"同时并用，其中以国际广播和教育文化交流项目为典型代表。国际广播面向普通大众，其宣传的色彩比较明显。即使是国际广播方面，美国也尽力掩饰其宣传口吻，通过宣扬"民主"和"自由"这种看起来具有普世价值的理念，从而达到使受众认可美国外交政策的目的。与国际广播等信息活动相比，教育和文化交流活动更着眼于长远目标，其主要目的是"让其他国家的人民更好地理解美国的立场及原因，并使美国人更好地了解其他国家的人民"。[11] 美国公共外交咨询委员会明确指出，教育和文化交流项目对于推进公共外交是不可或缺的，"它们是服务于美国对外政策长远目标最重要的工具之一"。[12] 教育和文化交流活动特别是学术交流活动的参与者多为各领域的学者精英，这一群体多数主观上坚持认为学术应该客观中立，不应该因为自己接受美国的资助而威胁到其所坚持的"学术独立性"，因此这些活动的设计者不会直白地宣传美国的价值观，而是在活动的设计上极力将其价值观包装起来，通过其关注的主题渗透到交流活动中，从而使得美国关注的主题在参与者的脑海中不断被强化。

7　2015、2016和2017年度美国公共外交委员会报告中都提到了该节目，其页码分别为206页、232页、212页。2015 Comprehensive Annual Report on Public Diplomacy and International Broadcasting，ACPD, https://www.state.gov/documents/organization/247329.pdf；2016 Comprehensive Annual Report on Public Diplomacy and International Broadcasting, ACPD, https://www.state.gov/documents/organization/262381.pdf；2017 Comprehensive Annual Report on Public Diplomacy and International Broadcasting, ACPD, https://www.state.gov/documents/organization/271028.pdf.

8　2017 Comprehensive Annual Report on Public Diplomacy and International Broadcasting, ACPD, p. 215 https://www.state.gov/documents/organization/271028.pdf, [最后访问日期：2018年5月18日].

9　2014、2015、2016和2017年度美国公共外交委员会报告中都提到了该节目，其页码分别为133页、203页、237页和216页。2014 Comprehensive Annual Report on Public Diplomacy and International Broadcasting, ACPD, https://www.state.gov/documents/organization/235159.pdf；2015 Comprehensive Annual Report on Public Diplomacy and International Broadcasting，ACPD, https://www.state.gov/documents/organization/247329.pdf；2016 Comprehensive Annual Report on Public Diplomacy and International Broadcasting, ACPD, https://www.state.gov/documents/organization/262381.pdf；2017 Comprehensive Annual Report on Public Diplomacy and International Broadcasting, ACPD, https://www.state.gov/documents/organization/271028.pdf. [最后访问日期：2018年5月18日]。

10　2017 Comprehensive Annual Report on Public Diplomacy and International Broadcasting, ACPD, p. 204, https://www.state.gov/documents/organization/271028.pdf, [最后访问日期：2018年5月18日].

11　Fitzhugh Green, *American Propaganda Abroad*, New York: Praeger,1989, p. 101.

12　1982 Annual Report, ACPD, p. 22. [最后访问日期：2018年5月10日].

5. 通过各种方式各种平台推进英语教学

英语教学贯穿在美国的教育和文化交流活动、国务院信息项目和国际广播中，在美国的国际传播中发挥了重要作用。语言是文化的载体，通过英语的学习势必会加强学习者对美国的认知和理解，并潜移默化地被其文化和价值观影响。美国国务院有多个专门的英语教学项目，而且是走出去和请进来相结合。这些交流项目受众面广，既有针对青年教师的项目，也有针对资深英语语言学者的项目，还有针对非精英群体的小额奖学金英语项目和远程教学项目。在相对落后的地方，针对广大受众，国际广播在英语教学方面发挥重要作用，美国与多个国家签订协议，在对象国国家媒体上播放美国之音的英语教学节目。

6. 强化相关主题，影响对象国社会

美国在各种传播活动中不断突出强化的主题和领域包括公共政策、经济发展和企业家精神、公民社会、环境保护、针对弱势群体的各种赋权、通过各种活动培养有影响力的青年以及教育教学等方面。美国不仅通过教育交流项目传播公民社会、公共政策和环保等相关价值观，而且将这些观念植入其文化艺术等项目中，用音乐的形式关注社会话题，通过电影展现美国文化和生活，进而讨论民主和社会问题，比如女性解放、社会融入、公民参与等。此外，美国还将体育项目与女性权利、环保和社会问题结合起来。美国通过这种潜移默化的方式影响对象国社会，解构“非民主”国家社会，从而推动这些国家走上他们所认可的“民主”道路。

7. 重视宗教因素

在对外传播历史中，美国特别重视宗教因素。冷战初期，美国意识到共产主义的无神论原则与宗教有神论之间的对立，并认为可以利用这一点在宗教影响较大的地区为美国对抗共产主义服务。为此，美国精心策划了多个项目，意欲在“道德和精神层面上”建立起反击共产主义的战线。比如，在苏东冷战核心地区，利用罗马天主教教廷的影响对抗共产主义；在中东伊斯兰地区，利用宗教领袖引导民众反击共产主义；在东南亚怂恿当地佛教徒反华反共等。1952 年 3 月，心理战略委员会确立“利用宗教及其他精神力量”的心理战项目。[13] 美国政府一直同意发挥宗教在冷战战略中的作用。从 1954 年起，行动协调委员会开始把心理战的主战场转向了东南亚，采取各种措施发起了针对共产主义的“神灵反击”。

13 Psychological Strategy Board Planning Objective s Detailed, March 20, 1952, CK3100318259, DDRS.

8. 其他策略

美国对外传播过程中还有一些其他策略需要引起我们的注意，在此列举几条。第一，特别重视对手的宣传活动和宣传战略，并进行系统研究，提出应对之策。比如，针对前苏联图书在有些国家比较畅销的事实，美国意识到之后很快出台了廉价图书项目和图书翻译项目与之抗衡。第二，借助各种国际和地区组织。比如与联合国教科文组织合作、借助如东南亚条约组织进行国际传播。第三，注意寻找对外宣传的突破点。比如抓住目标国家高级官员访美事件进行大量宣传。第四，美国政府善于利用新技术进行对外传播。

三、美国国际传播策略对中国的启示

1. 进一步推动一国一策、精准传播

为了更好地触及受众，“精准传播”一直是中国的传播理念，在此理念之下，确定了“内外有别”“外外有别”的传播原则，在此基础之上进一步制定了“一国一策”的传播策略。为了更好地做到“精准传播”，我们需要将一国的受众再次细化，特别关注特殊群体的需要，从传播内容、呈现方式、传播方式上研究这些群体不同的需要以及如何满足他们的需要。鉴于此，中国的国际传播项目和活动应该更加明确其受众，突出精英、青年和女性受众，同时也照顾到其他非精英群体以及代表不充分的群体。

2. 进一步加大汉语教学

美国的教育和文化交流项目、信息项目和国际广播项目都非常重视英语教学和英语学习。中国应该进一步推动汉语教学，特别是随着中国与各国经济关系日益密切，学会汉语成为一门非常重要的谋生技能，甚至可以改变个人命运，借此机会通过各种方式推动汉语教学。随着“一带一路”建设不断推进，中国与沿线各国的经济联系将会更加密切，这也进一步推动了沿线各国的汉语热，中国应该抓住这个历史机遇，从各个方面做好准备，全方位推进汉语教学。这不仅体现在增加教育和文化交流项目、信息项目和国际广播增加汉语教学的内容，更应在教学内容、教学理念、办学方式等方面进行调整，将“中国元素”“中国故事”“中国声音”糅合到这些项目和活动中，在教授汉语的同时通过潜移默化的方式讲述了我们自己的故事、我们和对象国的故事。

3. 重视经济和公民社会议题以及环境议题

上文提出美国国际传播特别重视宣传企业家精神、经济管理和公共政策等经济议题，并将公民社会和个人赋权等相关理念渗透在各种项目中，进而“悄悄”地影响对象国社会。针对这一现实，中国不能熟视无睹，中国应重视经济和公民社会这类议题，将中国在此

类问题上的观点、做法以及实效积极介绍出去。同时，借鉴美国的做法，从重视个人的需求出发设计项目和议题，易于对受众产生重要影响。

美国把环保当做其国际传播一个非常重要的工具，几乎渗透在每一个项目中，成为各种交流项目的主题之一，成为社交媒体的重要内容，成为国际广播的重要选题。环境问题通常与经济、投资等相关问题联系起来，而中国又与很多国家的经济关系越来越密切，在此背景下，美国经常将中国投资与当地环保联系起来，促使其成为大众媒体的重要话题，从而将环境问题政治化。

对于此类环保问题，中国相关企业关注不够，与各国媒体包括中国自己的媒体沟通不够，这也使得中国媒体的回应相对较弱。鉴于此，从战略上，中国的国际传播相关机构应该重视这一主题，也需要将我们的环保观念、环保与经济的关系等相关议题设置在各种传播活动与项目中，旨在解构美国灌输的环保观，引导受众也要关注经济发展，而不是固守环保。从策略上，有关部门应该引导中国的相关企业在此类问题上加强与媒体的沟通。从技巧上，中国媒体应该仔细研究其背后的逻辑，寻找其漏洞，进而进行回击。

4. 重视与受众互动

为了更好地实现传播效果，双向沟通有着单向传播所没有的优势。第一，受众有参与感，提高对该节目的关注度；第二，通过普通受众来影响其他大众，因为普通受众的观点更有说服力；第三，拉近与受众的距离。我们应该在报道实际情况的基础之上考虑如何增加与受众的互动。美国深谙此道，其国际传播项目非常重视与受众互动。为了提高传播的有效性，中国传播项目也应该重视这一传播策略。比如，广播类节目，打电话或是写信比较合适；网络上可以留言，甚至视频沟通等。

5. 其他传播技巧

中国国际传播相关机构一直坚持综合传播、母语传播、本土传播和合作传播的方式，用受众熟悉的语言讲好中国故事，并取得了良好效果。为了进一步提高我国的国际传播力建设，除了以上提到五大方面之外，美国还有一些传播技巧，我们需要借鉴一下。比如根据我国和对象国形势进行节目调整、选择合适话题拉近距离、关注海外移民、各种项目相互结合、相关项目结束之后非常注重建立关系网络和联谊会等保持联系。

西方“看不见的宣传”理念、方法及案例拾举

贾敏[1]

【摘要】长期以来，西方国家在进行“看不见的宣传”舆论攻势方面，积累了相当的经验与案例。从历史来看，西方国家对外宣传历程经历了从大众传播路径的劝服模式到社会心理与营造虚假共识并举的引导模式，其功能性、策略性与危害性更为凸显。本文指出，甄别西方涉华报道当中的“看不见”元素，有针对性地进行反向议题设置与前瞻预判，将提高我应对国际政治经态势中的各类高风险事件，做好舆情应对准备。

【关键词】看不见的宣传；说服策略；受众影响；西方涉华报道

“看不见的宣传”是十八大以来，习近平总书记关于提升我国舆论宣传战线工作改革创新的一种独到表述。习总书记认为，真正“上乘的宣传，要看起来像从未进行过一样，最好的宣传要让被宣传对象沿着你所希望的方向走，却认为是自己在选择方向。”[2]习总书记指出，宣传思想工作要实现工作创新，需要抓好理念创新、手段创新、基层工作创新；要积极吸收各国出现的新思想新观点新知识，积极借鉴人类文明创造的有益成果。“明者因时而变，知者随世而制”，习总书记的重要表述，也为当前对外传播领域探索“看不见的宣传”，提供了思索的创新领域。[3]

1　贾敏：华东师范大学国际关系与地区发展研究院副研究员。

2　卢新宁：《“我们离‘看不见的宣传’有多远”》，《采写编》2014年第2期，第1页。

3　习近平：《习近平谈治国理政》，外文出版社，2014年版，第155-157页。

做好对外传播领域“看不见的宣传”，除了要有合格的政治思想素养外，放眼国际国内的大局意识，专业的判断能力与过硬的业务水平都是不可或缺的。同时，我们也应清楚地认识到，西方发达国家在国际传播领域投放话语权和议题主影响力仍然具有长期的比较优势；在新闻传播领域，他们具有悠久的历史和扎实的理论经验指导其“看不见的宣传”。有针对性地了解和展望西方国家国际传播的若干阶段和特点，分析在涉华传播领域设置与“制造”的各类案例，将有助于我们提升对外传播工作的创新能力与风险识别度。

西方宣传历程的衍变及其正当化：从劝服到引导

“宣传”的概念在西方经历漫长的演变过程。“宣传”（Propaganda）最早起源于拉丁文，主要意指罗马天主教宗教义的传播。17 世纪宗教改革时期，“宣传”成为捍卫宗教原教旨思想的代名词；19 世纪开始，“宣传”正式进入欧美话语，被多部英语词典所辑录。伴随西方文明工业化与大众社会的崛起，宣传成为捍卫与传递特定价值观的一般指称。[4]

“宣传”在第一次世界大战时期被世人所熟知。英法美协约国与德奥同盟国两大战争阵营，都充分运用当时各种媒介工具和传播方式，不遗余力宣扬各自的战争理由和杀戮策略，其中向所在国民众灌输战争带来的可怖后果和渲染敌国的战争暴行，劝服民众支持战争行为，是这一时期宣传的核心目标。为了实现战争目的而不惜扭曲真实情况，战争导致的欧洲文明浩劫与社会颓败给公众以强烈反差，故而战后欧美主流舆论对“宣传”行为深恶痛绝。这种状况引起新闻界和宣传专家的深刻反思，相继提出将宣传剥离于非理性运用，提炼其方法和评估手段。以效果评估，隐蔽手段，辅以大众心理引导为目的的现代宣传，得到学界与政府的持续关注和实证研究资助。[5]

在经历反思与探索后，二战迎来西方宣传事业发展的巅峰时期。二战一方面是全球反法西斯同盟与法西斯国家进行的正义之战，各国政府与民众形成高度共识，与社会主义国家苏联的同盟关系也让宣传行动提升到赢取全球正义，实现人类解放自由的高度。美国政府提出的“四大自由”口号，以“为何而战”“为谁而战”等一系列战时影音作品和宣传举措，在政府、专业机构和民众的共同协作下，赢得巨大的战时宣传效果，为最终取得反法西斯战争的全面胜利发挥了重要作用。与此同时，西方国家也在与苏联合作兼竞争的伙伴关系中，认识到宣传对于战后世界两大阵营在意识形态上争锋当中扮演的极端重要的角色。宣传方法的可操作性和趋同性让西方宣传专家思索，如何采取新的方

4　刘海龙：《宣传：概念 话语 及其正当化过程》，中国大百科全书出版社，第25-27页。

5　哈罗德·拉斯韦尔：《世界大战中的宣传技巧》，张浩等译，中国人民大学出版社 2003年版；沃尔特·李普曼《公共舆论》，阎克文等译，上海人民出版社 2002年版。

法和思路赢取下一场全球“冷战”，而此时的西方“看不见的宣传”也由此进入冷战时期新的大规模运用阶段。[6]

冷战时期是西方运用“看不见的宣传”，施行对苏联文化和心理冷战的最为持久、取得显著效果的特殊阶段。这一阶段，“宣传”的概念由其西方的初创者和实践者自我污名化、隐蔽化和植入大众文化之中，其缘由在于西方清晰地认识到与苏东阵营相比，西方意识形态领域的比较优势集中于大众消费文化和其活跃的思想意见市场，物质丰富的青年文化和发达多元的传媒市场，这种资源禀赋的优势被西方政治精英加以巧妙运用，成为瓦解苏联阵营刻板、固守正统，缺乏创新变革的思想阵线的有力工具。这种“看不见的宣传”体现出多层次、长时段、渐进性的表现形式。譬如冷战高峰时期，尼克松与赫鲁晓夫在莫斯科世界博览大会美国展馆厨房区的唇枪舌战，被西方大众传媒刻画为西方物质文化优越性与社会主义生产力不足的体现，成为冷战话语交锋的经典写照。欧美大众青年流行文化的身体解放和反叛特征，也成为西方崇尚个人自由的有力展现，使得苏东地区的青少年群体心之向往。在思想文化领域，西方通过各种基金会和文化协会的平台功能，通过各种渠道进行文化输送和价值观传播，影响、扶持并鼓励苏东地区异议人士运动。以西方国家为主导的全球和多边组织也以话语权和规则制定的方式逐渐渗透而随着战后大众传播技术的进一步创新，电视影音产品和全球卫星通讯网络的建成，使得西方阵营对苏东地区“看不见的宣传”成为全天候的传播态势，导致其国内政治的动荡和价值观瓦解，最终使得其政权丧失合法性而陷入失败境地。从历史维度考察西方“看不见的宣传”对冷战终结带来的影响，与其服膺福山笔下的“意识形态的终结”话语，不妨视作为操纵“看不见的意识形态之胜利”的落幕，对今后国际传播的操作路径和手法影响深远。时至今日，部分地缘政治冲突多发区域，依旧能看到这些无形之手的渲染和操纵。[7]

同时我们也应看到，西方传媒这种“看不见的宣传”，实质上依旧混淆大众传媒认知普及与宣传鼓动的功能区别，也刻意利用人类行为心理和认知偏好，来实现对特定价值观和意识形态的褒贬，反过来也促使冷战后当代西方社会内部价值观多元主义泛滥、政治极化和民粹思想盛行，间接导致西方国家民主失灵和治理能力失灵的后果。[8]在以互联网和移动媒体崛起为背景的当下世界，负面效果更为凸显，世界各类政治、宗教极端力量、恐怖主义势力都在娴熟运用各种宣传技巧为其暴行合法性增加支持度，按照亨利·基辛格的说法，互联网时代共识的达成，“愈来愈不是靠思想的交流，而是靠情绪的

6 金重远：《炮火中的文化：文化与第二次世界大战》，浙江人民出版社1996年版。

7 弗朗西斯·桑德斯：《文化冷战与中央情报局》，曹大鹏译，国际文化出版公司。

8 Daniel T. Rodgers: Age of Fracture, Cambridge, Mass, The Belknap Press of Harvard University Press, 2011.

分享。”[9] 这些都是西方某些政治精英所未曾预想到的。

概要而言，西方“看不见的宣传”走过一个多世纪历程，其理念愈加专业，传播方法愈加隐蔽，劝服效果愈加凸显，其策略技巧和方式也更为世人所洞悉。

看不见宣传的说服策略：中央路径与周边路径

在西方语境下，“看不见的宣传”可以表述通过显性或隐性的大众传播媒介，通过对特定群体对时间、空间、信息和商品不同程度的偏好，辅以心理说服策略和运用公共关系手段，完成宣传委托客户的预定营销目标。在国际（对外）传播领域，这里的客户既指国家政府，也涵盖国际组织、跨国公司、非政府组织和各类全球媒体。按照一般分类方法，其传播特定受众又可以分为社会精英阶层和中下民众阶层。在新旧媒介融合发展的转折时期，西方公共关系专家更喜欢运用所谓中央路径与周边路径两种策略来分析探讨其所要影响的受众受影响的效果。[10]

所谓中央路径（Central Routes），是指针对目标受众群体的特征和潜在需求，给予细致、完整、全面的信息供给，以期对目标受众产生最大效度的影响，这里的信息传播模式相对集中和固定。在对外传播领域，偏好中央路径的传播方式更符合类似进行特定议题传播、跨文化传播、人文教育交流和公共外交模式所要产生的效果，其受众主要为政治社会、文化教育程度都较高的精英社群，对传播议题有较强关注度。

而周边路径（Peripheral Routes）与中央路径相比，并非聚焦于目标群体的本质需求，而是更多利用他（她）们在心理和社会层面的认知偏好和差异，精准把握受众对信息接受的层次差异。西方公共关系专家发现，公众在接受大众传媒资讯时，偏好自己成为所谓的“认知吝啬者”，懒于动用理性思维去思考问题，因为大部分人群处理信息的能力是有限的。“周边路径”模式抓住公众的认知偏好，通过巧妙的认知信息处理步骤，引导公众依赖周边路径的思考。一般而言，西方“看不见的宣传”的策略框架，也即是围绕周边路径模式而展开的。

在策略指引下的操作方面，西方“看不见的宣传”又可以分为四大步骤。首先，宣传主体要为信息传播营造良好的信誉和氛围，即所谓的“前期劝导”时刻。这需要要有一个大众接受程度高的媒介平台。其次，构造一个具有拟人化和可信度高的个性化形象，尽量淡化其组织和价值观背景。第三则是设置议题，综合运用多种方法劝导、诱发、动

9 亨利·基辛格：《世界秩序》，胡利平等译，中信出版集团，2015年版，第470页。

10 安东尼·普拉卡尼斯、埃利奥特·阿伦森：《宣传力：政治与商业中的心理操纵》，林夕榆等译，新华出版社，2014年版，第28-32页。

员公众对特定目标的关注和情绪。第四则是要有效控制目标公众的情感，以避免自身宣传动机暴露和最终宣传效果出现问题。“看不见的宣传”的最高境界，正如美国政治科学家伯纳德·科恩所言，“大众媒体或许不能让一人想起所想，却能惊人地让他的观众思其所论。”

在具体操作手法方面，“看不见的宣传”在国际传播领域还有以下些表现，试举例如下：

第一点：对常见的国际共识 / 规则进行有目的的解构，或是进行模糊化处理。大众心理学认为，事务的描述方式和行为表达将会指引人们思维，从而匡正人们对于信息的认知反映。

第二点：提出带有伪问题、或是未经权威证明的事实真相，加以混淆和广泛散布，以引发公众的恐惧和不安。有西方人士指称这种行为是“可怕的简化者”(Terrible Simplifier)。[11]

第三点：所谓“得寸进尺”策略，利用公共人物、名人进行推销，这种宣传的关键在于要恰到好处地隐匿劝导者的真实身份，同时利用受众对于劝导者可信度的依赖，持续发布或转移陌生议题。

第四点：制造虚假共识，营造同盟者幻想。借助一系列公共机构、民意调查、意见领袖的影响力制造舆论。值得玩味的是，西方学者通过分析指出，在利用意见领袖可信度方面，一定的自损行为，反而能够达到预期效果。同时，在国际领域进行拉拢和劝诱也是一种常见的宣传手段，诸如吹捧“世界最大民众国家”，“亚洲民主化的灯塔”之类，都属于此类“醉翁之意不在酒”的营销范畴内。

第五点：营造自我劝服的舆论环境。西方心理学者发现，通过巧妙设置的宣传手段，公众可以自认为是经过细致思考和深思熟虑采取对宣传议题的认可。

第六点：所谓分心策略。西方宣传人士认为，如果面临同质化竞争，己方阵营又拿不出有竞争和说服力的传播内容，那么就可以试图让受众分心和移情它物。巧妙的议题偷换和热点营造的手段在西方媒体报道国际事务方面屡见不鲜。

以上是西方“看不见的宣传”较为常见的几种分类方法，经常在重大国际事务中综合运用而不分伯仲。借用美国总统候选人希拉里·克林顿的表述，这些当属西方国家在对外传播领域硬实力加“巧实力”的组合运用，采取周边路径进行隐匿宣传的方式越来越普遍。[12]

---

11 “可怕的简化者”一词可参阅莫伊塞斯·纳伊姆《权力的终结》，中信出版社2013年版。

12 贾敏：《美国智库“中国观”波动成因及应对策略》，《对外传播》，2015年第7期。

西方涉华报道中“看不见”元素拾例

无可否认，西方传媒在对华施行“看不见的宣传”方面，具备相当长的传播过程，国际传媒过去数十年间的“中国威胁论”“中国崩溃论”等危言耸听的言论，已然留给世界较深的刻板印象。新时期围绕中美两国面临的合作与竞争关系，西方围绕崛起大国与守成大国之间的“修昔底德陷阱”和中美两国的“互联网战争”进行轮番炒作和议题设置，对中方提出的构建“中美新型大国关系”倡议则质疑与嘲讽不断。笔者围绕中美关系试举两个案例，试图说明某些“看不见”元素潜在侵蚀中国形象的技巧。

第一个案例涉及美国媒体关于中国窃取美国商业科技与互联网信息机密的系列报道和评论。在涉及相关华裔科学家方面，我们发现美方经常采取一种非常微妙的媒体与司法处置模式：一方面，通过大众传媒展现美国司法部门的强制与暴力执法，透露美方对华裔科学家公私领域的全面监控能力和司法管辖力量，另一方面，往往宣称无法证明所有信息与证据的合法性而撤销起诉或公开道歉，继而坦然接受受害者乃至相关舆论的批评。而依据周边路径提供的经验，美国有关部门恰恰是通过有意为之的自损信誉行为，来达到影响美国公众对华感观，煽动恐惧心态和自我劝服，从而真正对美国政治生活最为核心的内容——国会立法政治和行政监管——举措施加压力而影响投票。这种行事逻辑，我们也可从美方在南海问题争议中的行为举动得到印证。从美国历史来看，通过宣扬“免于恐惧的自由”而赋予自身行为正当性是其对外宣传中的典型路径依赖。

第二个案例属于最近有关中国经济新常态的一系列国际传媒报道。中国经济企稳与健康发展直接关系到世界经济平稳和复苏发展，国际媒体始终对此高度关注。同时我们也不难看到，一些老牌经济刊物和报刊经常刊登一些对中国经济发展完全扭曲和不负责任的报道和议论，若稍做长时间的考察，“捧喝中国”与“捧杀中国”往往在同一位意见领袖和报刊中轮番闪现，公众受其观点影响而对中国市场做出悲观预测，扰乱市场节奏和政府改革创新的应有节奏，实际上暴露出唱空中国、做空中国经济，并由此谋取做空利益的国际流动资本逻辑。如何应对国际传媒对新常态经济态势的长期关注，或将是未来需要认真应对的国际治理现象。

外国人对西藏形象的认知

——基于对留学生的调查

叶淑兰[1]

【摘要】达赖自诩为宗教领袖，惯于向西方讲述西藏宗教文化故事，造成西藏形象传播上“西强我弱”局面。根据对302位外国留学生的问卷调查和对38位外国留学生、22位西藏人的访谈，外国留学生对西藏宗教文化形象的认知呈现微弱正面态势，对中国政府的西藏政策的评价正负面参杂，深受达赖话语的影响。来源国家和媒体接触是影响留学生西藏形象认知的重要因素。提升西藏形象，需要有效回应西藏人相关诉求，建构和谐的新型民族关系，提高讲述西藏宗教文化故事的能力，发展对外媒体，充分运用公众力量，加强对突发事件的报道。

【关键词】西藏；西藏形象；留学生；达赖喇嘛

西藏问题已经成为中美、中欧、中印关系中的敏感问题。达赖集团精于海外公关，与国外涉华负面舆论遥相呼应，把达赖塑造为宗教精神领袖，使中国陷入被动应对局面。加强对外国人的西藏形象及其影响因素的分析，深入探讨我国西藏形象传播中“西强我弱”的内外原因，有助于解构达赖所谓“中间道路”以及西方指责中国的“镇压 - 反抗”负面话语，从而加强中国西藏形象建构的整体能力。

1　叶淑兰：华东师范大学政治学系副教授、博士。

一、西藏形象研究视角与调查设计

探讨外国人如何认知西藏形象对于检验我国西藏形象传播效果具有重要意义。为此，笔者于 2014 年 10 月至 2015 年 10 月在复旦大学、上海交通大学、华东师范大学等上海高校，先后对 302 位外国留学生进行了问卷调查，还对 38 位外国留学生以及 22 位西藏人士进行了访谈。

在这些接受问卷调查的外国留学生中，男性有 160 人，占 53.3%，女性 140 人，占 46.7%。其中，来自美国的留学生有 31 位（10.3%），欧洲 89 位（29.5%），非洲 33 位（10.9%），日本 15 位（5.0%），越南 12 位（4.0%），韩国 30 位（9.9%），中亚 12 位（4.0%），中东 14 位（4.6%），拉美 7 位（2.3%）以及其他亚洲国家 59 位（19.5%，详见表 2）。

国家／地区	美国	欧洲	非洲	日本	越南	韩国	中亚	中东	拉美	其他亚洲国家
频数	31	89	33	15	12	30	12	14	7	59
占比	10.3%	29.5%	10.9%	5.0%	4.0%	9.9%	4.0%	4.6%	2.3%	19.5%

表1：留学生来源分布

在 302 位被访者当中，来中国半年以下的占 39.9%，来中国四年以上的有 12.2%(详见表 4)。

总的来说，在华外国留学生对西藏问题不是很关注，37.1% 的留学生表示关心西藏问题，27% 表示不关心，35.9% 持中立态度。表示偶尔讨论西藏问题的有 32.9%，经常谈论为 7.5%，占到一半以上的留学生（59.6%）在平时几乎不谈论西藏问题。

西藏形象涉及到外国人对西藏政治、经济、文化问题的总体看法，可以从物质、文化和制度三大层面进行分析。外国留学生对西藏物质形象的评价比较积极正面。他们认同中国实施西部大开发战略，本次调查显示 48.8% 的留学生认为西藏经济发展状况是好的，31.4% 留学生认为不好不差。

西藏形象本质上是一个软实力的问题。因为达赖喇嘛与西方的原因，当前西藏形象的塑造更多面临着来自文化形象和制度形象挑战。因此，下文将重点探讨外国留学生对西藏宗教文化形象和政治制度形象的认知，并分析外国人西藏形象形成的国别和媒体因素，进而提出加强西藏形象塑造的策略。

二、对西藏宗教文化形象的认知

外国留学生对西藏的认识首先从藏传佛教开始，虽然他们对西藏的文化保护、宗教自由和人权状况的认识呈现微弱正面，但是，他们深受达赖集团话语的影响，把达赖视为“宗教领袖”与“和平人士”。

1. 留学生对西藏宗教文化形象的认知呈现微弱正面态势

留学生对藏传佛教具有好感，他们表示喜欢藏传佛教的平均值达到 0.73，近半数（48.9%）的留学生表示喜欢，远高于表示不喜欢的比例（11.4%）。

达赖与西方一直攻击西藏宗教自由和人权状况，给中国造成很大的国际舆论压力。尽管中国政府做了一些努力，但是，留学生对中国的宗教信仰自由和保护西藏传统文化政策并不是很了解，只有 15.5% 的留学生听说西藏宗教信仰自由，听说过保护西藏传统文化比例也只有 19.1%。

本调查询问了留学生对西藏宗教自由、人权状况、文化保护的评价，并给出了 -3、-2、-1、0、1、2、3 共 7 个刻度供他们选择，其中 -3 表示非常差，3 表示非常好，绝对值越大表示程度越高。结果显示，外国留学生对于宗教文化的各项指标的评价总体上基本呈正面的态度，他们对各项指标评价的平均值均为正数（详见表 2）。

具体指标	案例	均值	正面看法	中立看法	负面看法
文化保护	255	0.71	56.5%	25.9%	17.6%
宗教自由	260	0.50	47.3%	29.6%	23.1%
人权状况	260	0.33	41.9%	30.4%	27.7%

表2：留学生对西藏宗教文化各项指标的评价

外国留学生评价最高的为西藏文化保护这一指标，平均值为 0.71，其中，56.5% 的留学生对西藏文化保护状况持正面看法。分别有 47.3% 和 41.9% 的外国留学生对西藏宗教自由、人权状况持正面看法、评价均值分别是 0.50、0.33，这说明中国西藏人权、自由等话语的传播对外国留学生还是起到了一定的正面效果的作用。

2. 留学生对西藏宗教文化的认知深受达赖喇嘛舆论攻势的影响

相比较而言，外国留学生更加了解达赖集团的一套宗教文化话语。留学生听说过达赖喇嘛及其所鼓吹的“自由西藏运动”的高达 65.7% 和 41.1%，远远高于对中国西藏宗教文化政策的了解。

此次调研发现，仅有 8.7% 的留学生将达赖视为分裂分子，25.2% 的留学生认为他是一个政治人物（详见表 3）。相反，大部分留学生将达赖看成是宗教精神领袖，或者是民主的和平人士,38.8% 的学生认为他是宗教精神领袖，认为他是“和平人士”和“民主斗士”的留学生也分别有 29.4%、11.0%。有的留学生表示达赖是宗教领袖和政治人物的综合体，充满了神秘感。但同时也有留学生批评达赖的政治参与。

	没听说	民主斗士	分裂分子	宗教精神领袖	和平人士	政治人物
频数	61	34	27	120	91	78
占比	19.7%	11.0%	8.7%	38.8%	29.4%	25.2%

表3：留学生对于达赖身份的认识

为更全面了解留学生对于达赖喇嘛话语以及西方话语的认同度，本次调查还询问了他们对于达赖喇嘛、好莱坞西藏电影、藏传佛教的喜欢程度。调查显示，44.7% 的留学生明确表示喜欢达赖喇嘛，仅有 12.2% 表示不喜欢达赖，对于达赖喇嘛喜欢程度的评价值为 0.67（详见表 4）。但是，对于好莱坞西藏电影，留学生的喜欢程度不如想象那么高，持中立看法的占 50%，明确表示不喜欢的为 34.4%，要远远高于表示喜欢的比例（15.6%）。

具体指标	案例	均值	喜欢	中立看法	不喜欢
达赖喇嘛	255	0.67	44.7%	43.1%	12.2%
好莱坞西藏电影	250	0.35	15.6%	50.0%	34.4%
藏传佛教	256	0.73	48.9%	39.8%	11.4%

表4：对达赖、西藏电影与藏传佛教的喜欢程度

三、对西藏政治制度形象的认知

留学生对西藏民族区域自治制度和中国政府的西藏政治经济政策呈现基本正面的认识，但是，他们认为政府西藏政策稍为强硬，还不够成功。留学生对西藏政治制度形象的认识受到达赖喇嘛所谓西藏的“真正自治”“中间道路”等政治话语的影响。

（一）对西藏民族区域自治制度的认识

中国政府在西藏对外话语传播中，不断强调中国对西藏的主权。总的来说，外国留

学生对这一问题的认识较为符合实际情况，当问及西藏与中国的关系时，52.8% 的留学生清楚地知道西藏是中国的一个民族自治区（详见表 5）。虽然西藏在元朝时期开始纳入中国版图，但也有 26.5% 的留学生认为西藏自古以来就是中国的一部分。值得注意的是，依然有 16.8% 留学生认为西藏自古以来就是一个“独立国家”。

	西藏是中国的一个民族自治区	西藏自古以来就是中国的一部分	西藏自古以来是个“独立国家”
频数	163	82	52
百分比	52.8%	26.5%	16.8%

表5：留学生对于西藏地位的认识

西方国家领导人接见达赖喇嘛，是对中国主权的干涉，这是否得到外国留学生的认同，是个值得探讨的问题。本次调研显示，36.3% 的留学生认为这是对中国国家主权的干涉，要高于认为西方领导人接见达赖和中国没有关系 27.0% 的比例。一留学生对此问题评价的平均值为 0.15，这说明中国对西藏的主权话语对于外国留学生还是起到一定的影响作用。

对西藏民族区域自治制度，留学生的评价也呈现微弱正面态势，其平均值为 0.21。其中 36.4% 的留学生对西藏民族区域自治制度给予好评，42.1% 比例认为不好不差，剩余的 21.5% 给予了差评。

（二）对中国政府西藏政策的评价

外国留学生对西藏经济发展持积极评价，评价的平均值为 0.58。其中，48.8% 的留学生认为西藏经济发展状况是好的，31.4% 留学生认为不好不差。一些留学生认为西藏地区旅游经济发展非常好，带动了西藏经济的大跨越。但是，留学生也客观地指出旅游经济是一把双刃剑，在推动西藏经济发展的同时，在某种程度上也破坏了西藏的一些传统文化。当下如何协调好经济发展和文化保护之间的关系，可能是我国政府必须重新审视的一个问题。

此次调查显示，34.8% 的留学生对西藏政治民主持正面看法，他们对政治民主的评价均值为 0.004，基本上是中立态度。西方舆论报道通常凸显西藏存在问题的一面。但是，留学生对于西藏社会稳定的评价还是倾向于略微正面，其评价的平均值为 0.16，其中，39.0% 的留学生对西藏社会稳定给予好评，高于差评比例（30.9%）。

具体指标	案例	均值	正面看法	中立看法	负面看法
经济发展	258	0.58	48.8%	31.4%	19.8%
政治民主	259	0.004	34.8%	32.4%	32.8%
社会稳定	259	0.16	39.0%	30.1%	30.9%

表6：留学生对西藏政策各项指标的评价

对于中国的西藏政策是成功还是失败，留学生的看法比较悲观，评价的平均值为 -0.11。33.3% 的留学生认为中国政府对西藏政策是失败的，高于认为中国政策是成功的比例（26.1%），另外，还有 40.5% 的留学生持中立看法。43.6% 的留学生觉得中国政府对西藏政策强硬。

民族平等、民族团结是西藏对外传播的重要话语。此次调查显示，留学生对于中国政府是否平等对待西藏人、汉人与藏人关系的和谐程度的评价均略为负面，其评价的平均值分别为 -0.06 与 -0.16。其中，38.3% 的留学生不赞同"中国政府平等对待西藏人"，高于赞成的比例 29.2%。同样，认为藏人和汉人的关系不和谐的留学生的比例（36.3%）也高于认为和谐的比例（28.1%）。

具体指标	负值	零值	正值	均值
认为中国政府对西藏的政策是成功还是失败 (-3表示非常失败，+3表示表示非常成功)	33.3%	40.5%	26.1%	-0.11
认为中国政府对西藏政策是软还是硬 (-3表示非常软弱，+3表示非常强硬)	18.8%	37.6%	34.6%	0.44
认为汉人与藏人的关系 (-3表示非常差，+3非常和谐)	36.3%	35.6%	28.1%	-0.16
是否赞同中国政府平等对待西藏人 (-3表示非常不赞同，+3表示非常赞同)	38.3%	32.6%	29.2%	-0.06

表7：留学生对西藏相关问题的认同程度

（三）留学生对西藏政治制度的认知深受达赖政治话语的影响

长期以来，达赖反复强调 China（中国）和 Tibet（西藏）、Tibetans（藏人）和 Chinese people（中国人）的二元对立。在此次调查中，听说过中国政府关于"西藏民族区域自治""西部大开发""西藏民主改革""民族团结""民族平等""宗教信仰自由"

和“保护西藏传统文化”等话语的留学生比例分别为28.2%、16.2%、20.4%、12.0%、12.0%、15.5%和19.1%，而听说过来自达赖喇嘛或西方的话语“自由西藏运动”“达赖喇嘛”“流亡藏人”“非暴力”运动、“中间道路”“大藏区”和西藏的“真正自治”的留学生比例分别为41.1%、65.7%、22.0%、25.9%、13.9%、10.4%、19.1%（详见表8）。总体上，留学生对中国的西藏政治制度话语的熟识程度要远低于达赖或西方的相关政治话语。

中国的西藏话语	占比	达赖及西方话语	占比
西藏民族区域自治	28.2%	自由西藏运动	41.1%
西部大开发	16.2%	达赖喇嘛	65.7%
西藏民主改革	20.4%	流亡藏人	22.0%
民族团结政策	12.0%	达赖“非暴力”运动	25.9%
民族平等政策	12.0%	达赖“中间道路”	13.9%
宗教信仰自由	15.5%	大藏区	10.4%
保护西藏传统文化	19.1%	西藏的“真正自治”	19.1%

表8：留学生对中国话语和达赖话语的认知

四、影响外国人西藏形象认知的因素

影响外国人对西藏形象认知的最重要变量为来源国家，他们眼中的西藏形象深受自己国家的西藏刻板印象的影响。西藏游历使得留学生的西藏形象更为客观，但是大部分留学生的西藏形象认知来自于对西方媒体的接触，这使得他们的西藏形象披上了西方“东方主义想象”的色彩。

（一）国别因素

在所有国家中，美国留学生最为关心西藏问题，最喜欢达赖喇嘛，较为喜欢好莱坞西藏电影（仅次于日本）和藏传佛教（仅次于拉美）。但是，美国留学生对于中国西藏政策的评价则处于中等偏下水平，在所有国家留学生中并不一定最差，但也属于相对较差行列（详见表9）。美国留学生对于中国政府平等对待西藏人的赞同度、中国西藏政策的成功度以及西方国家领导人接见达赖是对中国主权的干涉这三项的评价几乎为所有国家中最低的。但是，他们对西藏文化保护、经济发展、宗教自由、人权状况、政治民主、汉人与藏人关系的和谐程度、西藏民族区域自治制度的评价则处于所有国家留学生评价值的中下水平，并非最差。

指标	美国	欧洲	非洲	日本	越南	其他亚洲国家
关心西藏事务的程度	0.77	0.26	-0.19	-0.20	0.18	-0.28
对政治民主的评价	-0.07	-0.03	0.38	0.21	-0.30	0.13
对宗教自由的评价	0.40	0.60	0.77	0.50	0.40	0.49
对人权状况的评价	0.20	0.53	0.44	-0.07	-0.40	0.28
对经济发展的评价	0.48	0.55	1.36	-0.36	0.30	0.77
对文化保护的评价	0.43	0.25	1.21	1.43	0.20	1.13
对社会稳定的评价	0.13	0.30	1.00	-0.64	-0.50	0.17
对民族区域自治制度的评价	0.10	-0.03	0.37	-0.20	0.18	0.40
中国政府对待西藏政策是软是硬	0.61	0.58	0.36	0.47	-0.18	0.37
中国政府西藏政策是成功或失败	-0.77	-0.37	0.74	-0.20	-0.09	0.10
西方领导人接见达赖是否干涉中国主权	-0.13	-0.04	0.46	0.00	0.27	0.29
中国政府是否平等对待中国人	-0.53	-0.45	0.31	0.40	-0.45	0.32
汉人与藏人关系是否和谐	-0.20	-0.37	0.50	-0.53	0.18	-0.16
对藏传佛教的喜欢程度	1.10	0.97	0.14	0.53	0.30	0.83
对达赖喇嘛喜欢程度	1.50	0.84	0.48	0.87	-0.20	0.38
对好莱坞西藏电影喜欢程度	0.60	0.28	0.20	0.67	0.40	0.54
对西方媒体的相信度	0.75	0.46	0.87	0.79	0.60	0.53
对中国媒体的相信度	-1.34	-0.92	-0.02	-0.69	-0.60	-0.63

表9：不同国家留学生对西藏问题的评价均值表[2]

1. 媒体因素

西藏形象话语报道出现“西强我弱”的现象，主要原因在于西藏话语主要由西方强大的媒体所主导。从本次调查看，高达80.3%留学生通过西方媒体或自己国家的媒体来了解西藏问题，大多数留学生认为在对西藏问题的报道上第三方媒体（除中国和西藏本身的媒体以外）更具有可信度（详见表10）。但是，也有不少留学生，尤其是来自非洲、中亚等国的留学生指出西方媒体的主观性。

当然，也有24.9%的留学生会关注中国媒体的相关信息。29.4%的留学生表示在与朋友之间的聊天和讨论也会涉及西藏问题，但是，更多的留学生还是通过网络媒体了解西藏。

	去过西藏	朋友讲述	中国媒体	西方国家媒体	自己国家媒体	其他
频数	20	91	77	117	131	12
占比	6.5%	29.4%	24.9%	37.9%	42.4%	3.9%

表10：留学生了解西藏问题的渠道

2　表格各项均为-3到+3共7个刻度的打分。其中“中国政府对待西藏政策是软是硬”中-3为“软弱”，+3为“强硬”，“西方领导人接见达赖是否干涉中国主权”中-3为“未干涉”，+3为“干涉”，其余各项-3表示负面看法，+3表示正面看法，0为中立看法。

谈及对中西方媒体的信任程度，51.4% 的留学生表示信任西方媒体，信任度的平均值为 0.55，但是，留学生对中国媒体表现出不信任态度，平均值为 -0.71，明确表示不信任的比例达到 51.4%，而表示不信任西方媒体的仅为 18.7%（详见表 11）。

	案例	均值	信任	中立看法	不信任
中国媒体	249	-0.71	20.5%	28.1%	51.4%
西方媒体	251	0.55	51.4%	29.9%	18.7%

表11：留学生对媒体的信任程度

五、对提升西藏形象的启示

为提升西藏形象建构效果，需要我国在大力推动西藏经济发展，建构和谐民族关系的同时，更好地讲述西藏的宗教文化故事，有效处理突发性事件，充分运用多媒体传播，并加强与国外媒体的合作。

（一）有效回应西藏人的政治经济文化诉求，努力建构和谐的新型民族关系

提升西藏对外话语建构效果，需要中国在处理西藏问题上“内外兼修”。中国政府需要更多关切西藏人民的政治、经济以及宗教文化诉求，采用对话方式，努力构建和谐的新型民族关系。为解决中西部经济发展差距，需要加快西部大开发战略，在经济发展过程中，可能对西藏环境与传统文化带来一定的负面冲击，这需要引起有关部门的重视。

面对可能出现的一些群体性事件，要建立有效的防范机制，采取及时、果断的措施，妥善予以处理。在具体问题的处理上，要更加富有弹性。

（二）提高讲述西藏宗教文化故事的能力

当前达赖在西方的影响力已经在走下坡路。中国政府要抓住这一机遇，建立更加自信开放的心态，不但要把外国媒体记者“请进来”，中国媒体和记者还要主动“走出去”，提升讲述西藏宗教文化故事的能力。

（三）发展对外媒体，加强与西方媒体的合作

国外的导演、编剧并不真正了解西藏文化，所借用的资料往往带有偏见或是被歪曲的，拍出来的影片反映不了西藏的真实情况，从而对国外观众造成了中国政府不作

为或是压迫西藏的误解。[3] 因此，这要求我们继续加强对西藏的文化习俗、经典寺庙建筑、民俗庆典活动、风情民居等的对外传播，突出西藏特色，帮助西方世界了解一个真实的西藏。中国还需要大力加强对互联网、微博、微信等新媒体工具的开发和应用，以提升西藏问题国际话语权。最后，中国还需要更多地在国外媒体中发出自己的声音，这对于我们讲述西藏故事具有很强的借鉴意义。

（四）抢占时效性，加强对突发事件的报道

针对西藏突发性事件，我国要抢占舆论先机，控制舆论导向。国家领导人、重要外宣部门的负责人以及中国驻各国的大使馆、领事馆应及时与各国领导人、政府要员、议会议长议员充分沟通交流，解释事件，消除受众的疑虑，防止各国受到歪曲信息源的干扰而导致事态恶化。

（五）充分运用公众力量进行传播

中国西藏话语的对外传播大多为官方媒体，西方受众对此有一定的心理抵触，难以取得很好的传播效果。

在西方的新闻传播中，非政府组织（NGO）扮演了重要角色。因为非政府组织具有非营利性、公益性的特点，公众更愿意接受非政府组织的观点。加强中国西藏国际话语权，需要大力发挥中国网民的力量。

3　刘小三：《对外传播中西藏形象建构的策略和方式》，《西藏民族学院学报（哲社版）》，2011年第3期，第29-35页。

《纽约时报》涉藏报道的平衡性研究

古俊伟[1]

【摘要】论文以1979-2014年《纽约时报》涉藏报道为研究对象，通过对消息源的分析与比较，揭示了该报平衡报道的实质。论文发现《纽约时报》涉藏报道实现了消息源的多样化，在数量上基本实现了对立消息源的平衡引用，但对消息源倾向性的进一步分析揭示该报引用了更多的支持达赖的消息源。该报还利用人物指称等方式，降低中国政府和中国媒体消息源的可信度，提升达赖消息源的可信度。因此，《纽约时报》涉藏报道对于平衡报道原则的遵守是表面化的。

【关键词】涉藏报道；西藏问题；消息源；平衡报道

《纽约时报》是美国最关注西藏话题的主流报纸，对美国社会的西藏认知发挥着重要的影响。《纽约时报》的涉藏报道受到很多外在因素的影响，其中包括意识形态、国家利益、社会文化、经济利益等，但该报作为西方大报也受到自身专业主义的约束，其中最为重要的就是平衡报道。对涉藏报道消息源的系统研究能够揭示《纽约时报》对平衡报道原则的认识和贯彻，也可以揭示该报作为西藏话语建构平台对西藏话语权的分配。

1　古俊伟：传播学博士，辽宁师范大学讲师，硕士研究生导师，英语系主任。

一、研究设计

（一）研究对象

论文以“Tibet”作为关键词，在 LexisNexis Academic 数据库、《纽约时报》网站的历史报纸库进行搜索，获得了 1979 年 1 月 1 日至 2014 年 12 月 31 日的《纽约时报》要闻版涉藏报道全文，并通过逐篇阅读获得研究所需的报道。涉藏报道是指涉及“西藏问题”的报道，包括西藏的地位问题、西藏的人权问题、中国政府与达赖的关系、西藏在社会发展中遇到的各类问题，以及与上述四方面问题相关的文化艺术活动。论文最终确定了 834 篇《纽约时报》涉藏报道作为研究对象。

（二）研究问题

平衡报道是防止新闻倾向性的有效途径，主要体现在新闻媒体从不同的消息源获得信息，做到信息收集渠道多样化，并平衡地引用对立的消息源，对于相互对立的事实和观点进行客观的陈述，不进行掩饰或忽略。为了衡量《纽约时报》涉藏报道的平衡性，论文主要回答下列三个问题。

1.《纽约时报》是否做到了消息源的多样化？

2.《纽约时报》是否在数量上实现了对立消息源的平衡引用？

3.《纽约时报》是否在实质上实现了对立消息源的平衡引用？

（三）研究方法

论文采用定量的内容分析法，通过制定编码表对《纽约时报》的要闻版涉藏报道的消息源进行统计，并使用 spss 软件分析比较对立消息源。在比较对立消息源的基础上，论文进一步定性地分析了《纽约时报》对立消息源的指称。在论文中，消息源被操作化为直接引语或间接引语的发出者。当涉藏报道引用相关文献时，文献提供者被视为消息源。

二、研究结果

1979-2014 年，《纽约时报》共刊登要闻版涉藏报道 834 篇，年均 23.2 篇。从倾向性上看，负面报道为 284 篇，占 34.1%；中立报道 533 篇，占 63.9%；正面报道 17 篇，占 2%。报道具有下列情况之一被视为负面报道：1. 支持达赖的涉藏言论，如“西藏独立”“中间道路”“百万藏人被杀”和“大藏区”等；2. 歪曲报道中国的西藏政策和藏区发生的突发事件；3. 将西藏骚乱的责任完全归咎于中国政府；4. 刻意歪曲西藏历史，支持西藏曾经“独立”、中国“侵略”西藏、中国“殖民”西藏等说法；5. 鼓吹西藏民族自决。报道具有下列情况之一，将被视为正面报道：1. 中国政府对西藏政策的反思与调整；2. 中国政府关注西藏的人权问题；3. 中国政府积极展开和达赖的谈判；4. 中国政府积极致力于西藏的经济社会发展；5. 中国政府对西藏传统文化的保护。无上述两类倾向的报道视为中立报道。

（一）消息源的多样性考察

1979-2014 年《纽约时报》的涉藏报道共涉及 25 种消息源，体现了消息来源的多样性。按照每类消息源的篇均引用数量，25 种消息源排名顺序是：中国政府（1.17 处）、达赖（0.89 处）、其他消息源（0.73 处）、境外藏人或组织（0.65 处）、中国媒体（0.58 处）、国际支持西藏组织（0.53 处）、“西藏流亡政府”（0.42 处）、中国普通藏族公民（0.40 处）、普通美国人（0.39 处）、美国政府（0.33 处）、中国藏族僧人（0.29 处）、美国学者（0.27 处）、中国非藏族公民（0.27 处）、其他国家或地区政府（0.26 处）、国际人权组织（0.24 处）、美国媒体（0.19 处）、其他国家或地区公民（0.15 处）、国际政府间组织（0.11 处）、其他国家或地区媒体（0.11 处）、中国非藏族学者（0.10 处）、中国藏族学者（0.10 处）、其他国家或地区学者（0.07 处）、美国国会（0.07 处）、美国社会名流（0.06 处）、班禅（0.02 处）。作为对立的双方，中国政府和达赖是《纽约时报》引用最多的消息源。“其他消息源”的引用量位居第三位，是因为《纽约时报》使用了相当数量的匿名消息源。论文将以上消息源归入中国的消息源、美国的消息源、境外藏人消息源、非政府组织消息源来进行进一步研究。

1. 中国的消息源

中国的消息源共计 8 种：中国政府、中国媒体、班禅喇嘛、中国非藏族的学者、中国非藏族公民、中国藏族学者、中国普通藏族公民、中国藏族僧人。这些种类的消息源基本上代表了中国境内“西藏问题”的相关群体。中国的消息源是《纽约时报》引用最多的一大类消息源，共计 2437 处，篇均 2.92 处，在 36 年之中发生了显著性变化。

2. 美国的消息源

美国的消息源共计 6 种：美国政府、美国国会、美国媒体、美国学者、美国社会名流、普通美国人；共计 1097 处，篇均 1.32 处。美国的消息源在 1987 年才开始大量出现，在 36 年之中发生了显著性的变化。进入 21 世纪后，《纽约时报》对美国消息源的引用减少，说明美国社会对于“西藏问题”的关注度呈现了下降趋势。

3. 境外藏人消息源

境外藏人消息源由达赖喇嘛、“西藏流亡政府”、境外藏人或其组织等 3 类消息源构成，共计 1632 处，篇均 1.96 处，在 36 年中无显著性的变化。

4. 国际非政府组织

国际非政府组织包括国际支持西藏组织、国际人权组织，共计 642 处，篇均 0.77 处，在过去 36 年中，这类消息源发生了显著性的变化。

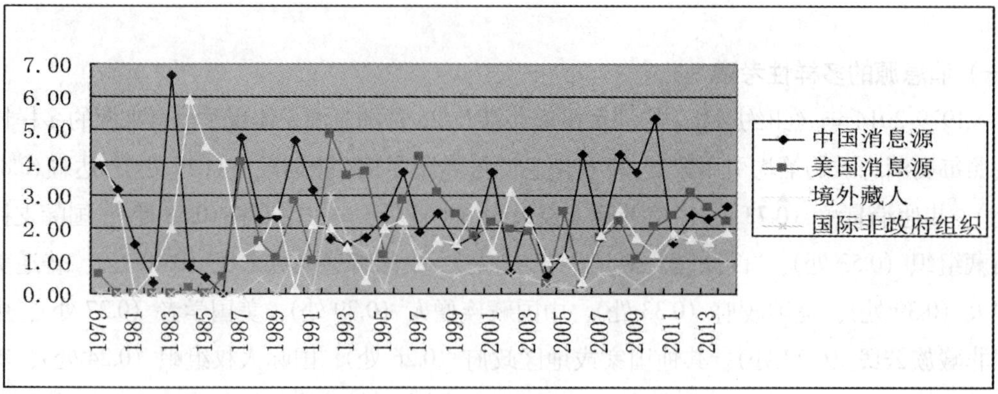

图1：四大类消息源的历时性变化

（二）对立消息源的比较

这一部分主要考察 1979-2014 年《纽约时报》涉藏报道是否实现了对立双方消息源在数量上的平衡。论文主要比较以下四组明显的对立消息源：中国政府与达赖、支持中国政府的消息源与支持达赖的消息源、境内外普通藏人消息源、中国和美国学者消息源。

1. 中国政府消息源与达赖消息源的比较

中国政府消息源和达赖是《纽约时报》涉藏报道中两个直接对立的消息源。中国政府消息源篇均 1.17 处，是《纽约时报》最大的消息源；达赖消息源篇均 0.89 处，是第二大消息源；配对样本 T 检验表明二者具有显著性的差异。

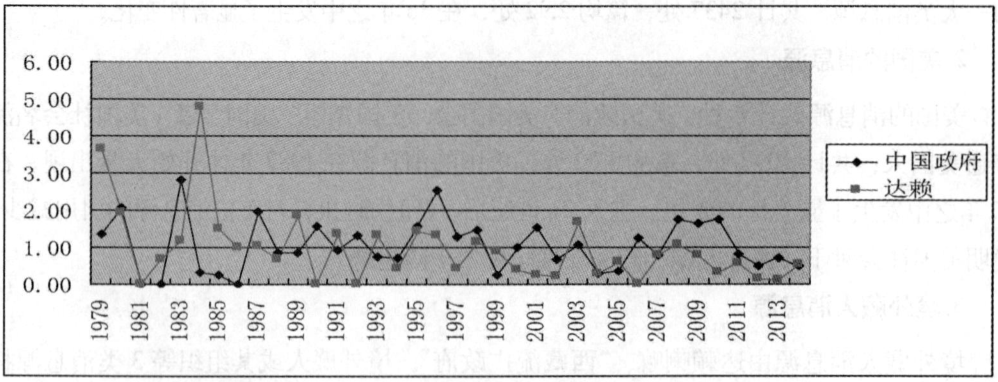

图2：中国政府消息源和达赖消息源的历时性变化

论文分三个阶段对比这两个消息源的历时性变化。1979-1986 年，中国政府消息源篇均 1.20 处，达赖消息源为篇均 2.84 处，达赖消息源显著性地多于中国政府消息源。这一时期,《纽约时报》密切关注达赖和中国中央政府进行的谈判，尤其关注达赖回中国访问的可能性。

1979-2008 年，中国政府消息篇均 1.23 处，保持了稳定；达赖消息源篇均 1.14 处，出现下行趋势；二者之间无显著性的差异。达赖消息源的减少和两个因素有关：1987 年拉萨发生骚乱后,《纽约时报》开始引用美国的各种消息源、国际非政府组织等消息源，对于达赖消息源的依赖性减少；进入 21 世纪后，为了应对国际上对于“西藏流亡政府”政教合一的批判，达赖逐步放弃了“政治领袖”的地位，其充当消息源的机会也相应减少。“西藏流亡政府”、境外藏人或组织消息源填补了达赖留下的消息源空缺。

1979-2014 年，中国政府消息源篇均 1.17 处，达赖消息源篇均 0.89 处，中国政府消息源显著性地多于达赖消息源。尤其在 2009-2014 年，达赖消息源加速减少，达赖消息源仅为篇均 0.40 处，而中国政府消息源篇均 1.04 处，从而造成中国政府消息源在整个 36 年的涉藏报道中显著性地多于达赖消息源。这一时期，达赖已经完成了对“西藏流亡政府”的改造，只担任流亡藏人的“精神领袖”，其作为消息源的数量也随之减少。

2. 支持中国政府和支持达赖的消息源的比较

在《纽约时报》涉藏报道中，存在两个直接对立的集团：支持中国政府的消息源和支持达赖的消息源。支持中国政府的消息源包括中国政府、中国媒体、班禅、中国非藏族公民，支持达赖的消息源包括达赖、“西藏流亡政府”、境外藏人或组织、国际支持西藏组织。支持中国政府的消息源合计 1697 处，篇均 2.03 处；支持达赖的消息源合计 2076 处，篇均 2.49 处。配对样本 T 检验显示，二者具有显著性差异。由此可见，虽然中国政府是《纽约时报》最大的消息源，但支持中国政府的消息源却显著性地少于支持达赖的消息源。

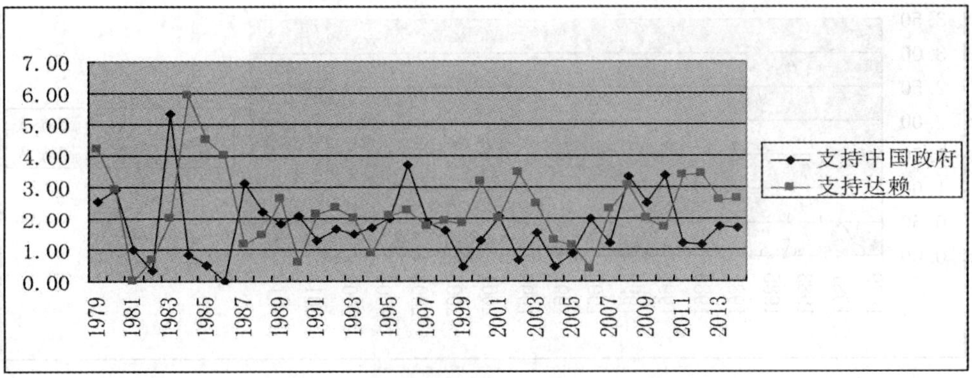

图3：支持中国政府的消息源与支持达赖的消息源的历时性变化

1979-2014 年，支持中国政府的消息源中，最重要的消息源是中国政府和中国媒体。作为藏传佛教的领袖，班禅喇嘛始终是一个被《纽约时报》边缘化的消息源。中国非藏族公民消息源虽然时有出现，但始终没有成为一个重要的消息源。

支持中国政府的消息源主要由中国政府和中国媒体构成，这种构成对中国政府非常不利：美国民众对政府的信任度较低，对政府控制媒体也比较反感。此外，《纽约时报》引用中国政府消息源时，还时常指出中国是共产党执政。对于政府和共产主义的双重不信任，降低了中国政府消息源和中国媒体消息源的可信度。

1979-2014 年，支持达赖的消息源发生了很大的变化。达赖是这类消息源最主要的组成部分，但达赖消息源在从 1990 年代末期开始减少。"西藏流亡政府"、境外藏人或组织保持了相对的稳定，在很大程度上填补了达赖消息源减少留下的空白。国际支持西藏组织消息源在 1989 年开始连续出现，从 2007 年起其重要性逐步增加，并逐渐超越其他三类支持达赖的消息源。

支持达赖的消息源容易得到西方民众的支持与同情。美国民众对弱者的同情、对藏传佛教特有的宗教情节、对非政府组织的信任等都使他们更容易认可支持达赖的消息源。

从《纽约时报》涉藏报道所在的版面看，国际新闻版涉藏报道比较重视平衡报道。在国际新闻版报道中，支持中国政府的消息源篇均 2.27 处；支持达赖的消息源篇均 2.19 处，二者无显著性差异。在《纽约时报》的国内版新闻报道中，支持中国政府的消息源篇均 1.20 处；支持达赖的消息源篇均 3.13 处，二者有显著性差异。在《纽约时报》大都市版新闻报道中，支持中国政府的消息源篇均仅 0.06 处；支持达赖的消息源均值 5.03 处，二者具有显著性差异。

3.境内外普通藏族人消息源的比较

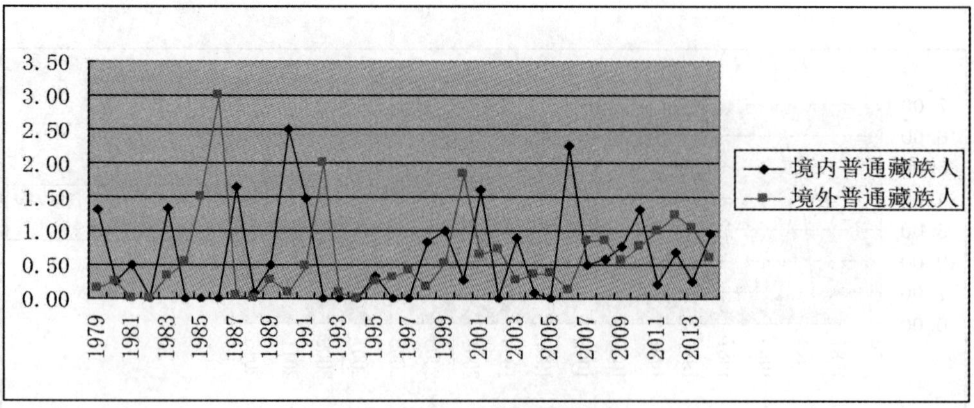

图4：境内外普通藏人消息源的历时性变化

境内普通藏族人由中国普通藏族人和中国藏族僧人组成，合计 575 处，篇均 0.69 处。境外普通藏族人指的是流亡藏人或组织，合计 544 处，篇均 0.65 处。配对样本 T 检验发现二者无显著性差异。

然而，在《纽约时报》的涉藏报道中，575 处境内普通藏族人对中国政府的态度是多样化的：对中国政府持批评态度的有 218 处，持中立立场的 313 处，支持中国政府的仅有 44 处。而《纽约时报》涉藏报道中的流亡藏人或组织属于支持达赖的消息源。因此，尽管境内外藏族人消息源在数量上取得了平衡，但支持达赖的境内外藏族人消息源显著性地超越了支持中国政府的境内外藏族人消息源。

4. 中美学者消息源之间的比较

中国学者消息源由中国非藏族学者和中国藏族学者构成，合计 166 处，篇均 0.20 处。美国学者消息源 229 处，篇均 0.27 处。经配对样本 T 检验表明，二者无显著性差异。

分阶段来看，1979-2008 年，美国学者消息源均值 0.24 处，中国学者消息源均值 0.10 处，配对样本 T 检验表明二者有显著性的差异。2009-2014 年，《纽约时报》大幅度地增加了对于中美学者消息源的引用，美国学者消息源篇均 0.35 处，中国学者消息源篇均 0.39 处，配对样本 T 检验表明二者无显著性的差异。可见，中美学者消息源在 36 年的涉藏报道中无显著性差异是因为 2009 年后《纽约时报》大幅度增加了对中国学者消息源的引用。

在《纽约时报》的涉藏报道中，中国学者消息源对中国政府的态度是分化的，而美国学者的态度相对较为集中。166 处中国学者消息源中，对中国政府持批评态度的 92 处，持中立态度的 44 处，支持中国政府的仅有 30 处。229 处美国学者消息源中，对中国政府持批评态度的 80 处，持中立的态度 149 处，无支持中国政府的美国学者消息源。因此，从消息源的态度上看，中美学者消息源中，支持中国政府的仅有 30 处，篇均 0.04 处；批评中国政府的中美学者 172 处，篇均 0.21 处；二者有显著性的差异。可见，中美学者消息源的平衡仅仅是数量上的平衡，支持中国政府的消息源显著性地少于批评中国政府的消息源。

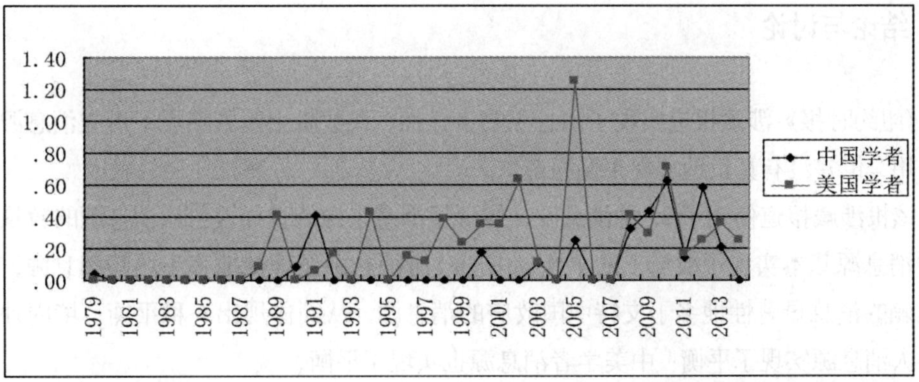

图5：中国学者消息源与美国学者消息源的历时性变化

中国学者消息源的构成可以揭示该消息源态度分化的原因:《纽约时报》引用的86处中国非藏族学者中，批评中国政府的19处，中立37处，支持中国政府的30处；80处藏族学者中，对中国持批评态度的73处，持中立态度的7处；没有支持中国政府的藏族学者消息源。藏族女诗人唯色是《纽约时报》引用最多的藏族学者，她对中国政府基本持批评态度。

(三)《纽约时报》对主要消息源的指称

消息源的平衡性不仅体现在消息源的数量和倾向性上，还体现在消息源的可信度上。《纽约时报》在美国社会意识形态的驱使下，给中国政府和中国媒体消息源贴上了不可信的标签，强调中国政府是“共产党”政府，中国媒体是“政府控制”的媒体。另一方面，该报给达赖贴上了美化的标签，使用“精神领袖”“宗教领袖”等来修饰达赖。这种贴标签的方式使消息源在数量上的平衡在很大程度上失去了意义。

101篇《纽约时报》涉藏报道使用了“共产主义”“共产党”等修饰语指称中国政府及其官员，以唤起美国民众对中国政府的敌视。一元方差分析表明，在36年之中,《纽约时报》涉藏报道对于“共产主义”等修饰语的使用无显著性的变化。此外,《纽约时报》引用中国媒体作消息源时，经常指出中国媒体的政府属性，从而唤起美国民众对中国媒体的不信任。

388篇《纽约时报》涉藏报道使用了“精神领袖”“宗教领袖”等作为达赖的修饰语。对于达赖的这种称呼可以唤起美国受众的宗教情怀，帮助达赖掩饰其政治活动，增加达赖作为消息源的权威。一元方差分析表明，在36年之中,《纽约时报》涉藏报道对于达赖的“精神领袖”等指称的使用无显著性变化。

在指称“西藏流亡政府”时,《纽约时报》基本未能指出这个“政府”的非法性质。仅有4篇报道通过指称对其合法性提出了某种质疑，这反映了《纽约时报》对达赖的支持。

三、结论与讨论

《纽约时报》涉藏报道实现了消息源的多样性，在数量上基本实现了对立消息源的均衡引用，但并没有真正地实现平衡报道。

该报涉藏报道使用了25种消息源，体现了消息来源的多样性。从消息源的数量上看，对立消息源基本实现了数量上的平衡：中国政府消息源显著性地多于达赖消息源，但支持达赖的消息显著性地多于支持中国政府的消息源，从而体现出一种平衡；境内外普通藏族人消息源实现了平衡；中美学者消息源也实现了平衡。

然而，这种消息源数量上的平衡是一种表象。首先，论文对于境内外藏人消息源和中美学者消息源的倾向性分析揭示：该报引用的境内藏人和中国学者消息源中，批评中国政府的消息源多于支持中国政府的消息源；而该报引用的境外藏人消息源和美国学者消息源中，没有支持中国政府的消息源。因此，境内外藏人消息源、中美学者消息源在数量上的平衡在很大程度上失去了真实意义。更为重要的是，《纽约时报》通过使用指称的方式降低了中国政府和中国媒体的可信度，提高了达赖的可信度，从而使中国政府消息源和达赖消息源的比较、支持中国政府的消息源和支持达赖的消息源之间的比较不再具有真实意义。

长期以来，中国的西藏对外传播过度倚重政府和媒体，这在客观上造成中国政府和中国媒体成为了《纽约时报》涉藏报道主要消息源，也造成了西方受众不信任支持中国政府的消息源。中国的非政府组织等民间对外传播渠道的匮乏，在客观上形成了中国的官方消息源和境外民间消息源之间的对抗，这种不对等的对抗造成了西方受众对达赖的同情和支持。因此，中国的西藏对外传播可以利用《纽约时报》本身对于平衡报道的追求，扩展民间的对外传播渠道，提高支持中国政府的消息源的可信度。

巴西主流媒体中的中国国家形象研究
——以《圣保罗页报》为例

张颖　颜露[1]

【摘要】 国家形象作为一国对外交往的名片，对于提升国家国际竞争力、促进国际合作与发展具有十分重要的意义，而具有全球性影响力的主流媒体往往掌握着国家形象建构的主动权。在当前的国际关系中，中国与巴西在政治互信、经贸往来等领域深入合作，中巴关系逐步成长为具有全球意义的一组双边关系。了解巴西主流媒体的涉华报道方式和内容，总结出中国在巴西媒体中的国家形象，能够更好地服务于中国对巴政策和促进中巴关系的稳固发展。《圣保罗页报》涉华报道整体而言没有采取西方媒体的报道方式“妖魔化”中国的国家形象，而是坚持客观公正的报道原则，将中国塑造为主动承担国际责任、经济发展坚挺有力、体育事业迅速发展、积极推进环境治理、军事实力不断增长、科技发展居于领先水平的积极正面形象，充分反应了中巴两国友好交往的局面。

【关键词】 国家形象；巴西主流媒体；《圣保罗页报》

国家形象作为一国对外交往的名片，是国家软实力的重要组成部分，良好的国家形象有助于提升国家国际竞争力，扩展国际合作与发展空间。国家形象是一个综合体，既包括一国的政治、军事、经济等客观条件，也包括他国公众的主观印象和判断，正是因为国家形象主观组成部分使得国家形象建构成为可能。

1　张颖：北京外国语大学公共外交研究中心高级研究员；颜露：北京外国语大学国际关系学院硕士研究生。

一、《圣保罗页报》涉华报道的基本情况

《圣保罗页报》(Folha de Sao Paulo）成立于 1921 年，是巴西发行量最大的报纸，也是巴西最具影响力的媒体之一。本文将消息、评论、深度报道等所有报道题材纳入研究范围，在《圣保罗页报》网站上检索“中国”关键词，搜索 2004 至 2016 年间该网站新闻标题中含有“中国”的报道共计 6578 篇。为确保文本有效性，在整理数据过程中删除错误重复报道以及与中国不相关的新闻报道 798 篇，[2] 最终获得 5780 篇涉华报道作为研究对象。本文正是以 5780 篇新闻报道为研究文本，从而总结出 2004 至 2016 年间巴西主流媒体中的中国形象。

《圣保罗页报》关于中国的报道具体分布如下表：

年份	2004	2005	2006	2007	2008	2009	2010	2011	2012	2013	2014	2015	2016	合计
篇数	518	508	523	570	448	601	543	407	453	391	319	261	238	5780

表1：样本数量统计

资料来源：作者根据《圣保罗页报》2004至2016年间涉华报道统计计算

媒体报道数量的多少是两国关系紧密程度的直接反应，2004 年中巴两国元首实现互访，在政治互信、经贸合作、文化交流等领域展开深入合作，为媒体讨论提供了大量的政治空间和新闻素材。根据《圣保罗页报》报道数量、报道篇幅和倾向等数据，可以看出，《圣保罗页报》2004 至 2016 年间涉华报道可以分为三个时期，2004 至 2007 年快速发展时期，2008 至 2012 年争议挫折时期，2013 至 2016 年成熟稳定时期。

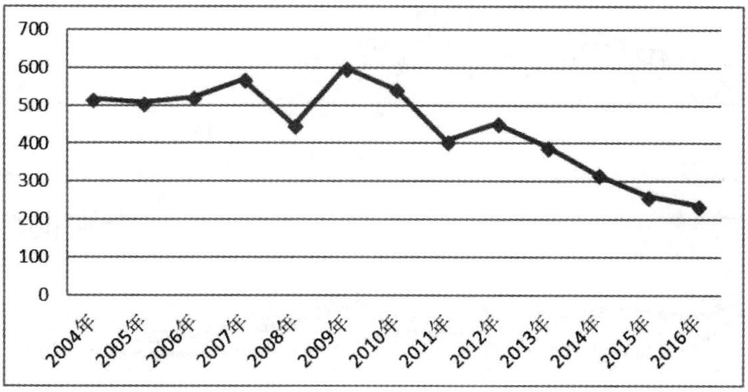

图1：样本分布趋势

资料来源：作者根据《圣保罗页报》2004至2016年间涉华报道统计计算

2　与中国不相关报道指虽然标题中包含“中国”关键词，但是整篇报道并未涉及到中国。比如，2004年一篇标题为《奥运火炬离开中国 今日到达韩国》的报道虽然标题中有“中国”，但是报道内容全部是奥运火炬在韩国传递的信息。

报道篇幅的大小虽然不能直接显示媒体的观点和价值取向，但能够侧面反映出媒体对于报道内容的解读是否深刻，从而推断出媒体对于该事件的重视程度。根据类目清单的分类标准，《圣保罗页报》2004至2016年涉华报道篇幅变化趋势如下图：

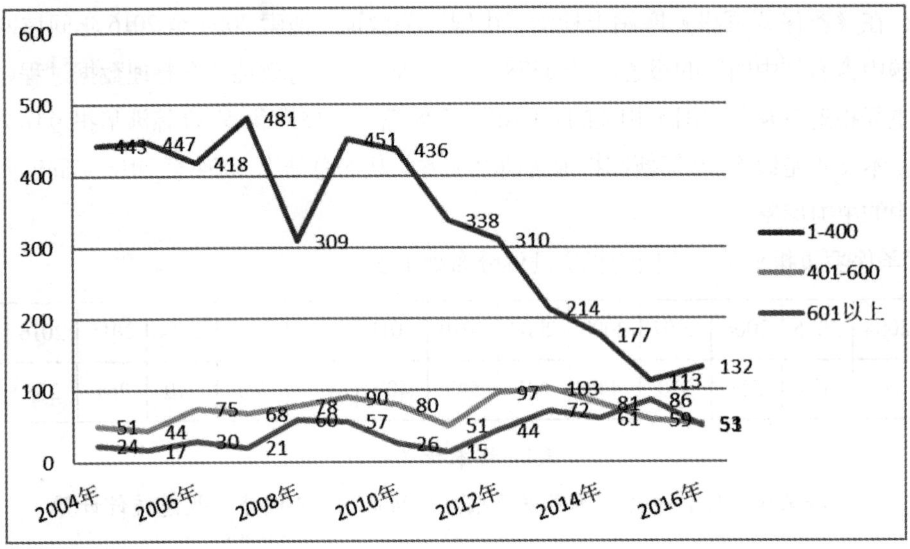

图2：2004—2016年报道篇幅

资料来源：作者根据《圣保罗页报》2004至2016年间涉华报道统计计算

根据类目清单的分类标准，《圣保罗页报》2004至2016年涉华报道倾向组成如下：

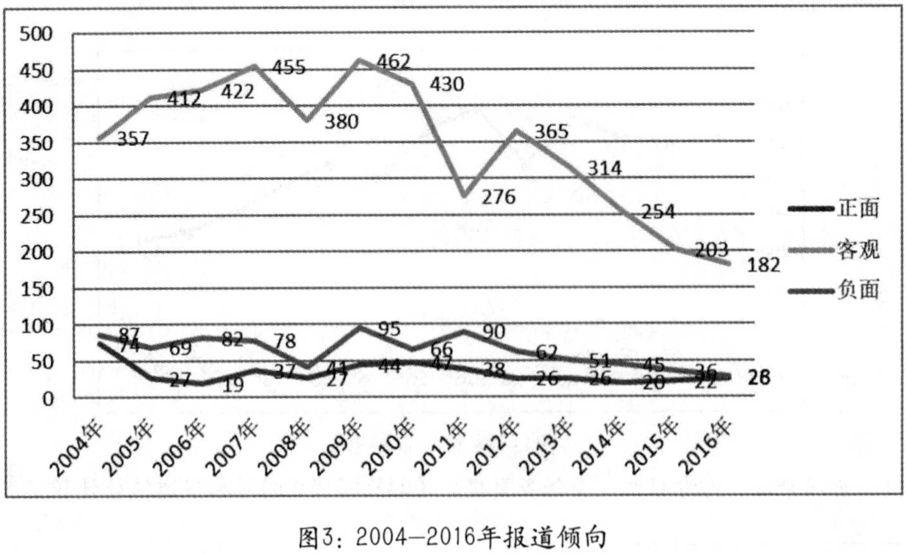

图3：2004—2016年报道倾向

资料来源：作者根据《圣保罗页报》2004至2016年间涉华报道统计计算

在《圣保罗页报》的涉华报道中，政治类、社会类和环境类的负面报道相对较多，所占比重分别为 27.8%、22.1% 以及 25.8%。其中，政治类负面报道主要集中在西藏问题、网络监管、人权以及宗教等议题，社会类负面报道则以灾害、犯罪等议题为主，而环境类报道主要涉及中国国内环境污染问题。

《圣保罗页报》作为一家综合性大报，在新闻报道中坚持客观自由的报道方式以保证受众群体的广泛性，因此《圣保罗页报》的涉华报道整体而言相对客观公正，2004 至 2016 年正面、客观报道共 4945 篇，占总报道的 85.6%。

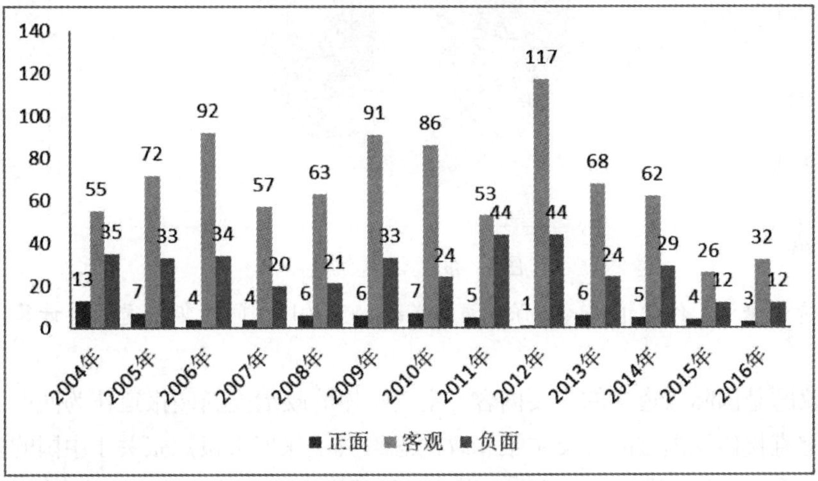

图4：政治类报道倾向组成

资料来源：作者根据《圣保罗页报》2004至2016年间涉华报道统计计算

中巴关系的深入发展一定程度上影响了巴西主流媒体对中国的认知和态度，2013 年以来巴西媒体关于中国的正面报道比重有所增长，2016 年正面报道占比 10.9%，而 2004 至 2016 年正面报道的平均比重仅为 7.5%。相对应的《圣保罗页报》涉华负面报道数量则处于不断下降的状态，其中 2011 年政治类负面报道占比 43.1%，2016 年这一数据仅为 25.5%，从不同报道议题看，经济类和科技类的正面报道所占比重较大，分别为 9.1% 和 25.4%。

二、《圣保罗页报》涉华报道的议题选择

就整体而言，经济类报道和政治类报道是《圣保罗页报》的涉华报道的主要内容，共 3554 篇，占全部报道数量的 61%，符合中巴两国以政治互信和经贸合作为交往主线的实际情况。此外，社会类报道在 2010 年以前所占比重较大，其中多为非典、禽流感等医

疗事件以及台风、山体滑坡、交通事故、地震等灾害事件的报道，既体现了巴西主流媒体高度关注中国国内社会的安全问题，又反映出《圣保罗页报》在社会类报道上习惯于选择冲突性的新闻题材，以吸引国内读者的关注。

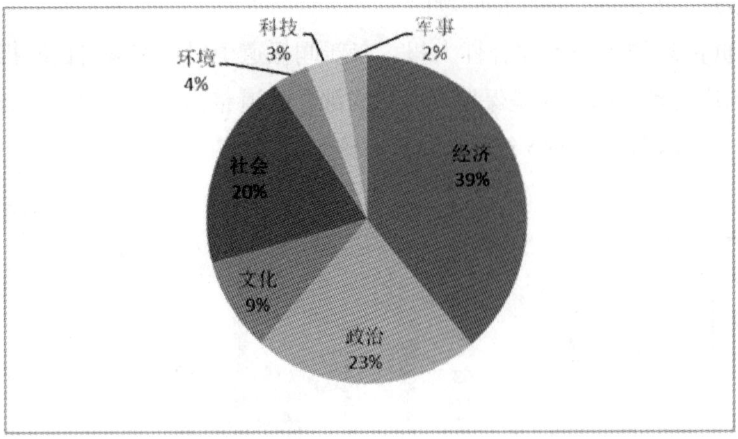

图5：报道议题组成

资料来源：作者根据《圣保罗页报》2004至2016年间涉华报道统计计算

政治议题是国际报道中的主要内容，主流媒体的政治类新闻报道作为两国关系的晴雨表，能够直接体现国家的外交主张和政治思维。《圣保罗页报》张关于中国的政治类报道数量非常多，占总报道数量的 23%，其中，2012 年最多有 162 篇，2015 年最少有 42 篇。政治类报道的负面倾向虽然所占比重较多，2011 年甚至高达 43.1%，但整体而言负面报道比重在逐年减小，显示出随着中巴两国深入推进经贸合作、政治互信、文化交流等，中巴两国达成更多共识，巴西主流媒体对中国政治的认知更加完整客观。

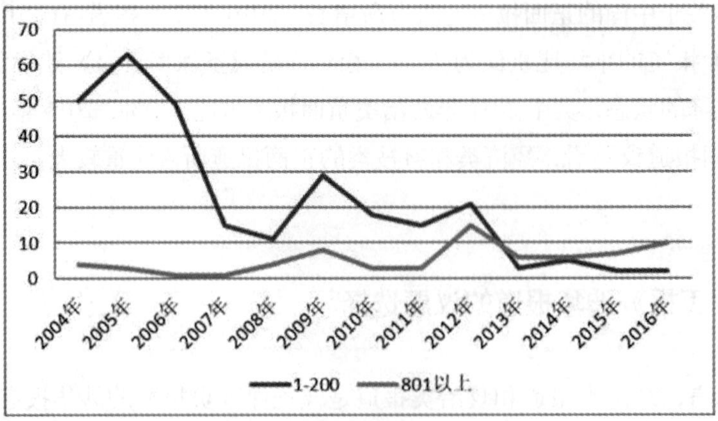

图6：政治类报道篇幅变化

资料来源：作者根据《圣保罗页报》2004至2016年间涉华报道统计计算

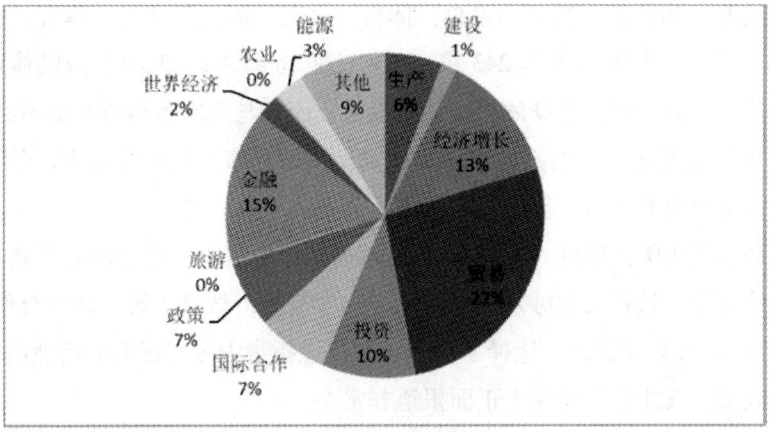

图7：经济类报道内容

资料来源：作者根据《圣保罗页报》2004至2016年间涉华报道统计计算

经济类报道议题分为金融、世界经济、经济增长、贸易、投资、国际合作、能源等13类，贸易、金融、经济增长所占比重较大。贸易议题的报道共595篇，所占比重为26.5%，涉及中巴贸易合作、贸易纠纷、贸易谈判等，其中贸易纠纷主要集中在中巴大豆、铁矿石交易上。金融议题重点关注金融改革、股票市场、外汇储备等，报道相对比较客观。随着中国经济国际地位的显著提升以及中巴经济合作的深入发展，巴西媒体高度关注中国经济的变化趋势，关于中国经济增长的相关报道每月都保持在2篇左右。

文化交流作为两国外交关系的润滑剂，能够以润物细无声的方式推动中巴关系的良好发展，巴西媒体关于中国文化议题的报道相对客观，负面报道非常少，对于塑造良好的中国形象仍然起到一定的推动作用。

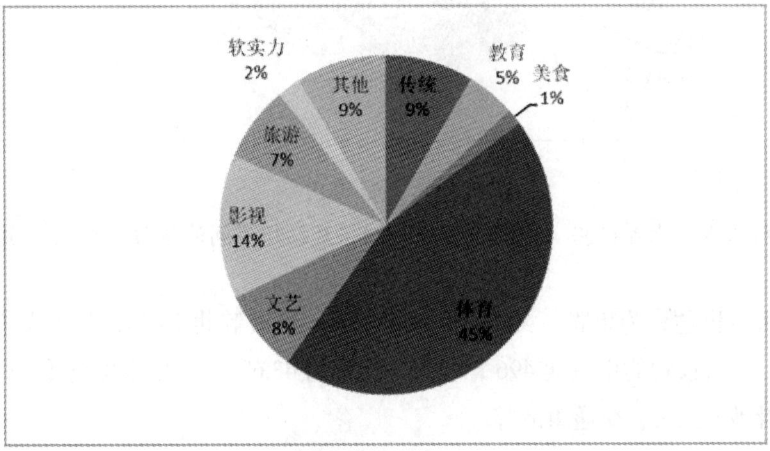

图8：文化类报道内容

资料来源：作者根据《圣保罗页报》2004至2016年间涉华报道统计计算

文化类议题分为传统、教育、美食、体育、文艺、影视等 9 类，体育、影视报道数量相对较多。体育议题的报道共 243 篇，所占比重为 45.4%，巴西主流媒体对于中国体育议题的关注不仅源于巴西自身体育事业的发展，而且与四次奥运赛事的举办息息相关。体育议题主要涉及奥运赛事的举办、赛车比赛、排球赛事、足球赛事等，《圣保罗页报》多次在报道中突出中国在体育赛事尤其是奥运会上取得的成就。

传统议题包括中医、生肖、民俗、考古等，《圣保罗页报》在中国农历新年都会刊登与生肖有关的文章。教育议题涉及公民素质、人才交流、教育政策、教育合作等，《圣保罗页报》虽然在公民素质议题上选择了部分负面报道指责中国文盲人数仍然占据很大比重，但是在教育政策、人才交流议题上正面报道非常多。

社会议题虽然与中巴政治互信、经贸合作等领域相距甚远，但因其报道内容生活化、亲民性的特点，成为巴西民众了解中国的重要窗口。2004 至 2016 年《圣保罗页报》社会议题的报道共 1138 篇，年均报道量为 87.5 篇。值得一提的是，社会议题的负面报道相对较多，2009 年所占比重高达 34.1%。

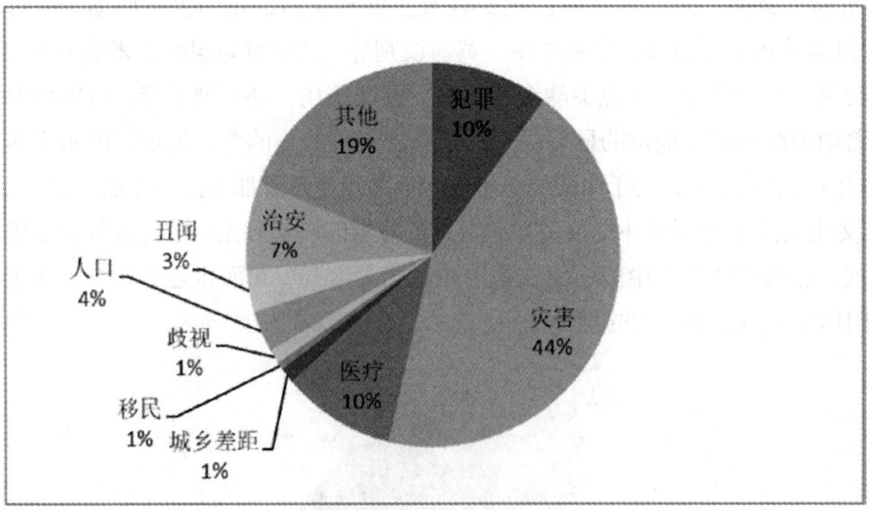

图9：社会类报道内容

资料来源：作者根据《圣保罗页报》2004至2016年间涉华报道统计计算

社会类报道议题分为犯罪、灾害、医疗、人口、治安等共 10 类，其中灾害问题的相关报道最多。灾害议题的报道共 496 篇，所占比重为 43.6%，主要涉及地震、台风、矿井爆炸、山体滑坡、火灾、交通事故等。

《圣保罗页报》关于中国环境议题的报道共 209 篇，以客观和负面报道为主，但是正面报道自 2014 年开始逐年增加，而负面报道逐年减少。

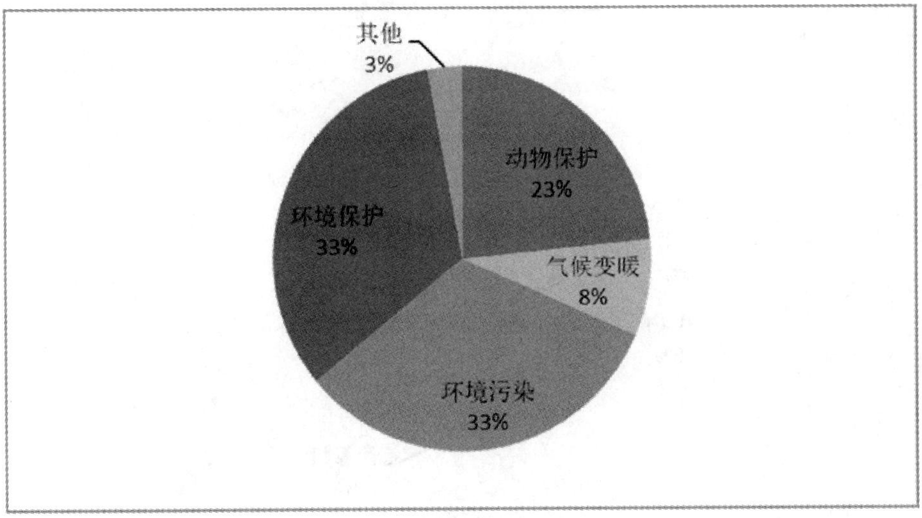

图10：环境类报道内容

资料来源：作者根据《圣保罗页报》2004至2016年间涉华报道统计计算

环境类报道议题分为动物保护、气候变换、环境污染以及环境保护等 5 类，其中环境污染和环境保护报道数量相当，分别为 68 篇、69 篇。

中巴两国远隔重洋，既没有边界问题也没有历史战争问题，所以巴西媒体对于中国军事问题的关注相对较少，2004 至 2016 年《圣保罗页报》军事议题的报道仅为 149 篇，在所有议题中比重最小。与此同时，军事类报道倾向以客观中立为主，所占比重为 86.6%。

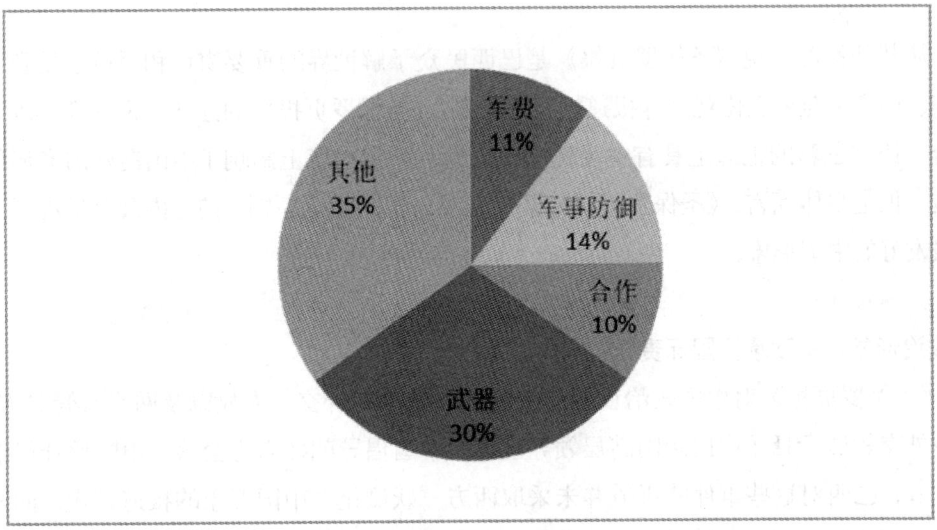

图11：军事类报道内容

资料来源：作者根据《圣保罗页报》2004至2016年间涉华报道统计计算

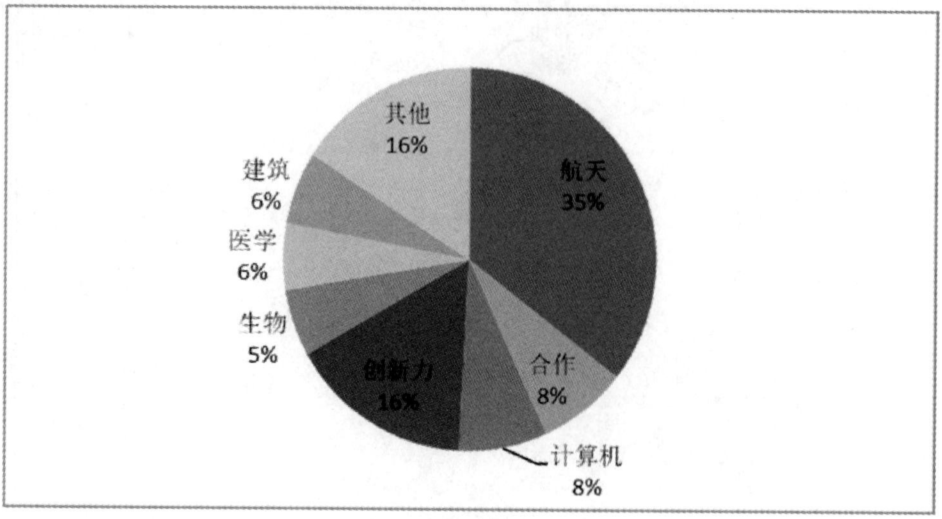

图12：科技类报道内容

资料来源：作者根据《圣保罗页报》2004至2016年间涉华报道统计计算

2004至2016年《圣保罗页报》科技类议题共195篇，所占比重仅为3.4%，报道议题分为航天、合作、计算机、创新力、生物、医学等8类，其中航天问题的相关报道较多，共69篇，所占比重为35.4%。

二、《圣保罗页报》呈现的中国国家形象

从某种程度上说《圣保罗页报》是巴西民众了解世界的重要窗口和渠道。受到意识形态、国家利益、文化观念等报道框架的限制，《圣保罗页报》的涉华报道在新闻内容的组合、语言色彩的把握上具有主观性和负面性，一定程度上影响了中国良好国家形象的塑造。但是整体而言，《圣保罗页报》坚持客观公正的报道原则，向国内公众呈现了一个积极友好的中国形象。

1. 政治形象：主动承担国际责任，国内政治缺乏民主

《圣保罗页报》对中国政治议题的关注主要集中在外交、人权以及网络监管等方面，其中外交领域囊括了中巴两国高层领导互访、中国倡导朝核六方会谈、中国呼吁伊朗无核化等，巴西对这些事件的报道并未采取西方"妖魔化"中国形象的报道方式，而是坚持以客观公正、积极友好的报道方式塑造了中国推进中巴友好合作、主动承担国际责任的良好政治外交形象。

2004 年巴西总统卢拉访问中国，《圣保罗页报》给予高度评价，称卢拉访华是巴西政府的重要旅程。该报道指出，“中国是巴西的战略合作伙伴，此次访华已有 412 家企业申请加入，这也展示出巴西企业家同样重视中国市场对巴西经济的重要性。”[3] 2009 年 2 月习近平副主席在全球金融危机的背景下访问巴西，对此《圣保罗页报》指出中国副主席访问巴西、墨西哥等国家，有助于加强中拉伙伴关系，提升中国在拉丁美洲地区的政治影响力。[4]2009 年 5 月 18 日《圣保罗页报》发表《卢拉抵达中国吸引投资深化贸易合作》一文指出，中国在上个月历史性超过美国成为巴西最大的贸易伙伴，中巴贸易合作潜力巨大。[5]

习近平执政以来，积极推动中巴高层政治互访，倡导中拉命运共同体，将巴西视为中国外交布局中的重要环节。2015 年 1 月 5 日《圣保罗页报》在报道中指出，作为巴西最大的贸易伙伴，中国将是罗塞夫新政府优先发展的对象，中巴关系将进入到一个新的时代，并提升到更高水平，充分肯定了中巴交往取得的政治经济成果。[6] 与此同时，巴西主流媒体积极报道了中国构建中美新型大国关系、推动朝核问题谈判等国际行为。2013 年习近平主席在加利福尼亚州与奥巴马进行庄园会晤，《圣保罗页报》发表《裴敏欣：会议加强中美关系》一文，文章指出“不打领带”的双边会晤有助于让两国领导人建立良好的个人关系，并以此为基础推动中美双边关系的发展。[7] 而在朝核问题上《圣保罗页报》也积极倡导中国政府的态度和言论，并在相关报道中指出中国是朝鲜政府唯一的盟友，朝鲜半岛的和平很大程度上取决于中国。

正如每个硬币都有两面，《圣保罗页报》对中国国内政治民主化抱以怀疑态度，并在报道手法上借用西方话语，看似客观公正的第三方引用，实则谴责中国政治制度，表达巴西媒体的西方政治立场。

整体而言，在 2004 至 2016 年政治议题涉华报道中，《圣保罗页报》呈现出一个主动承担国际责任、推进区域和平、促进国际无核化但国内政治缺乏民主、人权问题突出的中国政治形象。

---

3 《对于卢拉，访华将是政府的重要“旅程”》（Para Lula, ida à China será a “grande viagem” do governo），《圣保罗页报》，2005年5月17日。

4 《中国强化中拉关系》（China intensifica esforço para fortalecer laços com América Latina），《圣保罗页报》，2009年2月9日。

5 《卢拉抵达中国吸引投资深化贸易合作》（Lula chega à China para aprofundar comércio e atrair investimentos），《圣保罗页报》，2009年5月18日。

6 《中国是罗塞夫政府优先发展对象》（Prioridade de Dilma, China será primeiro destino do novo chanceler），《圣保罗页报》，2015年1月5日。

7 《裴敏欣：会议加强中美关系》（Minxin Pei: Reunião poderá fortalecer elo entre EUA e China sem mudar rivalidade），《圣保罗页报》2013年6月9日。

2. 经济形象：经济发展坚挺有力，贸易纠纷时有发生

经贸合作是中巴关系发展的主要内容之一，巴西主流媒体对中国经济的报道也占据了大量的篇幅。《圣保罗页报》2004 至 2016 年间关于中国经济类报道总量共 2242 篇，占全部报道总量的 38.8%。跟政治形象一样，《圣保罗页报》涉华报道呈现的中国经济形象也具有两面性。一方面《圣保罗页报》通过大量的经济报道将中国塑造为经济发展强劲有力、缓解世界金融危机压力、推动中巴贸易合作的“联盟国家”，另一方面又将中国视为巴西经济发展的竞争者，认为中巴贸易是造成巴西去工业化的主要原因。

在中国经济国际影响力方面，《圣保罗页报》通过《民调显示，中国被视为世界最大经济体》《中国是全球经济复苏的主要驱动力》《世界货币基金组织：中印经济贡献超过美国》等一系列文章中指出，经济危机的爆发削弱了美国的经济实力，中国主动承担责任助力世界经济的复苏，已然成为新的超级经济大国。在国家经济发展模式上，巴西主流媒体也积极探讨中国经验对巴西经济发展的参考价值。2014 年 9 月 6 日《圣保罗页报》刊登巴伊亚联邦大学教授奥尔本的文章《马库斯·阿尔班：巴西不是中国》分析廉价的劳动力、汇率政策等是中国经济始终保持活力的原因，从社会精英的角度强调中国经验对巴西经济发展的重要意义。[8]而在《联合国贸易与发展大会：中国和阿根廷的模式有利于巴西》一文中更是直接指出亚洲的宏观经济模式，通过政府干预保持低水平的通货膨胀是巴西政府应该学习的榜样。[9]在中巴两国的贸易互动上，《圣保罗页报》也在相关报道中充分肯定了中巴贸易拉动巴西经济增长、中国投资提高巴西基础设施建设水平等方面的作用。2015 年 5 月李克强总理访问巴西，《圣保罗页报》指出中巴两国签署了包括基础设施、贸易、能源、矿产在内的 35 项多边协议，总价值超过 530 亿美元，而巴西 - 秘鲁跨洋铁路的投资使得南美将拥有第一条跨洋铁路干线。[10]《圣保罗页报》突出报道了中国经济发展对世界经济增长所作出的贡献、中国发展模式对巴西的借鉴意义、中国投资助力拉美非洲地区的基础设施建设等方面，向国内公众描述了一个经济迅速发展、助力世界经济复苏的大国形象。

与此同时，《圣保罗页报》常以汇率关税、产品倾销、安全生产、经济政策等为切入点抨击中国的经济生产和贸易行为，为巴西贸易赢取更多的舆论优势。巴西主流媒体认为中国经济发展、中国产品竞争是导致巴西国内发展“去工业化”的主要原因，因此常常在相关的涉华经济报道中采用敌对的报道态度，将中国塑造为巴西经济发展的竞争者和阻碍者。但事实上关于巴西“去工业化”的学术讨论开始于 20 世纪 80 年代，而中国

8 《马库斯·阿尔班：巴西不是中国》（Marcus Alban: O Brasil não é a China），《圣保罗页报》，2014年9月6日。

9 《联合国贸易与发展大会：中国和阿根廷的模式有利于巴西》（Unctad: Modelo de China e Argentina poderia beneficiar Brasil），《圣保罗页报》，2006年9月1日。

10 《中巴确认签订530亿美元订单 石油公司订单最大》（Brasil e China confirmam acordos de mais de US$ 53 bi e ajuda à Petrobras），《圣保罗页报》，2015年5月19日。

产品竞争直到2005年才对巴西工业造成一定影响。

3. 文化形象：体育事业迅速发展，公民素质有待提高

巴西主流媒体关于中国文化议题的报道相对较少，主要集中在体育赛事的相关报道上，一方面在于体育事业远离种族歧视、肤色差异、国籍区别以及权力政治，能够最大程度地拉近彼此间的距离，另一方面在于巴西是传统的体育大国，在排球、足球以及赛车项目中居于领先水平，国内公众对体育赛事抱有极高的热情和关注度。《圣保罗页报》关于中国体育赛事的报道也倡导体育精神，坚持客观中立的态度。

除了积极报道中国的体育赛事，《圣保罗页报》还高度关注中国教育事业发展、中巴学生交流等问题，在《中国宣布帮助失学青年》《中国现代教育助推经济发展》《中国大学排名提升》《中国鼓励高等教育》等一系列文章中均指出中国高等教育水平逐步提升，为中国未来经济发展的提供人才保障。

但是在影视议题相关报道中，《圣保罗页报》却常常指责中国电影审查制度，影射中国电影市场开放程度较低、本土文化保护主义色彩浓厚。近几年中国旅游经济快速发展，除了中国长城、武当山等旅游景点的介绍，《圣保罗页报》更加关注传统文物和习俗的保护工作和中国游客的素质问题。

在2004至2016年文化议题涉华报道中，《圣保罗页报》呈现出一个体育事业迅速发展、国际文化交流逐步推进、国内教育水平显著提升但公民素质有待提高、文化包容程度较低、文化传统保护力度不够的中国文化形象。

4. 社会形象：社会灾害频繁发生，社会问题十分突出

社会类新闻报道最贴近中国普通民众的生活，是国外公众了解中国最直接的窗口。《圣保罗页报》在这一类报道中遵循西方“狗咬人不是新闻、人咬狗才是新闻”的新闻报道原则，频繁刊登中国交通事故、煤矿爆炸、台风灾害、商场火灾、山体滑坡、地震灾害等冲突性事件的相关报道，严重影响了中国社会形象的海外建构。在城乡差距、治安、医疗、犯罪、丑闻等议题中，《圣保罗页报》也倾向于选择负面新闻，从而满足受众的猎奇心理。

总体而言，《圣保罗页报》通过新闻素材的选取向国内公众呈现出一个社会灾害频发、社会治安差、社会问题严重的中国社会形象，不利于巴西民众对中国的正确解读。

5. 环境形象：积极推进环境治理，污染问题依旧严重

巴西和中国同为发展中国家，面对发达国家对发展中国家碳排量的指责，中巴处于

同一阵营。因此在气候会议、碳排量、节能环保等环境议题上，《圣保罗页报》积极维护中国等发展中国家的立场，肯定中国在减排环保问题上所作出的努力。

当然中国国内环境质量下降，空气污染严重等现象也引起了巴西主流媒体的关注，尤其是近几年比较突出的雾霾问题。2013 年 5 月 6 日该报刊登了《中国的环境污染威胁到婴幼儿家庭的健康》一文，指出中国北方在冬季时空气污染严重，影响婴幼儿健康，许多父母只能通过购买空气净化器和口罩来进行防护。文章称，“北京和中国其他一些城市的空气污染程度已经超过人体健康能承受最大污染值的 40 倍。这些数据可吓坏了中国的父母，他们尽量让孩子在家大门不出二门不迈，尽管这样会让孩子远离他们的朋友。”[11]

总而言之，《圣保罗页报》通过 2004-2016 年间的环境类涉华报道塑造了一个致力于推进环境治理工作、主动承担减排任务、倡导绿色经济理念的中国环境形象。

6. 军事形象：军事实力不断增长，坚定维护地区稳定

巴西和中国没有地缘政治冲突，而且两国都有被外国殖民的历史。因此，巴西媒体在军事问题上给予中国政府更多的理解和包容，更多强调中国作为新兴国家在军事实力上的提升对于国际社会和平事业的贡献，即便在新闻报道中刊登了美国立场的文章，也尽量保持语言的客观公正。

除了在报道方式上平衡美国谴责中国增加军费预算的观点，《圣保罗页报》还直接报道了中国派遣维护部队、主动裁军 30 万等军事消息，向国内公众展示一个致力于维护世界和平的新兴大国形象。

中国在《圣保罗页报》的新闻报道中整体呈现出军事实力不断提升、主动承担国际维和责任、坚定维护地区稳定的良好军事形象。

7. 科技形象：科学技术领先世界，中巴合作推动创新

《圣保罗页报》在科技类议题的涉华报道中未采取西方媒体“中国科技威胁”的叙事方法，而是充分肯定了中国在航天、医学、生物、国际合作等领域取得的成就，这与中巴两国科技合作的历史渊源有关。从上世纪 80 年代初期开始，中巴科技合作得到全面发展，呈现出“速度快、领域广、规模大”的特点，并形成了“形式多样、官民并举、双方受益”的良好局面，中巴科技合作的友好关系也体现在媒体报道上。

《圣保罗页报》通过科技议题的涉华报道向国内公众呈现出一个科学技术快速发展、科技成果造福于民的中国科技形象。

---

11 《中国的环境污染威胁到婴幼儿家庭的健康》（Poluição na China assusta famílias com filhos pequenos），《圣保罗页报》，2013年5月6日。

国家形象是一国在对外交往过程中的互动结果，是国家软实力的重要组成部分，良好的国家形象有助于提升国家国际竞争力，扩展国际合作与发展空间。长期以来以美国为首的西方媒体主导着国际舆论，对中国的相关报道常带有意识形态色彩和文化差异偏见，严重影响了中国海外形象的塑造。如何平衡西方“妖魔化”舆论，消除国际社会对中国认知的误解，成为中国对外传播工作的重点内容之一。根据巴西主流媒体的涉华报道状况，可以看出，中国国家形象的建构必须从理论层面、制度层面、经济层面和文化层面入手，完善对外沟通体系、搭建人文交流机制、推动国内社会发展、挖掘文化普世价值，全面提升中国国家形象塑造水平，从而向世界展现一个更加真实、客观、积极的中国国家形象。

金砖国家的共识与分歧：基于五国主流印刷媒体相关报道的分析

郑华　杨露[1]

【摘要】金砖五国作为 21 世纪新兴经济体的代表，在国际经济和政治舞台上正发挥着日益重要的作用。以金砖峰会为代表的机制建设，加强了金砖国家内部的协调与合作。近年来，伴随金砖国家的经济发展速度普遍放缓，国际上出现了“金砖褪色论”。在金砖国家发展的过程中，成员国间的共同利益是夯实合作基石的根基，而成员国间的分歧将有可能影响金砖国家良性发展。扩大共识，减少分歧将是确保金砖国家稳健前行的根本保障。为此，本项研究采用内容分析的方法，对 2013 年到 2016 年间金砖五国主流印刷媒体涉金砖的相关报道进行分析，明晰金砖国家共识与分歧所在，谋求利益交汇点，扩大共识，减少分歧，为金砖国家的健康发展提供发展思路。

【关键词】金砖国家；共识；分歧；媒体报道

伴随以金砖国家领导人峰会为代表的金砖国家合作机制日趋完善，金砖国家对全球经济和政治的影响力在逐渐增强。2001 年，五个金砖国家占全球 GDP 的 9%，到 2016 年这一比例已上涨到 25%。但近年来金砖国家的经济增长幅度逐渐放缓，特别是巴西和俄罗斯经济呈负增长。2014 年始现“金砖褪色论”，唱衰金砖国家的发展前景。[2]

1　郑华：上海交通大学国际与公共事务学院国际关系教授、博士生导师。杨露：上海交通大学国际与公共事务学院国际关系2015级硕士研究生。此外，上海外国语大学硕士研究生王佳慧、潘政宇、韩飞，上海交通大学国际与公共事务学院硕士研究生程雅青、郭雅利做了大量文本收集、整理和初步分析工作，特此致谢！

2　Ruchirshanna, “BrokenBRjCs-Why the Rest Stopped Rising” , Foreign Affairs,Vol.91, No.6,November/Decerrlber 2012, pp.4-5；Howard Schneider, “BRICS nations try to boost economic clout” , The Washington Post, March 27.2013.

随着金砖合作机制的逐渐加强，国外学者注意到金砖国家对于国际秩序的影响以及在该合作机制内不同国家的角色定位开始产生变化。欧美国家学者通过构建分析模型，测量金砖国家在国际问题战略上的认同及合作。[3]

金砖五国的学者从多维的视角分析金砖国家面临的机遇与挑战，从合作机制建设、合作成果评估、参与全球治理等方面，对金砖的定位、作用和国际影响力进行了剖析，对金砖国家未来的发展提出建议。同时，亦有学者指出：金砖成员国对合作机制的重视程度逐渐提高，试图将国家外交战略与金砖国家机制相结合，借助金砖国家机制实现国家经济安全利益。同时希望依托金砖国家合作机制，逐步扩大与其他成员国家的双边关系，并谋求在国际上的更高地位。[4]但同时金砖国家还存在着政治互信不足、各方利益不能完全吻合、面临新兴经济体的挑战等问题。[5]金砖国家间的个体国家利益与金砖集体利益存在着哪些共识与分歧？如何扩大金砖国家之间存在的共识，又该如何减少分歧？为深度探究金砖成员国对金砖合作机制的期望和利益诉求，本文特以2013-2016年间金砖五国主流印刷媒体涉金砖报道的文本为载体，运用内容分析的方法，厘清金砖国家间共识与分歧清单，进而为深化金砖国家间的合作提供发展思路。

一、报道数据分析

综合考量金砖各成员国报纸发行量、影响力和权威性，本文分别选取了巴西《环球报》、[6]俄罗斯《俄罗斯报》、[7]印度《印度斯坦时报》、[8]中国《人民日报》、[9]南非《星报》作为各国的媒体信息来源。以金砖国家为关键词进行搜索，共收集2013年1月1日至2016年12月31日间文本2427篇，剔除相关度较弱的报道和内容重复的报道，将有效文本1265篇作为本次研究的资料数据来源。各国每年的报道数据如下图所示。

---

3 Brütsch C, Papa M. Deconstructing the BRICS: Bargaining Coalition, Imagined Community, or GeopoliticalFad? The Chinese Journal of International Politics, 2013, p.9; Pomeroy, Melissa, et al. Civil Society, BRICS and International Development Cooperation: Perspectives from India, South Africa and Brazil. The BRICS in International Development, Palgrave Macmillan UK, 2016, pp.169-206; Mielniczuk F. BRICS in the Contemporary World: changing identities, converging interests, Third World Quarterly, 2013:34:6, pp. 1075-1090.

4 朱杰进：《金砖国家合作机制的转型》，《国际观察》，2014年第3期，第7页；蔡春林、刘畅、黄学军、《金砖国家在世界经济中的地位和作用》，《经济社会体制比较》，2013年第1期，第8页。

5 潘庆中、李稻葵、冯明《"新开发银行"新在何处——金砖国家开发银行成立的背景，意义与挑战》，《国际经济评论》，2015年第2期，第134-147页；蔡春林、刘畅《金砖国家发展自由贸易区的战略冲突与利益协调》，《国际经贸探索》，2013年第29(2)期，第12-21页。

6 《环球报》（OGlobo）是巴西里约热内卢商业日报，创刊于1925年，平日版发行约33万份。

7 《俄罗斯报》（РоссиискаяГазета）是俄罗斯政府机关日报，创刊于1990年，是该国法律文件生效后唯一有权刊载的媒体，总发行量超过22万份。

8 《印度斯坦时报》（HindustanTimes）是印度每年平均发行量前三的日纸，创刊于1924年。

9 《人民日报》是中共中央机关报，是中国最具权威性、影响力最大的报纸。

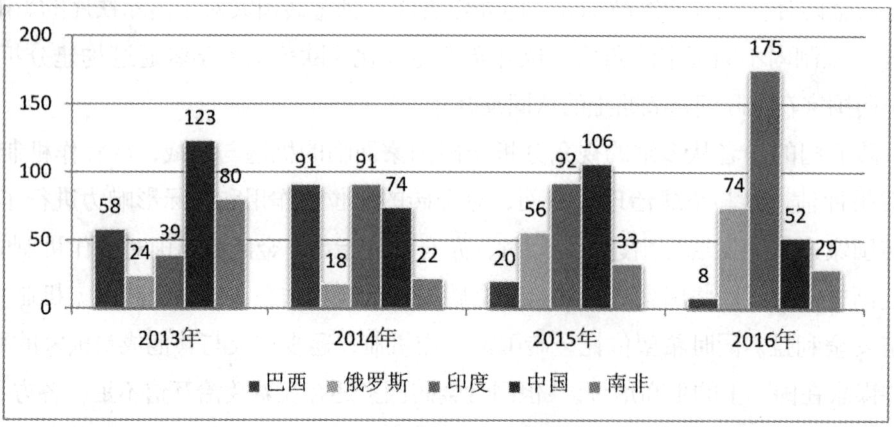

图1：各国每年报道量

如图1所示：各国2013年－2016年中对金砖国家报道的报道量都有较为明显的变化幅度，最显著的是各国报道量的峰值基本都集中在金砖峰会召开期间。从总量而言，中国（355篇）和印度（397篇）的报道量远高巴西（177篇）、俄罗斯（172篇）和南非（164篇）。这反映出两国重视程度较高，当然这也与两国政治稳定、经济发展较为平稳有关。巴西和南非2015年和2016年报道篇数呈下降趋势，媒体关注度减弱。这与巴西本国政权更迭、经济负增长、全球经济整体不景气有一定关系。虽然俄罗斯经济呈负增长，但媒体对于金砖国家整体呈重视状态，且重视程度随着在逐年递增。整体而言，虽受国际上“金砖褪色论”的影响，但从媒体报道量来看，金砖国家还是对该组织抱有较高的信心和关注度。

（二）报道内容分类

根据金砖五国媒体的报道内容，将其分为三大类：金砖事务（以金砖国家为行为主体）、本国事务（以各成员国政府为行为主体）、国际事务（其他国家或国际组织为行为主体），具体情况如图2所示。

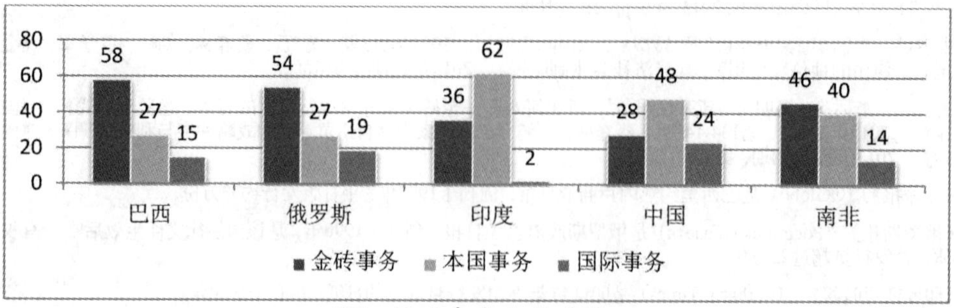

图2：报道内容分类（%）

图 2 显示：巴西、俄罗斯和南非更为关注金砖内部事务；而印度和中国则更为关注金砖与本国发展之间的关系。中国、俄罗斯、巴西和南非均对国际事务表示了一定关注，但印度对此议题的关注度非常低。事实上，金砖各成员国在 2013-2016 年间对报道议题的关注度是有些变化的：巴西对金砖事务的关注度基本呈上升趋势，而对国际事务关注度则逐年下降；俄罗斯 2016 年对金砖事务报道的比重大幅降低，但对国内和国际事务的报道数量激增；印度高度关注金砖与本国发展之间的关系，金砖框架内与本国事物的相关报道呈逐年上升趋势；中国金砖事务的报道保持较为平稳态势，对金砖框架内与本国事务相关的报道呈逐年上升趋势，但对国际事务的关注程度呈下降趋势；南非关注如何协调国家利益与金砖组织利益，对国际事务的关注度较低，且有逐步下降的趋势。此外，中国和俄罗斯对国际事务的报道较多，且大部分报道集中在叙利亚问题、巴以冲突、乌克兰危机等需要金砖集体决策的事件和全球反恐议题中。

二、金砖事务分析

就金砖事务而言，报道数量的分布显示了关注侧重点的不同。可以分为：金砖对本国影响、金砖峰会、金砖银行、金砖成员国间关系四项大类；以及其他议题，如：文化、教育、科技等。具体所占比例如下图所示。

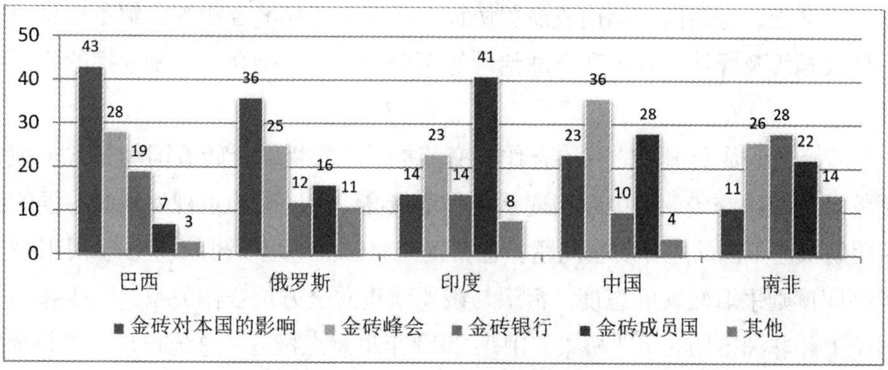

图3：金砖事务各议题发布（%）

纵观四年间金砖五国的金砖事务报道可知：巴西和俄罗斯均高度关注金砖对本国的影响，但二者的侧重略有差异：巴西侧重金砖对巴西经济和社会的影响方面；而俄罗斯则对金砖国家自身机制化建设和发展较为关注，对于金砖银行在推动国际经济体制改革的作用较为重视。印度更为关注金砖成员国之间的关系，有关印中关系的报道数量最多，其次是有关印俄关系。南非最为关注金砖银行和金砖峰会带来的发展契机。

（一）金砖峰会

自 2009 年首届金砖峰会举办以来，已成功举办了八届。其中，金砖峰会的发展呈现以下特征。

1. 金砖国家机制建设稳步推进，成员国对话平台渐趋丰富。2013 南非德班峰会决定设立金砖国家开发银行、外汇储备库，宣布成立金砖国家工商理事会和智库理事会。2014 巴西福塔莱萨峰会期间，五国领导人决定，成立金砖国家开发银行，建立金砖国家应急储备金 1000 亿美元等方案。这是金砖国家迈入务实机构合作的重要里程碑。除了金砖峰会领导人对金砖发展的顶层设计之外，政治方面的外长会晤、议长会议、安全事务高级代表会议；经济方面的工商理事会会议、农业部长会议、科技和创新部长级会议、税务局长会议、财经论坛；还有司法、教育、媒体、社会等方面的合作。这种从高层到专业领域的多层次对话模式加强了金砖国家间的交流与对话，有助于具体合作项目的实施。

2. 金砖峰会的合作领域逐渐扩大，金砖正在经历由侧重经济合作向政治与经济合作并重转变。如果说 2013 南非德班峰会还重点探讨经济议题，待到 2014 巴西福塔莱萨峰会时，成员国则在诸多议题上达成共识，如：加强金砖国家间内部的经贸合作，更积极地参与到 IMF 和世界银行的决策制定体系中；反对全球经济和政治问题上的单边行动；并就中东和乌克兰局势等交换意见。2015 俄罗斯乌法峰会上，俄罗斯强化金砖成员国在能源、矿产、信息、媒体、文化、教育等各个领域的合作与交流。[10] 在 2016 年 10 月印度果阿峰会上，金砖国家除达成海关协议，还签署了环境合作的谅解备忘录。日趋丰富的合作议题涉及经济、政治和全球治理等多个方面，金砖合作机制发挥的作用亦将日益显著。

3. 金砖峰会为成员国间的双边合作与交流提供了契机。金砖五国均非常重视金砖峰会营造的场外双边交流，其中以印度重视程度最高。印度较为重视发展与中国的经济往来，希望解决与中国的边界安全问题，也希望在对巴基斯坦反恐问题上与中国进行协商；对俄罗斯印度则采取较友好态度，希望与俄罗斯建立全方位合作关系；巴西和南非则是其拓展拉美和非洲市场的重要桥梁。俄媒 2013 年也重点报道了总统普京积极与金砖各国领导人进行私下双边会晤，在叙利亚、阿富汗等国际重大问题上寻求一致意见。[11]

金砖峰会的区域辐射效应愈加明显，助推区域交流与合作。每年的金砖峰会主办国均邀请所在区域的相关国家参会。2013 年德班峰会，南非邀请了 7 个非洲国家参会；2014 年巴西邀请了 11 个南美国家参会；[12] 2015 年乌法峰会被称为“合金峰会”——第七

---

10 “Пять к одному”,*Российская Газета*, 2015-07-10.

11 “Пять-один.Большая‘пятерка’впервые провела встречу БРИКС в Африке”,*Российская Газета*,2013-03-28.

12 Los líderes del BRICS, Unasur, Cuba, México y Costa Rica se citan en Brasilia”. La Vanguardia. 15 July 2014. Retrieved 26 January 2015.

届金砖国家峰会和上海合作组织成员国元首理事会第十五次会议，俄罗斯邀请了上合组织成员和欧亚经济联盟国家成员一同参会。2016 年印度果阿金砖峰会邀请了“环孟加拉湾多领域经济技术合作”组织成员国参会。[13]

(二) 金砖银行

各国媒体涉及金砖银行的报道情况见图 4：

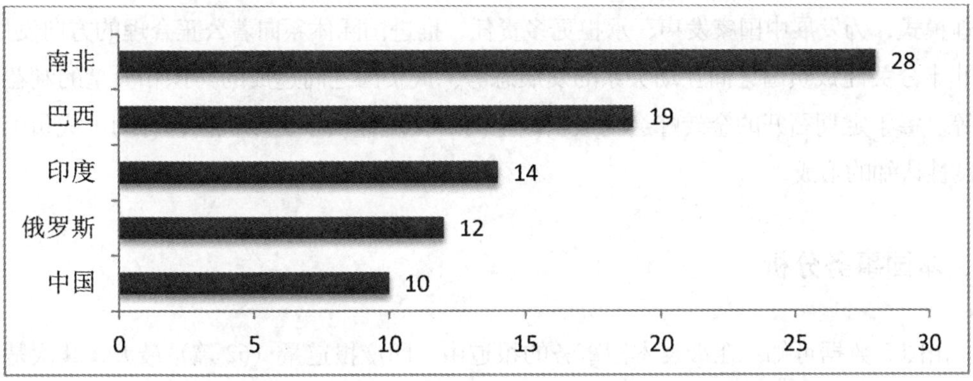

图4：金砖银行

由上图可知，南非和巴西对于金砖银行的期待很大。此外，各国均多次在金砖国家峰会上提出发展中国家要求改革国际金融机构的主张，共同探讨当前国际金融秩序所存在的问题。巴西政府希望通过金砖国家新开发银行对其基础项目进行投资，并且提供技术援助。[14] 俄罗斯希望金砖银行能对俄重大项目进行投资，稳定卢布汇率，推进卢布国际化进程，形成有利的外部发展环境。而中国期待通过金砖国家新开发银行推动人民币国际化，[15] 推动国际金融、货币改革。[16] 南非对于金砖银行的认知过程呈现波动状，南非政府一开始确信金砖银行总部会建在南非但未能如愿。[17] 金砖银行虽然属于金融机构，但各成员国对一些实质运行层面如金砖银行机构建设、金砖银行选址、投资领域和储备金适用范围上的商讨仍属于政治上的博弈。

13 http://www.ftchinese.com/story/001069823?print=y

14 “Ministério da Fazendacomemoraaprovação do acordopara a criaçãodobanco dos Brics”,O Globo, 2015-06-05.

15 《国际货币体系改革，热情不可减》，《人民日报》，2013年10月11日（23）。

16 毕吉耀：《以开放的主动赢得发展的主动、国际竞争的主动推动新一轮高水平对外开放》，《人民日报》，2015年5月10日（5）。

17 “SA erroneously Banked on Building Development Base; Now It Seems the Brics-proposed Financial Institution HQ is likely to Be somewhere else Entirely”，The Star（South Africa），2014-7-11.

（三）金砖成员国之间的关系

金砖成员国均高度重视金砖框架内双边关系的发展，其中，印度的表现最为积极。巴西加强对金砖国家外交的重视，并试图扩大其在国际社会的话语权。俄罗斯十分重视金砖国家框架内的双边外交，俄罗斯重视与中国的关系，但是在俄罗斯与金砖国家成员国的交往中，并没有完全以中国为中心，而是积极与印度、巴西、南非接触，探讨各方面合作发展的可能性。中国更为关注减少在制度、利益方面的分歧，促进中国与金砖国家间的外交合作，以更加积极的态度深入参与到国际事务中，改变由发达国家主导的治理模式，为发展中国家发声，承担更多责任，推进国际体系向着公正合理的方向发展。南非十分关注成员国之间互动关系的发展态势、成员国之间达成的共识和典型的利益冲突等。每年定期召开的金砖峰会为成员国之间的交流提供了更多机会，有助于成员国之间良性认知的形成。

三、本国事务分析

由图 5 数据可知：在涉及本国事务的报道中，印度报道量（62 篇）最大，其次是中国（48 篇）和南非（40 篇）。巴西对经济类议题的关注程度（77%）显著超过其他议题，也明显超过了其他成员国对经济议题的关注程度。俄罗斯对政治类议题的关注程度超过了其他国家，占比为 24%。印度将金砖看作是发展对外关系的重要平台，关注度为 62%，不仅为本国事务的首要议题，也超过了其他成员国对外交事务的关注程度。“科技与教育”成为各成员国普遍关注的议题，其中，俄罗斯的关注程度最高，占比为 28%。南非的科技教育报道数量占有 14%，在一定程度上体现了南非社会对于高等教育和科技人才的重视。

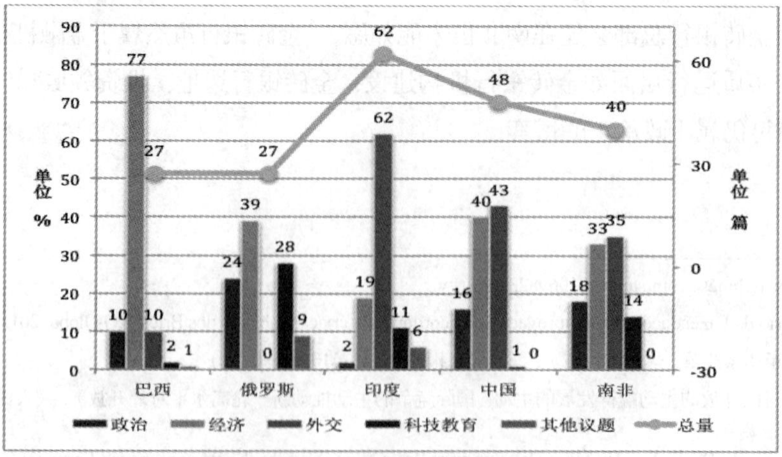

图5：金砖国家对本国事务议题的报道量比较

四、结语

上述分析对金砖国家间的共识与分歧有了较为清晰的展示。研究发现：所谓“分歧”主要是各成员国利益诉求的侧重点各有不同。巴西高度关注经济发展议题，在国内经济出现负增长之后，更为期待金砖能提供更多发展契机。俄罗斯最初希望金砖能发挥更大的政治功能，在国际热点问题上采取集体行动，用一个声音说话。但伴随国内经济发展形势日趋严峻，亦转为期待金砖提供更多发展契机，并且关注在能源和太空领域的合作。印度则更为希望借助金砖平台，拓展外交活动空间，实现政治大国梦想。中国关注金砖与国内事务发展的互动，重视金砖的辐射效应，积极提升金砖在国际事务中的影响力。南非则关注金砖为本国发展带来的机遇与挑战，始终确保担任非洲大陆发展的领头羊。

金砖峰会历经八年发展，成为金砖国家机制建设的重要平台。金砖国家间的最大共识是：各方均有强烈的意愿利用新兴经济体的合作机制在国际上发出更强的声音，推动国际政治经济向更为公平、公正的方向发展。体现在机制建设上，就是金砖银行和金砖储备金的设立，以及与金砖峰会相呼应的各部门部长会议、智库交流、专业论坛等。金砖峰会的探讨议题已由最初的经济领域，拓展到农业、旅游、教育、科技、文化等领域。扎实推进金砖成员国在科技与教育、反恐合作等领域的合作，逐步满足成员国的期待，将是扩大共识、确保金砖稳健前行的重要保障。

对外传播中的创新宣传案例研究

——以《中国日报》杭州 G20 峰会期间 Facebook 平台短视频与直播视频报道为例

刘枫铃[1]

【摘要】随着移动互联网的发展，短视频和直播视频越来越成为各国网友关注的焦点，也成为外宣事业中的主力军之一。2016 年 9 月，G20 峰会在杭州举办，各国媒体聚焦于杭州，怎样更好地宣传 G20、宣传杭州成为各大媒体研究的重点。本文以《中国日报》在杭州 G20 峰会期间在 Facebook 平台上的短视频与直播视频的制作、传播为研究案例，探讨新媒体环境下，什么样的短视频最受外国网友喜爱，以及怎样的传播策略能达到最好的传播效果。

【关键词】杭州 G20 峰会短视频；直播；传播策略；Facebook

一、研究背景

（一）杭州 G20 峰会与“一带一路”建设

2016 年 9 月 4 日、5 日号，杭州作为东道主举办了 G20 第十一次领导人峰会。G20 峰会成立于 1999 年，是一个国际间的经济合作论坛，该峰会于 2008 年由部长级会议升级为领导人峰会，其主要目的在于促进国际金融稳定和经济持续增长。2016 年杭州 G20 峰会的主题为“构建创新、活力、联动、包容的世界经济”。此次峰会的主题契合中国推进“一带一路”建设上的一系列诉求，为进一步扩大“一带一路”倡议在各国间的影

1　刘枫铃：中国传媒大学电视学院新媒体传播学部新闻传播硕士研究生。

响力做出贡献。为此，习近平总书记在峰会前各大会议和出访中多次提及G20杭州峰会，时任外交部长王毅也在2016年两会中，向中外记者表示借G20峰会，9月杭州将成为世界外交关注中心。杭州市政府高度重视此次峰会的举行，做了大量前期准备工作，包括公共服务基础设施建设，安全保障和检查，志愿者培训以及媒体宣传工作等。

此次峰会在杭州举行具有深远意义。除了以G20为平台推广"一带一路"建设，为各国间增强合作、解决当下发达国家与新兴工业国家的发展问题之外，此次G20还将杭州作为城市战略，推动促进中国城市在"一带一路"框架下的"走出去"战略。"一带一路"倡议为城市品牌识别的内容深化和特色鲜明化提供了广阔的空间，我国城市应积极响应，提炼和推广地区核心价值与文化特色，创建城市品牌，让中国城市成为"一带一路"中的靓丽风景线。[2] 本次峰会杭州积极构建自身富有特色的城市品牌，重视对外宣传，与各大外宣媒体合作，其中包括本文的研究对象《中国日报》。

（二）视频传播与形象建设

根据荷兰理论家Victor Bekkers和Rebecca Moddy的观点，视觉影像具有高度的"生动化和戏剧化"的功能，[3] 因此，在政治传播时，运用视觉影像传播手段，与其他手段相比，更能够轻易唤起人类的各类情感。[4] 在某种意义上来说，视觉影像能超越时空距离，跨越地域界限，使人类拥有共通的语言。因此有人说视觉影像是一种"世界的语言"。[5] 利用视频宣传城市和国家形象时，其视觉感受带来的愉悦和冲击感，任何语言都无法超越。宣传者利用共通性的视觉语言，可以将复杂的文化元素、历史积淀和理论常识融合进画面，让观看者更加形象化地理解宣传内容的表达。因此在对外传播和国家形象塑造中，视频传播已经成为主要的传播方式之一。

随着移动网络环境的不断改善和社交网络影响的不断扩大，移动视频已经越来越成为世界各国人民的主要消费方式。从Facebook到Twitter、YouTube，Instagram到微博，各大社交网络公司都在重视推广视频应用。我国外宣媒体紧随其潮流，目前《人民日报》、新华社、《中国日报》等都开通了海外社交平台，以文字、图片、视频等多种方式用外语进行对外传播。以《中国日报》为例，其Facebook账号于2009年推出，到2017年粉丝达到1400万，累积点赞1000万多次。[6]

2　刘彦平：《"一带一路"背景下的城市"走出去"战略》，《经济参考报》，2015年8月3日。http://dz.jjckb.cn/www/pages/webpage2009/html/2015-08/03/content_8585.htm.

3　Bekkers,Victor, and Rebecca Moody. "Accountability and the framing power of visual tecnologies: how do visualized reconstructions of incidents influence public and political accountability discussions?" The Information Society 30.2(2014): 144-158

4　Plutchik, Robert. Emotion: A psychoevolutionary synthesis. Harpercollins College Division, 1980.

5　孙琦：《20世纪80年代以来视觉文化传播与国家形象建构》，中南民族大学博士论文，2010年。

6　https://www.facebook.com/chinadaily/

二、研究设计

（一）研究目的与角度

此次研究旨在探索如何在国外社交网络平台上，更好地宣传我国的重大会议与城市形象等，以提升国家形象，达到更好的对外宣传效果。对此，本文从以下几个角度进行研究：第一，因G20峰会于9月4日、5日号举行，为充分了解在此期间的视频推广战略，将时间范围定为8月1日至会议结束后；第二，本次G20峰会以杭州为形象大使，让中国城市走向国际化，带动“一带一路”建设，为此本文将对研究视频的内容进行文本分析；第三，为考察一定的受众效果，本文还将对网友的评论进行词频分析；此外，通过网友反映和视频传播效果，分析在互联网平台受网友欢迎的内容和视频推广策略。

（二）研究方法

在《中国日报》Facebook页面，“视频”一栏中，以时间为范围进行检索，将目标锁定在8月1日至9月6日，剔除与G20或杭州无关的内容，得到的有效视频为40个。接着对这40个视频进行以下几方面的建构分析：

1. 播放日期与数量趋势：在峰会召开前后，视频推出的时间和数量可以反映出一定的传播策略。

2. 视频类型与数量：不同的视频类型有不同的推出数量，可以反映出不同的趋势走向。

3. 视频类型与影响力：通过对比播放量和分享量等，探究不同的视频类型其影响覆盖率是否有不同。

4. 视频内容分析：分别探究不同视频类型下内容符号的表达，对比用户反映程度，解构视频内容。

5. 词频分析：选取评论量最多的视频，分析出现频率较高的评论词，以探究受众反映程度。

三、研究结果

（一）峰会前一周数量达高峰

由图1可见，在为期一个多月的宣传期中，《中国日报》Facebook平台视频推出数量每日平均在1到2个之间（跟杭州和G20相关视频），而从8月27日左右开始，视频推出数量激增，在8月31日达到5个，随后数量开始下滑，回到每日平均2个视频的数值。由此可见，对杭州的宣传期高峰出现在峰会举行的前一到两周，这两周对于吸引海外用户关注、为峰会宣传最为关键。

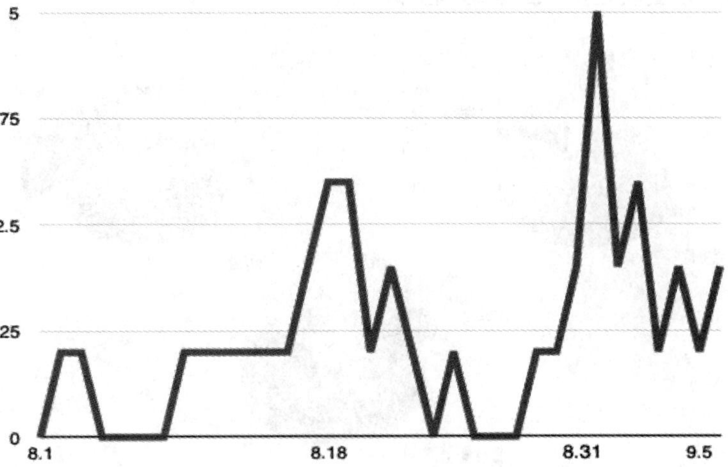

图1：日期变化趋势

（二）视频体裁、内容分类：宣传类短视频为主

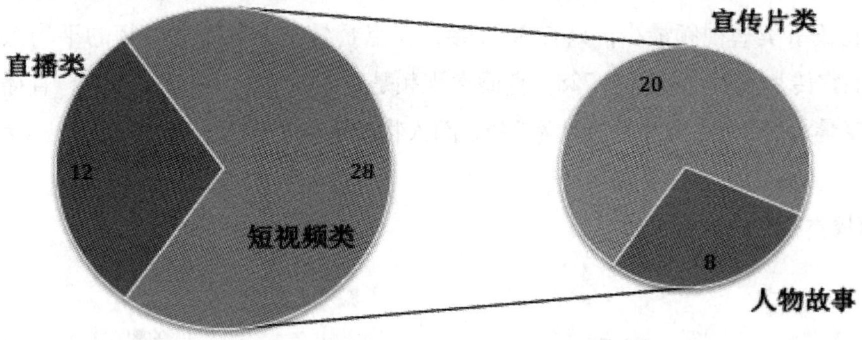

图2：视频体裁分类

在所有的40个相关视频中，按视频的类别不同，可以区分为直播视频和短视频两种。直播类视频一共有12个，占总数的30%；短视频类一共有28个，占总数的70%。在短视频中，以视频内容的不同，可以大致分为宣传片类和人物故事类。人物故事为《中国日报》自制视频，每期主题为在杭州生活的外国人的故事，视频平均时长3分钟，一共有8期，占总数的20%；宣传片类的视频，涵盖各种主题，从美食到采访，从杭州城市宣传片到杭州的文化元素介绍，《中国日报》自制的占绝大部分，其中有两个城市宣传片为其他媒体（或个人）所制。一共有20部，占总数的一半。可以说，宣传类短视频还是《中国日报》的主打。

（三）直播类视频受众更多，互动影响更大

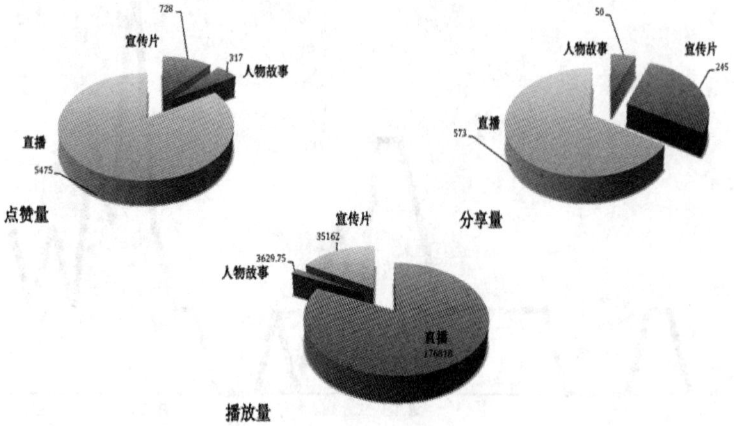

图3：点赞、分享、播放量对比

通过对比三种类型视频的平均播放量、点赞量和分享量数值，[7] 我们可以发现，直播类的视频无论是在播放量上还是分享量上，或者点赞量上，都远远高于其他两种视频种类。播放量上，直播类视频平均播放数值为17万多，而宣传片类短视频平均值为3.5万多，人物故事类短视频最少，只有3600多；在点赞量上，直播类视频的平均点赞量为5475，而宣传片类短视频只有728，直播类视频是它的7.5倍；在分享量上，直播类视频平均分享量为573，宣传片类短时为245，而人物故事类短视频只有50。

（四）直播类视频的内容分析

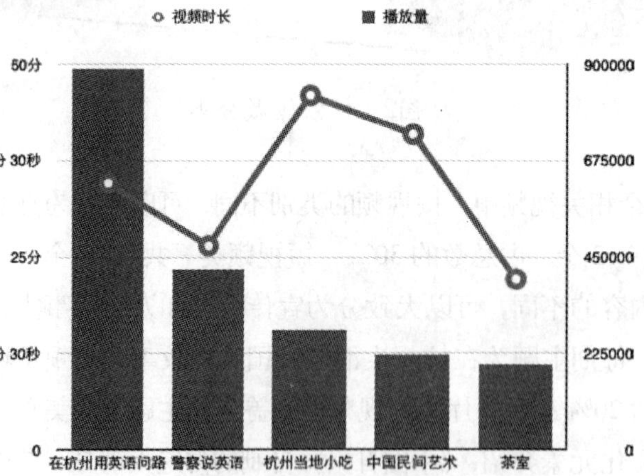

图4：排名前五的直播视频时长与播放量

7　平均值的计算方法为将所有各类型视频所有播放量数值相加除以视频数量，得到平均值；分享量和点赞量亦同。

本次选取了在所有直播视频中，播放量最高的前五个视频进行观察对比。由图 4 可见，排名第一的视频播放量为 89 万次，是排名第二的视频的一倍多（第二名播放量为 42 万次）。两个视频的视频时长分别为 34 分 34 秒和 26 分 28 秒。排名第三位的视频“杭州当地小吃”直播时间最长，达到 46 分 04 秒。接着视频“中国民间艺术”播放量位于第四，达到 22 万次，直播时间为 40 分 56 秒。“茶室”的直播播放量排名第五，为 20 万次。

编号	题目	点赞	评论	分享	内容分解
1	《在杭州用英语问路》	2万	2278	1724	直播街采，用英语询问路人，到处走动，互动
2	《警察说英语》	1.1万	1244	656	直播人物专访，说英语，互动
3	《杭州当地小吃》	4808	516	192	餐厅，中外友人，试吃小吃，固定位置不变
4	《中国民间艺术》	7207	994	541	油纸伞，剪纸，风筝，手工艺人制作
5	《茶室》	5930	466	524	品茶，介绍茶叶，杭州元素，

表1：排名前5的直播视频内容结构

为了进一步剖析这些视频的异同点，将这 5 个视频的点赞、评论、分析和内容解析做成上表进行比对分析。播放量最高的直播视频获得最多的点赞、评论和分享，该视频主要内容为 3 名主持人（两个中国女生，一个外国人）在杭州的街头用英语搭讪路人，询问是否会讲英语。主持人拿着镜头有到处移动，四周景色变化较多，出镜的路人也较多，互动很强；“警察说英语”视频中，采访人物为会说警察的英语，采访位置固定不变，互动方式为主持人和警察对话，并邀请警察同志用英语回答网友的问题。

前两个视频都与英语有关，接下来的三个视频内容与杭州元素有关，即杭州美食、杭州手工艺和茶。“杭州当地小吃”内容为一群人，中外皆有，在杭州当地饭馆介绍品尝各种小吃；“民间艺术”内容主持人直播手工艺人制作绸伞、剪纸和风筝等手工艺品的过程，并进行对话和介绍；“茶室”内容为主持人在茶坊介绍茶、泡茶并品尝点评茶。

（五）短视频类内容分析

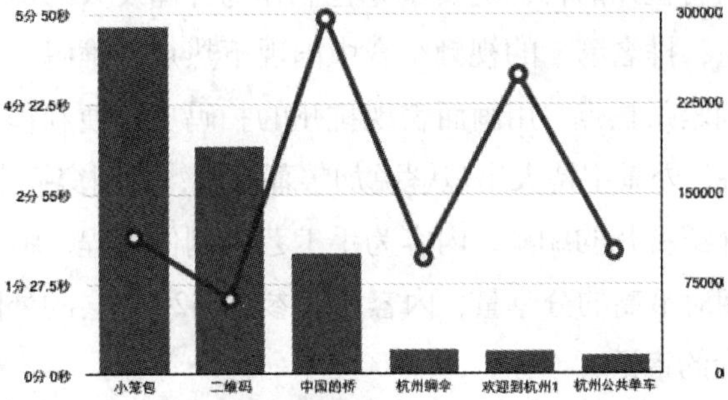

图5：排名前6的短视频时长与播放量

本次选取了在所有短视频中，播放量排行前 6 的视频进行对比分析。首先播放量第一的“小笼包”播放量为 29 万次，视频时长 2 分 13 秒；排名第二的视频视频时长 1 分 13 秒，播放量为 19 万次；排名第三的视频名称为“中国的桥”，播放量 10 万次，视频时长 5 分 46 秒。接下来三个视频播放量明显下降很多，分别为 2 万次、1.9 万次和 1.5 万次。此外，通过对比时长和播放量可以发现，视频时长与播放量并不一定成正比，相反，时间越短的视频播放量相对更多。

编号	题目	点赞	评论	分享	封面图	内容分解
1	《小笼包》	2654	69	513	外国小帅哥	杭州美食，街采，制作过程
2	《二维码》	1454	22	455	扫码	科技，中国元素，创新
3	《中国的桥》	1753	51	475	西湖断桥 G20logo	文化历史，外国主持人，四渡桥、张家界玻璃桥、杭州湾大桥、断桥介绍
4	《杭州绸伞》	1244	26	347	手工艺制作伞	绸伞制作过程，手工艺人，杭州元素
5	《欢迎到杭州》	1044	28	529	西湖，夕阳	采访集锦，G20
6	《杭州公共单车》	790	6	121	骑单车	公共单车发展介绍，环保，便利，社会生活

表2：排名前6的短视频内容结构

上表为 6 个视频的内容分解，区别于直播视频，本次在短视频中我们加入了封面图一项，因为网友在浏览短视频的时候最先看到的将会是视频封面图。排名第一的视频内容与美食制作有关，将杭州的特色美食小笼包制作与外国友人的街采相结合，封面图为一个帅气的外国男生；排名第二的视频结合中国现下热点二维码，扫码支付现在是中国的热门话题，该视频紧跟热点，用画面表现杭州的扫码支付便利程度；第三的视频，是结合中国的风景名桥，外景主持人出镜解说加字幕讲解，其间穿插中国古代的文化传说；排名第四的视频，介绍杭州的绸伞，内容为手工艺人制作过程，画面有字幕介绍；排名第五的视频，获得相对最高的分享量，内容为对参加 G20 峰会的外国嘉宾的采访，搜集外国友人对 G20 峰会的寄语。

（六）评论里的词频统计

图6：词频分析

本次研究选取直播视频里评论最多的两个视频，即“用英语问路”和“警察说英语”的网友评论，用 Bluemc 网站词频统计工具，筛选出频率出现最多的前 30 个单词。如图 6 可见，出现频率最多的单词为“nice”，其余的“beautiful”，“good”等都属于积极评价。有部分提到政府和污染，但是大部分评论皆与直播内容相关，询问或者表达赞赏。

四、反思与总结

（一）反思

通过以上统计分析我们发现，在新媒体环境下，直播视频和短视频在 Facebook 平台上的传播特点有以下几点值得提出。

第一，直播的互动性高于短视频，短视频能出更加精美的作品。由于直播视频的时长通常为 30 分钟上下，保证了网友一定的浏览量，易累积用户进入观看，所以通过对比发现直播的播放量远远高于短视频；此外，直播具有更强的互动性，用户的评论是实时的，直播视频的人可以随时与观看用户互动，并能得到更多的分享转发和点赞。然而，短视频因为拍摄时间和内容设计，更容易出品精美有意义的作品。例如《中国日报》自制的宣传片、美食介绍、杭州手工艺制作等，将城市的文化符号透过设计的镜头展现出来，且不断创新内容表现形式。

第二，由上所述，短视频需要更加注重内容的选择和表达。根据我们的观察，美食类和中国文化介绍类的视频更易获得观看和分享，出场主持人以外国的专家为主，视频需要通过画面、配音、文字、背景音乐等多方协调，做成令人赏心悦目的有趣内容。此外，关于中国特色元素类，例如本次二维码和公共单车，也易于吸引外国用户的目光。

另一方面，直播视频容易出现画质不稳、语音中断等问题，且选择直播的时间也非常重要，通常应选择在网友休息的夜间直播往往能吸引到更多的观众。此外，直播过程中，移动终端的信号链接需要保障，为了保证流量，主持人需要时刻保持与用户的互动，及时回答问题。而受欢迎的直播内容，通过本次研究对比，发现有人物对话互动、场景丰富的直播更容易受到用户关注。

第三，低于3分钟以下的短视频，更有利于传播与分享。这次播放量排行前两名的短视频分别只有2分多钟和1分多钟，在新媒体环境下，用户追求快速的感官体验，因此视觉的冲击力需要在视频的前几秒体现出来，在视频播放的起初就要抓住观众的眼球。[8]过长的视频会降低网友点开观看的欲望，并且在手机移动客户端，过长的视频会耗费更多流量，轻小有趣的短视频才会让网友更易接受。

第四，改变视频制作画面比例思维模式。虽然在本次研究中，视频画面皆为4：3，但是目前越来越明显的趋势体现在，为了适应手机客户端，在选取画面和制作视频画面比例时，要将思维模式转向3：4或9：16。另从拍摄角度来看，需大量使用特写等小景别镜头，这样的镜头语言会更有冲击力。除了精美的画质，画面可以适当追求多角度、极限与创新镜头，更能吸引用户的目光。

（二）总结

总之，未来用短视频和直播的方式宣传国家重点战略与国际会议将会成为国际传播的主要趋势。在新媒体环境下，为了更深入地扩大国际传播的影响力，需要媒体记者做更为全面的议程设置，围绕事件本身和周边相关策划选题。要将视频内容趣味性与主旨传播性相结合，不能为宣传而宣传，而是要将宣传赋予更多文化、历史、人文的内容，这是外国网友喜闻乐见的。内容依然是制胜的关键因素，不要将严肃的官方文件照搬到视频制作的思维，考虑到新一代年轻人为网络“原住民”，要擅于制作符合年轻人视角的视频。随着智能终端的进一步普及、社会化媒体对人们社交方式的进一步改变，移动短视频和直播视频将成为未来社交媒体传播的主打阵地。

8　何志华：《浅议小屏时代的短视频传播》，《东南传播》，2016年，第97-98页。